Torsten T. Will

Einführung in C++

Galileo Press

Liebe Leserin, lieber Leser,

mit C++ steht Ihnen eine mächtige Programmiersprache zur Verfügung. Sie bietet eine reiche Standardbibliothek und einen großen Schatz an Werkzeugen, mit denen Sie komplexe Software effizient entwickeln können. Vor allem im Vergleich zu C bekommen Sie viel Unterstützung dabei, Programmierfehler zu vermeiden und Komplexität im Griff zu behalten. Zugleich lässt Ihnen C++ mehr Freiheiten als zum Beispiel Java.

Zu diesen Freiheiten gehört auch der Programmierstil: C++ ist weit mehr als das »C with Classes«, das es einmal war. Gerade die jüngsten Features aus dem Sprachstandard C++11 (mit Nachbesserungen in C++14) machen einen modernen Programmierstil möglich, den Torsten Will Ihnen ans Herz legen wird. Aber ohne Ihre Freiheit anzutasten: Sie erfahren etwa, wie Sie smarte Pointer nutzen, aber auch die alten, aus C bekannten rohen Zeiger. Für alle neuen Features wird transparent, welche Syntax zu welchem Standard gehört und wie Sie jeweils ohne sie arbeiten.

Zugegeben: Für C++ ist die Lernkurve etwas steiler als für manch andere Sprache. Anspruchsvolles wird in diesem Buch nicht kaschiert, aber Sie werden nach und nach herangeführt. Um Ihnen alles systematisch vorzustellen, geht Torsten Will spiralförmig vor: Manche Themen werden erst auf einem Einstiegsniveau und sobald es passt mit größerer Tiefe behandelt. Ich wünsche Ihnen viel Erfolg und Spaß auf dem Weg zur Meisterschaft!

Dieses Buch wurde mit großer Sorgfalt geschrieben, lektoriert, geprüft und gesetzt. Sollten Sie dennoch Anregungen und Verbesserungsvorschläge haben, freue ich mich über Ihre konstruktive Kritik!

Alle Codebeispiele zum Buch können Sie sich auf der Seite zu diesem Buch herunterladen. Schauen Sie unter *www.galileo-press.de/3498* nach den »Materialien zum Buch«.

Ihre Almut Poll
Lektorat Galileo Computing

almut.poll@galileo-press.de
www.galileocomputing.de
Galileo Press · Rheinwerkallee 4 · 53227 Bonn

Auf einen Blick

TEIL I
Erste Schritte 23

TEIL II
Die Elemente von C++ 87

TEIL III
Datenstrukturen 223

TEIL IV
Fortgeschrittene Themen 365

Impressum

Wir hoffen sehr, dass Ihnen dieses Buch gefallen hat. Bitte teilen Sie uns doch Ihre Meinung mit. Eine E-Mail mit Ihrem Lob oder Tadel senden Sie direkt an die Lektorin des Buches: *almut.poll@galileo-press.de*. Im Falle einer Reklamation steht Ihnen gerne unser Leserservice zur Verfügung: *service@galileo-press.de*. Informationen über Rezensions- und Schulungsexemplare erhalten Sie von: *britta.behrens@galileo-press.de*.

Informationen zum Verlag und weitere Kontaktmöglichkeiten finden Sie auf unserer Verlagswebsite *www.galileo-press.de*. Dort können Sie sich auch umfassend und aus erster Hand über unser aktuelles Verlagsprogramm informieren und alle unsere Bücher versandkostenfrei bestellen.

An diesem Buch haben viele mitgewirkt, insbesondere:

Lektorat Almut Poll, Erik Lipperts
Korrektorat Friederike Daenecke, Zülpich
Herstellung Norbert Englert
Layout Vera Brauner
Einbandgestaltung Eva Schmücker
Satz Torsten T. Will
Druck Beltz Bad Langensalza, Bad Langensalza

Dieses Buch wurde gesetzt aus der TheAntiquaB (9,05 pt/13,3 pt) mit LaTeX.
Gedruckt wurde es auf ungestrichenem Offsetpapier (80 g/m^2).

Der Name Galileo Press geht auf den italienischen Mathematiker und Philosophen Galileo Galilei (1564–1642) zurück. Er gilt als Gründungsfigur der neuzeitlichen Wissenschaft und wurde berühmt als Verfechter des modernen, heliozentrischen Weltbilds. Legendär ist sein Ausspruch *Eppur si muove* (Und sie bewegt sich doch). Das Emblem von Galileo Press ist der Jupiter, umkreist von den vier Galileischen Monden. Galilei entdeckte die nach ihm benannten Monde 1610.

Bibliografische Information der Deutschen Nationalbibliothek:
Die Deutsche Nationalbibliothek verzeichnet diese Publikation in der Deutschen Nationalbibliografie; detaillierte bibliografische Daten sind im Internet über *http://dnb.d-nb.de* abrufbar.

ISBN 978-3-8362-2677-6
© Galileo Press, Bonn 2015
1. Auflage 2015

Das vorliegende Werk ist in all seinen Teilen urheberrechtlich geschützt. Alle Rechte vorbehalten, insbesondere das Recht der Übersetzung, des Vortrags, der Reproduktion, der Vervielfältigung auf fotomechanischem oder anderen Wegen und der Speicherung in elektronischen Medien.

Ungeachtet der Sorgfalt, die auf die Erstellung von Text, Abbildungen und Programmen verwendet wurde, können weder Verlag noch Autor, Herausgeber oder Übersetzer für mögliche Fehler und deren Folgen eine juristische Verantwortung oder irgendeine Haftung übernehmen.

Die in diesem Werk wiedergegebenen Gebrauchsnamen, Handelsnamen, Warenbezeichnungen usw. können auch ohne besondere Kennzeichnung Marken sein und als solche den gesetzlichen Bestimmungen unterliegen.

Inhalt

Geleitwort des Fachgutachters 18
Vorwort 20

TEIL I   Erste Schritte

1   Über dieses Buch — 25

| 1.1 | Der C++-Standard .... | 26 |
| 1.2 | Verwendete Formatierungen .... | 27 |

2   Vom Problem zum Programm — 29

2.1	Was ist Programmieren?	30
2.2	Softwareentwicklungsmethoden	30
2.3	Entwurfsmuster	32
2.4	Algorithmen	33
2.5	Ressourcen	34

3   Programmieren in C++ — 36

3.1	Übersetzen	37
3.2	Aktuelle Compiler	37
	3.2.1 Gnu C++	39
	3.2.2 Clang++ der LLVM	39
	3.2.3 Microsoft Visual Studio	39
3.3	Entwicklungsumgebungen	39
3.4	Die Kommandozeile unter Ubuntu	41
	3.4.1 Ein Programm erstellen	42
	3.4.2 Automatisieren mit Makefile	44
3.5	Die IDE »Microsoft Visual Studio Express« unter Windows	44

3.6	Schneller	47
3.7	Aufgaben	47

4 Ein ganz schneller Überblick — 49

4.1	Kommentare	50
4.2	Die »include«-Direktive	50
4.3	Die Standardbibliothek	51
4.4	Die Funktion »main()«	51
4.5	Typen	51
4.6	Variablen	52
4.7	Initialisierung	52
4.8	Ausgabe auf der Konsole	53
4.9	Anweisungen	53
4.10	Aufgaben	54

5 Ohne Eile erklärt — 56

5.1	Leerräume, Bezeichner und Token		58
5.2	Kommentare		59
5.3	Funktionen und Argumente		60
5.4	Seiteneffekt-Operatoren		61
5.5	Die »main«-Funktion		62
5.6	Anweisungen		64
5.7	Ausdrücke		66
5.8	Zuweisungen		68
5.9	Typen		69
	5.9.1	Der Typ »int«	71
	5.9.2	Der Typ »bool«	72
	5.9.3	Die Typen »const char*« und »std::string«	72
	5.9.4	Parametrisierte Typen	73
5.10	Variablen – Deklaration, Definition und Initialisierung		74
5.11	Details zur »include«-Direktive		75

5.12	Eingabe und Ausgabe	76
5.13	Der Namensraum »std«	77
5.14	Aufgaben	79

6 Programmiertechnik, 1. Dan: Lesbarer Code — 81

6.1	Kommentare	81
6.2	Dokumentation	82
6.3	Einrückungen und Zeilenlänge	83
6.4	Zeilen pro Funktion und Datei	84
6.5	Klammern und Leerzeichen	84
6.6	Namen	86

TEIL II Die Elemente von C++

7 Operatoren — 89

7.1	Operatoren und Operanden	90
7.2	Überblick über Operatoren	90
7.3	Arithmetische Operatoren	91
7.4	Bitweise Arithmetik	92
7.5	Zuweisungsoperatoren	93
7.6	Post- und Präinkrement sowie Post- und Prädekrement	94
7.7	Relationale Operatoren	95
7.8	Logische Operatoren	95
	7.8.1 Kurzschluss-Auswertung	95
	7.8.2 Alternative Token	96
7.9	Pointer- und Dereferenzierungsoperatoren	97
7.10	Besondere Operatoren	97
7.11	Funktionsähnliche Operatoren	99
7.12	Operatorreihenfolge	100
7.13	Aufgaben	101

8 Eingebaute Typen — 103

8.1	Eingebaute Datentypen	105
8.2	Eingebaute Datentypen initialisieren	105
8.3	Ein schneller Überblick	106
8.4	Ganzzahlen	107
	8.4.1 Operationen auf Ganzzahlen	108
	8.4.2 Arithmetische Typumwandlung	109
	8.4.3 Ganzzahl-Überlauf	110
	8.4.4 Ganzzahl-Literale	111
	8.4.5 Alias-Zahlentypen	112
	8.4.6 Fließkomma-Literale	115
	8.4.7 Die Fließkomma-Besonderheiten	116
	8.4.8 Fließkomma-Interna	117
8.5	Wahrheitswerte	118
8.6	Zeichentypen	119
	8.6.1 Internationale Zeichen	121
	8.6.2 Unicode in C++	122
8.7	Aufgaben	122

9 Strings und Streams — 124

9.1	Der Zeichenkettentyp »string«	124
	9.1.1 Initialisierung	126
	9.1.2 Funktionen und Methoden	127
	9.1.3 Andere Stringtypen	127
9.2	Streams	129
9.3	Eingabe- und Ausgabeoperatoren	130
	9.3.1 »getline«	131
	9.3.2 Dateien für die Ein- und Ausgabe	131
	9.3.3 Manipulatoren	132
	9.3.4 Der Manipulator »endl«	133
9.4	Aufgaben	134

10 Behälter und Zeiger — 135

- 10.1 Parametrisierte Typen — 136
- 10.2 Die einfachen Sequenzcontainer — 136
  - 10.2.1 »array« — 137
  - 10.2.2 »vector« — 139
- 10.3 Weitere Container — 141
  - 10.3.1 Sequenzbasierte Container — 141
  - 10.3.2 Assoziative Container — 142
- 10.4 Container-Gemeinsamkeiten — 144
- 10.5 Algorithmen — 145
- 10.6 Zeiger und C-Arrays — 146
  - 10.6.1 Zeigertypen — 146
  - 10.6.2 C-Arrays — 146
- 10.7 Aufgaben — 147

11 Funktionen — 148

- 11.1 Deklaration und Definition einer Funktion — 149
- 11.2 Funktionstyp — 150
- 11.3 Funktionen verwenden — 150
- 11.4 Eine Funktion definieren — 151
- 11.5 Mehr zu Parametern — 152
  - 11.5.1 Call-by-Value — 153
  - 11.5.2 Call-by-Reference — 153
  - 11.5.3 Konstante Referenzen — 154
  - 11.5.4 Aufruf als Wert, Referenz oder konstante Referenz? — 155
- 11.6 Funktionskörper — 156
- 11.7 Parameter umwandeln — 158
- 11.8 Funktionen überladen — 160
- 11.9 Default-Parameter — 162

11.10	Beliebig viele Argumente	163
11.11	Alternative Schreibweise zur Funktionsdeklaration	164
11.12	Spezialitäten	165
	11.12.1 noexcept	165
	11.12.2 constexpr	165
	11.12.3 Gelöschte Funktionen	166
	11.12.4 Spezialitäten bei Klassenmethoden	166
11.13	Aufgaben	167

12 Anweisungen im Detail — 169

12.1	Anweisungsblock	171
	12.1.1 Freistehende Blöcke und Gültigkeit von Variablen	172
12.2	Die leere Anweisung	174
12.3	Deklarationsanweisung	175
12.4	Ausdrucksanweisung	176
12.5	Die if-Anweisung	176
12.6	»while«-Schleife	179
12.7	»do-while«-Schleife	180
12.8	»for«-Schleife	181
12.9	Die bereichsbasierte »for«-Schleife	182
12.10	Die »switch«-Verzweigung	183
12.11	»break«-Anweisung	187
12.12	Die »continue«-Anweisung	188
12.13	Die »return«-Anweisung	189
12.14	Die »goto«-Anweisung	190
12.15	»try-catch«-Block und »throw«	192
12.16	Zusammenfassung	193
12.17	Aufgaben	193

13 Ausdrücke im Detail — 196

13.1 Berechnungen und Seiteneffekte — 197
13.2 Arten von Ausdrücken — 198
13.3 Literale — 199
13.4 Bezeichner — 200
13.5 Klammern — 201
13.6 Funktionsaufruf und Index-Zugriff — 201
13.7 Zuweisung — 201
13.8 Typumwandlung — 203
13.9 Aufgaben — 204

14 Fehlerbehandlung — 205

14.1 Fehlerbehandlung mit Rückgabewerten — 207
14.2 Was ist eine Ausnahme? — 210
    14.2.1 Ausnahmen auslösen und behandeln — 211
    14.2.2 Aufrufstapel abwickeln — 212
14.3 Kleinere Fehlerbehandlungen — 213
14.4 Weiterwerfen – »rethrow« — 213
14.5 Die Reihenfolge im »catch« — 214
    14.5.1 Kein »finally« — 215
    14.5.2 Exceptions der Standardbibliothek — 215
14.6 Typen für Exceptions — 216
14.7 Wenn eine Exception aus »main« herausfällt — 217
14.8 Aufgaben — 217

15 Programmiertechnik, 2. Dan: Modularisierung — 219

15.1 Programm, Bibliothek, Objektdatei — 219
15.2 Bausteine — 220
15.3 Trennen der Funktionalitäten — 221

TEIL III Datenstrukturen

16 Erste eigene Datentypen   225

16.1	Initialisierung	226
16.2	Rückgabe eigener Typen	227
16.3	Methoden statt Funktionen	228
16.4	Das bessere »drucke«	231
16.5	Eine Ausgabe wie jede andere	232
16.6	Methoden inline definieren	233
16.7	Implementierung und Definition trennen	234
16.8	Initialisierung per Konstruktor	235
	16.8.1 Member-Defaultwerte in der Deklaration	238
	16.8.2 Konstruktor-Delegation	238
	16.8.3 Default-Werte für die Konstruktor-Parameter	239
	16.8.4 »init«-Methode nicht im Konstruktor aufrufen	240
	16.8.5 Exceptions im Konstruktor	241
16.9	Struktur oder Klasse?	241
	16.9.1 Kapselung	242
	16.9.2 Public und Private, Struktur und Klasse	242
	16.9.3 Daten mit »struct«, Verhalten mit »class«	243
	16.9.4 Initialisierung von Typen mit privaten Daten	243
16.10	Zusammenfassung	245
16.11	Aufgaben	245

17 Verwendung eigener Datentypen   248

17.1	Klassen als Werte verwenden	251
	17.1.1 Wert-Parameter	251
	17.1.2 Rückgaben	252
	17.1.3 Performance beim Zurückgeben	253
17.2	Konstruktoren nutzen	253
17.3	Typumwandlungen	254

17.4	Kapseln und entkapseln	256
	17.4.1 Entkapseln	256
	17.4.2 Setzen Sie Konvertierungsmethoden sparsam ein	257
	17.4.3 Totale Kapselung	258
	17.4.4 Flüssiges Programmieren	259
	17.4.5 Methoden mit »const« markieren	260
17.5	Typen lokal einen Namen geben	260
17.6	Typdeduktion mit »auto«	263
17.7	Eigene Klassen in Standardcontainern	266
17.8	Aufgaben	268

18 Namespace und Static — 270

18.1	Der Namensraum »std«	270
18.2	Anonymer Namensraum	274
18.3	»static« macht lokal	275
18.4	»static« teilt gern	276
18.5	»static« macht dauerhaft	279
18.6	Zusammenfassung	281
18.7	Aufgaben	281

19 Const — 284

19.1	Const-Parameter	285
19.2	Const-Methoden	286
19.3	Const-Variablen	288
19.4	Const-Rückgaben	289
	19.4.1 Const zusammen mit static	292
	19.4.2 Noch konstanter mit »constexpr«	293
	19.4.3 »constexpr« als Rückgabe	295
19.5	Const-Korrektheit	296
19.6	Zusammenfassung	297
19.7	Aufgaben	298

20 Vererbung — 300

- 20.1 Beziehungen — 301
  - 20.1.1 Hat-ein-Komposition — 301
  - 20.1.2 Hat-ein-Aggregation — 301
  - 20.1.3 Ist-ein-Vererbung — 302
  - 20.1.4 Nicht: ist eine instanz-von — 302
- 20.2 Vererbung in C++ — 303
- 20.3 Hat-ein versus ist-ein — 304
- 20.4 Gemeinsamkeiten finden — 304
- 20.5 Abgeleitete Typen erweitern — 307
- 20.6 Methoden überschreiben — 308
- 20.7 Wie Methoden funktionieren — 309
- 20.8 Virtuelle Methoden — 310
- 20.9 Konstruktoren in Klassenhierarchien — 312
- 20.10 Typumwandlung in Klassenhierarchien — 314
  - 20.10.1 Die Vererbungshierarchie aufwärts unwandeln — 314
  - 20.10.2 Die Vererbungshierarchie abwärts umwandeln — 314
  - 20.10.3 Referenzen behalten auch die Typinformation — 315
- 20.11 Wann virtuell? — 315
- 20.12 Andere Designs zur Erweiterbarkeit — 317
- 20.13 Aufgaben — 318

21 Der Lebenszyklus von Klassen — 321

- 21.1 Erzeugung und Zerstörung — 322
- 21.2 Temporary: Kurzlebige Werte — 324
- 21.3 Der Destruktor zum Konstruktor — 325
  - 21.3.1 Kein Destruktor nötig — 327
  - 21.3.2 Ressourcen im Destruktor — 328
- 21.4 Yoda-Bedingung — 330
- 21.5 Konstruktion, Destruktion und Exceptions — 331
- 21.6 Kopieren — 333
- 21.7 Zuweisungsoperator — 335

21.8	Streichen von Methoden	339
21.9	Verschiebeoperationen	340
21.10	Operatoren	344
21.11	Eigene Operatoren in einem Datentyp	348
21.12	Besondere Klassenformen	353
	21.12.1 Abstrakte Klassen und Methoden	353
	21.12.2 Aufzählungsklassen	355
21.13	Aufgaben	356

22 Programmiertechnik, 3. Dan: Die Nuller-Regel 359

22.1	Die großen Fünf	359
22.2	Hilfskonstrukt per Verbot	360
22.3	Die Nullerregel und ihr Einsatz	361
22.4	Ausnahmen von der Nullerregel	362

TEIL IV Fortgeschrittene Themen

23 Zeiger 367

23.1	Adressen	368
23.2	Zeiger	369
23.3	Heapspeicher und Stapelspeicher	372
	23.3.1 Der Stapel	372
	23.3.2 Der Heap	374
23.4	Smarte Pointer	376
	23.4.1 »unique_ptr«	378
	23.4.2 »shared_ptr«	382
23.5	Rohe Zeiger	385
23.6	C-Arrays	390
	23.6.1 Rechnen mit Zeigern	391
	23.6.2 Verfall von C-Arrays	392
	23.6.3 Dynamische C-Arrays	393
	23.6.4 Zeichenkettenliterale	394

23.7	Iteratoren	396
	23.7.1 Mehr Funktionalität mit Iteratoren	398
	23.7.2 Zeiger als Iteratoren	399
23.8	**Zeiger im Container**	400
23.9	**Die Ausnahme: Wann das Wegräumen nicht nötig ist**	400
23.10	**Aufgaben**	402

24   Makros — 405

24.1	Der Präprozessor	406
24.2	Vorsicht vor fehlenden Klammern	410
24.3	Vorsicht vor Mehrfachausführung	410
24.4	Typvariabilität von Makros	411
24.5	Zusammenfassung	413
24.6	Aufgaben	414

25   Schnittstelle zu C — 416

25.1	Mit Bibliotheken arbeiten	417
25.2	C-Header	418
25.3	C-Ressourcen	421
25.4	»void«-Pointer	422
25.5	Daten lesen	423
25.6	Das Hauptprogramm	424
25.7	Zusammenfassung	425
25.8	Aufgaben	425

26 Template-Funktionen — 427

- 26.1 Überladung — 428
- 26.2 Ein Typ als Parameter — 429
- 26.3 Funktionskörper einer Template-Funktion — 429
- 26.4 Zahlen als Template-Parameter — 431
- 26.5 Viele Funktionen — 432
- 26.6 Parameter mit Extras — 432
- 26.7 Template-Methoden sind auch nur Funktionen — 435
- 26.8 Template-Funktionen in der Standardbibliothek — 436
- 26.9 Iteratoren statt Container als Template-Parameter — 437
- 26.10 Beispiel: Informationen über Zahlen — 439
- 26.11 Aufgaben — 440

27 Eine Klasse als Funktion — 442

- 27.1 Werte für einen »function«-Parameter — 443
- 27.2 C-Funktionspointer — 444
- 27.3 Die etwas andere Funktion — 445
- 27.4 Praktische Funktoren — 448
- 27.5 Algorithmen mit Funktoren — 450
- 27.6 Anonyme Funktionen alias Lambda-Ausdrücke — 451
    - 27.6.1 Lambdas mit Zugriff nach außen — 452
    - 27.6.2 Für Ihre Bequemlichkeit — 454
- 27.7 Aufgaben — 455

Anhang — 457

- A C++11-Besonderheiten — 458
- B Operator-Präzedenzen — 470
- C Lösungen — 472

Index — 515

Geleitwort des Fachgutachters

Es gibt einen Unterschied zwischen »in C++ programmieren können« und »C++ beherrschen«. Dieses Buch möchte Ihnen letzteres beibringen, auch wenn Sie bisher keine oder wenige Erfahrungen in der Softwareentwicklung haben. Wenn Sie C++ beherrschen, steht Ihnen ein mächtiges Werkzeug zur Verfügung, welches Sie dabei unterstützt, auf einer großen Bandbreite von Plattformen effiziente und fehlerarme Software zu schreiben, ohne Sie dabei einzuschränken. Neben dem eigentlichen Sprachkern lernen Sie hier, diese Freiheiten zu Ihrem Vorteil zu nutzen, ohne in Fallen zu laufen.

C++ blickt mittlerweile auf eine 35-jährige Geschichte zurück. Ursprünglich als »C with Classes« von Bjarne Stroustrup aus der Taufe gehoben beschrieb dieser Name die neue Sprache sehr gut: Die rein imperative Programmiersprache C wurde erweitert um objektorientierte Klassen, plus ein paar weniger auffällige Dinge. C++ sollte das »bessere C« sein. Es sollte die Vorteile von C beibehalten, wie z. B. die Möglichkeit, sehr effizienten Code zu schreiben. Andererseits sollten Alternativen für solche Konstrukte in C geschaffen werden, die fehleranfällig oder schwer handhabbar sind. Dazu gehören beispielsweise die Aquirierung und Freigabe von Ressourcen wie Speicher. Während es bei C Aufgabe des Programmierers ist, den Überblick zu behalten, erlaubt Ihnen das RAII-Muster in C++ häufig, dies dem Computer zu überlassen. Später kamen Exceptions hinzu, um eine robustere Fehlerüberprüfung zu ermöglichen. Eine weitere große Erweiterung waren Templates, die typsichere generische Datenstrukturen ermöglichten. Das in C häufig genutzte berühmt-berüchtigte `void*` hatte damit in vielen Fällen einen besseren Ersatz gefunden. Darauf aufbauend fand die *Standard Template Library* Einzug in die Sprache, die für viele häufig verwendete Datenstrukturen typsichere Implementierungen mitbrachte. Andere Erweiterungen waren beispielsweise *Namespaces*, und *Smartpointer* lieferten eine Möglichkeit, die Speicherverwaltung zu vereinfachen. C++11 schließlich brachte unter anderem die *Move-Semantik*. Damit wurde es einerseits möglich, unnötige Kopien zu vermeiden, andererseits können damit einige Unsauberkeiten vermieden werden (wie z. B. die Zuweisung von `auto_ptr`). Wie Sie sehen werden, ist diese Aufzählung bei weitem nicht vollständig – viele der hier nicht erwähnten Eigenschaften von C++ werden Sie in diesem Buch kennenlernen.

Zurück zu den Freiheiten, die Ihnen C++ lässt. C++ ist beispielsweise kompatibel zu C, d. h. Sie können C++ auch im C-Stil programmieren. Damit würden Sie allerdings viele Vorteile von C++ verschenken. Deswegen versucht dieses Buch, Ihnen diejenigen Techniken zu vermitteln, mit denen Sie C++ optimal nutzen. Diese Techniken haben möglicherweise eine etwas höhere Einstiegshürde als andere. Dieser zusätzliche Aufwand sollte sich jedoch relativ schnell amortisieren. In C öffnen Sie eine Datenbankverbindung und schließen sie später wieder. Das ist zwar sehr einfach zu verstehen, in größeren Projekten jedoch nicht ganz einfach korrekt umzusetzen. Ein Wrapper, der das oben erwähnte RAII-Muster einsetzt, ist anfangs schwieriger zu verstehen, dann aber annähernd narrensicher im Einsatz (und für die vermutlich wichtigste Ressource Speicher haben wir ja die Smartpointer, die eben dieses Konzept umsetzen).

Wenn Sie bereits Erfahrungen in anderen Programmiersprachen haben, sollten Sie sich bewusst sein, dass eine neue Programmiersprache mehr ist als nur eine neue Syntax. Wenn sich eine Technik in einer Sprache bewährt hat, gilt das nicht auch automatisch für andere Sprachen, manches ist sogar unmöglich. Wenn Sie beispielsweise Erfahrung mit Java haben, werden Sie wissen, wie essentiell `finally`-Blöcke für ein korrektes Ressourcenmanagement sind (Das seit Java 7 verfügbare Try-with-Resources-Konstrukt ist eigentlich auch nur eine Kurzschreibweise, die automatisch ein `finally` mit einem `close` erzeugt). C++ kennt kein `finally` und benötigt es auch nicht. Die Alternative ist das bereits erwähnte RAII. Als C-Programmierer sind Sie möglicherweise an die Allgegenwart von Pointern gewöhnt. In gutem C++ spielen sie eine deutlich kleinere Rolle (Sie können häufig durch Referenzen ersetzt werden), und daher werden Pointer in diesem Buch auch viel später behandelt, als es für ein C-Buch angemessen wäre.

Ich wünsche Ihnen viel Erfolg damit, C++ zu meistern und das Beste aus dieser Sprache herauszuholen.

Dr. Christian Kleinewächter

Vorwort

Warum verwenden Sie C++? Warum lernen Sie nicht Java? Warum nicht ABAP, JavaScript oder PHP? Nun, JavaScript und PHP lernen Sie vielleicht sowieso, weil diese in einer bestimmten Domäne zu finden sind, nämlich wenn Sie Webprogrammierung betreiben. Ebenso kommen Sie um ABAP nicht herum, wenn Sie für SAP programmieren.

Anders Java und C++: Diese Sprachen werden überall eingesetzt. Aber so ist es mit Python, Ruby und Perl ebenfalls. Vielleicht lernen Sie eine diese Skiptsprachen auch noch, denn mit ihnen können Sie schnell einen Prototyp schreiben. Und Java? Diese exzellente Sprache schränkt Sie ein. Sie haben Objekte, eine virtuelle Maschine, Classloader – Sie haben Interfaces und schreiben auf jeden Fall objektorientiert. Nun, dann könnten Sie ja C als Ihre Sprache wählen, doch Sie wollen eine hohe Abstraktion. Sie wollen nicht maschinennah programmieren, sondern wollen von neuesten Technologien profitieren, die in den Bau von hochkomplexen Compilern einfließen.

Also wählen Sie C++. Sie wählen die Sprache, die Sie nicht auf das objektorientierte Paradigma festlegt, obgleich sie dieses komplett unterstützt. Sie wollen die Optionen der generischen Programmierung und der luxuriösen Fehlerbehandlung, und Sie wollen dynamische Typen bei gleichzeitiger totaler Typsicherheit. Sie wollen maximale Unterstützung des Compilers beim Vermeiden von Fehlern ebenso wie die Möglichkeit, für alle Plattformen – von der intelligenten Uhr bis zum Großcomputer – Programme zu entwickeln. Und das wollen Sie ohne Kompromisse in der Geschwindigkeit, mit der Ihre Programme laufen werden.

Dies alles ist in den letzten Jahren seit dem C++-Standard von 1998 jedes Jahr ein bisschen mehr wahr geworden. Die Compiler wurden immer besser – überhaupt wuchs die Zahl der verfügbaren Compiler immer weiter. Und es ist gut, die Wahl zu haben. Mit C++98 wurde ein Fundament geschaffen, auf dem man wirklich aufbauen kann. Und das ist 2011 mit C++11 geschehen: Nun haben Sie eine Sprache, die gutes Programmieren ermöglicht. Zu dieser Sprache gehört jetzt auch eine Standardbibliothek, die eine Programmiersprache erst zu einer solchen macht. Mit C++11 haben Sie das Werkzeug in der Hand, um gute Programme zu schreiben.

Sie holen sich aber auch Nachteile ins Haus: Insgesamt ist C++ eine komplexe Sprache. Die Kunst besteht darin, C++ so einzusetzen, dass die Programme dennoch einfach sind. Sie müssen von den vielen Möglichkeiten, die C++ Ihnen lässt, diejenigen auswählen, die Ihre Programme »gut« werden lassen. In diesem Buch lernen Sie deshalb nicht die staubigen Ecken von C++ kennen. Ich lege stattdessen Wert darauf, dass Sie einen möglichst runden, in sich geschlossenen Einblick in C++ bekommen. Ich bemühe mich, die Dinge so zu erklären, dass Sie die Grundelemente in sich aufnehmen – nicht zuletzt durch wiederholtes Hinterfragen der »Warums« der Sprache. Denn daraus leiten sich die »Darums« ab. Wenn Sie die verstehen, dann können Sie in Zukunft sich selbst Fragen beantworten. Sie bekommen ein Gefühl für die Sprache und kombinieren die Elemente selbst, ohne dass Sie darüber besonders nachdenken müssen. Ich möchte nicht, dass Sie ein Listing nach dem anderen abtippen und sich die Ergebnisse anschauen. Verstehen Sie das »Dahinter«, probieren Sie aus, kombinieren Sie. Denn aus diesen Experimenten entsteht Verstehen und daraus Ihr Erfolg mit der Sprache.

Vielleicht fällt Ihnen auf, dass ich mich sehr eingehend mit den Grundprinzipien der Sprache beschäftige. Ich halte Typen, Variablen, Ausdrücke und Anweisungen für derart wichtige und zentrale Elemente einer Programmiersprache, insbesondere von C++, dass ich sicherstellen will, dass Sie diese durch und durch verstehen. Es ist – wie immer – schwierig, das eine ohne das andere zu erklären. Daher, und das möchte ich nur kurz erwähnen, ist der erste Teil des Buches eine Serie von unterschiedlich großen »Schleifen«, die Sie durch die Programmiersprache fliegen werden. Mit jedem Durchgang hole ich weiter aus, erkläre immer mehr Details. Das wird in etwa bis zum Einblick in Funktionen, Exceptions oder Modularisierung anhalten. Am Ende dieser Rundflüge steigen wir hoch auf, und Sie lernen Klassen und Objekte kennen, bis es im Parabelflug zu Makros und Funktionstemplates geht. Sie werden diese Teile meistern, weil Sie die Grundkonzepte der Sprache bis dahin verinnerlicht haben werden.

In gewisser Hinsicht beneide ich Sie dafür, dass Sie jetzt C++ lernen dürfen. Mit C++11 haben Sie die Chance, viel sauberere und besser strukturierte Programme zu schreiben, als es mir vor über 20 Jahren vergönnt gewesen ist. Ich will Ihnen deshalb genau dies als Vorteil mit auf den Weg geben: Ich fokussiere in diesem Buch auf die »hübschen« Elemente, die hauptsächlich mit C++11 den Weg in die Sprache gefunden haben. Es wird Ihnen leichter fallen, die Sprache zu erlernen, wenn Sie mit diesen starten dürfen. Ach, hätte es zu meiner Zeit schon verallgemeinerte Initialisierung oder verlässliches Exceptionhandling gegeben!

Oder hätte es auch nur eine gute Standardbibliothek gegeben, wenn wir schon dabei sind. Sie haben das Glück, zum Beispiel reguläre Ausdrücke und parallellaufende Programme schon mit der Standardbibliothek schreiben zu können. Allerdings geht dieses Buch auf die mehr als umfangreiche Standardbibliothek nur dort ein, wo es hilft, die Sprache zu erlernen. Parallel werden Sie eine Referenz zurate ziehen müssen, gedruckt oder online. Mit diesem Buch will ich erreichen, dass Sie die Referenz auch verstehen und das dort Erklärte effektiv einsetzen können.

Außerdem werden Sie, wenn Sie jetzt mit C++ starten, wahrscheinlich gerade so richtig mit dem Programmieren loslegen, wenn es auch mit C++ so richtig losgeht: C++14 ist gerade verabschiedet und bügelt ein paar kleine Fehler und Falten glatt. Das nächste C++ steht vor der Tür (Arbeitsname: C++17), und mit ihm werden Sie vor allem Erweiterungen der Standardbibliothek sehen: Netzwerkprogrammierung, effiziente Ein- und Ausgabe und eine noch modernere Parallelisierung. Aber auch an der Sprache wird gefeilt: Sie werden erleben, wie sogenannte Konzepte die Templateprogrammierung bereichern, und Fehlermeldungen des Compilers werden leichter zu verstehen sein. Sie beginnen mit C++ zu einem wahrhaft spannenden Zeitpunkt.

Mir ist nicht nur wichtig, dass Sie die Sprache C++ lernen. Ich möchte auch, dass Sie sie »richtig« einsetzen. Das versuche ich durch die Wahl und Reihenfolge der Themen zu erreichen, die ich Ihnen präsentiere, aber auch dadurch, dass ich nützliche Idiome und Tipps aus der Praxis einstreue. Das geschieht aber, ohne Sie einschränken zu wollen, denn C++ ist und bleibt eine Sprache, mit der Sie selbst wählen können: objektorientiert, typsicher, generisch und so weiter. Also geht es auch bei diesen Tipps um das Verstehen. Wie sollten Sie Programme modularisieren? Womit sollten Sie Klassen ausrüsten? Worauf sollten Sie achten, wenn Sie Performance wollen? Wenn dies auch nicht universelle Hinweise sind, so sind sie diesen doch ziemlich nah.

Mit diesem Buch, so hoffe ich, lernen Sie C++. Und Sie lernen nicht nur, Quellcode zu lesen oder Zeilen aneinanderzureihen mit Programmen die aus einer Eingabe eine Ausgabe machen (obwohl auch dieses trivial erscheinende Konzept wichtig ist). Sie lernen, es so zu machen, dass Sie weniger Fehler machen werden – weniger *Bugs* produzieren. Insbesondere, wenn Sie Programme schreiben wollen, die Bestand haben, die Sie oder andere noch in Jahren weiterentwickeln oder auch nur nutzen, dann sollte Ihnen diese Eigenschaft am Herzen liegen.

Schreiben Sie *nachhaltigen* Code.

Bielefeld,

Torsten T. Will

TEIL I
Erste Schritte

Was ist eigentlich Programmieren? Wofür brauchen Sie es, was wollen Sie damit machen? Was sollten Sie können, was werden Sie lernen?

Sie legen gleich los. Sie starten Ihre Entwicklungsumgebung und schreiben (womöglich) Ihr erstes Programm in C++. Und das werden Sie sich ganz genau anschauen.

Kapitel 1
Über dieses Buch

Wenn Sie dieses Buch das erste Mal in die Hand nehmen, erwarte ich nicht, dass Sie schon eine Programmiersprache beherrschen. Sie sollten etwas Erfahrung mit Computern und eine grobe Idee von der Technik und den Komponenten im Computer haben. Sie wissen, was Speicher und ein Prozessor ist? Sie können sich unter dem Begriff »Programm« etwas vorstellen? Gut.

Noch viel wichtiger ist, dass Sie einen großen Haufen Neugierde und viel Lust und Geduld zum Ausprobieren mitbringen. Programmieren lernen Sie, indem Sie sich fortbilden, sich austauschen, Dinge abgucken und ausprobieren.

Dieses Buch ist so aufgebaut, dass Sie am Anfang grob etwas darüber lernen, was Programmieren eigentlich ist und wie Sie einen Compiler und eine Entwicklungsumgebung bedienen. Dann geht es aber auch schon ans Eingemachte. Sie lernen sehr gründlich die Grundkonzepte von Programmiersprachen allgemein und von C++ im Besonderen. Das nimmt viel Raum ein, weil ich der Meinung bin, dass Sie, wenn Sie die Grundkonzepte mit all dem »Wie« und »Warum« verstanden haben, darauf aufbauen können, dass Sie vieles gar nicht nachschlagen müssen, sondern sich durch geschicktes Raten herleiten können. Sie werden zum Beispiel den Unterschied zwischen einem *Ausdruck* und einer *Anweisung* kennen lernen oder zwischen einer *Deklaration* und einer *Definition*. Wenn Sie diese Dinge jeweils sicher zuordnen und einsetzen können, dann werden Sie feststellen, dass diese als Konzepte immer und immer wieder in der Sprache auftauchen.

Aber auch schon sehr C++-spezifische Elemente sind Teil dieser Einführung. Sie lernen erste Datentypen wie `string` und `int` kennen. Und was ist eine Programmiersprache ohne Funktionen und Operatoren? Daher lernen Sie ebenfalls alles Wichtige im ersten Teil des Buches.

Wenn Sie dieses breite Fundament des ersten Teils hinter sich haben, dann lernen Sie im zweiten Teil, wie Sie eigene Datentypen erstellen, wie Sie in C++ objektorientiert programmieren und wie Sie Ihr Programm modular und zukunftssicher aufbauen.

Im letzten Teil setzen Sie die Typen dann mit erweiterten Konzepten ein. Sie lernen Zeiger und Templates kennen und verwenden Ihre Funktionen und Klassen mit C-Schnittstellen.

1.1 Der C++-Standard

Die Sprache C++ besteht eigentlich aus zwei Teilen:

- **aus dem C++-Sprachkern**
  Damit meint man die Sprache selbst: dass es Typen und Werte gibt, dass man runde Klammern für Funktionsaufrufe verwendet und dass ein Compiler Ihren Quellcode in ein ausführbares Programm übersetzt.

- **aus der C++-Standardbibliothek**
  Das sind Module, wiederkehrende Teilprogramme und Werkzeuge, die Sie in Ihrem Programm verwenden können und somit nicht mehr selbst schreiben müssen.

Wenn man eine Programmiersprache erlernt – egal welche –, hat man es immer mit dieser Zweiteilung zu tun: dem Sprachkern selbst (der Syntax und Semantik) und der Bibliothek, die dazu mitgeliefert wird. Genau, wie man mit »Ich kann Java« meint, »Ich kann *.java-Dateien schreiben, die das JDK verwenden«, und mit »Ich kann C#« meint, »Ich kann *.cs-Dateien eingeben und kenne Microsofts .NET-Framework«, gehört bei C++ die Standardbibliothek zur Sprache dazu.

Und ebenso wie bei Java und C# ist die Standardbibliothek in C++ ein auf keinen Fall zu unterschätzendes Werkzeug. Insbesondere seit C++11/C++14 beinhaltet sie immens nützliche Dinge, ohne die das C++-Programmieren nicht einmal halb so effizient wäre. In diesem Buch verwenden wir ebenfalls viele Dinge aus der Standardbibliothek (angefangen bei string), jedoch bei Weitem nicht alles. Eignen Sie sich die Elemente der Standardbibliothek an, wenn Sie die Themen dieses Buches gelernt und erfasst haben.

Das war übrigens nicht immer so: Mit der letzten größeren Edition des Standards C++11 ist der Anteil, den die Standardbibliothek darin ausmacht, um einen immensen Teil gewachsen. In C++98, also dem, was bis 2010 der noch aktuelle Standard war, war die Standardbibliothek beinahe synonym mit »STL«, der Standard Template Library – dem Fundament von dem, was Sie heute als Container, Iteratoren und Algorithmen in der Standardbibliothek finden. So kam kein Programm ohne eine große Sammlung an C-Bibliotheken aus. Heute finden Sie aber auch Zufallszahlen, reguläre Ausdrücke, Parallelisierung, Zeiteinheiten und vieles mehr in der Standardbibliothek. Der Anteil an C-Schnittstellen nimmt immer weiter ab. Und so wird es weitergehen: Beim kommenden C++-Standard (C++17, wie manche hoffen) liegt der Fokus auf der Erweiterung der Bibliothek. An der Netzwerkprogrammierung, effizienter Ein- und Ausgabe, Metaprogrammierung, Datenbanken usw. arbeiten die »Study Groups« des international besetzten C++-Standardisierungskommitees. Das ist übrigens – im Gegensatz zu den meisten anderen Programmiersprachen – auf eine gewisse Art demokratisch: Wenn Sie sich ein Herz fassen und C++ tief in sich aufnehmen, dann können Sie das kommende C++ aktiv mitgestalten, und zwar nicht nur mit konstruktiven Vorschlägen, was man besser machen kann, sondern vielleicht können Sie eines Tages für Deutschland, die Schweiz oder Österreich das Votum Ihres Lands für Ihr Lieblingsfeature abgeben.

In diesem Buch verwende ich durchgehend C++11 als Standard, wenn ich Ihnen Dinge erkläre. Sie stehen wahrscheinlich am Anfang Ihrer C++-Karriere, und so haben Sie die Chance, die viele C++-Entwickler nicht mehr haben: Sie können gleich von Anfang an mit den vielen guten Features dieser neuen Sprache aufwachsen und diese aufnehmen. Sie werden aber im Laufe Ihrer Arbeit noch viel mit »altem« C++-Code zu tun haben. Daher ist es wichtig, dass Sie den auch lesen können. Es ist auch möglich, dass Sie, wenn Sie selbst programmieren, einige Dinge von C++ nicht nutzen können, weil entweder Ihr Compiler dieses Feature noch nicht unterstützt oder Ihre Arbeitsvorgabe Ihnen den Einsatz des einen oder anderen Features verbietet. Sie finden in Anhang A, »C++11-Besonderheiten«, eine Erklärung aller im Buch verwendeten C++11-Features und Hinweise, was Sie tun können, wenn Sie es durch das C++98-Konstrukt ersetzen müssen.

1.2 Verwendete Formatierungen

Listings enthalten die folgenden Elemente:

```
#include <iostream>                    // cout
#include <memory>                      // make_shared
int main() {                           // ein Kommentar
  std::cout << "Blopp\n";              // hervorgehoben
  Typ feh-ler(args);                   // Zeile mit einem Fehler
#endif
  auto p = std::make_shared<int>(5);   // C++11-Features
  for(;;) break;   // andere Hervorhebung, zur Unterscheidung oder wenn besser zu sehen
}
```

Listing 1.1 Ein kleines Formatbeispiel

Verwendeter Schriftsatz:

- Im Text wird code in dieser Art gesetzt.
- Eine *textuelle Hervorhebung* ist *kursiv* dargestellt.
- Auch ein *Begriff* ist *kursiv*.
- Code, der C++11-Features verwendet, wird wie auto markiert.

Eine Übersicht über C++11- und C++14-Features, die wir verwenden, finden Sie in Anhang A, »C++11-Besonderheiten«. Letztere benutzen wir selten, aber der Anhang gibt Ihnen einen Vorgeschmack. In diesem Buch dient jener Anhang vor allem dem Zweck, dass Sie wissen, was Sie alternativ verwenden können, wenn Ihr Compiler ein Feature noch nicht unterstützt.

> **Kasten**
> Kästen enthalten wichtige Dinge, die Sie sich besonders merken sollten.

> **Balken**
>
> Mit einem Balken sind Einschübe markiert, die meist weitergehende Hinweise enthalten. Am Anfang des Kapitels ist jeweils ein *Kapiteltelegramm* für die eingeführten Begriffe im Balken gesetzt.

Am Ende der meisten Kapitel finden Sie *Aufgaben*. Ich habe diese in drei Kategorien unterteilt:

- Die *Wiederholungsfragen* lassen den Inhalt des aktuellen Kapitels noch einmal Revue passieren.
- Mit den *Vertiefungsfragen* müssen Sie sich meist schon ein wenig beschäftigen, und Sie müssen oft Wissen aus vorherigen Kapiteln verknüpfen.
- Die *Erweiterungsfragen* erfordern, dass Sie selbst nachforschen. Allein das Lesen der Frage bereitet Sie »sanft« auf die folgenden Kapitel vor. Nehmen Sie es schon mal als Denkanstoß.

Zu den Wiederholungs- und Vertiefungsfragen finden Sie im Anhang Lösungen. Zu den Erweiterungsfragen gebe ich keine komplette Lösung an, aber meistens Hinweise, denn bei den Fragen geht es weniger um die Lösung selbst als um das Beschäftigen mit der Fragestellung. Wenn Ihnen eine Diskussion hilft, erreichen Sie mich per Chat auf *http://cpp11.generisch.de* oder per E-Mail an *torsten.t.will@gmail.com*.

Kapitel 2
Vom Problem zum Programm

Kapiteltelegramm

- **Softwareentwicklungsmethoden**
  Praktiken, die es erlauben, aus dem Kundenwunsch ein Programm zu machen. Sie haben das Ziel, den Prozess der Softwareentwicklung reibungslos zu gestalten, einen zufriedenen Kunden und ein gutes Programm zu erhalten.

- **Software Craftsmanship**
  Vielleicht eine Softwareentwicklungsmethode, vielleicht auch nur die Sicht des Programmierers auf sein Werk als Produkt seiner Professionalität.

- **Funktionstests**
  Im Rahmen der Methodik die Sicherstellung, dass das Programm »tut, was es soll«. Es gibt mehrere Arten von Tests, und viele beziehen sich stark auf die Kundensicht.

- **Unittest**
  Anders die Unittests, deren Fokus der Programmierer ist. Er legt sie (meist) fest, er implementiert sie (meist) und führt sie sehr häufig selbst aus. Weil diese Tests die kleinen Einheiten (daher der Name) des Programms prüfen, geben sie dem Entwickler gut lokalisiert Meldungen im Fehlerfall.

- **Refactoring**
  Das Anpassen von Programmteilen, die an anderer Stelle sind als die gerade bearbeitete Änderung.

- **Entwurfsmuster**
  Auch »Patterns« genannt. Mit Entwurfsmustern gibt man wiederkehrenden Aufgaben und Lösungsansätzen einen Namen, um sich effizient über sie austauschen zu können.

- **Algorithmus**
  In der Informatik etwas, das die Lösung einer Aufgabe formal beschreibt.

- **Komplexität**
  Im Sinne der Informatik ein Maß für die Schwierigkeit, eine Aufgabe (mit dem Computer) zu lösen.

- **Ressource**
  An der Menge der verbrauchten Ressourcen kann man den Aufwand eines Algorithmus messen. Typischerweise werden benötigte Zeit und verbrauchter Speicher betrachtet.

Mein erstes Buch, in dem strukturiert darauf eingegangen wurde, was ein Programm eigentlich ist, hieß wie dieses Kapitel. Das, was mir jenes Buch *nicht* beigebracht hat, war, wie ich *programmiere*. In dem Buch ging es darum, wie man ein Programm mathematisch auffasst, beschreibt und analysiert. Es war kein *praktischer* Leitfaden zum Programmieren, oh nein. Dennoch sind die Dinge darin enorm wichtig, denn sie schulen den Blick für das Wesentliche, und aus diesem Blickwinkel lohnt es sich oft, Dinge zu hinterfragen.

Aus dieser Theorie wurde die Praxis des Programmieralltags. Alle Dinge jenes Buches sind immer noch wahr, doch treten sie in den Hintergrund. Die beiden wichtigsten, so habe ich gelernt, sind:

- die Praxis, das Üben: Trauen Sie sich, »hinter die Kulissen« zu blicken, und probieren Sie neue Wege aus.
- die Kommunikation: Reden Sie mit anderen über Ihr Programm, diskutieren Sie Ihre Lösung, dokumentieren Sie, machen Sie Code-Reviews – werden Sie besser durch »Input und Output«.

Beides zusammen führt zum *Verstehen*. Und damit haben Sie alle Werkzeuge in der Hand, um Probleme vom Kopf in den Computer zu übertragen.

2.1 Was ist Programmieren?

In den Vordergrund treten die konkreten Methoden, wie Sie aus einer Aufgabe bzw. einer Fragestellung ein fertiges Programm machen. Für mich ist somit der Alltag des Programmierens ein gänzlich anderer als der, den mir jenes Buch zu vermitteln schien. Die Grundprinzipien sind geblieben, doch die *Wege und Werkzeuge* sind anders.

So steht am Anfang immer ein Wunsch – mal mehr und mal weniger gut beschrieben. Diesen Wunsch muss jemand in eine genaue Vorstellung packen. Das kann derjenige in Textform tun, oder er liefert eine mündliche Beschreibung.

Spätestens jetzt kommt der Programmierer ins Spiel, vielleicht zuvor noch ein Architekt, der die Aufgaben zerteilt und auf einer größeren Landkarte unterbringt. Sie müssen sich dann hinsetzen und die Aufgabe weiter herunterbrechen – immer weiter, immer weiter, bis Sie einzelne »unteilbare« Bausteine haben.

Dann setzen Sie sich hin und schreiben in der Sprache des Computers – beziehungsweise einer Zwischensprache, die ein Compiler oder Interpreter übersetzt – das Programm, das die Aufgabe erfüllt. Ziel erreicht?

2.2 Softwareentwicklungsmethoden

Der Programmierer muss *testen*, ob sein Programm auch wirklich die Aufgabe erfüllt. Der Kunde muss das Gleiche prüfen und muss gleichzeitig sicher sein, dass seine Wünsche durch Abstraktionen und Konkretisierungen auch richtig verstanden worden sind.

Es hat sich herausgestellt, dass man deshalb von Anfang an die *Testbarkeit* und *Überprüfbarkeit* mit einplanen muss – vom Zeitaufwand her, aber auch in dem Prozess selbst. Der Programmierer kann zum Beispiel schon beim Coden darauf achten, dass sein Programm auch gut zu testen ist.

Gleiches gilt für Änderungen, die der Kunde wünscht: In allen Stufen dieses Ablaufs wird man sicherstellen müssen, dass sich geänderte Wünsche, geänderte Anforderungen, geänderte Voraussetzungen auch in dem fertigen Programm noch umsetzen lassen.

Um dies alles sicherzustellen, gibt es viele Ansätze, viele Methoden der *Softwareentwicklung*. Sei es das *Wasserfallmodell*, das *V-Modell*, *Agil*, *Extreme Programming* oder *Scrum* – alle diese Ansätze beschäftigen sich (von unterschiedlichen Standpunkten aus) damit, wie aus Wünschen gute Programme werden. Über die konkreten Methoden lesen Sie bitte die entsprechenden Bücher, Ihnen stehen mehrere Regalmeter zur Verfügung.

Es gibt jedoch Gemeinsamkeiten, die Ihnen aus der Perspektive dieses Buches bei Ihrem »Einstieg in modernes C++« weiterhelfen werden. Mein persönlicher Wunsch beim Programmieren ist – egal nach welcher Methode –, dass ich zufrieden mit meinem Produkt bin. Meiner Meinung nach gibt es einige universelle Anforderungen an ein Programm, ohne deren Erfüllung ein Programm nicht wert ist, so genannt zu werden. Ähnlich wie ein Haus als Produkt nur dann ein Haus ist, wenn es mich bei Regen trocken und im Winter warm hält. Ein Haus ist das Produkt von Fachleuten, eine Teamarbeit, an der unter anderem viele Handwerker beteiligt sind. Und ähnlich wie ein Dachdecker stolz auf ein von ihm gebautes Dach ist, wenn es – laienhaft ausgedrückt – oben dicht und unten warm ist, so muss sich der professionelle Programmierer als Handwerker sehen, der ebenfalls Kriterien an sein Produkt anlegen sollte – Kriterien, ohne die es nicht geht.

Um den Vergleich zum Handwerk zu verdeutlichen, hat sich in letzter Zeit der Begriff der *Software Craftsmanship* (in etwa: *Handwerk der Softwareentwicklung*) entwickelt. Während die einen dies auch nur als eine weitere (programmiererfokussierte) Methode der Softwareentwicklung betrachten, erlaube ich mir dabei vor allem den Wunsch nach *Professionalität* des Softwareentwicklers herauszuheben. Ein Entwickler(-Team), der professionelle Kriterien an sein eigenes Produkt hat, wird sich weniger gegenüber seinen Partnern rechtfertigen müssen. Die professionelle Herangehensweise stellt sicher, dass das Abgelieferte als wertvolles Ganzes gesehen wird, von Kunde und Macher zugleich. Das Programm wird zum Haus.

Ich möchte hier ein paar dieser universellen professionellen Methoden nennen, die Ihnen vor allem im Coding-Alltag beim Einstieg in C++ helfen werden.

- **Testen**
  Testen Sie Ihren Code. Sie werden schnell merken, dass Sie – mit der Absicht im Hinterkopf, Ihren Code testen zu wollen – schon anders programmieren werden. Sie werden Schnittstellen schaffen wollen, die Ihnen das *automatische Testen* vereinfachen. Bei Tests ist die einfache Ausführbarkeit und Reproduzierbarkeit sehr wichtig.

- **Funktions- und Gesamttest**
  Irgendwann muss Ihr Programm in der Gesamtheit getestet werden. Stellen Sie auch hier schon während des Designs und der Programmierung sicher, dass diese Tests leicht durchzuführen, reproduzierbar und aussagekräftig sind. In der Praxis werden unterschiedliche Geschmacksrichtungen dieser Tests vorkommen. Hier einige Stichworte, die aber bei Weitem nicht alle Testarten abdecken:
  - Ein *Smoke-Test* überprüft »auf die Schnelle« die Mindestfunktionalität. Mit einem *Massentest* testen Sie große Datenmengen, die möglichst alle kritischen Fälle abdecken sollen.
  - Ein *Integrationstest* findet meist auf einer eigenen Umgebung statt, die so nah wie möglich an dem wirklichen Einsatz der Software ist.
  - Bei einem *End-to-End-Test* ist Ihr Programm womöglich nur eine Komponente einer langen Kette, die von vorne bis hinten überprüft wird.
- **Unittest**
  Diese Art zu testen hat sich in vielen Softwareentwicklungsmethoden etabliert. Dabei testet der Entwickler persönlich die kleinsten Funktionseinheiten seines Programms (*Units*), bei C++ üblicherweise einzelne Funktionen und Methoden, weniger das Zusammenspiel der Komponenten (weswegen Unittests gute Funktionstests ergänzen, nicht ersetzen!). Unittests müssen schnell ausgeführt werden können, da der Entwickler sie üblicherweise jeden Tag mehrmals durchführt.
- **Refactoring**
  Wenn man seinen Code so verändert, dass sich seine Funktionalität nicht verändert, ist das Refactoring. Zum Beispiel reorganisiert man ihn, benennt Variablen um oder ergänzt Parameter. Häufig ist dies eine Vorbereitung auf eine notwendige Erweiterung: Eine momentan spezielle Funktion soll mit einem weiteren Parameter allgemeiner werden, oder eine an mehreren Stellen ausprogrammierte Funktionalität soll in eine Funktion ausgelagert werden und von diesen Stellen aufgerufen werden.

  Solche Änderungen sind oft über große Quelltextbereiche nötig, und es ist schwierig abzusehen, welche Konsequenzen eine Änderung hat. Das kann dazu führen, dass man sich nicht traut, seinen Code anzufassen – was wiederum die notwendige Erweiterung erschwert. Daher müssen Sie von Anfang an so entwickeln, dass Refactoring möglich ist, und das erreichen Sie am besten durch testbaren Code – siehe Unit- und Funktionstests. Ohne diese Kombination können Sie auf Dauer die Codequalität nicht hoch halten.

2.3 Entwurfsmuster

Im Vergleich zu den anderen Gewerken ist dasjenige der Softwareentwicklung noch sehr jung. Während man sich beim Hausbau auf »Sparren« und »Giebel« beziehen kann und jedem Fachmann klar ist, was gemeint ist, waren ähnliche Dinge beim Programmieren noch lange undefiniert. De facto haben aber alle Programmierer, die einen austauschbaren Treiber geschrieben haben, ähnliche Vorgehensweisen gewählt. Kommunikation zwischen Programmteilen? Wird häufig ähnlich implementiert. Ein Programm in Komponenten aufteilen? Das hat jeder schon gemacht.

Dies hat die »Gang of Four« um Erich Gamma erkannt und in dem Buch »Design Patterns: Elements of Reusable Object-Oriented Software« 1994 veröffentlicht. Darin wurde vielen Dingen ein Name gegeben, die Programmierer seit jeher sowieso schon gemacht haben. Die Methoden selbst sind (damals wie heute) nicht wirklich weltbewegend und wenig revolutionär. Der Grund, warum man dieses Buch beachten muss, ist, dass den Dingen darin ein *Name* gegeben wurde. Statt »dann habe ich dieses eine Objekt initialisiert, auf das alle zugreifen, und ich musste noch sicherstellen, dass alle es benutzen können, und…« zu erzählen, konnte der Programmierer nun einfach »Singleton« sagen und jeder wusste (in etwa) worum es geht und schon viel über die Rolle und Aufgabe des Konstrukts. Der Name sagt noch nichts über die konkrete Implementierung, aber nun konnte man austauschbare Implementierungen liefern, die zu großen Teilen mit einem Wort beschrieben werden konnten. Verschiedene Fachbereiche können sich mit den Namen von Entwurfsmustern – im Englischen *Design Patterns* genannt – über das Gleiche unterhalten, und auch der Austausch von Erfahrungen zwischen unterschiedlichen Programmiersprachen wurde einfacher.

Während die Entwurfsmuster des ursprünglichen Buchs heute vielfach modernisiert und ergänzt wurden, bleibt als Nutzen der Patterns an sich übrig, dass man ein gemeinsames Vokabular hat, mit dem man sich effizienter untereinander austauschen kann – sei es im Gespräch oder in der Dokumentation oder schon bei der Namensgebung der Klassen, Funktionen und Variablen. Dies ist der Grund, warum nach diesen Entwurfsmustern weitere aus dem Boden sprossen wie Pilze: *Enterprise Integration Patterns* für große Software-Infrastrukturen, *Architekturpatterns*, *Projektplanungspatterns* und so weiter und so fort. Selten stellt ein Entwurfsmuster aus irgendeinem dieser Bereiche etwas Neues dar, die Existenz ist aber wichtig, da es die Kommunikation verbessert und in seinem Bereich einen »Werkzeugkasten« an Methoden definiert, die man im Repertoire haben sollte – ob man sie nun verwendet oder nicht.

Für konkrete Entwurfsmuster möchte ich wieder auf andere Bücher verweisen. Sie sollten aber über ihre Existenz an sich sowohl Bescheid wissen als auch sich im Laufe der Zeit das Vokabular und die dazugehörigen Methoden der Patterns aus Ihrem Bereich aneignen.

2.4 Algorithmen

Von einer ganz anderen Seite als die Entwurfsmuster beleuchtet die Informatik das Programmieren. Sie beschäftigt sich eher mathematisch mit der Softwareentwicklung, befasst sich weniger mit konkretem Code und leistet doch praxisrelevante Arbeit – indem sie zum Beispiel Algorithmen entwickelt.

Was macht einen *Algorithmus* aus? Zunächst einmal muss er eine Lösung für ein gestelltes Problem darstellen. Ein Algorithmus ist noch kein Programm, er *beschreibt* dies eher. Algorithmen müssen eindeutig, verständlich und vollständig sein. Damit das leicht fällt, bietet es sich an, eine formale Sprache zu verwenden (zum Beispiel mathematische Formeln oder eine der Programmierung ähnliche Sprache). Das ist aber nicht unbedingt nötig; Sie können, wenn Sie präzise sind, auch eine natürliche Sprache nehmen.[1]

Zu einem Algorithmus gehören immer die folgenden Punkte:

- **Eingabe**
  Definieren Sie, was genau Ihr Programm verarbeitet.
- **Ausgabe**
  Beschreiben Sie, was Ihr Programm produziert.
- **Ablauf**
  Schreiben Sie auf, was getan werden soll.

Die einzige formale Anforderung an diese Elemente ist, dass ihre Beschreibung *endlich* sein muss. Es mag ein dicker Wälzer sein, eine ganze Enzyklopädie oder auch nur ein einzelner Satz – Sie müssen mit dem Aufschreiben nur jemals fertig werden können. Jeder Algorithmus legt fest, wie seine Eingabe zu seiner Ausgabe gemacht wird.

In der Praxis werden Sie viele Algorithmen sehen, die eine eher kleine Aufgabem beschreiben, und die eigentliche Beschreibung nimmt meist weniger als eine Buchseite ein – mit Erklärungen vielleicht ein Buchkapitel.

Ein Algorithmus sollte natürlich irgendwann mit seiner Berechnung fertig werden, und zwar für jede mögliche Eingabe. Das ist in der Praxis wichtig, damit man garantiert irgendwann sein Ergebnis bekommt.[2]

2.5 Ressourcen

Aus der Beschreibung des Algorithmus folgt, wie *aufwendig* es ist, ihn auszuführen. Dabei ist die *Größe der Eingabe* häufig entscheidend. Wenn Sie einen Satz mit 100 Zeichen in Ihren Algorithmus hineingeben oder ein Buch mit 1000 Seiten, wie viele Ressourcen verbraucht Ihr Algorithmus?

Die wichtigsten Ressourcen sind dabei *Zeit* und *Speicher*. Beides wohlgemerkt nicht unbedingt konkret in Bits, Bytes oder Sekunden und Tagen, sondern in einer abstrakten Einheit im Verhältnis zur Größe der Eingabe n.

Es ist etwa sehr häufig nötig, Elemente zu sortieren. Es gibt viele Algorithmen zum Sortieren, und sie unterscheiden sich unter anderem in ihrem Ressourcenverbrauch. Zwei extreme Beispiele sind *Heapsort* und *Bubblesort*. Sie unterscheiden sich in der An-

---

[1] *Algorithms*, Sedgewick, Wayne, Addison-Wesley 2001
[2] Für theoretische Überlegung kann es in gewissen Bereichen sinnvoll sein, terminierende und nicht-terminierende Algorithmen zu unterscheiden.

zahl der Operationen (Vergleiche, Vertauschungen), die sie auf der Eingabe durchführen. Während Heapsort eine Eingabe mit n Elementen in O(n log n) Schritten sortiert, benötigt Bubblesort dafür O(n^2).

Diese *O-Notation* ist eine Angabe dafür, wieviel Ressourcen ein Algorithmus typischerweise verbraucht. Die dort angegebene mathematische Funktion beschreibt eine Kurve – je schneller sie wächst, desto größer der Ressourcenverbrauch bei wachsender Eingabe. Wenn Sie sich unter n log n und n^2 nichts vorstellen können, sehen Sie in Tabelle 2.1 konkrete Werte.

Eingabegröße	Heapsort Schritte	–	Zeit ca.	Bubblesort Schritte	–	Zeit ca.
10	33	–	0 Sek.	100	–	0 Sek.
100	664	–	0 Sek.	10.000	–	0 Sek.
1000	9965	–	0 Sek.	1.000.000	–	1 Sek.
10.000	132.877	–	0 Sek.	100.000.000	–	100 Sek.
100.000	1.660.964	–	1 Sek.	10.000.000.000	–	3 Std.
1.000.000	19.931.568	–	19 Sek.	1.000.000.000.000	–	12 Tage

Tabelle 2.1 Die Laufzeit von Heapsort und Bubblesort bei unterschiedlichen Eingabegrößen, wenn der Computer etwa 1.000.000 Operationen pro Sekunde schafft

Die Wahl des richtigen Algorithmus ist enorm wichtig. Ich habe das Sortieren als Beispiel gewählt, weil diese Aufgabe so häufig vorkommt, man dabei besonders viel verkehrt machen kann, und weil Sie, als angehender C++-Nutzer, das Problem nahezu als »gelöst« betrachten können. Sie sollten normalerweise nicht versuchen, einen Sortieralgorithmus selbst zu entwickeln. Nehmen Sie das, was die Sprache C++ Ihnen anbietet: die Funktion std::sort(). Sie basiert auf Heapsort und ist bis auf ganz wenige Ausnahmen das Mittel der Wahl für Ihre Sortieraufgaben.

Was für das Sortieren gilt, gilt auch für viele andere Algorithmen. Wenn Sie ein Problem lösen wollen, dann schauen Sie zuerst in der Standardbibliothek von C++ nach, bevor Sie es selbst programmieren (außer zu Lernzwecken). C++ hat für viele Algorithmen verlässlich programmierte Implementierungen, die oft sogar theoretisch optimal sind. Und eine der großen Stärken von C++ ist, dass die Algorithmen auf beinahe allen Daten arbeiten können.

Kapitel 3
Programmieren in C++

C++ ist eine Programmiersprache für viele Zwecke. Generell kann man sie für nahezu alles einsetzen. Durch ihren Fokus auf Performance und Interoperabilität findet man sie häufig in der Systemprogrammierung. Betriebssysteme, Treiber und andere maschinennahe Programme sind besonders häufig in C++ geschrieben.

In der Klassifizierung der vielen existierenden Programmiersprachen zeichnet sich C++ durch folgende Unterschiede und Eigenschaften aus:

- **C++ wird in Maschinencode übersetzt.**
  JavaScript wird interpretiert, Java in einen Zwischencode übersetzt, der dann interpretiert wird. C++ wird vom Compiler direkt in die Sprache übersetzt, die die Maschine spricht.[1]

- **C++ ist imperativ.**
  Die meisten Sprachen, von denen Sie gehört haben, fallen in diese Gruppe, denn sie gehen Zeile für Zeile vor. Berühmte nichtimperative Beispiele sind Scala, Haskell und F#. Wenn Sie SQL als Programmiersprache betrachten, dann fällt SQL ebenfalls nicht in diese Kategorie.

- **C++ ist objektorientiert.**
  Sie können Klassen und Vererbung verwenden. C ist in diesem Sinne nicht objektorientiert. JavaScript simuliert Objektorientierung mittels Prototypen.

- **C++ ist typsicher.**
  C ist in diesem Maße nicht typsicher, ebenso wenig wie Python oder JavaScript.

- **C++ ist parallel.**
  Spätestens seit C++11 ist die Sprache ohne Zweifel für das Abarbeiten mehrerer gleichzeitiger Programmpfade ausgelegt. In kaum einer anderen Sprache hat man sich so viele Gedanken über das Zusammenspiel mit den Fähigkeiten moderner Hardware gemacht wie im aktuellen C++. Selbst C99 und C++98 mussten Kompromisse eingehen, wenn es um Parallelität ging.

- **C++ ist generisch.**
  Sie schreiben mit Templates allgemeingültige Vorgehensweisen für mehrere Datentypen. Das ist in C schwerer.

- **C++ erlaubt Metaprogrammierung.**
  Sie können Programme schreiben, die zur Compilezeit ausgeführt werden.

---

[1] Zumindest ist das der übliche Weg. Der Standard schreibt dies nicht vor, und es gibt C++-Varianten, die das anders machen.

- **C++ ist ISO-Standard.**
  Das heißt, ein weltweit internationales Komitee entscheidet über die Sprache. Hinter Java steht hauptsächlich Oracle, hinter Python die »Community«, in der der »wohlwollende Diktator auf Lebenszeit« Guido van Rossum das letzte Wort hat.

All dies hat den Erfinder von C++, Bjarne Stroustrup, zu der Aussage veranlasst, dass C++ eine *Multiparadigmensprache* ist. Er meint damit, dass Sie in C++ viele Möglichkeiten haben, ein Programm zu schreiben, und dass das Paradigma, das Sie einsetzen wollen, frei wählen können. Sie *können* parallel programmieren, müssen es aber nicht. Sie *können* typsicher sein, müssen es aber nicht. Sie *können* generische Datentypen verwenden, werden aber nicht dazu gezwungen.

3.1 Übersetzen

Wenn Sie ein C++-Programm schreiben, dann heißt das, Sie schreiben *Quellcode* als Text, den C++-Werkzeuge in ein ausführbares Programm übersetzen. Wir reden bei diesen Werkzeugen häufig vom *Compiler*, doch in Wirklichkeit sind damit mehrere Tools gemeint. Ich möchte in diesem Abschnitt präzise sein und Ihnen die Aufgaben der unterschiedlichen Werkzeuge nennen. Später werde ich sie wieder unter dem eigentlich nicht ganz richtigen Begriff »Compiler« zusammenfassen.

Diese unklare Benennung liegt unter anderem auch daran, dass heutzutage die Werkzeuge selten noch getrennte Programme sind. Häufig sind es nur noch *Phasen* eines einzigen Programms. Und tatsächlich spiegelt auch Abbildung 3.1 nur einen vereinfachten Ablauf wider. Außen vor habe ich die Optimierungen gelassen sowie die Tatsache, und dass ein Programm, wenn Sie es ausführen, noch zusätzliche Bibliotheken verwendet (dynamische Bibliotheken).

Dieser ganze Prozess wird entweder aus der *integrierten Entwicklungsumgebung* (IDE) angestoßen, oder man führt ihn von Hand auf der Kommandozeile aus. Wobei »von Hand« hier übertrieben ist, denn sehr häufig verwendet man auch hier ein Werkzeug, ein *Buildtool* (in etwa: Bauwerkzeug). Sehr verbreitet sind »Makefiles«. Das sind Textdateien, in denen steht, welche Komponenten zum Programm gehören.

Später im Kapitel werden wir sowohl ein kleines Programm mit einer IDE bauen als auch auf der Kommandozeile ausführen und uns dafür eines Makefiles bedienen.

3.2 Aktuelle Compiler

Kommen wir zurück zu dem, was meistens mit *Compiler* gemeint ist: die gesamte Werkzeugkette vom Präprozessor bis zum Linker. Hinzu kommt, dass die *Standardbibliothek* integraler Bestandteil von C++ ist. Wenn Sie also einen Compiler auf Ihrem System installieren, dann erhalten Sie auch immer eine Standardbibliothek dazu.

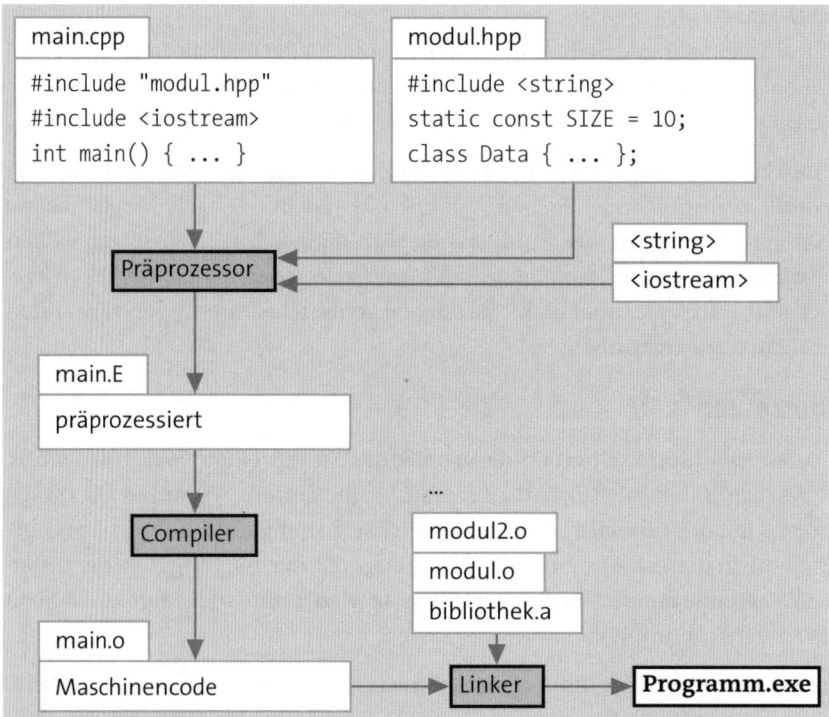

Abbildung 3.1 Die Phasen der Compilierung vom Quellcode zum Programm

Mit wohlgemeinter Absicht bezieht sich dieses Buch zu großen Teilen auf den aktuellen Standard, der unter dem Namen C++11 bekannt ist. Bei dieser Generalüberholung hat die Sprache viel Potenzial bekommen, um eine rundere, sicherere, konsistentere und nicht zuletzt auch einfacher zu erlernende Sprache zu sein. Sie, als Neuling, sind in der glücklichen Lage, dass Sie gleich mit diesen guten Features anfangen können. Wenn Sie die C++11-Möglichkeiten nutzen, werden Sie die Sprache schneller erlernen und besser einsetzen können, als das zum Beispiel noch mit der Vorläuferversion C++98 der Fall gewesen wäre.

C++ macht mit einem aktuellen Compiler auf jeden Fall mehr Spaß. Zum Glück sind die meisten Compiler mehr oder weniger auf dem neusten Stand.

Eine exakte Auflistung der Umsetzung des neuen Standards C++11 und des zur Drucklegung frisch verabschiedeten Standards C++14 in den diversen Produkten der Hersteller wäre müßig, dann fast wöchentlich ergänzen diese Features und beheben Fehler in ihren Compilern. Aber ein paar Anmerkungen zu einigen weit verbreiteten Produkten kann ich hier liefern, damit Sie wissen, was Sie erwartet.

3.2.1 Gnu C++

Der C++-Compiler g++ aus der *Gnu Compiler Collection* (GCC genannt) ist der auf den meisten Plattformen verfügbare Compiler. Er ist gleichzeitig die Experimentierwiese, um neue Dinge auszuprobieren, sodass Sie hier beinahe immer zuerst die neuen Features implementiert finden. Auf Linux ist GCC meist die erste Wahl. GCC ist zwar weit verbreitet, hat aber den Ruf, eine sehr komplexe Codebasis zu haben. Die kompilierten Programme fallen gegenüber kostenpflichtigen Compilern, was die Geschwindigkeit angeht, etwas zurück.

3.2.2 Clang++ der LLVM

Was die Codebasis angeht, hat der LLVM mit seinem C++-Compiler namens Clang++ einen besseren Ruf. Die Umsetzung der C++11- und C++14-Features ist vorbildlich. Clang++ ist der Standardcompiler für die MacOS-Entwicklung. Für Linux steht er kostenlos zur Verfügung, muss jedoch zu einer bestehenden Standardbibliothek hinzuinstalliert werden, sodass Sie den g++ am besten vorher installieren.

3.2.3 Microsoft Visual Studio

Die Compilersuite des Windows-Herstellers ist unter den hier aufgezählten Werkzeugen am wenigsten weit, was die Umsetzung des C++11-Standards angeht. Jedoch sind die meisten und wichtigsten Features enthalten. Sie sollten auch hier keine größeren Schwierigkeiten haben, jedoch die Unterschiede zu diesem Buch im Blick haben. Dafür, so der Dr. Dobbs-Blogger Gaston Hillar, habe »das Visual Studio Team die nützlichsten Features implementiert, und sich somit auch schon an die Umsetzung einiger C++14-Neuigkeiten gemacht«.[2]

Microsoft hatte zu der Zeit, als der C++11-Standard verabschiedet wurde, gerade alle Hände voll zu tun mit der Einführung der Metro-Oberfläche und des damit einhergehenden neuen Konzeptes zur asynchronen Programmierung. Der Fokus lag daher vermutlich eher auf den sogenannten »CLI«-Sprachen des Windows-Biotops und kam mehr .NET und C# zugute.

Es gibt eine kostenlose Express-Version, die Ihnen ausreichende Dienste leisten wird. Die professionellen Werkzeuge kosten Geld – außer wenn Sie Student oder Schüler sind, dann können Sie die Produkte gegen Nachweis Ihres Status kostenlos erhalten.

3.3 Entwicklungsumgebungen

Es gibt für Sie zwei hauptsächliche Möglichkeiten, C++-Programme zu entwickeln:

---

[2] *More New C++ Features in VS2013*, Gaston Hillar, *http://www.drdobbs.com/240166013*, Dr. Dobbs 2014-02-11, [2014-02-11]

▶ **Kommandozeile**
Sie arbeiten auf der Kommandozeile und rufen den Compiler und andere Werkzeuge von Hand auf. Später nutzen Sie dann Hilfsmittel wie Makefiles, um diese Aufgaben zu automatisieren. Ich empfehle, den Weg über die Kommandozeile zumindest auszuprobieren. Zum einen lernt man dabei auch andere nützliche Dinge über Programme und das Programmieren. Zum anderen lassen sich Abläufe auf der Kommandozeile besser automatisieren – und um das Automatisieren geht es uns beim Programmieren ja letzten Endes.

▶ **Integrierte Entwicklungsumgebung**
Sie verwenden eine sogenannte IDE (*Integrated Development Environment*; dt. *Integrierte Entwicklungsumgebung*). Gerade im späteren Programmieralltag kann eine auf einen persönlich zugeschnittene IDE die Produktivität immens erhöhen. Auf der anderen Seite kann eine IDE einen Anfänger mit ihrer Feature-Flut auch erschlagen. Es gibt Assistenten, die den Einstieg zu beschleunigen versuchen. Ob das klappt, hängt von Ihrer Persönlichkeit ab. Wenn Sie mit der Kommandozeile absolut nicht vertraut sind, können Sie hiermit einen Versuch wagen.

In manchen Fällen gibt die Wahl des Compilers die Wahl der IDE vor. Wenn Sie sich für Microsoft entscheiden, dann geht das mit *Microsoft Visual Studio* einher (professionelle Kaufversion, kostenlos für Schüler und Studenten) oder mit *Microsoft Visual Studio Express* (kostenlose Version). Zur Drucklegung dieses Buches war die Version »2013 mit Update 2« beziehungsweise »2013 für Windows Desktop« aktuell. Die professionelle Version ist für Schüler und Studenten unter Vorlage eines Nachweises kostenlos. Die Express-Variante ist für jeden kostenlos. Auf sie werde ich mich im Verlauf dieses Buches beziehen, sie enthält die Version 12.0 des C++-Compilers. Sehen Sie sich auf der Webseite von Visual Studio[3] die Optionen an.

Auf dem Mac ist das von Apple gelieferte XCode der De-facto-Standard. Damit haben Sie die Wahl zwischen einer exzellenten IDE und einer Sammlung an Werkzeugen für die Kommandozeile. Bei Apple[4] können Sie diese herunterladen. Die aktuelle Version des C++-Compilers ist 5.1, basierend auf der Version 3.4 des LLVM-Backends.[5]

Sowohl unter Unix als auch unter Windows und auf dem Mac steht Ihnen als Alternative auch die *Gnu Compiler Collection* zur Verfügung. Der C++-Compiler heißt *g++*. Sie bedienen ihn in erster Linie von der Kommandozeile aus, er integriert sich aber auch in IDEs wie Eclipse mit CDT, Netbeans, KDevelop, Code::Blocks, dem Qt Creator und anderen. Manche von diesen Tools gibt es sogar für mehrere Plattformen. Wenn Sie mit dem g++ unter Windows entwickeln wollen, dann schauen Sie nach MinGW-Integration und ob Sie sie getrennt herunterladen müssen oder ob sie schon mitgeliefert wird (*Minimal Gnu for Windows*).

---

3   *http://www.visualstudio.com/downloads*
4   *https://developer.apple.com/xcode*
5   *https://en.wikipedia.org/wiki/Xcode*

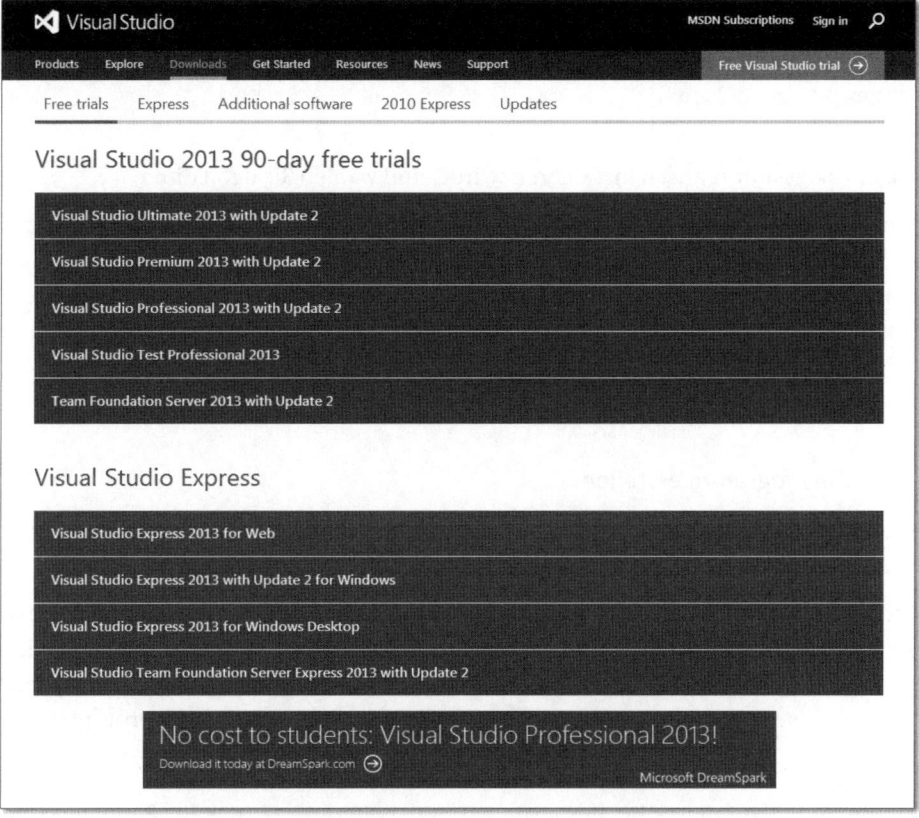

Abbildung 3.2 Aktuelle Microsoft-Produkte für die C++-Entwicklung

3.4 Die Kommandozeile unter Ubuntu

Exemplarisch für die Entwicklung mit der Kommandozeile gebe ich Ihnen eine Kurzanleitung für die aktuelle Langzeitversion von Ubuntu, einer weitverbreiteten Linux-Distribution. Wenn Sie ein anderes Linux verwenden, sind die Kommandos vielleicht unterschiedlich.

Sie installieren den g++ und einige nützliche Werkzeuge so:

```
sudo apt-get install g++ make
```

Den Programmcode geben Sie in einem Editor ein, und da beginnt die wirkliche Qual der Wahl. Wenn Sie eine IDE verwenden, dann ist der Editor mit dabei. Ohne IDE geben Sie Ihr Programm in einem beliebigen allgemeinen Texteditor ein. Texteditoren gibt es wie Sand am Meer.

Ich schlage hier nur drei vor, die unterschiedlichen Anforderungen gerecht werden: *jedit*, *gedit* und *kate*. Weil jedit in Java geschrieben ist, gibt es ihn wiederum auf allen Plattformen. Die Wahl zwischen gedit und kate sollten Sie abhängig davon fällen, ob Sie als Desktop Gnome oder KDE einsetzen. Probieren Sie einfach aus, was mit

```
sudo apt-get install gedit
sudo apt-get install kate
```

weniger Pakete automatisch installieren würde, und wählen Sie den Editor.

Wenn Sie in ein Team mit mehreren Entwicklern kommen, erkundigen Sie sich, ob *Emacs* oder *Vim* eingesetzt wird. Dabei handelt es sich um unter Programmierern sehr verbreitete Texteditoren, die aber eine steile Lernkurve haben. Wenn Sie Kollegen haben, die Ihnen beim Einstieg helfen, dann wählen Sie ruhig einen dieser beiden Editoren.

```
sudo apt-get install emacs
sudo apt-get install vim
```

3.4.1 Ein Programm erstellen

Wie gesagt, zur IDE kommen wir gleich, wenn wir exemplarisch das Microsoft Developer Studio unter Windows besprechen. Jetzt gehen Sie den Weg einmal zu Fuß.

Öffnen Sie eine Kommandozeile, manchmal auch Terminal oder Konsole genannt. Dazu finden Sie im Menü sicherlich einen Eintrag. Bei Ubuntu mit Gnome können Sie auch [Strg] + [Alt] + [T] drücken. Es sollte sich ein neues Fenster mit einem blinkenden Cursor öffnen, das eine Kommandozeile ähnlich wie diese zeigt, das sogenannte Prompt:

```
towi@havaloc:~$
```

Im weiteren Verlauf dieses Buches spare ich mir `towi@havaloc:`, das für Benutzer- und Rechnernamen steht, und meist auch Tilde ~ für das aktuelle Abeitsverzeichnis. Mit dem Prompt $ meine ich, dass Sie dahinter ein Kommando eingeben sollen. Üben Sie einmal ein neues Verzeichnis zu erstellen und dieses zu betreten.

```
~$ mkdir quellcode
~$ cd quellcode
```

Nun sollte Ihr (gesamtes) Prompt das Verzeichnis beinhalten, in das Sie gewechselt sind:

```
~/quellcode$
```

Da es so viele Linux-Geschmacksrichtungen gibt, ist es durchaus möglich, dass Ihre Anzeige anders aussieht, obwohl Sie alles richtig gemacht haben. Sie können mit `pwd` überprüfen, in welchem Verzeichnis Sie gerade stehen.

Öffnen Sie nun den Editor Ihrer Wahl. Sie können das über die Menüs erledigen oder auf der Kommandozeile gleich den Namen der Datei angeben, die Sie bearbeiten wollen. Fügen Sie noch ein Ampersand & an, damit Sie trotz geöffnetem Editor weitertippen können (sollten Sie das vergessen, drücken Sie in der Kommandozeile [Strg] + [Z] und tippen Sie danach den Befehl `bg`, gefolgt von [↵], ein). Ich selbst bin ein Emacs-Nutzer, Sie setzen hier Ihren Lieblingseditor ein:

```
$ emacs modern101.cpp &
```

Tippen Sie den folgenden Quellcode in das Editorfenster. Sie sollten irgendwo erkennen, dass Sie wirklich modern101.cpp bearbeiten.

```cpp
// modern101.cpp : Fibonacci-Konsole
#include <iostream>
#include <map>
int fib(int n) {
    return n<2 ? 1 : fib(n-2) + fib(n-1);
}
int main() {
    std::cout << "Die wievielte Fibonacci-Zahl? ";
    int n = 0;
    std::cin >> n;
    std::cout << "fib(" << n << ")=" << fib(n) << "\n";
}
```

Listing 3.1 Jede Fibonacci-Zahl ist die Summe der beiden Zahlen davor.

Speichern Sie und übersetzen Sie diesen Quellcode in das ausführbare Programm modern101.x:

```
$ g++ modern101.cpp -o modern101.x
```

Hier ist g++ der Compiler. Mit modern101.cpp geben Sie die Quelldatei an. Haben Sie mehrere Quelldateien, die Sie zu einem Programm zusammensetzen wollen, geben Sie hier mehrere *.cpp-Dateien an. Mit -o modern101.x teilen Sie diesem Compiler den gewünschten Ausgabedateinamen mit. Wenn Sie den vergessen, ist das nicht schlimm, dann landet das fertige Programm bei g++ in a.out.

Probieren Sie es aus:

```
$ ./modern101.x
Die wievielte Fibonacci-Zahl? 33
fib(33)=5702887
```

Ihr erstes C++-Programm – herzlichen Glückwunsch!

Übrigens: Unter Windows werden Sie ausführbare Programme normalerweise mit der Endung *.exe versehen. Unter Linux ist eine Endung für ausführbare C++-Programme eher unüblich. Zur Verdeutlichung erzeuge ich hier Linux-Programme aber mit der Endung *.x – eine Praxis, die ich auch in der »wirklichen Welt« zuweilen pflege. Ob Sie mir das nachmachen oder nicht, bleibt Ihnen überlassen.

Wenn Sie interessiert, wie Sie das Programm beschleunigen können, blättern Sie zu Abschnitt 3.6, »Schneller«, vor.

3.4.2 Automatisieren mit Makefile

Da es aber mühselig ist, den Compiler auf diese Art immer wieder aufzurufen, erstellen Sie sich am besten ein Makefile, in dem die nötigen Befehle verzeichnet sind. Starten Sie dazu wieder einen Editor oder wählen Sie DATEI • NEU im Menü, und speichern Sie danach die Datei unter Makefile:

```
$ emacs Makefile &
```

Der Inhalt der Datei ist dann:

```
# -*- Makefile -*-
all: modern101.x
modern101.x: modern101.cpp
    → g++ modern101.cpp -o modern101.x
# aufräumen:
clean:
    → rm -f *.x *.o
```

Die Kommentarzeilen mit # sind nicht essenziell. Achten Sie *unbedingt* darauf, dass die eingerückten Zeilen nicht mit Leerzeichen, sondern einem *Tabulator* anfangen, das deute ich hier mit → an. Auf alle Details gehe ich hier nicht ein, aber die beiden Zeilen

```
modern101.x: modern101.cpp
    → g++ modern101.cpp -o modern101.x
```

sagen make: Wenn du modern101.x erstellen sollst, dann benötigst du dazu modern101.cpp; um es zu erstellen, führe den Befehl g++ modern101.cpp -o modern101.x aus.

Wenn Sie nun

```
$ make
```

ausführen, dann wird bei der all:-Regel nachgeschaut, was Sie alles gebaut haben wollen. Dort können Sie auch mehrere Programme auflisten, die make dann nacheinander erstellt. Nun sollten Sie wieder Ihr Programm gebaut bekommen. Eventuell merkt make, dass sich nichts geändert hat, dann hilft ein make clean (Aufräumregel ausführen) oder make -B (tu so, als hätte sich alles geändert).

Sie können auch mit make all, make modern101.x oder make clean eine der anderen Regeln ausführen lassen. Das ist alles schon sehr praktisch.

3.5 Die IDE »Microsoft Visual Studio Express« unter Windows

Nach dem Download,[6] der Installation und Registrierung von Microsoft Visual Studio Express begrüßt die IDE Sie mit einem Startbildschirm. In IDEs dreht sich meist alles um *Projekte*.

---

6 http://www.visualstudio.com/downloads

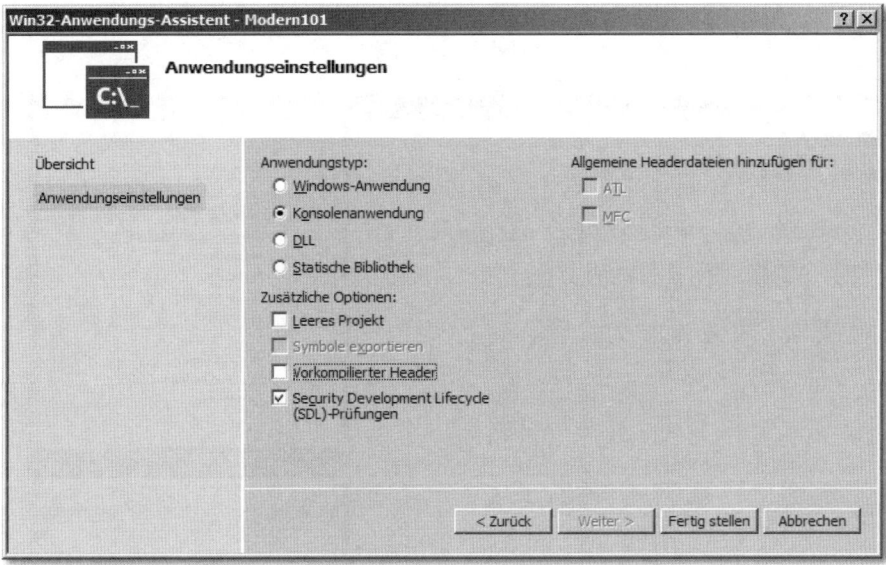

Abbildung 3.3 So erstellen Sie das Grundgerüst einer Konsolenanwendung.

- Beginnen Sie mit DATEI • NEUES PROJEKT...
- Wählen Sie in dem Assistenten INSTALLIERT, VORLAGEN, VISUAL C++, WIN32, WIN32-KONSOLENANWENDUNG. Beachten Sie, dass Sie später hier auch ALLGEMEIN, MAKEFILE-PROJEKT statt WIN32 wählen können.
- Tragen Sie als NAME Modern101 ein.
- Überprüfen Sie, ob Ihnen der ORT zum Speichern gefällt. Der Haken PROJEKTMAPPENVERZEICHNIS ERSTELLEN sollte gesetzt bleiben.
- Klicken Sie aus OK, um zum eigentlichen Assistenten zu gelangen.
- In der ÜBERSICHT des erscheinenden WIN32-ANWENDUNGS-ASSISTENTEN klicken Sie auf WEITER.
- Sie gelangen zu den ANWENDUNGSEINSTELLUNGEN (siehe Abbildung 3.3).
- Stellen Sie sicher, dass als Anwendungstyp KONSOLENANWENDUNG ausgewählt ist.
- In den ZUSÄTZLICHEN OPTIONEN lassen Sie LEERES PROJEKT und VORKOMPILIERTE HEADER frei, SDL-PRÜFUNGEN können Sie gesetzt lassen.
- Nach dem Klick auf FERTIG STELLEN erstellt die IDE Ihnen das Grundgerüst des Programms.

Sie erhalten ein Grundgerüst von Projekt-, Quell-, Header- und Dokumentationsdateien.

Sie können zwar mit dem vom Assistenten erstellten Quellcode beginnen, doch enthält der das plattformspezifische _tmain statt main und die Dateien stdafx.h und stdafx.cpp. Für dieses Buch müssen wir portabler sein, und so ersetzen Sie im Editor den Inhalt der Datei Modern101.cpp durch den Text aus Abbildung 3.4.

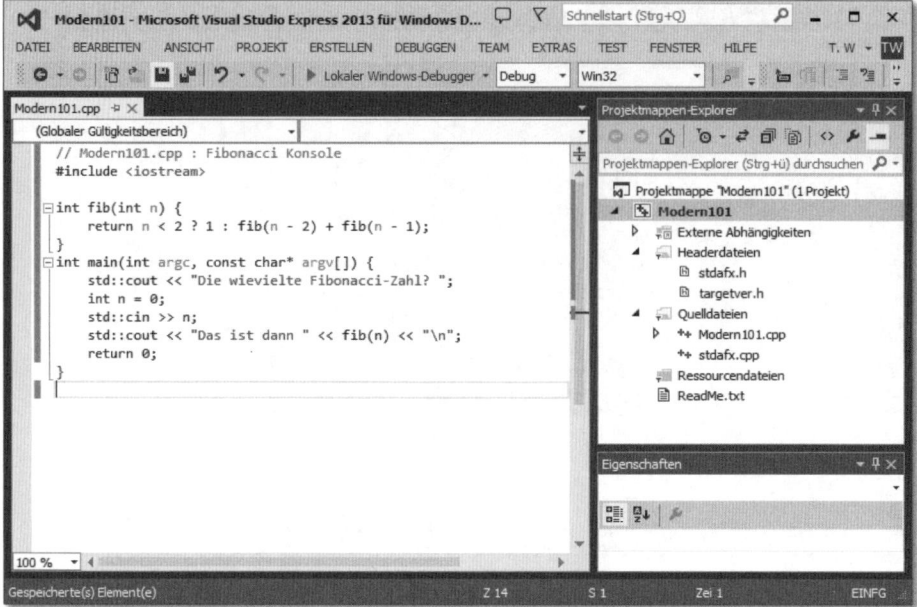

Abbildung 3.4 Das Grundgerüst einer Win32-Konsolenapplikation

Wählen Sie den Menüpunkt DEBUGGEN • STARTEN OHNE DEBUGGING, und bestätigen Sie den Bau des Programms mit JA. Wenn alles geklappt hat (und Sie sich beim Abtippen nicht vertan haben), dann erscheint nach kurzer Übersetzungszeit ein schwarzes Konsolenfenster und erwartet von Ihnen die Eingabe einer Zahl. Herzlichen Glückwunsch, Sie haben Ihr erstes C++-Programm geschrieben. Geben Sie 42 ein, und die Antwort 433494437 sollte nach einiger Zeit auf dem Bildschirm erscheinen (siehe Abbildung 3.5).

Abbildung 3.5 Ein selbst erstelltes Konsolenprogramm unter Windows

Auf meinem Computer dauert die Berechnung etwa eine Minute. Sie können auch mit einer kleineren Zahl wie 20 starten. Wenn Sie eine größere Zahl als 45 wählen, sprengen Sie die Fähigkeiten des Programms und bekommen unsinnige Ausgaben.

Ein Hinweis: Die Zahlenbereiche beziehen sich auf eine Win32-Applikation auf einem 64-Bit-Windows. Auf anderen Plattformen mögen die Grenzen andere sein.

3.6 Schneller

Wenn Ihnen das Programm zu lange läuft, dann *tabulieren* Sie die Zwischenergebnisse. Dann erhalten Sie die Ergebnisse schneller, als Sie gucken können. Erstellen Sie ein neues Projekt, oder modifizieren Sie das Programm:

```cpp
// modern102.cpp : Fibonacci-Konsole
#include <iostream>
#include <map>
int fib(int n) {
    static std::map<int, int> table{};
    table[n] = n<2 ? 1 : table[n-2] + table[n-1];
    return table[n];
}
int main() {
    std::cout << "Wie viele Fibonacci-Zahlen? ";
    int n = 0;
    std::cin >> n;
    for (int i = 0; i <= n; ++i)
        std::cout << "fib(" << i << ")=" << fib(i) << "\n";
}
```

Listing 3.2 Eine zügig erstellte Tabelle von Fibonacci-Zahlen

Wenn Sie hier zum Beispiel 50 eingeben, sehen Sie, dass die Ergebnisse ab 46 auch mal negativ sind – ein Zeichen für einen Überlauf.[7] Das heißt, die Zahlen werden für dieses Programm zu groß und das Programm macht »nicht mehr was es soll.« Einen Überlauf in einem Programm zu haben, ist normalerweise keine gute Idee. Daher werden Sie in Kapitel 8, »Eingebaute Typen«, lernen, worauf Sie achten müssen und wie Sie sie vermeiden.

3.7 Aufgaben

Wiederholungsfrage

Erstellen Sie auf jeden Fall ein in diesem Kapitel beschriebenes Beispielprojekt.

Vertiefungsfrage

Probieren Sie selbst herum.

- Sehen Sie sich viele Beispielprogramme an.
- Googeln Sie, durchstöbern Sie Foren und die Hilfe Ihrer IDE.

---

[7] Wieder: Auf anderen Plattformen als 32-/64-Bit-Windows-7 haben Sie vielleicht andere Grenzen.

- Schauen Sie sich auf *Stackoverflow*[8] um.
- Tauschen Sie mit Freunden, Kollegen und mir Erfahrungen aus.

Erweiterungsfragen

Die Zahlenbereiche beziehen sich wieder auf eine Win32-Applikation eines 64-Bit-Windows. Auf anderen Plattformen mögen die Grenzen andere sein.

1. Listing 3.2 liefert Ihnen nur korrekte Ergebnisse, wenn Sie es tatsächlich in einer Schleife starten lassen, die bei null beginnt. Wenn Sie direkt `fib(20)` anfordern, ohne zuvor `fib(18)` und `fib(19)` berechnet zu haben, stimmt `table` nicht. Können Sie dieses Problem beheben?
2. Verändern Sie Listing 3.2 so, dass es mehr Fibonacci-Zahlen als bis 45 berechnen kann.
   - Nehmen Sie dafür `unsigned long long` anstatt `int`. Was ist das größte korrekte Ergebnis, das Sie erhalten?
   - Was passiert, wenn Sie `double` (oder `long double`) nehmen?

---

[8] *http://stackoverflow.com*

Kapitel 4
Ein ganz schneller Überblick

Kapiteltelegramm

- `main`
  Der Einstiegspunkt in jedes Programm
- `#include`
  Einbinden anderer Programmteile und Bibliotheken
- **Variable**
  Name für einen Speicherbereich, der einen Wert aufnehmen kann
- **Initialisierung**
  Der Wert, den eine Variable bei ihrer Entstehung haben soll
- **Zuweisung**
  Die Veränderung des Inhalts einer Variablen mittels = (engl. *Assignment*)
- `return`
  Das Verlassen einer Funktion; in `main` das Ende des Programms
- **Kommentar**
  Anmerkungen des Programmierers, die der Compiler nicht auswertet
- **Anweisung**
  Ein Programm ist die prinzipiell sequenzielle Abarbeitung unterschiedlicher Anweisungen (engl. *Statements*).
- **Ausdruck**
  Eine Folge von Operationen auf Operanden für Zuweisungen oder Ähnliches (engl. *Expression*)
- **Block**
  Eine Gruppe von Anweisungen zwischen geschweiften Klammern
- **Typ**
  Für den Compiler hat jeder Ausdruck einen Typ.

In diesem Kapitel machen wir einen ganz schnellen »Rundflug« über ein einfaches C++-Programm. Dadurch lernen Sie die wichtigsten Elemente kennen und verstehen sie besser, wenn wir im nächsten Kapitel mehr Dinge erklären.

Hier ist also ein einfaches C++-Programm.

```cpp
#include <iostream>                        // Module/Bibliotheken einbinden
int main()                                 // main() ist der Beginn des Programms
{
    int wert = 100;                        // Variable mit Anfangswert
    std::cout << "Teiler von " << wert << " sind:\n";   // Ausgabe von Text
    for(int teiler=1; teiler <= wert; teiler = teiler+1) // Schleife von 1 bis 100
    {                                      // hier beginnt der Wiederholungsteil
        if(wert % teiler == 0)             // Test für eine bedingte Ausführung
            std::cout << teiler << ", ";   // nur bei positivem Test
    }                                      // Ende der Schleife
    std::cout << "\n";                     // einmalige Ausgabe
    return 0;                              // bedeutet in main() Programmende
}                                          // Ende von main()
```

Listing 4.1 Ein sehr einfaches C++-Programm

Wenn Sie dieses Programm übersetzen und laufen lassen, dann erhalten Sie die Ausgabe

```
Teiler von 100 sind:
1, 2, 5, 10, 20, 25, 50, 100,
```

auf dem Bildschirm. An diesem einfachen Programm können Sie schon viele grundlegende und wichtige Dinge von C++ sehen.

4.1 Kommentare

Wie Sie sehen, habe ich hier Programmtext und erklärende Worte gemischt. Die Zeilen beginnen immer mit Programmtext, dann folgt manchmal ein Doppel-Schrägstrich //, und dann kommen die erklärenden Worte – der *Kommentar*. In C++ können Sie hinter // beliebigen Text schreiben, der Compiler ignoriert diesen (oder, um genau zu sein, interpretiert ihn ähnlich wie ein Leerzeichen) bis auf wenige Ausnahmen. So können Sie anderen Programmierern, sich oder der Nachwelt Ihre Intentionen mitteilen, die zu der aktuellen Programmzeile führten.

4.2 Die »include«-Direktive

Die allererste Zeile des Beispiels lautet:

```
#incude <iostream>
```

Mit #include machen Sie dem Compiler bekannt, dass Sie Elemente eines Moduls in dieser Datei verwenden wollen. Der Name zwischen den Klammern ist der Name einer *Headerdatei*, in der sich die Deklarationen jenes Moduls befinden.

4.3 Die Standardbibliothek

Die spezielle Datei `iostream` binde ich ein, weil sich in ihr `std::cout` befindet. Die benötigt das Programm, um die Bildschirmausgaben zu erzeugen. Sie ist Teil der *Standardbibliothek* und wird mit dem Compiler mitgeliefert.

Alle Namen der Standardbibliothek beginnen mit `std`, gefolgt vom *Bereichsauflösungsoperator* `::` (engl. *Scope Resolution Operator*). Das ist ein grässlicher, wenn auch präziser Begriff, den niemand verwendet – es tut auch Doppel-Doppelpunkt (engl. *Double Colon*).

4.4 Die Funktion »main()«

Nun sollte der Blick auf die Zeile fallen, in der `main` steht:

`int main()`

Dies definiert eine *Funktion* mit einem besonderen Namen. Die `main`-Funktion ist immer der Einstiegspunkt in ein C++-Programm – es geht nicht ohne, und es kann nie zwei geben. Wenn Ihr System das Programm ausführt, dann wird `main()` aufgerufen werden.

Ansonsten bedeutet eine Funktion in C++, dass Sie an eine andere Stelle des Programms springen und später wieder hierhin zurückkehren. Funktionen können Argumente entgegennehmen – das sind die *Funktionsparameter* – und ein Ergebnis zurückgeben (siehe Kapitel 11, »Funktionen«).

Konkret lesen Sie die Definition dieser `main`-Funktion so:

- `main` soll eine Zahl zurückgeben – einen Wert vom Typ `int`, um genau zu sein.
- Der Name der Funktion ist `main`.
- Das leere runde Klammerpaar `()` bedeutet, dass die Funktion keine Parameter erhält.
- Dann folgt, was die Funktion eigentlich macht. Dieser *Funktionskörper* steht immer zwischen zwei geschweiften Klammern `{...}`.

Je nach Betriebssystem kann der Rückgabewert ausgewertet werden. Soll Ihr Programm Argumente auf der Kommandozeile bekommen können, dann wären die runden Klammern für die Parameter nicht leer. Sie sehen später, was Sie dafür anstellen müssen.

4.5 Typen

In C++ hat fast alles einen Typ, zum Beispiel Variablen und Zwischenergebnisse. Der Typ legt fest, welche Eigenschaften das Konstrukt hat und welche Werte es aufnehmen kann.

In Listing 4.1 wird nur `int` als Typ konkret genannt. Alles andere erschließt sich der Compiler selbst. Im Programm werden mit `int wert` und `int teiler` zwei *Variablen* mit diesem Typ eingeführt. Immer, wenn Sie sich im Verlauf Ihres Programms auf diese Variablen beziehen, müssen Sie deren Typ `int` berücksichtigen. Auf die genauen Eigenschaften von `int` werde ich noch eingehen. Hier sei es ausreichend, dass `int` für eine »Ganzzahl« steht.

4.6 Variablen

Eine *Variable* ist der Name für einen Speicherbereich, der einen Wert aufnehmen kann. Ja, in C++ muss eine Variable immer einen Typ haben. In dem Moment, wenn Sie eine Variable das erste Mal verwenden, müssen Sie dem Compiler ihren Typ mitteilen. Der Typ begleitet die Variable, solange sie lebt, und kann nicht mehr geändert werden.

Im Programm verwende ich zwei *Variablen*. wert repräsentiert die Zahl, deren Teiler ich ausgebe, und teiler verwende ich, um diese nacheinander alle zu prüfen. Zunächst definiere ich wert. Ab dem Zeitpunkt kann ich wert verwenden, was auch gleich für die Ausgabe geschieht:

```
int wert = 100;                                     // Variable mit Anfangswert
std::cout << "Teiler von " << wert << " sind:\n";   // Ausgabe von Text
```

Weil wert vom Typ int ist, können Sie sie nur für Ganzzahlen verwenden – das heißt sie in Berechnungen verwenden oder verändern.

Die andere Variable ist teiler in der for-Schleife:

```
for(int teiler = 1; teiler <= wert; teiler = teiler+1)  // Schleife von 1 bis 100
```

Für sie gilt Ähnliches wie für wert – außer dem Namen gibt es zwei Unterschiede:

- teiler wird tatsächlich im Programmablauf verändert: Bei teiler = ... wird ihr eine neue Zahl zugewiesen.
- Sie ist nur innerhalb von for bekannt.

Der *Gültigkeitsbereich* einer Variablen (engl. *Scope*) beschränkt sich auf ihren Block, danach ist sie buchstäblich »weg«. Und zwar so »weg«, dass Sie außerhalb des for eine *neue* andere Variable teiler definieren könnten. Die kann dann auch einen ganz anderen Typ haben. In Listing 12.4 finden Sie ein Beispiel.

4.7 Initialisierung

Das Gleichheitszeichen = erfüllt im Beispielprogramm zwei Zwecke, die oft miteinander vermischt werden. Weil die Unterscheidung aber so wichtig ist, möchte ich Sie schon früh dafür sensibilisieren.

Sie sehen im Beispiel die folgenden Gleichheitszeichen:

```
int wert = 100;
int teiler = 1;
teiler = teiler+1;
```

Die ersten beiden Zeilen sind jeweils die *Initialisierung* einer im gleichen Atemzug definierten Variablen. Dieser Zeitpunkt, zu dem Sie auch ihren Typ festlegen, ist ihre *Deklaration*. Nur bei der Deklaration können Sie etwas initialisieren.

In der letzten Zeile ist die Variable schon deklariert. Somit weisen Sie einer bestehenden Variablen einen *neuen* Wert zu – daher sprechen wir von einer *Zuweisung*. Bei einer Zuweisung können Sie den Typ der Variablen nicht ändern. Sind die Typen unterschiedlich, kann der Compiler in gewissen Grenzen eine Konvertierung vornehmen.

4.8 Ausgabe auf der Konsole

Mit dem `#include <iostream>` haben Sie den Teil der Standardbibliothek importiert, der für die Ein- und Ausgabe zuständig ist. Die Ausgabe auf die Konsole geschieht mittels des Operators `<<`.

```
std::cout << teiler << ", ";
```

Links steht mit `std::cout` die aus `<iostream>` stammende Variable, die für die Ausgabe auf der Konsole steht. Rechts von jedem `<<` stehen die Dinge, die Sie ausgeben wollen. Wie Sie sehen, können Sie `<<` ähnlich verketten wie ein normales Plus `+` und somit mehrere Dinge nacheinander ausgeben.

4.9 Anweisungen

Die geschweiften Klammern {...} von `main()` halten eine Gruppe von *Anweisungen* zusammen – sie definieren einen *Anweisungsblock*. Sie bilden die Begrenzung dessen, was für `main()` ausgeführt wird:

```
int main()
{
    ...
}
```

Dazwischen stehen Anweisungen, die nacheinander ausgeführt werden (engl. *Statements*). Anweisungen sind wichtige Grundelemente in C++, und es gibt unterschiedliche Arten davon. Zu erkennen, was eine Anweisung ist und welcher Art sie ist, wird Sie mit C++ schnell vorwärts bringen. In den nächsten Kapiteln werden Sie alle kennenlernen. An dieser Stelle zeige ich Ihnen, was Sie in Listing 4.1 für Anweisungen finden:

- Die *Deklaration* `int wert = 100;` macht die Variable `wert` bekannt und initialisiert sie mit einem Anfangswert – zusammengenommen manchmal *Initialisierungsanweisung* genannt.
- Bei `cout << "Teiler von " << wert << " sind:\n";` handelt es sich um einen *Ausdruck*, der etwas auf der Konsole ausgibt.
- Dann folgt eine *for-Schleife*. Sie wird verwendet, um andere Anweisungen wiederholt auszuführen. Ich gehe später genauer auf die `for`-Anweisung ein, hier achten Sie bitte auf die Besonderheit, dass der Teil, der wiederholt werden soll, wieder in *geschweiften Klammern* {...} hinter dem `for` steht.
- Denn die beiden Klammern, die zum `for` gehören, sind mit ihrem Inhalt eine *zusammengesetzte Anweisung* oder auch ein *Anweisungsblock*. Darin sind wieder eine Serie

von Anweisungen enthalten, die von den umschließenden Klammern zusammengehalten werden. Diese Gruppierung von Anweisungen hat in mehrerlei Hinsicht eine besondere Bedeutung. Einerseits können sie so gemeinsam durch die for-Schleife wiederholt werden, und andererseits bildet diese Gruppierung einen *Sichtbarkeitsbereich* für darin enthaltene Variablen.

▶ Bei if(wert % teiler == 0)... handelt es sich im eine if-Anweisung, eine *Verzweigung*. Es wird eine Bedingung getestet, und die dann folgende *Anweisung* std::cout << teiler << ", "; wird nur ausgeführt, wenn diese Bedingung wahr ist. Wie bei der for-Schleife des Beispiels hätten wir hier auch einen Anweisungsblock in {...} folgen lassen können.[1] Zur Demonstration folgt dem if nur eine einzelne Anweisung. So konnte ich mir die umgebenden {...} für einen Anweisungsblock sparen.

▶ Die *Return-Anweisung* return 0; schließt diese Aufzählung ab.

4.10 Aufgaben

Wiederholungsfragen

1. Probieren Sie Listing 4.1 mit anderen Zahlen als 100 aus.
2. Was ist in Listing 4.2 falsch? Korrigieren Sie es so, dass es die Ergebnisse der Rechnungen ausgibt, auch wenn Sie die Werte der Variablen verändern würden.

```
#include <iostream>
int main()
    int a = 20;
    int b = 30;
    std::cout << "20+30 ist " << (a+b) << "\n";
    int a = 2;
    int b = 3;
    std::cout << "2*3 ist " << (a*b) << "\n";
```

Listing 4.2 Was ist in diesem Listing falsch?

Vertiefungsfragen

1. Stört Sie das abschließende Komma , in der Ausgabe von Listing 4.1 nicht auch? Modifizieren Sie das Programm so, dass Kommas nur zwischen Teilern ausgegeben werden. Und nicht schummeln: Das Programm soll immer noch eine korrekte Ausgabe liefern, auch wenn wert auf eine andere Zahl als 100 gesetzt wird. Vielleicht hilft Ihnen der Fakt, dass Sie den letzten Teiler schon im Voraus kennen?
2. Wenn Sie einen Teiler n von wert gefunden haben, dann kennen Sie auch einen zweiten m. Weil (wert / n) ohne Rest teilt, kommt m heraus, und (wert / n) == m. Somit ist (n * m) == wert und, wen wundert©s, auch m ein Teiler: (wert / m) == n. Schreiben

---

[1] Das wäre guter Stil gewesen.

Sie Listing 4.1 so um, dass Sie jedes Mal beide Teiler ausgeben (wenn sie verschieden sind). Beachten Sie, bis wohin die Schleife laufen muss, damit Sie keine doppelten Zahlen ausgeben. Probieren Sie es zum Beispiel mit den folgenden werten aus: 100, 101, 103, 96, 64, 256.

Erweiterungsfrage

Verändern Sie das Programm in Listing 4.1 so, dass es nicht nur die Teiler einer einzelnen Zahl ausgibt, sondern schreiben Sie eine weitere Schleife – sodass wert von 1 bis 100 zählt und für alle diese Zahlen wie bisher jeweils die Teiler ausgibt.

Kapitel 5
Ohne Eile erklärt

Kapiteltelegramm

- **Eigene Funktion**
  Mit einer eigenen Funktion lagern Sie Code an eine andere Stelle aus. Dies ist die Basis für Übersichtlichkeit und Wiederverwendbarkeit.

- **Funktionsparameter**
  Gibt »dem Ding« lokal einen eigenen Namen innerhalb einer Funktion.

- **Seiteneffekt-Operator**
  Operator, der den Wert einer Variablen verändert

- `int` **und** `bool`
  Zwei elementare und einfache Typen

- **Vereinheitlichte Initialisierung**
  Eine eindeutige Schreibweise für den ersten Wert einer Variablen oder eines Default-Parameters (engl. *Unified Initialization*)

- **Token**
  Für den Compiler die kleinsten Bausteine des Programmtextes

- **Bezeichner**
  (engl. *Identifier*) Namen von Programmelementen, also Variablen, Typen, Funktionen etc.

- `for`**-Anweisung**
  Dies ist eine Möglichkeit, um die Wiederholung mehrerer Anweisungen zu implementieren.

- `if`**-Anweisung**
  Diese verwenden Sie, um Verzweigungen umzusetzen.

- **Zuweisung**
  Ein sehr spezieller und nützlicher *Ausdruck*, um den Wert einer Variablen zu ändern.

Nachdem Sie im vorigen Kapitel ein Beispielprogramm von vorne bis hinten gesehen haben, gehe ich jetzt etwas mehr ins Detail. Sie sehen die ersten formalen Definitionen und lernen, die wichtigen Sprachelemente zu erkennen.

Bauen wir Listing 4.1 ein wenig aus, und werfen wir einen genaueren Blick auf die Elemente, die wir schon kennen:

```cpp
#include <iostream>                              // für std::cin, std::cout, std::endl
#include <string>                                // std::stoi
void berechne(int n) {                           // eine eigene Funktion
    using namespace std;                         // für std::cout und std::endl
    /* Teiler ausgeben */
    cout << "Teiler von " << n << " sind:\n";
    for(int teiler=1; teiler <= n; ++teiler) {   // statt teiler=teiler+1
        if(n % teiler == 0)
            cout << teiler << ", ";
    }
    cout << endl;
}
int main(int argc, const char* argv[]) {         // Argumente für main
    /* Zahl ermitteln */
    int wert = 0;
    if(argc<=1) {
        std::cout << "Geben Sie eine Zahl ein: ";
        if(!std::cin >> wert) {                  // In Variable wert lesen
            return 1;                            // Fehler bei Benutzereingabe
        }
    } else {
        wert = std::stoi(argv[1]);
    }
    berechne(wert);                              // Funktionsaufruf
    return 0;
}
```

Listing 5.1 Dieses Programm fragt den Benutzer nach einer Zahl.

Zu Beginn sehen Sie einiges Neues: Ich habe nun eine eigene Funktion berechne eingeführt. Sie bekommt einen *Parameter* vom Typ int, den ich innerhalb der Funktion unter dem Namen n anspreche.

Auch main() hat auf einmal zwei Argumente, nämlich int argc und const char* argv[]. Damit kann der Benutzer das Programm schon auf der Kommandozeile mit der Zahl aufrufen, für die die Berechnung durchgeführt werden soll. Dabei enthält argc die Anzahl der Argumente, die Sie mit argv[...] abfragen können. Da argv[0] immer den Namen des aufgerufenen Programms enthält, steht der erste Parameter in argv[1] usw.

Wenn der Benutzer das Programm ohne Argumente aufruft, muss er bei std::cin >> wert etwas eingeben.

std::stoi(argv[1]); wandelt das erste Mal einen Datentyp um, nämlich hier einen textuellen Wert (const char*) in eine Zahl (int).

Dann rufe ich mit berechne(wert) die eigene Funktion berechne mit der Variablen wert auf.

5.1 Leerräume, Bezeichner und Token

Neben den für den Compiler (so gut wie) bedeutungslosen Kommentaren gibt es noch das Leerzeichen, den Tabulator und den Zeilenwechsel, die der Compiler beim Lesen des Quellcodes stark vereinfacht: Alle diese *Leerräume* (engl. *Whitespaces*) werden »kollabiert« und jeweils nur noch als ein »Trenner« betrachtet. Es ist also somit egal, ob Sie `return 0;` oder `return    0    ;` schreiben, Zeilenwechsel oder gar Leerzeilen einbauen.

Eine kleine Anmerkung zum Zeilenwechsel: Unter diesen Oberbegriff fallen die verschiedenen Varianten, die auf den unterschiedlichen Betriebssystemen existieren. Wenn Sie im Editor einen Zeilenwechsel sehen, dann landen in der Textdatei unter Windows und Linux unterschiedliche Bytesequenzen, und bei einem alten Mac war es noch eine andere. Während Linux den Wert 13 (CR, »Carrige Return«, Wagenrücklauf) wegspeichert, sind es unter Windows die beiden Werte 13 und 10 (zusätzlicher LF, »Line Feed«, Zeilenvorschub). Die meisten Editoren kommen heute mit beidem klar. Aber dieser Unterschied ist der Grund, warum Sie beim programmgesteuerten Öffnen von Dateien immer angeben müssen, ob Sie eine Binärdatei oder eine Textdatei öffnen wollen.

Letztendlich ist nur wichtig, dass der Compiler die kleinsten Programmeinheiten sauber voneinander getrennt bekommt – die *Token*. Handelt es sich um Namen (von Variablen oder Funktionen etc.), dann ist die Grenze klar, nämlich dort, wo der Name aufhört: Das erste Zeichen, das nicht für einen Namen taugt, ist dann die Grenze. In Namen (oder genauer: *Bezeichnern*) kommen Buchstaben und Ziffern sowie der Unterstrich _ vor. Somit sind `hallo`, `Tag`, `GoodDay`, `w3lc0me` und `moin_moin` alles mögliche Bezeichner. Dagegen sind `Hanni-Nanni` und `Fuenf Freunde` und `Tim&Struppi` aber nicht als ein einzelner Name verwendbar. Sollten Sie Umlaute wie in `Bärenbrücke` verwenden wollen, prüfen Sie, ob Ihr Compiler dies kann – hier hat der Standard Spielraum gelassen. Sollte Ihr Programm von unterschiedlichen Compilern übersetzt werden müssen, verzichten Sie besser auf Umlaute im Programmtext.

Neben dem Leerraum kann ein Wort auch von Sonderzeichen wie Klammern oder Satzzeichen begrenzt sein. Die meisten dieser Zeichen sind jeweils ein Token, und Sie können beliebig Leerräume zwischen diesen Token einstreuen, ohne die Bedeutung des Programms zu verändern. Es gibt allerdings ein paar Kombinationszeichen, die nur dann ihre Bedeutung erhalten, wenn sie zusammengeschrieben werden – und so als ein Token gelten. Achten Sie hauptsächlich auf >> und << sowie auf ++ und --, mit denen ursprünglich Rechenoperationen durchgeführt wurden, die in C++ aber teilweise weitere Bedeutungen bekommen haben. Geht es um Wahrheitswerte, werden Ihnen &&, || sowie == und != begegnen. Daneben sind -> und :: noch wichtig, mit denen Sie in verschachtelten Datenstrukturen navigieren. Alle anderen (Sonder-)Zeichen sind ein eigenes Token. Das sind also zum Beispiel + - * / = % , . ( ) [ ] { } < > : ; usw.

Der Hauptgrund, warum Sie wissen sollten, wo die Token in Ihrem Quelltext sind, ist, dass Sie Leerräume weglassen und einfügen können, ohne den Sinn des Programms zu verändern. Denn zwischen Tokens können Sie beliebige Leerzeichen, Tabulatoren und Zeilenwechsel einfügen.

Ausnahmen sind die *Literale*: Mit diesen schreiben Sie einen festen Wert direkt in den Quellcode. Das kann eine Ganzzahl wie 100, eine Fließkommazahl wie 99.95 oder ein Text wie "Donald E. Knuth" sein – und zu all diesen gibt es jeweils noch Varianten in der Schreibweise. Ich gehe in der Besprechung der jeweiligen Datentypen in Kapitel 8, »Eingebaute Typen«, detailliert auf deren Literale ein. Literale können teilweise so aussehen, als bestünden sie aus mehreren Token, zählen aber als ein einziges.

```
#          include <iostream>          // # muss am Zeilenanfang stehen
int            main(
   ){
   std::cout
<<"Dies ist "
       "Text mit <Klammern>\n"         // String-Literal unterbrochen durch neue Zeile
       ;

   /*Typ:*/ int
   /*Variable:*/ ein_Wert
   /*Init:*/ = 100;                    // innere Kommentare

std::cout<<ein_Wert<<"\n";}            // keine Leerzeichen
```

Listing 5.2 Ein sehr außergewöhnlich formatiertes Stück Quellcode

Die kniffligen Fälle sind ganz klar, wenn etwas aus mehreren Bezeichnern zusammengesetzt wird. So gibt es den *Bereichsauflösungsoperator* :: zum Beispiel in std::sin(). Mit Templates gibt es Paare von spitzen Klammern <...>, zum Beispiel in numeric_limits<int>::max() oder map<int,string>. Alle Elemente sind einzelne gültige Bezeichner, aber erst zusammen ergeben sie eine Einheit.

5.2 Kommentare

Sie haben den Kommentar mit // schon kennengelernt. Sollte der Raum bis zum Ende der Zeile einmal nicht reichen, dann können Sie einen Kommentar auch über mehrere Zeilen gehen lassen, indem Sie ihn mit /* beginnen und mit */ beenden. Zum Beispiel so:

```
int main() {
    /* Mein erstes Programm. Es wurde
       geschrieben von Max Muster.*/
    return /* Die Null des Erfolges */ 0;
}
```

Listing 5.3 Kommentare mit /* und */ können über mehrere Zeilen gehen oder eine Programmzeile auch unterbrechen.

Und weil ein solcher Kommentar durch ein */ begrenzt ist, kann es mit dem Programmcode danach in derselben Zeile weitergehen, wie Sie in der Zeile mit return 0; sehen.

Innerhalb des Kommentars dürften auch // vorkommen. Wenn Sie hauptsächlich // für Kommentare in Ihrem Programm verwenden, können Sie auf diese Weise einfach ganze Codeblöcke deaktivieren, indem Sie den Bereich mit /* und */ umschließen – und durch das Entfernen wieder aktivieren. Der Compiler würde auch Kombinationen wie /* /* oder // */ schlucken, doch vermeiden Sie besser alle derartigen Einbettungen: Das verwirrt den Leser und Sie selbst.

In den Beispielen dieses Buches verwende ich /*...*/-Kommentare bevorzugt, wenn ich den Programmcode selbst durch Text ergänzen will – ohne Bezug auf dieses Buch. So leite ich zum Beispiel in Listing 5.1 mit

```
/* Teiler ausgeben */
...
```

und

```
/* Zahl ermitteln */
...
```

Programmabschnitte ein.

5.3 Funktionen und Argumente

Lassen Sie sich nicht davon verwirren, dass die Variable beim Aufruf wert heißt, aber in der Funktion berechne dann n genannt wird. Wie in der Mathematik werden Funktionen so definiert, dass sie ihre *Parameter* mit Namen versehen, unter denen Sie sie dann verwenden – womit sie dann aufgerufen werden, ist eine völlig andere Sache. Sie können in der Mathematik ja auch Funktionen haben wie f(x) = x^2 + 2, sin(x) oder

$$\text{Zinseszins}(\text{Euro}, \text{Jahre}, \text{Zins}) = \text{Euro} \times \left(1 + \frac{\text{Zins}}{100}\right)^{\text{Jahre}}$$

die alle ihre eigenen Namen vergeben, um sie in der Formel zu verwenden. Beim Aufruf müssen Sie diese Namen dann nicht verwenden:

- g(z) = z^3 − 2 × f(z) – für eine schöne Kurve – z wird zu x in f(x).
- sin(π) – hier ist x die Zahl π.
- Zinseszins(1000, 12, 3) – **Euro** bekommt in der Funktion den Wert 1000, **Jahre** erhält 12 und **Zinsen** 3.

Zurück zu der C++-Funktion aus Listing 5.1. Zur Erinnerung, sie sieht wie folgt aus:

```
void berechne(int n) {                      // eine eigene Funktion
    using namespace std;                    // für std::cout und std::endl
    /* Teiler ausgeben */
    cout << "Teiler von " << n << " sind:\n";
    for(int teiler=1; teiler <= n; ++teiler) {   // statt teiler=teiler+1
        if(n % teiler == 0)
            cout << teiler << ", ";
    }
    cout << endl;
}
```

Listing 5.4 Eine eigene C++-Funktion

In der Funktion selbst habe ich im Vergleich zu Listing 4.1 ab /* Teiler ausgeben */ alles beinahe identisch gelassen. Sie finden eigentlich nur im Inkrement-Teil der for-Schleife mit ++teiler eine alternative Schreibweise zu teiler = teiler + 1. Bisher haben Sie die *Zuweisung* verwendet. Hier wird mit ++teiler ein *Seiteneffekt-Operator* verwendet, um den Wert von teiler zu verändern.

5.4 Seiteneffekt-Operatoren

In Listing 5.4 habe ich ++teiler verwendet, um die Variable um eins zu erhöhen.

Es handelt sich hierbei um den *Präfix-Operator* ++, der im Normalfall eine Variable um eins erhöht (»inkrementiert«). Das ist ein *Ausdruck*, dessen Wert der um eins erhöhte Wert der Variablen ist. Dieser Ergebniswert des Ausdrucks ist im Update-Teil der for-Schleife unwichtig, doch Sie können den Wert auch innerhalb eines komplexeren Ausdrucks verwenden, wie bei:

```
zahl = argv[++index];
```

Hier würde index zunächst um eins erhöht und der neue Wert dann als Index für den Array-Zugriff verwendet.

Wenn man den Wert einer Variablen innerhalb eines Ausdrucks verändert, dann ist dies ein *Seiteneffekt*. Verändern Sie niemals zweimal dieselbe Variable innerhalb einer Anweisung mit Seiteneffekten!

```
int wert = 0;
std::cout << ++wert << ++wert << ++wert;
```

Der Compiler wird es zulassen, aber das Programm kann auf unterschiedlichen Systemen unterschiedliche Ergebnisse haben. Auf einem Mac habe ich hier mal »0123« bekommen, auf einem Linux-System »0321« – und beides ist richtig.

Wie Sie in Kapitel 13, »Ausdrücke im Detail«, sehen werden, können Sie sich auf die Reihenfolge der Auswertung von Ausdrücken nicht immer verlassen. Daher dürfen Sie solche Konstrukte nicht verwenden. In C++ wird diese kleine Unannehmlichkeit in Kauf genommen, da es dem Compiler Flexibilität erlaubt, die zu besserer Performance führt.

Seiteneffekt-Operatoren sind:

- ++var

  wie gesehen, erhöht var um eins und liefert den neuen Wert zurück.

- --var

  verringert var um eins und liefert den neuen Wert zurück.

- var++

  erhöht var um eins und liefert den *alten* Wert zurück.

- var--

  verringert var um eins und liefert den alten Wert zurück.

Ich empfehle, dass Sie, wenn Sie die Wahl haben, die ersten beiden Varianten bevorzugen (»Präfix-Operatoren«). Denn im Allgemeinen sind die letzten beiden Varianten (»Postfix-Operatoren«) aufwendiger, weil der Computer sich den alten Wert in einer temporären Variable merken muss.

Daneben gibt es noch die Familie der *Seiteneffekt-Zuweisungen*. Alle arithmetischen Operationen stehen in diesen Varianten zur Verfügung – alle sind Ausdrücke und haben somit einen Wert, den Sie als Teil eines größeren Ausdrucks verwenden können. Üblicherweise werden sie jedoch nicht als Ausdruck, sondern wie eine einfache Zuweisung als Anweisung verwendet:

```cpp
#include <iostream>
int main() {
    int var = 10;
    var += 2;
    var *= 3;
    var /= 4;
    var -= 5;
    std::cout << var << "\n"; // ergibt 3
}
```

Neben -, +, * und / gibt es noch einige andere, auf die wir in Kapitel 7, »Operatoren«, näher eingehen.

5.5 Die »main«-Funktion

Lassen Sie mich kurz das kleinere Beispielprogramm noch weiter vereinfachen, sodass fast nur noch main und return übrig bleiben:

```cpp
int main() {
    if(2 < 1) return 1;    // ein return
    return 0;              // anderes return
}                          // Ende von main
```

Listing 5.5 Ein Programm, das nur aus main und return besteht

Nun sehen Sie, dass main auch nur eine Funktion ist – es ist eine *spezielle* Funktion: Jedes ausführbare C++-Programm muss genau eine main-Funktion haben, denn hier beginnt die Ausführung des Hauptteils dessen, was Ihr Programm tun soll.

Ohne main() wissen Compiler und Computer nicht, wo sie in das Programm einsteigen sollen. Nur wenn Sie ein Modul oder eine Bibliothek schreiben, werden Sie kein main() haben. Wenn Sie anschießend alle Bausteine zu einem fertigen Programm zusammenfügen, dann enthält einer der Bausteine – und zwar *genau einer* – ein main().

Vereinfacht gesagt beginnt die Ausführung Ihres Programms mit der ersten Zeile von main(), direkt nach der öffnenden geschweiften Klammer. Es gibt jedoch allerlei Aufgaben, die schon vorher für Sie erledigt wurden. Die Initialisierung globaler Variablen ist eine davon.

Läuft Ihr Programm fehlerfrei durch, dann läuft es, bis es auf eine der return-Anweisungen in main() stößt. Sollten Sie kein return in main() schreiben, dann endet es mit der passenden zu main() gehörenden schließenden geschweiften Klammer }. Die Zahl hinter dem return ist der *Rückgabewert* der Funktion. Weil es sich bei main() um eine spezielle Funktion handelt, die letztlich vom umgebenden Betriebssystem aufgerufen wird, hat dieser Wert eine besondere Bedeutung. Auf Unix-Systemen bedeutet eine 0, dass das Programm erfolgreich durchgelaufen ist, und andere Programme können dies überprüfen. Und auch unter Windows können bestimmte Programme durch den Rückgabewert von main() anderen Programmen den Erfolg signalisieren. Während es Konvention ist, dass 0 für Erfolg steht, stehen alle Werte »ungleich 0« für den Misserfolg. Darüber hinaus kann man keine allgemeingültigen Regeln nennen, außer dass der am häufigsten verwendete Wert für Misserfolg 1 ist. Auch bei dem möglichen Wertebereich gibt es zwischen den Systemen Unterschiede, sodass man mit Werten zwischen 0 und 127 auf der sicheren Seite ist.

Ebenfalls speziell in main() ist, dass Sie die 0 von return 0 auch weglassen können. Sie können sogar die ganze Zeile weglassen, dann endet das Programm, wenn die schließende geschweifte Klammer von main() erreicht ist. Beides ist in main() möglich – aber nur hier und nirgendwo anders.

Wo wir schon bei den Besonderheiten von main sind: Es gibt noch eine weitere. Wie Sie in Listing 5.1 und Listing 5.5 sehen, kann man main auf zwei verschiedene Weisen deklarieren:

- int main() oder
- int main(int argc, const char* argv[])

Die erste Art verwenden Sie, wenn Sie kein Interesse an den Aufrufparametern des ausführbaren Programms haben. Mit der zweiten Variante können Sie herausfinden, ob der Benutzer Ihr Programm mit Parametern aufgerufen hat, und können diese auswerten.

Nehmen wir an, Ihr Programm heißt `teiler.exe`, dann kann ein (Windows-) Benutzer das Programm zum Beispiel so aufrufen:

`$ teiler.exe 1001`

Dann wird `argc` den Wert 2 haben, und mit `argv[1]` können Sie auf die 1001 zugreifen.

Es gibt nur diese beiden Möglichkeiten, um `main` zu definieren. Die ()-Form ist eine Abkürzung, für den Fall, dass Sie für die Aufrufparameter des Programms nicht interessieren.

5.6 Anweisungen

Lassen Sie uns näher auf das eingehen, was zwischen den {...} unserer beiden Funktionen steht: die *Anweisungen*. Sie wissen schon., dass diese *nacheinander* ausgeführt werden. Das unterscheidet sie von *Ausdrücken*, denn für die kann der Compiler zaubern, wie er möchte. Moderne Compiler und Computer, auf denen Ihr Programm läuft, machen im Hintergrund die verrücktesten Dinge mit Ihrem Programm, vor allem, um es schneller ablaufen zu lassen. Die einzige Einschränkung, die für diese Transformationen gilt, ist, dass diese die *Bedeutung* des Programms nicht verändern dürfen. Und diese Bedeutung ist, dass die Anweisungen Ihres Programms nacheinander ausgeführt werden. Das ist genau der Unterschied zu *Ausdrücken*, die nicht auf diese Art in einer bestimmten Reihenfolge ausgeführt werden. Denken Sie sich bei denen besser, dass der Ausdruck einen Wert annimmt oder der Computer sie *auswertet*, aber nicht wörtlich *ausführt*.

Als Faustregel gilt, dass eine Anweisung an ihrem Semikolon ; zu Ende ist. Die häufigste Ausnahme von dieser Regel ist der *Anweisungsblock*: die in geschweifte Klammern eingeschlossene Folge von Anweisungen.

Hier sehen Sie zur Erinnerung einen Ausschnitt aus unserem Beispielprogramm:

```
for(int teiler=1; teiler <= n; ++teiler)   // for-Schleife
{                                          // Beginn des Schleifenblocks
    if(n % teiler == 0)
        std::cout << teiler << ", ";
}                                          // Ende des Schleifenblocks
```

Listing 5.6 Hier sind nur einige geschweifte Klammern geschrieben.

Um es noch einmal deutlich zu machen: Bei der `for`-Schleife handelt es sich um *eine einzelne* Anweisung, die von `for` bis `}` reicht. Das Gleiche gilt für die `if`-Verzweigung: Im folgenden Listing gehören der Bedingungsteil `if(argc<=1)` und der Verzweigungsteil bis zur letzten `}` integral zusammen und bilden gemeinsam *eine einzelne* Anweisung:

```
if(argc<=1) {                          // Beginn der if-Anweisung
    std::cout << "Geben Sie eine Zahl ein: ";
    if(!std::cin >> zahl) {
        return 1;
    }
} else {
    wert = std::stoi(argv[1]);
}                                      // Ende der if-Anweisung
```
Listing 5.7 So sieht es aus, wenn Sie alle geschweiften Klammern setzen.

Warum ist das wichtig? Weil somit klar ist, wo man die Schleife verwenden kann und wie weit sie reicht. Formal hat eine `for`-Schleife immer das folgende Format:

for(*Schleifenvariablendefinition*) *Anweisung*

Und eine der formalen Möglichkeiten für eine `if`-Verzweigung ist:

if(*Bedingung*) *Anweisung*

Und da beides jeweils selbst eine Anweisung darstellt, ist klar, dass ich im Beispiel mit dem `for` einige Klammern auch hätte weglassen können. Denn Anweisungen können wiederum Anweisungen enthalten. Zum Beispiel enthält der Anweisungsblock des `for` eine einzige Anweisung, nämlich das `if`:

```
for(int teiler=1; teiler <= wert; ++teiler)
    if(wert % teiler == 0)
        std::cout << teiler << ", ";
```
Listing 5.8 Das »if« ist eine Anweisung und benötigt keine geschweiften Klammern.

Das hat die gleiche Bedeutung wie:

```
for(int teiler=1; teiler <= n; ++teiler) {
    if(n % teiler == 0)
        std::cout << teiler << ", ";
}
```

Doch ist es guter Stil, die geschweiften Klammern bei `if` und `for` nicht wegzulassen. Richtig guter Stil und ebenfalls gleichbedeutend wäre es gewesen, auch für das `if` die {...} des Anweisungsblocks zu verwenden:

```
for(int teiler=1; teiler <= wert; ++teiler) {
    if(wert % teiler == 0) {
        std::cout << teiler << ", ";
    }
}
```
Listing 5.9 Es ist besser lesbar, wenn Sie auch einzelne Anweisungen in geschweifte Klammern setzen.

Und hier sehen Sie gleich noch etwas: Es gibt unterschiedliche Schreibweisen dafür, *wo* die Klammern gesetzt werden. Manche bevorzugen sie als letztes Zeichen in der Zeile mit dem if oder for, andere setzen sie in eine eigene Zeile. Wie Sie schon bei der Besprechung der Leerzeichen gelesen haben, spielt es keine Rolle, ob Sie zusätzliche Zeilenwechsel einfügen. Für welche der Möglichkeiten Sie sich entscheiden, ist gleichgültig, es ist aber eine gute Idee, einen Stil konsequent zu verwenden.

Ans Ende einer Anweisung gehört zwar ein Semikolon, nicht aber nach den geschweiften Klammern eines Anweisungsblocks. Da müssen Sie etwas aufpassen, denn unnötige Semikolons erzeugen eine *leere Anweisung*. Das ist in den meisten Fällen harmlos: Zum Beispiel sind zwischen den ;;;; drei leere Anweisungen ohne jegliche Auswirkung. Aber ein Semikolon nach einem if führt dazu, dass die leere Anweisung zum if gehört und es beendet. Im folgenden Beispiel gehört so cout << "kleiner"; nicht mehr zum if und wird nun immer ausgeführt.

```
if(wert<10) ;     // Eine kritische leere Anweisung
    std::cout << "kleiner";
```

Geben Sie also besser keine zusätzlichen Semikolons ein. Achten Sie auch darauf, dass Sie nach den {...} eines Anweisungsblocks kein ; setzen. Auch wenn es keine direkten Auswirkungen hat, vermeiden Sie besser das folgende überflüssige Semikolon:

```
if(wert<10) {
    std::cout << "kleiner";
};                // Auch harmlose leere Anweisungen vermeiden
std::cout << "weiter";
```

Etwas ärgerlich ist, dass ich Ihnen in Kapitel 16, »Erste eigene Datentypen«, über struct und class erzählen werde, dass Sie deren Definition mit einem Semikolon abschließen *müssen*. Als Vorgriff: Sie werden also struct Typ {...}; schreiben, und das Weglassen des Semikolons wäre hier ein Fehler. Der Grund ist, dass es sich um eine *Definition* handelt, die immer mit einem Semikolon abgeschlossen wird – es ist keine *Anweisung*.

5.7 Ausdrücke

Zu den Anweisungen gesellen sich die *Ausdrücke* (engl. *Expressions*). Ausdrücke stammen an ziemlich vielen Stellen in C++-Programmen vor – nicht zuletzt sind sie Teile von Anweisungen, sind aber auch an vielen anderen Stellen erlaubt, die keine Anweisungen sind.

Ein Ausdruck ist »eine Folge von *Operatoren* und *Operanden*, die eine Berechnung ausführen«. Das ist so trocken, dass es nur aus dem Text des C++-Sprachstandards kommen kann. Doch was bedeutet das?

Es bedeutet, dass etwas wie 3+4 ein Ausdruck ist; 3 und 4 sind die Operanden, + der Operator. Es kann auch komplizierter werden, wie zum Beispiel in (3+4)*PI/sin(x), wo es mehrere Operatoren und Operanden gibt. Jeder Operand muss selbst wieder ein gültiger

Ausdruck sein, und ein Ausdruck ist nur dann *gültig*, wenn er auch komplett ist – 1+2+3+ ist *kein* Ausdruck, denn dem letzten + fehlt sein Operand, genauso wenig, wie 3+4) ein Ausdruck ist, denn es fehlt eine Klammer.

An diesem Beispiel sehen Sie, dass Ausdrücke aus kleineren Ausdrücken aufgebaut sind. Brechen Sie (3+4)*PI/sin(x) auseinander, sind darin folgende Ausdrücke enthalten:

- (3+4) * PI / sin(x)
- (3+4) * PI und sin(x)
- (3+4), PI zum einen, x und sogar sin zum anderen
- 3+4
- 3 und 4

In Beispielprogramm 5.1 und in Listing 4.1 finden wir allerlei Ausdrücke, von denen ich Ihnen hier nur einige auflisten kann:

- 100 ist ein *Zahlenliteral* – eine Zahl, die direkt in den Quellcode geschrieben ist.
- "Teiler von " ist ein *Textliteral* – ein Text direkt im Quellcode.
- std::cout << "Teiler von " – ist ein Ausdruck, der das Textliteral auf dem Bildschirm ausgibt[1].
- wert % teiler berechnet den Rest der Division wert / teiler.
- wert % teiler == 0 prüft, ob dieser Rest 0 war und somit teiler ein Teiler von wert ist.
- 0 als Teil von return 0; ist ein Ausdruck, der die Rückgabe von main() »berechnet«.

An ein paar Stellen haben wir etwas anderes als einen Ausdruck, und darauf will ich hier kurz eingehen. int wert = 100 ist *kein* Ausdruck, sondern eine *Deklaration* (int wert) mit einer *Initialisierung* (= 100). Die Initialisierung rechts von = muss jedoch ein Ausdruck sein. Auch return 0 ist kein Ausdruck, sondern eine return-Anweisung. Sie besteht aus dem besonderen Wort (*Schlüsselwort*) return und in diesem Fall dem Ausdruck 0.

Eine der Haupteigenschaften von Ausdrücken ist, dass jeder einen genau festgelegten *Typ* hat, und das gilt auch für jeden Teilausdruck. Und da Typen in C++ sehr wichtig sind, ist auch das Verständnis der Typen von Ausdrücken ein essenzieller Schritt zum Erfolg mit C++.

> **Mehr zu Anweisungen und Ausdrücken**
>
> Weil Anweisungen und Ausdrücke so elementare Sprachelemente sind, widmen wir ihnen ein späteres Kapitel (Kapitel 12, »Anweisungen im Detail«). Hier haben Sie eine erste Einführung und einen Überblick erhalten.

---

[1] oder in eine Datei schreibt

5.8 Zuweisungen

Einer der wichtigsten Ausdrücke ist in C++ die *Zuweisung*. Ich habe die Zuweisung nicht bei der Aufzählung der Anweisungen erwähnt. Das war kein Versehen.

Es gibt nur wenige Zuweisungen in Listing 5.1, abgesehen von den Initialisierungen, und zwar:

```
wert = std::stoi(argv[1]);
```

Listing 5.10 Eine Zuweisung aus dem Ergebnis eines Funktionsaufrufs

Und bevor ich ++teiler in die for-Schleife geschrieben habe, stand dort:

```
teiler = teiler + 1
```

Listing 5.11 Eine Zuweisung als Ergebnis einer Berechnung

In Listing 5.10 wird wert das Ergebnis eines Funktionsaufrufs zugewiesen. Listing 5.11 enthält eine Berechnung, deren Ergebnis die Variable teiler zugewiesen bekommt. Entscheidend ist, dass die Variable der Zuweisung zuvor schon existierte und nun einen neuen Wert erhält. Dies geschieht mittels des Gleichheitszeichens: Auf der linken Seite befindet sich das Ziel der Zuweisung und auf der rechten ein Ausdruck für den neuen Wert der Variablen.

Aber: Eine Zuweisung fällt in die Kategorie der Ausdrücke, und Sie können sie somit überall einsetzen, wo Ausdrücke erlaubt sind. Dass eine Zuweisung wie eine Anweisung verwendet wird, ohne weiter in einem größeren Ausdruck eingebettet zu sein, ist eigentlich ein Spezialfall – im Falle von Zuweisungen aber durchaus häufig, wie Sie in den Listings 5.10 und 5.11 sehen.

In dem folgenden Beispiel wird die Verwendung einer Zuweisung als Ausdruck deutlicher:

```
#include <iostream>
int main() {
    int a = 3;
    int b = 7 + (a = 12) + 6;   // enthält eine Zuweisung
    std::cout << a << std::endl;
}
```

Listing 5.12 Eine Zuweisung ist ein Ausdruck mit dem Typ der zugewiesenen Variablen.

Hier ist a = 12 die Zuweisung. Dieser Ausdruck hat bei der Ausführung den Wert 12 und für den Compiler den Typ von a, also int. Die Variable b wird also mit der Berechnung 7 + 12 + 6 initialisiert.

Sie sollten sich hieran kein Beispiel nehmen und nun überall Zuweisungen als Ausdrücke verwenden. Die Zuweisung wird dann zu einem Ausdruck mit *Seiteneffekt*, weil außer dem Haupteffekt – b zu verändern – noch eine weitere Variable ihren Wert ändert. Wir zeigen Ihnen später die wenigen Stellen, an denen dies in C++ üblich ist und es daher beim Lesen und Verstehen keine Überraschung ist.

5.9 Typen

In C++ hat alles einen *Typ*. Variablen und Konstanten haben einen Typ, ebenso Parameter und auch Funktionen, Daten und Klassen. Typen kommen überall vor.

Der Typ legt fest, wie viel Speicher der Computer für eine Variable oder das Zwischenergebnis eines Ausdrucks bereitstellen muss, welche Art Werte dieser aufnehmen kann, wie diese Werte im Speicher zu interpretieren sind und welche Operationen darauf erlaubt sind. Letzteres ist die Stärke von C++. Denn die Hauptarbeit des Compilers besteht darin, die Typinformation zu verarbeiten. Zunächst ermittelt er den Typ und findet die Dinge heraus, die darauf erlaubt sind. Das können Funktionsaufrufe, Operationen oder Umwandlungen sein. Was hat der Programmierer gemeint? Wenn der Compiler das herausfindet, wendet er seine Auswahl an und weist dem Ergebnis dadurch einen neuen Typ zu.

Deshalb gehören Typ und Wert immer zusammen – sie ergänzen sich. Konzeptionell existiert der Typ nur zur Übersetzungszeit, als Werkzeug für den Compiler. Wenn Sie das übersetzte Programm starten (*Laufzeit*), sind die Typen verschwunden und es existieren nur noch die Werte.[2] Ihr Programm manipuliert also die Werte und der Compiler die Typen. Durch seine Berechnungen stellt der Compiler sicher, dass die gewünschten Operationen auf den Werten in das Programm geraten.

Man kann für jeden (Teil-)Ausdruck dessen genauen Typ ermitteln. Dieser hängt von dem Operator und seinen Operanden ab. Manchmal ist das Ermitteln des Typs leicht, manchmal nicht, aber es geht immer. Wenn es schwierig ist, kann man sich beim Computer Hilfe holen. Das richtige Programm dafür ist der C++-Compiler! Denn dieser »rechnet« mit den Typen der Ausdrücke, und zwar nach den Regeln, die der C++-Standard und Ihr Programm vorgeben.

Wenn Sie schon andere Programmiersprachen kennen, dann sind Ihnen vielleicht weniger stringente Typkonzepte als das von C++ bekannt. Manche Sprachen (wie Python, PHP oder JavaScript) ignorieren sie fast komplett und fahren in ihrer jeweiligen Domäne gut damit. Andere Sprachen (wie Java oder C) haben Typen, sehen deren Nutzen aber etwas anders. In C++ können Sie Typen viel eher dazu verwenden, sich vom Compiler helfen zu lassen, ein korrektes Programm zu schreiben.

Steht im Programm zum Beispiel irgendwo 100+99, dann ist das für den Compiler ein *Operator* + mit zwei *Operanden* 100 und 99 jeweils vom Typ int. Nach den Regeln, die der

---

[2] Das ist nicht ganz korrekt, denn der Compiler behält für bestimmte Sprachfeatures Laufzeit-Typinformation (RTTI) im Programm. Das kann man meistens abschalten. Es hilft jedoch, wenn Sie sich das hier so vorstellen.

Compiler eingebaut hat, ergibt ein + mit zwei int-Operanden wieder ein Wert vom Typ int, und somit hat der Gesamtausdruck auch den Typ int. An dieser Stelle rechnet der Compiler also nicht mit den konkreten Zahlen 100 und 99 und weiß auch noch nichts von der Bedeutung von +, sondern er wendet nur Wissen »über« Operanden und Operator an – deren Typen.

Wenn Sie in der Schule im Physikunterricht den richtigen Lehrer gehabt haben, könnte Ihnen das vielleicht bekannt vorkommen. Um beim Umgang mit langen Formeln zu überprüfen, ob Ihr Ergebnis wahrscheinlich richtig war, dann konnten Sie statt auf den konkreten Zahlen auf den Maßeinheiten und Größen rechnen (»Dimensionsanalyse«). Kam dabei die falsche Maßeinheit heraus, hatten Sie einen Fehler gemacht (in der Rechnung oder bei der Überprüfung). [3]

Zum Beispiel ist:

$$\text{Kraft in } [\text{kg} \times \text{m/s}^2] = \frac{\text{Masse in } [\text{kg}] \times \text{Länge in } [\text{m}]}{\text{Zeit in } [\text{s}^2]}$$

Wollen Sie nun bei gegebener Masse 8 kg, Länge 12 m und 4 s wissen, wie viel Kraft wirkt, dann rechnen Sie $8 \times 12/4 = 24$ und gleichzeitig kg × m/s... und merken dadurch: »Hoppla, mit den Sekunden stimmt was nicht!« Richtig wäre gewesen $8 \times 12/4^2 = 6$ mit der Probe kg × m/s² – das passt.

Ähnlich macht es der Compiler. Die Regeln der Rechnung auf Typen geben Sie durch die Klassen, Funktionen und Templates Ihres Programms vor. Diese werden ergänzt durch die Standardbibliothek und andere Bibliotheken, die Sie verwenden, sowie durch die fest eingebauten Regeln. Und genau wie die Dimensionsanalyse Ihnen in der Physikklausur geholfen hat, kann Ihnen der Compiler mit seiner Überprüfung der Typ-Rechenregeln helfen, ein korrektes Programm zu schreiben:

```
#include <vector>
class Image {
    std::vector<char> data_;
public:
    void load(const char* filename);  // lädt Bilddaten
};
class Screen {
public:
    void show(Image& image);          // image sollte const sein
};
```

---

[3] *Conversion of Units of Measurement*, Gordon S. Novak Jr., http://www.cs.utexas.edu/users/novak/units95.html, IEEE Transactions on Software Engineering, vol. 21, no. 8 (August 1995), pp. 651-661, [2014-01-31]

```
void paint(Screen &screen, const Image &image) {
    screen.show(image);
}
int main() {
    Image image {};
    image.load("peter.png");
    Screen screen {};
    paint(screen, image);
}
```

Listing 5.13 Der Compiler hilft, korrekte Programme zu schreiben, indem er die Typen überprüft.

Das Pendant zu einem vergessenen »hoch 2« ist in C++ vielleicht ein fehlendes const: Der Bildschirm Screen hat eine Methode show, mit der er ein Bild malt. Man sollte meinen, dabei würde das Bild image nicht verändert. Somit ist es wahrscheinlich, dass nicht Image&, sondern const Image& als Typ des Parameters von show hätte stehen müssen.

Ein vergessenes const allein ist noch nicht kritisch, wohlgemerkt. Was würde aber passieren, wenn jemand »aus Versehen« in show image.load("paul.png"); aufrufen würde – das würde das Bild verändern. Mit dem const am Parameter kann das nicht passieren: Der Compiler meldet und einen Fehler.

Diese Ressource *Typsicherheit* sollten Sie nutzen, wo immer Sie können. Dies ist einer der mächtigsten Vorteile von C++ gegenüber dem guten alten C. Dort waren (und sind) die auf Typen möglichen Transformationen viel eingeschränkter – und die Überprüfungen sehr viel lapidarer.

Erste einfache Typen

Ohne dass Sie es besonders bemerkt hätten, hatten Sie schon in den kleinen Beispielen, die wir besprochen haben, mit allerlei Typen zu tun. Die wichtigsten behandeln wir jetzt.

5.9.1 Der Typ »int«

int ist in diesem Kapitel ein Repräsentant all jener Typen, mit denen Sie in C++ *Ganzzahlen* darstellen, also negative ganze Zahlen, die Null und positive. Ein Computer hat aber Beschränkungen, was seinen Zahlenbereich angeht. Mit int stehen Ihnen je nach System unterschiedlich viele *Bits* zur Verfügung. Sollten Sie auf einem aktuellen System arbeiten, dann sind es wahrscheinlich 32 Bits, es könnten aber auch 16, 64 oder eine ganz andere Zahl sein. Mit 32 Bits kann int ganze Zahlen von etwa -2 Milliarden bis +2 Milliarden speichern. Mit Listing 26.7 können Sie es genau herausfinden. Wollen Sie andere Zahlenbereiche abdecken, dann sollten Sie sich die Verwandten char und short sowie long und long long in Kapitel 8, »Eingebaute Typen«, einmal genauer anschauen.

5.9.2 Der Typ »bool«

Während eine `int`-Variable sehr viele Zustände annehmen kann, ist eine `bool`-Variable auf einen von zwei Zuständen festgelegt, nämlich entweder `true` oder `false`, für »wahr« oder »falsch.«

Vergleiche sind Ausdrücke, deren Ergebnis vom Typ `bool` ist, und Sie können ihr Ergebnis, anstatt es direkt zu verwenden, in einer Variable dieses Typs speichern:

```
#include <iostream>                              // cout
int main(int argc, const char* argv[]) {
    bool mitParametern = argc > 1;              // Vergleichsergebnis zwischengespeichert
    if(mitParametern) {                         // ...und verwendet
        std::cout << "Sie haben das Programm mit Parametern aufgerufen.\n";
    }
    return 0;
}
```

Listing 5.14 Variablen vom Typ `bool` können zum Beispiel das Ergebnis eines Vergleichs zwischenspeichern.

5.9.3 Die Typen »const char*« und »std::string«

Diese beiden sehr unterschiedlichen Typen haben beide den gleichen Zweck: Ihre Variablen stellen Zeichenketten dar. Das heißt also Text, Nachrichten, Meldungen, Namen usw. Je nach Aufgabe bietet sich mal die »Pointervariante« `const char*` an, die ihre Herkunft von C nicht leugnen kann, und mal die »Klasse« `std::string` aus der *C++-Standardbibliothek*.

Wenn es nur um die Ausgabe einer fixen Zeichenkette geht, dann arbeiten Sie meist mit `const char*`, denn in dieser Form tauschen viele Programmteile Zeichenketten untereinander. Sie haben den Parameter zu `main` schon gesehen, den ich in Listing 5.14 zum Beispiel `argv` genannt habe. Dort liefert das System möglicherweise mehrere Programmargumente in Form von `const char*`-Zeichenketten ins Programm hinein. Und auch wenn Sie in den Programmtext direkt eine Zeichenkette mit "..." hineinschreiben, dann legt der Compiler dieses »Zeichenketten-Literal« als `const char*` im Speicher ab.[4] Wenn Sie diesen Text nur ausgeben wollen, wie in

```
std::cout << "Sie haben das Programm mit Parametern aufgerufen.\n";
```

dann brauchen Sie sich darum jedoch nicht weiter zu kümmern.

---

[4] Genauer gesagt ist es ein `const char[]`, aber das ist sehr ähnlich.

Für die meisten darüber hinaus gehenden Fälle empfehle ich Ihnen, dass Sie stattdessen `std::string` verwenden. Wenn Sie Zeichenketten speichern, kopieren oder manipulieren wollen, dann ist dies die beste Wahl. Vor allem in Bezug auf die Speicherverwaltung – das dynamische Anlegen immer neuer Zeichenketten – fällt der C++-Klasse `std::string` deutlich leichter.

Weil Sie `std::string` so häufig verwenden werden (zumindestens in diesem Buch), erlauben Sie mir, dass ich diesen Namen einfach mit `string` abkürze.

5.9.4 Parametrisierte Typen

Manche Typen enthalten spitze Klammern <...> in ihrem Namen. Sie haben

`std::vector<char>`

im Beispiel gesehen. Auch wenn das anders aussieht als `int`, `bool` oder `string`, so handelt es sich doch bei dem *ganzen Konstrukt* um einen einzigen Typ. Der Teil in den Klammern ist dabei ein Parameter, um den Gesamttyp zu bilden. Hier ist `vector` der umgebende oder Haupttyp und `char` ist der Parameter. Zusammen sind die beiden ein »`vector` von `char`«.

Sie könnten auch einen `vector<int>` bilden und erhalten so einen anderen Typ. Das ist zum Beispiel wichtig, wenn der Compiler entscheiden soll, welche Funktionen zur Auswahl stehen oder was das Ergebnis einer Operation ist. Wie ich schon erwähnt habe, rechnet der Compiler in der Übersetzungsphase auf Typen, erst zur Laufzeit rechnet das Programm auf den Werten.

Eines ist hier besonders wichtig: Bei den parametrisierten Typen muss das, was in den spitzen Klammern steht, immer schon zur Übersetzungszeit feststehen. Logisch, wenn der Compiler doch zur Übersetzungszeit auf Typen rechnet und das gesamte Konstrukt Haupttyp-Klammern-Parameter den Typ ausmacht. Wenn Sie sich das merken, werden Sie bei Experimenten nicht verwundert sein. So gibt es zum Beispiel auch den parametrisierten Typ `std::array<...>`, der als zweiten Parameter eine Zahl bekommt. Die Zahl muss eine Konstante sein.[5] Sie können `std::array<int,5>` schreiben, aber nicht `int n=5; std::array<int,n>`. n ist eine Variable und kann als solche nicht Teil des Typs sein.

> **Merke**
> Ein Typ muss zur Compilezeit feststehen.

---

[5] oder etwas, was der Compiler schon ausrechnen kann, wie 3+4.

5.10 Variablen – Deklaration, Definition und Initialisierung

Es ist ein Unterschied, ob Sie schreiben:

- `int wert;` – eine *Deklaration*
- `wert = 0;` – eine *Zuweisung*
- `int wert = 0;` – eine *Definition* mit *Initialisierung*

Außerdem gibt es Variablen, die Sie nach deren Einführung nicht mehr verändern können. Sie sind unveränderbar – und heißen dann eigentlich *Konstanten*. Bis auf diesen Fakt sind für den Compiler Konstanten *auch* Variablen, also »mengenlehremäßig« eine Teilmenge davon. Diesen können Sie niemals mehr etwas neu zuweisen, daher haben Sie nur die Wahl, sie bei der Deklaration mit einem Wert zu initialisieren. Auf `const` gehe ich später noch genauer ein, aber Sie können den Hauptzweck dieses Zusatzes sicher erraten:

```
int main() {
    const int fest = 33;    // Initialisierung als Konstante
    fest = 80;              // Eine Zuweisung ist unmöglich
}
```

Listing 5.15 Manchen Variablen können Sie nichts zuweisen, Sie können sie nur initialisieren.

Es gibt noch eine weitere Möglichkeit, wie Sie Zuweisung und Initialisierung voneinander unterscheiden können beziehungsweise selbst unterscheid*bar* machen können. Mit C++11 wurde die *vereinheitlichte Initialisierung* eingeführt (engl. *Unified Initialization*). An allen Stellen, an denen Sie Variablen initialisieren, können Sie statt des = nun geschweifte Klammern verwenden.

```
int index = 1;          // alter Stil, sieht wie eine Zuweisung aus
int zaehler { 1 };      // C++11-Stil, eindeutig eine Initialisierung
int counter = { 1 };    // Beim C++11-Stil ist das »=« optional und wird ignoriert
```

Listing 5.16 Statt dem »=« können Sie {...} zur Initialisierung verwenden.

Eine Verwechslungsgefahr gab es zuvor nämlich nicht nur bei der Zuweisung, sondern noch bei einer Handvoll anderer C++-Konstrukte.

Altes Gleichheitszeichen oder vereinheitlichte Initialisierung?

Die neue Initialisierung mit {...} beherrschen alle aktuellen Compiler. Sie haben also die Wahl. Der »alte Stil« wird sich nicht ausmerzen lassen (und es ist diskussionswürdig, ob das überhaupt sinnvoll wäre), aber Sie sollten den neuen Stil überall dort verwenden, wo Sie nicht nur einen einfachen Datentyp wie `int` initialisieren. Das rüstet Sie für die kniffligen Fälle.

5.11 Details zur »include«-Direktive

Die Includes beginnen immer mit einen Doppelkreuz #. Ein solches Zeichen am Anfang einer Zeile steht für eine Anweisung an den *Präprozessor*. Wenn Sie sich an Abbildung 3.1 erinnern, kennen Sie diese Phase der Übersetzung schon.

Die Datei, die hier per #include genannt wird, wird vom Präprozessor fast wie per Kopieren-und-Einfügen an diese Stelle in Ihr Programm eingefügt. Der Effekt ist, dass alle Deklarationen aus jener Datei nun Teil Ihres Programms sind.

Es gibt noch andere Präprozessor-Direktiven, doch #include ist für Sie die wichtigste. Für die restlichen siehe Kapitel 24, »Makros«.

Sie sollten Includes immer zuoberst in Ihre Quelldateien schreiben. In Listing 5.1 habe ich zwei davon verwendet:

```
#include <iostream>     // cin, cout
#include <string>       // stoi
```

Beide, <iostream> und <string>, sind Teil der *C++-Standardbibliothek*. Sie enthalten also Dinge, die nicht Teil der *Kernsprache* sind. Etwas wie int ist immer und auf allen Systemen vorhanden, ohne dass Sie einen Include benötigen. Die Standardbibliothek wird meistens vorhanden sein – und davon gehen wir in diesem Buch aus –, aber nicht immer.

Da Sie mit einem #include viele Bezeichner in den aktuellen Quellcode einführen, ist es hilfreich, einen Kommentar hinzuzufügen, welche davon Sie hier verwenden. Dadurch kann der Leser bei einem ihm unbekannten Bezeichner mittels einer einfachen Suche in der Datei herausfinden, wo dieser herkommt. Manche Modulnamen sind selbsterklärend: #include <vector> importiert vector, das muss man nicht erklären.

Die Includes der Standardbibliothek erkennen Sie daran, dass der Name keine Endung wie .h oder Ähnliches hat. Es ist Konvention, dass nur *Headerdateien* der Standardbibliothek ohne Endung verwendet werden.[6] Wenn Sie selbst welche erzeugen, dann hängen Sie ein .h, .hpp, .H, .hh oder hxx an. Das .h sieht man in der Praxis am häufigsten, auch wenn manche Programmierer dies weniger gerne sehen, da sich der Header dann von außen nicht von C-Headern unterscheidet. .hpp wird dann oft als Alternative gewählt. Egal, welche Endung Sie nehmen, beim #include nennen Sie diese:

```
#incude <iostream>              // Modul der Standardbibliothek
#incude <asteroids.h>           // Modul eines Drittanbieters
#incude "meinModul.hpp"         // Modul des aktuellen Projekts
#incude "algo/meinModul.h"      // in einem Unterverzeichnis
```

In spitzen Klammern schreiben Sie den Namen der Headerdatei, wenn die Datei auf Ihrem System *installiert* ist – der Compiler soll danach suchen. Verwenden Sie die Anfüh-

---

[6] Sie werden jedoch bekannte Bibliotheken finden, die ebenfalls keine Endung verwenden, wie zum Beispiel die Qt-Bibliothek.

rungszeichen "...", wenn die Headerdatei Teil Ihres aktuellen Projektes ist und nicht irgendwo installiert. Manche Compiler suchen dann zuerst im aktuellen Projekt nach der Datei.

Don©ts für Includes

Achten Sie bei der Nennung des Dateinamens auf Groß- und Kleinschreibung, denn diese wird auf manchen Systemen beachtet, lieber Windows-Benutzer! Sollte sich die Headerdatei in einem Unterverzeichnis befinden, dann verwenden Sie immer / zur Trennung:

```
#incude "MEINMODUL.H"            // nicht gut, wenn die Datei »meinModul.h« heißt
#incude "algo\meinModul.h"       // auch unter Windows »/« verwenden
#incude "c:/projekt/meinModul.h" // keine absoluten Pfadangaben
#incude "../algo/meinModul.h"    // keine relativen Pfade mit »..«
```

Statt den absoluten Pfad oder .. zu nutzen, sollten Sie entweder die Headerdateien woanders in Ihrem Projekt ablegen oder/und müssen die Suchpfade für Headerdateien in den Optionen des Compilers anpassen. Das erleichtert Ihnen das Verschieben Ihres Projektes und dessen Umorganisation, falls nötig.

Noch eine Anmerkung zu Klammern versus Anführungszeichen: Ursprünglich bedeuteten <...> gegenüber "...", dass der Header möglicherweise Teil des Compilers ist und gar nicht als Datei vorliegt. Es hat sich aber durchgesetzt, dass die Klammern auch dann verwendet werden, wenn es sich einfach um eine Headerdatei handelt, von der erwartet wird, dass sie von Ihnen auf dem System installiert wurde. Verwenden Sie daher "..." nur für Dateien, die Teil Ihres Projektes sind und Vorrang gegenüber anderen Bibliotheken haben sollen.[7]

5.12 Eingabe und Ausgabe

Jetzt kennen Sie alle wichtigen Elemente des Programms, bis auf – so würden manche sagen – die wichtigsten. Denn was ist ein Programm ohne *Eingabe* und *Ausgabe*?

Sie haben schon gesehen, dass << als Operator für die Ausgabe verwendet wird. Und außerdem wurde #include <iostream> auch wegen std::cout mit eingebunden. Hier ist ein Ausschnitt aus Listing 5.1, bei dem es hauptsächlich um die Ausgabe geht:

```
std::cout << "Teiler von " << n << " sind:\n";
for(int teiler=1; teiler <= n; ++teiler) {
    if(n % teiler == 0)
        std::cout << teiler << ", ";
}
std::cout << std::endl;
```

---

[7] Ob das mit dem Vorrang klappt, hängt aber vom jeweils verwendeten Compiler ab.

Sie sehen, dass Sie mehrere << einfach aneinanderreihen können. Genauer gesagt, ist `std::cout << "Teiler von "` ein Ausdruck, der als Nebeneffekt die Ausgabe erledigt und danach wieder `std::cout` zurückliefert. So wird danach effektiv `std::cout << n` ausgeführt, wieder mit der Ausgabe und dem Ergebnis `std::cout`. Zu guter Letzt kommt der dritte Operator der Anweisung zum Zuge und `std::cout << " sind:\n"` wird ausgeführt. An dem ist besonders, dass er einen Zeilenwechsel enthält (engl. *Newline*). In C++-Zeichenketten wird dieser durch \n dargestellt. Genau dieser Zeilenwechsel ist innerhalb der Schleife bei der Ausgabe weggelassen – daher erscheinen die Zahlen in einer Zeile.

Mit `std::cout << std::endl` gibt das Programm den Zeilenwechsel am Ende der Liste aus. Doch hoppla, wo ist das \n? Diesmal steht im Listing ein besonderes Element von `std::cout`, der *Manipulator* `std::endl`. Dieser sorgt für den Zeilenwechsel und zusätzlich garantiert er, dass das System die Ausgaben nicht puffert – es erzwingt, dass alles wirklich auf dem Bildschirm erscheint, was Sie bisher ausgegeben haben. Denn (Bildschirm-)Ausgabe ist zeitintensiv, und das System bemüht sich, so viele Schritte wie möglich zusammenzufassen und auf einmal zu erledigen. Mit `std::endl` stellen Sie sicher, dass das System hier alles Angefallene wirklich ausgibt.

5.13 Der Namensraum »std«

Nun bleibt noch eine Sache, die ich Ihnen erklären muss, bevor wir tiefer in die einzelnen Themen eintauchen. In Listing 5.1 sehen Sie ein `using namespace std`. Mit diesem Hilfsmittel sparen Sie sich das `std::` vor Bezeichnern, das Sie sonst gebraucht hätten:

```
#include <iostream>                          // für std::cin, std::cout, std::endl
#include <string>                            // für std::stoi

void berechne(int n) {
    using namespace std;                     // für std::cout und std::endl
    /* Teiler ausgeben */
    cout << "Teiler von " << n << " sind:\n";  // cout statt std::cout
    for(int teiler=1; teiler <= n; ++teiler) {
        if(n % teiler == 0)
            cout << teiler << ", ";          // cout statt std::cout
    }
    cout << endl;
}
```

Listing 5.17 Sie können einen Namensraum einbinden, um Programmtext kürzer zu machen.

Normalerweise prüft der Compiler zu jedem Bezeichner, ob dessen Name lokal oder auf den äußeren Ebenen existiert. Zum Beispiel ist `teiler` eine lokale Variable und `n` ist ein Parameter innerhalb der Funktion. Würden Sie ohne das `using` dann `cout` verwenden, würde der Compiler prüfen, ob es eine lokale Variable oder einen Parameter mit diesem

Namen gibt, dann, ob eine globale Variable cout existiert, und Ihnen anschließend mit einem Fehler melden, dass dem nicht so ist – dass der Bezeichner also unbekannt ist.

Mit dem using wird zu jedem Bezeichner, der nicht gefunden werden konnte, probiert, ob es mit einem vorangestellten std:: funktionieren würde. So können Sie sich einige Tipparbeit sparen, wenn Sie sonst viele std:: tippen würden.

Das using namespace wirkt sich innerhalb des Bereichs aus, in dem es auch definiert ist – im Beispiel also nur innerhalb der Funktion berechne. Sie können ein solches using namespace auch global schreiben, dann ist der Wirkungsbereich größer:

```cpp
#include <iostream>
#include <string>
using namespace std; // wirkt sich global aus; klappt, ist aber kritisch
void berechne(int n) {
    /* Teiler ausgeben */
    cout << "Teiler von " << n << " sind:\n";
    // ...
}
// ... auch in weiteren Funktionen ...
```

Listing 5.18 »using namespace« können Sie auch global verwenden, sollten es aber selten tun.

Klingt das nun so verlockend, dass Sie using namespace ... ständig einsetzen wollten? Tun Sie das nicht! Durch ein using namespace ... wissen Sie nämlich ab jetzt nicht mehr, wo die Bezeichner Ihres Programms herkommen. Wenn Sie zum Beispiel die Standardbibliothek noch nicht kennen und auf ein frei stehendes cout stoßen, woher sollen Sie nun wissen, dass es eigentlich std::cout ist?

Vermeiden Sie globales »using namespace«

Verwenden Sie kein using namespace ... auf globaler Ebene in einer Datei. Zu jedem Bezeichner fragt sich der Leser, wo dieser nun herkommt, und er hat auch mit einer Suche in der aktuellen Datei keine Chance, das herauszufinden.

Innerhalb eines Blocks, zum Beispiel lokal in einer Funktion, wie ich es in Listing 5.17 gezeigt habe, ist ein using namespace ... jedoch nicht verpönt. Der Bereich, in dem man sich fragt, aus welchem Namensraum ein Bezeichner kommt, ist eingeschränkt genug. Und die Wahrscheinlichkeit, dass mehrere using namespace gleichzeitig aktiv sind, ist geringer.

Doch es gibt eine Lösung: Holen Sie sich nicht alle Bezeichner eines Namensraums, sondern nur die Bezeichner, die Sie benötigen:

```cpp
#include <iostream>              // cin, cout, endl
using std::endl;                 // gilt global in dieser Datei
void berechne(int n) {
    using std::cout;             // gilt lokal in dieser Funktion
    /* Teiler ausgeben */
    cout << "Teiler von " << n << " sind:\n";
    for(int teiler=1; teiler <= n; ++teiler) {
        if(n % teiler == 0)
            cout << teiler << ", ";
    }
    cout << endl;
}
```

Listing 5.19 Holen Sie sich mit »using« einzelne Bezeichner.

Das Einbeziehen von Bezeichnern auf dieser Art und Weise bereitet wenig Probleme. Taucht irgendwo in der Datei mal ein allein stehendes cout auf, findet der Leser den Ursprungsnamensraum mit einer einfachen Suche innerhalb der Datei.

> **In diesem Buch**
>
> Da die Listings in diesem Buch selten lang und unübersichtlich werden, passt die Regel mit den Ausnahmen hier. Es spart Raum und Wiederholung, zu Beginn nach den Includes ein using ... zu schreiben. Daher werde ich vor allem std::cout, std::endl und std::string abkürzen, andere Bezeichner jedoch weiter mit std:: ausschreiben, damit Sie wissen, woher sie kommen.

5.14 Aufgaben

Wiederholungsfragen

1. Zerlegen Sie die folgenden Programmfragmente in ihre Tokens, und finden Sie die Bezeichner und Symbole (und Symbolkombinationen) darin. Können Sie zu jedem Programmfragment auch sagen, ob und was für eine Anweisung es ist?

    1. `int a = 12;`
    2. `for(int j=0; j < max; ++j) sum += j;`
    3. `sin(ALPHA) + cos(BETA)`
    4. `cin << name;`
    5. `std::map<int,std::vector<std::string>> data { };`
    6. `auto p = make_shared<Image>(320, 200, "mona.png")`

2. Welche main-Funktionen kompilieren nicht? Wie können Sie sie korrigieren?
   1. `void main() { return 0; }`
   2. `int main() { return 0 }`
   3. `void main(int argc) { return 1; }`
   4. `int main(const char* argv[], int argc) { return argc>0; }`
   5. `main() { }`

Vertiefungsfragen

1. Warum sollten Sie die Anweisung `cout << data[idx++] << data[idx++] << "\n";` nicht schreiben? Fallen Ihnen zwei Gründe ein?
2. Sollten oder dürfen Sie `int a=0; int b=0; int sum = (a=2) * ++b * (b=3);` nicht schreiben? Was ist das Ergebnis und warum?

Erweiterungsfrage

Sehen Sie sich in Listing 5.1 den if-Ausdruck genauer an: `if(!std::cin >> wert)`. Was geschieht hier? Wieso überprüft er die Benutzereingabe? Zerlegen Sie dazu den Ausdruck in seine Bestandteile, und vollziehen Sie die Schritte nach. Wenn Sie bei `operator!()` angekommen sind, sind Sie richtig (siehe Listing 9.4).

Kapitel 6
Programmiertechnik, 1. Dan: Lesbarer Code

Jetzt haben Sie viel über die Syntax von C++ gelernt und darüber, wie ein Programm aussehen *kann*. Aber wie *soll* es aussehen? Letzten Endes ist es egal, wie Sie Ihren Code formatieren. Doch hat es Vorteile, sich an gewisse Konventionen zu halten, damit das Verständnis des Quelltextes leichter fällt. Und das ist wichtig, weil der Quellcode selbst ein zentrales Mittel der Kommunikation zwischen den beteiligten Programmierern ist. Und jetzt kommt die Überraschung: Am häufigsten sind Sie selbst wahrscheinlich der Leser Ihres Programms. Die Erfahrung hat gezeigt, dass es »hilfreich« ist (Achtung: Understatement), dass man seinen eigenen Code noch versteht.

Damit das leichtfällt, sollten Sie sich in erster Linie Konventionen angewöhnen, an die Sie sich selbst halten. Ein durchgehender Stil ist das Wichtigste für schnelles Verständnis. Das ermöglicht so etwas Ähnliches wie »Schnelllesen«, und Sie erfassen mit einem einzigen Blick wiederkehrende Muster sofort und brauchen sich Details oft gar nicht anzusehen. Dabei ist es beinahe egal, *welche* Konventionen Sie sich angewöhnen, Hauptsache, Sie halten sich daran. Setzen Sie einfach Ihren gesunden Menschenverstand ein, und fragen Sie sich: »Kann ich das in fünf Jahren noch verstehen?«

Erst in zweiter Linie schauen Sie sich nach »üblichen« Konventionen um oder halten sich an das, was Ihren Teamkollegen hilft. Nein, ich meine nicht, dass Sie egoistisch Ihren eigenen Stil benutzen sollen. Aber wenn es an einer bestimmten Stelle im Programmtext darum geht, entweder A oder B zu machen, dann fragen Sie sich erst selbst – und wenn da keine gute Antwort kommt, *dann* Ihre Teammitglieder. Denn spätestens nachdem Sie dem Team die gleiche Frage dreimal gestellt haben, kennen Sie die Antwort. Und dann reicht gesunder Menschenverstand aus.

Eignen Sie sich also den Stil Ihres Teams an, machen Sie ihn sich zu eigen. Damit sind Sie dann gut gerüstet, sodass sich Kollegen auch nach Ihnen richten werden, wenn es um Stilfragen geht.

Nach diesen allgemeinen Ratschlägen möchte ich Ihnen nun ein paar konkrete Tipps geben, zwischen was Sie wählen können, wenn es um Codekonventionen geht.

6.1 Kommentare

Kommentieren Sie viel, aber unterbrechen Sie den Lesefluss nicht. Kommentieren Sie *ergänzend* zum Code, wiederholen Sie nicht einfach, was da ohnehin steht. Statt `i = i+1; // i erhöhen` schreiben Sie nur etwas wie `i = i+1; // Achtung vor Überlauf`.

Ich fahre gut damit, vor einer Funktion oder einem Abschnitt die Intention ausführlich zu erklären, ohne auf konkrete Codeelemente selbst einzugehen. Zwischen den Codezeilen bemühe ich mich dann nur noch einzeilige Kommentare zu benötigen.

6.2 Dokumentation

Erwägen Sie, aus Kommentaren automatisch eine Dokumentation erzeugen lassen. Das vereinfacht es, Code und Dokumentation synchron zu halten. Dazu gibt es spezielle Werkzeuge wie *Doxygen*[1], aber auch noch viele andere. Solche Kommentare haben dann ein besonderes Format und *ergänzen* nur Ihre sonstigen Kommentare, aber *ersetzen* sie nicht.

```
/** Calculate Fibonnacci number.
 * @param n -- input number, must be greater 0
 * @return the n-th fibonacci number */
// Mathematisch: fib(n) = { 0: 0, 1:1, else: fib(n-1)+fib(n-2) }
// Rekursive und daher langsame Implementierung.
// Zur Beschleunigung kann die Rekursion durch eine Tabelle mit Schleife ersetzt werden.
// Ab einem ©n© von etwa 50 könnte ©unsigned© überlaufen.
unsigned fib(unsigned n) {
    // Test auf ==0 reicht, weil Argument unsigned ist
    if(n==0)
        return 0;
    if(n==1)
        return 1;
    // geht nur bei n>= 2. Sonst gefährlicher Unterlauf möglich.
    return fib(n-1) + fib(n-2);
}
```

Der Kommentar /** Calculate... */ ist zur API-Dokumentation gedacht, die dem Kunden gegeben werden kann – demjenigen, der die Funktion verwenden wird. Hier habe ich, ähnlich wie in Java üblich, mit speziellen @-Tags zur Formatierung gearbeitet, sodass *Doxygen* es versteht.

Der Rest der Kommentare ist für den Leser des Programmtextes gedacht, wenn also Fehler gesucht werden müssen oder Erweiterungen eingebaut werden sollen. Zunächst wird bei // Mathematisch... erklärt, worum es in der ganzen Funktion geht, ohne auf die konkrete Implementierung einzugehen. Dann folgen allgemeine Anmerkungen über die Implementierung bei // Rekursive..., die dem Verständnis helfen, oder Besonderheiten, auf die zu achten ist.

Im Programmtext selbst sind dann nur noch vereinzelt einzeilige Kommentare vorhanden wie // Test auf... und // geht nur bei... die den Quellcode ergänzen.

---

[1] *http://www.doxygen.org*

Gut zu kommentieren ist eine nicht zu unterschätzende Aufgabe. Kommentare sollten den Quellcode *ergänzen*, nicht versuchen, ihn zu *ersetzen*. Man sagt, überflüssige Kommentare wie `cout << "Glocke"; // schreibe Glocke` sind schlimmer als gar keine. Als Eselsbrücke können Sie sich gute Kommentare wie ein Kochrezept vorstellen: Das Programm ist die Anleitung »Nimm 500 Gramm Mehl, rühre...«, die auch Eskimos und Marsianer nachvollziehen können. Mit dem Kommentar »Backe eine Pizza Magaritha« versteht der Leser, was Sie tun, wenn er den Hintergrund hat oder sich mit dem Programm beschäftigt.

Viele Leute bevorzugen // gegenüber den /* ... */-Kommentaren, da sich auf diese Weise leicht ein ganzer Codeabschnitt auskommentieren lässt. Zu Beginn ein einfaches /* und am Ende ein */ eingefügt, und ein ganzes Stück Code ist deaktiviert. Kommen darin nur //-Kommentare vor, funktioniert das gut. Wären jedoch */ enthalten, klappt dieses Auskommentieren nicht. Zumindest innerhalb von Funktionen ist das oft praktisch.

6.3 Einrückungen und Zeilenlänge

Gewöhnen Sie sich einen einheitlichen Stil bezüglich der Einrücktiefe an. Ein durchgehender Stil erhöht den Lesefluss. Auch hier gilt, dass Sie sich mit Ihren Teammitgliedern absprechen sollten.

Übliche Konventionen:

▶ Einrückung nur mit Leerzeichen oder je einem Tabulator
▶ Falls mit Leerzeichen, sind zwei oder vier Leerzeichen üblich, seltener acht.

Mein persönlicher Favorit sind vier Leerzeichen Einrückung, die nächsthäufige Konvention sind derer zwei.

Wenn Sie den Tabulator als Einrückung verwendenden, dann hat Ihre IDE sicherlich eine Einstellung, mit der Sie die Anzeige auf angenehme zwei, vier oder acht Leerzeichen-Pendants einstellen können.

Tun Sie nur eines nicht: Mischen Sie nicht Leerzeicheneinrückung mit Tabulatoreinrückung. Das gilt sowohl für die Einrückungen innerhalb einer Zeile als auch innerhalb einer Datei. Ein Kollege mit der falschen Tabulator-Einstellung kann in diesem Fall den Code überhaupt nicht mehr lesen.

Sehr viele Programmierer schätzen es, wenn die Zeilen nicht nach rechts aus dem Editor herauslaufen, und wünschen, dass man einen manuellen Umbruch nach 72 Zeichen einfügt. Viele Werkzeuge arbeiten mit einer solchen Breite. In höheren Sprachen als purem C stößt man jedoch schneller an diese 72 Zeichen, weswegen manche Teams sich auf 80, 90, 100, 120 oder gar 160 Zeichen geeinigt haben. Letztendlich können die meisten modernen Tools horizontal scrollen. Doch sollte man sich bemühen, dieses Limit nicht ständig auszuschöpfen – sinnvolle Umbrüche sind am besten.

Dort, wo Papierausdrucke noch prinzipiell möglich sein müssen – für Zertifizierung oder Ähnliches –, muss die abgemachte Grenze eingehalten werden. Erzeugen Sie dann besser vor Hand einen hübschen Umbruch, bevor Sie es den Drucker mehr schlecht als recht machen lassen.

Es ist üblich, mit einer Schriftart fester Breite zu programmieren – wo also iiii ebenso breit ist wie wwww. Ich selbst benutze seit Längerem jedoch proportionale Fonts bei der Programmierung. Ich fahre gut damit, weiß aber, dass ich damit eine seltene Spezies bin.

6.4 Zeilen pro Funktion und Datei

Wenn Sie Ihr Programm nicht wachsen, wachsen, wachsen lassen, dann wird es auf lange Sicht besser zu pflegen und zu warten sein. Machen Sie sich zu Beginn oder bei Erweiterungen Gedanken darüber, wo sinnvolle »Schnittstellen« zwischen den Programmteilen sind, und bürden Sie das nicht später dem Leser auf.

Limitieren Sie die Anzahl der Zeilen pro Funktion. Wächst eine Funktion darüber hinaus, zerlegen Sie sie in dem Moment und machen Sie daraus Aufrufe von Subfunktionen. Eine übliche Konvention bewegt sich zwischen 20 und 100 Zeilen als Limit. Ich persönlich habe als Faustregel, dass eine Funktion noch auf den Bildschirm passen sollte.

Gleiches gilt für Programmdateien (hauptsächlich *.cpp-Dateien). Sollte eine Datei zu sehr wachsen, zerlegen Sie sie in sinnvolle Unterteile. Zerstückeln Sie sie aber nicht willkürlich. Wenn Sie objektorientiert mit Klassen arbeiten, dann ist eine übliche Konvention, pro Klasse genau einen Header und eine Implementierungsdatei zu haben. Sollte Letztere mehrere Tausend Zeilen lang werden, dann überlegen Sie sich, ob Sie nicht vielleicht die Objekthierarchie anders aufteilen sollten.

6.5 Klammern und Leerzeichen

Ob Sie die geschweiften Klammern auf die Zeile mit if und for setzen, oder in die nächste und die Klammern dann nochmals einrücken oder nicht, ist wieder eine Frage des Geschmacks und der Absprache im Team. Ein Beispiel ist:

- öffnende Klammer auf die Zeile mit dem Schlüsselwort
- geklammerten Block einrücken
- schließende Klammer wieder auf Einrücktiefe mit dem Schlüsselwort
- auch einzelne Anweisungen mit Klammern versehen

```
#include <iostream>
int func(int arg1, int arg2) {
    if(arg1 > arg2) {
        return arg1-arg2;
    } else {
        return arg2-arg1;
    }
}
```

```cpp
int main(int argc, const char* argv[]) {
    for(int x=0; x<10; ++x) {
        for(int y=0; y<10; ++y) {
            std::cout << func(x,y) << " ";
        }
        std::cout << "\n";
    }
}
```

Listing 6.1 Einrückung vier, Klammern in Zeile mit Schlüsselwort, wenige Leerzeichen

Für runde Klammern (...) gibt es ähnliche Unterschiede: Ein Leerzeichen nach dem `if` oder `for` oder die Klammer direkt dran; Klammern immer mit Leerzeichen umgeben, auch nach dem Öffnen und vor dem Schließen. Eine mögliche Konvention wäre:

- Leerzeichen weder vor noch nach der öffnenden Klammer
- Leerzeichen nach der schließenden Klammer, aber nicht davor
- nach dem Komma in Listen ein Leerzeichen, aber nicht davor

Das ist in etwa der Stil, den Sie in diesem Buch durchgehend finden. Ob Sie den nehmen oder einen anderen, ist letztlich egal, wenn Sie sich nur an einen Stil halten.

Zum Vergleich sehen Sie in Listing 6.1 den Stil dieses Buches und in Listing 6.2 einen anderen Stil.

```cpp
#include <iostream>
int func ( int arg1, int arg2 )
{
  if (arg1 > arg2)
    return arg1 - arg2;
  else
    return arg2 - arg1;
}

int main ( int argc, const char *argv[] )
{
  for ( int x = 0 ; x < 10 ; ++x )
  {
    for ( int y = 0 ; y < 10 ; ++y )
      std::cout << func ( x, y ) << " ";
    std::cout << "\n";
  }
}
```

Listing 6.2 Einrückung vier, Klammern nur wenn nötig und in eigener Zeile, mehr Leerzeichen

6.6 Namen

Jeden Bezeichner können Sie in einem bestimmten Stil mit folgenden Eigenschaften schreiben:

- Großschreibung oder Kleinschreibung zu Beginn
- durchgehend Großbuchstaben
- Unterstriche_ oder »CamelCase« bei Wortgrenzen
- Beginn oder Ende mit einem Unterstrich _

Es ist sinnvoll, verschiedene Gruppen durch diese visuellen Aspekte zu unterscheiden, und das dann immer gleich zu machen. Auch hier gilt: Gewöhnen Sie sich einen Stil an, und sprechen Sie sich mit Ihren Kollegen ab.

Eine Möglichkeit ist:

- *Variablen* klein beginnend und in CamelCase weiter: `meinWert`, `btnCancelNow`
- *Klassenvariablen* ebenso, aber mit Unterstrich endend: `data_`, `fileWrite_`
- *Funktionen* und *Methoden* wie Variablen `getData()`, `assertEqual()` oder statt Camel-Case Unterstriche `get_data()`, `assert_equal()`
- *einfache Typen* klein mit Unterstrich aber mit Endung: `money_type`
- *Klassen* groß beginnend in CamelCase: `Data`, `VideoImage`
- *Konstanten* und Enum-Elemente in Großbuchstaben mit Unterstrichen: `RED`, `BIG_ALERT`
- *Makros* werden eigentlich überall nur in Großbuchstaben mit Unterstrichen geschrieben.

Seien Sie das Chamäleon

Vielleicht ist Ihre Aufgabe nicht, ein Programm von Grund auf neu zu schreiben. Wenn Sie in einem größeren Projekt nur lokale Änderungen in einer vorhandenen Datei vornehmen, dann passen Sie sich an, nehmen Sie sich zurück. Der Quelltext bleibt am besten lesbar, wenn Sie in dem Codefragment, das Sie anfassen, *nicht* Ihren eigenen Stil anwenden, sondern Ihre Ergänzungen genau so aussehen lassen wie den Code drumherum.

Schauen Sie sich die Einrückungen daraufhin an, ob Tabulatoren oder Leerzeichen verwendet wurden. Wo wurden die {} gesetzt, wo die Zeilen umbrochen und wie wurden die Variablen genannt? Nur grobe Schnitzer übernehmen Sie nicht (gar keine Einrückung? Alle Variablen heißen i?).

Nichts ist schlimmer für die Gesamtlesbarkeit als ein Tohuwabohu von unterschiedlichen Stilen. Daher: Drücken Sie Ihrer Änderung nicht Ihren Stil auf. Erst ab einer gewissen Grenze ist es dann besser, sich die Mühe zu machen und die gesamte Datei neu nach eigenen Regeln zu formatieren.

TEIL II
Die Elemente von C++

Sie haben jetzt das Rüstzeug, sich C++ im Detail anzusehen. Sie kennen die wichtigsten Elemente und haben eine gute Vorstellung vom Zusammenspiel der Dinge.

In diesem Teil lernen Sie die Elemente genauer kennen mit denen Sie programmieren werden. Ich werde Sie auf die Tücken und Sonderfälle hinweisen. Am Wichtigsten ist aber das Zusammenspiel der Sprachelemente. Daher bedienen sich die gezeigten Beispiele, die Aufgaben und Erklärungen des gesamten Sprachschatzes. So lernen Sie nicht nur das jeweilige Feature kennen, sondern erleben auch dessen Einsatz im echten Programm.

Ich beginne damit, Operatoren und die fundamentalen Typen zu erklären. Es folgt dann ein Ausflug zu einigen Typen der Standardbibliothek. Damit sind Sie dann gerüstet, um das im vorherigen Teil erworbene fundamentale Wissen über Anweisungen, Ausdrücke und Funktionen im Detail zu vertiefen. Wenn Sie das alles kennengelernt haben, ist es an der Zeit, sich auch über die Fehlerbehandlung Gedanken zu machen.

Kapitel 7
Operatoren

Kapiteltelegramm

▶ **Operator**
Meist ein Symbol, das zwischen zwei Operanden steht (oder vor einem); funktioniert wie eine Funktion mit den Operanden als Argumente

▶ **Operand**
Argument für einen Operator

▶ **arithmetischer Operator**
Dient zum klassischen Rechnen mit +, -, *, /, % sowie dem bitweisen Rechnen mit |, &, ~, << und >>

▶ **relationaler Operator**
Größer-als, kleiner-als, gleich, Kombinationen davon und ungleich: >, <, ==, <=, >=, !=.

▶ **logischer Operator**
Verknüpft boolesche Werte: &&, || und !

▶ **Zuweisungsoperator oder zusammengesetzte Zuweisung**
=, aber auch kombiniert mit einem der arithmetischen Operatoren

▶ **Binärsystem**
Das Stellenwert-Zahlensystem des Computers mit Nullen und Einsen

Sehr häufig bestehen Ausdrücke aus ein- und zweistelligen Operatoren, wie zum Beispiel 3+4, es könnte aber auch ein Ausdruck wie !isBad && (x >= x0) && (x <= x1) auftauchen. Mit solchen Aneinanderreihungen von Operatoren und Operanden können Sie in C++ eine Menge bewegen. Da Sie nun über Variablen, Typen und Ausdrücke eine Menge wissen, sollen Sie die möglichen Operatoren kennenlernen.

Exemplarisch erkläre ich Operatoren hauptsächlich anhand der Typen `int` und `bool`, damit Sie das Repertoire erst einmal kennenlernen. Aber viele Operatoren sind auch auf andere Typen anwendbar. Das sind durchaus eingebaute Typen, wie zum Beispiel `float`, aber auch solche der Standardbibliothek, wie `std::string` und `std::stream`.

In C++ können Sie eigene Typen definieren, die Operatoren ebenfalls unterstützen. Dass diese dann auch etwas machen, was für die eingebauten Typen gilt, liegt in Ihrer Hand. Wir erwarten zum Beispiel, dass + eine Addition ausführt – wie bei einem `int`. Die Klasse `string` verwendet + aber zur Konkatenation, was noch »additionsartig« ist. Aber Sie können, wenn Sie wollen, eine Klasse `Image` schreiben, die mit + auf `string` sich in eine Datei speichert (Bitte tun Sie das nicht!). Das behandeln wir an geeigneter Stelle. Hier werden Sie zunächst erfahren, welche Operatoren es überhaupt gibt.

> **Operatoren für eingebaute Typen können nicht überschrieben werden**
> Wenn ich also in diesem Kapitel die Rolle der Operatoren beschreibe, dann meine ich die auf den eingebauten Typen. In C++ können Sie diese nicht verändern. Ein + für int gibt es schon, und Sie als Programmierer können dessen Bedeutung nicht verändern. An einigen Stellen gehe ich auf die Typen der Standardbibliothek ein, doch für vieles muss die Referenz herhalten.

7.1 Operatoren und Operanden

Ein *Operator* ist etwas, das sich so ähnlich verhält wie eine Funktion, ohne aber eine zu sein. Die meisten Operatoren schreiben Sie mit Symbolen, wie zum Beispiel + oder <<. Viele haben zwei Argumente und heißen deshalb zweistellig oder binär (engl. *Binary Operators*). Diese Argumente stehen dann als *Operanden* rechts und links vom Operator, wie in 3+4 oder cout << name. Es gilt also die Reihenfolge:

- Operand Operatorsymbol Operand

Wenn sie einstellig, unär, sind (engl. *Unary Operators*), steht der Operator vor dem Operanden wie in -4 oder seltener auch danach wie in idx++:

- Operatorsymbol Operand
- Operand Operatorsymbol

Es gibt ein paar Ausnahmen. So ist zum Beispiel sizeof() eigentlich auch ein Operator. In diesem Kapitel präsentiere ich Ihnen aber vor allem die klassischen Operatoren.

7.2 Überblick über Operatoren

Man kann die Operatorsymbole in einige Gruppen einteilen:

- **arithmetische Operatoren**
  Dies sind die vier Grundrechenarten +, -, *, / sowie % für den Divisionsrest (Modulo). Das Vorzeichen können Sie mit den unären Operatoren + und - beeinflussen.

- **bitweise Arithmetik**
  Zahlen können Sie mit |, &, ^, ~, << und >> bitweise miteinander verknüpfen.

- **Zuweisungsoperatoren**
  Neben dem = gibt es auch die zusammengesetzten Zuweisungen (engl. *Compound Assignments*) +=, -=, *=, /=, %=, >>=, <<=, &=, ^= und |=.

- **Inkrement und Dekrement**
  Die beiden einstelligen Operatoren ++ und -- gibt es jeweils in einer vorangestellten

und einer nachgestellten Variante (Präfix und Postfix). Bevorzugen Sie möglichst die Präfixvariante, denn die kommt ohne temporäre Variable aus.

- **relationale Operatoren**
  Relationale Operatoren führen einen Vergleich aus und liefern einen Wahrheitswert bool zurück: ==, <, >, <=, >= und !=. Wenn Sie mit der Standardbibliothek arbeiten, sind == und < die wichtigsten, denn viele Algorithmen benutzen nur diese beiden, um nötigenfalls die anderen herzuleiten. Das ist wichtig, wenn Sie eigene Datentypen für die Standardbibliothek fit machen wollen.

- **logische Operatoren**
  &&, || und ! verknüpfen Wahrheitswerte zu komplexeren Ausdrücken.

- **Pointeroperator und Dereferenzierungsoperator**
  Mit den unären Operatoren &, * sowie den binären Operatoren -> und . adressieren und dereferenzieren Sie. Das heißt, Sie holen eine Adresse, machen aus einer Adresse ein Datum oder greifen in eine Struktur hinein. Sie werden später den Einsatz im Detail sehen.

- **besondere Operatoren**
  Es gibt einen einzigen ternären (dreistelligen) Operator ? :, der eine if-else-Abfrage als Ausdruck ermöglicht. Das Komma , kann als Sequenzoperator in Ausdrücken verwendet werden.

- **funktionsähnliche Operatoren**
  Streng genommen gehören auch einige Sonderlinge zu den Operatoren, die echte Namen haben und wie Funktionen verwendet werden. Das sind die Typumwandlungen wie (int)wert sowie sizeof() und einige andere.

7.3 Arithmetische Operatoren

Sie können in C++ ganz normal mit Zahlen rechnen. Neben den Grundrechenarten +, -, * und / gibt es noch % für den Divisionsrest. Wenn Sie keine Klammern verwenden, gilt Punkt- vor Strichrechnung.

```
#include <iostream>
int main() {
    std::cout << "3+4*5+6=" << 3+4*5+6 << "\n";        // Punkt- vor Strich; = 29
    std::cout << "(3+4)*(5+6)=" << (3+4)*(5+6) << "\n"; // Klammern; = 77
    std::cout << "22/7=" << 22/7 << " Rest " << 22%7 << "\n"; // 22/7 = 3 Rest 1
    for(int n=0; n < 10; ++n) {
        std::cout << -2*n*n + 13*n - 4 << " ";         // mit unärem Minus
    }
    std::cout << "\n";
    // Ausgabe: -4 7 14 17 16 11 2 -11 -28 -49
}
```

Listing 7.1 Arithmetische Operatoren in der Anwendung

Was hier für int gezeigt wurde, geht mit allen Ganzzahltypen. Und außer bei % geht es auch mit allen Fließkommatypen (float etc.). In der Standardbibliothek finden Sie std::complex<>, mit dem Sie ebenfalls diese Operatoren anwenden können.

Den Plus-Operator + verwenden viele Typen zum Zusammenfügen. Sie können zum Beispiel aus

```
std::string vor="Hans";
std::string nach="Huber";
```

mit vor+" "+nach den neuen String "Hans Huber" machen.

7.4   Bitweise Arithmetik

Die bitweise Arithmetik sieht wahrscheinlich zu Anfang etwas seltsam aus.

```
int a = 41;      // dezimale 41
int b = a & 15;  // ergibt 9
```

Die Erklärung ist, dass Zahlen im Computer ja als Folge von 0 und 1 dargestellt werden – eben als »Bits«. Die dezimale 41 ist in Bit-Darstellung 101001 – »binär«.

> **Binärsystem**
>
> Weil im Dezimalsystem 10 die Basis ist, schreiben wir »vierhundertzwölf« als 412 als Abkürzung für $4 \times 10^2 + 1 \times 10^1 + 2 \times 10^0 = {}_{10}412$. Für den Computer mit der Basis 2 ist das $1 \times 2^8 + 1 \times 2^7 + 0 \times 2^6 + 0 \times 2^5 + 1 \times 2^4 + 1 \times 2^3 + 1 \times 2^2 + 0 \times 2^1 + 0 \times 2^0$ oder abgekürzt $_2$1 1001 1100. Die unten stehende 10 beziehungsweise 2 illustriert, in welchem Zahlensystem die Zahl dargestellt ist.

Der Computer rechnet bei einem int oft mit 32 Bit. Daher füllt er vorne mit 0 auf, also 0000 0000 0010 1001.

Operation	Binär	Dezimal
a	1001	9
b	0011	3
Und a & b	0001	1
Oder a | b	1011	11
Xor a ^ c	1010	10
Nicht ~b	1100	-4

Tabelle 7.1 Beispiel für bitweise Arithmetik

Die Arithmetik ist nun die bitweise Kombination der im Zweiersystem geschriebenen Zahlen. Wenn Sie sich die 1 als »wahr« denken und die 0 als »falsch«, dann können Sie bitweise die Operationen für *Und*, *Oder* und *Exklusiv-Oder* (*Xor*) selbst durchführen. Der Einfachheit halber beschränke ich mich für das Beispiel in Tabelle 7.1 auf 4 Bits.

Das bitweise Invertieren mit ~ ist etwas knifflig, denn da werden die aufgefüllten Nullen mit invertiert. Bei 4 Bits wird aus ~0011 dann 1100, aber bei 32 Bits eben 111...1100. Und da kommen Sie für int beim Computer in den Bereich der negativen Zahlen. Der Computer stellt diese im sogenannten *Zweierkomplement* dar – und daher interpretiert er diese lange Folge von Einsen als dezimal -4.

Die Operatoren << und >> sollten Sie nun auch nicht mehr erschrecken: Schieben Sie die Bitdarstellung des ersten Operanden einfach um die Anzahl Bits des zweiten Operanden nach links oder rechts. Im Computer ist das identisch damit, als würden Sie ebenso oft mit Zwei multiplizieren oder dividieren:

▶ 345 << 3 ist wie 345*2*2*2 und ergibt 2760.
▶ 345 >> 3 ist wie 345/2/2/2 und ergibt 43.

Sobald Sie solche Zahlenmagie benötigen, müssen Sie sich mit der internen Zahlendarstellung im Computer ohnehin noch einmal beschäftigen. Bis dahin merken Sie sich, dass C++ diese Operationen hat.

> **Operatoren für Streams**
>
> Die Ein- und Ausgabedatenströme der Standardbibliothek (engl. *Streams*) verwenden die eigentlich für bitweise Arithmetik vorgesehenen Operatoren << und >> zum Schreiben und Lesen. Das haben Sie für std::cout und std::cin schon in vielen Listings gesehen.
>
> In C++ werden << und >> heutzutage weit häufiger für Streams verwendet als für echte Bitarithmetik.

7.5 Zuweisungsoperatoren

Wenn Sie einen arithmetischen Operator anwenden, dann entsteht ein neuer Wert. Wenn der Ausdruck komplizierter als nur ein einzelner Operator ist, dann ist dieser nur ganz kurz – temporär – vorhanden. Es werden dann innerhalb eines Ausdrucks ständig neue »Temporarys« erzeugt und wieder verworfen. Um das zu vermeiden, gibt es alle arithmetischen Operatoren in Varianten, die stattdessen eine Variable direkt verändern.

Sie können statt int a = 3; a = (a * 4 + 7 - 3)/4; auch Folgendes schreiben:

```
int a = 3;
a *= 4;
a += 7;
a -= 3;
a /= 4;
```

In beiden Fällen enthält a dann den Wert 4. Sie sollten aber lange Rechnungen auf diese Weise vermeiden, denn der Code wird doch schnell unübersichtlich. Die Temporarys einzusparen ist nur in den seltensten Fällen wirklich ein großer Gewinn.

Auch die Operatoren der Bitarithmetik können Sie auf diese Weise anwenden.

```
#include <iostream>
#include <bitset>                              // hilft bei der Ausgabe von Zahlen als Bitfolge
int main() {
    int a = 0;
    for(int idx=0; idx<8; idx++) {
        a <<= 2;                               // um zwei Bits nach links schieben: "...100"
        a |= 1;                                // unterstes Bit setzen: "...1"
    }
    std::cout << std::bitset<16>(a) << "\n";   // 0101010101010101
    std::cout << a << "\n";                    // 21845
}
```

Somit sind die verfügbaren *zusammengesetzten Zuweisungen* (engl. *Compound Assignments*):

- die standard-arithmetischen +=, -=, *=, /= und %=
- und die binär-arithmetischen |=, &=, ^=, <<= und >>=

7.6 Post- und Präinkrement sowie Post- und Prädekrement

Zu den unären Operatoren ++ und -- habe ich eigentlich das Wichtigste schon gesagt. Ich fasse es noch einmal zusammen:

- Bei ++zahl wird zahl wird zunächst um eins erhöht, bei --zahl um eins erniedrigt. Das Ergebnis dieser Berechnung können Sie im umgebenden Ausdruck weiterverwenden. Weil die Operation hier zuerst ausgeführt wird, ist dies die »Prä«-Variante.

- Wenn Sie den Operator nachstellen, wenden Sie die »Post«-Variante an. Der Wert des Ausdrucks (zum Beispiel zahl++) ist dann der Wert der Variable vor der Veränderung. Sie wird dann erst am Ende der gesamten Anweisung wirklich ausgeführt. Bis dahin muss der Computer sich den neuen Wert irgendwo merken. Das verbraucht möglicherweise Speicher und Zeit. Deswegen ist es generell besser, sich die »Prä«-Varianten anzugewöhnen.

- Noch wichtiger ist, dass Sie niemals zwei dieser Operatoren auf der gleichen Variablen innerhalb einer Anweisung anwenden. Der Compiler lässt das zu, das Ergebnis ist aber nicht definiert.

7.7 Relationale Operatoren

Sie können Werte auch miteinander vergleichen. Sehr häufig benötigen Sie == für Gleichheit und != für deren Gegenteil. Zahlen können Sie natürlich auch auf kleiner und größer mit < und > vergleichen sowie in Kombinationen mit gleich: <= und >=.

Das Ergebnis eines solchen Vergleichs ist ein »wahr« oder »falsch«, also true oder false, und somit vom Typ bool. In Schleifen- und if-Bedingungen verwendet man diese dann besonders gerne. Sie können das Ergebnis aber auch in einer bool-Variablen zwischenspeichern oder aus einer Funktion zurückgeben:

```
// als Bedingungen:
if(x < 10) ...
for(int idx=0; idx < 12; ++idx) ...
while(it != end) ...
// zwischenspeichern:
bool isLarge = value >= 100;
// zurückgeben:
bool isPositive(int a) {
    return a > 0;
}
```

7.8 Logische Operatoren

Wenn Sie wissen wollen, ob x zwischen 100 und 200 liegt, dann müssen Sie die beiden relationalen Ausdrücke x>100 und x<200 beide prüfen, und es müssen beide zutreffen. Das könnten Sie mit zwei aufeinanderfolgenden ifs machen. Doch um Ausdrücke vom Typ bool miteinander zu kombinieren, gibt es die *logischen Operatoren*: Sie haben jeweils zwei Operanden und liefern wieder bool zurück. Wenn die Operanden u und v jeweils bool-Ausdrücke sind, dann ist

- u && w »wahr«, wenn u und v beide true sind,
- u || w »wahr«, wenn u oder v true sind, und
- ! u »wahr«, wenn u false ist.

So können Sie dann den Ausdruck kombinieren:

```
if( x > 100 && x < 200 ) ...
```

7.8.1 Kurzschluss-Auswertung

Die obige if-Anweisung ist in der Tat äquivalent zu den verschachtelten if-Anweisungen:

```
if(x > 100)
    if(x < 200)
        ...
```

Beachten Sie, dass der Vergleich x < 200 nur dann ausgewertet wird, wenn x > 100 auch tatsächlich true war. Falls x zum Beispiel 2 ist, wird x < 200 nicht erreicht.

Das ist dann wichtig, wenn der zweite Vergleich nur dann Sinn ergibt (oder ausgeführt werden darf), wenn der erste positiv war. Zum Beispiel:

if(y != 0 && x/y > 5) ...

Sie wissen sicherlich, dass man niemals durch Null teilen darf. Wenn also in x/y die Variable y den Wert 0 hat, dann tun Sie etwas Verbotenes. Wenn Sie dies jedoch vorher prüfen, dann kann nichts mehr schiefgehen. In C++ wird

- in u && v der Ausdruck v nur dann ausgewertet, wenn u »wahr« ist, und
- in u || v der Ausdruck v nur dann ausgewertet, wenn u »falsch« ist.

Die Kurzschluss-Auswertung wird im Englischen *Short-Circuit Evaluation* genannt.

> **»Und« ist immer »und«, »oder« ist immer »oder«**
>
> Wenn Sie später eigene Typen definieren, dann werden Sie lernen, dass Sie auch die Operatoren darauf selbst definieren können. Dazu gehören auch die logischen Operatoren.
>
> Definieren Sie jedoch *niemals* einen logischen Operator so um, dass er etwas anderes macht, als die intuitive Berechnung auszuführen. Denn im Zusammenspiel mit der Kurzschluss-Auswertung wären böse Überraschungen vorprogrammiert: Teile Ihres Ausdrucks werden überraschenderweise ausgeführt.
>
> Wenn Sie für einen eigenen Typ && oder || überladen, gibt es dort keine Short-Circuit-Auswertung. Auf anderen Typen als bool wird ein Ausdruck immer ganz ausgewertet.

7.8.2 Alternative Token

Noch eine kleine Anmerkung zum !-Operator: Ich persönlich finde ihn im Quelltext etwas schwer zu sehen. Trotz seiner Unauffälligkeit kehrt er schließlich die ganze Bedeutung des Ausdrucks komplett um. Es ist Geschmackssache, aber ich greife ab und zu auf einen Syntax-Trick zurück. Sie können das ! durch das Wort not ersetzen. So wird zum Beispiel aus while(!file.eof())... in Listing 14.1 while(not file.eof())...

Man nennt dies *alternatives Token*, und es gibt ein paar davon – am nützlichsten finde ich das not. Ich mag Ihnen gar nicht alle nennen, nicht dass Sie anfangen, sie dann überall einzusetzen. Wenn Sie neugierig sind, schauen Sie in der Sprachreferenz unter »alternative Token« oder den verwandten »Di- und Trigraphen« nach.

Wie gesagt, das ist nicht jedermanns Geschmack, und Sie sollten sich dazu in Ihrem Team absprechen. Vom breiten Einsatz dieser Zeichenkombinationen kann ich eher abraten, weil sie wirklich sehr selten eingesetzt werden. Ihre Leser könnten verwirrt werden.

7.9 Pointer- und Dereferenzierungsoperatoren

Sie haben schon gesehen, dass wir Methoden mit einem Punkt . aufrufen, zum Beispiel bei string:

```
void checkName(std::string& name) {
    if( name.length() ) ...
}
```

Sie werden später sehen, wenn wir Zeiger und C-Arrays besprechen, dass Sie statt der Referenz & auch einen *Zeiger* (engl. *Pointer*) auf diese Variable verwenden können:

```
void checkName(std::string* pname) {   // Pointer auf einen string
    if( (*pname).length() ) ...
}
```

Wenn der Typ Ihrer Variable string* und nicht string& oder string ist, dann ist sie nur »indirekt« mit dem Wert verbunden. Um zum Wert zu kommen, verwenden Sie den einstelligen *-Operator *pname. Der Methodenaufruf lautet dann (*pname).length(). Da das jedoch etwas umständlich ist, gibt es den zweistelligen ->-Operator als kürzere Form:

```
void checkName(std::string* pname) {
    if( pname->length() ) ...
}
```

Erwähnenswert ist das alles vor allem, weil beide Dereferenzierungsoperatoren (das unäre * und das binäre ->) auf eigenen Typen selbst definiert werden können. Sie zu kennen ist also nicht nur für Zeiger und C-Arrays wichtig.

Tatsächlich sind Zeiger nur eine sehr spezielle Form von Indirektion. Die Standardbibliothek ist durchzogen von *Iteratoren* – der Verallgemeinerung des Zeigerkonzepts. Sie werden bei den Containern und Algorithmen auf Iteratoren stoßen und dort * und -> wie selbstverständlich anwenden (siehe Kapitel 10, »Behälter und Zeiger«, und Kapitel 23, »Zeiger«).

7.10 Besondere Operatoren

Da wir hier Operatoren besprechen, müssen auch zwei Sonderlinge erwähnt werden.

Es gibt einen einzigen ternären (dreistelligen) Operator ? :, der eine if-else-Abfrage als Ausdruck ermöglicht. Er hat die Form

▶ **Bedingungs-Ausdruck** ? **Wenn-Ausdruck** : **Sonst-Ausdruck**

Je nachdem, ob die Bedingung zu »wahr« oder »falsch« ausgewertet wird, ist entweder der »Wenn-Ausdruck« oder der »Sonst-Ausdruck« das Gesamtergebnis. Beachten Sie, dass deswegen die beiden Teile vom gleichen Typ sein müssen, damit der Compiler den Typ des Gesamtausdrucks festlegen kann.

```
int main() {
    for(int w1 = 1; w1 <= 6; ++w1) {  // 1..6
        for(int w2 = 0; w2 < 10; ++w2) {  // 1..6
            int max = w1 > w2 ? w1 : w2;  // ternärer Operator
        }
    }
}
```

Hier wird max der größere der beiden Werte w1 und w2 zugewiesen.

Das Komma kann als *Sequenzoperator* in Ausdrücken verwendet werden. Wenn Sie mehrere Ausdrücke in runde Klammern (...) schreiben und mit Kommas trennen, dann wertet der Compiler die Ausdrücke von links nach rechts aus, behält aber nur das Ergebnis des letzten Ausdrucks als Gesamtergebnis.

Für zwei Ausdrücke sieht das also so aus:

▶ (**Ausdruck-1** , **Ausdruck-2**)

Der Compiler berechnet zunächst »Ausdruck-1« und danach »Ausdruck-2«. Das Ergebnis des ersten Ausdrucks versickert, sodass der Gesamtausdruck den Wert und Typ des zweiten Ausdrucks erhält:

```
int main() {
    int a = 0;
    int b = 0;
    for(int w1 = 1; w1 <= 6; ++w1) {  // 1..6
        for(int w2 = 0; w2 < 10; ++w2) {  // 1..6
            int max = w1 > w2 ? (a+=b , w1) :( b+=1 , w2);  // Sequenzoperator
        }
    }
}
```

Listing 7.2 Mit Kommas in Klammern können Sie mehrere Ausdrücke verketten.

Wenn w1 > w2 ist, dann wird der Ausdruck (a+=b, w1) ausgewertet. Zwar wird w1 als Ergebnis für max zurückgegeben, aber zuvor wird noch a+=b ausgeführt. Im Falle von w <= w2 wird w2 aus (b+=1, w2) der Variablen max zugewiesen, nachdem noch b+=1 ausgewertet wurde.

Ich habe absichtlich ein besonders »skurriles« Beispiel für den Sequenzoperator gewählt, denn erstens fällt es schwer, ein sinnvolles Beispiel zu finden, und zweitens sollten Sie dieses Spezialkonstrukt meiden wie der Teufel das Weihwasser. Es gibt Ausnahmen, in denen der Einsatz sinnvoll ist, nämlich dort, wo nur ein einzelner Ausdruck erlaubt ist und es sonst komplizierter würde. Das kann zum Beispiel in dem Inkrementierungsteil von for-Schleifen der Fall sein:

```cpp
#include <iostream>
int main() {
int arr[] = { 8,3,7,3,11,999,5,6,7 };
int len = 9;
    for(int i=0, *p=arr; i<len && *p!=999; ++i, ++p) { // erst ++i, dann ++p
        std::cout << i << ":" << *p << " ";
    }
    std::cout << "\n";
    // Ausgabe: 0:8 1:3 2:7 3:3 4:11
}
```

Listing 7.3 In for-Schleifen kann das Sequenzkomma nützlich sein.

Beachten Sie, dass in einer Deklaration `int a, b, c;` das Komma nicht der Sequenzoperator ist. Das gilt auch für den Deklarationsteil der for-Schleife, `int i=0, *p=arr`, bei dem das Komma nur die Deklarationen voneinander trennt.

Auch das Komma, das Funktionsargumente in `func(x, y, z)` oder Listenelemente in `{1,2,3}` trennt, ist nicht der Sequenzoperator.

7.11 Funktionsähnliche Operatoren

Auch wenn sie nicht so aussehen, so gehören auch die folgenden Fälle zu den Operatoren:

- **(typ)**wert
  In `(int)wert` versucht der Compiler, `wert` in einen `int` umzuwandeln, egal, welchen Typ `wert` hat. Wenn ihm das nicht möglich ist, meldet er einen Fehler. Ansonsten wird `wert` »passend gemacht«, was seine Gefahren hat. So kann zum Beispiel bei der Umwandlung von `long` zu `short` Information verloren gehen, ohne dass Sie es merken. Diese Schreibweise der *Typumwandlung* (engl. *Type Cast*) nennt sich »C-Style-Cast«. Das C++-Pendant `static_cast<int>(wert)` ist meist besser geeignet.

- **sizeof**
  Mit **sizeof**(typ) und **sizeof**(wert) können Sie die Größe eines Typs oder einer Variablen in char-Einheiten herausfinden. Ein sizeof(char) liefert immer 1.

- **new und delete**
  `new Klasse{}` und `delete var` verwenden Sie, um dynamischen Speicher zu verwalten, wie Sie in Kapitel 23, »Zeiger«, sehen werden.

- **throw**
  Mit `throw ExceptionClass{};` lösen Sie eine Ausnahme aus, was in Kapitel 14, »Fehlerbehandlung«, erklärt wird.

7.12 Operatorreihenfolge

Wenn Sie in einem Ausdruck mehrere Operatoren verwenden – möglicherweise unterschiedliche –, dann werden diese in einer bestimmten Reihenfolge ausgewertet.

So, wie Sie von einem ordentlichen Taschenrechner verlangen können, dass er bei 3+4*5+6 die Regel *Punkt- vor Strichrechnung* beachtet und das korrekte Ergebnis von 29 produziert, so beherrscht C++ dies auch. Darüber hinaus haben auch alle anderen Operatoren eine *Präzedenz* – je höher ein Operator in dieser Rangfolge ist, desto früher wird er im Vergleich zu anderen Operatoren ausgewertet.

Die ausführliche Liste finden Sie in Anhang B, »Operator-Präzendenzen«, merken Sie sich fürs Erste diese einfache Reihenfolge, die mit der stärksten Bindung beginnt:

- Multiplikative: *, / und %
- Additive: + und -
- Streamoperatoren: << und >>
- Vergleiche <, <=, > und >=
- Gleichheit == und !=
- Logische, in dieser Reihenfolge: &&, ||
- Zuweisungen mit =, aber auch alle zusammengesetzten wie +=.

So können Sie so manchen komplexen Ausdruck schreiben, ohne mit Klammern die Bedeutung korrigieren zu müssen:

```
bool janein = 3*4 > 2*6 && 10/2 < 13%8;
```

spart Ihnen die Klammern:

```
bool janein = (((3*4) > (2*6)) && ((10/2) < (13%8)));
```

Beachten Sie, dass der Stream-Ausgabeoperator << loser bindet als normale Arithmetik mit + und *. Haben Sie aber Vergleiche in der Ausgabe, benötigen Sie Klammern um den Vergleich:

```
std::cout << 2*7 << x+1 << n/3-m << "\n";  // Keine Klammern zwischen << nötig
std::cout << (x0 >= x1) << (a<b || b<c);    // Klammern: << würde enger binden
```

Aber was passiert, wenn mehrere Operatoren der gleichen Präzedenz nebeneinander stehen? In Ausdrücken wie 10-5-2 wird das linke - zuerst ausgewertet, denn - ist *linksassoziativ* – als wäre der Ausdruck ((10-5)-3) geklammert. Das Ergebnis ist also 2. Alle zweistelligen arithmetischen, booleschen und vergleichenden Operatoren sind linksassoziativ, sodass Sie intuitiv damit rechnen können. Manchmal wird dies auch *links-nach-rechts-assoziativ* oder *LR-assoziativ* genannt.

Die Gruppe der Zuweisungsoperatoren wiederum ist durchgehend *rechtsassoziativ*, weswegen der Compiler für x += y += z += 1 erwartungsgemäß (x += (y += (z += 1))) ausführt und zuerst z um 1 inkrementiert, um sich dann nacheinander mit den anderen Variablen zu beschäftigen. Würde der Ausdruck (((x += y) += z) += 1) ausgewertet, dann würde x mehrmals einen neuen Wert erhalten, denn x += y gibt ja auch x zurück, und darauf würde dann += z ausgeführt – y würde nicht verändert. Und noch einmal würde x zurückgeliefert, und += 1 inkrementierte dieses um 1 anstatt z zu erhöhen.

Meistens funktioniert die Präzendenz und Assoziativität intuitiv und wie erwartet. Im Zweifelsfall klammern Sie besser, denn spätere Leser stellen sich wahrscheinlich die gleichen Fragen wie Sie.

7.13 Aufgaben

Wiederholungsfragen

1. Klammern Sie std::cout << x << y << "\n"; so, wie der Compiler den Ausdruck sieht und auswertet. Was ist mit x += y += z += 1;, und warum?
2. Berechnen Sie jeweils a und b:
   1. int a = 55 & 1; int b = 55 | 1;
   2. int a = 55 & 2; int b = 55 | 2;
   3. int a = 55 & 4; int b = 55 | 4;
   4. int a = 55 & 8; int b = 55 | 8;
   5. int a = 55 & 15; int b = 55 | 15;
   6. int a = 55 & 31; int b = 55 | 31;
   7. int a = 55 & 63; int b = 55 | 63;
   8. int a = 55 & 85; int b = 55 | 85;
   9. int a = 55 & 42; int b = 55 | 42;
   10. int a = 55 & 55 & 42 & 42; int b = 55 | 55 | 42 | 42;

Vertiefungsfragen

1. Rechnen Sie die folgenden Binärzahlen ins Dezimalsystem um (»0b« ist das Präfix, um anzuzeigen, dass es sich um eine Binärzahl handelt): 0b1111, 0b1001, 0b101010101, 0b11110000
2. Rechnen Sie die folgenden Dezimalzahlen ins Binärsystem um: 31, 42, 1, 2, 73, 256, 92, 1001
3. Sei x ein int mit irgendeinem Wert. Was ist das Ergebnis von x ^ 0, x ^ x sowie x ^ ~0? Tipp: ~0 enthält nur Einsen.

Erweiterungsfragen

Bei der Erklärung des Operators ~ für die bitweise Invertierung haben wir das *Zweierkomplement* erwähnt. Das gibt es nur für Typen wie `int`, deren Wert negativ sein kann.

1. Schreiben Sie einen Ausdruck, der für `int value` das Gleiche macht wie ~value, aber stattdessen nur die anderen bitweisen und arithmetischen Operatoren, also &, |, ~, <<, >>,+ und -, benötigt.
2. Schreiben Sie mit |, & und ~ das Äquivalent zu a ^ b. Bei 33 ^ 44 kommt beispielsweise 13 heraus, ebenso soll das bei Ihrer Lösung ohne ^ sein.

Kapitel 8
Eingebaute Typen

Kapiteltelegramm

▶ **Eingebauter Typ**
Ein Typ, der Ihnen ohne #include zur Verfügung steht

▶ **Ganzzahltyp**
Einer der eingebauten Typen short, int, long und long long; jeweils signed oder unsigned

▶ **Fließkommatyp**
Einer der eingebauten Typen double, float und long double

▶ **Zeichentyp**
Meistens char, aber mit internationalen Zeichen auch wchar_t, char16_t und char32_t; alles eingebaute Typen

▶ **Zeichenkette**
Als Literal const char[], zusammen mit C oft const char*, in C++ string; jeweils auch eventuell mit einem der anderen Zeichentypen

▶ **Wahrheitswerttyp**
Der eingebaute Typ bool mit seinen Literalen true und false

▶ **Initialisierung**
Bei eingebauten Typen ist die Initialisierung bei der Definition besonders wichtig, da eine Variable sonst einen undefinierten Zustand erhält.

▶ **Überlauf**
Der Versuch, den Wert eines Typs über seinen Wertebereich hinaus zu verändern; ein Überlauf kann sowohl im positiven als auch im negativen Bereich passieren.

▶ **Genauigkeit**
Speziell bei Fließkommazahlen ist zu beachten, dass Zahlen nicht exakt gespeichert werden können; insbesondere bei großen Zahlen.

▶ **Literal**
Ein im Quelltext direkt genannter Wert

▶ **using und typedef**
Definieren einer Typabkürzung

In diesem Kapitel lernen Sie, welche Datentypen Ihnen in C++ zur Verfügung stehen, wenn Sie kein #include in Ihrem Programm verwenden beziehungsweise die *Standard-*

bibliothek nicht verwenden: Welches sind die *eingebauten Datentypen*, und was kann man mit ihnen machen?

Achten Sie im folgenden Beispiel auf die Typen der Variablen und Parameter der Funktionen:

```cpp
#include <iostream>    // cin, cout für Eingabe und Ausgabe
void eingabe(
    unsigned &gebTag_,
    unsigned &gebMonat_,
    unsigned &gebJahr_,
    unsigned long long &steuernummer_,
    double &koerperlaenge_)
{
    /* Eingaben noch ohne gute Fehlerbehandlung... */
    std::cout << "Geb.-Tag: "; std::cin >> gebTag_;
    std::cout << "Geb.-Monat: "; std::cin >> gebMonat_;
    std::cout << "Geb.-Jahr: "; std::cin >> gebJahr_;
    std::cout << "Steuernummer: "; std::cin >> steuernummer_;
    std::cout << "Koerperlaenge: "; std::cin >> koerperlaenge_;
}
int main() {
    /* Daten */
    unsigned gebTag_ = 0;
    unsigned gebMonat_ = 0;
    unsigned gebJahr_ = 0;
    unsigned long long steuernummer_ = 0;
    double koerperlaenge_ = 0.0;
    /* Eingabe */
    eingabe(gebTag_, gebMonat_, gebJahr_, steuernummer_, koerperlaenge_);
    /* Berechnungen */
    // ...
}
```

Listing 8.1 Hier werden einige neue Datentypen verwendet.

Ich habe hier die folgenden Datentypen verwendet:

- `unsigned` und `unsigned long long` als Vertreter der *Ganzzahl-Datentypen*,
- `double` zum Speichern einer (Fließ-)Kommazahl,
- die Variablen `std::cin` und `std::cout`, deren Typ nicht explizit erwähnt wird.

Die erste wichtige Unterscheidung zwischen diesen ist, ob ein *Datentyp eingebaut* ist oder nicht.

8.1 Eingebaute Datentypen

Wenn Sie kein `#include` verwenden, dann steht Ihnen eine sehr begrenzte Menge an Datentypen zur Verfügung. Sie können zum Beispiel mit `class` Typen hinzudefinieren oder mit `typedef` Aliase erzeugen, aber Ihre Auswahl ist dann sehr übersichtlich:

- **Ganzzahlen**
  `int`, `short`, `long`, `long long`,[1] jeweils `signed` oder `unsigned`; speichern Zahlen wie 3, -12 und 987654321
- **Fließkommazahlen**
  `double`, `float` und `long double` für 3.14, -0.00001, 6.281e+26
- **Zeichentypen**
  `char`, `char16_t` und `char32_t` für 'a', 'Z' sowie internationale (»Unicode«)-Zeichen
- **Wahrheitswerte**
  `bool` mit seinen Ausprägungen `true` und `false`
- **Zeiger und C-Arrays**
  Referenzen mit * auf eine Variable eines beliebigen Typs als Speicheradresse; im Falle eines C-Arrays als [] mit Längeninformation. Die Zeichenkette wie "Ihr Name" ist ein Beispiel für `char[9]`[2] und wird an Funktionen als `char*` übergeben. Wir besprechen diese erst später, in Kapitel 10, »Behälter und Zeiger«.

8.2 Eingebaute Datentypen initialisieren

Einer der wichtigsten Unterschiede dieser Datentypen im Vergleich zum Großteil der anderen – nicht eingebauten – Datentypen ist, dass Sie die Variablen dieser Typen *initialisieren müssen!* Schreiben Sie zum Beispiel `int x = 7;` oder `int x{7};`. Wenn Sie die Initialisierung mit 7 weglassen, dann wird x gar nicht initialisiert. Sein anfänglicher Wert ist dann zufällig, was böse Überraschungen nach sich ziehen kann.

Wollen Sie es nicht dem Zufall, sondern dem Compiler überlassen, einen »guten« Wert für die Initialisierung auszusuchen, dann schreiben Sie ein Paar leere geschweifte Klammern {} hinter die Variable. Die Faustregel ist, dass dann mit Null oder etwas Äquivalentem initialisiert wird.

> **Eine Wert-Initialisierung überlässt nichts dem Zufall**
>
> Die Regel, wenn Sie keine andere sinnvollere Initialisierung haben, immer mindestens mit {} zu initialisieren, können Sie sich angewöhnen, denn auch die nicht eingebauten Typen

---

1 Auch wenn `long long` offiziell erst seit C++11 Teil des Standards ist, unterstützen auch alle älteren Compiler, die C99 beherrschen, diesen Datentyp.
2 Solche Zeichenketten sind intern mit einem Ende-Zeichen abgeschlossen, daher ist die Arraylänge 9, nicht die sichtbaren 8 Zeichen.

> profitieren davon. Sie machen nichts falsch, wenn Sie dies in Ihr Repertoire aufnehmen. Man nennt dies *Wert-Initialisierung*, was so viel heißt wie »Initialisierung mit einem *sinnvollen* Wert«. Bei Typen, die nichts anderes mit {} vorsehen, erhalten Sie so zumindest etwas anderes als kosmisches Rauschen im Computerspeicher.

```
int x{};            // initialisiert x mit 0 -- eingebauter Typ
double y{};         // y wird 0.0 -- eingebauter Typ
std::string s{};    // leerer String -- Klasse
struct tm {}        // Alle Felder 0 -- Aggregat
```

Unter den nicht eingebauten Typen gibt es einige wenige Ausnahmen, die die Initialisierung mit {} nicht vertragen. Auf die wird der Compiler Sie hinweisen. Es handelt sich dann meist um eine Klasse, bei der Sie Argumente zwischen den Klammern angeben müssen.

8.3 Ein schneller Überblick

▶ **Ganzzahlen**
Ganzzahlen speichern Zahlen ohne Komma. Die unterschiedlich großen Varianten speichern entweder vorzeichenbehaftet oder vorzeichenlos jeweils einen Zahlenbereich. Überlegen Sie bei jeder Anwendung, welche Variante Sie benötigen. Im Zweifel ist int eine gute Wahl. Nach der Wahl des Typs müssen Sie vor allem darauf achten, dass Sie den Zahlenbereich des Typs einhalten, um einen gefährlichen *Überlauf* zu vermeiden.

▶ **Fließkommazahlen**
Für manche Dinge sind Ganzzahlen ungeeignet. Verwenden Sie double, um Kommazahlen zu speichern. Doch auch deren Raum ist begrenzt, selbst wenn er groß ist. Ihr größtes »Problem« ist aber die *Genauigkeit* – selbst einen Wert von 1/3 können Sie nicht exakt speichern. Verwenden Sie Fließkommazahlen immer mit Vorsicht.

▶ **Wahrheitswerte**
Mit bool gibt es einen Datentyp zum Speichern von Wahrheitswerten. Ein bool ist entweder wahr oder falsch. Sie haben diesen Typ in if-Ausdrücken und Ähnlichem schon oft verwendet. Auch wenn für bool eigentlich ein einziges Bit zum Speichern ausreichen würde, ist dieser Datentyp mitnichten platzsparender als char.

▶ **Zeichentypen**
In C++ gibt es an wenigen Stellen eine wirkliche Unterscheidung zwischen Zahlen und Zeichen, sodass Sie auch den Zeichentyp char als Zahl verwenden können. Dieser bildet die kleinste Einheit, und wenn Sie mit sizeof(x) nach der wirklichen Größe eines Typs oder einer Variablen fragen, dann ist es die Anzahl an char-Einheiten, die Ihnen zurückgegeben wird. Zum Zeichentyp wird char, weil Sie in char-Sequenzen Zeichenketten speichern – entweder als Array in char[] oder in string aus der Standardbibliothek. Da char nicht für internationale Zeichen ausgelegt ist (Unicode), gibt es char16_t, char32_t und das etwas veraltete wchar_t.

8.4 Ganzzahlen

Wir haben im Beispiel an mehreren Stellen den Typ unsigned verwendet. Dabei handelt es sich nur um eine Abkürzung von unsigned int. Gegenüber dem normalen signed int, abgekürzt int, kann dieser etwas größere positive Zahlen speichern, aber keine negativen, wie der Name schon vermuten lässt.

Normalerweise sollten Sie für »ganze Zahlen« den Typ int verwenden. Der Zahlenbereich ist jedoch eingeschränkt – benötigen Sie mehr, steht Ihnen long und long long zur Verfügung. Müssen Sie Platz sparen, dann gibt es short. Alle diese Varianten stehen Ihnen auch in der unsigned-Variante zur Verfügung, also ohne die Möglichkeit, ein Vorzeichen zu speichern, zum Beispiel unsigned long. Stattdessen signed vor den Zahlentyp zu schreiben ist nicht nötig, da dies der Default ist. Ein int (ob signed oder unsigned) ist üblicherweise das, womit Ihr System am natürlichsten umgehen und wahrscheinlich am schnellsten rechnen kann.

Mit den Ganzzahltypen können Sie arithmetisch rechnen – also multiplizieren und dergleichen. Sie stoßen aber auf die Grenzen des Datentyps, denn logischerweise kann ein unsigned int keinen negativen Wert annehmen. Und sowohl die signed, als auch die unsigned-Varianten haben für große Zahlen eine Grenze.

Um zu verstehen, was beim Rechnen mit int-Typen und Verwandten passiert, müssen Sie nur wissen, dass der Computer im *Binärsystem* arbeitet. Das ist nichts anderes als das *Dezimalsystem*, das Sie gewohnt sind, nur dass an jeder Stelle nicht 0 bis 9 stehen kann, sondern nur 0 oder 1 – einer von zwei möglichen Werten (daher »bi«-när). Im vorigen Kapitel 7, »Operatoren«, bin ich im Kasten »Binärsystem« darauf eingegangen.

Die einzelnen Positionen, die 0 oder 1 annehmen können, nennt man *Bits*. Wie viele Bits in eine Variable eines Ganzzahltyps passen, hängt von ihrem System ab. Der Standard sagt, dass char der kleinste und long long der größte Typ ist, mit short, int und long in dieser Reihenfolge dazwischen. Auf heute üblichen Maschinen hat char 8 Bit und long long 64 Bit. Schauen Sie in Tabelle 8.1 für Beispiele zweier heute üblicher Systeme.[3]

Bit	Linux, 64 Bit	Windows	mindestens
8	char	char	char
16	short	short	short, int
32	int	int, long	long
64	long, long long	long long	long long

Tabelle 8.1 Bitbreiten zweier Architekturen und das Minimum als Beispiele

---

3 Die Windows-Spalte gilt sowohl für 32- als auch 64-Bit-Windows, ebenso für 32-Bit-Linux.

Wenn Sie davon ausgehen, dass ein unsigned int 32 Bit hat, dann ist die größte Zahl, die dieser Datentyp darstellen kann, $1 \times 2^{31} + 1 \times 2^{30} + \ldots + 1 \times 2^{1} + 1 \times 2^{0} = 2^{32} - 1$, was etwas mehr als 4 Milliarden entspricht. Das ist in Tabelle 8.2 dargestellt. Sie müssen durch Ihr Programm selbst dafür sorgen, dass ein Ausdruck vom Typ int niemals einen größeren Wert annehmen würde.

Bit	unsigned	signed
8	0..255	−128..127
16	0..65 535	−32 768..32 767
32	0..4 294 967 295	−2 147 483 648..2 147 483 647
64	0..18 446 744 073 709 551 615	−9 223 372 036 854 775 808 ..9 223 372 036 854 775 807

Tabelle 8.2 Zahlenbereiche

Eine Anmerkung zu den Namen der Ganzzahltypen. Offiziell heißen die Typen int, unsigned int, long int und long long int. Ich selbst kürze unsigned int gewohnheitsmäßig mit unsigned ab, aber Sie werden unsigned int häufig sehen. Bei long und long long wird die ausgeschriebene Version aber nur äußerst selten verwendet.

8.4.1 Operationen auf Ganzzahlen

Mit allen Ganzzahltypen können Sie arithmetisch rechnen, wie Sie es erwarten sollten: Multiplikation mit *, Addition und Subtraktion mit + und - sowie die Division ohne Rest mit /. Letzteres heißt, wenn Sie 20 / 7 rechnen, dann kommt dabei 2 heraus – die Nachkommastellen werden einfach abgeschnitten. Mit % erhalten Sie den Rest (*Modulo*-Operation):

```
#include <iostream>
int main() {
    std::cout << 3 + 4 * 5 + 6 << "\n";              // 29
    std::cout << 20/7 << " Rest " << 20%7 << "\n";   // 2 Rest 6
}
```

Listing 8.2 Arithmetik mit Ganzzahlen

Für aufwendigere Berechnungen müssen Sie sich Funktionen selbst schreiben oder auf Fließkommazahlen wie double zurückgreifen, zu denen es in der Standardbibliothek im Header <cmath> eine Vielzahl von berechnenden Funktionen gibt.

Hilfreich könnten die Bitoperationen sein, die wir schon in Kapitel 7, »Operatoren«, erwähnt haben. Hier sehen Sie noch einmal ein kurzes Beispiel dazu:

```
#include <iostream>
int main() {
    unsigned a = 0b11110000;         // 240
    unsigned b = 0b00111100;         // 60
    std::cout << ( a | b ) << "\n";  // Bit-Oder: 252, in Bits 1111.1100
    std::cout << ( a & b ) << "\n";  // Bit-Und: 28, in Bits 0011.0000
    std::cout << ( a ^ b ) << "\n";  // Exklusiv-Oder: 205, in Bits 1100.1100
    unsigned int c = 170;            // in Bits 0..(24x0)..0.1010.1010
    std::cout << ( ~c ) << "\n";     // Inv.: 4294967125, Bits: 1..(24x1)..1.0101.0101
}
```

Listing 8.3 Bitoperationen

Sie können mit `int` und seinen Verwandten natürlich noch jede Menge mehr machen. Ich verweise hier auf die zuhauf existierenden Referenzen und Tutorials. An dieser Stelle ist es mir wichtig, dass Sie die Konzepte der Ganzzahlen in C++ verstehen und lernen wie Sie sie einsetzen. Ich weise auf die typischen Fußangeln hin.

Noch einmal zusammengefasst:

▶ Es gibt die Ganzzahltypen `char`, `short`, `int`, `long` und `long long`, jeweils in einer `signed`- und `unsigned`-Form.

▶ Auf den unterschiedlichen Systemen sind diese unterschiedlich breit, nur die Reihenfolge ihrer Größen ist festgelegt.

▶ `char` ist besonders, weil es außer zum Rechnen auch, gern zum Speichern von Zeichen verwendet wird (daher der Name).

▶ Ihre Allzweck-Ganzzahltypen sollten `int` und `unsigned` sein.

▶ Mit allen Zahlen können Sie in C++ »normal« rechnen – einfache Arithmetik und Bitoperationen werden direkt unterstützt.

▶ Innerhalb eines Ausdrucks mit zwei Operanden unterschiedlicher Typs wird einer möglicherweise umgewandelt, bevor die Rechnung ausgeführt wird.

8.4.2 Arithmetische Typumwandlung

Bisher haben wir es uns einfach gemacht: Wir haben einem Operator immer zwei Operanden gleichen Typs mitgegeben. Wenn Sie zwei unterschiedliche Typen verwenden, dann nimmt der Compiler für den kleineren Typ eine *implizite Typumwandlung* vor: Er wird zunächst in eine temporäre Variable des größeren Typs kopiert. Der Ergebnis-Typ des Ausdrucks ist dann der größere Typ.

Zum Beispiel wird mit `unsigned char c = 50; int n = 500;` im Ausdruck `c+n` das `c` vor der Berechnung in einen `int` mit dem Wert 50 umgewandelt. Dadurch ist es möglich, dass das Ergebnis von 550 überhaupt berechnet werden kann (ein `char` wäre dafür zu klein). Der Ergebnis-Typ des Ausdrucks ist ebenfalls `int`, denn das ist der größere der beiden beteiligten Typen.

Sollten Sie `signed`- und `unsigned`-Typen mischen, wird es kniffliger. Als Faustregel merken Sie sich hierzu:

- Sollte der beteiligte vorzeichenbehaftete Operand größer sein als der vorzeichenlose, dann wird er auch für das Ergebnis verwendet und Sie können einigermaßen sicher sein, dass die Konvertierung nichts zerstört.
- Sind beide gleich groß, dann bekommt das Ergebnis den vorzeichenlosen Typ und eventuell vorhandene negative Zahlen gehen verloren.

In der Praxis wirkt sich das wie folgt aus: `signed` und `unsigned` sind ja beide gleich groß – beides `int`. Wenn Sie ein `signed s1 = -4;` und ein `unsigned u1 = 2` addieren, dann legt der Compiler für das Ergebnis `unsiged` als Typ fest. Das bewirkt, dass -4 vor der Addition in einen `unsigned` umgewandelt wird – und wird dadurch zu 4294967292 (bei `int` mit 32 Bits). Das Ergebnis ist dann also etwas überraschend 4294967294. Und da diese Regeln für Vergleiche ebenso gelten wie für Arithmetik, wird auch `if(s1<u1)` überraschenderweise zu »falsch« ausgewertet – oder noch expliziter: `if(-4 < 2u)` wird in C++ vom Compiler als `false` ermittelt.

> **Vermeiden Sie das Mischen**
>
> Wenn Sie mit Zahlenbereichen zu tun haben, die bei einer solchen Konvertierung gefährdet sind – negative oder große Zahlen –, dann sollten Sie sich nicht auf die implizite Konvertierung verlassen. Wandeln Sie dann die Operanden selbst vorher um, und sei es nur, damit Sie sich der Problematik bewusst sind. Schreiben Sie nicht `if(mySize > theLimit)...`, wenn die beiden Typen unterschiedliche Vorzeichen haben, sondern wandeln Sie selbst um. So machen Sie sich etwas klarer, dass hier etwas passiert, worauf man ein Auge haben muss:
>
> `if(mySize > (long)theLimit) ...`
>
> Noch besser wäre es natürlich, die beiden Zahlen hätten von Anfang an den gleichen Typ.

8.4.3 Ganzzahl-Überlauf

Wenn Sie `unsigned int x = 5 - 10;` rechnen, dann passieren seltsame Dinge: Für den Computer wird dies zu einer riesigen Zahl. Das Gleiche passiert am anderen Ende des Spektrums: Auf vielen aktuellen Computern hat ein `unsigned int` 32 Bit, und wenn diese nicht ausreichen, um eine Zahl zu speichern, dann fängt der Computer wieder bei null an. Beides nennt man einen *Überlauf* (engl. *Overflow*). Seien Sie hierbei vorsichtig, wenn Sie mit den `signed`-Varianten arbeiten, denn bei diesen ist nicht festgelegt, was bei einem Überlauf passiert. Generell gilt es, einen Überlauf zu vermeiden, außer Sie wissen bei einem `signed`-Typ genau, was Sie tun.[4]

---

4 *How disastrous is int overflow in C++?*, http://stackoverflow.com/questions/9024826, [2014-01-31]

8.4.4 Ganzzahl-Literale

Im Quellcode können Sie eine Ganzzahl einfach im Dezimalsystem niederschreiben. Durch ein Suffix können Sie angeben, ob es sich um ein `signed` oder `unsigned` handelt und welche Breite das Literal darstellt. Ohne Suffix handelt es sich um einen `int`. In der Praxis ist die Angabe aber nur in Sonderfällen nötig, da der Compiler bei Initialisierung und Ähnlichem selbst erkennt, um was für einen Ganzzahltyp es sich bei dem Literal handelt. In Tabelle 8.3 sehen Sie die möglichen Suffixe mit Beispielen.

Typ	Suffixe	Beispiele
int		42, −12
unsigned	u, U	3u, 123U
long	l, L	−999l, 88888L
unsigned long	ul, UL,	77777ul, 6666UL
long long	ll, LL	432143211l, −12341234LL
unsigned long long	ull, ULL	23443212ull, 1ULL

Tabelle 8.3 Ganzzahl-Suffixe und die dazugehörigen Typen

C++ erlaubt auch, dass Sie eine Ganzzahl im 8er-System (*oktal*) oder 16er-System (*hexadezimal*) niederschreiben. Die haben den Vorteil, dass immer drei beziehungsweise zwei Stellen ein Byte (8 Bits) ergeben und manchmal so besser zu lesen sind als im Dezimalsystem. Seit C++14 können Sie sogar eine Zahl im 2er-System (*binär*) als Literal schreiben. Um das Zahlensystem (die Basis) des Literals anzugeben, verwenden Sie ein Präfix. In Tabelle 8.4 sehen Sie die möglichen Präfixe. Sowohl bei den Präfixen als auch bei den Buchstaben des 16er-Systems sind Groß- und Kleinschreibung gleichwertig, zwischen 0xFF und 0Xff wird zum Beispiel nicht unterschieden.

Basis	Präfix	Beispiele	Dezimal als int
10		255, −4	255, −4
16	0x	0xff, 0xCAFE	255, 51966
8	0	0377, 0777666	255, 262070
2	0b	0b11111111, 0b0101	255, 5

Tabelle 8.4 Ganzzahl-Präfixe für die unterschiedlichen Zahlensysteme

Fortgeschritten wird es, wenn Sie die Präfixe für das Zahlensystem mit den Suffixen des Datentyps kombinieren – aber wie gesagt, die Suffixe sind in den seltensten Fällen nötig. Mit `0xffULL` definieren Sie 255 als `unsigned long long`.

8.4.5 Alias-Zahlentypen

Es gibt Zahlentypen, die auf Systemen unterschiedlich definiert sind. Prominentes Beispiel ist zum Beispiel `size_t` – manchmal ist dieser Typ identisch mit `unsigned int`, manchmal mit `unsigned long` oder sogar mit `unsigned long long`. Aber wenn Sie Variablen dieser Typen nur zu dem Zweck einsetzen, zu dem sie gedacht sind, dann interessiert Sie der genau zugrunde liegende Typ auch gar nicht.

Wollen Sie beispielsweise die Größe einer Datenstrukur wissen, dann setzen Sie `sizeof(daten)` ein. Die Rückgabe ist dann ein `size_t` – und darin sollten Sie das Ergebnis speichern. Natürlich ist dies eigentlich einer der anderen `int`-Typen, aber welcher genau, das müssen Sie nicht wissen. Es handelt sich um einen *Alias* für den (unbekannten) wirklichen Typ.

Diese Aliase sind mit `using` erzeugt worden und stehen meist dann zur Verfügung, wenn Sie ohnehin den entsprechenden `#include` schon verwenden. Zum Beispiel könnte `size_t` so definiert worden sein:

```
using size_t = unsigned long long;
```

> **»typedef« vs. »using«**
>
> Wenn Sie jetzt nachsehen, werden Sie wahrscheinlich kein `using` in Ihren Headern finden, denn die Methode, dies vor C++11 zu machen, war:
>
> ```
> typedef unsigned long long size_t;
> ```
>
> Ich empfehle Ihnen, den neuen Stil zu verwenden. Es mag Geschmackssache sein (oder ob wie man es gewohnt ist), aber mir persönlich gefällt der Stil besser, bei dem der neu eingeführte Name links von einem Gleichheitszeichen = steht. Ich zeige Ihnen den typedef-Stil aber, weil wir ihn wahrscheinlich noch sehr lange sehen werden.

Wie Sie sehen werden, kann ein `vector` sehr viele Elemente halten, und Sie können mit eckigen Klammern `[]` auf die einzelnen Elemente per Index zugreifen. Dieser Index muss eine Zahl sein – genauer ein `size_t`. Wenn Sie also eine Zählvariable für einen Vektorindex definieren, können Sie diese sehr gut einen `size_t` sein lassen:

```
#include <vector>
#include <cstddef>   // size_t
int main() {
    std::vector<int> data = { 100, -4, 6699, 88, 0, };
    int sum = 0;
```

```
    for(size_t idx = 0; idx < data.size(); ++idx) { // ein bestimmter int-Typ
        sum += data[idx];
    }
}
```
Listing 8.4 Indexvariablen können gut vom Typ »size_t« sein.

Es soll Ihnen aber nicht verschwiegen werden, dass die obige Summe natürlich viel besser per for(auto d: data) sum += d; hätte implementiert werden können. Oder Sie könnten gleich einen Algorithmus aus <algorithm> und auto sum = std::accumulate (data.begin(), data.end(), 0); einsetzen. In beiden Fällen kann man sehen, dass man sich mit C++11 die genaue Kenntnis eines Typs inzwischen häufig sparen kann.

Andere häufig genutzte Aliase mit typischen Definitionen für bestimmte Ganzzahltypen sehen Sie in Tabelle 8.5.

Alias	auf 64-Bit-Linux	Einsatz
size_t	long unsigned int	Größen, die nicht negativ sein können, zum Beispiel Containergrößen
ptrdiff_t	long int	Abstand zweier Adressen, wie ptrdiff_t d = &x - &y;
time_t	long int	Aus <ctime> zum Speichern von Sekunden seit 1.1.1970
int8_t	signed char	Integer mit genau 8 Bits aus <cstdint>
int64_t	long int	Integer mit genau 64 Bits aus <cstdint>
int_least64_t	long int	Integer mit mindestens 64 Bits
int_fast16_t	long int	schneller Integer mit mindestens 16 Bits

Tabelle 8.5 Einige häufig genutzte Aliase für bestimmte Ganzzahltypen

Alle Typen aus <cstdint> gibt es jeweils für 8, 16, 32 und 64 Bits. Die Varianten least und fast können größer sein. Dafür sind die Varianten int8_t bis int64_t nur dann definiert, wenn es sie auf dem System auch exakt in dieser Größe gibt – was aber meist der Fall sein sollte.

Die Fließkommazahlen sind – daher der Name – nicht nur für Ganzzahlen gedacht. Anstatt bei der Division den Rest von 5/2 wegzuwerfen, können Sie ihn in einem double speichern: double x = 5.0 / 2.0; speichert 2.5 in x. Doch Achtung, auch Fließkommazahlen haben ihre Grenzen:

- **Überlauf**

  Zwar ist der Zahlenbereich um vieles größer als bei int, doch auch ein double kann überlaufen. Größere Zahlen als etwa 10^{300} und kleinere als -10^{300} kann er nicht speichern.

- **Genauigkeit**

  Viel kritischer ist es aber um die Genauigkeit bestellt: Denn je weiter Sie sich von der Null als Mitte entfernen, desto gröber werden die Werte, die double speichern kann: Zwischen zwei »benachbarten« double-Zahlen liegen immer größere Schritte. Ab etwa 10^{15} ist das mehr als 1. Wenn Sie sie in double speichern, sind für den Computer die Zahlen $10^{16} + 1$ und $10^{16} + 2$ identisch, siehe Listing 8.5.

- **Rundung**

  Aber auch mit Zahlen nahe der Null hat double Probleme. Denn wo ein int zum Beispiel 7 exakt speichern kann, hat ein double mit 0.1 Probleme – und erst recht mit $^1/_3$, also $0.\overline{3}$, wie Sie in Abbildung 8.1 (in Abschnitt 8.4.8) sehen können.

Fließkommazahlen nicht mit == vergleichen

Weil keiner der Fließkommatypen float, double und long double alle Zahlen exakt speichern kann, sollten Sie niemals auf Gleichheit testen, indem Sie == verwenden. Bilden Sie stattdessen die Differenz, und prüfen Sie, ob das Ergebnis nahe bei null liegt. Wenn Sie zum Beispiel wissen wollen, ob die beiden double-Werte a und b »fast gleich« sind, können Sie dies so prüfen:

if(fabs(b-a)<0.0001)...

Die Funktion fabs() ermittelt den Absolutwert (macht ihn positiv) und befindet sich im Header <cmath>. Für 0.0001 setzen Sie ein *Epsilon* ein, dass zu Ihrer Anwendung passt.

```cpp
#include <iostream>       // cout
#include <iomanip>        // setprecision
#include <cmath>          // fabs
using std::cout;          // cout als Abkürzung für std::cout
int main() {
    cout << std::fixed << std::setprecision(25);   // für besser lesbare Ausgabe
    // 0.1 und 0.01 kann double nicht exakt speichern
    double x = 0.1 * 0.1;
    cout << "0.1*0.1: " << x << "\n";
    // Ausgabe: 0.1*0.1: 0.0100000000000000019428903
    if(x == 0.01) {        // vergleichen Sie double niemals mit ==
        cout << "ja! x == 0.01" << "\n";
    } else {
        cout << "Oh-oh! x != 0.01" << "\n";        // Sie sehen diese Ausgabe
    }
```

```
// Achtung vor allem beim Vergleich mit 0.0
double null = x - 0.01;
cout << "null: " << null << "\n";
// Ausgabe: null: 0.0000000000000000017347235
if(std::fabs(null) < 0.00000001) {          // gegen ein "Epsilon"
    cout << "ja! null ist nahe 0.0" << "\n"; // Sie sehen diese Ausgabe
} else {
    cout << "Oh-oh! null nicht nahe 0.0" << "\n";
}
// Brüche von 2er-Potenzen sind weniger kritisch
double y = 0.5 * 0.5;
cout << "0.5*0.5: " << y << "\n";
// Ausgabe: 0.5*0.5: 0.25000000000000000000000000
if(y == 0.25) {     // hier klappt der gefährliche Vergleich ausnahmsweise
    cout << "ja! y == 0.25" << "\n";          // Sie sehen diese Ausgabe
} else {
    cout << "Oh-oh! y != 0.25" << "\n";
}
//
    return 0;
}
```

Listing 8.5 »double« kann Zahlen nicht immer exakt speichern. Rechnen und Vergleichen mit »==« ist ein Fehler.

8.4.6 Fließkomma-Literale

So ähnlich wie Ganzzahlen können Sie Fließkommazahlen ganz natürlich in den Quelltext schreiben. Als Dezimaltrenner müssen Sie jedoch den Punkt . verwenden, das deutsche Komma funktioniert hier nicht. Aber das sind Sie bei der Arbeit am Computer wahrscheinlich schon gewohnt. Schreiben Sie also zum Beispiel 124.258, um eine Fließkommazahl als Literal zu schreiben. An dem Punkt . erkennt der Compiler, dass es sich nicht um eine Ganzzahl handelt.

```
#include <iostream>
#include <iomanip>                           // fixed, setprecision
using std::cout;                             // abgekürzt cout
int main() {
    cout << std::setprecision(2) << std::fixed; // zwei Nachkommastellen anzeigen
    cout << "1/4: " << 0.25 << "\n";         // Komma-Schreibweise für double
    // Ausgabe: 1/4: 0.25
    cout << "2/4: " << 0.5 << "\n";
    // Ausgabe: 2/4: 0.50
    cout << "3/4: " << 0.75 << "\n";
    // Ausgabe: 2/4: 0.75
    cout << "4/4: " << 1 << " oder " << 1.0 << "\n"; // erkennt 1 als int
```

```
    // Ausgabe: 1 oder 1.00
    cout << "1e0: " << 1e0 << "\n";           // wissenschaftliche Schreibweise
    // Ausgabe: 1e0: 1.00
}
```

Listing 8.6 Mehrere Möglichkeiten, um »double«-Literale zu kennzeichnen

Hat die Fließkommazahl wie bei << 1 << zufällig keine Nachkommastellen, dann schreiben Sie zur Unterscheidung vom Ganzzahlliteral mindestens den Punkt – und noch Nullen, wenn Sie wollen: 1., 1.0, 1.00, 1.000 etc. Eine 1 ohne Punkt ist für den Compiler ein int. Das funktioniert in vielen Fällen trotzdem, denn wenn der Compiler weiß, dass Sie eigentlich einen double meinen, dann wandelt er die int-Eins in eine double-Eins ohne Verlust um. In den Fällen, in denen aber beides möglich wäre, sollten (oder müssen) Sie die Fließkommazahl kenntlich machen. Der Ausgabeoperator bei << 1 << weiß nicht, ob Sie einen int meinen, daher gibt er die 1 als solche aus. Die 1.0 macht der Compiler zur Fließkommazahl, und die Ausgabe passt.

Der Typ eines solchen Fließkommaliterals ist double. In den meisten Fällen macht es heutzutage Sinn, diesen Datentyp als erste Wahl bei der Rechnung mit Fließkommazahlen zu nehmen. Die heutige Hardware ist für das Rechnen damit ausgelegt. Wenn Sie aus irgendwelchen Gründen Platz sparen müssen (oder andere Gründe haben), dann machen Sie ein Fließkommaliteral durch ein angehängtes f oder F zu einem float. Das Anhängen eines l oder L kennzeichnet einen long double.

```
#include <iostream>
#include <iomanip>   // fixed, setprecision
int main() {
    std::cout << std::setprecision(30) << std::fixed;  // immer 30 Stellen ausgeben
    std::cout <<    1.111222333444555666777888999f << "\n";  // float-Literal
    // Ausgabe: 1.111222386360168457031250000000
    std::cout <<    1.111222333444555666777888999 << "\n";   // double ist Default
    // Ausgabe: 1.111222333444555676607023997349
    std::cout <<    1.111222333444555666777888999d << "\n";  // double-Literal
    // Ausgabe: 1.111222333444555676607023997349
    std::cout <<    1.111222333444555666777888999L << "\n";  // long double
    // Ausgabe: 1.111222333444555666740784227731
}
```

Listing 8.7 Fließkommaliterale werden je nach Genauigkeit des Datentyps irgendwann ungenau.

8.4.7 Die Fließkomma-Besonderheiten

Anders als bei den Ganzzahlen sind Limits und Genauigkeit bei den Fließkommatypen auf fast allen Systemen gleich. Sie müssten schon ein ausgefallenes (oder altes) System haben, wenn es hier Unterschiede geben sollte.

Die Fallstricke bei der Arbeit mit Fließkommazahlen lauern eher an anderer Stelle, nämlich wie eingangs schon gesagt bei der Genauigkeit und der Rundung der Nachkommastellen. Hinzu kommen noch Operationen in den »Dunkelbereichen« der Mathematik.[5] So kann eine Fließkommavariable nicht nur eine gültige Zahl speichern, sondern noch ein paar ganz spezielle Werte annehmen:

- Wenn Sie durch 0.0 teilen, dann ist das Ergebnis »unendlich« (engl. *infinite*). Prüfen Sie eine Variable x mit der Funktion std::isfinite(x) aus dem Header <cmath> daraufhin, ob sie noch einen endlichen Wert darstellt.
- Nur 0.0/0.0 ergibt nicht unendlich, sondern »Not-a-Number« (*NaN*), ebenso wie sqrt(-1.0), die Quadratwurzel aus –1. Alle weiteren Berechnungen mit NaN ergeben wieder NaN. Mit der Funktion std::isnan(x) können Sie einen Wert darauf überprüfen.

8.4.8 Fließkomma-Interna

Wenn Sie wirklich verstehen wollen, wie Fließkommazahlen in C++ funktionieren, dann müssen Sie sich mit deren interner Darstellung in C++ beschäftigen. Diese richtet sich nach dem IEEE-754-Standard[6]. Ich gehe hier nur sehr kurz darauf ein und zeige Ihnen die Darstellung von double.

Ein double hat in C++ 64 Bits. Damit die Bits so große Zahlen wie 10^{300} und so geringe Beträge wie $\frac{1}{10^{300}}$ speichern können, werden diese intern in drei Gruppen aufgeteilt, nämlich:

- V – für das Vorzeichen, +1 oder -1, mit 1 Bit
- E – als Exponent mit 11 Bits (um 1023 verschoben)
- S – für den Signifikant mit 52 Bits

Als vereinfachte Formel sieht das so aus:

$$V \times S \times 2^E$$

Weil das sehr abstrakt ist, zeigt Abbildung 8.1 einige Beispiele:

V	Exponent (E)	Signifikant (S) [52 Bits]	Wert
0	01111111111	0000000000000000000000000000000000000000000000000000	1.0
0	01111111101	0101010101010101010101010101010101010101010101010101	1/3

Abbildung 8.1 Einige Beispiele für die Darstellung von Fließkommazahlen

---

5 *Cross-Platform Issues With Floating-Point Arithmetics in C++*, Günter Obiltschnig et al, http://www.appinf.com/download/FPIssues.pdf, ACCU Conference 2006, [2013-12-15]
6 http://en.wikipedia.org/wiki/IEEE_floating_point, [2013-11-14]

8.5 Wahrheitswerte

Der Datentyp, mit dem Sie »wahr« oder »falsch« darstellen können, ist bool. Sie können bool-Variablen deklarieren und darin Wahrheitswerte zwischenspeichern. Viele Funktionen liefern einen bool zurück oder nehmen einen als Argument. So wie es bei Ganzzahlen, Fließkommazahlen usw. Literale gibt, gibt es sie auch bei bool: Es sind true und false.

a	b	Operator	Ausdruck	Ergebnis
false	false	&&	a && b	false
false	true			false
true	false			false
true	true			true
false	false	||	a || b	false
false	true			true
true	false			true
true	true			true
false	false	^	a ^ b	false
false	true			true
true	false			true
true	true			false
false		!	!a	true
true				false

Tabelle 8.6 Wahrheitstabelle für alle booleschen Ausdrücke mit zwei Variablen

Außerdem ist dieser Datentyp in vielen C++-Sprachelementen essenziell, denn Bedingungen werden immer als bool-Ausdruck geschrieben. Das heißt, ein Ausdruck für die Bedingung in einem if oder for etc. wird in ein bool umgewandelt. Zum Beispiel haben alle Vergleiche bool als Ergebnis: <, <=, >, >= sowie == und !=.

```
if(a >= b) ...
for(int idx; idx < 100; ++idx) ...
while(!finished && linesRead < LIMIT) ...
```

Zwei bool-Ausdrücke können Sie wiederum miteinander verknüpfen. »Sind *a* und *b* beide wahr?« schreiben Sie als a && b. Ob mindestens einer von beiden true ist, findet a || b heraus. Aus true in a machen Sie false und umgekehrt mit !a. Da es nur zwei mögliche Werte für bool gibt, enthält Tabelle 8.6 alle möglichen Kombinationen. Der etwas ungewöhnliche Exklusiv-Oder-Operator ^ ist dort auch enthalten. Und zu guter Letzt können Sie Ausdrücke natürlich mit (...) klammern. Mehr zu diesen Operatoren und Ausdrücken finden Sie in Kapitel 7, »Operatoren«.

Eigentlich würde es reichen, wenn der Computer zum Speichern eines bool ein Bit ausgibt. Tatsächlich verwendet der Computer jedoch mindestens einen char und oft auch einen int dafür. Das liegt daran, dass der Computer beim Manipulieren von Bits immer ein ganzes »Speicherwort« blockiert und so Nachbar-Bits bremsen würde. Also gibt man etwas mehr Platz für Unabhängigkeit und Geschwindigkeit aus.

Falls Sie sehr viele einzelne bools speichern wollen, dann sollten Sie sich den Datentyp std::bitset der Standardbibliothek ansehen.

Unter anderem aus dieser Verwandtschaft mit int ist die Möglichkeit entstanden, dass Sie in C++ auch einfach einen int in Tests mit if und dergleichen verwenden können.

```
int idx = 100;
while(idx) {    // ein int als Test
    readLine(line);
    --idx;
}
```

Diese Schleife liest genau 100 Zeilen ein: Sobald idx bei null angekommen ist, wird die Schleife beendet. Hierbei wird der int-Wert von idx *implizit* in einen bool konvertiert. Das geschieht nach folgender, etwas gewöhnungsbedürftiger Regel:

▶ Ein Wert von 0 wird zu false konvertiert.
▶ Alle anderen Werte werden zu true.

Da viele C++-Programmierer ursprünglich von C kommen, wo es keinen reinen bool-Datentyp gab, werden Sie diesem Muster häufiger begegnen.

Auch andere Datentypen können Sie in Tests verwenden. Dazu muss der Datentyp nur die Methode operator bool() haben. Das ist zum Beispiel bei std::istream der Fall und somit bei std::cin. Sie können in while-Schleife in Listing C.3 ein Anwendungsbeispiel sehen.

8.6 Zeichentypen

Was ist ein »Zeichen«, abstrakt gesehen? Es ist ein Baustein eines Textes, der angezeigt oder verarbeitet werden soll. In C++ vermischen sich hier viele Dinge, und einiges ist nicht intuitiv.

Der hauptsächliche Datentyp für Zeichen ist char. Gleichzeitig können Sie char aber auch als Ganzzahl-Datentyp betrachten, denn Sie können mit ihm rechnen wie mit allen anderen int-Verwandten. Und doch ist er hier anders, denn es ist nicht festgelegt, ob char ohne weitere Angaben signed oder unsigned ist. Wollen Sie also mit einem char rechnen und ist der Bereich wichtig, dann schreiben Sie auf jeden Fall signed char oder unsigned char statt einfach char – Letzteres behalten Sie sich für Texte vor.

> **»char« ist der kleinste »int«**
> Es ist sogar festgelegt, dass char der kleinste Ganzzahl-Datentyp ist und so etwas wie eine Basiseinheit für den Speicherverbrauch. Wenn Sie auf einen beliebigen Typ oder Wert sizeof(...) anwenden, dann erhalten Sie dessen Größe in char-Einheiten.
> ```
> sizeof(char);   // 1
> char x;
> sizeof(x);      // 1
> int wert;
> sizeof(wert);   // 4, oder auf anderen Systemen etwas anders
> ```

Auf aktuellen Systemen können Sie davon ausgehen, dass ein char 8 Bit hat. Weil Sie sich nicht auf das Vorzeichen verlassen können, sollten Sie davon ausgehen, dass Ihnen der Zahlenbereich von 0 bis 127 zur Verfügung steht – das Rechnen außerhalb kann zum Über- oder Unterlauf führen.

Kommen wir nun von der Zahl-Interpretation zur Text-Interpretation. Wenn Sie char-Elemente zu Text zusammenfügen wollen, dann tun Sie das normalerweise

- in std::string, wenn Sie den Text speichern, herumreichen oder manipulieren wollen,
- und in const char[], wenn Sie ein Literal ausgeben oder ein altes C-API bedienen.

Ein Textliteral wie "Hallo" setzt sich aus einzelnen char-Elementen zusammen. Das erste ist ein 'H', das zweite ein 'a' usw. Beachten Sie die *einfachen* Anführungszeichen '...' um das jeweilige Zeichen: Diese machen das Zeichen zum char. Sie können nicht mehrere Zeichen in ein solches char-Literal fassen – 'murks' ergibt keinen Sinn.

Wenn Sie eine char-Variable mit einem Literal initialisieren oder ihr zuweisen, dann steht es Ihnen frei, dies mit Anführungszeichen '...' oder Zahlen zu tun, je nachdem, wie es besser in den Kontext passt:

```
char kleines_a = 'a';                        // als Zeichen
char anzahl_zeichen_im_alphabet = 'z'-'a'+1; // rechnen Sie ruhig
char klein = 5;                              // als Zahl
signed char kleiner = -10;                   // negativ nur mit explizitem signed
unsigned char gross = 200;                   // groß nur mit explizitem unsigned
char flags = 0x7f;                           // hexadezimal für Bitmuster 0111.1111
```

8.6.1 Internationale Zeichen

Neben dem char gibt es noch andere Zeichentypen. Da char nur für 256 verschiedene Zeichen taugt, wäre er für das Speichern von chinesischen Zeichen nicht geeignet. Dafür gibt es Zeichentypen mit mehr Raum:

- wchar_t
  Dieser Zeichentyp hat je nach System 16 (Windows) oder 32 Bit (viele Linux-Varianten). Wenn Sie ein L vor das Zeichenliteral 'x' schreiben, dann ist dieses von diesem Typ, zum Beispiel wchar_t zett = L'Z';. Da er unterschiedlich breit sein kann, sollten Sie diesen Typ nicht in Programmen verwenden, die auf mehreren Systemen laufen müssen. Der Zeichenkettentyp std::wstring basiert auf diesem Typ, und wenn Sie ihn ausgeben wollen, dann verwenden Sie std::wout oder std::werr bzw. als Eingabe std::win.

- char16_t
  Dieser immer 16 Bit breite Zeichentyp ist für 65 536 verschiedene Zeichen gut und reicht für die meisten internationalen Texte aus. Verwenden Sie das Präfix u vor einem Zeichenliteral, also zum Beispiel char16_t zett = u'Z';. Der Zeichenkettentyp std::u16string basiert auf ihm.

- char32_t
  Das reicht mit seinen 32 Bit für die obskursten internationalen Zeichen. Mit dem Präfix U schreiben Sie ein Literal wie char32_t zett = U'Z'; und Zeichenketten in std::u32string.

Das sind viele Möglichkeiten, ein »Z« zu speichern. Damit Ihnen der Unterschied klarer wird, können Sie in Tabelle 8.7 die Darstellungen für den Computer sehen.

Zeichentyp	Literal	Interpretation in Bits
char	'Z'	0101 1010
wchar_t	L'Z'	0000 0000 0101 1010
oder		0000 0000 0000 0000 0000 0000 0101 1010
char16_t	u'Z'	0000 0000 0101 1010
char32_t	U'Z'	0000 0000 0000 0000 0000 0000 0101 1010

Tabelle 8.7 Die verschiedenen Möglichkeiten, ein Z mit den unterschiedlichen Zeichentypen zu schreiben.

Mit einem »Z« ist das noch wenig spannend. Aber ein Θ (»Theta«) kann man nicht in den Quellcode schreiben. Dazu muss man auf eine Escape-Sequenz zurückgreifen. Das

Unicode-Zeichen Theta hat die Nummer ₁₆0398. Dafür können Sie in einem `char16_t`-Zeichenliteral dann `u'\u0398'` schreiben oder in einem `char32_t`-Zeichenliteral `U'\U00000398'`. Die \u-Notation verlangt eine Zeichennummer mit genau vier hexadezimalen Stellen für \u und genau acht bei \U. Die vier Stellen sollten eigentlich immer ausreichen. Nur für etwas so Exotisches wie den gotischen Buchstaben »Asha« müssten Sie `U'\U00010330'` schreiben.

Abbildung 8.2 Den gotischen Buchstaben »Asha« mit der hexadezimalen Unicode-Nummer 10330 müssen Sie mit »\U« escapen.

Auf dem richtigen Medium ausgegeben, sollte dann das korrekte Zeichen erscheinen, zum Beispiel in Dialogboxen oder Dateiströmen, die Zeichen oder Strings dieser Typen entgegennehmen können.

8.6.2 Unicode in C++

Internationalisierung, Unicode und Codierung sind sehr komplexe Themen, die wir in diesem Buch nicht weiter vertiefen können. Am besten beschränken Sie sich zunächst auf `char` und lesen sich dann, wenn Sie es benötigen, in die Verwendung der anderen Zeichentypen ein.

8.7 Aufgaben

Wiederholungsfragen

Nehmen Sie an, die Variablen hätten die folgenden Werte:

```
bool ja = true;
bool nein = false;
int num = 8;
```

1. Welchen *Typ* und welchen *Wert* haben die folgenden Ausdrücke:
    1. `ja && nein`
    2. `ja || nein`
    3. `ja && !( nein || ja )`
    4. `!( nein || ja ) ^ !( ja && nein)`
    5. `num > 8`
    6. `num > 0 && num < 10`

2. Wird der »then«-Teil des `if`s ausgeführt und warum?

   1. `if(num) ...`
   2. `if(num > 10) ...`
   3. `if(num % 4) ...`

Vertiefungsfrage

Es gibt den Typ `unsigned int` oder kurz `unsigned`, der genauso viele Bits hat wie `int`, aber keine negativen Werte annehmen kann. Gehen wir mal davon aus, `unsigned` hat 32 Bit, kann also Werte von 0 bis 4.294.967.295 annehmen.

Was wird bei `unsigned w = 1; std::cout << ~w` ausgegeben?

Erweiterungsfrage

Schreiben Sie ein Programm, das berechnet, wann `double` keine Zahlen mit der Differenz von eins mehr unterscheiden kann.

Kapitel 9
Strings und Streams

> **Kapiteltelegramm**
>
> ▶ `string`
>   Basiszeichenkettentyp in C++
>
> ▶ `wstring`, `u16string`, `u32string`
>   Stringtypen für internationale Zeichenketten
>
> ▶ `ostream` **und** `ofstream`
>   Allgemeiner Ausgabedatenstrom und der Ausgabedatenstrom für eine Datei
>
> ▶ `istream` **und** `ifstream`
>   Allgemeiner Eingabedatenstrom und der Eingabedatenstrom für eine Datei
>
> ▶ `cout`, `cin`, `cerr` **und** `clog`
>   Vordefinierte Standarddatenströme für die Ein- und Ausgabe
>
> ▶ `operator<<` **und** `operator>>`
>   Operatoren für die Ein- und Ausgabe in und aus Datenströmen
>
> ▶ **Manipulator**
>   Konstrukt, um das Ein- und Ausgabeformat eines Streams zu verändern

Nun geht es um zwei Gruppen von Datentypen, die nicht in der Sprache selbst eingebaut, sondern Teil der Standardbibliothek sind. Sie benötigen also einen oder mehrere `#include` in Ihrem Quelltext.

▶ **Zeichenketten**
  In `std::string` speichern Sie Folgen von Zeichen, die Sie manipulieren, einlesen und ausgeben können.

▶ **Streams**
  Die Standardein- und -usgabestreams `std::cin` und `std::cout` sowie `std::cerr` für Fehler kennen Sie schon. Diese haben die Typen `std::istream` und `std::ostream`. Verwandte Typen können Sie auch für Ein- und Ausgabe von Dateien nutzen – und für vieles mehr.

9.1 Der Zeichenkettentyp »string«

Zeichenketten speichern und manipulieren Sie am besten (oder zumindest normalerweise) in einem `std::string`. Dieser befindet sich im Header `<string>` der Standardbibliothek. Achten Sie darauf, dass Sie diesen Header also hinzufügen, bevor Sie `string` verwenden.

> **»string« und »char*«**
>
> In C- und vielen C++-Programmen werden Zeichenketten in char* oder char[] und deren const-Varianten gespeichert. Das ist im Allgemeinen auch in Ordnung, doch gehe ich an dieser Stelle zunächst auf die viel C++-artigere Variante std::string ein, der Sie in vielen Fällen den Vorzug für Zeichenketten geben sollten.

Lassen Sie uns Listing 8.1 ein wenig verändern und die Behandlung von Zeichenketten hinzufügen:

```cpp
#include <iostream>     // cin, cout für Eingabe und Ausgabe
#include <string>       // Sie benötigen diesen Header der Standardbibliothek
void eingabe(
    std::string &name,              // Als Parameter
    unsigned &gebJahr)
{
    /* Eingaben noch ohne gute Fehlerbehandlung... */
    std::cout << "Name: ";
    std::getline(std::cin, name);   // getline liest in einen String ein
    if(name.length() == 0) {        // length ist eine Methode von string
        std::cout << "Sie haben einen leeren Namen eingegeben.\n";
        exit(1);
    }
    std::cout << "Geb.-Jahr: "; std::cin >> gebJahr;
}
int main() {
    /* Daten */
    std::string name;               // definiert und initialisiert eine string-Variable
    unsigned gebJahr = 0;
    /* Eingabe */
    eingabe(name, gebJahr);
    /* Berechnungen */
    // ...
}
```

Listing 9.1 Einige Verwendungsmöglichkeiten von Strings

Mit Variablen vom Typ string können Sie allerlei machen. Es stehen Ihnen Funktionen zur Verfügung, die als Parameter einen string nehmen, wie zum Beispiel std::getline bei std::getline(std::cin, name). Außerdem hat jede string-Variable *Methoden*, die Sie mit dem Punkt . aufrufen, wie name.length() in dem if. Bei Methoden handelt es sich um spezielle Funktionen, die immer auf einer der Variablen arbeiten, mit der sie per Punktnotation aufgerufen wurden.

9.1.1 Initialisierung

Sie sehen am Anfang von `main()`, wie Sie einen `string` definieren. Weil es sich nicht um einen eingebauten Typ handelt, wird dieser auch initialisiert, obwohl kein = oder Ähnliches angegeben wurde. In diesem Fall sind die folgenden Varianten gleichbedeutend:

```
std::string name;
std::string name{};
std::string name{""};
std::string name("");
std::string name = "";
```

Hier sind aber nur die ersten beiden Varianten komplett identisch. Als komplexer Datentyp hat `string` einen Konstruktor – eine spezielle Funktion, die extra zu dem Zweck dient eine neue Variable zu initialisieren. Wenn Sie keine Initialisierung angeben, dann wird der Konstruktor verwendet, der keine Parameter hat. Konstruieren können Sie wahlweise seit C++11 auch mit `{...}`, sodass `{}` den Aufruf des Konstruktors ohne Parameter explizit macht. Mehr dazu finden Sie in Kapitel 16, »Erste eigene Datentypen«.

Im Falle von `string` initialisiert dieser Konstruktor die Variable mit dem leeren String, also `""`. Daher bewirkt der Aufruf des Konstruktors mit dem leeren String als Parameter `std::string name{""}` effektiv das Gleiche.

Bei der Initialisierung bedeutet das Gleichheitszeichen = nicht »Zuweisung« – stattdessen wird der Konstruktor mit einem Parameter aufgerufen. `std::string name = ""` wirkt also wie `std::string name{""}`.

Vor C++11 standen Ihnen für die Initialisierung von `string` die geschweiften Klammern nicht zur Verfügung. Die Schreibweise für diesen älteren Standard ist `std::string name("")`.

Achtung bei der Initialisierung ohne Parameter und runde Klammern

Sie können *nicht*

`std::string name();`

zur Initialisierung ohne Parameter verwenden. Benutzen Sie in diesem Fall *immer* die leeren geschweiften Klammern, also `std::string name{};` – beziehungsweise vor C++11 ohne Klammern `std::string name;`.

Die leeren runden Klammern () haben hier dummerweise eine Doppelbedeutung als leere Typliste für eine Funktionsdeklaration: Deshalb deklarieren Sie oben eine Funktion `name` ohne Parameter mit dem Rückgabetyp `string`. Der Compiler akzeptiert dies leider zunächst, meckert aber bei der Verwendung von `name`.

Wenn Sie C++11 zur Verfügung haben, sollten Sie sich angewöhnen, Variablen immer mit den geschweiften Klammern oder dem Gleichheitszeichen = zu initialisieren.

Es gibt noch eine weitere Variante, die den gleichen Effekt hat:

`std::string name = {""};`

Verwenden Sie diese Schreibweise, wenn Sie die Initialisierung mit einer *Initialisierungsliste* vornehmen wollen – in diesem Fall ist dies eine Liste mit nur einem Element `""`. Da das `=` bei der Initialisierung optional ist, entspricht diese Schreibweise so gut wie immer `std::string name{""}`. Damit Sie die Übersicht behalten, empfehle ich, diese Schreibweise aber speziell für die Initialisierungsliste zu verwenden.

9.1.2 Funktionen und Methoden

Sie haben schon gesehen, dass Sie neue `string`-Variablen so erzeugen können:

- `std::string name;` oder `std::string name{};` erzeugt einen leeren `string`.
- `std::string name = "Wert";` oder `std::string name{"Wert"};` erzeugt einen `string` aus einem Literal.

Statt `"Wert"` können Sie auch einen anderen `string` verwenden, jenen also *kopieren*. Es gibt noch andere Möglichkeiten der Initialisierung, wie Sie in der Dokumentation zu `string` sehen können, doch dies sind die wichtigsten. Dort sehen Sie auch noch mehr Funktionen und Methoden für `string` als in den Tabellen 9.1 und 9.2.

Methode	Beschreibung
+	Aneinanderfügen zweier `strings` zu einem neuen
<<	Ausgabe eines `strings`
>>	Lesen eines `strings` bis zum nächsten Whitespace
getline	Lesen in einen `string` bis zum nächsten Newline

Tabelle 9.1 Eine Auswahl an »string«-Funktionen

9.1.3 Andere Stringtypen

Der gerade erklärte `std::string` ist ein Container für einzelne Zeichen vom Typ `char`. Ein `char` hält (meistens) acht Bit und kann somit nur 256 Zustände unterscheiden. Wenn Sie nun jedoch zum Beispiel arabische oder chinesische Schriftzeichen oder vielleicht sogar tolkiensche Zwergenrunen speichern möchten, dann haben Sie nur die Wahl zwischen diesen Möglichkeiten:

- Sie definieren die Bedeutung der `char`-Werte von 0 bis 255 um und interpretieren sie beim Lesen als Zeichen in der fremden Sprache. Dies nennt man dann eine *Kodierung*. Sie müssen dann immer die Zusatzinformation der *Codepage* (auch des *Encodings*) mitschleppen – oder wissen.

- Sie betrachten bestimmte Zeichen als besondere Zeichen (*Escapezeichen*), die markieren, dass eine Sequenz von fremden Zeichen folgt. Einfache Wörter (deutsche oder englische) schreiben sich dann 1:1 als char, aber die meisten fremden Zeichen bestehen aus zwei oder mehr char-Einheiten. Dies ist zum Beispiel in der Kodierung »UTF-8« der Fall. Dort kann ein einzelnes fremdes Zeichen (»Codepoint«) bis zu sechs char lang sein.
- Verwenden Sie einen anderen Elementtyp als char, der mehr unterschiedliche Zustände annehmen kann. Dies ist mit std::wstring der Fall.

Methode	Beschreibung
length	Länge des Inhalts
at	(sicheres) Holen eines einzelnen Zeichens
[]	Holen eines einzelnen Zeichens ohne Prüfung
find	Suchen innerhalb des string
find_first_of	Suche erstes Zeichen aus einer Menge
substr	Erzeuge neuen string aus einem Bereich
compare	Vergleiche mit anderem string
clear	Zurücksetzen auf den leeren string
append	Anhängen einer Zeichenfolge
+=	Alternative Schreibweise für append
insert	Einfügen in den string
erase	Löschen eines Teils des strings
replace	Ersetzen eines Teils durch eine andere Zeichenfolge

Tabelle 9.2 Eine Auswahl an »string«-Methoden

Der Typ std::wstring besteht aus Elementen vom Typ wchar_t. Dieser ist 16 Bit oder 32 Bit breit und sollte in den allermeisten Fällen für fremde Zeichen ausreichen.[1]

Weil aber das Hantieren mit einem Elementtyp, der auf unterschiedlichen Systemen unterschiedlich groß ist, manchen Programmcode verkompliziert, gibt es auch std::u16string und std::u32string aus Elementen der Typen char16_t und char32_t.

---

1 Für alle Unicode-Zeichen reichen 16 Bit auch noch nicht aus, sodass Zeichenfolgen dann zum Beispiel mit UTF-16 kodiert werden können.

Sie werden wahrscheinlich erst dann mit diesen Typen zu tun haben, wenn Sie internationale Programme schreiben. Prinzipiell ist der Umgang mit diesen Stringtypen nicht anders als mit std::string, denn es sind alle nur Synonyme einer Template-Klasse std::basic_string<>. Setzen Sie zwischen die spitzen Klammern die Elementtypen char, wchar_t, char16_t oder char32_t, dann erhalten Sie die entsprechenden Stringtypen.

Das heißt, alle Methoden, die std::string hat, haben die anderen auch. Die freien Funktionen (wie std::getline) wurden ebenfalls so geschrieben, dass sie auf allen Stringtypen arbeiten können.

In der Praxis jedoch oft nicht so leicht, mit etwas anderem als std::string umzugehen. Bei den Schnittstellen zur Außenwelt müssen Sie immer sicherstellen, dass die richtige Interpretation ankommt: Erwartet die Ausgabekonsole eine bestimmte Kodierung? Was für Strings sind in Dialogboxen? Datenströme aus dem Internet sind meist char-basiert, wie wird daraus etwas anderes?

Dies ist ein sehr weites Feld. Lesen Sie sich in den Bereich ein, den Sie benötigen, oder lassen Sie sich den Auszug, den Sie brauchen, von einem Kollegen erklären – *wenn* Sie ihn brauchen.

9.2 Streams

Sie haben sie in Beispielen schon oft gesehen, aber selten trat ihr Typ in Erscheinung, weil wir die vordefinierten *Streams* (engl. für *Datenströme*) der Standardbibliothek verwendet haben:

- std::cout vom Typ std::ostream ist für die *Standardausgabe*, meist auf die Konsole, also den Bildschirm. Oder Sie können die Ausgabe in eine Datei umleiten.
- std::cin vom Typ std::istream ist für die *Standardeingabe*, üblicherweise von der Tastatur oder einer umgeleiteten Datei.
- std::cerr und std::clog sind ebenfalls Ausgabedatenströme vom Typ std::ostream und landen meist auf dem Bildschirm, doch Sie können sie getrennt von std::cout in eine Datei umleiten.

Für Ein- und Ausgaben des normalen Programmflusses verwenden Sie normalerweise std::cout und std::cin. Jede Ausgabe kostet Zeit, und ein Aufruf hat »Overhead«, daher ist std::cout gepuffert – Ausgaben erscheinen manchmal nicht sofort, sondern werden erst gesammelt.

Anders std::cerr, dessen Ausgabe soll sofort erscheinen. Verwenden Sie diesen Stream für Fehlerausgaben. Wenn std::cout in eine Datei umgelenkt wurde, dann erscheinen diese Ausgaben trotzdem auf der Konsole, wie in Listing 9.2 gezeigt.

```
// Rufen Sie dieses Programm zum Beispiel mit »prog.exe > datei.txt« auf
#include <iostream>    // cout, cerr
int main() {
    std::cout << "Ausgabe nach cout\n";      // wird nach »datei.txt« ausgegeben
    std::cerr << "Fehlermeldung!\n";         // erscheint trotzdem auf der Konsole
    std::cout << "Wieder normale Ausgabe\n"; // wieder in die Datei
}
```

Listing 9.2 Der Fehler-Stream erscheint auf dem Bildschirm, auch wenn Sie die Standardausgabe zum Beispiel mit »prog.exe > datei.txt« umgeleitet haben.

9.3 Eingabe- und Ausgabeoperatoren

Wie Sie schon häufig gesehen haben, können Sie mit dem Operator << Daten nach cout ausgeben. Alle eingebauten Datentypen lassen sich so ausgeben, Sie müssen sich nicht um das Format kümmern – können es aber tun, wie Sie gleich bei den *Manipulatoren* sehen werden. Das ist erwähnenswert, weil anders als in der C-Funktion printf der Compiler für Sie das korrekte Format wählt – nämlich die richtige Überladung des globalen operator<<. Sie können für eigene Datentypen auch Überladungen hinzufügen, siehe Kapitel 17, »Verwendung eigener Datentypen«.

Sie können mehrere <<-Aufrufe hintereinanderketten, Sie müssen nur als ersten den Stream nennen, in den ausgegeben werden soll: Jeder <<-Aufruf gibt den Stream als Ergebnis zurück, sodass dieser wieder eine Ausgabe empfangen kann.

Für die Eingabe per >> gilt das Gleiche – gelesen wird für die eingebauten Datentypen immer bis zum nächsten Whitespace (zum Beispiel Leerzeichen oder Zeilenvorschub).

Erweitern wir Listing 8.1 um ein paar zusätzliche Ein- und Ausgaben:

```
#include <iostream>                       // cin, cout für Eingabe und Ausgabe
#include <string>
#include <array>
using std::cin; using std::cout;          // Abkürzungen cin und cout
void eingabe(
    std::string &name,
    unsigned &gebTag,
    unsigned &gebMonat,
    unsigned &gebJahr,
    long long &steuernummer,
    std::array<int,12> &monatseinkommen)  // array ist ein Container
{
    /* Eingaben noch ohne gute Fehlerbehandlung... */
    cout << "Name: ";
    std::getline(cin, name);              // getline nimmt Eingabestrom und String
    if(name.length() == 0) {
        cout << "Sie haben einen leeren Namen eingegeben.\n";
```

```cpp
        exit(1);
    }
    cout << "Geb.-Tag: "; cin >> gebTag;
    cout << "Geb.-Monat: "; cin >> gebMonat;
    cout << "Geb.-Jahr: "; cin >> gebJahr;
    cout << "Steuernummer: "; cin >> steuernummer;
    for(int m=0; m<12; ++m) {
        cout << "Einkommen Monat " << m+1 << ": ";  // mehrere Ausgaben
        cin >> monatseinkommen[m];                   // Einlesen mit Operator
    }
    cout << std::endl;
}
```

Listing 9.3 Eine Funktion mit Ein- und Ausgabe

Hier sehen Sie eine Menge Ausgaben per `std::cout <<` ... Egal, ob es sich um eine Zeichenkette wie `"Geb.-Tag: "` oder um eine Zahl wie `m+1` handelt, Sie verwenden immer einfach `<<`. Bei `cout << "Einkommen Monat "`... sehen Sie auch, wie mehrere Ausgaben hintereinandergekettet werden.

Die Eingabe von der Tastatur geht ebenso leicht: Der `>>`-Operator, gefolgt von der Variablen, in die Sie hineinlesen wollen, lässt den Benutzer einen Wert eingeben. Hier ist jedoch etwas Vorsicht gefragt: Der Benutzer sollte seine Eingaben jeweils mit einem Druck auf die ⏎-Taste abschließen. Für die eingebauten Datentypen ist beim nächsten Whitespace – wie zum Beispiel Leertaste oder ⏎ – die Eingabe für die Variable zu Ende. Kommt ein Leerzeichen in der Eingabe des Benutzers vor, dann wird alles dahinter für den nächsten `>>` zurückgehalten – und alles kommt durcheinander.

9.3.1 »getline«

Das ist auch der Grund, warum wir bei `std::getline(cin, name);` für `name` nicht `>>` verwenden, sondern `getline`. Diese Funktion liest nicht nur bis zum nächsten Whitespace, sondern bis zum nächsten Zeilenende – und erlaubt somit auch Namen mit Leerzeichen.

9.3.2 Dateien für die Ein- und Ausgabe

Wenn Sie ein Programm aufrufen, dann können Sie `cout` mit `> datei` in eine Datei »umlenken«: Statt dass Sie die Ausgabe auf dem Bildschirm sehen, wird sie in `datei` geschrieben. Unter Unix ist dieses Vorgehen mehr als üblich, für Windows-Benutzer ist es jedoch etwas gewöhnungsbedürftig. Aber da Sie ja nun C++ programmieren und die Bedienung eines Texteditors beherrschen, sollte Ihnen der Umgang mit der Kommandozeile kein Buch mit sieben Siegeln mehr sein. So schreiben Sie die Ausgabe von `program.exe` nach `ausgabe.txt` (das $-Prompt geben Sie nicht mit ein):

```
$ .\programm.exe > ausgabe.txt
```

Die Datei `ausgabe.txt` können Sie in einem beliebigen Texteditor – auch in der C++-Entwicklungsumgebung – einsehen. Unter Unix schreiben Sie statt `.\programm.exe` natürlich `./programm`.

Wollen Sie aus einer Datei lesen, können Sie `< datei` verwenden:

```
$ .\programm.exe < eingabe.txt
```

Wenn Sie es aber nicht dem Aufrufer überlassen wollen, die Datei für das Lesen oder Schreiben zu wählen, oder gar mehr als eine Ein- und Ausgabe benötigen, dann können Sie sich im Programm neue Datenströme erzeugen.

Erzeugen Sie eine neue Datei mit dem Typ `std::ofstream`, und geben Sie den gewünschten Dateinamen an:

```
std::ofstream meineAusgabe{"output1.txt"};
meineAusgabe << "Zeile 1\n";
meineAusgabe << "Zeile 2\n";
```

Die Datei wird geschlossen, sobald die Variable `meineAusgabe` nicht mehr gültig ist, also zum Beispiel, wenn ihr Block verlassen wird (im Allgemeinen die Funktion).

Das Gleiche gilt für das Lesen bestehender Dateien, nur verwenden Sie dazu `ifstream`:

```
int wert = 0;
std::ifstream meineEinagbe{"input1.txt"};
meineEinabe >> wert;
```

Sollte die Datei nicht existieren, wird das nicht funktionieren. Sie können prüfen, ob das Öffnen der Datei einen Fehler verursacht hat indem Sie den Nicht-Operator ! auf den Stream anwenden:

```
int wert;
std::ifstream meineEinagbe{"input1.txt"};
if(!meineEingabe) {
    std::cerr << "Fehler beim Öffnen der Datei!\n";
} else {
    meineEinabe >> wert;
}
```

Listing 9.4 Verwenden Sie den !-Operator, um den Zustand des Streams zu prüfen.

9.3.3 Manipulatoren

Sollte Ihnen das Format der Ausgabe der Standarddatentypen nicht gefallen, dann können Sie es vielfältig beeinflussen. Im Header `<iomanip>` finden Sie allerlei *Manipulatoren*, die Sie einfach auf den Stream anwenden, um das Verhalten umzuschalten.

Dies ist gerade bei Fließkommazahlen interessant, um die Anzahl der ausgegebenen Nachkommastellen zu beeinflussen. Listing 9.5 gibt ein kurzes Beispiel:

```cpp
#include <iostream>
#include <iomanip>                          // fixed, setprecision
using std::cout;                            // Abkürzung cout
int main() {
    cout << std::fixed                      // Punktschreibweise, nicht wissenschaftlich
         << std::setprecision(15);          // 15 Nachkommastellen
    cout << 0.5 << "\n";                    // Ausgabe: 0.500000000000000
    cout << std::setprecision(5);           // 5 Nachkommastellen
    cout << 0.25 << "\n";                   // Ausgabe: 0.25000
    return 0;
}
```

Listing 9.5 Verwenden Sie Stream-Manipulatoren aus »<iomanip>«, um das Format der Ausgabe zu beeinflussen.

Für die komplette Liste der Manipulatoren werfen Sie einen Blick in die Referenz.

9.3.4 Der Manipulator »endl«

Nicht alle Manipulatoren verändern tatsächlich das Lese- oder Schreibformat. Die wichtigste Ausnahme ist `std::endl`. Er wirkt wie ein Zeilenendezeichen \n, hat aber den zusätzlichen Effekt, dass er den Schreibpuffer leert – in dem Sinne, dass er noch anstehende Schreibaufgaben ausführt. Dies kostet Zeit – schließlich wurde Pufferung ja extra zur Beschleunigung erfunden. Deshalb sollten Sie, wenn es geht, besser \n zum Zeilenvorschub verwenden.

Nur wenn Sie sicher sein wollen, dass eine Bildschirmausgabe zu einem bestimmten Zeitpunkt beim Benutzer auch ankommt, sollen Sie stattdessen `std::endl` verwenden.

Wollen Sie nur den zurückgehaltenen Puffer ausgeben und keinen zusätzlichen Zeilenvorschub, dann benutzen Sie den Manipulator `flush`, also zum Beispiel `cout << flush`.

Bevor eine Datei geschlossen wird, also das Programm endet oder die Streamvariable ungültig wird, benötigen Sie kein zusätzliches `flush` oder `endl`. Das Schließen der Datei leert den Puffer automatisch. Nur wenn Ihr Programm abstürzt, könnten ungeschriebene Reste im Puffer verbleiben.

9.4 Aufgaben

Wiederholungsfragen

1. Schreiben Sie ein Programm, das den Namen des Benutzers erfragt und dann "Hallo", gefolgt vom Namen des Benutzers, ausgibt.
2. Welchen Typ haben die Variablen `cin` und `cout`? Welchen Header müssen Sie einbinden, wenn Sie sie verwenden wollen?

Vertiefungsfrage

Schreiben Sie ein Programm, das die unterschiedlichen Wörter einer Eingabe zählt:

- Lesen Sie wortweise von `cin` mit `<<`. Ich empfehle `while(cin >> wort)`...
- Löschen Sie zuerst alle Nicht-Buchstaben aus dem Wort, und wandeln Sie es komplett in Großbuchstaben um.
- Speichern Sie das Wort in einem `set`, der ja doppelte Elemente ignoriert.
- Geben Sie am Ende die Anzahl der Elemente im `set` aus und danach dessen Inhalt.

Erweiterungsfragen

1. Schreiben Sie ein Programm, das `string text = " Jetzt kommt Text ";` so ausgibt, dass alle Leerzeichen vor und nach dem String nicht mit ausgegeben werden, aber vor allem zwischen den Wörtern auch nur exakt ein Leerzeichen erscheint. Die Ausgabe soll also `Jetzt kommt Text` sein. Und natürlich soll das Programm auch funktionieren, wenn `text` etwas anderes enthält. Testen Sie auch, wenn `text` nur Leerzeichen oder den leeren String enthält.
2. Schreiben Sie die Lösung der Vertiefungsfrage 1 um: Ihre Lösung soll die Funktion `string wortweise(string text)` sein. Das Ergebnis soll nicht auf `cout` landen, sondern der Rückgabewert der Funktion sein. Vermeiden Sie außerdem, häufig neue Strings zu erzeugen – also die Zusammenfügung mit `+` oder die Neuzuweisung mit `=`. Das schadet der Performance des Programms.

Kapitel 10
Behälter und Zeiger

> **Kapiteltelegramm**
>
> ▶ **Container**
>   Ein Konzept der Standardbibliothek, nach dem mehrere Typen funktionieren. Sie nehmen Elemente gleichen Typs auf.
>
> ▶ **Sequenzcontainer** `array`, `vector`, `deque`, `list` **und** `forward_list`
>   Reihenfolge der Elemente, durch den Benutzer bestimmt
>
> ▶ **assoziative Container** `map`, `set`, **jeweils auch** `multi` **und** `unordered`
>   Zum Speichern eines Wertes anhand eines Schlüssels
>
> ▶ `array`
>   Container für eine feste Menge Elemente
>
> ▶ `vector`
>   Allzweckcontainer für eine variable Menge Elemente mit praktischem Speicherlayout
>
> ▶ `map` **und** `set`
>   Die wichtigsten assoziativen Container
>
> ▶ `<algorithm>`
>   Header der Standardbibliothek mit erweiterten Operationen auf Containern

Sie haben bisher Typen kennengelernt, die ein einzelnes Datum (im Sinne von *Daten*) halten können. Wenn Sie zum Beispiel zwei `int`-Werte speichern wollten, dann haben Sie dafür zwei Variablen (wie `int x, y;`) gebraucht.

Was tun Sie aber, wenn Sie richtig viele Werte speichern wollen? Oder Sie wollen vielleicht über alle Werte in einer Schleife iterieren. Oder Sie wissen zuvor vielleicht nicht, wie viele Werte es werden. Dafür gibt es in der C++-Standardbibliothek die Container (engl. für *Behälter*).

Merken Sie sich, dass *Container* in der C++-Standardbibliothek ein Konzept sind. Die Schnittstellen aller Container sind gleich, und Sie das, was Sie über einen Container wissen, auf alle anderen übertragen – das Einhalten einiger Regeln vorausgesetzt. Es gibt Ausnahmen, und derer nicht wenige, aber sobald Sie das Konzept verstandenen haben, werden Sie alle Container meistern.

Es gibt viele Behälter in der Standardbibliothek, und je nach Zweck der Anwendung macht der eine oder andere Sinn. Ich gehe in diesem Kapitel auf zwei ein, weil sie einerseits fundamental und andererseits zueinander sehr unterschiedlich sind.

10.1 Parametrisierte Typen

Alle Container haben gemeinsam, dass sie *parametrisierte Typen* sind. Sie bestehen aus einem Haupttyp – dem eigentlichen Container – und dem Typ oder den Typen, die in den Container hineingesteckt werden.

Dem Haupttyp folgen die Parameter in spitzen Klammern, zum Beispiel `vector<int>`, `map<string,Car>` oder `array<double,10>`. Es ist höchst wichtig, dass Sie das gesamte Konstrukt als *einen* Typ betrachten. Ein `vector<int>` ist genauso etwas anderes wie `vector<long>`, wie ein `int` etwas anderes als ein `long` ist. Für die Überladung von Funktionen und die Auflösung von Operatoren ist das von entscheidender Bedeutung. Sie können zwei Funktionen schreiben wie

```
long sum(vector<int> arg);
long sum(vector<long> arg);
```

weil die Argumenttypen unterschiedlich sind. Sie schreiben eine ganz normale Überladung.

Das gilt auch für (konstante) Werte als Typparameter: `array<int,10>` ist ein anderer Typ als `array<int,11>`.

Als Konsequenz daraus, dass *haupttyp<parameter>* als Ganzes den Typ bildet, muss dieser schon zur Übersetzungszeit feststehen. Das fällt Ihnen besonders bei `array` auf. Vielleicht sind Sie versucht, eines der folgenden Dinge zu tun:

```
void berechneImArray(int n) {
    array<int,n> daten {};
    // ...
}
long summiereArray(array<int,n> data) {
    int sum = 0;
    for(int e : data)
        sum += e;
    return sum;
}
```

Beides geht nicht, da `n` jeweils eine erst zur Laufzeit feststehende Variable ist. Sie können höchstens einfache Berechnungen wie `3+4` oder eine `constexpr` verwenden.

Doch genug des Vorausblicks auf `array` als Vehikel für das Konzept der parametrisierten Typen. Ich werde nun besser konkret.

10.2 Die einfachen Sequenzcontainer

- `std::array`
  Diesem Behälter sagen Sie beim Entstehen, wie viele Elemente er enthalten soll. Er wächst und schrumpft nicht; auf seine Elemente greifen Sie mit einem Index zu oder iterieren über Bereiche.

- `std::vector`

  Dieser Allrounder legt seine Elemente direkt hintereinander ab. Sie greifen über einen Zahl-Index auf seine Elemente zu oder iterieren über Bereiche. Außerdem wächst er automatisch, wenn Sie Elemente hinzufügen.[1]

Ich bemühe mich, nicht von *Arrays* zu reden, sondern immer entweder array für `std::array` oder C-Array für typ[] zu schreiben. In anderen Quellen wird Letzteres meist einfach »Array« genannt oder in deutschen Texten auch »Feld«.

10.2.1   »array«

Das array verwenden Sie, wenn Sie im Vorfeld wissen, wie viele Elemente Sie benötigen.

```
#include <array>
#include <iostream>
using std::cout; using std::array; using std::string;
int main() {
    array<string,7> wotag = { "Montag", "Dienstag",        // deklarieren
        "Mittwoch", "Donnerstag", "Freitag", "Samstag", "Sonntag" };
    cout << "Die Woche beginnt mit " << wotag[0] << ".\n";  // Werte lesen
    cout << "Sie endet mit " << wotag.at(6) << ".\n";       // sicheres Werte Lesen
    /* nordisch? */
    wotag[5] = "Sonnenabend";                               // Werte verändern
}
```

Listing 10.1 In einem »array« speichern Sie eine feste Anzahl Elemente.

Wie Sie in der ersten Zeile von main() sehen, legen Sie die Anzahl der Elemente bei der Deklaration fest. Sie kann nicht wieder geändert werden. Auf die Elemente greifen Sie mit eckigen Klammern bei wotag[0] und wotag[5] über einen Zahlenindex zu – Sie können sowohl Werte lesen als auch schreiben. Die alternative Methode at(index) ist etwas sicherer: Während mit [] keine Überprüfung stattfinden muss, ob Sie einen zu großen[2] Index verwendet haben und Ihr Programm möglicherweise abstürzt oder Schlimmeres (mit falschen Werten weiterläuft), enthält at() eine Überprüfung, bei der Sie einen Fehler abfangen können – oder wenigstens vor Programmende eine Fehlermeldung erhalten (siehe Kapitel 14, »Fehlerbehandlung«).

Die Anzahl der Elemente bei der Deklaration von wotag muss eine Konstante sein. Sie können hier nicht eine Variable verwenden, deren Wert Sie zuvor ermittelt haben. Die 7 ist als Zahlenliteral natürlich konstant. Es ist aber guter Stil, eine solche Zahl als Konstante vorher zu deklarieren:

---

1 Andere deutsche Texte sagen »Feld« zum vector. Wegen all dieser Verwirrungen verwende ich in diesem Buch bevorzugt die originalen Begriffe der Sprache C++.

2 oder zu kleinen

```cpp
#include <array>
#include <iostream>
constexpr size_t MONATE = 12;  /* Monate im Jahr */
int main() {
    std::array<unsigned,MONATE> mtage = {      // O.K. mit einer Konstante
        31,28,31,30,31,30,31,31,30,31,30,31};
    unsigned alter = 0;
    std::cout << "Wie alt sind Sie? "; std::cin >> alter;
    constexpr size_t alter = 44;
    std::array<int,alter> lebensjahre;         // Array-Größe geht nicht per Variable
}
```

Listing 10.2 Die Array-Größe muss konstant sein.

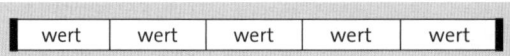

Abbildung 10.1 Ein »array« kann weder wachsen noch schrumpfen. Seine Elemente sind kompakt angeordnet.

Wenn Sie ein array als Parameter an eine Funktion übergeben wollen, dann muss dessen Typ mit der Array-Definition genau übereinstimmen. Denn array<int,4> ist ein anderer Typ als array<int,5> und array<short,4> – auf einen solchen Parametertyp würde es nicht passen. Damit Sie sich nicht ständig wiederholen müssen, sollten Sie daher zuvor dem Arraytyp mit einem using (oder typedef) einen eigenen Namen geben:

```cpp
#include <array>
#include <algorithm>                           // accumulate, iota
using Januar = std::array<int,31>;             // Alias für wiederholte Verwendung
void initJanuar(Januar& jan) {                 // Das genaue Array als Parameter
    std::iota(begin(jan), end(jan), 1);        // füllt mit 1,2,3...31
}
int sumJanuar(const Januar& jan) {             // Das genaue Array als Parameter
    return std::accumulate(begin(jan), end(jan), 0); // Hilfsfunktion
}
int main() {
    Januar jan;                                // deklariert ein array<int,31>
    initJanuar( jan );
    int sum = sumJanuar( jan );
}
```

Listing 10.3 Wenn Sie eine Array-Definition mehrfach verwenden müssen, dann verwenden Sie »using«.

Wenn Sie eine feste Zahl von gleichförmigen Elementen speichern müssen, dann eignet sich ein Array hervorragend. Besonders als Membervariable leistet es gute Dienste, gerne auch für statische Daten, die Sie literal in den Quelltext tippen.

Die besondere Stärke ist, dass die Daten direkt nebeneinander im Speicher liegen, was in vielen Einsatzgebieten nützlich ist – zum Beispiel kann man es besonders schnell als einen Block auf die Festplatte schreiben etc.

10.2.2   »vector«

Es ist jedoch unpraktisch, immer eine vorher genau festgelegte Zahl an Elementen im Container haben zu müssen. Das Allroundtalent der Behälter ist zweifellos der vector. Er enthält wie ein array nur Elemente eines Typs. Auch der Zugriff funktioniert genauso, nämlich über einen Zahlenindex (bei 0 beginnend) oder über einen Iterator.

Die Größe des vector ist aber dynamisch: Sie kann bei Bedarf wachsen. So können Sie ihn zum Beispiel leer initialisieren und dann nacheinander so viele Elemente hineintun, wie Ihr Computer Speicher hat:

```cpp
#include <vector>              // Sie benötigen diesen Header
int main() {
    std::vector<int> quadrate{};      // leer initialisieren
    for(int idx = 0; idx<100; ++idx) {
        quadrate.push_back(idx*idx);  // Anfügen eines Elements
    }
}
```

Mit push_back() fügen Sie am Ende des vectors ein Element an. Das ist neben dem Indexzugriff eine der nützlichsten Funktionen von vector, zum Beispiel quadrate[idx].

Im vector liegen die Elemente direkt hintereinander im Computerspeicher. Das ist CPU-freundlich und macht ihn beim Zugriff von vorne nach hinten enorm schnell. Der vector hat aber folgenden Nachteil: Wenn Sie ein Element in der Mitte oder vorne einfügen wollen, dann werden alle Elemente rechts davon um eine Position zur Seite verschoben – und das ist meist eine teure und zeitraubende Angelegenheit.

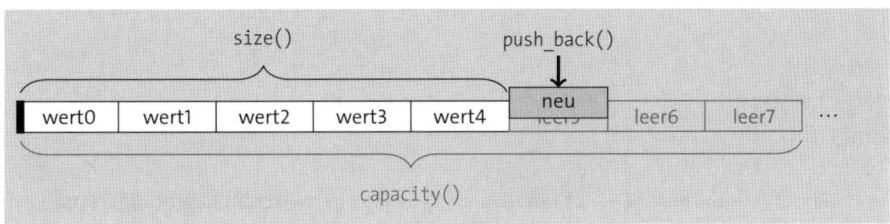

Abbildung 10.2 Schematische Darstellung eines »vectors«.

> **Bevorzugen Sie das Einfügen von Elementen hinten in einen »vector«**
> Wann immer Sie können, sollten Sie in einen vector Elemente nur hinten einfügen. Die Methoden dafür sind push_back und emplace_back.

Für Operationen auf allen Elementen eines vectors stehen Ihnen mehrere Möglichkeiten zur Verfügung. Die bereichsbasierte for-Schleife kennen Sie schon:

```cpp
#include <vector>
#include <iostream>                              // cout, endl
int main() {
    std::vector<int> quadrate{1,4,9,16,25}; // gefüllt initialisieren
    for(int zahl : quadrate)   // zahl ist ein Quadrat nach dem anderen
        std::cout << zahl << " ";
    std::cout << std::endl;
}
```

Listing 10.4 Die einfachste Iteration benutzt eine bereichsbasierte »for«-Schleife.

Hier werden alle Elemente nacheinander ausgegeben: 1 4 9 16 25. Sie können alternativ auch per Index auf die Elemente zugreifen. Vergessen Sie nicht, dass die Zählung (fast immer in C++) bei null beginnt. Mit size() können Sie prüfen, wie viele Elemente im vector sind.

```cpp
#include <vector>
#include <iostream>                              // cout, endl
int main() {
    std::vector<int> qus{1,4,9,16,25};
    for(int idx=0; idx<qus.size(); ++idx)   // size enthält die Anzahl
        std::cout << qus[idx] << " ";       // [idx] oder at(idx) holt ein Element
    std::cout << std::endl;
}
```

Listing 10.5 Der Zugriff auf die Elemente per Index

In C++ sollten Sie statt eines Index aber Iteratoren verwenden. Ihr Einsatzgebiet ist breiter, für den Compiler eventuell besser zu handhaben und vor allem: bei allen Containern gleich.

```cpp
#include <vector>
#include <iostream>                              // cout, endl
int main() {
    std::vector<int> qus{1,4,9,16,25};
    for(auto it = qus.begin(); it!=qus.end(); ++it) // zwischen begin() und end()
        std::cout << *it << " ";        // mit *it kommen Sie vom Iterator zum Element
    std::cout << std::endl;
}
```

Listing 10.6 Der Einsatz von Iteratoren für eine Schleife

10.3 Weitere Container

Damit Sie wissen, wonach Sie in diesem Buch oder der Sprachreferenz suchen müssen, gebe ich Ihnen hier einen kurzen Überblick über die anderen Container der C++-Standardbibliothek und ihre typischen Einsatzgebiete.

Zunächst kann man die Container grob in zwei Gruppen aufteilen:

- **sequenzbasierte Container**
  Der Zugriff und das Einfügen erfolgt bei diesen entweder »der Reihe nach« oder elementweise mit einem Index als Zahl. vector und array gehören dazu. Typischerweise löschen und addieren Sie Elemente an einem der Enden (oder beiden). Einige unterstützen den effizienten direkten Elementzugriff mit [int] oder at(int).

- **assoziative Container**
  Anstatt Zahlen verwenden diese für den Zugriff einen beliebigen Datentyp. Assoziieren Sie zum Beispiel den Namen einer Stadt mit deren Postleitzahl cities["Berlin"] = 1000. Fügen Sie in diese Container an beliebigen Positionen ein. Wie die sequenzbasierten Container können Sie alle Elemente der Reihe nach auslesen. Sogar derart, dass sie automatisch sortiert werden.

10.3.1 Sequenzbasierte Container

- array
  Hier wird eine fixe Zahl von Elementen gespeichert. Das Hinzufügen und Entfernen ist nur durch Überschreiben möglich. Die Elemente liegen direkt nebeneinander im Speicher.

- vector
  Dieses Allroundtalent wächst automatisch mit. Sie können zwar überall einfügen, effizient aber nur am hinteren Ende. Das Lesen der Elemente erfolgt der Reihe nach oder per Zahlenindex.

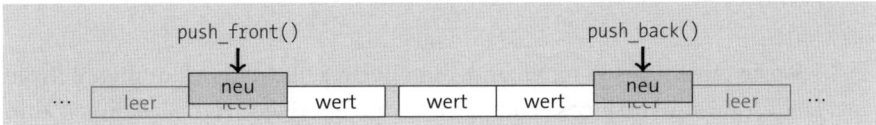

Abbildung 10.3 Eine »deque« kann an beiden Enden erweitert werden, die Elemente sind aber nicht an einem Stück im Speicher.

- deque<Element>
  Einem vector können Sie gut Elemente am Ende hinzufügen, weniger gut am Anfang, denn dann müssen alle schon enthaltenen Elemente um einen Platz nach rechts verschoben werden. Die »double ended queue« (doppelendige Warteschlange) deque ist dazu geeignet, Elemente an beiden Enden schnell aufzunehmen. Als Nachteil spei-

chert sie ihre Elemente nicht direkt hintereinander, aber normalerweise kompakter als eine list.

- list<Element>
Die Liste ist einfacher aufgebaut als ein vector sehr gut geeignet, wenn häufig Elemente in der Mitte hinzugefügt werden. Dafür liegen die Elemente aber nicht hintereinander im Speicher, sondern sind intern verkettet. Der Index-Zugriff ist langsam. Wenn Sie über Bereiche iterieren wollen, ist er schnell.

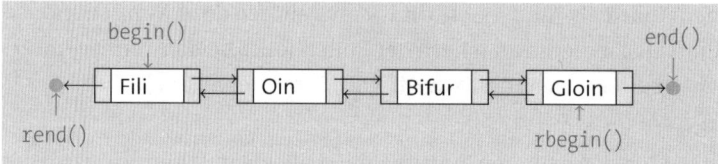

Abbildung 10.4 »list« kann vor- und rückwärts durchlaufen werden. Das Einfügen ist leicht.

- forward_list<Element>
Dieser Exot bildet die fundamentale Struktur einer verketteten Liste in C nach und kommt daher mit minimalen zusätzlichen Ressourcen aus. Dafür hat er aber ein leicht anderes Interface als alle anderen Container. Sie sollten sich Experimente hiermit für später aufheben und solange die list verwenden.

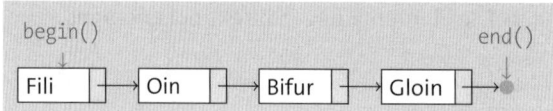

Abbildung 10.5 Der geringe Overhead der »forward_list« wird durch ein schmales Interface erkauft.

10.3.2 Assoziative Container

- map<Key,Value>
Wenn Sie Werte eines Typs in einen anderen übersetzen wollen, dann nehmen Sie die map: Finden Sie anhand eines Schlüssels den zugehörigen Wert. Sie können zum Beispiel string in einen eigen Typ Person übersetzen. In diesem Behälter sind die Key-Elemente immer wohlgeordnet.

- set<Key>
Diese »Menge« hält Elemente, in denen im Vergleich zur map die gespeicherten Werte auch gleichzeitig die Schlüssel sind. Packen Sie zum Beispiel einfach alle Person-Elemente in ein set<Person>. Da die Schlüssel auch hier immer wohlgeordnet sind, sind die Elemente nun immer sortiert.

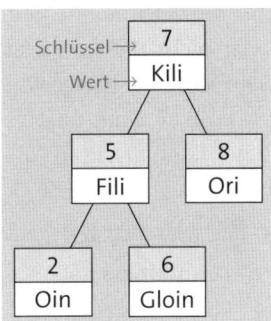
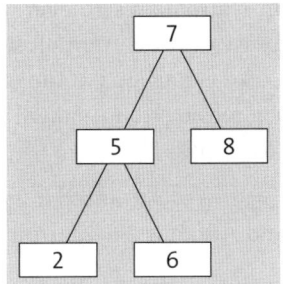

Abbildung 10.6 Eine »map« speichert nach Schlüsseln geordnete Werte in einem Baum.

Abbildung 10.7 Ein »set« hält nur geordnete Schlüssel.

- multimap<Key,Value> **und** multiset<Key>
  Für jeden Key können die Nicht-multi-Varianten nur ein Element speichern. Mit diesen Varianten können sich hinter einem Key auch mehrere Elemente verbergen. Doppeltes Einfügen ist also möglich.

- unordered_map<Key,Value>, unordered_set<Key>, unordered_multimap<Key,Value>, unordered_multiset<Key>
  Diese Container speichern ihre Schlüssel nicht sortiert, sondern *hashen* sie. Das hat zwei Auswirkungen: Erstens sind die Elemente nicht in einer bestimmten Reihenfolge, wenn Sie iterieren, und zweitens ist es häufig schneller.

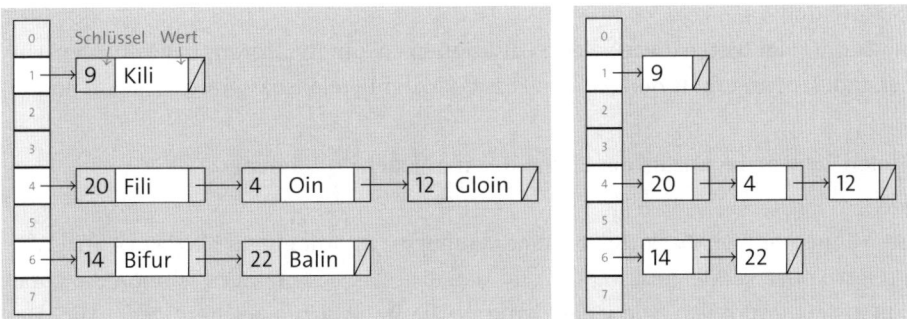

Abbildung 10.8 Eine »unordered_map« gruppiert intern die Schlüssel nach Hashcode. Im »unordered_set« sind die Werte selbst wieder die Schlüssel.

Hashtabellen

Während map, set und deren multi-Varianten ihre Elemente in einem dauerhaft sortierten Baum abspeichern, verwenden die unordered-Varianten Nachschlagetabellen, sogenannte »Hashtabellen« (engl. *hash*, dt. *zerhacken*).

Mittels des Baumes garantieren `map` und `set` eine Obergrenze für die verbrauchte Zeit. Hashen ist zwar im Normalfall schneller, kann die Garantie aber nicht bieten. Es ist wichtig zu wissen, dass es im Extremfall sehr viel langsamer sein kann. Es hängt von vielen Faktoren ab, ob das Hashen gut funktioniert: Sie können sowohl eine ungünstige Hashfunktion haben (ohne es zu merken) als auch unfreundliche Daten erhalten (die jenseits Ihrer Kontrolle sind).

Verwenden Sie die `unordered`-Varianten nur, wenn Sie erstens das Quäntchen Geschwindigkeit brauchen und zweitens die Kontrolle über die Elemente des Containers haben.

10.4 Container-Gemeinsamkeiten

In Listing 10.6 habe ich Iteratoren für eine Schleife über den Inhalt eines `vector` verwendet. Das bringt mich zu den Gemeinsamkeiten aller Container. Denn ersetzen Sie `std::vector` einfach durch `std::list`, `std::set` oder verwenden Sie `std::array<int,5>`, dann bleibt der Rest des Programms gleich. Das wäre bei `set` zum Beispiel nicht möglich gewesen, wenn Sie mit einem Index `[idx]` zugegriffen hätten.

Die bereichsbasierte `for`-Schleife arbeitet intern auch auf Iteratoren und ist somit ebenfalls auf allen Containern möglich. Jedoch kann sie immer nur auf dem ganzen Container arbeiten, während ein Iterator, den Sie sich mit `begin()` geholt haben, beinahe beliebig manipulierbar ist. Sie sehen Beispiele dazu, wenn ich genauer auf Iteratoren eingehe.

Beim Design dieses Teils der Standardbibliothek wurde stark darauf geachtet, ein gemeinsames Interface für die Container bereitzustellen, wenn es denn Sinn ergibt und funktioniert. Ich liste hier nicht die Sonderfälle auf, die werden beim konkreten Container erklärt, sondern gebe nur einen groben Überblick.

- `begin()` und `end()`
  Alle Container bieten diese beiden Funktionen an, um Iteratoren zu bekommen. Unter anderem erlaubt Ihnen das den Einsatz in der bereichsbasierten `for`-Schleife.

- `size()`
  Holen Sie sich die Anzahl der Elemente eines jeden Containers.

- `resize()`, `reserve()`, `clear()`
  Sie können sequenzbasierte Container (außer `array`) mit einem einzigen Aufruf vergrößern oder verkleinern. `vector` und den `unordered`-Containern können Sie vorab mit `reserve` mitteilen, wie viele Elemente Sie in etwa zu speichern gedenken. Das erspart später beim wirklichen Einfügen Verwaltungsaufwand.

- `operator[]` und `at()`
  Lesen und schreiben Sie an beliebige Stellen eines Containers mit `cont[wo]` oder `cont.at(wo)`. Das unterstützen nicht alle Container. Die sequenzbasierten benötigen für `wo` eine Zahl, die assoziativen den von Ihnen als Schlüssel gewählten Datentyp.

- insert() und erase()
  Fügen Sie hiermit an beliebigen Positionen Elemente ein oder löschen Sie sie. Beachten Sie, dass vector dies zwar kann, dabei aber langsam ist.
- assign(), swap()
  assign erlaubt Ihnen, ganze Teilbereiche zu ersetzen. Mit swap können Sie den kompletten Inhalt zweier gleichartiger Container sehr effizient vertauschen.
- push_front(), push_back(), emplace_front(), emplace_back()
  Fügen Sie hiermit einzelne Elemente an die sequenzbasierten Container an.
- find(), count()
  Finden Sie ein bestimmtes Element in einem assoziativen Container, oder zählen Sie, wie oft es vorkommt.

Für die komplette Liste der Methoden der einzelnen Container sehen Sie bitte in der C++-Referenz nach.

10.5 Algorithmen

Zusätzlich zu den Fähigkeiten der Container gibt es *Algorithmen*. Die meisten finden Sie im Header <algorithm>. Dort gibt es eine lange Liste an Hilfsfunktionen, die Ihnen dabei helfen, spezielle Probleme mit allgemeinen Methoden zu lösen.

Alle diese Algorithmen arbeiten durchgehend auf Iteratoren, weswegen Sie auf (beinahe) allen Containern arbeiten. Sie sollen wissen, dass mit den Methoden der Container deren Mächtigkeit nicht erschöpft ist.

In diesem Beispiel wird ein vector mit einem Algorithmus gefüllt, um dann Elemente mit einem bestimmten Kriterium zu zählen:

```cpp
#include <vector>
#include <algorithm>                          // count_if
#include <numeric>                            // iota
#include <iostream>
bool even(int n) { return n%2==0; }           // Test auf gerade
int main() {
    std::vector<int> data(100);               // 100x null
    std::iota(data.begin(), data.end(), 0);   // 0,1,2,...99
    // zählt gerade Zahlen
    std::cout <<
        std::count_if(data.begin(), data.end(), even);
}
```

Listing 10.7 Zählen mit einem Algorithmus

10.6 Zeiger und C-Arrays

Bei der Besprechung der eingebauten Datentypen habe ich zwei sehr wichtige Typen bisher ausgelassen: die Zeiger und die C-Arrays. Diese beiden sind eng verwandt miteinander, sodass ich sie auch gemeinsam behandle. Dass ich sie so spät behandle, hat zwei Gründe:

- Sie sind ein eigenes Konzept und bringen einen riesigen Bereich von Dingen mit, die Sie verstehen müssen, um sie effektiv nutzen zu können.
- Für die Aufgaben, die sie lösen, sind sie in modernem C++ nur die zweitbeste Möglichkeit. Spätestens seit C++11 gibt es meistens eine bessere Alternative in der Sprache oder der Standardbibliothek.

Daher gebe ich Ihnen nur eine kurze Einführung in Zeiger und C-Arrays. Sie lernen mehr in Kapitel 23, »Zeiger« – und erfahren gleichzeitig dann auch noch mehr über die Alternativen.

10.6.1 Zeigertypen

Ein Zeiger (engl. *Pointer*) ist die C-Variante einer Referenz, die historisch bedingt auch in C++ noch häufig genug verwendet wird. Es ist eine Indirektion auf den wirklichen Wert. Daher kann es jeden Typ auch als Zeiger geben – auch Zeiger selbst, also als einen Zeiger auf einen Zeiger. Ein Zeiger repräsentiert eine Adresse im Speicher, und der Computer kann damit rechnen – er kann Differenzen bilden, inkrementieren und so weiter. Daher eignen sich Zeiger gut für große und dynamische Speichermengen. Mit dem Adressoperator & ermitteln Sie die Adresse eines Objekts und erhalten einen Zeigertyp. Den erkennen Sie an einem dem Typ nachgestellten Stern *. Zum Beispiel können Sie nach `int x=12;` die Adresse mit `int* p = &x;` ermitteln. Dieser `int*` zeigt auf einen `int`-Wert, und ein `char*` zeigt auf einen `char`-Wert. Nur der Zeigertyp `void*` ist flexibel darin worauf er zeigt – und deshalb unsicher und zu vermeiden. Zeigt ein Zeiger nirgendwo hin, dann hat der Zeiger den speziellen Wert `nullptr`.

10.6.2 C-Arrays

C-Arrays werden mit eckigen Klammern [] notiert. Bei der Deklaration stehen diese hinter dem Variablennamen. Zum Beispiel speichert `int nums[10]` zehn int-Werte direkt nebeneinander. Der Typ von `nums` ist hier `int[10]` – solange `nums` nicht an eine Funktion übergeben wird. Leider kann der Compiler die Array-Größe nicht selbst mitübergeben, weswegen das C-Array dann zu einem Zeiger »verfällt«. So ist die größenlose Schreibweise `int[]` gleichbedeutend mit `int*`. Unter anderem wegen dieses großen Nachteils sollten Sie wenn möglich immer auf Alternativen ausweichen: `string`, `vector` oder Ähnliches für dynamische Datenmengen, `array`, `pair` oder `tuple` für fixe Mengen.

10.7 Aufgaben

Wiederholungsfragen

1. Welche Sequenzcontainer bietet die Standardbibliothek?
2. Welcher Sequenzcontainer wächst mit und hat ein gutes Speicherlayout?
3. Welche assoziativen Container speichern zu einen Schlüssel maximal einen Wert?
4. Mit welchem Container entfernen Sie am einfachsten Duplikate?

Vertiefungsfragen

Schreiben Sie ein Programm, dass Zahlen von der Kommandozeile einliest und sortiert wieder ausgibt. Wenn der Benutzer 0 eingibt, ist seine Eingabe beendet.

1. Verwenden Sie eine automatisch sortierende Datenstruktur.
2. Verwenden Sie einen vector<int>, Sie müssen selbst sortieren.

Erweiterungsfragen

1. In Listing 10.3 verwende ich nur Januar als Array-Typ. Es würde lästig, wenn ich statt sumJanuar in Listing 10.8 nun zwölf sumXyz-Funktionen definieren müsste. Schreiben Sie *eine* sum-Funktion, die für alle Monate taugt. Sie werden in diesem Buch vorwärts blättern müssen, denn die Monate sind von unterschiedlichem Typ. Und wie schreiben Sie *eine* Funktion, die für *unterschiedliche* Typen gilt?
2. Überlegen Sie, warum aus den Vertiefungsfragen für die spezielle Aufgabe die Lösung mit vector und sort die bessere ist. Welcher Aufwand wird wann bei den beiden Lösungen getrieben?

```cpp
#include <array>
#include <algorithm>                              // accumulate, iota
#include <iostream>
using Januar  = std::array<int,31>;
using Februar = std::array<int,28>;
using Maerz   = std::array<int,31>;
using April   = std::array<int,30>;               // vielleicht noch mehr Monate …
// definieren Sie hier eine Funktion sum
int main() {
    /* init */
    Januar jan;  std::iota(begin(jan), end(jan), 1);
    Februar feb; std::iota(begin(feb), end(feb), 1);
    Maerz mar;   std::iota(begin(mar), end(mar), 1);
    April apr;   std::iota(begin(apr), end(apr), 1);
    /* summen */
    int alle = sum(jan) + sum(feb) + sum(mar) + sum(apr); // sum()-Aufrufe
    std::cout << alle << "\n"; // 1863
}
```

Listing 10.8 Schreiben Sie die »sum«-Funktion für alle Monate.

Kapitel 11
Funktionen

Kapiteltelegramm

▶ **Deklaration und Definition**
Die *Deklaration* führt einen Bezeichner nur ein und gibt dem Compiler Informationen, wie zum Beispiel den Typ. Im Gegensatz dazu reserviert die *Definition* auch Platz für das Konstrukt. Bei Funktionen ist das der Unterschied zwischen dem Nennen des Funktionskopfes *ohne* und *mit* Funktionskörper.

▶ **Seiteneffekt**
Ein Seiteneffekt liegt vor wenn eine Funktion den Zustand des Programms über andere Wege als Parameter oder Rückgabe verändert.

▶ **Funktionsaufruf**
Unterbrechung und spätere Fortsetzung des aktuellen Programmflusses durch den Körper einer Funktion

▶ **Funktionskopf**
Funktionsdeklaration, bestehend aus Rückgabetyp, Funktionsname und den Parametern

▶ **Funktionskörper**
Die zu einer Funktionsdefinition gehörenden Anweisungen

▶ **Rückgabewert und Rückgabetyp**
Das, was die Funktion mit einer `return`-Anweisung zurückliefert

▶ **Parameter**
Ein Parameter besteht aus einem Parametertyp und einem optionalen Parameternamen und einem Teil der Funktionsdeklaration. Im Funktionskörper kann mit dem Parameternamen auf den übergebenen Parameter zugegriffen werden.

▶ **Call-by-Value**
Ein Parameter, der für den Funktionsaufruf als Wert in die Funktion hineinkopiert wird. Teil des Parametertyp bei der Funktionsdeklaration. Änderungen an dem Parameter innerhalb der Funktion wirken sich außen nicht aus.

▶ **Call-by-Reference**
Ein Parameter, der so deklariert ist, dass die Funktion per Referenz direkt auf das übergebene Konstrukt zugreift, zum Beispiel eine Variable – und so gegebenenfalls auch ihren Wert außerhalb der Funktion verändern kann.

> **freie Funktion**
> Eine Funktion, die nicht Teil einer Klasse ist. Sie wird global oder in einem Namensraum definiert.
>
> **Methode**
> (Ausblick) Im Gegensatz zur *freien Funktion* Teil einer Klasse

Sie haben schon einige Funktionen gesehen, und einige haben Sie auch schon selbst geschrieben, zuvorderst natürlich main(), denn ohne sie geht©s nicht. In diesem Kapitel will ich Ihnen die Möglichkeiten erklären, die Sie mit Funktionen haben, vor allem, wenn Sie sie selber schreiben.

Eine Funktion ist etwas, das Sie woanders aufrufen können. Funktionen können zusätzlich einen Rückgabewert haben. Eine Funktion, die keinen Rückgabewert hat, sagt man, liefert void zurück. Neben der Berechnung des Rückgabewertes können auch Parameter verändert werden, wenn Sie es erlauben. Auch kann eine Funktion *Seiteneffekte* haben, also zusätzlich noch andere Objekte im Programm verändern.

11.1 Deklaration und Definition einer Funktion

Wenn Sie eine Funktion schreiben und gleich sagen, wie ihr Programmcode aussieht – also mit den Anweisungen in den geschweiften Klammern –, dann ist das die *Definition* der Funktion.

```
int addTwo(int a, int b) {
    return a + b;
}
```

Sie können dem Compiler aber auch erst einmal sagen, dass eine bestimmte Funktion irgendwo existiert; wo, darum soll er sich später kümmern. Dann lassen Sie die Klammern mit den Anweisungen weg und nennen nur den Funktionskopf – und haben eine *Deklaration*:

```
int addTwo(int a, int b);
```

Wenn Sie ein Programm schreiben, das addTwo verwendet, dann reicht es zunächst, dass Sie mindestens eine *Deklaration* dieser Funktion schon gemacht haben. Erst beim Zusammenfügen des Programms (engl. *linken*) muss in einem der Programmteile irgendwo die entsprechende *Definition* vorhanden sein. Es reicht sogar, wenn Sie nur die Parametertypen nennen; deren Namen können Sie weglassen.

```
int addTwo(int, int);
```

Im Allgemeinen würde ich das nicht empfehlen, denn durch die Namen teilen Sie dem Leser auch eine Menge mit.

Deklarationen finden Sie häufig in Headerdateien von Modulen (*.h oder Ähnlichem). Die entsprechende Definition und somit die Implementierung befindet sich dann in einer *.cpp-Datei (oder einer Datei mit einer anderen Endung) oder in einer vorkompilierten Bibliothek.

11.2 Funktionstyp

Ebenso wie alles andere in C++ hat eine Funktion einen *Typ*. Dieser Typ legt fest, womit Sie die Funktion aufrufen können und was Sie mit dem Ergebnis machen können. Der Typ einer Funktion setzt sich aus den Typen der Parameter und dem Rückgabetyp zusammen.

Also haben die Funktionen

`bool print(std::string arg1, int arg2);`

und

`bool formatValueIntoString(std::string format, int value);`

den gleichen Typ. Sie werden später sehen, dass das wichtig ist, weil Sie Funktionen in C++ genau wie `int`- und `string`-Werte in Variablen speichern können, als Parameter übergeben oder aus Funktionen zurückliefern.

11.3 Funktionen verwenden

Bevor wir darauf eingehen, wie Sie Funktionen selbst schreiben, schauen wir uns zunächst die Verwendung an:

```cpp
#include <iostream>      // cout
#include <cmath>         // sin
#include <string>
#include <vector>
int main() {
    std::cout << "sin(0.0): " << sin(0.0) << "\n";   // Aufruf von sin() mit Literal
    double winkel = 3.1415/2;
    std::cout << "sin("<<winkel<<"): "<<sin(winkel)<<"\n"; // Aufruf mit Variable
    std::string name = "Han Solo";
    std::cout << name.length() << "\n"; // Aufruf einer Methode
    std::vector<int> data{};
    data.push_back(5);               // weiterer Methodenaufruf mit Parameter
    data.push_back(10);
    std::cout << data.back() << " ";
    data.pop_back();
    std::cout << data.back() << "\n";
    data.pop_back();
}
```

Listing 11.1 Funktionen verwenden

Die Funktion `sin()` wird einmal mit dem Literal `0.0` – also einem »sehr konstanten« Wert – und einmal mit der Variablen `winkel` aufgerufen. Wie Sie es von der mathematischen Funktion sin erwarten, wird hier das Ergebnis einer Berechnung zurückgegeben.

Sie sehen, dass die Variable, mit der ich `sin()` aufrufe, vom Typ `double` ist. Das passt, denn in der Standardbibliothek ist die Funktion als `double sin(double)` deklariert: Sie nimmt einen `double` und liefert auch einen zurück. Parametertypen müssen beim Aufruf zueinander passen: Sie hätten nicht `sin("Han Solo")` aufrufen können, denn für Zeichenketten ist `sin()` nicht vorgesehen. Es gibt Ausnahmen, bei denen eine Konvertierung stattfindet, die werden Sie kennenlernen und teilweise selbst schreiben.

Beachten Sie, dass ich Ihnen mit `name.length()` und `data.push_back(5)` hier gleich auch *Methodenaufrufe* präsentiere. Der Hauptunterschied ist, dass eine Funktion wie `sin()` »frei« ist (*freie Funktion*), aber `length()` fest der Klasse `std::string` zugeordnet ist. Wenn Sie eine Funktion per *Variable.Funktionsname* aufrufen, dann ist dies die besondere Form der *Methode*. Dieser Begriff kommt aus der Objektorientierung und wird im Kapitel über Klassen noch eingehend besprochen (siehe Kapitel 16, »Erste eigene Datentypen«). Hier nehmen Sie bitte mit, dass `length`, `push_back`, `back` und `pop_back` ebenfalls Konstrukte sind, die Sie wie Funktionen verwenden (und später definieren) und von denen Sie ständig Gebrauch machen werden.

11.4 Eine Funktion definieren

Allgemein definieren Sie eine Funktion wie folgt:

▶ **Rückgabetyp Funktionsname (Parametertyp Parametername , ...) { Funktionskörper }**

Einiges haben Sie am Rande schon mitbekommen, aber ich will zu all diesen Elementen noch einmal etwas sagen:

▶ **Rückgabetyp**
Der Rückgabetyp ist der eines Wertes, den Sie aus der Funktion mit `return` zurückliefern. Alle Ausdrücke der `return`-Anweisungen müssen von diesem Typ sein bzw. in diesen Typ konvertierbar sein. Wenn der Rückgabetyp `void` ist, müssen Sie kein `return` angeben. Wenn Sie es tun, dann ist es ein `return;` ohne weiteren Wert. An der Stelle, an der Sie die Funktion dann verwenden, können Sie die Rückgabe in einem Ausdruck passenden Typs verwenden – zum Beispiel in einer Berechnung oder einer Zuweisung. Einige Beispiele für Rückgabetypen, jeweils der Funktion `func` ohne Parameter, sehen Sie in Listing 11.2.

▶ **Funktionsname**
Dies ist ein ganz normaler Bezeichner, unter dem Sie die Funktion später verwenden. Es kann sein, dass Ihre Funktion zu einer Klasse gehört (»Methode«), dann setzt sich der Funktionsname aus *Klassenname::Methodenname* zusammen. Auch kann,

wenn Sie später Template-Funktionen kennenlernen, der Name von spitzen Klammern <...> gefolgt sein. Darauf gehe ich in Kapitel 26, »Template-Funktionen«, ein.

- **Parameter**
  Wenn Ihre Funktion keine Parameter bekommt, dann sind die runden Klammern leer (). Ansonsten stehen hier Typen und Namen der Funktionsparameter, durch Komma , getrennt.

- **Parametertyp**
  Jeder Parameter muss mindestens mit seinem Typ angegeben werden. Die Fülle von möglichen Typen reicht von einfachen (wie int und std::string) bis zu komplexen mit mehreren spitzen Klammern (wie map<string,vector<int>>). Besonders wichtig ist die Unterscheidung, ob Sie einen Parameter als *Wert* oder als *Referenz* oder *Zeiger* übergeben wollen – in den letzten beiden Fällen gehört ein & oder * zum Typ. Soll der Parameter in der Funktion nicht verändert werden können, ist ein const Teil des Typs.

- **Parametername**
  Um den Parameter überhaupt in der Funktion verwenden zu können, sprechen Sie ihn über den hier vergebenen Namen an. Sie können dieses weglassen, wenn Sie die Funktion hier nur *deklarieren* (und nicht *definieren*) oder wenn Sie den Parameter in der Funktion gar nicht verwenden. Ich empfehle jedoch, einen klaren sprechenden Namen zu verwenden, denn der sagt dem Leser des Funktionskopfes schon sehr viel.

- **Funktionskörper**
  Der Funktionskörper besteht (zusammen mit den umgebenden geschweiften Klammern aus Anweisungen, und zwar je nach Ihrem Gutdünken aus keiner Anweisung, einer oder sehr vielen davon. Wenn die Funktion einen Rückgabewert hat, muss hier mindestens eine return-Anweisung stehen.

```
int func();                              // liefert einen int zurück
std::string func();                      // eine Zeichenkette aus der Standardbibliothek
void func();                             // kein Rückgabewert
std::pair<int,std::string> func();       // zusammengesetzter Typ aus der Std.-Bibliothek
vector<int> func();                      // liefert einen neuen Container zurück
vector<int>& func;                       // Verweis auf anderen Container
const vector<int>& func();               // ebenso, aber Sie können ihn nicht verändern
```
Listing 11.2 Verschiedene Rückgabetypen von Funktionen

11.5 Mehr zu Parametern

In C++ entscheidet die Deklaration des Parameters im Funktionskopf darüber, wie sich der Parameter beim Aufruf verhält. Die wichtigste Unterscheidung ist die Übergabe als *Wert* oder als *Referenz*.

11.5.1 Call-by-Value

Wenn Sie keine besonderen Vorkehrungen treffen, werden in C++ einer Funktion ihre Parameter *als Werte* übergeben (engl. *Call-by-Value*). Das heißt, wenn eine Variable x aktuell den Wert 5 hat und Sie x einer Funktion übergeben, dann landet die 5 in der Funktion – nicht das x:

```
#include <iostream>
void print_val8(int n) {            // Parameter als Wert
    std::cout << n << " ";
    n = 8;                          // setzt Parameter auf 8
    std::cout << n << "\n";
}
int main() {
    int x = 5;
    print_val8(x);                  // x als Wert: druckt 5, dann 8
    std::cout << x << "\n";         // x ist unverändert 5
    print_val8(42);                 // 42 als Wert: druckt 42, dann 8
}
```

Listing 11.3 Parameter werden zunächst als Wert übergeben.

Zum Zeitpunkt des Aufrufs von `print_val8` kopiert der Compiler den *Wert* der Argumente an die Stelle n für die Funktion. Daher hat die Veränderung bei n = 8; keine Auswirkung auf die Variable x, mit der `print_val8(x)` zunächst aufgerufen wurde.

> **Call-by-Value bei Strukturen mit Zeigern**
>
> An dieser Stelle muss ich Sie warnen, dass es im Zusammenspiel (vor allem) mit Zeigern etwas komplexer werden wird. Wenn ein Zeiger * Teil einer Struktur oder Klasse ist, die Sie by-Value übergeben, so wird in dieser Struktur nur der Zeiger kopiert, nicht aber das, worauf er zeigt. Das heißt, wenn Sie dann das ändern, worauf der Zeiger verweist, dann ändern Sie auch das Original.

11.5.2 Call-by-Reference

Für den Fall, dass sich die Zuweisung auf die Variable außen auswirken soll, müssen Sie in C++ die Funktion so deklarieren, dass sie den Parameter *als Referenz* bekommt (engl. *Call-by-Reference*). Verwenden Sie dazu das Et-Zeichen & (kaufmännisches Und).

Ich variiere zum Vergleich das vorige Beispiel entsprechend, bevor ich Ihnen den sinnvollen Einsatz zeige:

```
#include <iostream>
void print_ref8(int& n) {              // Parameter als Referenz
    std::cout << n << " ";
    n = 8;                             // setzt Parameter auf 8
    std::cout << n << "\n";
}
int main() {
    int x = 5;
    print_ref8(x);                     // x als Wert: druckt 5, dann 8
    std::cout << x << "\n";            // x ist nun 8
}
```
Listing 11.4 Als Referenz-Parameter fügen Sie ein »&« hinzu.

Die Funktion `print_ref8` entspricht exakt `print_val8` aus dem vorherigen Listing. Nur, dass in diesem Beispiel der Parameter von `print_ref8` mit dem & als Referenz deklariert ist, nämlich `int& n`. Daher kopiert der Compiler beim Aufruf per `print_ref8(x)` in `main()` nicht den Wert von `x` in die Funktion hinein, sondern reicht das `x` selbst *als Referenz* weiter – innerhalb der Funktion wird es dann mit dem Parameternamen `n` angesprochen. So können Sie `print_ref8` von völlig verschiedenen Programmstellen aufrufen und dabei völlig verschiedene Variablen übergeben – innerhalb von `print_ref8` heißen sie immer `n`.

Es gibt noch einen weiteren Unterschied: `print_ref8(42)` können Sie nicht verwenden. Sehen Sie, warum? Innerhalb von `print_ref8` würde die `42` dann unter dem Namen `n` angesprochen – und später wird in `print_ref8` mit `n = 8` eine Zuweisung gemacht. Das heißt, da stünde `42 = 8`, und das geht natürlich nicht. Der Compiler unterbindet dies aber nicht erst bei der Zuweisung `n = 8`, sondern beim Aufruf `print_ref8(42)`: Der Parametertyp ist `int&` (lies: »Referenz auf int«) und nicht `int`, und auf `42` kann der Compiler so nicht verweisen – `42` ist nicht kompatibel mit `int&`, und der Compiler wird sich beschweren.

11.5.3 Konstante Referenzen

Damit Sie sowohl `x` als auch `42` einer Funktion mitgeben können, die eine Referenz als Parameter nimmt, müssen Sie dem Compiler »versprechen«, dass Sie der Referenz nichts zuweisen werden: Mit `const int& n` sagen Sie ihm, dass `n` in der Funktion konstant ist:

```
#include <iostream>
void print_cref(const int& n) {        // Parameter als konstante Referenz
    std::cout << n << " ";
}
```

```
int main() {
    int x = 5;
    print_cref(x);              // Aufruf mit einer Variablen
    print_cref(42);             // Aufruf mit einem konstanten Literal
}
```

Listing 11.5 Konstante Referenzen als Parameter können Sie für jeden Aufruf verwenden.

Jetzt fällt natürlich die Zeile mit n = 8; weg, denn sonst würden Sie ja Ihr Versprechen brechen. Der Compiler würde jetzt diese Zeile bemängeln, denn einer const int&, die n nun ist, können Sie nichts zuweisen. Dafür können Sie jedoch eine Variable beim Aufruf print_cref8(x) oder eine Konstante print_cref8(42) verwenden. Somit sind die folgenden beiden Funktionsdeklarationen, was die Argumente angeht, gleich breit einsetzbar:

```
void print_val8(int n);            // Parameter als Wert
void print_cref(const int& n);     // Parameter als konstante Referenz
```

11.5.4 Aufruf als Wert, Referenz oder konstante Referenz?

Alle diese Varianten, einen Parameter zu deklarieren, haben ihre Daseinsberechtigung, und Sie müssen von Fall zu Fall entscheiden, welche Sie jeweils verwenden:

- Bei einem Aufruf *als Wert* wird eine Kopie erzeugt. Dies kann unter Umständen zur Laufzeit des Programms eine Zeit und Speicher raubende Angelegenheit sein. Andererseits können Sie sicher sein, nicht aus Versehen außen Werte zu verändern.
- Bei einem Aufruf *als Referenz* wird keine Kopie erzeugt, sondern der Compiler transferiert kostengünstig die Adresse des Parameters in die Funktion. Das ist schnell und platzsparend. Aber wollen Sie wirklich außen definierte Variablen verändern? Manchmal ja, aber nicht immer.
- Verwenden Sie dann eine *const-Referenz*.
- Wenn Sie eine *Nicht-const-Referenz* verwenden, können Sie manche Parameter einfach nicht übergeben: Wie das Literal 42 zum Beispiel nicht an einen int& übergeben werden kann. Es gibt auch konstante Werte und Objekte, all diese schließen Sie bei einem Nur-&-Parameter aus.

Ein Nachteil bei der Verwendung von Referenzen (und Pointern) kann durch dieses sogenannte *Aliasing* entstehen: Es gibt Fälle, in denen eine Referenz in einer Funktion auf eine Variable verweist (»Alias«), die nicht mehr existiert – sie ist außen schon ungültig geworden. Programmabstürze sind die Folge. Da bei einem Aufruf als Wert der Parameter extra für den Funktionsaufruf kopiert wird, kann das hier nicht passieren.

Ein Mittel, dies zu vermeiden, besteht darin, auf Referenzen zu verzichten. Da eine typische Anwendung der »Ausgabeparameter« ist, empfehle ich Ihnen, dass Sie stattdessen einen Rückgabewert verwenden:

```
#include <iostream>
void verdopple(double &zahl) {      // Ausgabeparameter als veränderbare Referenz
    zahl *= 2.0;
}
int main() {
    double zahl = 7.25;
    verdopple(zahl);
    std::cout << zahl << "\n";      // nun 14.5
}
```

In diesem einfachen Beispiel mag das albern aussehen, aber wenn Sie größere Objekte haben, dann sind Sie ständig versucht, so etwas zu tun. Schreiben Sie stattdessen:

```
#include <iostream>
double verdopple(double zahl) {     // Wert-Parameter und Rückgabewert
    return zahl * 2.0;
}
int main() {
    double zahl = 7.25;
    zahl = verdopple(zahl);         // Änderung ausgedrückt durch Rückgabewert
    std::cout << zahl << "\n";      // auch 14.5
}
```

Hier wird zwar der Parameter zahl beim Aufruf von verdopple kopiert, aber dadurch ist das Programm sicherer und zusätzlich auch noch deutlicher. Die gute Nachricht ist, dass sich das Kopieren seit C++11 verbessert hat, vor allem bei Datentypen aus der Standardbibliothek – Werte werden nun häufig *verschoben* statt kopiert.

> **Im Zweifel als Wert**
>
> Im Zweifelsfall entscheiden Sie sich für einen Wert-Parameter. Beim Aufruf muss dieser kopiert werden; bei großen Objekten können Sie erwägen, ob eine konstante Referenz besser geeignet ist.

11.6 Funktionskörper

Das eigentlich Spannende an einer Funktion ist natürlich, was sie tut – denn darum geht es ja bei einem Programm. Eigentlich ist hier nicht viel Neues für Sie, denn mit main() haben Sie ja schon eine Funktion kennengelernt. Und alle anderen Funktionen sind da nur wenig anders.

Werfen Sie einen Blick auf die Funktionen in Listing 11.6. Wir werden Sie später noch brauchen, lassen Sie uns daher jetzt untersuchen, wie ihre Funktionskörper aufgebaut sind:

```cpp
std::vector<int> prims = {2};            // globale Variable

bool testeObPrim(int n) {                // eigene Funktion
    for(int teil : prims) {              // Zugriff auf globale Variable
        if(teil*teil > n)                // Zugriff auf Parameter
            return true;
        if(n%teil==0)
            return false;
    }
    return true;
}

void berechnePrimsBis(int bis) {         // noch eine eigene Funktion
    for(int n=3; n<bis; n=n+2) {
        if(testeObPrim(n)) {             // eigene Funktion verwenden
            prims.push_back(n);
        }
    }
}
```
Listing 11.6 Verschiedene Definitionen von Funktionen

Zuerst kommt die Definition der Funktion testeObPrim. Die Funktion bekommt einen Parameter vom Typ int, der in der Funktion unter dem Namen n verwendet wird. Aber es werden in dem Funktionskörper noch andere Variablen verwendet als der Parameter n.

Bei for(int teil : ... führe ich eine neue int-Variable für die Schleife ein – eine *lokale Variable*. Sie wissen schon, dass diese nur innerhalb der for-Schleife sichtbar ist. Sie können auf teil nicht aus einer anderen Funktion zugreifen.

Ebenfalls in dem for verwende ich prims – eine *globale Variable*: Diese wurde außerhalb der Funktion deklariert und ist in der Funktion »sichtbar«. Sie können auf alle globalen Variablen zugreifen, die innerhalb dieses Moduls vorher deklariert wurden. Mit prims ist das der Fall.

Das Gleiche gilt für andere Funktionen: Sie können andere Funktionen verwenden, wenn sie vorher deklariert wurden. Dies geschieht zum Beispiel in berechnePrimsBis beim if: Ich rufe testeObPrim auf, und der Compiler kennt die Funktion schon, weil ich sie zuvor (weiter oben in diesem Modul) definiert habe – und eine Definition ist noch besser als eine Deklaration, was das angeht.

Hätte ich aus irgendwelchen Gründen die Funktion testeObPrim erst später im Programmcode geschrieben, dann würde der Compiler sie noch nicht kennen und sich beschweren. Dem könnte ich jedoch abhelfen, indem ich vorher wenigstens die Deklaration der benötigten Funktion vornähme:

```cpp
// ... Auszug ...
bool testeObPrim(int n);         // Deklaration der später definierten Funktion

void berechnePrimsBis(int bis) {
    for(int n=3; n<bis; n=n+2) {
        if(testeObPrim(n)) {     // Verwendung der später definierten Funktion
            prims.push_back(n);
        }
    }
}

bool testeObPrim(int n) {        // Definition erst nach der Verwendung
    // ... wie zuvor ...
}
```

Dies wird manchmal *Vorwärtsdeklaration* genannt (engl. *forward declaration*).

Wenn Sie ein Programm aus mehreren Modulen (*.cpp-Dateien) zusammenfügen, dann können Sie auch Funktionen aus einem anderen Modul verwenden. Prinzipiell verwenden Sie genau den gerade erklärten Mechanismus der Vorwärtsdeklaration: Wenn Sie in Modul A eine Funktion f() definiert haben, die Sie in Modul B verwenden wollen, dann deklarieren Sie f einfach identisch am Anfang von Modul B, und beim Zusammenfügen des Gesamtprogramms (dem »Linken«) finden die Teile zusammen.

Das ist jedoch nur der erste Schritt zum korrekten Vorgehen: Pflegen Sie zur *.cpp-Datei von Modul A auch eine entsprechende Headerdatei *.h, die alle Funktionsdeklarationen enthält, die potenziell woanders verwendet werden sollen. Dann verwenden Sie in Modul B ein #include dieser Headerdatei und erhalten effektiv das gleiche Ergebnis wie die manuelle Vorwärtsdeklaration.

Diese sauberere Lösung zeige ich Ihnen konkret in Kapitel 16, »Erste eigene Datentypen«.

11.7   Parameter umwandeln

Wenn eine Funktion einen Parameter mit einem bestimmten Typ bekommt, dann gibt es beim Aufruf für diesen Parameter mehrere Möglichkeiten. Nehmen wir an, Sie hätten die Funktion func so deklariert:

```cpp
void func(double param);
```

Dann kann beim Aufruf das Folgende passieren:

- func(5.3) **– der Typ passt**
  5.3 ist ein double-Literal und passt daher genau zum Parametertyp double – der Aufruf klappt.

- func("Text") – **der Typ passt nicht**
  Hier wird der Aufruf mit einem `const char[]` probiert, was nicht zu `double` passt. Dies ist ein Fehler, den der Compiler Ihnen mitteilen wird.
- func(7) – **der Typ kann umgewandelt werden**
  7 ist zwar ein `int`, aber der kann vom Compiler in einen `double` umgewandelt werden. Der Aufruf klappt, aber der Compiler wandelt die 7 zunächst in eine 7.0 um.

Für die eingebauten Typen hat der Compiler einige Regeln, was für Konvertierungen er vornehmen kann. Hier ist eine ganz kurze Übersicht:

- `int` nach `long` oder `short` nach `int` ist bei der Umwandlung kein Problem.
- `long` nach `int` macht der Compiler auch, doch kann hier ein gefährlicher *Überlauf* stattfinden.
- `short`, `int` oder `long` kann nach `float` oder `double` umgewandelt werden, wobei große `long`-Zahlen beim Umwandeln in `float` aber durchaus ein paar Stellen Genauigkeit verlieren können.
- `float` oder `double` kann man nach `short`, `int` oder `long` umwandeln. Allerdings gehen hier die Nachkommastellen verloren und bei zu großen Zahlen kann wieder ein Überlauf passieren.
- Für einen `const char[]` wie zum Beispiel das Literal "Text" gibt es eine Umwandlung nach `std::string`.

Hier sehen Sie einige Umwandlungen, die möglich sind, und die Probleme, die Sie bekommen können. Beachten Sie jedoch, dass die Typen je nach System unterschiedlich »breit« sind und Sie daher andere Umwandlungen bei sich vorfinden können. Außerdem sind Überläufe eigentlich strikt zu vermeiden, da manches Verhalten beliebig sein kann. Die Beispielausgaben sind auf einem 64-Bit-Intel-Linux und einem GCC-4.9 entstanden.

```
#include <iostream>
#include <iomanip>   // setprecision

void prints(short s, int i, float f, double d) {
    std::cout << "short: " << s << " "
        << "int: " << i << " "
        << std::setprecision(20)  // drucke 20 Stellen, wenn nötig
        << "float: " << f << " "
        << "double: " << d << "\n";
}

int main() {
    int mill = 1000*1000;               // 1 Million
    prints(mill, mill, mill, mill);     // short läuft über
    // Ausgabe: short: 16960 int: 1000000 float: 1000000 double: 1000000
    long bill = 1000L*1000L*1000L*1000L; // 1 Billion
```

```
    prints(bill, bill, bill, bill);      // sogar int läuft über, float wird ungenau
    // Ausgabe: short: 4096 int: -727379968 float: 999999995904 double: 1000000000000
    float drei = 3.75f;
    prints(drei, drei, drei, drei);      // Nachkommastellen gehen verloren
    // Ausgabe: short: 3 int: 3 float: 3.75 double: 3.75
}
```

Listing 11.7 Hier finden einige Umwandlungen statt. Die Umwandlungen können auf Ihrem System anders aussehen.

Bei `prints(mill,...)` läuft der Parameter `short` `s` durch die Umwandlung des Werts 1000000 (1 Million) über und der Inhalt ist sinnlos. Die Umwandlung in einen `float` oder `double` geschieht ohne Probleme.

Der noch größere Wert von 1 Billion bringt bei `prints(bill,...)` auch den `int` zum Überlaufen. Die Umwandlung in einen `float` klappt zwar ohne Überlauf, doch hat der `float` nicht genug Stellen, um den Wert exakt zu speichern.

Kein Ganzzahltyp, wie `short` und `int` welche sind, kann eine Kommazahl wie `3.75f` aufnehmen. Bei der Umwandlung bei `prints(drei,...)` werden die Nachkommastellen einfach abgeschnitten. Nach `double` kann der `float` ohne Verluste konvertiert werden. Andersherum könnten Informationen verloren gehen.

> **Ausblick: Umwandlung eigener Typen**
>
> Wenn Sie später eigene Typen definieren, dann können Sie selbst entscheiden, welche Umwandlungen in oder von Ihrem Typ erlaubt sind. Sie können einen Typ `A` *in* Ihren Typ `MyType` umwandeln, indem Sie einen Konstruktor `MyType(A)` definieren. Und `MyType` kann in Typ `B` umgewandelt werden, wenn Sie in `MyType` eine Methode `operator B()` definieren.

11.8 Funktionen überladen

Wenn Sie die Funktion

```
void print(int wert) {
    std::cout << "int-Wert: " << wert;
}
```

definiert haben, aber nicht wollen, dass für `print(3.75)` unsinnigerweise `int-Wert: 3` ausgegeben wird, dann können Sie die Funktion `print` auch für einen Parameter mit dem Typ `double` definieren. Wenn eine Funktion mit dem gleichen Namen mehrmals definiert ist, dann nennt man das *überladen* (engl. *overload*):

```
#include <iostream>
void print(int wert) { std::cout << "int-Wert: " << wert << "\n"; }
void print(double wert) { std::cout << "double-Wert: " << wert << "\n"; }
void print(int w1, double w2) { std::cout << "Werte: "<<w1<<", "<<w2<<"\n"; }
```

```
int    add(int n, int m) { return n + m; }
double add(double a, double b) { return a + b; }
int main() {
    print( add(3, 4) );          // add(int, int) und print(int)
    print( add(3.25f, 1.5f) );   // add( double, double) und print(double)
    print( 7, 3.25 );            // print(int, double)
}
```

Listing 11.8 Die Funktionen »print« und »add« wurden für mehrere Typen überladen.

Sie sehen, dass print drei Überladungen hat. Wenn Sie es mit einem int aufrufen, dann wird print(int wert) aufgerufen, mit einem double natürlich print(double wert). Sie können auch Überladungen mit einer anderen Anzahl Parameter definieren, wie Sie in der dritten print-Variante sehen. Der Aufruf von print(7, 3.25) passt dazu.

Bei der Auswahl der richtigen Überladung geht der Compiler nach ein paar Regeln vor. Wenn die Parameter genau auf eine Überladung passen, ist es leicht. Passt aber ein Parameter nicht genau, dann muss der Compiler wählen. So habe ich zum Beispiel

add(3.25f, 1.5f)

geschrieben. Nun sind 3.25f und 1.5f aber float-Literale – hätte ich 3.25 und 1.5 geschrieben, dann wären es double gewesen. Es ist für den Compiler aber eindeutig besser, die add(double, double)-Variante zu wählen statt add(int, int), da bei einer Konvertierung von float nach double nichts verloren geht.

Sollten Sie print(1.25, 2.75) probieren, dann kann der Compiler natürlich weder print(int) noch print(double) wählen – die Parameteranzahl passt einfach nicht. Also wird er print(int, double) aufrufen und die 1.25 dabei in einen int umwandeln. Sie erhalten die Ausgabe Werte: 1, 2.75.

Wenn der Compiler keine passende Überladung mit den ihm möglichen Umwandlungen findet, dann wird er sich bei Ihnen mit einem Fehler beschweren.

Manchmal kann der Compiler aber auch mehrere Überladungen finden, die alle gleich gut passen. Auch diesen Fall quittiert der Compiler dann mit einer Fehlermeldung, dass die Auflösung der Überladung nicht eindeutig möglich war. Wenn Sie

add(4, 2.85);

aufrufen, dann kann der Compiler nicht entscheiden, ob er add(int, int) oder add(double, double) nehmen soll. Er wird Ihnen dann sagen, dass dieser Aufruf nicht eindeutig aufgelöst werden kann.

> **Konzept: Überladung**
>
> Ich habe hier das Thema Überladung nur kurz angerissen. Ich empfehle Ihnen, dass Sie ein wenig herumprobieren und ein Gefühl dafür bekommen. Vor allem im Zusammenspiel mit der Typumwandlung und Defaultparametern ist die Funktionsüberladung in C++ ein mächtiges und omnipräsentes Konzept. Wenn Sie es beherrschen, dann haben Sie viel verstanden.

11.9 Default-Parameter

Ich hatte gerade eine Funktion definiert, die zwei Werte addiert:

```cpp
int add(int n, int m) { return n + m; }
```

Für den Fall, dass Sie eine Funktion schreiben wollen, die mehr als nur zwei Werte addiert, können Sie diese nun überladen:

```cpp
int add(int n, int m, int o) { return n+m+o; }
int add(int n, int m, int o, int p) { return n+m+o+p; }
int add(int n, int m, int o, int p, int q) { return n+m+o+p+q; }
```

Hier haben Sie lauter Versionen von add, mit der Sie bis zu fünf Zahlen auf einmal addieren können. Immerhin heißen die Funktionen alle add, aber wäre es nicht praktisch, wenn Sie nur eine Funktion schreiben müssten? Vor allem, wenn Sie noch mehr als fünf Varianten haben wollten?

Das können Sie, und zwar mithilfe von *Default-Argumenten*. Schreiben Sie dafür einfach Standardwerte zu den Parametern, mit denen diese gefüllt werden, wenn Sie sie mit weniger Argumenten aufrufen:

```cpp
#include <iostream>
int add(int n=0, int m=0, int o=0, int p=0, int q=0) {
    return n+m+o+p+q;
}
int main() {
    std::cout << add(1,2,3,4,5) << "\n";
    std::cout << add(1,2,3,4) << "\n";   // wie add(1,2,3,4,0)
    std::cout << add(1,2,3) << "\n";     // wie add(1,2,3,0,0)
    std::cout << add(1,2) << "\n";       // wie add(1,2,0,0,0)
    std::cout << add(1) << "\n";         // wie add(1,0,0,0,0)
    std::cout << add() << "\n";          // wie add(0,0,0,0,0)
}
```

Listing 11.9 Default-Argumente wirken wie mehrere Überladungen.

Wenn Sie zum Beispiel mit add(1,2,3,4) den letzten Parameter weglassen, dann wird dieser vom Compiler für den Aufruf automatisch eingefügt. Das gilt ebenso für die weiteren Aufrufe: Weil ich allen Parametern mit `=0` einen Default-Wert mitgegeben habe, können Sie sogar `add()` ganz ohne Argumente aufrufen, und der Compiler füllt `n` bis `q` mit 0.

Es gibt ein paar einfache Regeln für Default-Parameter:

- Sie können beim Aufruf nur »von hinten nach vorne« Parameter weglassen. Es wäre im obigen Fall unmöglich, zum Beispiel `n` wegzulassen, aber `m` oder einen anderen Parameter beim Aufruf zu füllen.
- Der Default-Wert muss eine Konstante (eine `constexpr`) sein. Ein Zahlenliteral wie oben ist somit kein Problem, und auch ein `3*4+5` würde der Compiler noch vertragen.
- Sie können auch mehrere Überladungen haben, die alle Default-Argumente nehmen. Im Zusammenspiel müssen Sie darauf achten, dass es keine Überschneidungen gibt.

Sie können zum Beispiel zwei `add`-Überladungen für `int` und `double` haben, jeweils mit einer Reihe von Default-Parametern:

```
int add(int n=0, int m=0, int o=0) { return n+m+o; } // bis zu drei int-Parameter
int add(double a=0.0, double b=0.0, double c=0.0) { return a+b+c; } // 0..3 doubles
```

Wenn Sie `add(1,2)` aufrufen, wird die `int`-Variante ausgewählt, und bei `add(1.25, 3.75)` die Überladung für die `doubles`. Jeweils der letzte Parameter wird vom Compiler mit dem angegebenen Default-Wert bestückt.

Zum Vermeiden von Überschneidungen sei nur kurz das Beispiel genannt, dass Sie zur Definition mit drei `int`-Argumenten nicht noch ein

```
int add(int x); // Überschneidung mit Drei-int-Überladung
```

hinzufügen sollten. Denn wenn Sie dann `add(4)` aufrufen, dann wird Ihnen der Compiler immer sagen, dass er sich nicht zwischen der Drei-Argumente- und der Ein-Argument-Überladung entscheiden kann. In diesem Fall ist die Überschneidung noch leicht zu erkennen. Wenn Sie später aber mit Funktionstemplates zu tun haben, kann das schwieriger werden.

11.10 Beliebig viele Argumente

Diese `add`-Funktion kann bis zu fünf Argumente bekommen, und es fiele Ihnen sicher nicht schwer, diese auf 20 oder auch 100 Default-Argumente zu erweitern. Das müssen Sie aber nicht tun. Ich kann das Beispiel so nicht stehen lassen, ohne Ihnen einen Ausblick darauf zu geben, dass Sie auch *beliebig* viele Argumente behandeln können. Wenn Sie eine `add`-Funktion haben wollen, die beliebig viele `int`-Werte nimmt, gehen Sie den Umweg über die `std::initializer_list`.

```
int add(std::initializer_list<int> ns) {
    return std::accumulate(begin(ns), end(ns), 0); // oder eine for-Schleife
}
```

Nun müssen Sie beim Aufruf nur ein paar geschweifte Klammern um die Argumente einfügen, aber das können dann beliebig viele sein. Schreiben Sie beispielsweise add({1,2,3,4,5,6,7,8,9}).

11.11 Alternative Schreibweise zur Funktionsdeklaration

Seit C++11 gibt es noch eine weitere Schreibweise für den Funktionskopf mit auto und ->, die mindestens gleichwertig ist:

▶ auto **Funktionsname** (**Parametertyp Parametername** , ...) -> **Rückgabetyp**

Das sähe dann für Listing 11.2 so aus:

```
auto func() -> int;
auto func() -> std::string;
auto func() -> void;
auto func() -> std::pair<int,std::string>;
auto func() -> vector<int>;
auto func() -> vector<int>&;
auto func() -> const vector<int>&;
```

Listing 11.10 Alternative Syntax für Funktionsdeklarationen mit nachgestelltem Rückgabetyp

Der Vorteil ist, dass man den Funktionsnamen besser erkennen kann, wenn der Rückgabetyp komplizierter wird. Das kann bei Templates mit mehreren Typargumenten schon mal passieren. Für Programmierer, die C gewohnt sind, sieht diese Schreibweise sehr seltsam aus, aber es gibt eigentlich keinen Grund, diese Schreibweise nicht zu verwenden – außer dass es vermutlich lange dauern wird, bis sie sich durchsetzt, wenn überhaupt.

Ab C++14 können Sie bei Funktionsdefinitionen die Angabe des Rückgabetyps weglassen und stattdessen vom Compiler ermitteln lassen. Der Compiler ermittelt dann anhand der ersten return-Anweisung den Typ selbst:

```
auto maxOf2(int a, int b) {
    return a<b ? b : a;    // Ein return: der Compiler ermittelt int
}
auto minOf3(int a, int b, int c) {
    if(a<b) return a<c ? a : c;
    else return b<c ? b : c;
}
auto medianOf3(int a, int b, int c) {
    // komplexer, aber kein Problem für den Compiler
    return minOf3(maxOf2(a,b), maxOf2(b,c), maxOf2(a,c));
}
```

Listing 11.11 Seit C++14 können Sie den Rückgabetyp einer Funktion weglassen und durch den Compiler ermitteln lassen.

11.12 Spezialitäten

Es gibt noch einige Sonderfälle zu Funktionsdefinitionen, die ich hier kurz erwähne, damit Sie sie erkennen, wenn Sie darüber stolpern.

11.12.1 noexcept

Wenn Sie hinter der Funktionsdeklaration das Schlüsselwort noexcept finden, dann verspricht der Autor der Funktion, dass diese Funktion keine *Exception* auslösen wird (siehe Kapitel 14, »Fehlerbehandlung«). Nehmen wir die hypothetische Klasse File an, zu der es die folgende Funktion gibt:

```
File openFile(const char* filename) noexcept; // Funktion löst keine Exception aus
```

Die Funktion openFile liefert ein neues File-Objekt zurück. Sollte dabei irgendetwas schiefgehen, gibt es viele C++-Bibliotheken, die eine Exception auslösen. Diese Funktion verspricht mit dem noexcept, das nicht zu tun – wahrscheinlich hat File andere Vorrichtungen, um Fehler zu erkennen.

Diese Information ist für den Leser eventuell nützlich, aber vor allem für den Compiler gedacht. Normalerweise muss dieser mit ein klein wenig Programmcode für den Fall vorsorgen[1], dass eine Exception ausgelöst werden *könnte*. Mit diesem Schlüsselwort hinter der Funktionsdeklaration kann der Compiler dies einsparen.

11.12.2 constexpr

Eine Funktion, deren Rückgabewert nicht nur mit const sondern »sogar« mit constexpr versehen ist, muss einen sehr einfachen Funktionskörper haben, den der Compiler schon während der Übersetzung berechnen kann, um das Ergebnis einzusetzen. Als Faustregel gilt: Wenn Sie nur eine einige return-Anweisung in den Funktionskörper schreiben, dann sind die Chancen gut, dass hierfür eine constexpr erlaubt ist.

```
constexpr int verdoppeltBis100(int wert) {
    return wert<=50 ? wert*2 : 100;
}
```

Die Chancen sind gut, dass dies zu sehr schnellem Programmcode führt. Und anders als bei const oder inline sagt Ihnen der Compiler, wann er das Ergebnis nicht mehr zur Übersetzungszeit berechnen kann, sondern wann die Berechnung Laufzeit kosten würde. Ob der Compiler das Ergebnis tatsächlich auf die beschriebene Art und Weise vorberechnet, bleibt jedoch immer noch ihm überlassen.

---

[1] Der zusätzliche Aufwand ist wirklich extrem gering, und Sie brauchen sich außer in späteren Spezialfällen Ihrer C++-Karriere darüber noch keine Gedanken zu machen.

11.12.3 Gelöschte Funktionen

Wenn Sie eine bestimmte Benutzung einer Funktion verbieten wollen, dann können Sie = delete statt des Funktionskörpers schreiben:

```
double add(double a, double b) { return a + b; }
double add(int, int) = delete;     // add(3,4) verbieten
```

Ohne die zweite Zeile mit dem = delete würde der Compiler 3 und 4 automatisch in double umwandeln. Dadurch, dass wir ihm die Deklaration für add(int,int) bekannt machen, wählt er dann diese. Durch = delete sagen Sie dem Compiler jedoch, dass Sie dieses Verhalten explizit nicht wollen, und er wird eine Fehlermeldung ausgeben.

11.12.4 Spezialitäten bei Klassenmethoden

Bei Funktionen, die Teil einer Klasse sind, treffen Sie noch auf ein paar weitere Dinge, die Sie hier zumindest einmal sehen sollten, damit Sie sie beim Lesen erkennen. Ab Kapitel 16, »Erste eigene Datentypen«, gehe ich genauer darauf ein:

```
class Widget : public Base {
    explicit Widget(int);   // keine automatische Konvertierung von int
    ~Widget();              // eine Funktion mit `~` vor dem Namen ist ein Destruktor
    virtual void update();  // vorangestelltes virtual
    void calc1() override;  // nachgestelltes override
    void calc2() final;     // nachgestelltes final
    void draw() const;      // nachgestelltes const
};
```

- Mit explicit verhindern Sie, dass int automatisch in Widget umgewandelt werden kann.
- Ein ~ vor dem Namen einer Funktion macht sie zum *Destruktor*. Dieser wird automatisch aufgerufen, wenn das Objekt entfernt wird. Der Name des Destruktors muss dem Namen der Klasse entsprechen.
- Ein virtual bereitet die Methode darauf vor, in einer abgeleiteten Klasse durch eine andere Implementierung überschrieben zu werden. Dies wird in sachlich zusammenhängenden Objekthierarchien oft zur Erweiterbarkeit eingesetzt.
- override ist eine Hilfe für den Programmierer und schützt vor Flüchtigkeitsfehlern beim Überschreiben mit virtual. Es garantiert, dass man wirklich eine Methode überschreibt.
- final ist ebenfalls für virtual-Methoden einer abgeleiteten Klasse gedacht und verhindert, dass diese Methode irgendwann noch mal überschrieben wird.
- Mit const versehene Methoden versprechen, dass sie den Zustand des Objekts nicht verändern.

11.13 Aufgaben

```
int add(int a, int b)
int verdopple(int n);
void print(std::string &name);
std::vector<std::string> data(const char* fn);
void runImmediatly();
int& xTeZahl(int x);
std::pair<int,int> getByName(
const std::map<std::string,std::pair<int,int>>& data, const std::string& name);
auto knifflig(int a, double b) -> decltype(a+b);
```
Listing 11.12 Nennen Sie die Bestandteile dieser Funktionsdeklarationen.

Wiederholungsfragen

1. Nennen Sie zu jeder der Funktionsdeklarationen aus Listing 11.12 den Rückgabetyp, die Parametertypen, die Parameternamen und den Funktionsnamen.
2. Ist `void f();` eine Funktionsdefinition? Begründen Sie.
3. Auf welche der Variablen, die mit x anfangen, können Sie in Listing 11.13 bei /*HIER*/ zugreifen?

```
int rechne(int x0) {
    int x1 = x0 + 3;
    return x1;
}
int x2 = 5;
int x3 = rechne(x2);
int drucke(int x4) {
    int x5 = 88;
    if(x4>0) {
        int x6 = -9;
        x4 = x6/2;
    }
    cout << /*HIER*/ << "\n" // welche x1...x9 können hier rein?
    int x7 = x4+x5;
    return x7;
}
int x8 = 1001;
int main() {
    int x9 = 1;
    return 0;
}
```
Listing 11.13 Welche Variablen von »x1« bis »x9« können Sie einsetzen?

Vertiefungsfrage

Einen Parameter by-Value oder by-Reference zu übergeben ist jedes mal eine der schwierigsten Entscheidungen. Ein paar Seiten voraus finden Sie Listing 12.1, das die globale Variable `prims` verwendet, was in einem größeren Programm keine gute Idee ist.

- Schreiben Sie das Programm so um, dass `prims` nicht mehr als globale Variable benötigt wird, sondern wenn, dann als Parameter oder Rückgabewert weitergereicht wird. Schummeln Sie nicht, indem Sie Zeiger verwenden.
- Haben Sie sich für Rückgabewert oder Parameter entschieden – Wert oder Referenz? Warum jeweils? Welche Fragen haben Sie sich jeweils gestellt, um zu entscheiden? Dachten Sie an die Performance des Programms oder daran, ob Ihr Programm »sicher« ist?

Erweiterungsfragen

1. Beschreiben Sie den Unterschied zwischen den Funktionen `byval` und `byref` in Listing 11.14.
2. Wie oft wird `data` kopiert?
3. Trickfrage: Wie würde es kopiert, wenn wir die Funktionsaufrufe vertauscht und `byref( byval(data) )` geschrieben hätten? Was ist die Begründung?
4. Wenn Sie sich an dieser Stelle schon das Schreiben eigener Klassen mit Copy-Konstruktor aneignen wollen (siehe Kapitel 21, »Der Lebenszyklus von Klassen«,) nur zu: Ersetzen Sie `vector<int>` durch Ihre Klasse, und geben Sie im Copy-Konstruktor eine Meldung aus – so überprüfen Sie Ihre Antworten.

```
#include <vector>
std::vector<int> byval(std::vector<int> vec) {
    vec[5] = 666;
    return vec;
}
std::vector<int>& byref(std::vector<int> &vec) {
    vec[4] = 42;
    return vec;
}
int main() {
    std::vector<int> data = {1,2,3,4,5,6,7,8,9};
    std::vector<int> ausgabe = byval( byref(data) );
}
```

Listing 11.14 Wie oft wird »data« kopiert?

Kapitel 12
Anweisungen im Detail

Kapiteltelegramm

- **Leere Anweisung**
  Die Anweisung, die aus dem Semikolon ; besteht und nichts tut
- **Anweisungsblock**
  Eine Folge von Anweisungen, die in geschweiften Klammern {...} eingeschlossen ist
- **Deklarationsanweisung**
  Die Bekanntmachung neuer Variablen, möglicherweise mit Initialisierung
- **Ausdrucksanweisung**
  Jeder Ausdruck kann auch als Anweisung verwendet werden.
- if-**Anweisung**
  Die bedingte Ausführung von weiteren Anweisungen
- while-**Schleife**
  Wiederholte Ausführung von weiteren Anweisungen, geknüpft an eine Bedingung zu Beginn
- do-while-**Schleife**
  Wie eine while-Schleife, jedoch mit der Bedingung am Ende
- for-**Schleife**
  Wie eine while-Schleife, jedoch mit zusätzlichem Initialisierungs- und Fortschrittsteil
- **Bereichsbasierte** for-**Schleife**
  Eine Schleife über alle Elemente eines Containers (Ausblick, engl. *Ranged For*)
- switch-**Verzweigung**
  Mehrere Fallunterscheidungen mit case in einer großen Anweisung
- break-**Anweisung**
  Verlassen der aktuellen Schleife
- continue-**Anweisung**
  Fortführen der aktuellen Schleife mit der nächsten Iteration
- return-**Anweisung**
  Verlassen der aktuellen Funktion
- goto-**Anweisung**
  Sprung an eine mit einem *Label* versehene andere Anweisung
- try-**Block**
  Ein Anweisungsblock, in dem *Ausnahmen* abgefangen werden (Ausblick)

12 Anweisungen im Detail

In diesem Kapitel lernen Sie detailliert die verschiedenen Arten von Anweisungen kennen. Ich demonstriere den Einsatz hauptsächlich anhand eines praktischen Beispiels.

Zu Beginn greife ich einige Dinge aus früheren Kapiteln auf und bespreche sie detaillierter. Dadurch begegnen Sie zwar der einen oder anderen Wiederholung, die jetzt als Vertiefung dient, aber Sie müssen nicht immer wieder zurückblättern.

> **Anweisung**
> Eine Anweisung ist ein Programmstück, das etwas tut, zum Beispiel führt es eine Zuweisung oder Schleife aus. Anweisungen (eines Threads) werden nacheinander ausgeführt.

Dieses Programm berechnet alle Primzahlen in einem vom Benutzer bestimmten Bereich – für die Kürze des Programms sogar ziemlich effizient.

```cpp
#include <iostream>                          // cout
#include <vector>                            // Container vector
#include <string>                            // stoi
int eingabeBis(int argc, const char* argv[]) {
    /* Zahl ermitteln */
    int bis = 0;                             // neue Variable einführen
    if(argc<=1) {                            // if-Anweisung mit then- und else-Block
        std::cout << "Bis wohin wollen Sie Primzahlen berechnen? ";
        if(!std::cin >> bis) {               // prüfen des Rückgabewerts
            return -1;                       // Fehler bei Benutzereingabe
        }
    } else {                                 // else-Teil der if-Anweisung
        bis = std::stoi(argv[1]);
    }
    return bis;                              // Eingabe zurückliefern
}

std::vector<int> prims{2};                   // neuer vector mit Initialisierung

bool testeObPrim(int n) {
    /* prims muss aufsteigend sortiert sein */
    for(int teil : prims) {                  // bereichsbasierte for-Schleife
        if(teil*teil > n)                    // zu groß, um überhaupt Teiler zu sein?
            return true;                     // ... dann innere Schleife vorzeitig beenden
        if(n%teil==0)                        // ist Teiler?
            return false;                    // ... dann raus
    }
    return true;                             // kein Teiler gefunden
}
```

```
void berechnePrimsBis(int bis) {
    /* Prims-Berechnung */
    /* vector muss an dieser Stelle {2} enthalten */
    for(int n=3; n<bis; n=n+2) {        // Standard-for-Schleife
        if(testeObPrim(n)) {
            prims.push_back(n);          // ist prim! Merken als Teiler und Ergebnis
        }
    }
}
void ausgabePrims() {
    for(int prim : prims) {              // bereichsbasiert, über alle Elemente
        std::cout << prim << " ";
    }
    std::cout << "\n";
}
int main(int argc, const char* argv[]) {
    int bis = eingabeBis(argc, argv);   // deklariert Variable
    if(bis < 2) { return 1; }            // Raus aus main mit "nicht-ok"-Wert.
    berechnePrimsBis(bis);
    ausgabePrims();
    return 0;
}
```

Listing 12.1 Berechnet alle Primzahlen in einem vom Benutzer bestimmten Bereich.

Schauen Sie sich zunächst den groben Aufbau dieses Programms an. Danach werde ich detailliert auf die unterschiedlichen Anweisungen eingehen.

Neben `main()` definiere ich vier Hilfsfunktionen `eingabeBis()`, `testeObPrim()`, `berechnePrimsBis()` und `ausgabePrims()`. `eingabeBis()` erhält die gleichen Parameter wie `main()`, um entweder die Kommandozeile auszuwerten oder den Benutzer nach einer Zahl zu fragen, wie Sie es schon in Listing 5.1 gesehen haben. `testeObPrim()` bekommt die potenzielle Primzahl als Argument mit und hat den Rückgabewert `bool` – sie liefert zurück, ob das Argument prim ist oder nicht.

Zwischen den Funktionen ist die *globale Variable* `prims` definiert. Weil sie global ist und nicht innerhalb einer Funktion oder gar innerhalb eines Blocks steht, können alle Funktionen auf sie zugreifen.

Die Variable ist vom Typ `vector<int>` – das ist ein *Container*, der besonders geeignet ist, um der Reihe nach neue Elemente aufzunehmen. Ich verwende `prims.push_back(n)`, um dies zu erledigen.

12.1 Anweisungsblock

Immer dort, wo Sie eine einzelne Anweisung schreiben dürfen, können Sie auch mehrere innerhalb geschweifter Klammern {...} zusammenfassen. Man nennt dies auch eine *zusammengesetzte Anweisung* (engl. *Compound Statement*). Sie müssen diesen Block *nicht* mit einem Semikolon abschließen – das würde eine leere Anweisung erzeugen, die Sie sich nicht angewöhnen sollten (siehe Abschnitt 12.2, »Die leere Anweisung«).

Ich habe in Listing 12.1 die meisten `if`-Anweisungen und `for`-Schleifen mit solchen Blöcken versehen. Hier durchgehend `{...}` zu verwenden sorgt für spätere Erweiterungen vor und erhöht den Lesefluss. Bei `if(teil*teil > n)` und `if(n%teil==0)` sehen Sie `if` aber mal ohne Blockklammern.

```
for(int prim : prims)                // for gefolgt von einer Anweisung
    std::cout << prim << " ";
std::cout << "\n";                   // nicht mehr Teil von for
```
Listing 12.2 Dieses »for« bezieht sich auf nur eine Anweisung.

Das `for` ist nur mit der ersten der beiden Ausgaben gekoppelt. Die zweite Zeile wird nur einmal ausgegeben. Wollten Sie noch mehr Dinge innerhalb der Schleife tun, dann verwenden Sie `{...}`. Auf diese Weise erhalten Sie einen Anweisungsblock, der für das `for` als eine einzelne Anweisung zählt:

```
for(int prim : prims) {              // Beginn des Blocks
    std::cout << prim;
    std::cout << " ";
}                                    // Ende des Blocks
std::cout << "\n";
```
Listing 12.3 Ein Anweisungsblock wird in { und } eingeschlossen.

Nun werden die jetzt getrennten `cout`-Ausgaben beide innerhalb der Schleife ausgeführt.

12.1.1 Freistehende Blöcke und Gültigkeit von Variablen

Sie müssen Blöcke aber nicht an ein `for` oder Ähnliches binden – Sie können sie überall einführen, wo es Ihnen statt einer einzelnen Anweisung sinnvoll erscheint. Hier sehen Sie ein eigenes Beispiel dazu:

```
if(zahl > 50) {                      // äußerer Block
    {                                // 1. innerer Block
        int ergebnis = zahl*zahl;
        std::cout << "Quadrat: " << ergebnis << std::endl;
    }
    {                                // 2. innerer Block
        int ergebnis = zahl+zahl;
        std::cout << "Verdoppelt: " << ergebnis << std::endl;
    }
}
```
Listing 12.4 Wo Anweisungen erlaubt sind, können Sie auch einen Block machen.

Die inneren Blöcke werden beide an das `if` gekoppelt ausgeführt, denn sie befinden sich ja beide in dem äußeren Block, der zum `if` gehört.

Sie können frei wählen, ob Sie Ihre Anweisungen auf diese Art gruppieren wollen. So etwas wäre zum Beispiel dann nützlich, wenn Sie in beiden inneren Blöcken die gleichen Variablennamen einführen wollen. Im Beispiel wird in beiden inneren Blöcken `ergebnis` als neue `int`-Variable eingeführt. Variablen gelten nur innerhalb des Blockes, in dem sie *definiert* wurden. Ohne die Aufteilung in zwei Blöcke kommen sich beide `ergebnis`-Definitionen ins Gehege:

```
if(zahl > 50) {
    int ergebnis = zahl*zahl;           // Definition von ergebnis
    std::cout << "Quadrat: " << ergebnis << std::endl;
    int ergebnis = zahl+zahl;           // Fehler: ergebnis wurde schon definiert
    std::cout << "Verdoppelt: " << ergebnis << std::endl;
}
```

Listing 12.5 Zweimal »ergebnis« in einem Block geht nicht.

Sie hätten hier natürlich auf die schon vorhandene `ergebnis`-Variable zurückgreifen können, ohne sie mit `int ergebnis = zahl+zahl` neu zu deklarieren. Es gibt jedoch manchmal Gründe, warum man das nicht will oder kann.

Auch hätten Sie mit `int ergebnis2 = ...` eine neue Variable einführen können. Vielleicht wollten Sie aber nicht, dass zu viele Variablen herumliegen, die Sie eigentlich nicht mehr brauchen. Mit der Einführung der inneren Blöcke haben Sie zum Beispiel klar gemacht, von wo bis wo `ergebnis` jeweils gebraucht wird. Ein späterer Leser muss sich dann diese Gedanken nicht mehr machen:

```
if(zahl > 50) {
    int ergebnis1 = zahl*zahl;          // ein Ergebnis
    std::cout << "Quadrat: " << ergebnis << std::endl;
    int ergebnis2 = zahl+zahl;          // noch ein Ergebnis
    std::cout << "Verdoppelt: " << ergebnis << std::endl;
    int ergebnis3 = zahl+zahl+zahl;     // und noch ein Ergebnis
    // ... viele Zeilen Code dazwischen ...
    // und hier?
    // ... noch mehr Programmzeilen ...
}
```

Listing 12.6 Sehr viele Variablen sind auch nicht gut.

Jemand, der sich bei `// und hier` fragt, ob er irgendeine der Variablen `ergebnisN` vielleicht für eigene Zwecke verwenden kann, wird das nur mit Mühe herausfinden können – und wahrscheinlich zur Sicherheit eine weitere Variable einführen.

Für jede einzelne Variable jedoch einen neuen Block einzuführen und dabei immer tiefer einzurücken, zersplittert den Code und verlängert ihn unnötig. Beides ist dem Verständnis beim Lesen nicht zuträglich.

Lassen Sie den »gesunden Menschenverstand« walten, wenn es darum geht, freistehende neue Blöcke einzuführen.

12.2 Die leere Anweisung

WennSie ein Semikolon dort schreiben, wo eine Anweisung erwartet wird, dann ist das die leere Anweisung. Diese Anweisung macht – nichts.

```
#include <iostream>
int main() { ;;;              // 3 leere Anweisungen
    int zahl = 12 ; ;         // 1 leere Anweisung
    ; int q = zahl*zahl ;     // 1 leere Anweisung
    if(q>50) {
        q = q - 50;
    } ;                       // 1 leere Anweisung
    std::cout << q << std::endl;
}
```

Listing 12.7 Leere Anweisungen, wohin das Auge schaut

Eben »nichts« zu tun ist in den meisten Fällen völlig unkritisch. Es gibt jedoch Fälle, da ist eine eingestreute leere Anweisung gefährlich. Sie wissen aus Kapitel 4, »Ein ganz schneller Überblick«, schon, dass auf ein `if` eine Anweisung folgt, die ausgeführt werden soll, wenn eine Bedingung zutrifft. Führen Sie im obigen Beispiel hinter if(q>50) eine leere Anweisung ein:

```
if(q>50) ; {              // leere Anweisung mit schlimmen Folgen
    q = q - 50;
}
```

Nun ist es die leere Anweisung, die im Falle q>50 ausgeführt wird. Die Subtraktion q = q - 50 gehört nun nicht mehr zum `if`, sondern wird *immer* ausgeführt.

> **Vermeiden Sie leere Anweisungen**
>
> Auch wenn leere Anweisungen in den meisten Fällen ungefährlich sind, so sind sie doch dann, wenn sie etwas kaputt machen, schwer zu finden. Gewöhnen Sie sich an, den Anweisungsblock { ... } nicht mit einem Semikolon abzuschließen.
>
> Achten Sie besonders bei `if`, `for` und `while` darauf, dass sie keine leeren Anweisungen einführen.

12.3   Deklarationsanweisung

Wir haben schon an mehreren Stellen gesehen, dass eine neue Variable eingeführt wurde. In Listing 12.1 war es zum Beispiel:

`int bis = 0;`

Dies führt eine neue Variable ein – *deklariert* sie. Dabei wird zuerst ihr *Typ* genannt, hier int, und dann der Name, unter dem die Variable verwendet werden soll – hier bis. Fertig. Was ist aber mit dem Gleichheitszeichen = und dem, was rechts davon steht? Das ist die *Initialisierung*, und sie ist bei der Deklaration dieser Form optional. Auf die verschiedenen Formen der Initialisierung bin ich schon in Kapitel 5, »Ohne Eile erklärt«, eingegangen.

Wir halten also fest: Mit

`int bis;`

ist die Variable bis *deklariert*. Sie dürfen sie, so wie sie jetzt ist, noch nicht verwenden (damit rechnen etc), denn sie enthält noch keinen Wert – genauer gesagt: Ihr Wert ist *undefiniert*. Das heißt, wenn Sie die Variable zum Rechnen so verwenden, dann enthält sie einen *beliebigen* Wert – und wird in den meisten Fällen zu unvorhergesehenem Verhalten Ihres Programms führen. Dazu gibt es noch mehr zu sagen, weil viele Typen mit dieser Form der Deklaration auch gleichzeitig *initialisiert* werden, aber eben nicht int. Lesen Sie mehr dazu in Kapitel 16, »Erste eigene Datentypen«.

Ebenfalls wichtig ist, dass die Variablen nur innerhalb des Blocks bekannt sind, in dem Sie sie deklarieren. Sobald das Programm an der schließenden Klammer des Blocks vorbeiläuft, stehen sie nicht mehr zur Verfügung. Daher überschneidet sich diese Deklaration auch nicht mit der vorherigen:

`int bis = eingabeBis(argc, argv);`

Dies deklariert ein »anderes« bis, das nur in main() sichtbar ist.

Sie sehen hier außerdem, dass die Initialisierung nicht nur mit 0 oder einer Konstanten stattfinden kann: Hier liefert ein komplexer Funktionsaufruf den Wert zurück, mit dem bis initialisiert wird.

Deklarationen können Sie auch durch Kommas , getrennt zusammenfassen. Hätten Sie mehrere Variablen, könnten Sie die so deklarieren:

`int von, bis, ergebnis;`

Hiermit bekommen beide Variablen den Typ int. Wollten Sie (alle oder einige) gleichzeitig initialisieren, dann können Sie dies tun:

`int von, bis = 0, ergebnis;`

Hier deklarieren Sie drei Variablen, von denen allerdings nur bis mit 0 initialisiert wird.

12.4 Ausdrucksanweisung

Sie können jeden *Ausdruck* auch als Anweisung verwenden. Wenn es auch wenig Sinn macht, zum Beispiel 3+4; als Anweisung zu verwenden, so ist die *Zuweisung* auch ein Ausdruck und kommt sehr häufig als Anweisung vor.

Angenommen int bis; haben Sie vorher deklariert, dann sind dies hier Beispiele von Ausdrücken, die als Anweisung verwendet werden:

```
bis = 99;                          // Eine Zuweisung ist ein Ausdruck
bis = bis * 2 + 1;                 // Zuweisung mit einer Berechnung verbinden
berechnePrimsBis(bis);             // Ein Funktionsaufruf ist ein Ausdruck
std::cout << "Friedrich III";      // der Ausgabeoperator
```

Listing 12.8 Dies sind alles Ausdrücke, die als Anweisung eingesetzt werden.

Wie ich einleitend schon erwähnt habe, hat jeder Ausdruck einen Wert und einen Typ. Falles ein Ausdruck als Anweisung verwendet wird, verschwindet der Typ und wird vom Compiler verworfen.

Kontrollstrukturen

Die Anweisungen if, while, do, for und switch sind *Kontrollstrukturen* und erlauben Ihnen, Verzweigungen und Wiederholungen zu programmieren. Mit break und continue beeinflussen Sie den Ablauf von Kontrollstrukturen. return gehört im weitesten Sinne auch zu dieser Familie. Das goto würde ich Ihnen am liebsten verschweigen.

12.5 Die if-Anweisung

Mit der *if-Anweisung* programmieren Sie die *bedingte Ausführung* von Anweisungen. Die einfachste Form führt die ihr zugeordnete Anweisung nur aus, wenn eine angegebene Bedingung erfüllt ist:

▶ if(**Bedingung**) **Anweisung**

Sie wissen schon einiges über den Anweisungsteil: Hier sollten Sie einen Block mit { . . . } einsetzen, damit Sie auch mehrere Anweisungen gruppiert an das if koppeln können. Man nennt ihn den *Dann-Zweig* (oder *then-Zweig*) der if-Anweisung.

Die *Bedingung* ist jedoch noch etwas ominös. Hierbei muss es sich um einen Ausdruck handeln, der zu einem Wahrheitswert evaluiert – das heißt, »wahr« oder »falsch« ist. Das trifft auf eine bestimmte Gruppe von Ausdrücken zu, nämlich auf die, die den Typ bool haben.

Korrekter ist, dass es möglich sein muss, den Ausdruck nach bool zu *konvertieren*. Das ist ein feiner, aber wichtiger Unterschied, den ich in Kapitel 8, »Eingebaute Typen«, erklärt habe. Das heißt nur, dass Sie auch eine Zahl wie 0 oder 42 und viele andere Dinge direkt als Bedingung im `if` verwenden können. Wenn Sie wissen, wie Sie damit umgehen, wird Ihnen `if(x-30)` und `if(cin>>val)` flott von der Hand gehen.

Hier sehen Sie ein paar Bedingungen, die nur »wahr« oder »falsch« sein können:

- `zahl > 100`
  Dies ist ein einfacher arithmetischer Vergleich, ob `zahl` größer als 100 ist. Sie können auch auf kleiner `<`, größer-gleich `>=`, kleiner-gleich `=<` und gleich `==` testen.

- `zahl > 100 && zahl < 200`
  Mit dem *booleschen Und* `&&` prüfen Sie, ob beide Ausdrücke wahr sind.

- `x < 0 || y < 0`
  Nehmen Sie das *boolesche Oder* `||`, wenn mindestens eine Bedingung erfüllt sein soll.

- `x == y+1`
  Führen Sie arithmetische Berechnungen vor dem Vergleich durch.

- `(x > 0 || y > 0) && (maxx < 100 || maxy < 100)`
  Klammern Sie nötigenfalls komplizierte Ausdrücke.

- `!(x < y)`
  Mit dem *Nicht* `!` negieren Sie einen booleschen Ausdruck – aus »wahr« wird »falsch« und umgekehrt.

Mit diesem Repertoire sind Sie für die `if`-Bedingung schon gut ausgerüstet.

Es gibt eine weitere nützliche Form der `if`-Anweisung:

- `if( **Bedingung** ) **Anweisung1** else **Anweisung2**`

Hiermit können Sie ein »führe entweder **Anweisung1** oder **Anweisung2** aus« implementieren. Man nennt **Anweisung2** den *Sonst-Zweig* der `if`-Anweisung (*else-Zweig*). Somit ist

```
if(x > 1) {
    std::cout << "x ist groesser als 1" << std::endl;
}
if(!(x > 1)) {            // Alternative testen
    std::cout << "x ist nicht groesser als 1" << std::endl;
}
```

fast das gleiche wie:

```
if(x > 1) {
    std::cout << "x ist groesser als 1" << std::endl;
} else {                  // mit else sparen Sie einen Vergleich
    std::cout << "x ist nicht groesser als 1" << std::endl;
}
```

Warum nur »fast«? Weil Sie x > 1 hier nicht zweimal ausführen müssen – und vor allem nicht zweimal hinschreiben. Wir haben hier schon Blöcke {...} statt einer einzelnen Anweisung verwendet. Sie hätten auch Folgendes schreiben können:

```
if(x > 1)
    std::cout << "x ist groesser als 1" << std::endl;
else                    // auf else folgt ein Block oder eine einzelne Anweisung
    std::cout << "x ist nicht groesser als 1" << std::endl;
```

Aber weil `else`-Zweige den Code komplexer machen, sind gerade hier Blöcke wirklich zu empfehlen.

Jetzt wissen Sie eigentlich schon alles über `if`, was Sie wissen können. Was bleibt, ist das Wissen zu kombinieren: Ein `if` ist eine Anweisung – `if`, Bedingung, then-Zweig und optionaler else-Zweig, alles gemeinsam. Und sowohl »then« als auch »else« bekommen je eine Anweisung beigeordnet. Das können Sie zu komplexen Verschachtelungen kombinieren. Üblich ist, im »else«-Zweig gleich wieder ein `if` zu verwenden, um nacheinander verschiedene Möglichkeiten abzurufen:

```
if(zahl < 0) {
    std::cout << "Die Zahl negativ.\n";
} else if(zahl == 0) {      // else und if folgen direkt aufeinander
    std::cout << "Die Zahl ist null.\n";
} else if(zahl > 1000) {    // auch mehrfach möglich
    std::cout << "Die Zahl zu gross.\n";
} else {   /* x > 0 aber x <= 1000 */
    std::cout << "Die Zahl positiv.\n";
}
```

Hier ist es üblich, dass Sie es sich sparen, jede `if`-Anweisung in einen Block mit nur einer Anweisung zu packen. Wenn Sie sich aber einmal klar machen, wo Sie *alle* Blockklammern setzen würden, dann lernen Sie etwas über Anweisungen. Komplett mit allen {...} um jede Einzelanweisung sähe das Beispiel so aus:

```
if(zahl < 0) {
    std::cout << "Die Zahl negativ.\n";
} else {
    if(zahl == 0) {
        std::cout << "Die Zahl ist null.\n";
    } else {
        if(zahl > 1000) {
            std::cout << "Die Zahl zu gross.\n";
        } else {  /* x > 0 aber x <= 1000 */
            std::cout << "Die Zahl positiv.\n";
        }
    }
}
```

Hier wird zwar klar, welches else genau zu welchem if gehört. Doch geht die immer tiefere Einrückung auf Kosten der Lesbarkeit. Für Standard-if-else-Kaskaden ist es besser, man fasst den else-Zweig nicht in einen eigenen Block.

12.6 »while«-Schleife

Die while-Schleife führt eine Anweisung so lange aus, wie eine angegebene Bedingung erfüllt ist. Sie schreiben sie so:

▶ while(**Bedingung**) **Anweisung**

Für Bedingung und Anweisung gilt alles, was ich schon beim if gesagt habe. Daher wird das folgende Beispiel keine Schwierigkeit für Sie darstellen:

```
#include <iostream>
int main() {
    /* Summiere 1 bis 100 auf */
    int summe = 0;
    int zahl = 1;
    while(zahl <= 100)        // Bedingung
    {                         // Block, der wiederholt ausgeführt wird
        summe += zahl;        // fürs Ergebnis
        zahl += 1;            // nächste Zahl
    }                         // Ende des wiederholten Blocks
    std::cout << summe << std::endl;
}
```

Listing 12.9 Die Schleife wird 100-mal durchlaufen.

Bevor der Schleifenblock ausgeführt wird, wird zuerst die Bedingung überprüft. Also wird diese Schleife für jede zahl zwischen 1 und 100 inklusive durchlaufen – demnach genau 100-mal. Und jede einzelne Zahl wird zu summe hinzuaddiert. Am Ende enthält summe das Ergebnis der Addition aller Zahlen von 1 bis 100 – die Aufgabe, die der Mathematiker Gauss einer Geschichte nach in der Grundschule im Kopf binnen Sekunden gelöst hat, weil er erkannt haben soll, dass er nur (100 ∗ 101)/2 rechnen muss. Nun, mithilfe des Computers sind Sie sogar schneller als Gauss.

Wenn Sie sich solche Schleifen ausdenken, dann ist es sehr wichtig, dass die Bedingung irgendwann nicht mehr zutrifft und die Schleife dann beendet wird. Hier ist zahl eine einfache Zählvariable und wird innerhalb des Blocks erhöht. Beliebte Fehler sind, das Erhöhen zu vergessen oder die Bedingung falsch zu stellen. Können Sie erkennen was passiert, wenn Sie zahl = zahl + 1 vergessen?

```
while(zahl <= 100) {          // zahl wird geprüft, aber nie erhöht
    summe += zahl;
};
```

Diese Schleife wird ewig laufen, denn weil `zahl` nie erhöht wird, wird die Bedingung `zahl <= 100` immer zutreffen. Zur Zeile mit der Ausgabe wird das Programm nie kommen, und Sie werden es von außen beenden müssen.[1]

Es kann auch sein, dass die Bedingung gleich zu Beginn nicht zutrifft. Dann wird der Anweisungsblock gar nicht ausgeführt.

> **Schleifendesign**
>
> Ist Ihnen aufgefallen, dass `zahl` beim Beenden der Schleife 101 ist, nicht etwa 100? Das muss ja so sein, sonst wäre die Bedingung ja noch erfüllt und die Schleife würde noch einmal durchlaufen. Daher ist es die *Nachbedingung* der Schleife, dass nach ihrem Komplettdurchlauf `zahl>100` ist.
>
> Schleifen sind in der Programmierung eine anspruchsvolle Sache und eine häufige Fehlerquelle. Nicht immer ist der Fehler so leicht zu finden wie bei einem vergessenen Hochzählen. Um sicher zu arbeiten, machen Sie sich klar, welche Rollen die beteiligten Variablen in der Schleife haben: Ist die Variable der Zähler, ist sie veränderlich, und welche Beziehung hat sie zur Bedingung?

12.7 »do-while«-Schleife

Diese sehr viel seltenere Variante der while-Schleife hat die Bedingung am Ende:

- do **Anweisung** while(**Bedingung**)

Hier wird zunächst die Anweisung ausgeführt und dann erst die Bedingung überprüft. Nach jedem Durchlauf geschieht die Überprüfung. Das heißt, die Anweisung wird mindestens einmal ausgeführt.

```
#include <iostream>                    // cin
#include <string>
int main() {
    std::string line;
    do {                               // mindestens einmal getline ausführen
        std::getline(std::cin, line);
        if(!std::cin) break;           // Fehler oder Dateiende
    } while(line != "quit");           // Ende bei bestimmter Eingabe
}
```

Listing 12.10 Der Rumpf einer »do-while«-Schleife wird mindestens einmal ausgeführt.

---

[1] Falls Sie noch nicht wissen, wie das geht, ist das der Moment gekommen dies herauszufinden. In einer IDE finden Sie dazu einen Knopf oder Menüpunkt. In der Konsole rettet Sie meist Strg+C.

Diese Variante der while-Schleife mit do sollten Sie nicht so oft verwenden, denn sie ist sehr unüblich. Außerdem ist die Bedingung bei einer Schleife so wichtig, dass eine am Ende stehende Bedingung beim Lesen dem Verständnis hinderlich ist.

12.8 »for«-Schleife

Sie haben in der while-Schleife gesehen, dass man oft eine Zählvariable für die Schleife initialisiert und dann am Ende der Schleife hochzählt. Weil dies so häufig vorkommt, ist dies in der for-Schleife zusammengepackt und somit vereinfacht:

- for(**Initialisierung** ; **Bedingung** ; **Update**) **Anweisung**

»Anweisung« und »Initialisierung« sind dabei Anweisungen, »Bedingung« und »Update« sind Ausdrücke.

Es ist üblich, in der Initialisierung eine Schleifenvariable zu definieren, diese in Update zu verändern und in der Bedingung zu überprüfen.

Eine for-Schleife entspricht dieser wohlsortierten while-Schleife:

- { **Initialisierung** ; while(**Bedingung**) { **Anweisung Update** ; } }

Ich schreibe Listing 12.9 einmal in eine for-Schleife um:

```
#include <iostream>
int main() {
    /* Summiere 1 bis 100 auf */
    int summe = 0;
    for(int zahl=1; zahl <= 100; zahl+=1) {    // kompakt
        summe += zahl;                          // fürs Ergebnis
    }
    std::cout << summe << std::endl;
}
```
Listing 12.11 Summe mit einer »for«-Schleife

Hier ist die Initialisierung int zahl=1. Bevor die Anweisungen in der Schleife ausgeführt werden, wird die Bedingung zahl <= 100 überprüft. Dann folgt die Ausführung der Schleife, hier also summe += zahl;. Am Ende des Blocks wird mit zahl+=1 das Update ausgeführt.

Es folgt dann wieder die Überprüfung der Bedingung. Trifft diese zu, folgt der nächste Schleifendurchlauf, wenn nicht, dann endet die Schleife.

Auch mit for ist zahl am Ende bei 101 angelangt. So wie ich es geschrieben habe, kann ich das aber nicht ausgeben, denn die zahl-Variable gibt es nur innerhalb der Schleife. Sie können aber die Deklaration schon vor dem for machen und den Initialisierungsteil dann leer lassen.

```cpp
#include <iostream>
int main() {
    /* Summiere 1 bis 100 auf */
    int summe = 0;
    int zahl = 1;                            // Initialisierung vor der Schleife
    for(__; zahl <= 100; zahl=zahl+1) {      // leere Initialisierung
        summe = summe + zahl;
    }
    std::cout << zahl << std::endl;          // zahl gibt es nun ausserhalb noch
}
```

Listing 12.12 »for«-Schleife mit leerem Initialisierungsteil

Hier können Sie auch außerhalb der Schleife auf `zahl` zugreifen und somit sehen, wie 101 ausgegeben wird.

Es ist auch möglich, den Update-Teil leer zu lassen. Dann werden Sie sich um das Update innerhalb des Schleifenblocks kümmern müssen. Das ist aber eher selten, denn dann haben Sie ja schon fast eine `while`-Schleife. Im Extremfall – und besonders selten – können Sie auch die Bedingung weglassen. Dann müssen Sie irgendwie anders die Schleife beenden können. Wie das ohne [Strg]+[C] geht, erfahren Sie, wenn ich in diesem Kapitel `break` erkläre.

Eine häufig genutzte Möglichkeit, etwas »für immer« auszuführen, besteht darin, alle drei Teile wegzulassen:

```cpp
int main() {
    for( ; ; ) {        // kein Init, keine Bedingung, kein Update -- also für immer
        /* ... Benutzereingabe */
        /* ... falls Benutzer Quit wählt, Programmende */
        /* ... ansonsten, Berechnung und Ausgabe */
    }
}
```

Listing 12.13 Schleifen ohne Bedingung müssen irgendwie anders beendet werden.

Hier fehlt natürlich eine Menge Programmcode. Aber als Äußerstes eine Schleife einzusetzen, die für immer läuft, sollte Ihnen den Anwendungsfall deutlich machen.

12.9 Die bereichsbasierte »for«-Schleife

Wenn ich die `for`-Schleife erkläre, dann muss ich auch deren neue Variante behandeln, die *bereichsbasierte for-Schleife* (engl. *range-based for* oder *ranged for*). Vor allem mit den *Standardcontainern* ist sie sehr nützlich.

Um den Inhalt des Containers `prims` zu untersuchen, verwende ich die `for`-Schleife mit der Doppelpunkt-Notation `:`. Sehen Sie sich hierzu einen Auszug aus Listing 12.1 an:

```cpp
// Auszug
std::vector<int> prims{2};              // vector ist ein Container, bereit für ranged-for
void testeObPrim(int n) {
    /* prims muss aufsteigend sortiert sein */
    for(int teil : prims) {              // bereichsbasierte for-Schleife
        if(teil*teil > n)
            return true;
        if(n%teil==0)
            return false;
    }
    return true;
}
// ...
void ausgabePrims() {
    for(int prim : prims) {              // bereichsbasierte for-Schleife
        std::cout << prim << " ";
    }
    std::cout << "\n";
}
// ...
```

Listing 12.14 Die bereichsbasierte »for«-Schleife erkennen Sie an dem Doppelpunkt.

prims sammelt einerseits das Gesamtergebnis an, damit es in ausgabePrims auf dem Bildschirm erscheint. Andererseits dient es dazu, in testeObPrim wirklich nur die nötigsten Tests auf Teilbarkeit durchzuführen – die bisherigen Primzahlen.

Sie können for(int teil : prims) lesen als: Nimm aus dem Container prims nacheinander ein Element heraus, weise es teil zu, führe die Schleifenanweisung aus, und wiederhole diesen Vorgang für alle Elemente des Containers:

- for(**Ziel** : **Container**) **Anweisung**

Das erlaubt Ihnen schon sehr viel. Sie können sogar eigene Datentypen dafür ausrüsten, in diesen for-Schleifen wie ein Container verwendet zu werden. Alles, was Sie machen müssen, ist, begin- und end-Methoden geeignet zu definieren. Das behandle ich hier nicht im Detail, Anregungen finden Sie in den Aufgaben.

12.10 Die »switch«-Verzweigung

Sie haben schon gesehen, dass Sie mit if-else-Kaskaden mehrere Fälle nacheinander prüfen können. Die switch-Verzweigung ist eine spezialisierte Form des Falls, dass Sie immer die gleiche Variable testen und es sich bei ihr um einen int-ähnlichen Typ handelt – oder dass sie ein enum ist, wie Sie in Abschnitt 21.12.2, »Aufzählungsklassen«, sehen werden.

▶ switch(**Zählvariable**) { **Fallunterscheidungen** }

und jede einzelne Fallunterscheidung ist:

▶ case **Konstante** : **Anweisungen**

Aus der Liste der Fallunterscheidungen werden jene Anweisungen ausgeführt, deren Konstante dem Inhalt der Zählvariablen entspricht. Es sind noch einige Dinge zu beachten beziehungsweise wissenswert:

▶ Fallunterscheidungen dürfen keine doppelten Fälle enthalten, müssen aber nicht in einer bestimmten Reihenfolge sein.

▶ Statt case können Sie auch einmal default verwenden, um »alles andere« abzufangen.

▶ Sie können auch mehrere case direkt hintereinanderschreiben, ohne Anweisungen dazwischen, wenn Sie mehrere Fälle zusammenfassen möchten.

▶ Anweisungen eines case sollten immer mit break; abgeschlossen werden. Ausnahmen von dieser Regel sind sehr selten und sollten mit einem Kommentar deutlich hervorgehoben werden. Vergessen Sie dieses break, dann werden die Anweisungen des nächsten case ausgeführt, unabhängig davon, was dessen Konstante ist. Dies nennt man »Fall-Through« (Durchlauf).

```cpp
#include <string>
#include <vector>
#include <iostream>         // cout
void rechner(std::ostream& out, std::string input) {
    std::vector<int> stapel {};
    for(char c : input) {
        if(c>='0' && c<='9') {
            stapel.push_back( c-'0' );  // Zahlenwert des Zeichens
            continue;       // nächste Schleifeniteration
        }
        int top = 0;
        int second = 0;
        switch(c) {         // Bedingung auf zeichen
        case '+':
            top = stapel.back(); stapel.pop_back();
            second = stapel.back(); stapel.pop_back();
            stapel.push_back(second + top);
            break;
        case '-':
            top = stapel.back(); stapel.pop_back();
            second = stapel.back(); stapel.pop_back();
            stapel.push_back(second - top);
            break;
```

```
            case '*':
                top = stapel.back(); stapel.pop_back();
                second = stapel.back(); stapel.pop_back();
                stapel.push_back(second * top);
                break;
            case '=':
                for(int elem : stapel) { out << elem; }
                out << "\n";
                break;
            case ' ':
                break;
            default:
                out << "\n'" << c << "' verstehe ich nicht.\n";
        } /* switch */
    } /* for c */
}
int main(int argc, const char* argv[]) {
    if(argc > 1) {
        rechner(std::cout, argv[1]);
    } else {
        // 3+4*5+6 mit Punkt- vor Strichrechnung ergibt 29
        rechner(std::cout, "345*+6+=");
    }
}
```

Listing 12.15 Jeder »case« deckt einen Fall ab, und nirgendwo wurde das »break« vergessen.

Dieser sehr einfache Taschenrechner legt Ziffern auf einen Stapel. Eine Rechenoperation nimmt sich die obersten Elemente des Stapels und legt das Ergebnis wieder darauf.

Viel relevanter ist jedoch das switch(c). Als char können Sie c hier verwenden, genauso wie int und Verwandte. Einen double oder string dürfen Sie hier nicht reinschreiben. Es muss sich um einen »aufzählbaren« Typ handeln.

Es folgen nacheinander die case-Fälle. Je nach Wert von c werden diese Sprunglabel direkt angesprungen und die dann folgenden Anweisungen ausgeführt. Jeder Block ist, wie es sich gehört, mit einem break; abgeschlossen, sodass nicht aus Versehen eine weitere Rechnung durchgeführt wird.

Ein kleiner Kommentar zu der Berechnung c-'0': Hier ziehe ich vom eingegebenen c den Zeichenwert '0' ab, um den Zahlenwert des Zeichens zu erhalten. Wohlgemerkt, dies ist nicht die int-Zahl 0, sondern das char-Zeichen '0'. Das Ergebnis ist eine int-Zahl zwischen 0 und 9. Das klappt einerseits, weil char sich sehr wie ein Ganzzahltyp verhält, und andererseits, weil die Zeichen '0' bis '9' direkt aufeinanderfolgende Nummern haben. Die '0' hat meist die Nummer 48 und die '4' (zum Beispiel) den Wert 52. Somit ist

'4'-'0' das Gleiche wie 52-48, also der int 4. Diesen Zahlenwert packen wir dann auf den stapel.

Falls Sie sich wundern, wofür der Parameter out von rechne da ist: Es ist immer gut, in Funktionen niemals die globalen Variablen cout, cerr oder cin zu verwenden Dadurch machen Sie solche Funktionen besser testbar. Sie sollten auf diese globalen Variablen nur in main() zugreifen. So landet hier cout als Parameter von rechner() in der Funktion. Sie können sich einen solchen Test in Listing 16.5 ansehen.

> **»break« nicht vergessen**
>
> Vergessen Sie niemals das break, das einen case-Block abschließt. In 99,99 % der Fälle brauchen Sie es, um das »Durchlaufen« in den nächsten case-Block zu verhindern. Es zu vergessen, ist ein häufiger Flüchtigkeitsfehler.
>
> Wenn Sie tatsächlich einmal einen absichtlichen Fall-through programmieren, dann schreiben Sie einen unübersehbaren Kommentar an die Stelle. Jeder andere wird sonst beim ersten Blick denken, Sie hätten einen Fehler gemacht und das break; vergessen.

Fälle, in denen ein case-Block nicht mit einem break abgeschlossen wird, sind selten. Häufig tut es dann auch eine Reihe von getrennten if-Anweisungen. In Listing 12.16 können Sie das Prinzip des Fall-throughs nachvollziehen.

```cpp
#include <iostream>
#include <string>
using std::string; using std::cout;
void rateMonat(unsigned welchenTagHabenwirHeute) {
    switch(welchenTagHabenwirHeute) {
    /* fehlende break-Anweisungen: Fall-through beabsichtigt */
    default:
        if(welchenTagHabenwirHeute>31) {
            cout << "Sie schummeln";
            break;
        }
    case 28:
    case 29:
        cout << "Feb ";
    case 30:
        cout << "Apr Jun Sep Nov ";
    case 31:
        cout << "Jan Mar Mai Jul Aug Okt Dez ";
    }
    cout << ".\n";
}
```

```
int main() {
    rateMonat(31);   // wenn wir heute den 31. hätten?
    // Ausgabe: Jan Mar Mai Jul Aug Okt Dez .
    rateMonat(30);   // wenn es der 30. wäre?
    // Ausgabe: Apr Jun Sep Nov Jan Mar Mai Jul Aug Okt Dez .
    rateMonat(4);
    // Ausgabe: Feb Apr Jun Sep Nov Jan Mar Mai Jul Aug Okt Dez .
    rateMonat(77);
    // Ausgabe: Sie schummeln.
}
```

Listing 12.16 Sehr selten gibt es »case«-Blöcke ohne »break«, noch seltener sinnvolle.

Für rateMonat(30) springt der switch direkt das Label case 30: an und überspringt die Fälle default, 28 und 29. Für 30 wird dann "Apr Jun Sep Nov " ausgegeben. Da am Ende des case 30-Blocks kein break; steht, wird dann mit den Anweisungen des nächsten Blocks fortgefahren, also "Jan Mar Mai Jul Aug Okt Dez " ausgegeben.

Bei rateMonat(4) trifft kein case zu, weswegen der default:-Block angesprungen wird. Für 4 wird der Test im if »falsch« ergeben. Das Ende des Blocks wird erreicht, aber wegen des fehlenden break; wird mit den folgenden case-Blöcken fortgefahren.

Nur im Fall von rateMonat(77) wird ein break erreicht. Zwar wird auch der default:-Block angesprungen, doch ergibt die if-Abfrage diesmal wahr und das break; im then-Zweig wird somit erreicht. Mit dem break wird nun der gesamte switch verlassen und direkt mit cout << ".\n"; fortgefahren.

12.11   »break«-Anweisung

Mit dem break-Schlüsselwort springen Sie aus der aktuellen Schleife – der innersten, vom break aus gesehen – heraus. Das Programm wird mit der Anweisung fortgesetzt, die der Schleife folgt. Sie können dies in allen for- und while-Schleifen verwenden, auch bei dem bereichsbasierten for und dem do-while. In diesem Sinne ist auch switch eine Schleife.

```
#include <iostream>                    // cout
int main() {
    for(int x=1; x<20; x+=1) {         // äußere for-Schleife
        for(int y=1; y<20; y+=1) {     // innere for-Schleife
            int prod = x*y;
            if(prod>=100) {
                break;                 // raus aus innerer x-Schleife
            }
            std::cout << prod << " ";
        } /* Ende for y */
```

```
            // Ziel von break
    } /* Ende for x */        // erste wirkliche Zeile nach break
    std::cout << "\n";
}
```

Listing 12.17 Sobald »prod« größer oder gleich 100 ist, braucht man den Rest der inneren Schleife nicht mehr zu durchlaufen, sondern kann mit der nächsten Iteration der äußeren Schleife fortfahren.

Nehmen wir an, die Aufgabe ist, nur maximal zweistellige Ergebnisse der Produkte von x und y zwischen 1 und 20 auszugeben. Wenn y einmal so groß ist, dass das Produkt 100 oder größer ist, dann kann ein noch größeres y nicht ein kleineres Produkt liefern. In dem Fall können wir die y-Schleife vorzeitig mithilfe des break beenden.

Der Rest der y-Schleife wird übersprungen, insbesondere die Ausgabe von prod wird nicht ausgeführt. Vielmehr wird die Ausführung *mit der ersten Anweisung, die auf die innere Schleife folgt*, fortgeführt. Nun gut, Sonderfall: Hier ist bei Ende for x damit das Ende der x-Schleife erreicht, wo keine Anweisung mehr steht. Deshalb ist das Nächste, was ausgeführt wird, der Update-Ausdruck der x-Schleife, also x+=1.

Beachten Sie, dass nur die aktuelle *innerste* Schleife vom break aus verlassen wird, dass also nicht aus der x-Schleife herausgesprungen wird. Hätten Sie bei cout << prod ein break eingebaut, dann würde jedoch die x-Schleife verlassen und bei cout << "\n" fortgefahren.

Mit break springen Sie nur aus Schleifen wie for und while heraus sowie aus dem switch (das keine Schleife ist). Ein if zählt hier bei der Suche nach der aktuell »innersten« nicht als »Schleife« – sonst wäre nur das if verlassen worden und nicht das umgebende for.

12.12 Die »continue«-Anweisung

Die continue-Anweisung hat eine ähnliche Rolle wie das break. Jedoch wird die aktuelle Schleife nicht *abgebrochen*, sondern nur der Rest des aktuellen Schleifendurchlaufs übersprungen und die Schleife mit der nächsten *Iteration* fortgesetzt (engl. *continue*). In der for- und while-Schleife wird als Nächstes der Schleifenkopf ausgeführt. Das heißt, bei for werden das Update und die Bedingung ausgeführt bzw. bei while (und do-while) die Bedingung. Sollte die Bedingung jeweils immer noch zutreffen, dann werden die Anweisungen des Schleifenrumpfes erneut angegangen.

Ein Beispiel haben Sie in Listing 12.15 gesehen. Wenn die Programmausführung auf das continue trifft, dann wird sofort wieder zu for gesprungen und das nächste char c aus input geholt.

In einem switch hat ein continue keine Bedeutung wie das break – es wirkt sich also auf eine eventuell umgebende Schleife aus. Hier ist der relevante Ausschnitt:

```
// ... Ausschnitt ...
void rechner(std::string input) {
    vector<int> stapel {};
    for(char c : input) {
        if(c>='0' && c<='9') {
            stapel.push_back( c-'0' );
            continue;  // nächste Schleifeniteration
        }
        switch(zeichen) {
// ...
```

12.13 Die »return«-Anweisung

Das return haben Sie schon als Anweisung gesehen, um aus main das Programm zu verlassen. Außer aus main können Sie damit aus jeder Funktion, die Sie schreiben, herausspringen.

```
#include <iostream>                      // cout
int min3(int x, int y, int z) {          // Funktion liefert einen int zurück
    if(x<y) {
        if(x<z) return x;
        else return z;
    } else if(y<z) {
        return y;
    }
    else return z;
}
void printMin(int x, int y, int z) {     // Funktion liefert nichts zurück
    if(x<0 || y<0 || z<0) {
        std::cout << "Bitte nur Zahlen groesser 0\n";
        return;
    }
    std::cout << min3(x,y,z) << "\n";
}                                        // hier steht kein return
int main() {
    printMin(3, -4, 8);
    printMin(6, 77, 4);
    return;                              // besonderes return in main
}
```

Listing 12.18 Mit »return« wird die aktuelle Funktion verlassen. Wenn nötig geben Sie einen Wert für die Rückgabe mit an.

In diesem Beispiel sehen Sie die zwei selbst geschriebenen Funktionen min3 und printMin (und das bekannte main). min3 soll einen int als Ergebnis zurückliefern, für printMin ist mit void angegeben, dass *kein* Rückgabewert erwartet wird.

Weil `min3` einen `int` zurückliefern soll, muss jedes `return` darin von einem Ausdruck gefolgt sein, der vom Typ `int` ist (bzw. sich darin umwandeln lässt) – dies ist bei allen `return`-Zeilen der Funktion der Fall, denn die Variablen sind vom Typ `int`.

Für `printMin` wird aber keine Rückgabe erwartet, weswegen das `return;` auch keinen Ausdruck erhalten darf. Beachten Sie, dass die Ausführung aus der Funktion »herauslaufen« kann, ohne an einem `return` vorbeizukommen – das ist bei `void`-Funktionen erlaubt.

Dass `return` in `main` eine Sonderrolle hat, wissen Sie schon: Obwohl `main` den Rückgabetyp `int` hat, muss ein `return` hier – und nur hier – keinen Rückgabeausdruck erhalten, wie im abschließenden `return` von `main` gezeigt. Es wird dann 0 angenommen.

12.14 Die »goto«-Anweisung

Die Frage, ob man `goto` verwenden soll, ist kompliziert. Lassen Sie es mich so zusammenfassen: Es ist schwer, `goto` korrekt einzusetzen, und es passiert leicht, dass etwas Schlechtes herauskommt.

Mein Tipp für Sie, für Ihre erste Zeit als C++-Programmierer: Vermeiden Sie den Einsatz von `goto`. Prüfen Sie immer erst alle Alternativen, wenn Sie an dessen Einsatz denken. Erst wenn Sie mit allen anderen Möglichkeiten vertraut sind, Ihr Programm zu strukturieren, und `goto` dann als beste Möglichkeit übrig bleibt, dann *kann* es manchmal ein guter Weg sein.

Falls Sie jene Alternativen noch nicht beherrschen und deshalb `goto` verwenden, machen Sie Ihren Code auf längere Sicht unübersichtlich und unwartbar.

Wann ein `goto` mal besser sein kann, lesen Sie zum Beispiel bei Donald Knuth[2]. Bis dahin gilt: Damit Sie wissen, was Sie vermeiden müssen – die Syntax einer `goto`-Anweisung sieht so aus:

▶ goto **Label**

wobei irgendwo anders ein Label definiert ist:

▶ **Label** : **Anweisung**

Wenn die Programmausführung auf die Stelle mit dem `goto` stößt, dann springt sie sofort zu der Anweisung, die mit dem Label versehen ist.

Es ist schwer, ein halbwegs sinnvolles Beispiel für `goto` zu finden. Bitte entschuldigen Sie, dass dieses Beispiel noch konstruierter ist als sonst:

---

[2] *Structured Programming with go to Statements*, D. E. Knuth, [1974]

12.14 Die »goto«-Anweisung

```cpp
#include <iostream>
int main() {
    int idx = 4;
    goto mehr;                           // springe zu Label mehr
 drucke:                                 // nächste Anweisung hat ein Label
    std::cout << idx << std::endl;
    idx = idx * 2;
 mehr:
    idx = idx + 3;
    if(idx < 20)
        goto drucke;                     // goto kann auch in einem if stehen
 ende:                                   // Dies ist ein Label, wird aber nicht verwendet
    return 0;
}
```

Listing 12.19 Vermeiden Sie goto-Anweisungen.

Die Gefahr ist, dass Sie bei der Verwendung von goto wild hin und her springen. Oder können Sie schnell erkennen, welche Zahlen Listing 12.19 ausgibt? 7 und 17, aber das herauszufinden ist Kleinstarbeit.

Sie haben mit den in diesem Kapitel beschriebenen Alternativen genug Mittel in der Hand, um ohne goto auszukommen.

In Listing 12.1 habe ich die Funktion testeObPrim() eigentlich nur eingeführt, weil ich mit einem break oder continue nicht hinter das push_back hätte springen können – ich hätte extra eine bool-Variable einführen und verwalten müssen. Vielleicht ist ein solcher Fall ein gerade noch sinnvoller Einsatz von goto? Verwenden Sie es dann aber bitte wirklich nur in Code, der nie erweitert wird und bei dem nicht die Gefahr besteht, dass sich das goto vom Label weit entfernt...

```cpp
// #includes, prims, eingabeBis(), ausgabePrims() und main() wie zuvor
std::vector<int> prims{2};
void berechnePrimsBis(int bis) {
    for(int n=3; n<bis; n=n+2) {
        for(int teil: prims) {
            if(teil*teil > n)
                goto prim;    // mit goto, weil ein break...
            if(n%teil==0)
                goto nichtPrim;  // ...über zwei Schleifen nicht geht.
        }
     prim: ;                      // Ziel des Sprungs vor push_back
        prims.push_back(n);       // ist prim! Merken als Teiler und Ergebnis
     nichtPrim: ;                 // Ziel des Sprungs hinter push_back
    }
}
```

Listing 12.20 Eine Funktion weniger, aber ein Label und zwei »goto« mehr.

12.15　»try-catch«-Block und »throw«

Exceptions (Ausnahmen) sind eine wichtiges, aber fortgeschrittenes Thema. Da aber das try mit dem dazugehörigen catch die einzige noch fehlende Anweisung ist, gewähre ich Ihnen hier einen Ausblick. Im Detail gehe ich in Kapitel 14, »Fehlerbehandlung«, darauf ein.

Mit einem try-Block umschließen Sie Programmcode, in dem Sie bestimmte Fehler erwarten, die Sie behandeln wollen. Diese Fehlerbehandlung nehmen Sie in dem nachfolgenden catch vor.

```cpp
#include <iostream>
int main() {
    try {                                         // Beginn des try-Blocks
        for(int n=1; ; n=n*2) {
            if(n < 0) {
                throw "Es gab einen Ueberlauf";   // Fehler auslösen
            }
        }
    }                                             // Ende des try-Blocks
    catch(const char *fehler) {                   // Falls dieser Fehler auftritt, ...
        std::cout << "Fehler: " << fehler << "\n"; // ... behandle ihn so
    }
}
```

Listing 12.21 Als Ausblick hier Ihre erste Exception-Behandlung mit »try« und »catch«.

Auf das try folgt ein Anweisungsblock {...}. Ihm folgt eine Fehlerbehandlung (oder mehrere) mit catch, der abzufangenden Fehlerart und wieder ein Block {...} mit den Anweisungen der Fehlerbehandlung.

Wird irgendwo zwischen try { und der dazugehörigen Klammer } ein Fehler des Typs const char* ausgelöst, dann wird dieser im catch(const char *fehler) »gefangen« und in den zugehörigen Anweisungen behandelt. Danach fährt das Programm mit der nächsten Anweisung nach dem gesamten try-Block inklusive aller zugehörigen catch-Blöcke fort.

In diesem Beispiel löse ich mit dem throw einen solchen Fehler aus. Sofort wird die normale Ausführung von Anweisungen unterbrochen und stattdessen mit dem entsprechenden catch fortgefahren. Dies ist wirklich nur eine vereinfachte Erklärung – richtig spannend wird es erst, wenn Sie solche Fehler auslösen und dabei tief in Funktionsaufrufen stecken. Dann spielen diese Ausnahmebehandlungen ihre Stärken aus.

Ein Wort noch dazu, warum in diesem Programm der Fehler tatsächlich ausgelöst wurde. Erhöht n=n*2 den Wert nicht ständig? Wie kann er dann beim Test n<0 kleiner null werden? Das passiert bei einem Computer bei einem *Überlauf* (siehe Abschnitt 8.4.3, »Ganzzahl-Überlauf«). Je nachdem, was für einen Compiler, einen Computer und ein

Betriebssystem Sie haben, wird das bei einem int üblicherweise nach 31 oder 63 Verdopplungen passieren. Dann ist die Zahl so groß, dass der Computer sie nicht mehr als positive Zahl in einem int abspeichern kann – in der Praxis kippt dann das Vorzeichen und der Wert verändert sich. Das wurde mit n<0 überprüft. Doch Achtung: Dies ist kein narrensicherer Test auf allen Systemen! In der Praxis sollten Sie solche Überläufe vermeiden, weil sie im Nachhinein schwer zu ermitteln sind.

12.16 Zusammenfassung

Sie haben nun alle Anweisungsarten kennengelernt, die C++ bietet. Ich fasse sie noch einmal in Gruppen zusammen.

- **einfache Anweisungen**
  Anweisungsblock {...}, Deklaration, Ausdruck – und leere Anweisung
- **Verzweigungen**
  if mit und ohne else, switch mit case
- **Schleifen**
  for, bereichsbasiertes for, while und do-while
- **Sprunganweisungen**
  break, continue und return – und, wenn es sein muss, auch goto
- **Ausnahmebehandlung**
  try-catch-Block mit throw-Anweisung

12.17 Aufgaben

Wiederholungsfragen

1. Was ist eine *Anweisung* in C++?
2. Welche Arten von Anweisungen fallen Ihnen ein?
3. Welche Rolle spielt das Semikolon bei Anweisungen? Wofür sind die Klammern da? Wann verwenden Sie sie jeweils und wann nicht?
4. Wie ist eine for-Schleife aufgebaut, wie eine while-Schleife?
5. Erweitern Sie den Rechner aus Listing 12.15 um weitere Operationen wie / für Division, % für Modulo und c für das Löschen des Stapels. Mit : sollen die obersten beiden Stapelelemente vertauscht werden, sodass "12:34:=" Folgendes ausgibt: 2143.

Vertiefungsfragen

1. Schreiben Sie eine `for`-Schleife, die die ungeraden Zahlen bis 100 aufzählt.
2. Finden Sie Fehler und Verbesserungen in Listing 12.22. Die »Zickzack-Funktion« gibt aus, wie viele Schritte Sie brauchen, um mit der folgenden Rechenvorschrift für eine beliebige positive Zahl bei eins anzukommen: Wenn sich die aktuelle Zahl durch zwei teilen lässt, tun Sie es. Wenn nicht, multiplizieren Sie sie mit drei und addieren eins.

```cpp
#include <iosteam>
int main() {
    for(zahl=1; zahl < 100; zahl=zahl+1);
    {
        int n = zahl, count=0;
        while(n > 1);
        {
            if zahl % 2 != 0:
                zahl = zahl*3 + 1;
            else
                zahl = zahl / 2;
            count = count + 1;
        }
        std::cout << " Zahl " << zahl << " braucht "
            << count << " Iterationen bis 1\n";
    };
    break;
}
```

Listing 12.22 Finden Sie Fehler und Verbesserungen in dieser Implementierung der »Zickzack-Funktion«.

Erweiterungsfragen

1. Schreiben Sie die Primzahlberechnung aus Listing 12.14 in ein Programm
   - ohne bereichsbasierte `for`-Schleifen (vielleicht mit normalen `for`-Schleifen)
   - ohne jede `for`-Schleife (verwenden Sie vielleicht `while`)
   - ohne ein einziges Semikolon
   - ohne geschweifte Klammern, außer denen von `main() {...}`
2. Was sind die Eigenschaften einer `if-else if`-Kaskade und einem großen `switch-case`? Was ist vergleichbar, was sind die Unterschiede? Wann setzen Sie das eine ein, wann das andere? Finden Sie etwas über die Unterschiede zur Laufzeit heraus.

3. Wie versprochen ist hier eine Anregung, wie Sie eigene Container für eine bereichsbasierte for-Schleife fit machen. Sie könnten das Folgende ausprobieren:
   - Definieren Sie eine eigene Klasse Prims, die den vector für die Primzahlen enthält, mit geeigneten Methoden für Initialisierung, Zugriff und Hinzufügen.
   - Zum Iterieren fügen Sie die Methoden begin() und end() hinzu, die einen Iterator in den vector zurückgeben. Sie können als Rückgabetyp den Iterator des vectors verwenden. In wirklichen Projekten sollten Sie sich nicht direkt von dem abhängig machen – verwenden Sie mindestens einen typedef/using oder einen ganz eigenen Iterator.
4. Erweitern Sie den Rechner aus Listing 12.15 so, dass er größere Zahlen als 9 behandeln kann. Zahlen und Zeichen sollen jetzt von Leerzeichen getrennt eingegeben werden müssen. So gibt "36 12 / =" dann 3 aus.

Kapitel 13
Ausdrücke im Detail

> **Kapiteltelegramm**
>
> ► **Ergebnis**
> Das Ergebnis eines Ausdrucks kann weiterverwendet werden.
>
> ► **Seiteneffekt**
> Von einem Seiteneffekt spricht man, wenn ein Ausdruck nicht nur ein Ergebnis liefert, sondern auch weitere Veränderungen am Zustand des Computers vornimmt.
>
> ► **Überladung**
> Mehrere Funktionen mit gleichem Namen, die der Compiler anhand unterschiedlicher Typen der Parameter unterscheidet
>
> ► **Literal**
> Direkt im Quellcode stehender konkreter Wert
>
> ► **Runde Klammern**
> Bei Ausdrücken gruppieren Sie damit Teilausdrücke
>
> ► **Funktionsaufruf**
> Dem Funktionsnamen folgen runde Klammern mit der Liste der Argumente
>
> ► **Index-Zugriff**
> Bei einem Index-Zugriff greifen Sie mit eckigen Klammern [...] auf ein Element unter mehreren gleichartigen zu.
>
> ► **Zuweisung**
> Ein Ausdruck mit der rechten Seite als Ziel, dem Gleichheitszeichen = und der linken Seite als Quelle
>
> ► **Operator**
> Ein funktionsähnliches Konstrukt, bei dem der Name der Funktion häufig ein Symbol ist und manchmal zwischen zwei Argumenten steht.
>
> ► **Typ-Umwandlung (Cast)**
> Den Typ eines Ausdrucks in einen anderen forcieren

Mit den Anweisungen haben Sie ein sehr wichtiges Grundelement vertieft. Anweisungen setzen sich meist aus *Ausdrücken* zusammen, die wir bisher nur kurz besprochen haben und die ich nun eingehend behandeln werde. Der Dritte im Bunde sind die Typen, die von diesen dreien das komplexeste Thema sind.

Diese drei – Anweisungen, Ausdrücke und Typen – haben eng miteinander zu tun. Es ist schwierig, das eine ohne das andere zu erklären. Deswegen habe ich die Form gewählt,

Sie nacheinander mit allen dreien zu konfrontieren und jedes Mal mehr ins Detail zu gehen. Mit diesem Kapitel sind Sie auf der vorletzten Detailstufe für Ausdrücke angekommen. Die letzte Stufe ist die Programmierpraxis.

13.1 Berechnungen und Seiteneffekte

Laut C++-Standard ist ein Ausdruck »eine Serie von Operatoren mit Operanden, die eine Berechnung beschreiben.«[1]

Diese *Berechnung* ist es, worum es beim Programmieren eigentlich geht. Und da habe ich zwei größere Bereiche zu unterscheiden:

- **Ergebnis**
  Es gibt ein direktes Ergebnis einer Berechnung, wie sin(alpha) oder count*4. Dies kann zugewiesen oder weiterverwendet werden, zum Beispiel x = sin(alpha) und print(count*4). Für C++ ist der *Typ* dieses Ergebnisses ebenfalls wichtig, denn er entscheidet, wie fortgefahren wird.

- **Seiteneffekt**
  Statt dem direkten Ergebnis (oder zusätzlich zum Ergebnis) passiert noch mehr – der weitere »Zustand« des Computers verändert sich. Zum Beispiel erfolgt durch std::cout << x als Seiteneffekt eine Ausgabe. Eine Berechnung führt dieser Ausdruck nicht direkt durch.

> **Entweder Berechnung oder Seiteneffekt**
> Es gilt, immer diese beiden Aspekte eines Ausdrucks im Auge zu behalten. Es ist gut, wenn ein Ausdruck *entweder* eine Berechnung durchführt *oder* den Seiteneffekt als Hauptzweck hat – und dies klar aus dem Code oder der Dokumentation hervorgeht.

Auf die Ergebnisse gehe ich genauer ein.

```
#include <iostream>                    // cout
#include <string>
void drucke(int n) {                   // Funktion drucke für Typ int
    std::cout << "Zahl:" << n << "\n";
}
void drucke(std::string s) {           // gleicher Name, anderer Typ
    std::cout << "Zeichenkette:" << s << "\n";
}
int main() {
    int zahl = 10;
    std::string name = "Bilbo";
```

---

[1] Die exakte Definition steht dort natürlich auch in Form einer Grammatik, doch kann man damit zum Lernen wenig anfangen.

```
    drucke(zahl);              // ruft drucke(int) auf, zahl ist int
    drucke(name);              // ruft drucke(string) auf, name ist string
    drucke(11 + 22);           // Ausdruck ist int
    drucke(name + " Baggins"); // Ausdruck ist string
}
```

Listing 13.1 Typen von Ausdrücken sind wichtig in C++, weil damit entschieden wird, wie es weitergeht.

Zum Beispiel hat das Ergebnis `11 + 22` den Typ `int` – und genau diese Eigenschaft ist es, die entscheidet, dass die Variante `drucke(int)` und nicht `drucke(string)` aufgerufen wird. Anders bei `name + "Baggins"`, dessen Ergebnis den Typ `string` hat – also wird `drucke(string)` aufgerufen.

Der aufmerksame Leser wird gemerkt haben, dass in beiden Beispielen + verwendet wurde – einmal, um Zahlen zu addieren, und das andere Mal, um Zeichenketten aneinanderzuhängen (zu konkatenieren). Der +-Operator ist ebenso *überladen* wie unser eigenes `drucke`. Auf `int` angewendet, liefert er einen `int` zurück, auf `string` einen `string`. Wie Sie Operatoren wie + definieren (und überladen), haben Sie im Detail in Kapitel 7, »Operatoren«, gesehen.

13.2 Arten von Ausdrücken

Hier liste ich Ihnen die wichtigsten Arten von Ausdrücken für den Überblick auf. Allerdings nicht als strenge Definitionen, sondern ich liefere eine stark zusammengefasste Liste als Übersicht – zum Lernen gut, aber nicht, um einen C++-Compiler zu schreiben. Ich fasse hier viele Sonderfälle zusammen, die formal betrachtet nicht zusammengehören.

- **Literal**
  Ein Literal ist ein direkt in den Quellcode geschriebener Wert, zum Beispiel eine Zahl wie `42` oder ein Text wie `"Goofus"`.

- **Bezeichner (*Identifizierer*, engl. *Identifier*)**
  einer Variablen, einer Funktion, eines Typs, usw., eventuell über einen *Bereichszugriff* (engl. *Scope*) mit `::`, also `std::cout`

- **Geklammerter Ausdruck**
  wie zum Beispiel `( 3 + 4 + 5 )`

- **Funktionsaufruf**
  Ein Funktionsaufruf ist an den nachstehenden runden Klammern (...) zu erkennen, z. B. `sin(x)`.

- **Index-Zugriff**
  Ein Index-Zugriff hat statt des Funktionsaufrufs eckige Klammern [...], wie in `data[3]`.

▶ **Operatoren**

Es gibt zweistellige Operatoren wie in `a+b/2`, Spezialitäten wie Dereferenzierung (`it->second`), einstellige wie das nachgestellte `idx++`, aber auch das vorangestellte Minus in `-10`.

▶ **Zuweisung**

Eine Zuweisung ist ein Ausdruck mit dem Gleichheitszeichen `=` als Operator, wie zum Beispiel `x = 4`. Dem rechten Operanden wird der Wert des linken Operanden zugewiesen.

▶ **Typ-Umwandlung**

Die Typ-Umwandlung gibt es in verschiedenen Formen. Der C-Cast verwendet den Zieltyp in Klammen vor dem umzuwandelnden Wert, zum Beispiel `(int)30.1`. Alternativ können Sie dafür auch die Funktionsschreibweise verwenden, also `int(30.1)`. Ein C++-Cast sieht einem Funkionsaufruf ebenfalls ähnlich, wobei der Zieltyp in spitze Klammern geschrieben wird, zum Beispiel `static_cast<int>(30.1)`.

Wenn Sie diese Arten beherrschen und anwenden können, dann sind Sie schon sehr gut gerüstet. Während obige Ausdrücke mehr oder weniger schon in C-Programmen vorkommen, sind die folgenden C++-typisch und dementsprechend mächtige Werkzeuge:

▶ **Speicherverwaltung**

das Neuanlegen mit `new` und das Wegräumen mit `delete`

▶ **Lambda-Ausdruck**

eine anonyme Funktion, die (meist) am Ort ihrer Verwendung definiert wird

▶ **Template-Verwendung**

wenn der Name einer aufgerufenen Funktion auch spitze Klammern `<...>` enthalten kann, wie `numeric_limits<int>::is_signed`

▶ **Exception auslösen**

ein `throw`, gefolgt von einem Ausdruck, wie schon kurz in Kapitel 12, »Anweisungen im Detail«, kurz gesehen

13.3 Literale

Literale sind direkt im Quellcode stehende feste, konkrete Werte. Dies können in C++ entweder ganze Zahlen, Kommazahlen, Zeichen oder Zeichenketten sein. Die Basis bilden die leicht zu erkennenden Formen `123` und `3.141592` für Zahlen, `'a'` als einzelnes Zeichen und `"Gugelhupf"` als Zeichenkette.

Etwas komplizierter wird es nur dadurch, dass es für diese Basisliterale vorangestelle und nachgestellte Modifizierer gibt. Wie Sie in Kapitel 8, »Eingebaute Typen«, schon gesehen haben, gibt es für Ganzzahlen, Fließkommazahlen, Wahrheitswerte und Zeichenketten zum Beispiel folgende Formen:

```
999        0xffff     0777       0b10101    1L         0u         // Ganzzahl-Formen
72.75      1e+10      3.141592f                                   // Fließkomma
'a'        "Text"                                                 // Zeichenketten
true       false                                        // Wahrheitswerte, die beiden bool-Literale
nullptr                                                 // Das einzige nullptr_t-Literal
```

13.4 Bezeichner

Viele Dinge haben einen *Namen* – Variablen, Konstanten, Funktionen, Klassen, Makros und viele andere mehr. Diese Namen setzen sich aus Buchstaben, Ziffern und dem Unterstrich _ zusammen. Mit Buchstaben sind A bis Z und a bis z gemeint – Umlaute und andere internationale Zeichen sollten Sie nicht verwenden, obwohl manche Compiler das unterstützen.

Ein Bezeichner darf nicht mit einer Ziffer anfangen, also nicht 9auge lauten.

Was den Unterstrich angeht, dürfen Sie nur nichts mit zwei Unterstrichen __ anfangen lassen und sollten am Anfang »Unterstrich-Großbuchstabe« vermeiden, denn diese Verwendung ist Interna und der Standardbibliothek vorbehalten: __zahl und _Text können Probleme verursachen.

Hier sind ein paar gültige Bezeichner – alle sind verschieden voneinander, denn Groß- und Kleinschreibung wird in C++ streng unterschieden:

```
zahl           zahl_mit_0
Zahl           ZAHL_MIT_0
ZAHL           ZahlMit0
_zahl          Einhundertelf
zahl_          einhundert11
_zahl_         ein100elf
```

> **Zusammengesetzte Bezeichner**
>
> Wenn Sie Funktionen und Ähnliches verwenden, dann fügt C++ den kompletten Bezeichner aus mehreren Elementen zusammen. So kann der komplette C++-Bezeichner den *Bereichsoperator* :: enthalten, wie zum Beispiel std::cout. Auch haben Sie schon gesehen, dass + als Operator für C++ eigentlich operator+ heißt, und das ist auch dessen Bezeichner. Die spitzen Klammern bei Template-Funktionen und -Klassen schreiben Sie später ebenfalls immer zusammen und erhalten damit den gesamten Bezeichner, also zum Beispiel vector<int> oder numeric_limits<int>.
>
> Die exakte Sprachdefinition sollen Sie sich hier aber gar nicht einprägen. Wichtig ist, dass Sie durch Übung ein Gefühl dafür bekommen, was einen Bezeichner ausmacht.

13.5 Klammern

Mit Klammern können Sie – wie in der Mathematik – die Reihenfolge der Berechnungen innerhalb eines Ausdrucks beeinflussen. Sie erreichen damit in etwa das Gleiche, als würden Sie den Ausdruck auf mehrere Anweisungen aufteilen.

```
int zins = 3 * (4 + 7) * 8;
```

ist also das Gleiche wie:

```
int zwischenergebnis = 4 + 7;
int zins = 3 * zwischenergebnis * 8;
```

Die Reihenfolge der anderen Auswertungen (also hier *) wird nicht beinflusst.

13.6 Funktionsaufruf und Index-Zugriff

Ein Funktionsaufruf erfolgt in C++ mit runden Klammern. Innerhalb dieser werden die Argumente (oder Parameter) für den Aufruf durch Komma , getrennt aufgelistet:

▶ **Funktion (Parameter , Parameter, ...)**

Jeder Parameter ist wieder ein Ausdruck, wobei Funktionsaufrufe ohne Parameter auch vorkommen und die Liste dann mit () leer ist. Und wenn man es genau sieht, ist auch »Funktion« ein Ausdruck, der jedoch meist einfach aus dem Namen der Funktion besteht, die aufgerufen werden soll:

```
sin(3.141592);
print(6*6+zahl, "text", name);
justDo();
numeric_limits<int>::max();
```

Ähnlich sieht es mit dem *Index-Zugriff* aus. Dort verwenden Sie jedoch eckige Klammern. Sie können allerdings nicht mehrere Parameter auflisten. Aber es ist üblich, dass Sie den Index-Zugriff mehrmals hintereinander anwenden:

```
data[10];                       // Index-Zugriff mit Zahl
image[x][y];                    // mehrmals hintereinander
adressen["Max Mustermann"];     // Zugriff auf assoziativen Container
```

13.7 Zuweisung

Die Zuweisung ist auch »nur« ein Ausdruck, in dem das = der Operator ist.

▶ **Ausdruck linke Seite = Ausdruck rechte Seite**

Hier kann man aber die Veränderung des linken Operanden als Seiteneffekt bezeichnen. Rechts und links stehen jeweils wieder Ausdrücke, wobei auf der linken Seite etwas stehen muss, dem man überhaupt etwas zuweisen kann – zum Beispiel eine Variable:

```
int zahl;
zahl = 26 * 12 + 3;
```

Es würde keinen Sinn machen, links von der Zuweisung zum Beispiel ein Literal zu verwenden, `26 = zahl * 3`. Auch Konstanten und viele andere Sorten von Ausdrücken kommen nicht infrage. Es gibt aber Fälle, wo dort ein echter Ausdruck steht – einer, der auch etwas berechnet.

Sie haben gesehen, dass eine Funktion auch eine *Referenz* zurückgeben kann. Einen genaueren Einblick bekommen Sie in Kapitel 11, »Funktionen«. Das Ergebnis des Ausdrucks links muss eine beschreibbare *Referenz* sein. Wenn der Rückgabetyp einer Funktion etwas mit & ist, dann kann diese Funktion auch links stehen.

Zum Beispiel ist `front()` von `vector<int>` eine solche Funktion. Sinngemäß sieht sie so aus (allerdings innerhalb der Template-Klasse `vector` und daher hier nur vereinfacht dargestellt):

```
int& front();
```

Daher können Sie schreiben:

```
std::vector<int> data{10};    // 10 mal 0 in einem vector
data.front() = 666;           // schreibt 666 an die vorderste Stelle
```

> **Ausblick: Zeiger, Arrays und Iteratoren**
>
> Wenn Sie in Kapitel 23, »Zeiger«, *Zeiger*, *C-Arrays* und *Iteratoren* kennenlernen, dann werden Sie zum Beispiel Folgendes schreiben:
>
> ```
> int zahlen[10] = {0};           // 10 int-Werte mit 0-Werten, direkt hintereinander
> *(zahlen+3) = 666;              // schreibt an die 4. Stelle in zahlen
> std::vector<int> data{10};      // ebenfalls 10 0-Werte
> *(data.begin()+3) = 777;        // schreibt an die 4. Position eine 777
> ```
>
> Die ersten beiden Zeilen arbeiten auf einem *C-Array* von 10 int-Werten. Mit `*(zahlen+3)` wird `zahlen` als *Zeiger* verwendet: Mit dem + wird einfach drei Positionen in dem Array weitergegangen, mit dem *(...) wird aus der Position eine Speicherstelle, die mit dem = dann beschrieben wird. Außer, dass es sich bei den letzten beiden Zeilen um eine Klasse (sogar als Template) handelt, funktioniert es genauso: Hier heißt es nicht Zeiger, sondern `begin()` liefert einen *Iterator*. Zu dem können Sie drei hinzuaddieren und mit *(...) an die eigentliche Variable kommen.

Und weil die Zuweisung ein Ausdruck ist, können Sie diese fast überall einbetten. Das Ergebnis einer Zuweisung ist der zugewiesene Wert. Sie werden des Öfteren eine if-Bedingung sehen, in der auch eine Zuweisung gemacht wird:

```
int result;
if( (result = read(buffer, 100)) != 0) {
    std::cerr << "Es trat Fehler Nummer "<< result << " auf.\n";
}
```

Das ist schon ein ziemlich vertrackter Ausdruck:

- `(result = read(buffer, 100)) != 0` ruft die Funktion `read()` auf.
- Ihr Ergebnis wird mit `result =` zugewiesen.
- Dessen Ergebnis wiederum wird mit `!= 0` verglichen, ob es ungleich 0 ist.
- Und das ist wahr oder falsch, damit das `if` entscheiden kann, »wo es langgeht«.

Gehen Sie aber sparsam mit solchen Zuweisungen innerhalb anderer Ausdrücke um. Auf keinen Fall sollten Sie »Magie« betreiben und irgendwo in einer Berechnung mittendrin Werte verändern:

`3 + ((zahl = 2) * 4) - 6 * (wert = (6/2))  // gar kein guter Stil`

Das wird niemand mehr durchschauen. Richtiggehend falsch ist es, wenn Sie das Ziel der Zuweisung auch noch woanders im Ausdruck verwenden:

`3 + (zahl = 2) * (zahl = 4) + 6`

Das ist fehlerhafter Code der Sorte, dass das Programm machen darf, was es will – nicht das was Sie wollen (engl. *undefined behavior*).

> **Eine Zuweisung als Teil eines größeren Ausdrucks zu verwenden, ist gefährlich**
> Verwenden Sie das Ziel einer Zuweisung nicht noch einmal in derselben Anweisung. Das Ergebnis ist nicht definiert; der Compiler muss Sie nicht warnen. Das gilt für alle Operationen mit Seiteneffekten, die eine Variable verändern.

13.8 Typumwandlung

Es ist leicht, die Typumwandlung für die Ihnen bisher bekannten Typen `int`, `bool`, `double` und `string` und Verwandte Typumwandlung zu erklären, denn bei diesen Typen gibt es noch nicht so viel umzuwandeln. Später wird das aber ein ausgedehntes Thema werden, auf das ich mehrmals zurückkommen werde. Im Rahmen von Ausdrücken wähle ich exemplarisch die Umwandlung zwischen `int` und `bool`, um das Konzept zu verdeutlichen.

Sie können einen `int` in einen `bool` umwandeln, indem Sie den Typnamen einfach als Funktion verwenden:

```
int wert = 10;
bool janein = bool(wert);   // C++-Schreibweise für Typumwandlung
```

Von C her kommend gibt es dafür aber noch eine Schreibweise. Sie ist immer noch sehr beliebt, und Sie werden sie häufig sehen:

```
bool janein = (bool)wert;   // C-Schreibweise für Typumwandlung
```

Es gibt noch eine dritte Variante in C++, um die obige Typumwandlung vorzunehmen:

```
bool janein = static_cast<bool>(wert);   // ausführliche C++-Typumwandlung
```

Das liegt daran, dass die beiden anderen Varianten je nach Typ mal unterschiedliche Sorten von Typumwandlungen vornehmen können. Und da ist die Angabe, welche Umwandlung (engl. *Cast*) genau vorzunehmen ist, manchmal unabdingbar.

So gibt es neben dem oben gezeigten `static_cast` noch `reinterpret_cast`, `const_cast` und `dynamic_cast`, die ich an dieser Stelle nicht weiter behandeln werde, weil sie ein weiterführendes Thema sind.

13.9   Aufgaben

Wiederholungsfragen

1. Was ist der Unterschied zwischen einem *Ausdruck* und einer *Anweisung*?
2. Erklären Sie, was bei 3 + 4 * 5 + 6 geschieht.
3. Klammern Sie `std::cout << x << y << "\n"` so, wie der Compiler den Ausdruck sieht und auswertet. Was ist mit `x += y += z += 1;`, und warum?
4. Welche der folgenden Bezeichner sind ungültige Bezeichner, welche von den gültigen dürfen Sie nicht verwenden?
   Tag, 999, istBekannt?, keine_, _mehr, mal8, 10fach,
   _ALLE, _nichts_, #Byte, __garnicht__

Vertiefungsfrage

Angenommen, Sie hätten `int z = 10` definiert. Warum dürfen Sie den Ausdruck `cout << (z += 3) << (z -= 3)` nicht verwenden? Tipp: Ihr Compiler wird es höchstens mit einer Warnung monieren. Aber warum ist es dennoch falsch?

Kapitel 14
Fehlerbehandlung

Kapiteltelegramm

- **Fehler**
  Einen Fehler kann man etwas Unnormales oder Unerwartetes nennen. Unnormal könnte der Versuch sein, eine nicht vorhandene Datei zu öffnen, und das Programm geht damit um – es behandelt eine Ausnahmesituation. Wenn aber etwas völlig unerwartet auftritt, dann könnte es sich um einen Programmfehler handeln.

- **Ausnahmesituation**
  Im Rahmen dieses Kapitels ist eine Ausnahmesituation ein mehr oder weniger vorausgesehenes, aber ungewöhnliches Ereignis, auf das das Programm reagiert. Das kann mittels einer Exception oder durch Fehlercodes passieren.

- **Programmfehler**
  Das Erreichen eines undefinierten Zustandes des Programms

- **Programmierfehler (Software Bug)**
  Ein Fehler, der im Programm steckt und letztendlich zu einem schlechten oder falschen Ergebnis führt.

- **Exception (dt. Ausnahme)**
  Eine Ausnahme wird mittels `throw` ausgelöst und verlässt den aktuellen Block bis zu einem passenden `catch` oder beendet das Programm.

- **Fehlercode**
  Alternative zur Behandlung von Fehlern mittels Exceptions durch Rückgabewert oder Ausgabeparameter (oder im Extremfall eine globale Variable)

- `throw`
  Das Auslösen (»werfen«) einer Exception

- `catch`
  Start eines Behandlungsblocks für Exceptions

Oft muss ein Programm auf Ereignisse reagieren, die nicht so sind, wie Sie es haben wollen: Eine Datei wird nicht gefunden, der Benutzer hat für einen Berechnungszeitraum eine Null eingegeben und so weiter. Es gibt viele Möglichkeiten, mit solchen Ereignissen umzugehen:

- Sie können sie ignorieren und erwartet dass der Benutzer mit den Fehlern leben kann, die daraus resultieren. Vielleicht sind Sie ja nur selbst der Benutzer.

- Sie können proaktiv die Bedingungen und Zwischenergebnisse von Aktionen prüfen und bei solcherlei Verhalten im Programm reagieren – eine Meldung ausgeben, es noch mal versuchen, das Programm geordnet beenden.

Letzteres können Sie meist beliebig aufwendig treiben. Gute Behandlung von unerwarteten Zuständen und Fehlern ist eine sehr schwere Aufgabe.

In C++ haben Sie mehrere Möglichkeiten, dies zu meistern, wovon ich hier zwei besprechen werde:

- **Fehlercodes**
  Nutzen Sie Rückgabewerte oder Ausgabeparameter als Seiteninformation einer Verarbeitung. Überprüfen Sie diese regelmäßig, und behandeln Sie das Ereignis vor Ort.
- **Ausnahmen**
  Anstatt den einen Fehler über einen Seitenkanal weiterzureichen lösen Sie eine *Ausnahme* (engl. Exception) an der Stelle des Auftretens auf und *behandeln* den Fehler dann woanders, wahrscheinlich an einer zentralen Stelle für solche Behandlungen.

Dabei muss einem erst einmal klar werden, dass es unterschiedliche Sorten von »Fehlern« gibt, die auch unterschiedlich behandelt werden müssen:

- **Unerwünschter Zustand**
  Ein unerwünschter Zustand ist ein Fehler, auf den Sie vor Ort reagieren können, weil Sie ahnen, dass da etwas schiefgehen könnte. Das vom Benutzer geladene Dokument ist defekt. Sie sollten so gut wie möglich gegen dieserlei Dinge gewappnet sein. Im eigentlichen Sinne sind dies keine »Fehler«, denn eine Definition ist, dass ein Fehler *unerwartetes* Verhalten ist. Hier spielen Fehlercodes eine große Rolle. Ausnahmen können Sie hier ebenfalls verwenden.
- **Unerwarteter Zustand**
  Ein unerwarteter Zustand ist ein Fehler, mit dem Sie nicht überall rechnen »wollen« – zum Beispiel, weil eine Prüfung aufwändig ist und den die Folgen des Auftretens nicht den erhöhten Aufwand einer Fehlerbehandlung rechtfertigen. Der Speicher läuft voll, die eben noch gelesene Konfigurationsdatei ist verschwunden. Für robuste Software müssen Sie auf etwas mehr dieser »unerwarteten« Zustände reagieren. Ich würde nicht davon sprechen, dass Sie sie »erwarten« – Sie sind dann einfach »gut vorbereitet«. Hier kommen meist die Ausnahmen zum Zuge.
- **Programmfehler**
  Es kann durchaus sein, dass Ihr Programm unter bestimmten Situationen in einen undefinierten Zustand gerät. Meist führt das zum Absturz, aber nicht immer. Sie können sich dessen beim Schreiben des Programms bewusst sein und absichtlich auf Fehlerbehandlung verzichten. Möglicherweise schränken Sie in der Dokumentation die Eingabe ein – die Dokumentation ist Teil des Programms. In der Dokumentation können Sie »Geben Sie nicht mehr als 100 Zahlen ein« schreiben, aber

nichts hindert den Benutzer, es dennoch zu tun. Nicht jeder Programmfehler ist auch ein Programmierfehler, denn vielleicht wurde das Programm falsch verwendet.

▶ **Programmierfehler**
Programmierfehler sind Fehler, die Sie unwissentlich eingebaut haben und die fehlerhaftes Verhalten produzieren. Durch null teilen? Array um eins zu klein? Ihr Programm hat dann einen »Bug«. Wenn Sie Glück haben, können Sie sich vor zu fatalen Konsequenzen schützen – mit Fehlercodes, aber häufiger mit Ausnahmen.

▶ **Qualitätsfehler**
Qualitätsfehler sind solche Fehler, die dem Endbenutzer zwar noch das richtige Ergebnis liefern können, für den Benutzer oder Programmierer aber Einbußen bedeuten. Für den Benutzer zum Beispiel, weil das Programm zu langsam ist oder Dialoge schwer zu bedienen sind. Für Programmierer zum Beispiel, wenn die Software schwer wartbar wird – und so später zu Programmierfehlern führen können. Dies ist ein weites Feld und hat auch mit Geschmack zu tun. Code, der unleserlich, ungetestet oder undokumentiert ist, und vieles mehr fällt in diese Kategorie.

Das liste ich auch auf, damit klar ist, dass unter den Begriff »Fehler« eine Menge völlig verschiedener Dinge fallen. In diesem Kapitel beschäftigen wir uns gar nicht mit den Qualitätsfehlern, wenig mit den Programmier- und Programmfehlern, teilweise mit unerwarteten Zuständen und am ehesten mit den unerwünschten Zuständen. Denn wenn Sie Fehler behandeln, dann rechnen Sie in gewisser Weise damit – und um die Fehlerbehandlung geht es hier.

14.1 Fehlerbehandlung mit Rückgabewerten

Wenn Sie mit Rückgabewerten und Fehlerparametern arbeiten, dann sieht das in etwa so aus:

```cpp
#include <iostream> // cout, cerr
#include <fstream>
#include <vector>
#include <string>
using std::vector; using std::string; using std::cout; using std::cerr;
int zaehleWoerter(const string& filename) { // Rückgabe kleiner 0 bei Fehler
    std::ifstream file{filename};
    if(!file) {            // Gab es einen Fehler beim Öffnen der Datei?
        cerr << "Fehler beim Oeffnen von " << filename << "\n";
        return -1;         // dem Aufrufer einen Fehler mittels besonderem Wert anzeigen
    }
    int count = 0;
    string wort;
```

```cpp
        while(!file.eof()) {  // noch nicht am Ende?
            file >> wort;
            ++count;
        }
        return count-1;       // -1: am EOF wurde noch ein Wort gelesen
    }
    bool process(const vector<string>& args) { // Rückgabe true bei alles ok
        if(args.size() == 0) {  // erwarten Parameter
            cerr << "Kommandozeilenargument fehlt\n";
            return false;       // mittels Rückgabe einen Fehler mittteilen
        } else {
            bool result = true; // fürs Endergebnis
            for(const string filename : args) {
                cout << filename << ": ";
                int count = zaehleWoerter(filename);
                if(count < 0) { // besondere Rückgabe zeigt Fehler an
                    cout << "Fehler!\n";
                    result = false;              // mindestens ein Fehler
                } else {
                    cout << count << "\n";       // normales Ergebnis ausgeben
                }
            }
            return result;      // Gesamtergebnis zurückgeben
        }
    }
    int main(int argc, const char* argv[]) {
        bool result = process(   // Rückgabewert enthält Fehlerindikator
            vector<string>{argv+1, argv+argc} ); // const char*[] nach vector<string>
        if(result) {             // Rückgabewert auswerten
            return 0;
        } else {
            cerr << "Es trat ein Fehler auf.\n";
            return 1;            // außen Fehler anzeigen
        }
    }
```

Listing 14.1 Reagieren Sie auf viele Zustände mit Rückgabewerten unterschiedlicher Art.

Sie sehen an vielen Stellen, dass Zustände, die nicht dem Optimum entsprechen, mit `if` geprüft werden:

- Bei `if(!file)` prüfe ich, ob das Öffnen der Datei erfolgreich war.
- Bei `if(args.size()==0)` checke ich, ob der Benutzer mindestens einen Kommandozeilenparameter übergeben hat.

- Bei if(count < 0) verwende ich den besonderen Rückgabewert der Funktion, um auf den Fehler zu reagieren.
- Bei if(result) in main() ist es das weitergereichte Ergebnis, das ich überprüfe.

Es wird jeweils anders darauf reagiert:

- Eigentlich liefert zaehleWoerter eine Zählung (immer null oder größer) zurück, daher zeigt in zaehleWoerter das return -1; mit dem besonderen Wert von -1 dem Aufrufer einen Fehler an.
- Der Rückgabewert wird in process bei if(count < 0) überprüft, eventuell besonders behandelt und am Ende bei return result; nach außen weitergereicht.
- Der Test in process bei if(args.size() == 0) kann direkt zu einer negativen Rückgabe mittels return false; führen.
- Und trat irgendwo ein Fehler auf, kommt das letztlich bei bool result = process(); an und wird bei return 1; aus main() heraus sogar an den Aufrufer des Programms weitergereicht.

Wenn Sie auf diese Weise auf Fehler reagieren, dann reichen Sie also den Fehlerzustand mittels bool, int-Codes oder – im Extremfall – gesonderten Fehlerobjekten durch die Funktionsaufrufe weiter.

Damit Sie sehen, wie Sie das Programm benutzen, sehen Sie hier, wie es in unterschiedlichen Fällen reagiert:

```
$ touch leere_datei
$ echo "Zwei Worte" > zwei_worte.txt
$ ./28-codes.x
Kommandozeilenargument fehlt
Es trat ein Fehler auf.
$ ./28-codes.x leere_datei zwei_worte.txt 28-codes.cpp
leere_datei: 0
zwei_worte.txt: 2
28-codes.cpp: 252
$ ./28-codes.x zwei_worte.txt GIBTS_NICHT.txt leere_datei
zwei_worte.txt: 2
GIBTS_NICHT.txt: Fehler beim Oeffnen von GIBTS_NICHT.txt
leere_datei: 0
Fehler!
Es trat ein Fehler auf.
```

Zuerst bereiten Sie mit touch und echo zwei Dateien mit null und zwei Wörtern Inhalt vor. Beim Aufruf von ./28-codes.x ohne Argumente bekommen Sie dann einen Fehler. Der Aufruf mit drei Argumenten (leere_datei ...) klappt dann und zählt die Wörter in jeder der Dateien. Ein Dateiname, der nicht existiert, führt beim Aufruf mit GIBTS_NICHT.txt wieder zu einem Fehler.

Egal was Sie implementieren – Fehlercodes, Exceptions oder keines von beidem –, das Verhalten einer Funktion im Fehlerfall ist Teil der Schnittstelle zum aufrufenden Code. Als Teil der Schnittstelle müssen Sie es dokumentieren wie Rückgaben, Parameter und reguläres Verhalten auch. In der Standardbibliothek sehen Sie viele Beispiele, wie Sie diese Dokumentation bewerkstelligen können.

14.2 Was ist eine Ausnahme?

Die wirklich wichtigen Überprüfungen auf Fehlerzustände können Sie nicht vermeiden – Sie müssen dem Computer schon beibringen, was ein Fehler ist und was nicht. Aber einige der Durchreichungen können Sie sich sparen. Auch die Tatsache, dass Fehler an mehreren Stellen behandelt werden, können Sie mit einem anderen Ansatz zentralisieren.

Anstatt Fehlercodes zu generieren und weiterzureichen, können Sie eine *Ausnahme auslösen* – oder anders ausgedrückt, eine *Exception werfen*.

```cpp
#include <iostream>         // cout, cerr
#include <vector>
#include <string>
#include <fstream>          // ifstream
#include <stdexcept>        // invalid_argument
using std::vector; using std::string; using std::cout; using std::ifstream;
size_t zaehleWoerter(const string& filename) { // 0 oder größer
    std::ifstream file{};        // ungeöffnet erzeugen
    // anmelden für Exceptions:
    file.exceptions(ifstream::failbit | ifstream::badbit);
    file.open(filename);         // könnte eine Exception auslösen
    size_t count = 0;
    string wort;
    file.exceptions(ifstream::badbit);  // EOF keine Exception mehr
    while(!file.eof()) {         // noch nicht am Ende?
        file >> wort;
        ++count;
    }
    return count-1;              // -1: am EOF wurde noch ein Wort gelesen
}
void process(const vector<string>& args) {
    if(args.size() == 0) {  // process erwartet Parameter
        throw std::invalid_argument{"Kommandozeilenarg. fehlt"}; // auslösen
    } else {
        for(const string filename : args) {
            cout << filename << ": " << zaehleWoerter(filename) << std::endl;
        }
    }
}
```

```
int main(int argc, const char* argv[]) {
    try {                                    // Block mit Fehlerbehandlungen
        process(
          vector<string>{argv+1, argv+argc} );  // const char*[] nach vector<string>
        return 0;
    } catch(std::exception &exc) {    // Fehlerbehandlung
        std::cerr << "Es trat ein Fehler auf: " << exc.what() << "\n";
        return 1;
    }
}
```

Listing 14.2 Exceptions werden mit »throw« ausgelöst und mit »try-catch« behandelt.

Bei `file.open(filename)` überprüfe ich nicht mehr, ob das Öffnen der Datei Erfolg hatte, denn nun passiert etwas anders: `file.open` *löst eine Ausnahme* aus, wenn es einen Fehler gab. Das heißt, das Programm wird sofort unterbrochen und die aktuelle Funktion – hier `ifstream::open` – verlassen. Allerdings geschieht das nicht über den normalen Weg mittels `return`, sondern sozusagen »im Vorbeiflug«. Auch `zaehleWoerter` und `process` werden auf diese Weise »abgewickelt« – bis der try-catch-Block in `main()` erreicht wird, in dem der Aufruf von `process` enthalten ist. Dort steht mit dem `catch(std::exception)`, was im diesem Falle getan werden muss. Hier gebe ich einen Fehler aus, und wie im vorigen Beispiel liefert `main` eine 1 zurück.

Das war Ausnahmebehandlung im Schnelldurchlauf. Damit Sie sie wirklich verstehen, muss ich etwas mehr ins Detail gehen.

14.2.1 Ausnahmen auslösen und behandeln

Das Schlüsselwort `throw` löst eine Ausnahme aus. Damit ist ein Wert verbunden, der die Ausnahme darstellt.[1] Sie sehen am Anfang von `process()` ein Beispiel dafür: Hinter dem `throw` erzeuge ich eine Instanz der Klasse `std::invalid_argument`, die den Fehler nun repräsentiert.

Im Falle von `file.open` löse ich die Ausnahme nicht selbst mit `throw` aus, sondern das macht `open()` selbst. Darin wird im Fehlerfall mit `throw` eine `ios_base::failure{...}`-Ausnahme ausgelöst und `open` auf diesem Weg verlassen.

Ich habe dieses Verlassen oben »im Vorbeiflug« genannt. Das soll heißen, dass dafür kein `return` verwendet wird, und auch mit dem deklarierten Rückgabetyp der Funktion hat das nichts zu tun. Die Rückgabe ist sozusagen durch den Wert der Exception *ersetzt*.

Das Programm verlässt die Funktionen aber nicht unkontrolliert. Im Gegenteil: Es werden ganz sorgfältig alle Objekte weggeräumt, wie beim normalen Verlassen eines Blockes

---

[1] Anders als in Java verwenden Sie in C++ tatsächlich einen Wert, keinen Zeiger, also kein `new std::invalid_argument`.

üblich. Es ist also immer noch sichergestellt, dass jedes erzeugte Objekt auch wieder komplett weggeräumt wird. Dazu zählen vor allem alle Typen der Standardbibliothek und ebenso Typen, die Sie selbst passend erzeugt haben (siehe Kapitel 21, »Der Lebenszyklus von Klassen«).

> **Rohe Zeiger werden nicht ordentlich abgewickelt**
> Moment, das muss ich etwas einschränken: Zeiger, die Sie mit new angelegt haben, sind nur sicher, wenn Sie sie in einen smarten Pointer (wie unique_ptr oder shared_ptr) eingepackt haben (siehe Kapitel 23, »Zeiger«).

14.2.2 Aufrufstapel abwickeln

Weder zaehleWoerter noch process kümmern sich um Exceptions, die innerhalb ihrer Mauern ausgelöst wurden. Das macht erst main. Dort gibt es einen try-catch-Block: Alles, was innerhalb der Blockklammern {...} des try passiert, wird bei einer ausgelösten Exception nun überprüft – und »innerhalb« meint hier auch, dass es irgendwo tief innerhalb eines Funktionsaufrufs geschehen sein kann..

Die Überprüfung besteht darin, dass die zum try gehörenden catch-Befehle der Reihe nach durchgegangen werden. Der Compiler versucht, den Wert der Exception in den Typ umzuwandeln, der im catch angegeben ist. Bei mir steht im catch von main dort std::exception, was sich für ziemlich vieles zuständig fühlt – jedenfalls sowohl für std::invalid_argument als auch für ios_base::failure.

Meine eigene Ausnahmebehandlung besteht nun daraus, eine Fehlermeldung auszugeben. Ich ergänze den Text mit dem, was an dem Exception-Wert dranhängt: Zum Beispiel bekomme ich mit exc.what() den Text, den ich bei std::invalid_argument{...} als Fehlermeldung mit angegeben habe.

Damit Sie auch dieses Programm in Aktion sehen, folgt hier die Bildschirmausgabe:

```
$ ./28-exc01.x
Es trat ein Fehler auf: Kommandozeilenargument fehlt
$ ./28-exc01.x leere_datei zwei_worte.txt 28-exc01.cppp
leere_datei: 0
zwei_worte.txt: 2
28-exc01.cppp: 171
$ ./28-exc01.x zwei_worte.txt GIBTS_NICHT.txt leere_datei
zwei_worte.txt: 2
Es trat ein Fehler auf: basic_ios::clear
```

Auch hier führt der Aufruf ohne Parameter ./28-exc01.x zu einem Fehler. Wenn alle Dateien geöffnet werden können, zählt das Programm die Wörter. Existiert eine Datei nicht, erhalten Sie beim Aufruf mit GIBTS_NICHT.txt wieder einen Fehler.

14.3 Kleinere Fehlerbehandlungen

Anders als im ersten Beispiel bricht nun die Verarbeitung ganz ab – für leere_datei sehen Sie kein Ergebnis. Das liegt daran, dass die Ausnahme aus open erst in main gefangen wird – somit wurde die for-Schleife in process ebenfalls vorzeitig beendet.

Wenn Sie das gleiche Verhalten haben wollen, sondern stattdessen das Fortsetzen der Verarbeitung mit der nächsten Datei, dürfen Sie die for-Schleife nicht »im Vorbeiflug« verlassen. Sie benötigen eine Fehlerbehandlung innerhalb der Schleife:

```
void process(const vector<string>& args) {
    if(args.size() == 0) {                    // erwarte Parameter
        throw std::invalid_argument{"Kommandozeilenargument fehlt"};
    } else {
        for(const string filename : args) {
            cout << filename << ": ";
            try {
                cout << zaehleWoerter(filename) << "\n";
            } catch(std::exception &exc) {
                cout << "Fehler: " << exc.what() << "\n";
            }
        }
    }
}
```

Listing 14.3 Ein »catch« kann auch innerhalb einer Schleife stehen.

Nun ist der Fehler abgefangen und behandelt, und die for-Schleife kann mit der nächsten Datei normal fortgesetzt werden.

Der Rest des Programms bleibt gleich. Das throw std::invalid_argument ist außerhalb des try-catch-Blocks und kommt unverändert in main an, um behandelt zu werden.

14.4 Weiterwerfen – »rethrow«

Wenn Sie *beides* wollen – eine Fehlerbehandlung vor Ort, aber auch in main, dann können Sie innerhalb des catch-Blocks ein throw ohne weiteres Argument verwenden, um die gerade behandelte Exception unverändert weiterzuwerfen – daher auch der Name *rethrow*.

```
try {
    cout << zaehleWoerter(filename) << "\n";
} catch(std::exception &exc) {
    cout << "Fehler: " << exc.what() << "\n";
    throw; // weiter werfen
}
```

Listing 14.4 Mit »throw« ohne Parameter werfen Sie die gerade behandelte Ausnahme weiter.

Das können Sie brauchen, wenn Sie einmal lokal ganz spezielle Aufräumarbeiten zu erledigen haben, aber die große Fehlerbehandlungsroutine dennoch in Anspruch nehmen wollen – vielleicht wird dort dem Benutzer ein ausgefeilter Fehlerdialog präsentiert.

14.5 Die Reihenfolge im »catch«

Mit dem einen catch in main aus Listing 14.2 habe ich alle in meinem Programm möglichen Ausnahmen abgefangen. Sowohl std::invalid_argument als auch ios_base::failure können in die angegebene std::exception umgewandelt werden. Sie können aber auch zwei getrennte Handler verwenden:

```
int main() {
    try {
        //... Code wie zuvor ...
        return 0;  // wenn alles okay ist, liefere auch ok zurück
    } catch(std::invalid_argument &exc) {    // erster Handler
        cerr << "Ungueltiges Argument: " << exc.what() << "\n";
    } catch(std::ios_base::failure &exc) { // zweiter Handler
        cerr << "Dateifehler: " << exc.what() << "\n";
    } catch(std::exception &exc) { // dritter, sehr allgemeiner Handler
        cerr << "Es trat ein Fehler auf: " << exc.what() << "\n";
    } catch( ... ) { // vierter und letzter Handler für den Rest
        cerr << "Es trat ein seltsamer Fehler auf\n";
    }
    return 1;  // hier kommt man nur nach einem catch hin: Fehler melden
}
```

Wenn nun eine invalid_argument-Exception zwischen try und den catch-Blöcken auftritt, dann werden die catch-Handler der Reihe nach durchprobiert – und gleich das erste, invalid_argument, passt. Der Handler wird ausgeführt, und dann wird der gesamte Handlerblock verlassen; die nächste Zeile ist also return 1. Anders als bei switch gibt es hier also kein »Fall-through« in den nächsten Handler.

Löst der Code eine ios_base::failure-Ausnahme aus, dann passt invalid_argument nicht, und der zweite Handler wird probiert. Er passt und wird ausgeführt. Auch nach diesem Handler geht es anschließend hinter dem letzten catch weiter.

Der Handler für std::exception hätte auf die anderen beiden Exceptions zwar auch gepasst, wird aber in beiden Fällen nicht erreicht. Wie diese Umwandlung funktioniert, sehen Sie in Kapitel 20, »Vererbung«. Hier kommen Sie nur an, wenn Sie das Programm erweitern und andere Exceptions ausgelöst werden, die passen – oder wenn Sie etwas übersehen haben.

Und tatsächlich, das haben wir: Eine Exception, mit der Sie eigentlich immer rechnen müssen, ist std::bad_alloc. Diese wird ausgelöst, wenn mit new mehr Speicher angefordert wurde, als zur Verfügung steht (siehe Kapitel 23, »Zeiger«). Das wiederum kann entweder passieren, wenn Ihr Programm wirklich den Speicher verbraucht hat, oder gerne auch, wenn irgendwo anders ein Fehler zu einer Speicheranforderung der Größe -1 oder Ähnliches führt. Meistens liegt bei `bad_alloc` ein schweres Problem vor. Jedenfalls kann auch `bad_alloc` in `exception` umgewandelt werden und kann – theoretisch – von vielen Stellen der Standardbibliothek ausgelöst werden. Mit dem hier gezeigten `std::exception`-Handler fangen Sie den Fehler zumindest ab.

Die letzte Klausel mit `catch(...)` erfasst »alles, was hier noch ankommt«. Mit `exception` habe ich eigentlich alles behandelt, was von und mit der Standardbibliothek ausgelöst werden kann, aber es könnte ja theoretisch mehr geben.

Die `catch(...)`-Klausel muss die letzte in einer `catch`-Liste sein. Eine andere könnte danach ohnehin nicht mehr erreicht werden. Weil Sie der gefangenen Exception keinen Namen geben können wie in den spezifischeren Klauseln, ist die Information, die Sie hier erhalten können, sehr beschränkt. Manchmal gibt es aber dennoch wichtige Aufräumarbeiten zu erledigen.

14.5.1 Kein »finally«

Wenn Sie von einer anderen Programmiersprache (wie zum Beispiel Java) kommen, vermissen Sie jetzt vielleicht das `finally`. Sie vermissen einen Block, der beim Verlassen eines Bereichs auf jeden Fall ausgeführt wird, ob per Exception oder regulär? Das gibt es in C++, nicht und Sie verwenden stattdessen den Destruktor eines Objekts (siehe Kapitel 21, »Der Lebenszyklus von Klassen«). Dort wird auch der *Resourcenwrapper* beschrieben, wenn Sie wirklich nur einen `finally`-Block simulieren wollen.

14.5.2 Exceptions der Standardbibliothek

Mit übermäßig vielen Exceptions haben Sie in der C++-Standardbibliothek nicht zu tun. Und dennoch können einige beinahe überall vorkommen. Ich will hier nur die wichtigsten erwähnen. In der Dokumentation der Funktionen werden mögliche Ausnahmen immer beschrieben.

- `bad_alloc` und `bad_array`
  werden von `new` und `new[]` bei Speichermangel ausgelöst
- `logic_error`
  Das sind Fehler, die eher im Programmcode stecken und die Sie möglicherweise schon vor dem Starten des Programms hätten entdecken können.
- `invalid_argument`
  Diese Exceptions kennen Sie schon: Sie zählt zu `logic_error` und wird in der Standardbibliothek selten ausgelöst.
- `out_of_range`
  Diese Exception ist auch ein `logic_error` und wird von `vector::at(n)` ausgelöst, wenn n zu groß ist.

- runtime_error
  Hierzu gehören Fehler, die eigentlich nur zur Laufzeit auftreten können.

- overflow_error und underflow_error
  Dies sind Exceptions, die Sie selbst auslösen können, wenn Ihre Funktion ein ungeeignetes Ganzzahlargument erhält. Die Standardbibliothek löst diese Exceptions selten aus. Sie gehören zu runtime_error.

- range_error
  Diese Ausnahme können Sie auslösen, wenn Ihre Funktion ein ungeeignetes Fließkommazahlargument bekommt. Die Standardbibliothek wirft diese Exception selten. Sie gehört zu runtime_error.

Diese Liste ist nicht erschöpfend. Sie sehen in der Dokumentation der Funktionen der Standardbibliothek immer, welche Exceptions diese werfen.

Es ist in größeren Projekten durchaus üblich, sich eigene Exception-Klassen zu bauen. Schauen Sie dafür in Kapitel 20, »Vererbung«, nach. Am besten leiten Sie dazu eine eigene Klasse von std::exception oder std::runtime_error ab.

14.6 Typen für Exceptions

Was kann es noch anderes geben außer std::exception und allem was man darin umwandeln kann? Im Prinzip können Sie Werte jeden beliebigen Typs mit throw nutzen. Es empfiehlt sich aber möglichst auf die Exception-Typen der Standardbibliothek zurückzugreifen.

Wenn das nicht möglich ist, dann nutzen Sie für throw doch int, double und string:

```cpp
#include <string>
#include <iostream> // cout
using std::string; using std::to_string; using std::cout;
void fehlerAusloesen(int fehlerfall) {
    try {
        if(fehlerfall < 10) throw (int)fehlerfall;
        else if(fehlerfall < 20) throw 1.0/(fehlerfall-10.0);
        else throw string{"Fehler " + to_string(fehlerfall)};
    } catch(int eval) {
        cout << "int-fehler: " << eval << "\n";
    } catch(double eval) {
        cout << "double-fehler: " << eval << "\n";
    } catch(string eval) {
        cout << "string-fehler: " << eval << "\n";
    }
}
```

```
int main() {
    fehlerAusloesen(3);    // int-fehler: 3
    fehlerAusloesen(14);   // Ausgabe: double-fehler: 0.25
    fehlerAusloesen(50);   // Ausgabe: string-fehler: Fehler 50
}
```
Listing 14.5 Sie können auch andere Typen als Ausnahme auslösen.

Es gibt normalerweise keinen Grund dafür, Typen mit throw zu verwenden, die sich nicht in std::exception umwandeln lassen. Für das Verständnis, wie Exceptions funktionieren, ist es aber nützlich, zu wissen, dass std::exception nicht wirklich etwas Besonderes ist, wenn es um die Ausnahmebehandlung geht – nur dass schon ein paar Hilfsfunktionen wie what() mitgeliefert werden.

14.7 Wenn eine Exception aus »main« herausfällt

Wenn Sie eine ausgelöste Exception gar nicht behandeln, sie also bei main ankommt und auch dort nicht gefangen wird, dann wird Ihr Programm beendet. Meistens bekommen Sie noch eine Meldung zu sehen. Daher ist es durchaus üblich, in main nicht unnötige Handler zu installieren, die sowieso nichts machen. Die Objekte, die Sie erzeugt haben, werden vor der Beendigung des Programms alle ordentlich weggeräumt.

Dass Sie eine Meldung sehen, ist für das System aber keine Pflicht. Wenn Sie also wenigstens den Fehlertyp und -text sehen wollen, dann bauen Sie um den Gesamtcode in main eine einfache Fehlerausgabe.

```
#include <iostream>
#include <stdexcept> // exception
int main() {
    try {
        // ... Ihr sonstiger Code ...
    } catch(std::exception exc) {
        std::cerr << "main: " << exc.what() << "\n";
    }
}
```
Listing 14.6 Lassen Sie wenigstens den Fehlertyp und -text ausgeben, anstatt Ihr Programm aus »main« herauspurzeln zu lassen

14.8 Aufgaben

Wiederholungsfragen

1. Womit lösen Sie eine Ausnahme aus?
2. Was müssen Sie tun, um eine Ausnahme zu behandeln, die irgendwo in dem Code process(a); process(b); process(c); auftreten kann?

3. Was ist der Unterschied zwischen std::exception, std::invalid_argument und std::ios_base::failure? Wie wirkt sich das auf Ihre Verwendung in einer catch-Klausel aus?
4. Wenn Sie keine Exceptions verwenden wollen, welche Möglichkeiten zur Fehlerbehandlung haben Sie?
5. Ordnen Sie die catch-Klauseln aus Listing 14.7 so an, dass die Reihenfolge Sinn ergibt.

```
try {
    ...
} catch(std::exception& exc) { ... }
} catch(std::runtime_error& exc) { ... }
} catch(std::overflow_error& exc) { ... }
} catch(std::bad_alloc& exc) { ... }
} catch. { ... }
} catch(int exc) { ... }
} catch(string exc) { ... }
```

Listing 14.7 Bringen Sie die »catch«-Klauseln in eine sinnvolle Reihenfolge.

Vertiefungsfrage

Sie dürfen in C++ keine Ganzzahldivision durch null durchführen. Das führt sehr wahrscheinlich zum Absturz Ihres Programms. Sie dürfen aber eine Fließkommadivision durch 0.0 durchführen, ohne dass Ihr Programm abstürzt. Schreiben Sie ein kleines Programm, das 1.0 und 0.0 durch 10.0, 3.0, 1.0 und schließlich durch 0.0 teilt.

- Sorgen Sie dafür, dass das Programm auf jeden Fall für alle Berechnungen etwas Sinnvolles ausgibt.
- Geben Sie "durch Null" aus – aber erst, nachdem die Berechnung durchgeführt wurde.

Erweiterungsfragen

1. Sie können Exceptions als Zeiger auslösen – zum Beispiel mit throw new std::exception{}. Das dazugehörige catch(std::exception *pexc) fängt diese. Der Compiler wird sich nicht beschweren. Warum ist das aber keine gute Idee?
2. Ist Ihnen aufgefallen, dass ich in der catch-Klausel die zu fangende Exception mal als Wert catch(std::exception exc) und mal als Referenz catch(std::exception &exc) gefangen habe? Wenn ja, alle Achtung! In der Tat ist es im Effekt beinahe egal, ob Sie eine Exception per Referenz oder per Wert fangen. Der Mechanismus ist derart, dass Sie in beiden Fällen sowieso eine Kopie erhalten. Wenn Sie ein tiefes Verständnis für Exceptions aufbauen wollen, dann erforschen Sie, was im Hintergrund zwischen dem throw und dem catch passiert und warum Wert oder Referenz beim Fangen dann egal ist.

Kapitel 15
Programmiertechnik, 2. Dan: Modularisierung

Solange Sie ein Prográmmchen schreiben, das in eine Quelldatei passt, ist ein C++-Projekt einfach. Schwieriger wird es, wenn Sie Ihr Programm aufteilen sollen, um die Übersichtlichkeit zu erhöhen. Was kommt wohin?

15.1 Programm, Bibliothek, Objektdatei

Wenn der Compiler (beziehungsweise der Linker) das ausführbare Programm zusammenfügt, dann nimmt er meistens Ihren übersetzten Quellcode und fügt ihn mit weiteren auf dem System vorhandenen Bibliotheken zusammen.

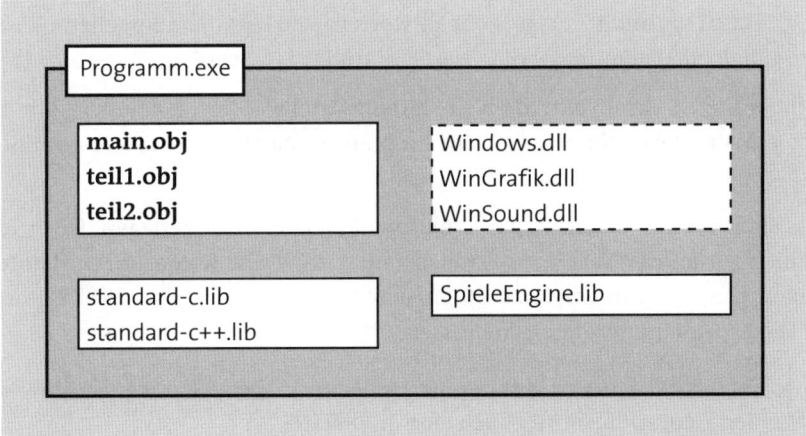

Abbildung 15.1 Außer aus Ihrem Code besteht ein Programm aus mehreren Bibliotheken.

Jede *.obj-Datei steht dabei für eine vom Compiler übersetzte *.cpp-Datei, die Sie geschrieben haben. Die *.dll-Dateien sind auf Ihrem System vorhandene Bibliotheken, die Ihr Programm kennen, aber nicht komplett einbinden muss (daher die gestrichelte Linie in Abbildung 15.1). Mit *.lib sind ebenfalls Bibliotheken gemeint, jedoch solche, die Ihr Programm fest mit einbindet – oder zumindest Teile davon. Exemplarisch sind hier Bibliotheken des C- und C++-Compilers sowie eine Spielebibliothek dargestellt. Letztere haben Sie vielleicht von einem Drittanbieter erworben, damit Sie essenzielle Programmteile nicht selbst entwickeln müssen.

Als Unix-Anwender kennen Sie eher die Endungen `*.o`, `*.so` und `*.a` anstatt `*.obj`, `*.dll` und `*.lib`, aber auf allen Systemen gilt das Gleiche: Das Endprogramm wird aus mehreren Bibliotheken zusammengefügt.

Jede Bibliothek besteht meist wiederum aus einzelnen Bausteinen. Zum Beispiel besteht die Standard-C++-Bibliothek aus Ihrer Sicht als Benutzer aus mehreren Headern. Mal binden Sie `#include <vector>` ein, mal `#include <iostream>`. Diese Header spiegeln wider, dass die Bibliothek wahrscheinlich auch nicht als eine einzige riesig große `*.cpp`-Datei entwickelt wurde. Diese Bausteine wurden zu Ihrem Komfort zu einer einzigen Bibliothek zusammengefügt, damit Sie dem Compiler nur diese eine `*.lib`-Datei nennen müssen. Der Compiler sucht sich dann die tatsächlich verwendeten Dinge selbst heraus.

15.2 Bausteine

Ihre Aufgabe besteht nun darin, für Ihr eigenes Projekt die Bausteine Ihres Teils des Programms sinnvoll aufzuteilen. Dazu müssen Sie zum Beispiel die Frage »Was gehört nach `main.obj`, `teil1.obj` und `teil2.obj`?« beantworten. Und damit einhergehend: »Was gehört in die Quellcodedateien `main.cpp`, `teil1.cpp` und `teil2.cpp`?«

`main.cpp` sollte wohl `int main()` enthalten. Anstatt die Datei `main.cpp` zu nennen, ist auch `programm.cpp` ein sinnvoller Name, wenn Ihr Programm nachher `programm.exe` heißen wird.

Ansonsten sollten Sie Ihr Projekt nach Funktionalitäten in Teile zerlegen. Jeder Teil kommt in einen getrennten Satz `*.cpp`-Dateien. Jede `*.cpp`-Datei wiederum wird durch eine gleichnamige `*.hpp`-Datei ergänzt. Die Ausnahme bildet `main.cpp`, zu der Sie normalerweise keine Headerdatei erzeugen müssen.

> **Schnittstelle: Jede .cpp-Datei erhält auch eine .hpp-Datei**
> Schreiben Sie zu jeder `*.cpp` eine gleichnamige `*.hpp`-Headerdatei. Deklarieren Sie darin alle diejenigen Funktionen und sonstigen Dinge, die von anderen `.cpp`-Dateien direkt verwendet werden – diese bilden die *Schnittstelle*. Lassen Sie bewusst einige Dinge nur in der `*.cpp`-Datei: Die Dinge, die Sie nur zum Implementieren des Interfaces brauchen.

Es ist ein gutes Standardverhalten, auch zu jeder `*.hpp` eine entsprechende `*.cpp`-Datei zu haben. Doch von dieser Regel gibt es mehr Ausnahmen. Manchmal fassen Sie Header der Einfachheit halber zusammen, manchmal ist das Interface gleichzeitig die Implementierung oder enthält nur Konstanten. Sie können erwägen, solche Header von den normalen zu trennen – sie anders zu nennen oder in einem anderen Verzeichnis zu verwalten.

15.3 Trennen der Funktionalitäten

Das ist leichter gesagt als getan, denn oft sind die Grenzen der Funktionalitäten fließend.

Wenn Sie Ihr Programm in *.cpp- und *.hpp-Dateien zerlegen, dann ist die Konsequenz, dass die verschiedenen *.cpp- und *.hpp-Dateien andere *.hpp-Dateien per #include einbinden.

Schlimm wird es, wenn jede Datei alle anderen Dateien benötigt. Bemühen Sie sich, die Anzahl der benötigten Include-Direktiven klein zu halten.

Richtig knifflig sind die zyklischen Abhängigkeiten, bei denen A.hpp B.hpp einbindet, aber in B.hpp merkt man dann, dass man eigentlich zuerst A.hpp benötigt. Das lösen Sie, indem Sie einen (oder beide) Header so trennen, dass es nur noch die *.cpp-Datei ist, die den anderen Header braucht.

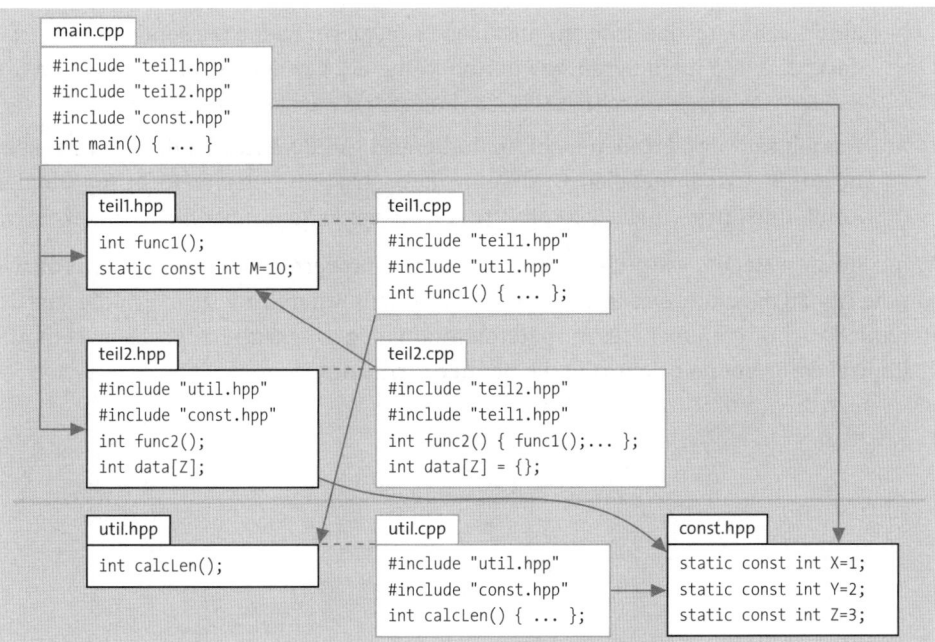

Abbildung 15.2 Teilen Sie die Bausteine Ihres Programms in Schichten auf, um zyklische Abhängigkeiten zu vermeiden.

Ich empfehle daher, nach der folgenden Regeln vorzugehen:

- Trennen Sie Ihr Programm in Schichten auf: Eine Schicht darf nur Dinge aus den Schichten darunter verwenden. Überspringen Sie aber so wenige Schichten wie möglich:
  - Eine *.hpp-Datei sollte optimalerweise nur aus der direkten Schicht darunter etwas inkludieren. Denn ein anders Programmteil, das diesen Header einbinden möchte, benötigt dann zusätzlich noch alle anderen, und das können schnell viele werden. Je weniger, desto besser.
  - Eine *.cpp-Datei kann freizügiger sein. Die Unordnung ist lokal auf das Kompilieren dieser Quelldatei beschränkt, sodass sie sich nicht ganz so weit auswirkt.
  - Es gibt Ausnahmen: In Abbildung 15.2 hat const.hpp die Rolle, dass dort zentrale Deklarationen zusammengefasst sind. Wahrscheinlich benötigt jeder Header diese, und dann ist es gut, sie an einem Platz, in einer einzelnen Datei zu haben und nicht verstreut in mehreren.
- Vermeiden Sie zyklische Abhängigkeiten:
  - Eine *.cpp-Datei muss »ihre« *.hpp-Datei sowieso immer inkludieren.
  - Eine *.cpp-Datei darf jede andere *.hpp-Datei dieser Ebene verwenden. teil2.cpp darf teil1.hpp inkludieren, wie in Abbildung 15.2 gezeigt. Es spräche auch nichts dagegen, wenn gleichzeitig teil1.cpp auch teil2.hpp verwendet.
  - Das gilt für *.hpp-Dateien nicht: Inkludieren Sie andere Header der gleichen Ebene nur in Ausnahmefällen. Und wenn, dann strikt nur »in eine Richtung«. In der Abbildung dürfte teil1.hpp somit teil2.hpp verwenden, aber nicht umgekehrt.

Wenn Sie diese Regeln »so gut es geht« befolgen, dann vermeiden Sie auf jeden Fall zyklische Abhängigkeiten. Das Schichtenmodell ist außerdem förderlich, um die Anzahl der jeweils benötigten Includes in späteren Modulen geringer zu halten. Es ist kein Allheilmittel dafür, aber ein Schritt in die richtige Richtung.

TEIL III
Datenstrukturen

Es wird Zeit, dass Sie sich Ihre eigenen Datentypen selbst zusammenbauen. Denn darin liegt die eigentliche Stärke von C++.

Sie können einfach nur mehrere Daten zusammenbündeln, damit Sie sie zusammen behandeln können. Viel wichtiger ist aber, dass Sie auch Klassen entwerfen, bei denen Daten und Verhalten zusammen eine Einheit bilden. Das führt Sie letztlich dazu, auch die objektorientierte Vererbung kennenzulernen.

In diesem Teil erfahren Sie außerdem mehr über konstante und statische Werte, denn im Zusammenhang mit Klassen sind die erst richtig interessant.

Kapitel 16
Erste eigene Datentypen

> **Kapiteltelegramm**
>
> ▶ **Aggregat**
> Ein Aggregat ist eine einfache Bündelung mehrerer Datenfelder zu einem neuen Typ; konkret: ein struct, der nur Datenfelder und Methoden hat.
>
> ▶ **Struktur**
> Eine Struktur ist eine Bündelung von Datenfeldern in ein struct, die auch Konstruktoren, private und statische Elemente haben darf.
>
> ▶ **Klasse**
> Eine Klasse ist einer Struktur sehr ähnlich: nur, dass class mit private beginnt; im Sprachgebrauch ist eine Struktur eher datenfokussiert, eine Klasse eher verhaltensorientiert.
>
> ▶ **Datenfeld oder Membervariable**
> Eine Variable innerhalb einer Struktur oder Klasse (von engl. *Member*, dt. *Mitglied*)
>
> ▶ **Methode oder Memberfunktion**
> Eine Funktion, die an ihre Struktur gebunden ist
>
> ▶ **Konstruktor**
> Eine spezielle Methode zum Initialisieren einer Struktur
>
> ▶ **Inline**
> Dem Compiler den Hinweis geben, statt eines Funktionsaufrufs den Code direkt einzusetzen
>
> ▶ **Include-Guard**
> Doppeltes Einbinden vermeiden
>
> ▶ public **und** private
> Methoden und Datenfelder vor dem Zugriff von außen schützen
>
> ▶ **Kapselung**
> Die saubere Trennung von Schnittstelle und Implementierung; in unterschiedlichen Graden möglich

Ein eigener Datentyp kann zum Beispiel die Daten über eine Person zusammenhalten. Sie müssen dann nicht immer die einzelnen Elemente zusammensuchen und einzeln an Funktionen übergeben. Sie können mehrere zu einem *Aggregat* zusammenbündeln. Verwenden Sie dafür struct.

```cpp
#include <string>
#include <iostream>                        // cout
using std::string; using std::cout;
struct Person {                            // definiert den neuen Typ Person
    string name_;
    int alter_;
    string ort_;
};                                         // abschließendes Semikolon
void drucke(Person p) {                    // ganze Person als ein Parameter
    cout << p.name_ << " ("<< p.alter_<<") aus "  // Zugriff per Punkt
        << p.ort_ << "\n";
}
int main() {
    Person otto {"Otto", 45, "Kassel" };   // Initialisierung
    drucke(otto);                          // Aufruf als Einheit
}
```

Listing 16.1 Einen eigenen Datentyp erzeugen Sie mit »struct«.

Ab `struct Person` wird der neue Typ `Person` definiert. Er besteht aus der Vereinigung der drei aufgelisteten Elemente. Wie immer wird bei diesen zuerst der Typ und dann der Name genannt. Unter diesem Namen können Sie dann, wie in `p.name_` zu sehen ist, mit einem Punkt . an die Elemente heran.

Ich habe hier die Namen aller Elemente mit einem Unterstrich _ beendet. Das ist nur eine Konvention, um sie von den globalen Variablen und Parametern zu unterscheiden.

Wie Sie bei `void drucke(Person p)` sehen, ist der Parameter der Funktion `drucke` nun die ganze Person. Sie brauchen nicht die Elemente `name_`, `alter_` und `ort_` getrennt zu übergeben.

> **Typdefinitionen mit Semikolon abschließen**
> Die Definition eines neuen Typs schließen Sie mit dem Semikolon ab. Anders als bei *zusammengesetzten Anweisungen* setzen Sie hier also hinter die geschlossene geschweifte Klammer ein ;. Das Semikolon zu vergessen ist ein häufiger Flüchtigkeitsfehler.

16.1 Initialisierung

Die Initialisierung kann nun wie bei `Person otto {"Otto", 45, "Kassel" }` mit der Auflistung der Initialisierungswerte der Unterelemente in geschweiften Klammern erfolgen. Sie können alternativ auch die leere Liste {} zur Initialisierung verwenden; dann werden alle Elemente *Wert-initialisiert*, also mit null bei Zahlen und mit dem leeren String "" bei Zeichenketten (siehe Abschnitt 8.2, »Eingebaute Datentypen initialisieren«).

Wenn Sie in der Initialisierungsliste nicht genug Elemente angeben, dann werden die restlichen ebenfalls Wert-initialisiert. Sie sollten das aber vermeiden, da dies nach einem »Versehen« aussieht und immer Stirnrunzeln verursacht. Geben Sie zu viele Elemente an, beschwert sich der Compiler.

Sie dürfen nur nicht die Initialisierung ganz weglassen:

```
Person otto;
```

Dies initialisiert zwar die `string`-Elemente (denn es sind vollwertige Klassen), die eingebauten Datentypen wie `int` aber nicht – `alter_` könnte einen zufälligen Wert erhalten.

Beachten Sie, dass Sie bei der Auflistung aller Elemente auch ein Gleichheitszeichen verwenden können:

```
Person otto = {"Otto", 45, "Kassel" };
```

Ich empfehle jedoch, bei der Form ohne Gleichheitszeichen zu bleiben, die eher historische Gründe hat.

> **Achtung vor runden Klammern**
>
> Sie können die Initialisierungselemente auch in runde Klammern schreiben, wie `string name("x")`. Haben Sie aber kein Element für die Liste, dürfen Sie die runden Klammern nicht angeben: `string name()` bedeutet leider etwas anders (eine Funktionsdeklaration). Initialisieren Sie deswegen besser durchgehend mit geschweiften Klammern, denn **`string name{}`** ist eine korrekte Initialisierung.
>
> In wenigen Fällen bedeutet die Initialisierung mit geschweiften Klammern und runden Klammern etwas Unterschiedliches – `std::vector` ist eine solche Ausnahme.

16.2 Rückgabe eigener Typen

Das Zurückliefern einer `Person` funktioniert ebenso einfach wie als Parameter:

```
// Ausschnitt
Person erzeuge(string name, int alter, string ort) { // Rückgabetyp
    Person result {name, alter, ort};
    return result;
}
int main() {
    Person otto = erzeuge("Otto", 45, "Kassel");     // Rückgabe speichern
    drucke(otto);
}
```

Hier ist eigentlich nichts neu für Sie, außer dass Sie tatsächlich sehen, dass Sie Variablen eines eigenen Typs ebenso zurückgeben können wie eingebaute Typen und solche der Standardbibliothek.

Es bleibt vielleicht noch zu bemerken, dass Sie – genau wie bei Typen, die Sie schon kennen – nicht immer eine Variable brauchen, um den Wert zu speichern. Sie können Ihren neuen Typ als Teil eines Ausdrucks verwenden. Der erzeugt dann *temporäre Variablen* Ihres Typs ganz wie gewohnt:

```
// Ausschnitt
Person erzeuge(string name, int alter, string ort) {
    return Person{name, alter, ort};      // direkt zurückgegeben
}
int main() {
    drucke(erzeuge("Otto", 45, "Kassel"));  // Rückgabe direkt verwendet
}
```

Das sollte Ihnen eigentlich auch nicht neu sein, denn mit eingebauten Typen machen Sie es genauso. Allerdings nicht ganz, denn wenn Sie einen `int` zurückgeben, dann schreiben Sie ja auch nicht `return int(12);`, obwohl Sie es dürften. Daher schreiben Sie doch statt

```
return Person{name, alter, ort};
```

einfach:

```
return {name, alter, ort};
```

Der Compiler weiß anhand des Rückgabetyps der Funktion, dass Sie eine `Person` erzeugen wollen. Also versucht er, die von Ihnen angegebene Liste in eine `Person` umzuwandeln: Die beiden Ausdrücke sind beinahe synonym. Sie können wählen, welcher Stil Ihnen besser gefällt. Es gibt Fälle, da benötigen Sie die Angabe von `Person{...}`, zum Beispiel, wenn Sie die seit C++14 mögliche Syntax zur Funktionsdeklaration, `auto erzeuge()`, verwenden.

16.3   Methoden statt Funktionen

Die Funktion `drucke` in Listing 16.1 benötigt eine `Person` für ihre Arbeit – sie ist eigentlich speziell für `Person` gedacht und für nichts anderes. Womöglich ist es sogar so, dass der Typ `Person` nur wirklich Sinn ergibt, wenn Sie auch eine passende Menge Funktionen bereitstellen, die mit Ihrem neuen Typ arbeiten.

Diese Funktionen gehören dann ebenso wie die Daten im `struct Person` zur Schnittstelle dieses Typs. Da ist es eigentlich schade, dass `drucke` nicht schon beim `Person`-Typ aufgelistet ist. Genau dies können Sie aber tun. Packen Sie doch die Funktionen eines Typs mit den Daten zusammen: Bilden Sie eine »Entität« – keiner der beiden kann ohne den anderen. Eine Methode benötigt immer eine Variable des Typs[1] (*Instanzvariable*), eine Variable ohne ihre Methoden ist so gut wie sinnlos.

---

[1] Die statischen Methoden, die ohne Instanzvariable auskommen, werden wir später behandeln.

```
#include <string>
#include <iostream>
using std::string; using std::cout;
struct Person {
    string name_;
    int alter_;
    string ort_;
    void drucke();         // Funktion als Methode des Typs
};
void Person::drucke() { // Name der Methode wird um Person:: erweitert
    cout << name_         // in einer Methode können Sie direkt auf Felder zugreifen
        << " ("<< alter_<<") aus " << ort_ << "\n";
}
int main() {
    Person otto {"Otto", 45, "Kassel" };
    otto.drucke();        // Aufruf der Methode für eine Variable des Typs
}
```

Listing 16.2 Methoden packen Daten und Verhalten zusammen.

Nun ist drucke Teil des Typs Person und ist so zur *Methode* geworden.

Wenn man von einer *Methode* spricht, dann ist damit eine Funktion innerhalb eines Typs gemeint. Davon zu unterscheiden sind *Funktionen*, die Sie bisher kennengelernt haben.

Manchmal werden Funktionen auch *freie Funktionen* genannt, um sie begrifflich von Methoden abzusetzen. Auch der Begriff *globale Funktionen* wird manchmal gebraucht, doch ist das nicht ganz korrekt, denn eine Funktion kann sich auch innerhalb eines Namensraums befinden und ist dann immer noch »frei«, aber nicht »global«. Andersherum wird der Begriff *Member-Funktion* für Methode verwendet (von engl. *Member*, dt. *Mitglied*).

Technisch gesehen sind auch Methoden nur Funktionen. Einer der Unterschiede ist, dass der vollständige Bezeichner einer Methode den Klassennamen enthält. Wenn Sie die Methode außerhalb des Typs definieren, nennen Sie sie zum Beispiel Person::drucke. Innerhalb der Methode können Sie dann auf alle Datenfelder und Methoden der Klasse ohne weitere Qualifizierung zugreifen: Wo Sie vorher p.name_ geschrieben haben, reicht nun name_.

Genau genommen übersetzt der Compiler dies intern in this->name_ – und hier komme ich zum zweiten wichtigen Unterschied zu Funktionen: Eine Methode aus Typ hat immer einen impliziten Parameter Typ* this[2], ohne dass dieser in der Parameterliste der Methode auftaucht. Dieser Parameter steht für die Speicheradresse der Instanz, auf die

---

2 Ganz korrekt wäre: Typ *const oder Typ const * const, je nach Fall.

Sie die Methode aufrufen. this zusammen mit dem Datenfeld, das Sie verwenden, ergibt die genaue Stelle, die Sie meinen.

Bei this muss der Compiler den Dereferenzierungsoperator -> statt dem Punkt . verwenden, wie in Kapitel 23, »Zeiger«, genauer beschrieben ist.

```
struct Person {
    //... Rest wie zuvor...
    string gruss();
};
string Person::gruss() { return "Hallo " + name_ + " aus " + ort_; }
int main() {
    Person anna { "Anna", 33, "Hof" };
    Person nina { "Nina", 22, "Wyk" };
    anna.gruss();
    nina.gruss();
}
```

Listing 16.3 Die Methode »gruss()« verwendet Felder – mittels »this« ist es immer das zum aufgerufenen Objekt gehörende Feld.

Obwohl der Programmcode beim Durchlauf von gruss() in beiden Fällen der gleiche ist, so sorgt doch der implizite this-Parameter dafür, dass auf unterschiedliche name_- und ort_-Felder zugegriffen wird, nämlich auf die, die zum aktuellen Objekt gehören.

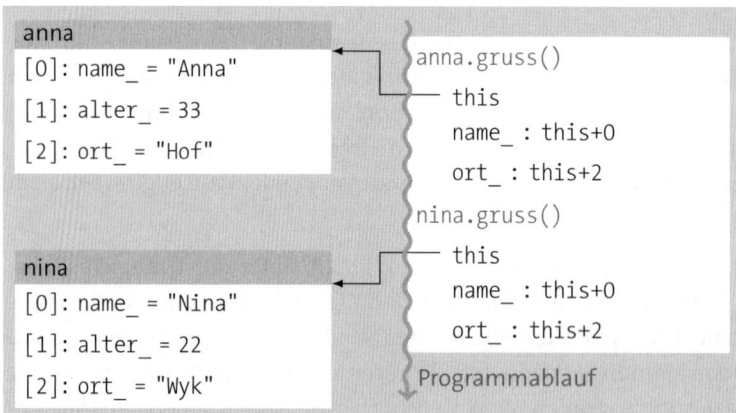

Abbildung 16.1 Jeder Aufruf von »gruss()« erhält einen anderen »this«-Parameter.

Und tatsächlich, bis auf ein paar kleine (aber wichtige) Unterschiede können Sie eine Methode umschreiben und aus ihr eine freie Funktion machen, indem Sie den impliziten this-Parameter explizit machen.

```cpp
string gruss(Person * const p) {   // impliziter Parameter explizit gemacht
    return "Hallo " + p->name_ + " aus " + p->ort_;
}
```

Listing 16.4 So trennen Sie Methoden und Daten voneinander.

Den Parameter dürfen Sie nicht this nennen, weil es ein Schlüsselwort in C++ ist – hier heißt er deswegen p.

Es ist eine gute Idee, Daten und Funktionen zusammen zu bündeln. Ob Sie dies generell und durchweg immer tun sollten, ist in eine Designfrage. So erlaubt C++ zum Beispiel die Erweiterung bestehender Funktionalität durch neue Überladungen freier Funktionen, nicht nur durch das Hinzufügen von Methoden zu einem bestehenden Datentyp. Dafür ist der operator<< für std::ostream ein gutes Beispiel.

16.4 Das bessere »drucke«

Eigentlich schmerzt es mich jedes Mal, wenn ich Ihnen als Beispiel für eine Funktion so etwas Unpraktisches präsentiere wie drucke. Zu drucke als Methode oder zur entsprechenden Funktion, so einfach sie auch ist, gibt es mehrere wichtige Dinge anzumerken. Sie wissen nun genug über C++, dass ich Ihnen die bessere Alternative erklären kann. Sehen Sie sich noch einmal die Methode an:

```cpp
void Person::drucke() {
    cout << name_
         << " ("<< alter_<<") aus " << ort_ << "\n";
}
```

Hier wird nach cout ausgegeben. Was, wenn Sie eine Person einmal als Fehler (nach cerr) ausgeben wollen? Würden Sie dafür eine eigene Funktion oder Methode schreiben? Das Ursprungsproblem ist, dass Sie in der Methode auf die *globale Variable* cout zugreifen. Dieses Verhalten können Sie von außen nicht ändern, wenn Sie zum Beispiel per ofstream in eine Datei oder zu Testzwecken in einen stringstream schreiben wollten.

> **Keine globalen Zugriffe**
> Vermeiden Sie den direkten Zugriff auf globale Variablen in Funktionen und Methoden.

Vielleicht wollen Sie automatische Tests für Person::drucke schreiben. Wie lästig, dass Sie dann mit den Augen cout überwachen müssen, um zu prüfen, ob das Programm korrekt lief! Ich will Ihnen nahelegen, dass Sie sich unter anderem das automatische Testen (siehe Kapitel 2, »Vom Problem zum Programm«) erleichtern können, wenn Sie auf die Verwendung des globalen cout im Speziellen und von globalen Variablen im Allgemeinen verzichten.

Übergeben Sie daher das Ziel der Ausgabe als Parameter. cout und cerr sind vom Typ std::ostream. Und wenn Sie in eine Datei schreiben wollen, dann passt ostream auch darauf.

```
void Person::drucke(std::ostream& os) {
    os << name_ << " ("<< alter_<<") aus " << ort_";
}
```

Beachten Sie, dass Sie als Typ ostream& verwenden, also eine Referenz. Sie wollen keine Kopie des Streams anlegen, sondern seinen Zustand verändern. In einen Stream etwas auszugeben ist eine Zustandsveränderung.

Puh, Ihnen das für die Zukunft nahegelegt zu haben, erleichtert mein Gewissen schon ungemein! Verwenden Sie dieses drucke nun wie Sie mögen:

```
// Ausschnitt. Person wie zuvor
void Person::drucke(std::ostream& os) {
    os << name_ << " ("<< alter_<<") aus " << ort_;
}
int main() {
    Person karl {"Karl", 12, "Stetten"};
    karl.drucke(cout);    // auf dem Bildschirm
    cout << "\n";
    std::ofstream datei {"personen.txt"};
    karl.drucke(datei);         // in eine Datei
    // automatischer Test:
    std::ostringstream oss{};   // schreibt in einen string
    karl.drucke(oss);
    if(oss.str() == "Karl (12) aus Stetten") {
        cout << "ok\n";
    } else {
        cout << "Fehler in Person::drucke!\n";
        return 1;               // Fehler nach außen weiterleiten
    }
}
```

Listing 16.5 »drucke« nimmt einen Stream als Argument.

16.5 Eine Ausgabe wie jede andere

Der nächste Schritt ist eigentlich nur Kosmetik. Denn wenn Sie ein Objekt auf einem ostream ausgeben wollen, dann gibt es dafür einen in der Praxis häufig angewandten Weg: Überladen Sie den globalen Operator operator<< für ostream& und Ihren Typ:

```
using std::ostream;
ostream& Person::drucke(ostream& os) {
    return os << name_ << " ("<< alter_<<") aus " << ort_;
}
```

```cpp
ostream& operator<<(ostream& os, Person p) {
    return p.drucke(os);
}
```

Listing 16.6 Sie können den Standardoperator für die Ausgabe überladen.

Sie können statt p.drucke() aufzurufen auch die Felder direkt ausgeben:

```cpp
ostream& operator<<(ostream& os, Person p) {
    return os << p.name_ << " ("<< p.alter_<<") aus " << p.ort_;
}
```

Dazu müssen diese jedoch öffentlich sein. Wenn Sie die Felder private gemacht haben, rufen Sie eine public Methode wie drucke auf.

Haben Sie bemerkt, dass die Rückgabe nicht void ist? Dadurch, dass Sie den als Parameter übergebenen ostream auch wieder zurückgeben, können Sie diesen Rückgabewert innerhalb eines Ausdrucks weiterverwenden. Sie haben das für operator<< schon oft gemacht. Sehen Sie Ihren neuen Ausgabeoperator im Einsatz:

```cpp
// Ausschnitt
    // ...
    std::ostream& drucke(std::ostream& os);
};
std::ostream& Person::drucke(std::ostream& os) {
    return os << name_ << " ("<< alter_<<") aus " << ort_;
}
std::ostream& operator<<(std::ostream& os, Person p) {
    return p.drucke(os);
}
int main() {
    Person paul {"Paul", 23, "Dresden"};
    cout << "Sie sind " << paul << ", richtig?\n";
}
```

Listing 16.7 Die natürlichste Ausgabe Ihrer Struktur erreichen Sie durch Überladung einer freien Funktion.

Und so können Sie Person-Objekte in der Ausgabe verwenden wie andere Datentypen auch. Als Gesamtausgabe sehen Sie:

```
Sie sind Paul (23) aus Dresden, richtig?
```

16.6 Methoden inline definieren

Haben Sie bemerkt, dass ich bei der Deklaration und der späteren Definition der Methode der Klasse ein Mittel eingesetzt habe, das Sie schon kennen: die *Vorwärts-Deklaration* der Methode? Zuerst, in der Struktur, wird nur der Methoden-*Kopf* genannt und dann später, außerhalb, findet die eigentliche Definition statt.

Das ist bei Strukturen und Klassen auch der Weg, den Sie meistens gehen sollten. Sie können jedoch, wenn eine Methode zum Beispiel sehr kurz ist, es bei ihr genauso halten wie bei normalen Funktionen. Sie können sie auch gleich vor Ort *definieren* – innerhalb der Struktur:

```cpp
#include <string>
#include <iostream>       // ostream
using std::string; using std::ostream;
struct Person {
    string name_;
    int alter_;
    string ort_;
    ostream& drucke(ostream& os) {   // Methode inline definiert
        return os << name_ << " ("<< alter_<<") aus " << ort_;
    }
};
```

Listing 16.8 Methoden können auch inline definiert werden.

Verwenden Sie dies aber tatsächlich nur dann, wenn die Methode wirklich kurz ist.

Dadurch, dass Sie die Methode auf diese Weise in eine Klasse schreiben, probiert der Compiler dort, wo Sie die Funktion aufrufen, den Code der Implementierung direkt einzusetzen – das nennt man *Inlining*. Während das potenziell Ihren Code schneller macht (ein Funktionsaufruf kostet viel Zeit), macht es ihn auch größer.

Wenn Sie viele Funktionen *inlinen*, wird Ihr Code womöglich so groß, dass der Geschwindigkeitsvorteil dadurch wieder zerfällt. Inlinen Sie am besten nur Methoden, die einfach sind oder sehr, sehr häufig aufgerufen werden.

16.7 Implementierung und Definition trennen

person.hpp
```cpp
#ifndef PERSON_HPP
#define PERSON_HPP
#include <string>
#include <iostream> // ostream
struct Person {
  std::string name_;
  int alter_;
  std::string ort_;
  std::ostream& drucke(std::ostream& os);
};
#endif // PERSON_HPP
```

person.cpp
```cpp
#include "person.hpp"
using std::ostream;
ostream& Person::drucke(ostream& os) {
  return os << name_ << "("
    << alter_ << ") aus "<< ort_ << "\n";
};
```

Abbildung 16.2 Aufteilen einer Klasse in Header und Implementierung

Es ist der Übersicht des Programms förderlich, wenn Sie Definition und Implementierung voneinander trennen. Das geht sogar so weit, dass Sie die Struktur-*Definition* in einen Header packen sollten und die *Definition* in eine implementierende *.cpp-Datei (siehe Abbildung 16.2).

Wenn Sie Person nun an mehreren Stellen des Programms benötigen, dann verwenden Sie dort #include "person.hpp", um dem Compiler den Datentyp bekannt zu machen.

Nur für den Fall, dass Sie durch diverse Includes person.hpp möglicherweise mehrmals einbinden würden, sind die umgebenden Zeilen da:

```
#ifndef PERSON_HPP
#define PERSON_HPP
// ...eigentlicher inhalt
#endif // PERSON_HPP
```

Diese sogenannten *Include-Guards* (von engl. *Guard*, dt. *Wächter*) verhindern, dass struct Person zweimal definiert wird, wenn Sie direkt oder indirekt zweimal #include "person.hpp" schreiben. Es ist nicht *nötig*, diese Wächter zu verwenden, aber sehr übliche Praxis.

> **Kein »using« im Header**
>
> Wie ich schon zu Beginn des Buches erwähnt habe, verwende ich in der Kürze halber using nicht ganz so, wie Sie es in der Praxis einsetzen sollten. In Abbildung 16.2 mache ich es richtig:
>
> ▸ Verwenden Sie *kein* globales using in einem Header.
> ▸ In einer *.cpp-Datei können Sie ein using std::**Bezeichner** verwenden.
> ▸ Sie sollten aber *kein* using namespace std; global verwenden, auch nicht in der *.cpp-Datei.

16.8 Initialisierung per Konstruktor

Sie kennen schon den einfachen struct Person:

```
struct Person {
    string name_;
    int alter_;
    string ort_;
};
```

Sie wissen auch, dass Sie `Person` mit seinen drei Elementen auf vier korrekte Arten initialisieren können:

```
Person p1 { name, alter, ort };
Person p2 { name, alter };
Person p3 { name };
Person p4 { };
```

Alle diese Varianten sind gültig und initialisieren alle Felder. Die nicht genannten werden Wert-initialisiert, also mit einem sinnvollen, meist null-ähnlichen Wert gefüllt. Was tun Sie aber, wenn Sie erzwingen möchten, dass bei der Initialisierung immer ein `ort_` angegeben wird? Oder wenn Sie die Möglichkeit anbieten möchten, `name_` statt `ort_` wegzulassen?

Zu diesem Zweck gibt es *Konstruktoren*. Ein Konstruktor ist eine spezielle Methode der Klasse, die extra dafür da ist, das Objekt zu initialisieren. Sie schreiben einen Konstruktor *beinahe* wie eine normale Methode, jedoch mit folgenden Unterschieden:

- Der Name des Konstruktors ist immer der Name der Klasse, hier also `Person(...)`.
- Ein Konstruktor hat keinen Rückgabewert oder -typ, auch nicht `void`.
- Vor dem Konstruktorkörper können (und sollten) Sie die Felder der Klasse mit `: feld{wert}, ...` initialisieren.

Den Konstruktor müssen Sie wie die anderen Methoden innerhalb des `struct` deklarieren. Das sieht dann für `Person` so aus:

```
struct Person {
    string name_;
    int alter_;
    string ort_;
    Person();           // Konstruktor deklarieren
};
Person::Person()
  : name_{"kein Name"}  // Initialisierungswert für name_
  , alter_{-1}          // Initialisierungswert für alter_
  , ort_{"kein Ort"}    // Initialisierungswert für ort_
{ }                     // leerer Funktionskörper
```

Listing 16.9 So definieren Sie einen Konstruktor.

Wenn Sie nun eine `Person p{};` initialisieren, dann wird nicht mehr die Wert-Initialisierung ausgeführt, sondern stattdessen dieser Konstruktor ausgeführt. Bevor der (hier leere) Funktionskörper betreten wird, werden alle Variablen mit den angegebenen Werten initialisiert. Statt der geschweiften Klammern {...} können Sie auch runde Klammern (...) verwenden. Das macht hier keinen Unterschied – außer dass die {...} Sie dazu bringen, diese Form auch anderswo vorzuziehen. Auch können Sie eine andere Formatierung wie oben gezeigt wählen, zum Beispiel:

```cpp
Person::Person()
  : name_("kein Name"), alter_(-1), ort_("kein Ort")
{ }
```

Initialisierungen, die Sie hier nicht angeben, werden ausgeführt, als würden Sie eine Variable des entsprechenden Typs nicht initialisieren. Das heißt also, eingebaute Datentypen bleiben undefiniert, Klassen werden Wert-initialisiert.

So erhalten Sie also die Möglichkeit, bei `Person p{};` die Struktur mit anderen Werten zu füllen. Sie können nun aber nicht mehr ein, zwei oder drei Argumente angeben.

> **Ein Konstruktor macht ein Aggregat zur Struktur**
>
> Mit einem Konstruktor gibt es für diesen Typ keine Aggregator- oder Wertinitialisierung mehr. Sie müssen dann zur Initialisierung einen der Konstruktoren verwenden. Eine andere Anzahl Parameter als der oder die definierten Konstruktoren für die Initialisierung sind nicht mehr möglich.
>
> Zur Unterscheidung nennt man den Typ dann *Struktur*. Der Terminus *Aggregat* gilt auch noch für andere Sprachelemente, zum Beispiel das C-Array.

Genau, »der oder die Konstruktoren«: Wie eine normale Funktion können Sie den Konstruktor mit anderen Parameterkombinationen überladen, um auch wieder eine Initialisierung mit mehreren Parameterkombinationen zu ermöglichen.

```cpp
#include <string>
using std::string;
struct Person {
    string name_;
    int alter_;
    string ort_;
    Person();                                // Konstruktor ohne Argumente
    Person(string n, int a, string o);       // Konstruktor mit drei Argumenten
    Person(string n, int a);                 // Konstruktor mit zwei Argumenten
    Person(string n);                        // Konstruktor mit einem Argument
};
Person::Person()
  : name_{"kein Name"}, alter_{-1}, ort_{"kein Ort"} { }
Person::Person(string n, int a, string o)
  : name_{n}, alter_{a}, ort_{o} { }
Person::Person(string n, int a)
  : name_{n}, alter_{a}, ort_{"kein Ort"} { }
Person::Person(string n)
  : name_{n}, alter_{-1}, ort_{"kein Ort"} { }
```

Listing 16.10 Auch mehrere Konstruktoren sind möglich.

Das erlaubt Flexibilität bei der Initialisierung, ist aber nicht schön – es enthält viel Codeduplikation und somit Fehlerquellen während der späteren Pflege des Codes.[3] Diesen Umstand können Sie für `Person` auf drei Arten beheben:

- durch Member-Defaultwerte bei der Deklaration
- durch Konstruktor-Delegation
- durch Default-Werte für die Konstruktor-Parameter

16.8.1 Member-Defaultwerte in der Deklaration

Sie können im `struct` eine Membervariable mit einem `=` und einem Wert versehen. Wenn Sie dann diese Variable in der Aufzählung der Initialisierungselemente am Konstruktor weglassen, dann wird stattdessen dieser Wert genommen. Obiges Beispiel ist also äquivalent mit:

```cpp
#include <string>
using std::string;
struct Person {
    string name_ = "kein Name";
    int alter_ = -1;
    string ort_ = "kein Ort";
    Person() {}
    Person(string n, int a, string o)
        : name_{n}, alter_{a}, ort_{o} { }
    Person(string n, int a)
        : name_{n}, alter_{a} { }
    Person(string n)
        : name_{n} { }
};
```

Listing 16.11 Membervariablen können mit Defaultwerten ausgestattet werden.

Die in der Deklaration genannten Werte werden nur verwendet, wenn die Initialisierung am Konstruktor auch tatsächlich weggelassen wird. Das heißt insbesondere, dass keine zweifache Initialisierung stattfindet.

16.8.2 Konstruktor-Delegation

Sie können als Erstes in der Liste der Initialisierer einen anderen Konstruktor dieser Klasse aufrufen – die Initialisierung der Werte also an jenen *delegieren*.

---

[3] Jedoch sind die im Folgenden erklärten Alternativen dieser Initialisierung erst in C++11 hinzugekommen. Ohne C++11 müssen Sie das genau so implementieren.

Implementieren Sie dafür einen Konstruktor mit der maximalen Anzahl an Argumenten aus, und delegieren Sie dann an ihn von allen anderen Konstruktoren aus die Initialisierung der Membervariablen (Listing 16.12).

Mit dieser Variante werden Sie für `Person` nicht alle Codeduplikationen los. Nützlich ist dies, wenn innerhalb des – hier leeren – Konstruktorkörpers auch etwas stehen würde. Denn auch der Codeblock des Konstruktors, zu dem Sie delegieren, wird ausgeführt. Erst wenn dieser fertig ist, folgt der Code, der beim delegierenden Konstruktor noch stehen mag. Dort kann dann möglicherweise weniger stehen.

```cpp
#include <string>
using std::string;
struct Person {
    string name_;
    int alter_;
    string ort_;
    Person(string n, int a, string o)            // delegierter Konstruktor
      : name_(n), alter_(a), ort_(o) { }          // ... ausimplementiert
    Person() : Person{"kein Name",-1,"kein Ort"} { }         // delegierend
    Person(string n, int a) : Person{n, a, "kein Ort"} { }   // delegierend
    Person(string n) : Person{n, -1, "kein Ort"} { }         // delegierend
};
```

Listing 16.12 Ein Konstruktor kann einen Teil der Initialisierung an einen anderen Konstruktor weiterreichen.

Lassen Sie den Körper des delegierenden Konstruktors leer

Vorsicht, wenn in dem Körper des Konstruktors, der zuvor woanders hin delegiert hat, eine Exception ausgelöst wird. Das Objekt gilt nach dem Durchlauf des delegierten Konstruktors als erzeugt. Das hat zur Konsequenz, dass es irgendwann weggeräumt und somit auch der Destruktor aufgerufen wird. Das könnte dann unerwartet kommen, denn ohne Delegation gilt ein Objekt als *nicht* erzeugt, wenn eine Exception den Konstruktor verlässt. Welche Auswirkungen der Destruktoraufruf hat, erfahren Sie in Kapitel 21, »Der Lebenszyklus von Klassen«.

Um Schwierigkeiten zu vermeiden, sollten Sie den Körper des delegierenden Konstruktors leer lassen. So kann dort keine Ausnahme ausgelöst werden.

16.8.3 Default-Werte für die Konstruktor-Parameter

Sie können einen Konstruktor schreiben, der mit Default-Parametern flexibel viele Argumente nimmt. Sehen Sie dazu in den Aufgaben dieses Kapitels nach.

16.8.4 »init«-Methode nicht im Konstruktor aufrufen

Seien Sie nicht versucht, eine normale Methode zu schreiben, die die Initialisierung übernimmt, vielleicht `init()`, um diese dann im Konstruktorkörper aufzurufen. Für eine Initialisierung der Membervariablen ist es dann schon zu spät, Sie können denen dann nur noch etwas *zuweisen* (und das wäre doppelte Arbeit).

Gegen eine solche »Initialisierungsmethode« wie `init` an sich gibt es nicht viel einzuwenden. Jedoch *initialisieren* Sie hier nicht im Sinne der Sprache C++, sondern weisen allen Membervariablen neue Werte zu. Ein besserer Name wäre in Listing 16.13 vielleicht `assign` oder `set` gewesen.

```cpp
#include <string>
using std::string;
struct Person {
    string name_;
    int alter_;
    string ort_;
    Person(string n, int a, string o)
         {            // Init-Liste fehlt
           init(n, a, o);   // fragwürdiger "Initialisierungsaufruf"
    }
    void init(string n, int a, string o) {
      name_ = n; alter_ = a; ort_ = o;
    }
};
```

Listing 16.13 Rufen Sie keine initialisierende Methode im Konstruktorkörper auf.

Jedoch ist es falsch, dies als Ersatz der Konstruktor-Initialisierungsliste zu verwenden – es ist nämlich keiner. Die Membervariablen wurden nämlich schon initialisiert, obwohl Sie die Doppelpunktliste : ... weggelassen haben, nur eben Wert-initialisiert – falls möglich. So kann `init()` nur noch Zuweisungen vornehmen und es wurde Arbeit doppelt gemacht: Zuerst wurde initialisiert, dann der Wert mit der Zuweisung wieder überschrieben.

Auf gar keinen Fall dürfen Sie so vorgehen, wenn Ihr Datentyp Methoden hat, die Sie mit `virtual` markiert haben, siehe Kapitel 20, »Vererbung«. Merken Sie sich: Sie *dürfen* aus einem Konstruktor keine *virtuelle Methode* aufrufen. Ihr Programm wird wahrscheinlich abstürzen.

Verwenden Sie also eine solche `init`-Methode gerne, aber erst dann, wenn das Objekt schon komplett fertig ist und der Konstruktorcode schon verlassen wurde. Manchmal benötigen Sie dieses Vorgehen, um Ihre Objekte in zwei Phasen zu initialisieren: Wenn sich die Objekte gegenseitig benötigen, dann konstruieren Sie zunächst alle und rufen danach die nötigen `init()`-Methoden auf.

16.8.5 Exceptions im Konstruktor

Exceptions haben innerhalb von Konstruktoren eine besondere Bedeutung. Sie verhindern, dass das Objekt erzeugt wird. Die genauen Auswirkungen sehen Sie in Kapitel 21, »Der Lebenszyklus von Klassen«.

16.9 Struktur oder Klasse?

Ein Typ, der einen Konstruktor enthält, ist kein Aggregat mehr, er ist eine Struktur. Dieser Begriff stammt daher, dass Sie ja die Typdeklaration mit struct einleiten.

Sie werden manchmal aber auch den Begriff *Klasse* dafür hören – und das ist auch korrekt. Denn anstatt struct ... können Sie ebenso gut class ... schreiben. Es gibt nur einen winzig kleinen Unterschied in der Bedeutung zwischen struct und class in C++:

- struct
  Ein struct hat zunächst öffentliche Zugriffsrechte.
- class
  Eine class beginnt mit privaten Zugriffsrechten.

Öffentliches Zugriffsrecht bedeutet, dass Sie von außen auf das Innenleben des Typs zugreifen können. Das haben Sie in der Implementierung von operator<< gesehen:

```
ostream& operator<<(ostream& os, Person p) {
    return p.drucke(os);
}
```

Auf drucke des Typs Person kann diese freie Funktion (»von außen«) zugreifen, weil sie öffentlich ist (engl. *public*). Auch die Datenfelder sind öffentlich, also hätten Sie auch schreiben können:

```
ostream& operator<<(ostream& os, Person p) {
    cout << p.name_ << " (" << p.alter_ <<") aus " << p.ort_;
}
```

Listing 16.14 Zugriff von außen auf die Datenfelder eines Typs

Auf diese Weise auf die Innereien des Typs zuzugreifen widerspricht aber komplett dem, was mit der Einführung von Methoden eigentlich erreicht werden sollte: dass es der Typ selbst ist, der die Funktionalität bereitstellt und zusammenhält. Zu diesem Zweck können – und sollten – Sie den öffentlichen Zugriff auf Teile eines Typs unterbinden. Trennen Sie einen bestimmten Bereich mittels private: ab. Von dem Punkt der Deklaration an sind Methoden und Daten dann für vor Zugriff von außen geschützt. Das Gegenteil erreichen Sie mit public: – alles hinter diesem Schlüsselwort ist öffentlich.

```
#include <string>
using std::string;
struct Person {
private:  // alles ab hier kann von außen nicht benutzt werden
    string name_;
    int alter_;
    string ort_;
public:   // alles ab hier darf von außen verwendet werden
    Person(string n, int a, string o)
      : name_{n}, alter_{a}, ort_{o} { }
    void drucke();
};
```

Listing 16.15 Teilen Sie einen Typ mit »public« und »private« in mehrere Bereiche auf.

Nun ist es nicht mehr möglich, wie in Listing 16.14 auf `name_` und die anderen Daten direkt zuzugreifen.

16.9.1 Kapselung

Dieses Konzept, bestimmte Dinge vor dem Zugriff von außen zu schützen, nennt man *Kapselung*. Damit ist vor allem gemeint, die Daten selbst in den privaten Bereich zu packen und den Zugriff nur über Methoden zu erlauben und damit zu kontrollieren.

Tatsächlich gibt es noch weitere Formen der Kapselung; `public`- und `private`-Bereiche einer Klasse sind nur ein Aspekt davon. In C++ müssen die `private` Teile einer Klasse ja ebenfalls aufgelistet werden. So kann jeder Programmierer, der die Definition der Klasse einsehen kann, auch die Namen und Typen der privaten Daten sehen. Es kann durchaus sinnvoll sein, das Konzept des *Information Hiding* (verbergen von Information) der Kapselung noch weiter zu treiben. Schauen Sie sich die erste Erweiterungsfrage dieses Kapitels an, oder schlagen Sie unter dem »Pimpl-Pattern« nach.

16.9.2 Public und Private, Struktur und Klasse

Kommen wir auf den Unterschied zwischen `class` und `struct` zurück: Für den Compiler ist der einzige Unterschied, dass ein `struct` implizit mit einem `public:` beginnt und eine `class` mit einem impliziten `private:`.

Sie hätten also Listing 16.15 auch so schreiben können, und es hätte exakt das Gleiche bedeutet:

```
#include <string>
using std::string;
class Person {  // eine Klasse beginnt mit privater Sichtbarkeit
    string name_;
    int alter_;
    string ort_;
```

```
public:   // alles ab hier darf von außen verwendet werden
    Person(string n, int a, string o)
      : name_{n}, alter_{a}, ort_{o} { }
    void drucke();
};
```
Listing 16.16 »class« beginnt mit privater Sichtbarkeit.

Semantisch gesehen ist in C++ Klasse und Struktur dasselbe. Der Unterschied entsteht aber durch die Standardsichtbarkeit, die Sie erhalten, je nachdem, ob Sie Ihren Typ mit struct und class beginnen.

16.9.3 Daten mit »struct«, Verhalten mit »class«

Abgesehen von dieser technischen Unterscheidung empfehle ich Ihnen, dennoch »im Kopf« eine gewisse Unterscheidung zwischen Struktur und Klasse zu machen und diese auch durch die Verwendung von struct und class hervorzuheben:

- Verwenden Sie struct für jene Typen, die hauptsächlich nur Halter von Daten sind und nur wenig Verhalten mittels Methoden haben.
- Verwenden Sie class, wenn Sie die eigentlichen Daten als Implementierungsdetail ansehen und es das Verhalten ist, was Sie nach außen bringen wollen.

16.9.4 Initialisierung von Typen mit privaten Daten

Sie haben schon erfahren, dass Sie, wenn Sie mindestens einen Konstruktor zu Ihrem Datentyp hinzufügen, nicht mehr Wert-initialisieren können. Gleiches gilt auch, wenn Sie Daten in den private-Bereich Ihres Typs packen.

```
class Rect {
    int area_;   // private Daten
public:
    int x_, y_;
    void set(int x, int y) { x_=x; y_=y; area_=x_*y_; }
    int calc() { return area_; }
};
```
Listing 16.17 Teile der Daten sind privat.

Da Sie von außen nicht mehr direkt auf diese Membervariable zugreifen dürfen, können Sie sie auch nicht mehr einfach mit geschweiften Klammern befüllen. Sie können nicht Rect r{1,2}; oder Rect s{6,2,3}; schreiben – durch das Packen von area_ in den privaten Bereich der Klasse ist eine Wert-Initialisierung für Rect unmöglich.

Sie benötigen also auf jeden Fall einen Konstruktor. Akzeptieren Sie niemals, dass etwas nach der Definition uninitialisiert herumliegt! Das sieht der Compiler zum Glück auch so, und daher *generiert* er in diesen Fällen einen Konstruktor, nämlich den ohne Parameter. Dadurch können (und sollten) Sie zumindest `Rect t{};` verwenden.

Und was macht dieser generierte Konstruktor? Effektiv initialisiert er Ihr Objekt mit Nullen bzw. bei Membervariablen komplexere Typs mit einem passenden Äquivalent. Dies nennt man *Null-Initialisierung*.[4]

Durch so viel Automatismen muss man erst einmal durchsteigen. Denken Sie an die Leser Ihres Programms und liefern Sie einen Konstruktor mit, und sei es nur der Konstruktor ohne Parameter. Andererseits, wenn der Konstruktor ohnehin nur das tut, was der Compiler auch generieren würde, dann können Sie dessen Erzeugnis mit `= default` anfordern – so haben Sie es wenigstens explizit gemacht, und der Leser sieht direkt: »Ach ja, Initialisierung ohne Parameter«.

```
class Rect {
    int area_;              // private Daten
public:
    int x_, y_;
    void set(int x, int y) { x_=x; y_=y; area_=x_*y_; }
    int calc() { return area_; }
    Rect() = default;       // den Compiler einen Konstruktor generieren lassen
};
class Pow {
    int result_;            // private Daten. hält ©base© hoch ©exp©.
public:
    int base_, exp_;
    void set(int b, int e) { /* ... */ }
    int calc() { return result_; }
    Pow() : result_{1} {}   // base_, exp_ wurden 0, dann muss result_=1 werden.
};
```

Listing 16.18 Mit »= default« lassen Sie den Compiler Code erzeugen.

Während `Rect() = default;` nur die Null-Initialisierung anfordert, die der Compiler sowieso eingesetzt hätte, macht der Konstruktor `Pow()` tatsächlich etwas: Da `base_` und `exp_` Null-initialisiert wurden, muss `result_` auf 1 gesetzt werden, denn $0^0 = 1$.

> **Automatisch generierter Default-Konstruktor**
>
> Der Compiler generiert genau dann einen Default-Konstruktor (den ohne Argumente), wenn Sie keinen einzigen eigenen Konstruktor definieren.

---

4 Tatsächlich wird Ihr Objekt zuerst Null-initialisiert und dann der generierte Konstruktor aufgerufen, der nichts tut; der Effekt ist hier der Gleiche.

Sollten Sie also zum Beispiel `Rect(int x, int y)` hinzufügen, dann generiert der Compiler *keinen* `Rect()`-Konstruktor. Die Initialisierung `Rect a{};` geht dann nicht mehr, dafür aber `Rect b{4,3};`.

16.10 Zusammenfassung

- Verwenden Sie `struct` zum Erzeugen neuer Typen.
- Globale Funktionen können auf Parametern des neuen Typs arbeiten und den neuen Typ als Rückgabe zurückliefern.
- Mittels Methoden halten die Daten und Funktionen zusammen.
- Vermeiden Sie die direkte Verwendung von globalen Variablen in Funktionen und Methoden.
- Sie können `operator<<(ostream&,...)` definieren und zur Ausgabe Ihres Typs verwenden.
- Trennen Sie Deklaration und Definition der Methoden durch Auftrennen in Header und Implementierung.
- Teilen Sie Ihren Typ mit `public` und `private` in private und öffentliche Bereiche auf.
- Verwenden Sie `struct` oder `class`, um Ihre Intention für den Typ zu verdeutlichen.

16.11 Aufgaben

Wiederholungsfragen

1. Was ist der Unterschied zwischen `class` und `struct` bei der Definition eines eigenen Datentyps?
2. Was bedeutet es, wenn Sie einen Konstruktor für einen neuen Datentyp definieren?
3. Was ist der Unterschied zwischen einer freien Funktion und einer Methode?
4. Wenn Sie eine Variable vom Typ `Reiseziel` aus Listing 16.19 definieren ...
   - Welche (wirklich verschiedenen) Möglichkeiten zur Initialisierung haben Sie? Kommen Sie auf fünf?
   - Was bedeutet `Reiseziel insel{"amrum"};` für dessen `preis_pro_nacht_`?
   - Was bedeutet `Reiseziel berge;` für dessen `preis_pro_nacht_`?
5. Welche Möglichkeiten zur Initialisierung haben Sie, wenn Sie zu Listing 16.19 ...
   - den Konstruktor `Reiseziel()` ohne Parameter hinzufügen?
   - die Methode `void print()` hinzufügen?
   - statt `struct` ein `class` verwendet hätten?

```
#include <string>
struct Reiseziel {
    std::string ort_;
    unsigned entfernung_km_;
    double mittlere_temp_c_;
    unsigned preis_pro_nacht_;
};
```
Listing 16.19 Ein einfacher neuer Datentyp zum Üben.

Vertiefungsfrage

Schreiben Sie einen Konstruktor für `Person`, der null bis drei Argumente akzeptiert, indem Sie ihn mit Default-Argumenten ausstatten. Es soll sowohl `Person p{};` als auch `Person q{"Joe", 67, "Texas"};` möglich sein.

Erweiterungsfrage

Im Abschnitt 16.9.1, »Kapselung«, wurde das »Pimpl-Pattern« erwähnt: *Pimpl* steht hier für »Implementierungs-Pointer«. Sehen Sie sich Listing 16.20 an, und implementieren Sie die Klasse `PersonImpl` – so, dass das Programm fehlerfrei kompiliert wird und beim Ausführen `Friedrich (250) aus Potsdam` ausgibt:

- Sie müssen die Definition der Klasse `PersonImpl` ergänzen. Auch fehlt die Implementierung von `Person::drucke`. Um eine Idee zu bekommen, wie Sie vorgehen müssen, wurde der Konstruktor `Person::Person` schon für Sie implementiert – und weil Sie `unque_ptr` noch nicht kennen.
- Machen Sie sich klar, warum dies wirklich »Information verbirgt«. Was kommt wohl in den Header (für den Kunden sichtbar), was kommt in die .cpp-Datei und wird von Ihnen nur als kompilierte Bibliothek geliefert?

```
#include <iostream>
#include <string>
#include <memory>
using std::string; using std::ostream;

class PersonImpl; // Vorwärtsdeklaration
class Person {
private:
    std::unique_ptr<PersonImpl> pimpl_; // Zeiger auf Implementierung
public:
    Person(string n, int a, string o);
    ostream& drucke(ostream&);
};
```

```
/* "verborgene" Implementierung (im cpp-file): */

int main() {
    Person friedrich{"Friedrich", 250, "Potsdam"};
    friedrich.drucke(std::cout);
}

// ... hier fehlt:
// class PersonImpl { ... };
// ostream& Person::drucke(ostream& os) { ... }

Person::Person(string n, int a, string o)
    : pimpl_{ new PersonImpl{n, a, o} }
{ }
```
Listing 16.20 Beginnen Sie hiermit, um ein Pimpl-Pattern zu implementieren.

Kapitel 17
Verwendung eigener Datentypen

Kapiteltelegramm

- **Klasse als Wert**
  Die Instanz einer Klasse als Wertparameter (Call-by-Value) oder als Rückgabewert verwenden

- **copy elision**
  Technik des Compilers, um das unnötige Kopieren eines Rückgabewertes zu vermeiden

- **implizite Typumwandlung**
  Wir sprechen von einer implizite Typumwandlung, wenn der Compiler innerhalb eines Ausdrucks einen anderen Typ als den vorhandenen benötigt und einen Konstruktor mit einem einzelnen Argument, um das gewünschte Objekt zu erzeugen.

- **explizite Typumwandlung**
  Wir sprechen von einer explizite Typumwandlung, wenn Sie in einem Ausdruck den einargumentigen Konstruktor explizit aufrufen.

- **Konvertierungsmethode**
  Eine Methode der Form `operator Zieltyp()`, mit der Sie ein Objekt in `Zieltyp` umwandeln lassen können

- `const`-**Medthode**
  Eine Methode, die den Zustand der Instanz nicht verändert; wird abschließend mit `const` markiert

- **Kapselung**
  Die klare Trennung von Schnittstelle zu Implementierungsdetails; klare Trennung von Daten zu Funktionalität

- **Typalias**
  Mit `using neuerTyp = alterTyp` oder `typedef alterTyp neuerTyp` eine andere Schreibweise für einen Typ einführen; auch lokal in einer Klasse

- **Typdeduktion mit** `auto`
  Bei der Definition einer Variablen den Typ vom Compiler aus dem Typ des Ausdrucks der Initialisierung ermitteln lassen

Sie wissen jetzt, wie Sie eigene Datentypen erstellen, wie Sie sie initialisieren und mit Methoden ausrüsten. Ich zeige Ihnen nun an einem ausführlichen Beispiel, wie Sie solche eigenen Typen einsetzen können. In diesem Kapitel lernen Sie unter anderem,

- wie Sie einen eigenen Datentyp als Parameter übergeben und zurückgeben,
- wie dabei automatisch der Typ umgewandelt werden kann,

- wie Sie ihn ausgeben und für Berechnungen nutzen und
- wie er Sie vor Fehlern schützt, indem er Ihnen Typsicherheit bietet.

Als erklärendes Beispiel dient mir eine Datumsberechnung. Wenn Sie mit einem Datum mit *Jahr*, *Monat* und *Tag* zu tun haben, besteht immer das Risiko, dass Sie *Monat* und *Tag* etc. vertauschen.[1] Wenn Sie zum Beispiel eine Funktion void printDate(int j, int m, int t); haben und Sie rufen sie irgendwo mit printDate(28, 2, 2014); auf, dann ist das selbstverständlich falsch.

Das passiert Ihnen, weil Sie sich nicht mehr an die genaue Bedeutung der Parameter erinnern. Dann wird das Programm wahrscheinlich nicht das tun, was Sie wollten, denn Sie hätten printDate(2014, 2, 28); schreiben sollen. Und nichts anderes als die Namen der Parameter kann Ihnen dabei helfen, die Funktion richtig zu benutzen.

Das folgende Beispiel ist da sicherer. Wenn Sie für die verschiedenen Zeiteinheiten unterschiedliche Typen einführen, schützen Sie Date vor einer falschen Verwendung. Diesem Ziel sind Sie mit diesem Beispiel schon recht nahe. Doch Achtung: Sie sind noch nicht ganz am Ziel, wie Sie bei der Besprechung sehen werden. Hier kommt zunächst das komplette Listing:

```cpp
#include <string>       // string, stoi
#include <iostream>     // cin, cout, ostream
#include <iomanip>      // setfill, setw
using std::setfill; using std::setw; using std::ostream;
/* Hilfstypen für sicheres Datum */
class Year {
    int value_; // z. B. 2014
public:
    Year(int v) : value_{v} {}
    int value() { return value_; }
};
class Month {
    int value_; // 1..12
public:
    Month(int v) : value_{v} {}
    int value() { return value_; }
};
class Day {
    int value_; // 1..31
public:
    Day(int v) : value_{v} {}
    int value() { return value_; }
};
```

---

1 Zum Beispiel, weil man in USA den 5. Februar 2014 als 2/5/14 schreibt.

17 Verwendung eigener Datentypen

```cpp
/* typsicher konstruierendes Datum */
class Date {
    Year year_;
    Month month_ = 1;
    Day day_ = 1;
public:
    Date(int y) : year_{y}         // 1-Argument-Konstruktor
        {}                          // setzt 1. Jan des angegebenen Jahres
    Date(Year y, Month m, Day d)    // 3-Argument-Konstruktor
        : year_{y}, month_{m}, day_{d}
        {}
    ostream& print(ostream& os);    // z. B. 2014-04-20
};
ostream& Date::print(ostream& os) {  // z. B. 2014-04-20
    return os << year_.value()
        << "-" << setfill( '0' ) << setw(2) << month_.value()
        << "-" << setfill( '0' ) << setw(2) << day_.value();
}
ostream& operator<<(ostream& os, Date d) {
    return d.print(os);
}

// http://codegolf.stackexchange.com/a/11146/1405, user Fors, 2014-02-25
Date ostern(Year year) {
    const int y = year.value();
    int a = y/100*1483 - y/400*2225 + 2613;
    int b = (y%19*3510 + a/25*319)/330%29;
    b = 148 - b - (y*5/4 + a - b)%7;
    return Date{Year{y}, Month{b/31}, Day{b%31 + 1}};  // Datum erzeugen
}
int main(int argc, const char *argv[] ) {
    /* Eingabe */
    int zahl {};
    if(argc > 1) {
        zahl = std::stoi(argv[1]);
    } else {
        std::cout << "Jahr? "; std::cin >> zahl;
    }
    /* Berechnung */
    Date date = ostern(zahl);    // implizite Konvertierung nach Year
    /* ausgabe */
    std::cout << "Ostern: " << date << "\n";
}
```
Listing 17.1 Eigene Datentypen können vor Fehlern schützen – dies ist der erste Schritt dazu.

Wenn es ausgeführt wird, fragt das Programm nach einem Jahr wie 2014 und gibt dann das Datum des Ostersonntags jenes Jahres aus. Sie können das Programm auch auf der Kommandozeile mit der Jahreszahl aufrufen:

```
$ ./33-easter.x  2014
Ostern: 2014-04-20
```

Die Funktion zur Berechnung von »Ostern« ist eine Variation des Algorithmus von Carl Friedrich Gauss, der als Erster dazu eine einfache Rechenvorschrift ohne große Tabellen ersonnen hat. Zu seiner Zeit war dies eine der wichtigsten Berechnungen überhaupt.[2] Auf die Details dieser Berechnung will ich hier nicht weiter eingehen.

17.1 Klassen als Werte verwenden

Wenn Sie mit Ihren selbst geschriebenen Datentypen agieren, sollten Sie diese nicht anders behandeln als solche aus der Standardbibliothek – und eigentlich auch nicht anders als mit den eingebauten Typen. Wenn Sie Klassen und Structs verwenden, überlegen Sie zuerst, ob etwas dagegen spricht, sie so zu verwenden, als wäre es ein `int` oder Ähnliches. Nur, wenn es einen guten Grund gibt, dies nicht zu tun, dann behandeln Sie den Einzelfall anders.

Hiermit ist gemeint, dass Sie auch Variablen Ihrer Klasse als einfachen *Wert* behandeln sollen. Das heißt:

- Sie können einer Variablen Ihres Typs einen komplett neuen Wert zuweisen, statt ihren inneren Zustand zu verändern.
- Übergeben Sie eine Variable bevorzugt als Wert (*Call-by-Value*). Nur dann, wenn Sie sicher sind, nutzen Sie Referenzen (oder Zeiger).
- Scheuen Sie nicht davor zurück, Ihren Typen als Ergebnis zurückzuliefern.

17.1.1 Wert-Parameter

Im aktuellen Beispiel bekommen die Funktionen die selbst gebauten Datentypen als Wert-Parameter:

```
ostream& operator<<(ostream& os, Date d);
Date ostern(Year year);
```

Beide Funktionen lesen ihren Parameter nur und wollen ihn nicht verändern. Zwei Möglichkeiten der Parameterübergabe für diesen Fall sind als *Wert* und als *konstante Referenz*.

Die Übergabe als Wert ist der sicherste Weg Ihr Programm, wenn es größer wird, davor zu schützen, im Wust der Referenzen durcheinanderzukommen: Falls das Originalobjekt

---

2 *Computus,* https://en.wikipedia.org/wiki/Computus, [2014-03-01]

außen nicht mehr existiert, wenn es in der Funktion gebraucht wird, dann wird das Programm möglicherweise abstürzen.

Der Nachteil ist, dass die Variable dafür kopiert werden muss. Das kostet Zeit und Speicher bei der Programmausführung. Doch sollten Sie dennoch diese Möglichkeit vorziehen, um sich in einem größeren Projekt vor schwer zu findenden Fehlern zu schützen.

Eine Alternative ist die *konstante Referenz*. Die sieht in diesem Fall so aus:

```
ostream& operator<<(ostream& os, const Date& d) {
    return d.print(os);
}
```

Doch ergibt dies nun einen Fehler: `d` darf nicht verändert werden, denn genau das haben Sie mit `const Date&` ja gesagt. Aber `d.print...` *könnte* `d` verändern – für den Compiler sieht es zumindest so aus. Um dem Abhilfe zu schaffen, müssen Sie dem Compiler sagen, dass `print` das Objekt nicht verändert. Dazu stellen Sie der Methodendeklaration ein `const` nach:

```
ostream& print(ostream& os) const;
```

Nun klappt der obige Aufruf `d.print(os)` – und zusätzlich sind Sie nun auch *const-korrekt*. Auf all diese Aspekte von `const` gehe ich in Kapitel 19, »Const«, detailliert ein.

17.1.2 Rückgaben

Wenn Sie Ihren neuen Typ zurückgeben wollen, dann tun Sie es einfach. Im Normalfall geben Sie keine Referenz zurück – und wenn, dann höchstens eine, die Sie auch als Parameter bekommen haben, wie `os` in:

```
ostream& Date::print(ostream& os) {
    return os << year_.value()
        << "-" << setfill0 << setw(2) << month_.value()
        << "-" << setfill0 << setw(2) << day_.value();
}
```

Geben Sie *niemals* (und zwar wirklich nie!) eine Referenz auf ein in der Funktion oder Methode erzeugtes[3] Objekt zurück:

```
Date& firstJanuaryOf(int y) {
    Date result{Year{y}, Month{1}, Day{1}};
    return result;
}
```

Das geht sofort schief: `result` ist in dieser Funktion erzeugt und wird beim Verlassen somit auch wieder zerstört. Wenn Sie die Referenz auf das in der Funktion interne Objekt

---

[3] nicht statisches

nach außen reichen, dann zeigt die Referenz auf das zerstörte Objekt – das ist schlicht falsch und verkehrt.

Daher: Reichen Sie das neu erzeugte Objekt einfach nach außen als Wert heraus.

```
Date firstJanuaryOf(int y) {
    Date result{Year{y}, Month{1}, Day{1}};
    return result;
}
```

17.1.3 Performance beim Zurückgeben

Sollten Sie sich Sorgen darüber machen, dass hier vielleicht extra kopiert werden muss, dann kann ich Sie beruhigen: Der Compiler kann in den meisten Fällen eine Kopie vermeiden (*copy elision*). Sie sind performance-mäßig auf der sicheren Seite, wenn Sie nur ein einziges return in Ihrer Funktion haben oder Sie nur eine einzige Stelle in der Funktion haben, an der Ihr zurückzugebender Wert erzeugt wird. Und selbst wenn beides nicht zutrifft, kann der Compiler in C++11 häufig eine Komplettkopie vermeiden.

```
#include <vector>
std::vector<int> createData(unsigned size) {
    std::vector<int> result{};
    for(int idx=0; idx<size; ++idx) {
        result.push_back(idx);
    }
    return result;
}
```

Listing 17.2 Wenn alle »return«-Anweisungen dieselbe Variable zurückliefern, kann der Compiler eine Kopie immer vermeiden.

17.2 Konstruktoren nutzen

Aus der Funktion ostern() ist vor allem die folgende Zeile interessant:

`return Date{Year{y}, Month{b/31}, Day{b%31 + 1}};`

Hier wird ein Date erzeugt, indem dessen Konstruktor mit drei Argumenten aufgerufen wird:

`Date(Year y, Month m, Day d);`

Dessen Argumente sind drei frische Variablen unterschiedlichen Typs, die explizit mit ihrem jeweiligen 1-Argument-Konstruktor aufgerufen werden: Year{y} erzeugt aus dem int y eine temporäre Variable des Typs Year etc.

Dadurch, dass die drei Konstruktor-Argumente unterschiedlichen Typs sind, kann es nicht passieren, dass Sie versehentlich

`return Date{Day{b%31 + 1}, Month{b/31}, Year{y}};`

aufrufen: Dazu passt der Konstruktor nicht. Sie haben hier Sicherheit erreicht. In vielen APIs, die einen Typ für ein Datum bereitstellen, nimmt der Konstruktor einfach drei int-Werte, und die Erkennung auf das irrtümliche Vertauschen der Argumente ist dahin.

Lassen Sie sich vom Compiler helfen, um Fehler zu vermeiden.

17.3 Typumwandlungen

Dort, wo die Funktion ostern benutzt wird, sehen Sie ein tolles Feature. Sie wissen ja, dass zahl vom Typ int ist. Und doch steht dort:

```
Date date = ostern(zahl);
```

Obwohl die Funktion ostern ein Argument mit dem Typ Year nimmt:

```
Date ostern(Year year);
```

Sie müssen nicht einen der Umwege nehmen, um erst ein Year zu erzeugen:

```
Year y{zahl};
Date date = ostern(y);
// oder
Date date = ostern(Year{zahl});
```

Der Compiler sieht, dass es hier möglich ist, aus einem int ein Year zu machen. Dies nennt man *implizite Typumwandlung*.

Ein Konstruktor mit einem Argument erlaubt dem Compiler, eine implizite Typumwandlung vorzunehmen: vom Typ des Arguments in den Typ, zu dem der Konstruktor gehört.

Wenn der Compiler also ostern(zahl) sieht, stellt er fest, dass zahl ein int ist, aber ostern ein Year verlangt. Der Konstruktor Year(int) erlaubt ihm genau diese Umwandlung – und so erzeugt er sich selbst eine temporäre Variable – als hätten Sie ostern(Year{zahl}) aufgerufen.

Ich hatte schon gesagt, dass dieses Beispiel einen Haken hat. Denn die implizite Typumwandlung beschert Ihnen eine Fußangel, und zwar keine kleine.

Denn was für Funktionen mit einem Argument wie ostern(Year) gilt, gilt auch für solche mit drei Argumenten.

Probieren Sie einmal aus, in den Konstruktor von Date die int-Werte statt der Typen für die unterschiedlichen Zeiteinheiten einzusetzen:

```
/* return Date{Year{y}, Month{b/31}, Day{b%31 + 1}}; */
return Date{y, b/31, b%31 + 1};
```

Oje, das geht! Der Date-Konstruktor (in diesem Sinne einer Funktion ähnlich) kommt mit drei int-Werten klar. Logisch, denn alle drei Zeit-Typen haben Konstruktoren mit einem int als Argument und erlauben dem Compiler nun die implizite Umwandlung:

```
Year::Year(int v);
Month::Month(int v);
Day::Day(int v);
```

Dass die implizite Umwandlung des Compilers manchmal nützlich sein kann, haben Sie schon gesehen. Doch in vielen Fällen, wie hier, kann sie gefährlich sein. Nun beraubt sie uns des Schutzes vor dem Vertauschen der Argumente. Denn Date{b%31 + 1, b/31, y} schluckt der Compiler, es ist aber falsch.

Die Rettung kommt mit dem Schlüsselwort `explicit`. Wenn Sie dieses an die Deklaration eines einstelligen Konstruktor anfügen, dann wählt der Compiler diesen nicht mehr für die implizite Typumwandlung aus. Dann *müssen* Sie einen int y in ein Year umwandeln, indem Sie Year{y} schreiben.

Die restlichen Zeilen der Typen bleiben unverändert, aber die Deklaration der Konstruktoren sieht nun so aus:

```
// jeweils nur Auszüge
class Year {
    explicit Year(int v) : value_{v} {}
};
class Month {
    explicit Month(int v) : value_{v} {}
};
class Day {
    explicit Day(int v) : value_{v} {}
};
class Date {
    explicit Date(int y) : year_{y} {}
};
```

Listing 17.3 Mit »explicit« verhindern Sie automatische Typumwandlung.

Vor einem Konstruktor mit mehr als einem Argument macht ein `explicit` keinen Sinn. Schließlich können nicht mehrere Typen gleichzeitig in einen anderen Typ umgewandelt werden.

Der Nachteil: Sie müssen nun auch beim Aufruf von `ostern` auf die implizite Umwandlung verzichten und sie stattdessen explizit machen. Dieser Mehraufwand lohnt sich aber:

```
Date date = ostern(Year{zahl});
```

> **Tipp**
>
> Im Normalfall sollten Sie Konstruktoren mit einem Argument zusätzlich mit dem Schlüsselwort `explicit` versehen.

17.4 Kapseln und entkapseln

Die drei Typen `Year`, `Month` und `Day` machen ja eigentlich nichts anderes, als einen Wert zu *kapseln*. Dadurch, dass Sie den eigentlichen Wert `int value_` gekapselt haben, haben Sie jeweils einen eigenen Typ erzeugt, der den inneren Wert verbirgt. Aber natürlich müssen Sie irgendwie den wirklichen Wert hinein- und herausbekommen.

Das Hinein habe ich bereits beschrieben. Sie wählen als Weg den Konstruktor: `value_` kann nicht mehr nachträglich verändert werden. Wenn Sie einen neuen `value_` haben wollen, dann erzeugen Sie auch die umgebende Kapsel neu – zum Beispiel `Year a{2014}`; und dann `a = Year{2015}`.

Der andere Weg, das Heraus, ist im Beispiel mit

```
int Year::value() { return value_; }
```

implementiert. Das kann man als Nachteil sehen: Jedes Mal wenn Sie nun den wirklichen Wert von `Year` haben wollen, müssen Sie `value()` verwenden. Die Methode `print()` macht davon reichlich Gebrauch:

```
ostream& Date::print(ostream& os) {
    return os << year_.value()
        << "-" << setfill0 << setw(2) << month_.value()
        << "-" << setfill0 << setw(2) << day_.value();
}
```

Ich möchte Ihnen hier zwei Möglichkeiten zeigen, dies anders zu machen – unter gewissen Umständen sogar besser.

17.4.1 Entkapseln

Wenn Sie die inneren Werte teilweise nach außen befördern wollen, dann verwenden Sie ruhig eine Zugriffsfunktion wie `int value()`. Seien Sie sich aber bewusst, dass Sie damit dem Benutzer der Klasse abfordern, sich bis zu einem gewissen Grad mit den eigentlich verborgenen (weil privaten) Dingen der Klasse auszukennen. Sie geben mit einer Methode wie

```
int Year::value() { return value_; }
```

einen gewissen Grad der Kapselung auf. Sie exponieren den Typ `int`, also den Typ, der eigentlich privaten Variable `value_`. Das muss nicht immer ein Ausschlusskriterium beim Design sein: Mit den kleinen Klassen wollen Sie hauptsächlich Typsicherheit für den Konstruktor von `Date` erreichen. Denn die Alternative direkt mit drei `int`-Werten zu arbeiten ist ja, wie eingangs erwähnt, nicht typsicher.

Wenn Sie also eine Methode wie `int Year::value()` akzeptieren, dann stört Sie vielleicht, dass Sie auf `Year` nicht einfach herumhantieren können wie auf einem `int`. Immer extra `year.value()` zu schreiben, ist lästiger, als einfach nur `year` zu schreiben. Da mithilfe der einargumentigen Konstruktoren eine Typumwandlung in Richtung des eigenen Typs möglich ist, liegt es nahe, dass es in C++ auch eine Möglichkeit gibt, den eigenen Typ *in* einen anderen Typ umzuwandeln.

Das Mittel, um Ihren Typ in einen int umwandeln zu können, heißt operator int(). Hier sehen Sie dazu die komplette Klasse Year:

```
class Year {
    int value_;
public:
    explicit Year(int v) : value_{v} {}
    int value() { return value_; }
    operator int() { return value(); }
};
```

Nun können Sie Year-Variablen dort verwenden, wo sonst ein int erlaubt war:

```
Year year{2014};
cout << year;      // ausgeben wie ein int
int zahl = year;   // int-Wert einem int zuweisen
Year zukunft { year + 10 };
```

Die letzte Zeile macht am meisten: In year + 10 wird der Operator + auf zwei Operanden vom Typ Year und int angewandt. Dafür gibt es direkt kein +. Der Compiler findet jedoch heraus, dass mit operator Year::int() eine Umwandlung von Year zu int möglich ist und somit ein Weg existiert, + auf int und int anzuwenden. Somit wird year in den int 2014 umgewandelt und +10 ausgeführt. Das Ergebnis 2024 ist natürlich wieder ein int. Dieses ist dann der Parameter für den Konstruktor Year zukunft{2024}.

17.4.2 Setzen Sie Konvertierungsmethoden sparsam ein

So verlockend es auch sein kann, sich die Tipparbeit value() zu sparen: Dadurch, dass dem Compiler für jeden Konvertierungsoperator, den Sie hinzufügen, ein neuer Weg eröffnet wird, seine Automatismen anzuwenden, kann es – falls im Übermaß eingesetzt – schnell unübersichtlich werden. Manchmal werden Sie sich wundern, wie der Compiler denn nun wieder *diesen* Weg zur Konvertierung gefunden hat. Das wird ganz besonders dann der Fall sein, wenn Sie auch noch Nicht-explicit-Konstruktoren haben.

Setzen Sie Konvertierungsmethoden sparsam ein. Wenn überhaupt, präferieren Sie einargumentige Konstruktoren. Und nur, wenn das noch nicht reicht, dann erlauben Sie nur die Konvertierung innerhalb einer kleinen, eng zusammenarbeitenden Familie von Klassen. Konvertierungen in allgegenwärtige Typen wie int etc. sollten Sie vermeiden.

17.4.3 Totale Kapselung

Häufig sollten Sie den anderen Weg gehen: Wenn Ihr Datentyp mehr macht, als nur einen einzelnen Wert zu verstecken, dann reichen Sie so wenig Innenleben wie möglich nach außen. Vermeiden Sie also ein `int Year::value()`.

Dennoch gibt es natürlich Operationen, die Sie ausführen wollen. Ohne Operationen ergibt ein Typ keinen Sinn. Bisher haben Sie »gemogelt«, indem Sie auf die Operationen zurückgegriffen haben, die `int` bietet: Eingabe, Ausgabe, Rechnung usw.

Wenn Sie nun nicht das Innere unserer Klasse offenbaren wollen, dann müssen Sie die nötigen Operationen für unseren Datentyp anbieten. Das kann eine Menge Arbeit sein, erlaubt dann aber die strikte Trennung von *Interface* und *Implementierung*.

Nehmen wir `Year` aus unserem Beispiel: Bisher haben Sie mit der Methode `int value()` den eigentlich eingekapselten `int`-Wert verwendet, wenn Sie mit `Year` rechnen wollten. Sie haben also die eigentlich für `int` vorgesehenen Operationen verwendet, um sie für `Year` zu nutzen. Im Osterbeispiel ging es für `Year` nur um die *Ausgabe*, implementiert durch `operator<<`.

Für andere Zwecke könnte es sinnvoll sein, die Jahreszahl zu verändern. Diese Operation bekommt den Namen `advance` mit der folgenden Methodensignatur:

```
Year& Year::advance(const Year &difference);
```

Beachten Sie, dass hier der aktuelle `value_` der Instanz verändert werden soll. Das ermöglicht dann zum Beispiel:

```
Year year{2014};
year.advance(Year{1});
cout << year; // Ausgabe: 2015
```

Ebenso sinnvoll ist es, in einer `if`-Abfrage prüfen zu können, ob zwei Jahre gleich sind. Und wenn Sie nicht mehr auf den `int`-Wert per `value()` zurückgreifen können, dann benötigen Sie eine Methode dafür:

```
bool Year::equals(const Year& other);
// erlaubt:
Year year{2014};
if( year.equals( Year{2010}.advance(Year{4}) ) ) {
    //...
}
```

An diesem Beispiel sehen Sie, warum Sie Operationen auf dem eigenen Datentyp brauchen, dessen innere Werte Sie total eingekapselt haben. Für die genannten Funktionen sähe das bei `Year` wie folgt aus:

```
#include <iostream>
class Year {
    int value_;
public:
    explicit Year(int v) : value_{v} {}
    std::ostream& print(std::ostream& os) const;
    Year& advance(const Year& other);
    bool equals(const Year& other) const;
    bool less_then(const Year& other) const;
};
std::ostream& Year::print(std::ostream& os) const {
    return os << value_;
}
std::ostream& operator<<(std::ostream& os, const Year& year) {
    return year.print(os);
}
Year& Year::advance(const Year& other) {
    value_ += other.value_;
    return *this;
}
bool Year::equals(const Year& other) const {
    return value_ == other.value_;
}
bool Year::less_then(const Year& other) const {
    return value_ < other.value_;
}
```

Listing 17.4 »Year« hat nun kein »value()« mehr und benötigt dafür andere Methoden.

Die gleichen Operationen machen für Month und Day ebenfalls Sinn. Allerdings müssen Sie sich da über das *Design* Gedanken machen: Was passiert bei Berechnungen außerhalb des gültigen Bereichs, also zum Beispiel Month{12}.advance(Month{1})? Und was ist mit Date? Was soll passieren, wenn Sie vom 31.12.2014 einen Tag nach vorne gehen? Ich gehe in den Vertiefungsfragen darauf ein.

17.4.4 Flüssiges Programmieren

Ich habe Ihnen empfohlen, dass advance das aktuelle Objekt mit *this zurückliefern sollte. Dazu noch eine Anmerkung:

```
Year year{2014};
year.advance(Year{1}).advance(Year{3});
cout << year;  // Ausgabe: 2017
```

Listing 17.5 Wenn »advance« das Objekt selbst zurückgibt, dann können Sie danach eine weitere Methode aufrufen.

Das ist so ähnlich, wie `operator<<(ostream& os,...)` es auch tut. Bei diesem beenden Sie die Implementierung mit `return os`. Das erlaubt Ihnen, mehrere `<<` miteinander in einem Ausdruck zu verketten, wie Sie es schon häufig in in diesem Buch gesehen haben.

Man nennt diese Art, eine Programmierschnittstelle zu gestalten, *Fluent API* (in etwa *fließende Programmierschnittstelle*). Dadurch, dass Sie das Objekt aus jeder Funktion als Referenz zurückgeben, können Sie den nächsten Methodenaufruf direkt anschließen. Das ergibt sehr gut lesbaren Quelltext, insbesondere bei großen, komplizierten Klassen mit vielen Methoden. Sie können dieses Konzept durchaus sogar noch intensiver nutzen und auch mehrere Klassen auf diese Weise zusammenarbeiten lassen. Hier folgt nur eine Skizze als Beispiel, damit Sie in etwa wissen, was das bedeuten kann:

```
Page page = Html().body()
    .h1("Ueberschrift")
    .table().border(0)
      .tr()
        .td().css("head").text("Hunderasse").end()
        .td().text("Pudel").end()
      .end()
    .end()
    .toPage();
```

Listing 17.6 Eine fließende Programmierschnittstelle erlaubt zuweilen übersichtlichen Code.

Wie Sie sehen, ähnelt diese Darstellung sehr stark der Struktur der HTML-Seite, die hier erzeugt werden soll. Es kann von Vorteil sein, dass sich das im Programmcode widerspiegelt.

17.4.5 Methoden mit »const« markieren

Haben Sie bemerkt, dass ich hinter die Methodensignaturen von `print`, `equals` und `less_then` ein `const` geschrieben habe? Das ist nötig, um anzuzeigen, dass diese Methode nicht den Wert der aktuellen Instanz verändert. So wird Ihr Programm *const-korrekt*, was ich in Kapitel 19, »Const«, ausführlich behandle.

17.5 Typen lokal einen Namen geben

Manchmal gehört der Typ, der in einer Klasse verwendet wird, zu Ihrem *Interface*. Das heißt, der Benutzer muss den Typ kennen und ihn korrekt verwenden, um die Klasse korrekt nutzen zu können.

Zum Beispiel muss er den Konstruktor von `Year` mit einem `int` initialisieren. Er muss diesen Typ kennen und ihn verwenden, wenn er nicht eine implizite Typumwandlung des Compilers riskieren will. Außerdem hat der Rückgabewert von `value()` absichtlich den gleichen Typ. Also muss auch ein Ausdruck, in dem der Rückgabewert bei der Nutzung landet, einen passenden Typ haben – oder Sie nehmen wieder eine Konvertierung in Kauf.

```cpp
class Year {
    int value_;                              // eigentlich intern verwendeter Typ
public:
    explicit Year(int v) : value_{v} {}      // Typ wird Teil des Interfaces
    int value() { return value_; }           // auch bei der Rückgabe
};
int main() {
    Year year{ 2014 };                       // Typ int
    int val = year.value();                  // passender Typ
}
```

Listing 17.7 Der eigentlich interne Typ »int« ist Teil der Schnittstelle der Klasse geworden.

Was aber, wenn Sie – als Entwickler der Klasse Year – sich später entscheiden, dass long ein viel besserer Typ für den gekapselten Wert ist? Dann muss der Entwickler, der main() geschrieben hat, seinen gesamten Year nutzenden Code anpassen – auch wenn Sie das selber sind.

Dagegen können Sie und der Benutzer gemeinsam vorsorgen. Machen Sie den entsprechenden Typ *explizit* zum Teil der Schnittstelle der Klasse und reichen Sie nicht einfach einen eigentlich internen Typen nach außen durch. Dafür definieren Sie lokal, aber öffentlich einen Typalias in der Klasse und verwenden diesen an allen relevanten Stellen.

```cpp
class Year {
public:
    using value_type = int;                  // Typalias einführen
    value_type value_;                       // eigentlich intern verwendeter Typ
public:
    explicit Year(value_type v) : value_{v} {}
    value_type value() { return value_; }
};
int main() {
    Year year{ 2014 };                       // hier auf Compiler-Konvertierung zählen
    Year::value_type val = year.value();     // verwenden Sie ::
}
```

Listing 17.8 Mit »using« können Sie Typaliase einführen, mit denen sich Interfaces leichter pflegen lassen als mit den Typen selbst.

Wie Sie bei Year::value_type sehen, müssen Sie bei der Verwendung von außen mit dem *Scope-Operator* :: in Year hineingreifen, um Zugang zu value_type zu bekommen.

Auf diese Weise können Sie die Variable, die den Rückgabewert von value() empfängt, immer passend deklarieren.

Ich weise allerdings darauf hin, dass dies wirklich nur ein »Alias« für den tatsächlich verwendeten Typ ist. Das heißt, Sie könnten mit internem Wissen über die Klasse immer noch `int val = year.value();` schreiben und bekommen vom Compiler keinen Fehler gemeldet. Wenn Sie solches Spezialwissen haben, sollten Sie aber darauf verzichten, es zu nutzen. Verwenden Sie den öffentlich gemachten Typalias, so häufig es geht. Das macht Ihren Code flexibler. Außerdem weist es darauf hin, dass Sie diesen Typ aus einem bestimmten Grund gewählt haben, nämlich damit er zur verwendeten Klasse passt – und nicht etwa zufällig, weil Ihnen `int` besonders gefällt oder 32 Bits hat.

Die Klassen der Standardbibliothek bieten Ihnen diesen Mechanismus ebenfalls an. Wenn Sie »vergessen« haben, was der Element-Typ Ihres `vector` ist, existiert dafür der vector-lokale Typalias `value_type`. Etwas nützlicher ist vielleicht `size_type` für den Typ, den `size()` und ähnliche Methoden zurückliefern.

```cpp
#include <vector>
#include <set>
#include <iostream>
using std::vector; using std::set; using std::cout;
using vector_t = vector<unsigned long long>; // Ihr eigener Typalias
int main() {
    vector_t huge{ 12ULL, 10000000000ULL, 9ULL, 0ULL, };
    vector_t::size_type sz = huge.size();
    vector_t::value_type uiuiui = huge[1];
    for(vector_t::iterator it = huge.begin(); it != huge.end(); ++it)
        *it *= 2; // verdoppeln
    /* sortieren per set */
    set<vector_t::value_type> sortiert{huge.begin(), huge.end()};
    for(vector_t::value_type val : sortiert)
        cout << val << " ";
    cout << "\n";
}
```

Listing 17.9 Auch die Standardbibliothek enthält viele praktische Typaliase.

So sind Sie bei der Verwendung interner Typen der Standardbibliothek immer auf der richtigen Seite. Mit der Einführung des eigenen Typalias `vector_t` will ich Ihnen verdeutlichen, was ich mit »dem Vergessen« des Elementtyps gemeint hatte. Dadurch, dass ich `vector_t` als Namen für `vector<unsigned long long>` eingeführt habe, ist unsigned long long gewissermaßen versteckt. Nun ist es sogar einfacher, `vector_t::value_type` zu schreiben, statt an den Anfang der Datei zurückzuscrollen und nachzusehen, was denn noch der genaue Elementtyp des `vector` damals gewesen ist.

Zum Beispiel bieten die Standardcontainer ein Typalias `iterator` an, dessen tatsächlichen Typ Sie als Benutzer gar nicht so leicht erraten können.

Mit set<vector_t::value_type> möchte ich Ihnen demonstrieren, dass Sie die Typaliase nicht nur bei der Deklaration von neuen Variablen einsetzen können. Hier soll der Elementtyp des set zum Beispiel dem Elementtyp des vector entsprechen. Und wenn Sie das meinen, warum es dann nicht auch sagen? set<unsigned long long> wäre zwar kein Kompilierfehler gewesen, doch habe ich mit der Verwendung von vector_t::value_type genau gesagt, was ich meinte: Bitte denselben Typ verwenden.

17.6   Typdeduktion mit »auto«

Noch einfacher wäre es, wenn Sie nicht nachgucken müssten, was begin() genau zurückgibt. Der genaue Typ ist Ihnen in dem Fall ja eigentlich egal. Sie definieren eine Variable it mit dem Typ und fügen Sie in andere Funktionen ein. Jemand, der genau weiß, was für ein Typ begin() zurückgibt, könnte Ihnen eigentlich helfen und Ihnen das Nachsehen ersparen: der Compiler.

Wenn der Compiler auf etwas stößt, das so aussieht

```
vector<int> data{};
? it = data.begin();
```

dann kann anstelle des ? ja eigentlich nicht viel stehen. Ein Blick auf die Definition von vector::begin() zeigt, dass es nur eines von diesen beiden sein kann:

- vector<int>::iterator
- vector<int>::const_iterator

Noch einfacher ist es im Falle von size():

```
vector<int> data{};
? sz = data.size();
```

Wenn Sie keine implizite Typumwandlung haben wollen, dann kommt für ? nur Folgendes infrage:

- vector<int>::size_type

Daher: Lassen Sie doch den Compiler den korrekten Typ einsetzen. Dafür verwenden Sie allerdings nicht das ?, sondern das Schlüsselwort auto:

```
#include <vector>
#include <set>
#include <iostream> // cout
using std::vector; using std::set; using std::cout;
using vector_t = vector<unsigned long long>; // Ihr eigener Typalias
int main() {
    vector_t huge{ 12ULL, 10000000000ULL, 9ULL, 0ULL, };
    auto sz = huge.size();
    auto uiuiui = huge[1];
```

```
    for(auto it = huge.begin(); it != huge.end(); ++it)
        *it *= 2; // verdoppeln
    /* sortieren per set */
    set<vector_t::value_type> sortiert{huge.begin(), huge.end()};
    for(auto val : sortiert)
        cout << val << " ";
    cout << "\n";
}
```

Listing 17.10 Bei der Initialisierung einer Variablen können Sie den Typ vom Compiler ermitteln lassen.

Wie Sie sehen, bleiben nicht viele Typangaben übrig. Sie können auto überall dort einsetzen, wo Sie eine Variable mit einem Ausdruck initialisieren. Der Compiler kennt den Typ des Initialisierungsausdrucks und legt diesen als Typ für die Variable fest.

> **»auto« legt den Typ der Variablen dauerhaft fest**
>
> Es ist wichtig, zu bemerken, dass auto gleichbedeutend damit ist, als hätten Sie den Typ von Hand hingeschrieben. Der Typ wurde wirklich *festgelegt* und kann nicht mehr verändert werden. Es ist nicht so – wie man es vielleicht verstehen könnte –, dass Sie eine Variable mit veränderlichem Typ erschaffen. Alle Verwendungen der Variablen haben diesen Typ. Eine Neuzuweisung mit einem neuen Typ gibt es nicht.
>
> ```
> auto wert = 12;            // wert ist nun ein int
> wert = string("Hallo");    // Neuzuweisung mit anderem Typ geht nicht
> ```

Sie können das auto noch durch Modifizierer wie const und & anreichern, um den letztlichen Typ anzupassen. Besonders die Referenz kann hier manchmal entscheidend sein. Sie erhalten dann keine Kopie, sondern eine Referenz, die Sie verändern können.

```
#include <vector>
#include <iostream> // cout
using std::vector; using std::cout;
int main() {
    vector<int> data{ 12, 100, -1, 0, };
    for(auto& val : data)
        val *= 2; // verdoppeln
    for(const auto val : data)
        cout << val << " ";
    cout << "\n";
}
```

Listing 17.11 Wenn Sie »auto« mit »&« anreichern, erhalten Sie eine veränderbare Referenz.

Das erste auto müssen Sie mit & anreichern, damit Sie eine Referenz auf die wirklichen Daten bekommen, die Sie mit val *= 2 verändern wollen. Hätten Sie nur for(auto val : data) – ohne & – geschrieben, dann wäre val jedes Mal eine Kopie gewesen und val *= 2; hätte auf den Inhalt von data keine Auswirkung gehabt.

Beim zweiten auto ist das durchaus okay, denn für die Ausgabe brauchen Sie val nicht zu verändern. Und weil Sie sichergehen wollen, dass das auch nicht versehentlich passiert, können Sie mittels der Anreicherung mit const sich vor unabsichtlichen Veränderungen schützen. So wird nun jedes Element nach val kopiert, als konstant markiert und die Kopie ausgegeben.

Für int ist diese Kopie in Ordnung. Wenn die Elemente hier aber immens groß und teuer zu kopieren wären, hätten Sie beide Anreicherungen kombinieren sollen. Angenommen, Image sei eine Klasse, die zu kopieren teuer ist, dann würde es sich anbieten, const und & gemeinsam mit auto zu verwenden:

```
vector<Image> data{ Image{"MonaLisa.png", "DerSchrei.png" };
for(const auto& image : data)
    show(image);
```

Wenn ich auf das ursprüngliche Beispiel zurückkomme, dann sind dort ein paar Zeilen übrig geblieben, in denen kein auto verwendet werden konnte:

```
vector_t huge{ 12ULL, 10000000000ULL, 9ULL, 0ULL, };
...
set<vector_t::value_type> sortiert( huge.begin(), huge.end() );
```

Für huge können Sie nicht auto verwenden, weil der Compiler ja wissen muss, dass Sie einen vector<unsigned long longe> deklarieren wollen. Den Elementtyp könnte der Compiler aus den Listenelementen 12ULL ja noch erraten, aber ob Sie einen vector, set oder etwas ganz anderes haben wollen, das kann der Compiler beim besten Willen nicht wissen.

Immer wenn Sie mit einer Liste in geschweiften Klammern initialisieren, müssen Sie den gewünschten Typ explizit angeben. Würden Sie hier auto verwenden, dann bekäme die deklarierte Variable den eigentlich internen Typ initializer_list<>, und das wollen Sie meistens nicht.

Das Gleiche gilt auch beim sortiert: Hier haben Sie nicht einen einzelnen Ausdruck, aus dem der Compiler den Typen deduzieren kann, sondern einen expliziten Konstruktoraufruf (mit zwei Iteratoren als Argumenten). In einem solchen Fall muss der Compiler schon wissen, von welcher Klasse Sie den Konstruktor aufrufen wollen. Dies ist keine Initialisierung mit einer »linken Seite« und einer »rechten Seite« – wie es auto bräuchte, um seine Arbeit verrichten zu können.

Wenn Sie auto verwenden, dann geht das nur für den gesamten zu ermittelnden Typ. Sie könnten argumentieren, dass der Compiler bei

```
set<auto> sortiert( huge.begin(), huge.end() );
```

ja alles weiß: Er soll einen set erzeugen, und huge.begin() und huge.end() sind Iteratoren auf unsigned long long-Elemente. So weit geht die Typdeduktion nicht. auto kann nicht als »Platzhalter« fungieren, bei dem der Compiler eine Lücke mit einem Typ schließen kann. auto steht immer für den kompletten Typ, abgesehen von einem const oder &, das Sie noch mit angeben können.

17.7 Eigene Klassen in Standardcontainern

In einen vector können Sie (beinahe) alle eigenen Klassen stecken. Es sind nur wenige Bedingungen an den Datentyp im Container geknüpft: Ihre Klasse sollte sich mit dem Standardkonstruktor erzeugen lassen (ohne Argumente), und Sie müssen sie kopieren und zuweisen können.

```
#include <vector>
struct Zahl {
    int wert_ = 0;
    Zahl() {} // Standardkonstruktor
    explicit Zahl(int w) : wert_{w} {}
};
int main() {
    std::vector<Zahl> zahlen{}; // ok: Zahl erfüllt die Bedingungen
    zahlen.push_back( Zahl{2} );
}
```

Listing 17.12 Um einen eigenen Datentyp in einen »vector« zu packen, muss dieser nicht viele Bedingungen erfüllen.

Da Sie keinen Zuweisungsoperator oder Kopierkonstruktor definieren, probiert der Compiler, Ihnen diese zu generieren – was gelingt, weil Sie keine Referenzen oder Konstanten in der Klasse haben (siehe Kapitel 21, »Der Lebenszyklus von Klassen«). Den Standardkonstruktor müssen Sie hier selbst definieren, da Sie ja mit Zahl(int) einen eigenen Konstruktor haben – der Compiler würde also Zahl() nicht selbst erzeugen.

Eine kleine Anmerkung: Wenn Sie es geschickt anstellen und nur ganz ausgewählte Operationen auf den Containern ausführen, können Sie sogar auf manche Grundbedingungen an den Elementtyp verzichten. Sie können zum Beispiel auf den Standardkonstruktor verzichten, wenn Sie kein zahlen.resize() oder Ähnliches einsetzen. Im Normalfall ist es aber eine gute Idee, Typen in Containern mit Standardkonstruktor, Kopierkonstruktor, Zuweisungsoperator und den Verschiebeoperationen auszurüsten.

Unter diesen Bedingungen können Sie den vector<Zahl> erstellen. Gleiches gilt für array, deque, list und forward_list.

Diese Gruppe nennt man *Sequenzcontainer*. Sie legen die Reihenfolge der Elemente durch die explizite Einfügeposition fest (siehe Kapitel 23, »Zeiger«).

Im Gegensatz dazu befinden sich die *geordneten Assoziativcontainer* immer in einer durch die Elemente selbst definierten Reihenfolge. Bei map und set sowie deren Verwandten multi_map und multi_set kommt es darauf an, in welcher Reihenfolge Sie die Elemente eingefügt haben. Wenn Sie nachsehen, sind die Elemente an einer konsistenten Position.

Das erreichen die map und set dadurch, dass Sie die Elemente im Container zu jedem Zeitpunkt in einer sortierten Reihenfolge halten. Die Sortierung wird mittels der freien Funktion operator< ermittelt. Da zum Beispiel für int und string der operator< schon definiert ist, funktionieren set<int> und set<string> direkt.

Das gilt nicht für Zahl aus Listing 17.12. Bei dem Versuch, ein set<Zahl> anzulegen und mit insert ein Element einzufügen, meldet der Compiler einen Fehler. Sie müssen den operator< passend überladen.

```
#include <set>
struct Zahl {
    int wert_ = 0;
    explicit Zahl(int w) : wert_{w} {}
};
bool operator<(const Zahl& links, const Zahl& rechts) {
    return links.wert_ < rechts.wert_;
}
int main() {
    std::set<Zahl> zahlen{};           // ok
    zahlen.insert( Zahl{3} );  // hier wird operator< gebraucht
}
```

Listing 17.13 Für ein »set« eines eigenen Datentyps müssen Sie »operator<« überschreiben.

Ähnliches gilt für map. Die Sortierung findet nach den Schlüsselelementen statt, also nach dem ersten der beiden Typen. Für diesen müssen Sie operator< bereitstellen. Für die Werte reichen Kopie und Zuweisung und am besten auch die Verschiebeoperationen.

```
#include <map>
struct Zahl {
    int wert_ = 0;
    explicit Zahl(int w) : wert_{w} {}
};
bool operator<(const Zahl& links, const Zahl& rechts) {
    return links.wert_ < rechts.wert_;
}
int main() {
    std::map<Zahl,int> zahlen{};                        // ok
    zahlen.insert( std::make_pair(Zahl{4},100) );  // hier wird operator< gebraucht
    zahlen[Zahl{5}] = 200;                              // hier ebenfalls
}
```

In einer `map` sind die Elemente als `std::pair` abgelegt. Um analog zum `set` ein Element mittels `insert` einzufügen, erstellen Sie also ein Paar `std::pair<Zahl,int>` – am besten mit `std::make_pair` wie dargestellt.

Sie können ein neues Schlüssel/Wert-Paar aber auch mit dem `operator[]` einfügen. Das erspart Ihnen ein `make_pair`. Intern ist das für den Compiler etwas aufwendiger, aber das können Sie in den meisten Fällen vernachlässigen.

Einen kleinen Nachsatz zu `operator<` will ich noch loswerden: Wenn auch die Standardcontainer an Ihren Datentyp nur die Minimalanforderung stellen, dass Sie `operator<` definieren, sollten Sie zumindest in Erwägung ziehen, dass Sie – wenn Sie `operator<` schon für einen Datentyp definieren – auch die anderen `>`, `==`, `!=`, `<=` und `>=` definieren. Bei solch einer Gruppe von Operationen ist es immer praktisch, wenn Sie sie komplett anbieten und der Benutzer sich nicht verrenken oder nachschlagen muss, was denn nun zur Verfügung steht. Zumindest, wenn `operator<` nicht die beinahe einzige Operation ist, sollten Sie die ganze Gruppe unterstützen.

17.8 Aufgaben

Wiederholungsfrage

Welchen Typ bekommen die folgenden `auto`-deklarierten Variablen? Es ist `vector<double> ddata{};` gegeben.

- `auto zahl = 12;`
- `auto it = ddata.begin();`
- `auto val = ddata.front();`
- `auto& val = ddata.front();`

Vertiefungsfrage

Implementieren Sie eine Methode `void Date::normalize()`, die sicherstellt, dass nach dem Aufruf alle Felder von `Date` zusammengenommen ein gültiges Datum ergeben. Verwenden Sie `normalize` für die Implementierung von `Date& Date::advance(const Day&)`, dessen Rückgabewert immer ein korrektes Datum ist.

Sie haben einige fachliche Fragen zu klären, bei denen es manchmal kein Richtig oder Falsch gibt, aber Sie sich für eine eindeutige Art der Implementierung entscheiden müssen. Zum Beispiel:

- Überlegen Sie, wie Sie die Operationen aus Listing 17.4 für `Month` und `Day` schreiben würden.
- Was soll bei einem Überlauf passieren? Beispiele: `Month{12}.advance(Month{1})`, `Month{3}.advance(Month{-4})`.

- Bei Day wird es noch kniffliger: Ist Day{31}.advance(Day{1}) in Ordnung? Wenn nicht, ist Day{28}.advance(Day{1}) in Ordnung? Wenn ja, warum?

Offensichtlich müssen Sie Day im Kontext von Month und Year betrachten, um Gültigkeitsprüfungen korrekt umzusetzen. Daher sollten Sie »sinnlose« Werte für Month und Day zunächst zulassen. Erst wenn Sie diese zu Date zusammenfügen, behandeln Sie die Gültigkeit. Schreiben Sie daher die advance-Methoden für Date, Year, Month und Day so, wie Sie es für sinnvoll erachten. Benötigen Sie vielleicht weitere Parameter?

Wenn Sie meiner Empfehlung folgen, kümmern Sie sich erst in Date um komplexe Gültigkeitsprüfungen.

Die Hauptaufgabe ist, Date::advance(Day) so zu implementieren, dass Sie zum Beispiel mit date.advance(Day{365}) um ein Jahr inkrementieren können. date.advance(Year{1}) wäre auch schön, aber was bedeutet das, wenn date gerade den 29.2.2012 repräsentiert? Je nach Interpretation könnte hier der 1.3.2013 oder der 28.2.2013 gemeint sein. Sie müssen sich entscheiden und es dokumentieren.

Erweiterungsfrage

Für die Vertiefungsfrage sollten Sie date.advance(Day{12}); implementieren. Vielleicht ist es eine Geschmacksfrage, aber würde Ihnen date += Day{12}; besser gefallen?

- Implementieren Sie diesen +=-Operator für Date mit dem Argument Day.
- Und während Sie dabei sind, werden Sie merken, dass Ihnen operator< für alle unsere neuen Typen ebenfalls nützlich ist.

Achten Sie genau auf die Signaturen dessen, was Sie implementieren, insbesondere die Rückgabetypen. Und wenn Ihnen auffällt, dass ich in dieser Fragestellung die Wörter »Methode« und »Funktion« vermieden habe, dann haben Sie recht. Sind diese Operatoren Methoden oder sind sie freie Funktionen? Oder beides?

Kapitel 18
Namespace und Static

> **Kapiteltelegramm**
>
> ▶ `static`
>   Markiert eine Variable, Funktion oder Methode als datei-lokal, geteilt oder überdauernd.
>
> ▶ `namespace`
>   Leitet einen neuen Namensraum ein, mit einem Namen oder anonym.
>
> ▶ `namespace std`
>   Im Namensraum `std` befinden sich alle Bezeichner der Standardbibliothek.
>
> ▶ **Singleton**
>   Beliebtes Entwurfsmuster, bei dem von einem Typ nur maximal eine Instanz existiert

In diesem Kapitel lernen Sie zwei eigentlich recht unterschiedliche Dinge: `namespace` und `static`. Durch die Mehrfachbedeutung von vielen Schlüsselwörtern in C++ gibt es aber Überschneidungen. Deshalb habe ich beschlossen, von `namespace` zur Überschneidung zu `static` in einem Kapitel zu gehen.

18.1 Der Namensraum »std«

Alle Dinge in der Standardbibliothek fangen ja mit `std::` an – das haben Sie schon häufig gesehen. `std::cout` und `std::vector` sind alle im *Namensraum* `std`. Und in Kapitel 5, »Ohne Eile erklärt«, habe ich Ihnen erläutert, wie Sie sich mit `using std::cout;` einen einzelnen Bezeichner und mit `using namespace std;` für alle Bezeichner das Präfix `std::` sparen können.

Aber wie kommt etwas in einen Namensraum überhaupt hinein? Dazu klammern Sie einfach alles, was in den Namensraum – sagen wir `plant` – hinein soll, innerhalb von `namespace plant {...}`. Damit eröffnen Sie einen *Bereich* (engl. *Scope*), der sich bezüglich der Bezeichner ähnlich wie eine Klasse verhält: Innerhalb des Bereichs können Sie `plant` für den Zugriff auf andere Elemente weglassen, von außerhalb benötigen Sie das Präfix `plant::`, wie Sie in Listing 18.1 sehen.

Da es hier um Namensräume und `using` geht, habe ich an dieser Stelle von einer globalen Verwendung von `using::string`, `using std::ostream` und dergleichen abgesehen. Dies mache in diesem Buch, wie schon erklärt, ja nur aus Platzgründen. In einem echten Projekt sollten Sie mit jedem `using` auf globaler Ebene sehr sparsam (bis zur kompletten Abstinenz) umgehen.

```cpp
#include <string>
#include <iostream>                          // ostream, cout
namespace plant {
    class Baum {
        std::string name_;
    public:
        explicit Baum(const std::string& name) : name_{name} {}
        void print(std::ostream& os) const { os << name_; }
    };
    std::ostream& operator<<(std::ostream& os, const Baum& arg)
        { arg.print(os); return os; }
    using NadelBaum = Baum;                  // für spätere Erweiterungen …
    using LaubBaum = Baum;                   // … vorsorgen
    namespace beispielnamen {                // eingebetteter Namensraum
        std::string eicheName = "Eiche";
        std::string bucheName = "Buche";
        std::string tanneName = "Tanne";
    } // Ende namespace beispielnamen
} // Ende namespace plant
int main() {                                 // main darf nicht in einem Namespace stehen
    using namespace plant::beispielnamen;    // alle beispielnamen verfügbar machen
    plant::NadelBaum tanne{ tanneName };
    plant::LaubBaum eiche{ eicheName };
    tanne.print(std::cout); std::cout << "\n";
    using plant::operator<<;                 // ohne geht ©cout << eiche© nicht
    std::cout << eiche << "\n";
}
```

Listing 18.1 Sie definieren einen Namensraum mit »namespace«.

In den Namensraum `plant` habe ich zu Demonstrationszwecken allerlei hineingepackt:

- den eigenen Datentyp `plant::Baum`
- eine freie Funktion `operator<<`
- zwei Typaliase `NadelBaum` und `LaubBaum`
- einen weiteren Namensraum

Sie können, wenn es Ihnen sinnvoll erscheint, Namensräume nahezu beliebig verschachteln und so Ihr Projekt gruppieren. In den eingebetteten Namensraum `beispielnamen` habe ich ein weiteres Element verpackt:

- die Variablen `eicheName`, etc.

Ebenso können Sie Konstanten und Templates in einem Namensraum unterbringen. Nur Makros sind von Namensräumen nicht betroffen, siehe Kapitel 24, »Makros«.

`main` muss außerhalb jeden Namensraumes stehen, sonst findet der Compiler die Funktion als Einstieg nicht. In diesem `main` spreche ich `plant::NadelBaum` und `plant::LaubBaum` mit dem Namensraum-Qualifizierer an. Alternativ hätte auch Folgendes funktioniert:

```
using plant::NadelBaum; using plant::LaubBaum;
NadelBaum tanne{ tanneName };
LaubBaum eiche{ eicheName };
```

oder gleich:

```
using namespace plant;
NadelBaum tanne{ tanneName };
LaubBaum eiche{ eicheName };
```

Diesen Weg habe ich für `using namespace plant::beispielnamen` auch gewählt. Zur Erinnerung noch einmal: Einen ganzen Namensraum sollten Sie mit `using namespace` nur lokal einbinden, also zum Beispiel innerhalb einer Funktion, aber niemals global in einer *.cpp-Datei – und ganz bestimmt nicht in einer Headerdatei.

Weil `tanne` eine lokale Variable in `main` ist, können Sie `print` ohne Namensraum als Methode aufrufen:

```
tanne.print(std::cout); std::cout << "\n";
```

Etwas kniffliger ist das bei `operator<<`. Wenn Sie einfach nur

```
std::cout << tanne << "\n";
```

schreiben wird es einen Fehler geben. Der Compiler sucht nach einer passenden freien Funktion in allen ihm zur Verfügung stehenden Namensräumen (bei Operatoren wird `std` mit durchsucht). Also sucht er:

- `::operator<<(std::ostream&, const Baum&);` – global, die Ebene in der `main` steht
- `std::operator<<(std::ostream&, const Baum&);` – `std` wird mit durchsucht
- `plant::beispielnamen::operator<<(std::ostream&, const Baum&);` – weil ein `using namespace plant::beispielnamen` aktiv ist

Die Überladung für `Baum` steht aber in `plant`:

- `plant::operator<<(std::ostream&, const Baum&);`

Damit Sie einen Operator benutzen können, der innerhalb eines Namensraums definiert ist, müssen Sie diesen erst so verfügbar machen, dass er bei der Suche mit einbezogen wird. Die zwei Möglichkeiten sind hier also:

- `using plant::operator<<;` – nur den Operator holen
- `using namespace plant;` – alles aus dem Namensraum holen

Namensräume eignen sich auch dazu, Dinge voneinander zu separieren, die sich eventuell ins Gehege kommen könnten. Operatoren sind hier gute Kandidaten. Möglicherweise haben Sie zwei `operator<<`-Varianten:

```cpp
namespace plant {
    // ...wie zuvor...
    std::ostream& operator<<(std::ostream&, const Baum&) {...};
    namespace debug {
        std::ostream& operator<<(std::ostream&, const Baum&) {...};
    }
}
plant::Baum baum{"MeinBaum"};
void run() {
    using namespace plant;
    cout << baum << "\n";
}
void diagnostic() {
    using namespace plant::debug;
    cout << baum << "\n";
}
int main() {
    run();
    diagnostic();
}
```

Listing 18.2 In getrennten Namensräumen können Sie die gleichen Operatoren definieren.

Je nach Bedarf binden Sie den gewünschten `operator<<` mittels eines `using` ein. Denn bei Operatoren können Sie anders als bei Funktionen oder Typen nicht den Scope mit angeben – `plant::Baum baum{"x"};` geht, `cout plant::<< baum;` geht so nicht. Sie könnten stattdessen `plant::operator<<(cout, baum)` schreiben, aber das macht Operatoren sinnfrei, weil Sie dann besser eine Funktion oder Methode definieren könne.

Wenn Sie also versucht sind, Operatoren deshalb immer im globalen Namensraum zu definieren, brauchen Sie das nicht zu tun, wenn Sie wissen, dass Ihnen ein `using plant::operator<<` ebenfalls hilft.

> **Verwenden Sie Namensräume**
> Wenn Sie Ihr Projekt sauber gliedern wollen, verwenden Sie Namensräume. Ich empfehle, einen Haupt-Namensraum pro selbst geschriebener Bibliothek zu verwenden. Ob Sie diesen Namensraum dann noch feiner aufteilen wollen, hängt von den Anforderungen ab.

Einen Namensraum können Sie übrigens ohne Problem im Nachhinein noch erweitern und auf zwei und mehr Dateien aufteilen. Stecken Sie einfach alles Gewünschte in jeder Datei in `namespace plant {...}` hinein, und der Namensraum füllt sich von Datei zu Datei.

18.2 Anonymer Namensraum

Sie können auch einen Namensraum ohne eigenen Bezeichner definieren. Das hat dann eine besondere Bedeutung. Nehmen Sie bitte an, dass Sie hier mehrere Dateien vorliegen haben:

```cpp
// modul.hpp
#include <string>
#include <iostream>
namespace plant {
    class Baum {
        std::string name_;
    public:
        explicit Baum(const std::string& name);
        void print(std::ostream& os) const;
    };
    std::ostream& operator<<(std::ostream& os, const Baum& arg);
}
// modul.cpp
#include "modul.hpp"
namespace {   // anonymer Namensraum
    std::string PREFIX = "BAUM:";
    void printInfo(std::ostream& os) {
        os << "Autor: Torsten T. Will\n";
    }
}
bool debug = false;
namespace plant {
    Baum::Baum(const std::string& name)
        : name_{name} {}
    void Baum::print(std::ostream& os) const {
        os << PREFIX << name_;
    }
    std::ostream& operator<<(std::ostream& os, const Baum& arg) {
        if(debug) printInfo(os);
        arg.print(os); return os;
    }
}
// main.cpp
#include "modul.hpp"
int main() {
    plant::Baum x{"x"};
    x.print(std::cout); std::cout << "\n";
}
```

Listing 18.3 Ein anonymer Namensraum macht Definitionen lokal für die aktuelle Datei.

Sie sehen hier drei Dateien:

- modul.hpp – Schnittstelle zu class Baum mit den Deklarationen der Methoden
- modul.cpp – Implementierung der Klasse Baum, mit einigen Hilfsmitteln in einem anonymen Namensraum *und* einer globalen Variablen debug
- main.cpp – nutzt die Schnittstelle

Sie haben also zwei Module und einen Header. Wenn Sie eine Liste aller definierten Bezeichner der Module aufstellen würden, dann würden Sie feststellen, dass es keine Überschneidungen gibt. Die darf es nämlich nicht geben. Alle definierten Bezeichner aller Module müssen voneinander unterschiedlich sein.

Sie könnten zum Beispiel in main.cpp keine globale Variable int debug = 55; definieren. Der Compiler würde beim Linken feststellen, dass der Bezeichner debug mehrfach existiert, und einen Fehler ausgeben.

Die Menge der Bezeichner kann in großen Projekten sehr unübersichtlich werden, vor allem dann, wenn Sie auch Bibliotheken von Drittanbietern verwenden. Sie bekommen dann eine große Menge Bezeichner mitgeliefert, mit denen sich Ihre Bezeichner ebenfalls nicht überschneiden dürfen.

Die erste Vorsorgemaßnahme dazu ist, Namensräume zu verwenden. Der Bezeichner des Namensraums gehört mit zum gesamten Bezeichnernamen. So kämen sich plant::Baum und algo::Baum nicht ins Gehege.

Die zweite Maßnahme besteht darin, für das, was in anderen Modulen nicht gebraucht wird, einen *anonymen Namensraum* zu verwenden. main.cpp interessiert sich nicht für PREFIX. Und auch die Funktion printInfo wird nur innerhalb von modul.cpp verwendet. Dadurch, dass diese beiden Bezeichner innerhalb eines namespace {...} gekapselt sind, sind sie nur noch innerhalb des aktuellen Moduls sichtbar. Sie kommen einem anderen Modul nicht mehr in die Quere.

18.3 »static« macht lokal

Zu genau diesem Zweck können Sie auch das Schlüsselwort static einsetzen. Schreiben Sie stattdessen vor die Variablen und Funktionen static, erreichen Sie das Gleiche: Der Name der Variablen oder Funktion ist nur innerhalb dieses Moduls sichtbar. Andere Module können den gleichen Namen verwenden, ohne dass der Compiler sich beschwert.

Das sähe für `modul.cpp` so aus:

```
// modul.cpp
#include "modul.hpp"
static std::string PREFIX = "BAUM:";
static void printInfo(std::ostream& os) {
    os << "Autor: Torsten T. Will\n";
}
bool debug = false;
// Rest wie bisher
```

Die Variable `debug` ist immer noch nicht `static`. Dadurch kann zwar kein anderes Modul eine globale Funktion oder globale Variable `debug` definieren, das ist hier aber Absicht. Denn obwohl `debug` nicht im Header `modul.hpp` steht, kann jemand mit genug Insiderwissen (der Autor?) die Variable auf diese Weise manipulieren. Betrachten Sie es als Exkurs, denn zur üblichen Programmierpraxis sollte es nicht gehören, Variablen auf diese Weise zu verstecken und zu manipulieren. In irgendeinem anderen Modul des Projekts kann jemand die Variable mit

```
extern bool debug;
```

bekannt machen und dann per `debug = true;` manipulieren. Das kann sowohl gut als auch schlecht sein. Für einen Debuggingschalter ist es vielleicht gerade noch erlaubt. Ansonsten packen Bezeichner, die nicht exportiert werden sollen, lieber in einen anonymen Namensraum (oder deklarieren sie `static`).

Ein anonymer Namensraum hat gegenüber `static` den großen Vorzug, dass er auch eigene Typen auf diese Art und Weise vor dem Überschwappen in andere Module bewahrt. Sie können einen `struct`, `class` oder `using X = Y` nicht mit einem `static` vor dem Export bewahren. Innerhalb eines `namespace {...}` sind diese Dinge aber sicher.

18.4 »static« teilt gern

Ein bisschen gewöhnungsbedürftig ist, dass `static` zusätzlich noch für einen ganz anderen Zweck verwendet wird. Sie können damit das Datenfeld oder eine Methode einer Klasse markieren, um es bzw. sie sich zwischen allen Instanzen der Klasse teilen zu lassen. Oder anders formuliert:

▶ **`static` für ein Datenfeld**
Während es für ein normales Datenfeld immer ein Exemplar pro Instanz gibt, teilen sich alle Instanzen ein gemeinsames als `static` markiertes Datenfeld. Es gibt also pro Klasse genau ein einziges Exemplar dieses Datenfeldes und nicht so viele wie Instanzen.

▶ **`static` für eine Methode**
Einer statischen Methode fehlt der `this`-Pointer. Innerhalb der Methode gibt es keine Verbindung zu einer bestimmten Instanz der Klasse. Sie rufen die Methode deshalb

nicht über eine Instanz mit . oder -> auf, sondern über den Klassennamen mit :: auf.

Beide Varianten sind dahingehend ähnlich, als dass Sie auf beide schon zugreifen können, wenn Sie noch nicht einmal eine einzige Instanz erzeugt haben.

Typische Anwendungsmöglichkeiten sind:

▶ Ein statisches Datenfeld kann die Anzahl der aktiven Instanzen der Klasse mitzählen.

▶ Eine statische Methode kann als *Factory* zur kontrollierten Erzeugung von Instanzen dienen (beliebtes Entwurfsmuster).

Hier sind beide Anwendungsmöglichkeiten im Einsatz:

```cpp
#include <iostream> // cout
#include <string>
using std::string;
class Tree {
    static size_t countConstructed_;
    static size_t countDestructed_;
    string kind_;
    Tree(string kind) : kind_{kind}        // privater Konstruktor
        { ++countConstructed_; }
public:
    Tree(const Tree& o) : kind_{o.kind_}
        { ++countConstructed_; }
    string getKind() const { return kind_; }
    ~Tree() { ++countDestructed_; }
    static Tree create(string kind) { return Tree{kind}; }
    static void stats(std::ostream& os) {
        os << "Constructed:+" << countConstructed_
           << " Destructed:-" << countDestructed_ << "\n";
    }
};
size_t Tree::countConstructed_ = 0;
size_t Tree::countDestructed_ = 0;
int main() {
    Tree birke = Tree::create("Birke");
    for(auto kind : {"Esche", "Eibe", "Eiche"}) {
        Tree temp = Tree::create(kind);
        std::cout << temp.getKind() << "\n";
    }
    Tree::stats(std::cout);
}
```

Listing 18.4 Alle Instanzen teilen sich ihre »static«-Datenfelder und -Methoden.

Zunächst habe ich zwei Zähler countConstructed_ und countDestructed_ deklariert. Anders als bei normalen Datenfeldern können Sie statische Datenfelder leider nicht innerhalb der Klasse initialisieren. Daher sehen Sie außerhalb der Klasse eine Wiederholung der statischen Datenfelder mit den Initialisierungswerten – hier jeweils 0.

Beachten Sie, dass Sie – wenn die Klasse in einem Header definiert ist, der möglicherweise von mehreren *.cpp-Dateien eingebunden wird – die Initialisierungsdefinitionen aber unbedingt in einer *.cpp-Datei machen müssen. Sonst würde die Initialisierung mehrmals im Gesamtprogramm durchgeführt – beziehungsweise würde sich Linker über doppelte Definitionen beschweren.

Die statische Methode create ist im öffentlichen Bereich der Klasse. Diese soll ab jetzt zum Erzeugen von neuen Tree-Instanzen verwendet werden. Daher ist der wirkliche Konstruktor auch in den privaten Bereich der Klasse gewandert – damit niemand ihn von außen aufrufen kann.

Innerhalb des Konstruktors erhöhe ich den Zähler countConstructed_. Damit ich den Zähler countDestructed_ erhöhen kann, benötige ich auch den Destruktor. Dieser gehört eigentlich immer in den öffentlichen Bereich der Klasse.

Tree benötigt noch den Kopierkonstruktor, denn create gibt den neu erzeugten Baum als Kopie zurück. Da das Kopieren auch ein neues Objekt erzeugt, das mit countConstructed_ mitzählen soll, taugt der = default-Kopierkonstruktor nicht. So wie die Klasse im Moment aussieht, könnten Sie auf den Kopierkonstruktor auch verzichten und stattdessen den Verschiebekonstruktor definieren, aber das ist nur ein Detail – und eine Vertiefungsaufgabe am Ende des Kapitels.

Sie sehen in main, dass Sie Tree::create aufrufen können, ohne dass auch schon eine Tree-Instanz erzeugt worden ist. Wenn Sie sich innerhalb der create-Methode befinden, gibt es keine Instanz, auf deren Datenfelder Sie zugreifen können. Nur auf andere statische Datenfelder und statische Methoden können Sie zugreifen – und auf Konstruktoren.

Die Unterscheidung der Aufrufe einer statischen Methode Tree::create() und einer normalen Methode tree.getKind() ist also die Verwendung des Klassennamens statt der Instanzvariablen sowie des Scope-Operators :: statt des Zugriffspunktes . bzw. des Zugriffspfeils ->, falls es sich um einen Zeiger auf eine Instanz handelt.

Ebenso rufe ich am Ende Tree::stats() auf. Wieder wird nur auf statische Datenfelder zugegriffen. Und die Ausgabe

```
Constructed:+4 Destructed:-3
```

beweist Ihnen, dass jede Instanz in ihrem Konstruktor beziehungsweise Destruktor auf dieselben Zählervarvariablen zugegriffen hat. Die Zählung stimmt, weil alle Tree temp Objekte in der Schleife auch wieder zerstört worden sind. Nur die lokale Variable birke ist zum Zeitpunkt des Aufrufs von stats() noch existent.

18.5 »static« macht dauerhaft

Ähnlich, aber nicht gleich, ist die Verwendung von static bei lokalen Variablen, also innerhalb einer Methode oder Funktion. Wenn Sie static zur Deklaration einer lokalen Variablen hinzufügen, dann bleibt diese Variable bestehen, wenn das Programm den Gültigkeitsbereich verlässt, und wird wiederverwendet, wenn er das nächste Mal betreten wird.

```cpp
#include <iostream>                         // cout
using std::cout;
class Keyboard {
    Keyboard(const Keyboard&) = delete;    // keine Kopie
    const size_t nr_;                       // aktuelle Nummer
public:
    static size_t count_;                   // zählt erzeugte Instanzen
    explicit Keyboard() : nr_{count_++} {
        cout << "  Keyboard().nr:"<<nr_<<"\n";
    }
};
size_t Keyboard::count_ = 0;                // statisches Datenfeld initialisieren
Keyboard& getKeyboard() {
    cout << "  getKeyboard()\n";
    static Keyboard keyboard{};             // statische lokale Variable
    return keyboard;
}
void func() {
    cout << "kbFunc...\n";
    Keyboard& kbFunc = getKeyboard();
}
int main() {
    cout << "kbA...\n";
    Keyboard& kbA = getKeyboard();
    func();
    cout << "kbB...\n";
    Keyboard& kbB = getKeyboard();
    cout << "count:" << Keyboard::count_ << "\n";
}
```

Listing 18.5 Eine lokale statische Variable wird nur einmal initialisiert und danach wiederverwendet.

Hier sehen Sie die Implementierung des sogenannten Meyers-Singletons. Ein *Singleton* ist eine Möglichkeit, bei jeder Verwendung immer die gleiche Instanz einer Klasse zu bekommen. Die Verwendungen können auch von unterschiedlichen Stellen des Programms kommen, wie hier von func() und von main() – weil beide die freie Funktion getKeyboard() verwenden, erhalten Sie auch dieselbe Keyboard&-Referenz und somit dasselbe Objekt. Besonders beliebt sind Singletons in Programmen mit mehreren Threads. Stellen Sie sich zum Beispiel vor, Ihr Programm habe mehrere Threads (gleichzeitig laufende Programmstränge) und jeder möchte von der Tastatur lesen – und dazu benötigt er ein Keyboard. Die Keyboard-Klasse stellt die Verbindung zu der einen tatsächlich mit dem Computer verbundenen Tastatur her. Und da wäre es hilfreich, wenn dies immer dieselbe Tastatur wäre. Dies soll die Funktion getKeyboard() im Beispiel liefern.

```
Keyboard& getKeyboard() {
    cout << "  getKeyboard()\n";
    static Keyboard keyboard{}; // statische lokale Variable
    return keyboard;
}
```

In getKeyboard() sehen Sie die statische lokale Variable keyboard. Anders als bei *globalen* statischen Variablen wird diese nicht vorab bei Programmstart (oder noch früher) initialisiert, sondern genau bei der ersten Passage der Definition.

Und wiederum als Unterschied zu nicht statischen lokalen Variablen wird die statische Variable beim Verlassen des Blocks nicht weggeräumt. Der Block ist hier die Funktion getKeyboard(). Die Variable keyboard existiert somit beim Wiedereintritt in die Funktion immer noch und wird auch nicht neu initialisiert, sondern weiterverwendet.

Es gibt viele Varianten des Singleton-Entwurfsmusters und noch mehr unterschiedliche Implementierungen mit diversen Vor- und Nachteilen. Manche Programmierer gehen sogar so weit, zu sagen, das Singleton selbst sei schlechte Praxis (ein »Anti-Pattern«). Diese Diskussion führt hier zu weit. Richtig ist jedoch, dass Sie das Singleton-Entwurfsmuster nicht überstrapazieren sollten.

Konkret zur Implementierung des Singletons mittels einer statischen lokalen Variablen: Kurz gesagt, hat das Meyers-Singleton den Vorteil, einfach implementiert zu sein, und den Nachteil, keinen kompletten Schutz gegen mehrere Keyboard-Instanzen zu bieten. Sie könnten immer noch ein eigenes Keyboard{} mittels des öffentlichen Konstruktors erzeugen. Dem könnten Sie durch eine leicht geänderte Schnittstelle Abhilfe schaffen, wenn Sie es als großen Nachteil empfinden.

Vor C++11 hat die Verwendung einer statischen lokalen Variable zusätzlich noch den extremen Nachteil, in einem Programm mit mehreren Threads nicht garantiert »sicher« zu sein. Wenn Sie keinen C++11-konformen Compiler verwenden, dann können Sie das Meyers-Singleton so nicht verwenden. Schauen Sie in der Dokumentation Ihres Compilers nach, ob er »statische lokale Variablen threadsicher initialisiert«.

18.6 Zusammenfassung

Weil bei namespace, using und static so viel durcheinanderkommt, fasse ich hier noch einmal die verschiedenen Verwendungen zusammen. Der Vollständigkeit halber nehme ich das Typalias mit using ebenfalls auf.

Spachelement	Beschreibung
namespace xyz {...}	neuer Namensraum xyz
namespace {...}	anonymer Namensraum; alle Bezeichner datei-lokal
static globale Variable	Datei-lokale Variable
static freie Funktion	Datei-lokale Funktion
static Datenfeld	wird zwischen allen Instanzen der Klasse geteilt
static Methode	Methode, die Sie ohne konkrete Instanz aufrufen
static lokale Variable	eine den Bereich überdauernde Variable
using namespace xyz	alle Bezeichner aus Namensraum xyz importieren
using xyz::abc	Bezeichner abc aus Namensraum xyz importieren
using neu = alt;	Typalias neu für den Typ alt einführen

Tabelle 18.1 Varianten von »namespace«, »static« und »using«

18.7 Aufgaben

Wiederholungsfragen

1. Wie müssen Sie innerhalb von main() auf die Bezeichner abc und xyz aus Listing 18.6 zugreifen?
   - ohne using – Verändern Sie die verwendeten Bezeichner.
   - mit using – Lassen Sie die Bezeichner im Listing so, wie sie sind, und fügen Sie using Zeilen ein.

2. Sie bauen ein Programm aus zwei Modulen. In jedem der Module soll eine Funktion int getCount() global definiert sein. Die Funktionen werden jeweils nur in ihrem Modul verwendet. Beim Zusammenlinken beschwert sich der Compiler über doppelt vorhandene Bezeichner. Wie können Sie das Problem lösen? Zwei Möglichkeiten gibt es mindestens.

```
#include <iostream>  // cout
namespace {
    int abc = 12;
    namespace flower {
        int cde = 23;
    }
}
int efg = 34;
namespace animal {
    int ghi = 45;
    namespace mammal {
        int ijk = 56;
    }
}
int main() {
    std::cout
        << abc
        << cde
        << efg
        << ghi
        << ijk
        ;
}
```

Listing 18.6 Den Bezeichnern in »main« fehlen Namensräume.

Vertiefungsfrage

Schreiben Sie eine Funktion `func()`, die mitzählt, wie oft sie aufgerufen wurde. Wenn eine globale Variable `bool debug` auf `true` gesetzt ist, soll sie auf `cout` ausgeben, wie oft sie aufgerufen wurde. Listing 18.7 zeigt die main-Funktion. Die letztliche Ausgabe soll 4 sein.

```
int main() {
    func();
    func();
    func();
    debug = true;
    func();  // Ausgabe: 4
}
```

Listing 18.7 die »main«-Funktion; die Ausgabe soll 4 sein

Erweiterungsfragen

1. Eine Schwierigkeit bei lokalen statischen Variablen ist, dass Sie mit keinem Mittel von außen an die Variable herankommen – anders bei statischen Datenfeldern einer Klasse.
   - Anstatt `func()` als Funktion zu schreiben, wie in den Vertiefungsfragen gefordert, implementieren Sie die Klasse `Func` mit einer Methode `void operator()()`, siehe Kapitel 27, »Eine Klasse als Funktion«.
   - Der Zähler ist dann ein statisches Datenfeld, und Sie können sich die globale Variable `debug` sparen.
   - Aus der `main()`-Funktion von Listing 18.7 entfernen Sie also die Zeile mit `debug` und fügen stattdessen am Ende die Zeile `cout << Func::count_` hinzu.
   - Außerdem müssen Sie die Klasse `Func` noch instanziieren, damit Sie `func()` aufrufen können.
2. Implementieren Sie statt des Kopierkonstruktors `Tree::Tree(const Tree& o)` den Verschiebekonstruktor.

Kapitel 19
Const

> **Kapiteltelegramm**
>
> ▸ `const`
>   Etwas als zur Laufzeit unveränderbar markieren
> ▸ `constexpr`
>   Eine Konstante oder Funktion zur Übersetzungszeit berechenbar markieren
> ▸ **Const-Korrektheit**
>   Durch Hinzufügen von `const` an Typen können Sie sich vom Compiler bei der Aufdeckung einiger typischer Fehler helfen lassen.
> ▸ **Typsicherheit**
>   Die Verwendung von Typen, inklusive `const`, deren korrekten Einsatz der Compiler forciert

Das Schlüsselwort `const` sollte in C++ nicht unterschätzt werden. Richtig eingesetzt, kann es dem Programmierer sehr nützlich sein. Denn mit ihm kann der Compiler helfen, Flüchtigkeitsfehler zu vermeiden und Designprobleme zu entdecken.

In C++ können Sie `const` an den verschiedensten Stellen einsetzen: ob als Parameter übergeben, als lokale Variable oder als Datenfeld einer Klasse. Hier folgt eine (nicht erschöpfende) Erklärung, was durch ein `const` als »nicht veränderbar« deklariert wird:

▸ `static const int MAX = 100;` – Zusammen mit `static` wird eine Konstante definiert.
▸ `const string& getName();` – Rückgabewert darf nicht verändert werden.
▸ `void print(const string& msg);` – Der Parameter wird in der Funktion nicht verändert.
▸ `void Widget::drawYourself() const;` – Die Methode verändert ihr Objekt nicht.

Letzteres hat gewissermaßen eine Sonderstellung. Damit wird versprochen, dass die Methode `drawYourself` der Klasse `Widget` innerhalb ihres Funktionskörpers den Zustand der Instanz, mit der sie aufgerufen wird, nicht verändert. Technisch gesehen, wird damit der `this`-Pointer innerhalb der Methode `this const * const` definiert, wobei eine Methode ohne dieses nachgestellte `const` den Zustand verändern kann: `this * const`.

Ja, da ist immer noch ein `const` drin: Es ist entscheidend, wo Sie das `const` zum Typ schreiben.

Die folgende Aufzählung verdeutlicht die feinen, aber wichtigen Unterschiede im Einsatz zusammen mit Pointern `*` und Referenzen `&`:

- **int const** val – Der int-Wert val ist unveränderbar.
- **MyClass const** &obj – Alle Datenfelder und Methoden, die in MyClass stehen, von dem obj ein Objekt ist
- **int const** * p_int – Der int-Wert, auf den der Pointer zeigt
- **int * const** p_int – Der Pointer p_int selbst; der int-Wert ist veränderbar.
- **char const * const** cstr – Inhalt und Pointer

Als Eselsbrücke könnte man sagen, dass das const immer diejenige Entität als unveränderbar markiert, *hinter* der es steht. Bei der viel verbreiteteren Notation, bei der das const zuallererst genannt wird, müssen Sie das führende const in Gedanken »um eins nach rechts rücken«. Die folgenden Schreibweisen sind äquivalent:

- **const int** val   ⇔ int **const** val
- **const Klasse** &obj   ⇔ Klasse **const** &obj
- **const int** * p_int   ⇔ int **const** * p_int
- **const char** * const cstr ⇔ char **const** * const cstr

19.1 Const-Parameter

Sie haben in Kapitel 5, »Ohne Eile erklärt«, schon erfahren, dass Sie einen Parameter mit const markieren können, was häufig zusammen mit der Call-by-Reference-Übergabe von Parametern mit & erfolgt:

```
void print(const vector<int> &primes) {
   for(auto prime : primes) {
      cout << prime << " ";
   }
}
```

Der Parameter primes kann nun nicht verändert werden. Eine Veränderung mit primes[7] = 4 oder primes.push_back(12) wird der Compiler mit einer Fehlermeldung quittieren. Mit Klassen und eigenen Typen wird häufig const Klasse& arg als Übergabeart gewählt, weil hier der Parameter nicht kopiert werden muss.

Bei Klasse arg wäre das der Fall. Sie könnten arg ruhig in der Funktion verändern – weil es sich um eine Kopie handelt, wirkt sich diese auf das Objekt außen beim Aufrufer nicht aus – aber eine Kopie eines großen Objekts kostet.

Wenn sich das Vermeiden einer Kopie lohnt, dann arbeiten Sie also am besten mit einer const&: Das & vermeidet die Kopie, und das const verhindert versehentliche Veränderungen am Objekt außen.

Was für Klassen gilt, ist bei den eingebauten Typen nicht anders. Jedoch sind deren Kosten zur Kopie zu vernachlässigen, weswegen Sie eine const int& oder const double&

eher selten sehen. Es gilt aber das Gleiche wie für Klassen. Die Veränderungen der Werte weiß der Compiler zu verhindern:

```
void unsinnsParameter(const int& arga, const double& argb) {
    arga = 7;
    argb = 3.14;
}
```

Wie gesagt – das können Sie bei den eingebauten Typen machen, es ist aber eher selten. Eingebaute Typen werden eigentlich immer als Werte übergeben:

```
void wertParameter(int arga, double argb);
```

Dann können Sie sie in der Funktion verändern, was sich außen nicht auswirkt. Oder Sie übergeben Sie als Referenz, wenn sich die Veränderung außen auswirken soll:

```
void eingabe(int &arga, double &argb);
```

Wählen Sie hier aber besser Rückgabewerte, also hier zum Beispiel:

```
std::pair<int,double> eingabe();
```

Zu guter Letzt können Sie auch die Wertübergabe wählen (die hat ja auch ihre Vorteile) *und* diesen Wert konstant machen:

```
void konstanteWerte(const int arga, const double argb);
```

Der Effekt ist, dass Sie beim Aufruf eine Kopie bekommen, und gleichzeitig sicherstellen, dass Sie nicht versehentlich `arga = 5` probieren.

19.2 Const-Methoden

Der Compiler erkennt direkt, ob Sie versuchen, einen `int` zu verändern. Schwieriger wird dies aber, wenn Sie ein Objekt haben, das mit Methoden ausgerüstet ist.

```
void print(const vector<int> &primes) {
    if(primes.size() > 100) // zu viele, keine Ausgabe
        return;
    for(auto prime : primes) {
        cout << prime << " ";
    }
}
```

Woran merkt der Compiler, dass `primes.size()` auf dem `const&` aufgerufen werden darf, aber dass zum Beispiel `primes.push_back(4)` mit einer Fehlermeldung zu quittieren ist? Das liegt daran, dass die Methode `size()` von `vector` mit einem nachgestellten `const` versehen ist – sinngemäß:

```
size_t vecor<int>::size() const;
```

Dadurch weiß der Compiler, dass dieser Methodenaufruf auf einem `const`-Objekt erlaubt ist.

Für einen eigenen Datentyp Widget könnte das so aussehen:

```
class Widget {
    unsigned x = 0;
public:
    unsigned getLeft() const;
    unsigned getTop() const;
    unsigned getRight() const;
    unsigned getBottom() const;
    void setWidth(unsigned w);
    void setHeight(unsigned h);
}
```

Wenn Sie nun Widget als const Objekt(-Referenz) in eine Funktion hineingeben, dann können Sie die get-Methoden aufrufen:

```
void show(const Widget& widget) {
    drawBox(
      widget.getLeft(), widget.getTop(),
      widget.getRight(), widget.getBottom()
    );
}
```

Der Versuch, widget.setWidth(100); in show aufzurufen, wird vom Compiler mit einer Fehlermeldung quittiert: Die Methode ist nicht mit einem const markiert.

Gleichzeitig hat das nachgestellte const noch einen weiteren Effekt. Sie können innerhalb der Implementierung einer solchen Methode keine Datenfelder verändern. Dazu zählt auch der Aufruf einer Nicht-const-Methode:

```
unsigned Widget::getLeft() const {
    x = 77;             // Datenfelder können nicht verändert werden
    setWidth(88);       // keine nicht`const`-Methoden aufrufen
}
```

Diese drei Effekte zusammengenommen, sind das wichtigste Werkzeug des Compilers zur Aufdeckung von Flüchtigkeitsfehlern und Designproblemen. Bei der const-Markierung von Methoden, sollten Sie sorgfältig sein. Sie werden merken, dass das zur Folge hat, dass Sie dann Parameter ebenfalls sorgfältig entweder const& machen müssen oder als Wert übergeben. Versehentliche &, die Flüchtigkeitsfehlern Tür und Tor öffnen, sind dann eigentlich nicht mehr möglich.

Noch einmal zur Übung: Technisch gesehen wird der implizite *this-Parameter durch das nachgestellte const von Widget * const this zu Widget const * const this. Können Sie die consts an den verschiedenen Positionen schon lesen? Das const bezieht sich auf Widget, das *vor* ihm steht: Somit ist alles in Widget für Veränderungen innerhalb der Methode tabu.

19.3 Const-Variablen

Auch Variablen können Sie mit const versehen. Das gilt sowohl für lokale Variablen in einer Funktion oder global als auch für Datenfelder in einer Klasse. Eine const-Variable können Sie nur noch initialisieren, Sie können ihr aber weder einen neuen Wert zuweisen noch ihren Wert verändern (durch einen Nicht-const-Methodenaufruf).

```cpp
class Widget {
    const int id_;
public:
    explicit Widget(int id) : id_(id) {}
    Widget() : id_(0) {}
    void reset();
};
const Widget widget_a = Widget{12};
```

Nach diesen Zeilen Code können Sie kein `widget_a = Widget{24};` schreiben. In der Implementierung von `reset()` verbietet Ihnen der Compiler auch

```cpp
void Widget::reset() {
    id_ = 36;
}
```

denn id_ ist const – ebenso, als hätten Sie es als Parameter an die Funktion übergeben.

Verwenden Sie const-Variablen, wenn es Ihnen sinnvoll erscheint, mit Augenmaß. Bei Variablen, die in einem langen Codeabschnitt gültig sind, bei dem man leicht die Orientierung verliert, was alles für Variablen existieren, kann ein const ein wirksamer Schutz vor versehentlicher Veränderung sein.

```cpp
#include <vector>
namespace {                           // anonymer Namensraum für Konstanten
    const unsigned DATA_SIZE = 100; /* Anzahl Elemente in Data */
    const double LIMIT = 999.999; /* Maxwert bei Initialisierung */
};
std::vector<int> createData() {
    std::vector<int> result(DATA_SIZE);
    double currVal = 1.0;
    for(auto &elem : result) {
        elem = currVal;
        currVal *= 2;          // nächster Wert ist größer
        if(currVal > LIMIT) {
            currVal = LIMIT;   // kein Wert darf größer sein
        }
    }
    return result;
}
```

Listing 19.1 Lokale Konstanten einer Datei passen gut in einen anonymen Namensraum.

Das gilt dann natürlich vor allem für globale Variablen, die zum Beispiel bestimmte Programmparameter festlegen. Packen Sie die am besten in einen *anonymen Namensraum*. Dessen Auswirkung ist, dass der Bezeichner nicht von anderen Modulen gesehen werden kann – in großen Projekten ist das wichtig, damit sich globale Variablen und Konstanten nicht in die Quere kommen.

So können Sie leicht an bestimmten Größen des Programms »drehen« und gleichzeitig die Größe gut dokumentieren.

19.4 Const-Rückgaben

Normalerweise geben Funktionen einen *Wert* zurück, also keine Referenz. Das heißt, es kommt dann eine Kopie dessen an, was Sie in der Funktion hatten. Zumindest können Sie es sich konzeptionell so denken. Tatsächlich kann der Compiler die Kopie oft einsparen (siehe Kapitel 17, »Verwendung eigener Datentypen«).

```
struct Widget {
    int num_ = 0;
    void setNumber(int x) {      // eine Nicht-const Methode
        num_=x;
    }
};
Widget createWidget() {          // Rückgabe als Wert
    Widget result{};             // Erzeugen
    return result;
}
int main() {
    Widget w = createWidget();   // Rückgabe als Wert erzeugt Kopie
    w.setNumber(100);            // verändern, natürlich ok, w ist nicht-const
}
```

Da nun in `main()` bei `Widget w = createWidget();` außerhalb von `createWidget` eine Kopie von `result` vorliegt, geht es die Funktion nichts mehr an, ob dort dessen Inhalt verändert wird. Es macht also wenig Sinn, den Rückgabetyp auch noch mit einem `const` zu versehen:

```
const Widget createWidget() {    // Rückgabe als const-Wert
    Widget result{};
    return result;
}
int main() {
    Widget w = createWidget();   // kopiert in neues nicht-const w
    w.setNumber(100);            // w ist nicht-const, verändern ist ok.
}
```

Listing 19.2 Obwohl der Rückgabetyp hier mit »const« markiert ist, wirkt es sich nicht aus, denn es wird immer kopiert.

Obwohl der Rückgabetyp `const Widget` ist, kann sich das `const` niemals auswirken, denn als Wert wird die Rückgabe immer kopiert – und da hat der Aufrufer die Kontrolle darüber, wohin kopiert wird. Hier wird wieder in `Widget w` (nicht-`const`) kopiert und somit kann der Aufrufer mit *seiner* Kopie wieder machen, was er will.

Ganz anders sieht das bei *Referenzen* (und Zeigern) aus: Eine Referenz bedeutet ja »keine Kopie«.

> **Lebensdauer des referenzierten Objekts beachten**
> Ich kann es nicht oft genug sagen: Wenn Sie eine Referenz zurückgeben, müssen Sie darauf achten, dass das Objekt, auf das die Referenz verweist, so lange existiert, wie Sie es außen verwenden.

```cpp
#include <string>
using std::string;
class Widget {
    string name_ = "";
public:
    void setName(string newName) {
        name_ = newName;
    }
    const string& getName() const {      // const& Rückgabe
        return name_;
    }
};
int main() {
    Widget w{};
    w.setName("Titel");
    string name1 = w.getName();          // neuer String, also Kopie
    name1.clear();                       // Die Kopie dürfen Sie wieder verändern
    const string& name2 = w.getName();   // const-Referenz auf inneren string name_
    /* name2.clear(); */                 // name2 ist const, geht also nicht
    string& name3 = w.getName();         // geht nicht, Funktion gibt const& zurück, nicht &.
}
```

Listing 19.3 Konstane Referenzen in Rückgaben

Hier rufe ich dreimal eine Funktion auf, die einen `const string&` zurückgibt. Beim Aufrufer soll das Ergebnis jeweils in Variablen unterschiedlichen Typs gespeichert werden:

▶ `string` **bei** `name1 = w.getName();`
Hier wird die `const string&` in einen `string` umgewandelt, was für den Compiler heißt, er soll den Rückgabewert kopieren. Und wie zuvor bei der Rückgabe von Werten erklärt wurde, hat der Aufrufer die Kontrolle über die Kopie.

- `const string& bei name2 = w.getName();`
  Dies ist exakt der Typ, der auch zurückgegeben wird, somit ist keine Umwandlung nötig. Eine `const&` zeigt auf exakt dasselbe `name_`, das in `w` existiert. Sollte sich `w.name_` durch irgendwelche Einflüsse ändern, dann wäre das auch in `name2` sichtbar. Nur `name2` selbst können Sie von außen nicht verändern, denn es handelt sich ja um eine **const**-Referenz.

- `string& bei string& name3 = w.getName();`
  Denken Sie sich vielleicht: »Ich will `w.name_` aber verändern« und versuchen daher, die Rückgabe in einem `string&` zu speichern? Das lässt der Compiler nicht zu: Eine Umwandlung von einer `const&` in eine `&` ist nicht erlaubt. Das ist nicht wie bei `name1`, bei dem ein `const& string` in einen `string` umgewandelt wurde, indem dieser kopiert wurde.

Es ist durchaus üblich, wenn eine Klasse eine Rückgabe als Referenz macht, diese gleichzeitig auch mit `const` zu markieren. Sie wollen häufig nicht, dass von außen Werte verändert werden, die sich innerhalb der Klasse befinden. Daher entscheiden Sie sich zuerst für die Rückgabe als Wert, und wenn das unpassend ist, für die Referenz. Ob die dann `const` ist oder nicht, hängt vom Einsatzweck ab.

Für die Referenzrückgabe ist beides denkbar. Mal wollen Sie, dass der Wert von außen verändert werden kann, mal nicht.

```cpp
#include <string>
#include <iostream>
using std::string; using std::cout;
class Widget {
    string name_{};
public:
    const string& readName() const;    // const&-Rückgabe, const-Methode
    string& getName();                 // &-Rückgabe
};
const string& Widget::readName() const { return name_; }
string& Widget::getName() { return name_; }
int main() {
    Widget w{};
    const string& readonly = w.readName();   //*** const&, unveränderbar
    cout << "Name: " << readonly << "\n";    // noch "" leer.
    string& readwrite = w.getName();         // &, veränderbar
    readwrite.append("dran");                // verändert auch name_ und readonly
    cout << "Name per readwrite: " << readwrite << "\n"; // "dran"
    cout << "Name per readonly: " << readonly << "\n";   // auch "dran"
}
```

Listing 19.4 Referenzen können konstant und nichtkonstant zurückgegeben werden.

Da sowohl `readonly` als auch `readwrite` Referenzen auf `w.name_` sind, wirkt sich die Veränderung von `readwrite` auf `w.name_` aus und auch auf `readonly`.

Beachten Sie, dass die Methode `readName`, die ja eine `const`&-Rückgabe hat, auch mit dem nachgestellten `const` markiert ist: Weil Sie sicher sein können, dass die Rückgabe von niemandem verändert wird, verändert sich durch den Aufruf dieser Methode auch nicht der Zustand des Objekts – genau, was das nachgestellte `const` besagt.

Anders bei `getName` mit seiner &-Rückgabe (nicht-`const`): Diese Methode können Sie nicht mit einem nachgestellten `const` markieren. Da per Referenz-Rückgabe ein Teil des inneren Zustandes (`name_`) nach außen gelangt ist, unterliegt der innere Zustand nicht mehr in der Kontrolle der Methode. Eine solche Methode kann daher niemals `const` sein.

Ich habe in diesem Beispiel die beiden Methoden absichtlich unterschiedlich benannt. Sie können sie aber auch gleich nennen – also *überladen*. Der Compiler wählt dann die passende Variante aus:

```
class Widget {
    string name_{};
public:
    const string& getName() const;
    string& getName();
};
```

Je nachdem, ob es Ihnen erlaubt ist, den Rückgabewert überhaupt zu verändern, wird die passende Überladung gewählt. Wenn die `Widget`-Variable selbst `const` ist, wird der Compiler die erste Variante wählen. Erinnern Sie sich: `*this` ist ein »versteckter« Parameter beim Methodenaufruf – und das nachgestellte `const` ist dessen Parametertyp nach **Widget const**`*` `const`. So kann der Compiler auch je nach `const`-Eigenschaft des tatsächlichen `Widget`s die eine oder die andere Methode aufrufen.

```
Widget wid{};
cout << wid.getName(); // wählt nicht-const, denn wid ist nicht const
const Widget vot{};
cout << vot.getName(); // wählt const, denn vot ist const
```

Für den Anfang empfehle ich aber, solche Überladungen nicht zu tun, sondern die Unterscheidung auch im Funktionsnamen kenntlich zu machen. Sie finden in der Standardbibliothek einige Überladungen dieser Art, zum Beispiel `vector::front`.

19.4.1 Const zusammen mit static

Sie werden häufig sehen, dass eine `const`-Variable auch zusätzlich mit `static` versehen ist. Lassen Sie mich Ihnen die drei Varianten zeigen:

```
namespace {
    const int MAX_A = 12;       // exakt das Gleiche, kein static nötig
}
```

```
static const int MAX_B = 10;      // im globalen Namensraum
struct Data {
    static const int SIZE = 14;   // als Datenfeld in einer Klasse
}
void func() {
    static const int LIMIT =16;   // als lokale Konstante
}
```

Die Unterscheidung kommt hauptsächlich daher, dass static in diesen Fällen eine unterschiedliche Bedeutung hat. static ist das Thema von Kapitel 18, »Namespace und Static«, aber für const sollten Sie die Einsatzgebiete wissen.

- const **in einem anonymen Namensraum** – MAX_A
  Zuerst ohne static: Die Konstante MAX_A ist nur in dieser *.cpp-Datei bekannt. Sie können nicht aus in einer anderen Datei auf sie zugreifen.

- static **im globalen Namensraum** – MAX_B
  Statt eines anonymen Namensraums können Sie eine Konstante mit static versehen. Das hat die gleiche Wirkung und ist die ältere Schreibweise. Der Nachteil ist, dass Sie Klassen so nicht lokal machen können. Ziehen Sie einen anonymen Namensraum vor.

- static const **als Datenfeld** – SIZE
  Das static sorgt dafür, dass alle Variablen von Data sich ein einziges SIZE teilen. Das const macht es dann zusätzlich unveränderbar.

- static const **als lokale Variable** – LIMIT
  Für eine lokale Variable bedeutet static, dass diese ihren Wert behält, wenn die Funktion verlassen wird. Nur beim ersten Passieren wird die Variable initialisiert. Zusammen mit const wird aus ihr eine nur bei Bedarf initialisierte Konstante.

19.4.2 Noch konstanter mit »constexpr«

An manchen Stellen verlangt der Compiler, dass Sie einen *konstanten Ausdruck* verwenden – einen, den er schon zur Kompilierzeit auswerten kann. Das geschieht zum Beispiel, wenn Sie ein array einer bestimmten Größe anlegen wollen:

```
#include <array>
int main() {
    std::array<int, 5> arr5{};         // Literal und somit ein konstanter Ausdruck
    std::array<int, 2+3> arr23{};      // 2+3 kann der Compiler auswerten
    const size_t SIZE = 5;             // definiert eine Konstante
    std::array<int, SIZE> arrSC{};     // kann der Compiler verwenden -- oft
    size_t size = 7;
    std::array<int, size> arrVar{};    // eine Variable können Sie nicht verwenden
}
```

Listing 19.5 Manche Ausdrücke müssen zur Übersetzungszeit bekannt sein.

Mit SIZE definiere ich mit const eine Konstante und diese kann ich dann als konstanten Ausdruck verwenden. Eine Variable wie size ist an dieser Stelle – und an einigen anderen Stellen – nicht möglich.

So weit, so gut. Alles was konstant ist, können Sie als Arraygröße verwenden? Leider nein. Es gibt Fälle, da reicht es nicht aus, dass Sie etwas mit const markieren. Denn die eigentliche Semantik von const ist: »Darf nicht zur Laufzeit verändert werden.« Das ist ein großer Unterschied zu »Muss vom der Compiler zur Übersetzungszeit berechnen können«, auch wenn das häufig übereinstimmt.

Hier sehen Sie ein Beispiel, wo es mit der Konstanten schiefläuft:

```
#include <array>
struct Data {
    static const size_t SPAET;          // Konstante deklarieren
    static const size_t FRUEH;          // Konstante deklarieren
};
void func() {
    int x = Data::SPAET;                // Konstante verwenden
}
const size_t Data::FRUEH = 10;          // Konstante definieren
std::array<int, Data::FRUEH> arrFRUEH {}; // Konstante verwenden
std::array<int, Data::SPAET> arrSPAET {}; // Konstante verwenden
const size_t Data::SPAET = 10;          // Konstante definieren
int main() {
    func();
}
```

Listing 19.6 Ob der Compiler eine Konstante in einem konstanten Ausdruck verwenden kann, ist nicht immer sofort ersichtlich.

Hier werden die Konstanten FRUEH und SPAET in der Klasse Data definiert. static heißt hier, dass alle Data-Variablen sich eine gemeinsame Konstante oder Variable teilen. Wie Sie es schon kennen, habe ich die Definitionen erst außerhalb der Klasse für FRUEH und SPAET gemacht – innerhalb von Data wird nur der »Platz« dafür definiert.

Weil aber die arrSPAET-Definition nach der Verwendung steht, ist der – scheinbar – konstante Ausdruck für den Compiler hier noch nicht auswertbar. Und obwohl auch in func() das int x = SPAET; im Programmcode vor der Definition steht, ist das hier kein Problem: Die einfache Initialisierung einer Variablen muss der Compiler noch nicht ausrechnen, da reicht es, dass er es zur Laufzeit kann.

Diese »verkehrte Reihenfolge« ist nicht immer so übersichtlich, wie in diesem einfachen Beispiel. So können Definition und Deklaration durchaus in unterschiedlichen *.cpp-Dateien stehen. Auch können Sie vor viel mehr Dinge const schreiben, als der Compiler vorab berechnen kann.

```
const double sin0 = sin(0.0);
```

können Sie schreiben und verwenden, der Compiler kann einen Sinus jedoch nicht zur Übersetzungszeit berechnen.

Alles ziemlich verwirrend? Da stimme ich Ihnen zu. Daher empfehle ich, Konstanten dieser Art nicht nur mit `const` zu deklarieren, sondern mit `constexpr` – der Steigerung davon.

Für Werte, die Sie mit `constexpr` deklarieren, überprüft der Compiler, ob er sie zur Übersetzungszeit berechnen kann. Ist das nicht der Fall, erhalten Sie eine Fehlermeldung.

Mit `constexpr` sieht Listing 19.6 so aus:

```
#include <array>
struct Data {
    static constexpr size_t SPAET; // Klappt nicht ohne direkte Initialisierung
    static constexpr size_t FRUEH = 10;
};
constexpr size_t Data::SPAET = 10; // bei constexpr geht Definition nicht wie bei const
```

Listing 19.7 Mit »constexpr« sieht der Compiler, wann ein Ausdruck nicht früh berechenbar ist.

Sie können `SPAET` nicht deklarieren, ohne es auch zu definieren – also gleichzeitig zu initialisieren. Somit ist sichergestellt, dass Sie die Konstante verwenden können, sobald ihr Name bekannt ist.

Sie können `constexpr`-Variablen fast überall verwenden, wo Sie `const` auch verwenden können. Probieren Sie ruhig, sich eher `constexpr` für diese Zwecke anzugewöhnen.

19.4.3 »constexpr« als Rückgabe

Ein weiteres spannendes Feature von `constexpr` ist, dass Sie auch Funktionen damit markieren können. Schreiben Sie das `constexpr` dann statt `const` an den Rückgabetyp. Tatsächlich wirkt sich dieses `constexpr` aber auf die ganze Funktion aus:

```
#include <array>
constexpr size_t verdoppleWennZuKlein1(size_t wert) {
    return wert < 100 ? wert*2 : wert; // liefere das doppelte zurück, wenn kleiner 100
}
std::array<int, verdoppleWennZuKlein1(50)> arr {};
```

Das ist ein riesengroßer Fortschritt! Denn eine selbst geschriebene Funktion, die nur einfach einen `const`-Wert als Rückgabe hat, können Sie als konstanten Ausdruck nicht verwenden:

```
#include <array>
const size_t verdoppleWennZuKlein2(size_t wert) {
    return wert < 100 ? wert*2 : wert;
}
std::array<int, verdoppleWennZuKlein2(50)> arr {};
```

Warum wird denn das nun wieder unterschieden? Der Grund ist, dass auch hier der Compiler sicherstellt, dass er `verdoppleWennZuKlein1(50)` zur Übersetzungszeit berechnen kann. Das können nur recht einfache Funktionen sein: solche, die nur aus einem einzigen `return` bestehen und dann auch wieder nur `constexpr`-Operatoren und -Funktionen verwenden.

Hier sehen Sie zwei Beispiele dafür, was der Compiler nicht zulässt:

```
#include <cmath>  // sin, cos, sqrt
constexpr unsigned myLog2(unsigned zahl) {  // Funktion zu kompliziert
    unsigned count = 0;
    while(zahl > 1) { zahl /= 2; }
    return count;
}
constexpr double one(double x) {  // Funktion verwendet nicht constexpr
    return sqrt(sin(x)*sin(x) + cos(x)*cos(x));
}
```

Wenn Sie das Glück haben, schon einen C++14-fähigen Compiler zu verwenden, dann sind die Regeln, wie kompliziert eine `constexpr`-Funktion sein darf, etwas entspannter. Zum Beispiel wird `myLog2` möglich. Was genau geht, schlagen Sie in der Referenz nach oder probieren es aus.

19.5 Const-Korrektheit

Ein verwandter und auf Dauer sehr hilfreicher Aspekt ist, sich die korrekte Verwendung von `const` anzugewöhnen. Von C (oder Java) kommend, heißt das wahrscheinlich, mehr davon zu verwenden. In der C++-Welt angekommen, kann der Compiler mit `const` an den richtigen Stellen schon so manchen *logischen Fehler* im Programmcode aufdecken – wo etwas verändert wurde, was nicht zur Veränderung gedacht war.

Der zweite Aspekt ist die Dokumentation. Ein `const` sagt dem nachfolgenden Programmierer[1], zu was dieser Wert gedacht ist. Dient die Variable der Berechnung oder nur der Zwischenspeicherung? Ist sie ein Eingabeparameter oder ein Ausgabeparameter?

Hinzu kommen noch andere Stellen, an denen die Unveränderbarkeit eines Wertes angezeigt werden kann. Auf Iteratoren gehe ich in Kapitel 23, »Zeiger«, ein, aber da sie etwas Konstantes sind, sollte ich sie hier erklären:

---

[1] Dieser Programmierer ist allzu häufig man selbst

▶ *Container*::**const_iterator** – Ein Verweis in einen Container der Standardbibliothek, der die Elemente darin nicht verändert.

Dabei ist ein *Container*::const_iterator so ähnlich zu betrachten wie ein int const*: Der *Wert* kann nicht verändert werden, der *Verweis* schon. Somit ist es etwas Unterschiedliches zu einem const *Container*::iterator, was mit einem int *const vergleichbar ist: Der Iterator selbst bleibt fest.

```
#include <map>
#include <string>
using std::map; using std::string;
struct MyClass {
  bool isFound(const map<int,string> &dict,// unveränderbarer Eingabeparam.
               const int &key,              // ebenso
               string &result               // Ausgabeparameter: kein const
              ) const                       // Instanz von MyClass const
  {
    const map<int,string>::const_iterator where // Verweis und Wert fest
      = dict.find(key);
    if(where == end(dict)) {
      return false;
    } else {
      result = where->second;
      return true;
    }
  }
};
```

Listing 19.8 »const« mit Containern

find liefert einen iterator zurück. Der kann aber implizit in einen const_iterator umgewandelt werden. Andersherum würde das nicht implizit gehen.

19.6 Zusammenfassung

Wenn Sie Ihr Programm von Anfang an mit so vielen const wie möglich – oder nötig[2] – ausrüsten, dann kann der Compiler schon während der Entwicklung viele Tippfehler, logische Fehler und manchmal sogar Designfehler aufdecken.

Das Interface von Klassen und Funktionen ist mit const aber ohne eine explizite Dokumentation schon rudimentär beschrieben. Im Programmcode dankt es der spätere Leser Ihnen, weil const ihm beim Verstehen hilft, was zur Veränderung gedacht war und was nicht.

---

[2] *Item 43: Const-Correctness*, Herb Sutter, Exceptional C++, Addison Wesley 2000

Ein Projekt von Anfang an *const-korrekt* zu machen ist bei Weitem weniger aufwendig, als dies im Nachhinein zur Fehlersuche tun zu müssen.

Die richtige Verwendung von const ist ein nicht zu unterschätzendes Werkzeug. Beginnen Sie lieber mit »vielen« const, und überlegen Sie eher, ob Sie es an einer bestimmten Stelle weglassen können, als dass Sie überlegen, ob Sie es hinzufügen sollten.

const richtig zu verwenden, ist ein Teil von typsicherer Programmierung. C++ hat ein mächtiges Typsystem zur Fehlervermeidung. Nutzen Sie die Fähigkeiten von C++, auf Typen zur Übersetzungszeit zu operieren und mit ihnen zu rechnen.

19.7 Aufgaben

Wiederholungsfragen

1. Sehen Sie sich die nummerierten Zeilen in Listing 19.9 an, und sagen Sie, welche wegen eines consts so nicht vom Compiler zugelassen werden.
2. Welche const in Listing 19.9 können Sie durch constexpr ersetzen? Ich habe alle Kandidaten unterstrichen.

```
const int doppel(int arg) { return 2*arg; }
int dreifach(int arg) { return 3*arg; }
int main() {
    const int fixi = 7;                   // ①
    fixi = 10;                            // ②
    int zwanzig = doppel(fixi);           // ③
    zwanzig = 20+1;                       // ④
    const int dreissig = dreifach(fixi);  // ⑤
    dreissig = 30+1;                      // ⑥
}
struct Data {
    static const int MAX = 10;
    const int getLimit(const int arg) const;
};
```

Listing 19.9 Welche nummerierten Zeilen gehen wegen eines »const« nicht?

Vertiefungsfrage

Betrachten Sie die folgenden Funktionsdefinitionen, und überlegen Sie, ob und warum Sie das const brauchen könnten und was es nutzt. Welche der Varianten würden Sie vorziehen, und von welchen Faktoren Ihrer Implementierung hängt das ab?

1. int verdreifache(const int value);
2. const int verdreifache(int value);
3. int verdreifache(int value);
4. string verdopple(const string value);
5. const string verdopple(string value);
6. const string& verdopple(string value);
7. string verdopple(const string& value);
8. string verdopple(string value);
9. const string& verdopple(const string& value);

Erweiterungsfragen

Mit const_cast<> können Sie ein const loswerden, wenn es unbedingt nötig ist. Sie sollten das so selten wie möglich tun, aber Sie sollten darüber Bescheid wissen.

1. Schauen Sie sich Listing 19.10 an, und korrigieren Sie die use-Methode, indem Sie einen const_cast<> einbauen.
2. Nutzen Sie für den gleichen Zweck nicht const_cast<>, sondern setzen Sie mutable an der richtigen Stelle ein.

```
struct Widget {
    int zaehler_;            // zählt, wie oft use() aufgerufen wurde
    void use() const {
        /* ... benutzen ... */
        zaehler_ += 1;       // Fehler: kann in const-Methode nichts ändern
    }
};
int main() {
    Widget widget{};
    widget.use();
}
```

Listing 19.10 Das Datenfeld »zaehler« lässt sich in einer »const«-Methode normalerweise nicht ändern.

Kapitel 20
Vererbung

> **Kapiteltelegramm**
>
> ▶ **»Hat-ein«-Beziehung**
>   Entweder *Aggregation* oder *Komposition*; ein Objekt, das Teil eines anderen ist oder mit ihm in einer Beziehung steht; ein Auto *hat-ein* Lenkrad und *hat-eine* Garage.
>
> ▶ **»Ist-ein«-Beziehung**
>   *Vererbung*; ein spezialisiertes Objekt ist auch ein allgemeineres Objekt; ein Bulli *ist-ein* Auto.
>
> ▶ **Komposition**
>   Hat-ein-Beziehung, bei der das Objekt aus anderen Objekten besteht
>
> ▶ **Aggregation**
>   Hat-ein-Beziehung, bei der das Objekt zu einem anderen Objekt in Beziehung steht
>
> ▶ **Überschreiben**
>   Eine Methode in einer Basisklasse in einer abgeleiteten Klasse mit gleicher Signatur neu definieren
>
> ▶ **virtuelle Methode**
>   Eine Methode, für die zur Laufzeit entschieden wird, welche überschriebene Variante aufgerufen wird
>
> ▶ **Laufzeit-Polymorphie**
>   Deklariert ist eine Basisklasse; zur Laufzeit wird eine abgeleitete Klasse verwendet, behält aber ihre abgeleiteten Eigenschaften.

Vererbung ist ein fundamentaler Bestandteil der *objektorientierten Programmierung* (OOP). Damit einher gehen bestimmte Techniken und ein Vokabular, die ich in diesem Kapitel vorstellen werde.

Mit *Vererbung* können Sie zweierlei Dinge erreichen:

▶ Sie erhöhen die *Wiederverwendbarkeit* und reduzieren die *Codeduplikation* – das sind eher technische Aspekte.

▶ Sie implementieren ein *Design* und erzeugen so Klarheit in großen Projekten – dies ist ein konzeptioneller Aspekt.

Ich möchte Ihnen in diesem Buch vor allem die technischen Aspekte beibringen und werde nur kurz auf die konzeptionellen Aspekte eingehen. Sie sollten sie aber im Grundsatz kennen, damit Sie in Planungstreffen nicht aufgeschmissen sind.

20.1 Beziehungen

20.1.1 Hat-ein-Komposition

Als Sie in Kapitel 16, »Erste eigene Datentypen«, die Anwendung von struct und class kennengelernt haben, habe ich zunächst Datenfelder zu *Aggregaten* gebündelt.

```
class Auto {
    Lenkrad lenkrad_;
    std::vector<Rad> raeder_;
    // ...
};
```

Dieses Auto *hat-ein* lenkrad_, ebenso wie raeder_ – jeweils vom entsprechenden Typ. In diesem Fall der Hat-ein-Beziehung ist es sogar aus diesen Objekten zusammengesetzt, bzw. besteht aus diesen Objekten. Dies ist eine *Komposition*. In diesem Fall *besitzt* das Objekt meist seine Komponenten – was in C++ heißt, das es für die Konstruktion und Destruktion verantwortlich ist. Die Lebenszeit der Komponenten ist durch die Lebenszeit des Objekts beschränkt.

Abbildung 20.1 Hat-ein-Beziehungen: Die Komposition (links) und die Aggregation (rechts) in UML-Notation.

20.1.2 Hat-ein-Aggregation

Anders ist die Situation, wenn Sie sagen, das Auto *hat-eine* Garage oder es *hat-einen* Eigentümer: Dies ist eine *Aggregation*.

```
class Auto {
    Garage& garage_;
    Person& eigentuemer_;
    // ...
};
```

Die enthaltenen Dinge stehen nur in einer *Beziehung* mit dem Objekt, sie *gehören* ihm aber nicht. Somit ist das Objekt im Regelfall auch nicht für deren Erzeugung oder Zerstörung verantwortlich. Die Lebenszeit der Elemente ist unabhängig von der Lebenszeit des Objekts.

Das anschauliche Beispiel von Auto, Lenkrad und Garage scheint offensichtlich jeweils Komposition und Aggregation zu beschreiben. Im Design konkreter Software liegen die Dinge oft nicht ganz so einfach. Wenn Sie das Montageband eines Autoherstellers programmieren sollen, dann werden Sie in der Datenbank die Lenkrad-Instanzen anders in

Beziehung zum Auto setzen, als wenn Sie ein Verzeichnis der Wagenflotte eines Autoverleihers anlegen sollen.

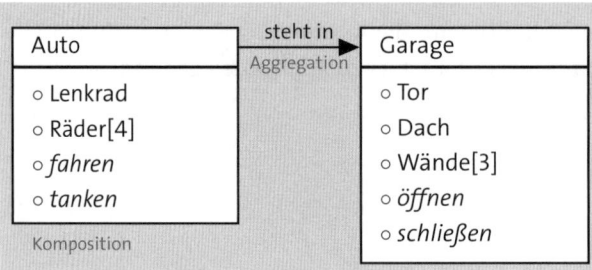

Abbildung 20.2 Eine alternative, mehr informelle Form, die beiden Hat-ein-Beziehungen darzustellen

20.1.3 Ist-ein-Vererbung

Mit Vererbung bilden Sie nun eine *Ist-ein*-Beziehung ab. Ein passendes Beispiel wäre: Ein VW-Bulli *ist-ein* Auto. Das heißt:

- Ein VW-Bulli hat alle Eigenschaften, die auch ein Auto hat.
- Auf jedes Objekt, zu dem die Beschreibung (oder Spezifikation) eines VW-Bullis passt, passt auch die Beschreibung eines Autos.
- Die Beschreibung (oder Spezifikation) des VW-Bullis ist *genauer*, die des Autos *schwächer*.
- Wenn Sie ein Auto erwarten, dann ist es richtig, wenn Ihnen ein VW-Bulli geliefert wird.

Mit einem VW-Bulli und einem Auto ist es offensichtlich, dass Sie deren Beziehung durch Vererbung abbilden können. Doch manchmal sind die Dinge beim Zusammenstellen nicht ganz so eindeutig. Dann helfen diese Regeln vielleicht, zu überprüfen, ob eine *Ist-ein*-Beziehung vorliegt.

20.1.4 Nicht: ist eine instanz-von

Bitte beachten Sie, dass mit der »Ist-ein«-Beziehung für `Auto herbie;` nicht gemeint ist »herbie ist-ein Auto.« Dies nennt man »ist eine Instanz von« oder in C++ »herbie ist vom Typ Auto.« Es lässt sich nicht ganz vermeiden, dass die Begriffe nicht immer ganz korrekt verwendet werden. Zum Beispiel: »7 ist eine Ganzzahl« oder »7 ist ein `int`« ist in diesem Kontext nicht präzise. Aber immer »7 ist Element der *Ganzen Zahlen*« oder »7 ist vom Typ `int`« zu sagen, klingt seltsam.

Wenn Sie über Klassenhierarchien reden, sollten Sie aber auf diese Unterscheidung achten.

20.2 Vererbung in C++

In C++ bilden Sie Vererbung wie folgt ab:

```
class Auto {                           // Basis- oder Superklasse
public:
    Lenkrad lenkrad_;
    std::vector<Rad> raeder_;
    // ...
};
class VwBulli : public Auto {          // VwBulli ist eine Unter- oder Subklasse
public:
    Dekoration bluemchen_;
    // ...
};
```

Sie schreiben also den Namen der *Basisklasse* durch einen Doppelpunkt : und public getrennt hinter den Namen der aktuellen Klasse:[1]

- class **Unterklasse** : public **Basisklasse** { ...

Nun können Sie fröhlich neue VwBulli-Instanzen erzeugen. Und jede von ihnen hat automatisch auch ein lenkrad_ und raeder_, obwohl Sie es in der Klasse VwBulli nicht mehr explizit erwähnt haben:

```
VwBulli vw{};
cout << vw.lenkrad_;
cout << vw.bluemchen_;
```

Wenn Sie ein pures Auto auto; erstellen, wird auto.lenkrad_ ein korrekter Zugriff sein, aber ein auto.bluemchen_ existiert nicht.

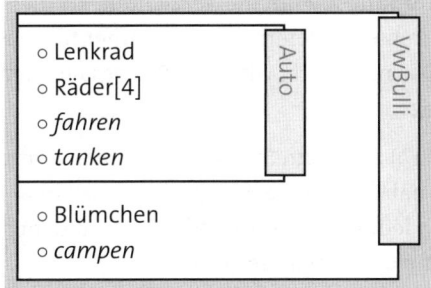

Abbildung 20.3 Alle Datenfelder und Methoden der Superklasse hat auch die Unterklasse.

---

1 Ich beschränke mich in diesem Buch auf die public-Vererbung. Sie können hier auch protected oder private schreiben, was aber nur in Spezialfällen nötig ist.

Wenn Sie also eine Instanz der Unterklasse haben, dann können Sie sowohl auf die eigenen Datenfelder und Methoden zugreifen als auch auf die von der Superklasse ererbten. Wenn Sie zum Beispiel die Methode campen aus Abbildung 20.3 implementieren, dann können darin Sie sowohl das Lenkrad als auch die Blümchen benutzen.

Andersherum geht das (logischerweise) nicht: Wenn Sie gerade fahren von Auto implementieren, dann können Sie zwar auf Lenkrad und die vier Räder zugreifen, die Blümchen existieren für Sie aber nicht.

20.3 Hat-ein versus ist-ein

Wie schon einleitend erwähnt können Sie die Vererbungshierarchien logisch und konzeptionell designen. Wie, das hängt von der genauen Anwendung ab. Es kann mal sinnvoll sein, den VW-Bulli von Auto erben zu lassen, und in einer anderen Anwendung ist der VW-Bulli eine eigenständige Klasse, die ein Auto als Attribut hat.

Wenn Sie unsicher sind, ob Sie eine Vererbungshierarchie aufbauen sollten, dann ziehen Sie im Zweifel die Hat-ein-Beziehung der Ist-ein-Beziehung vor. In C++ ist Vererbung nur eine *Technik*, um das Design umzusetzen. Im Prinzip können Sie das Gleiche erreichen, indem Sie Auto zu einem Datenelement von VwBuilli machen und die Methoden für fahren und tanken durchreichen.

Zugegeben, das ist an dieser Stelle starker Tobak. Wenn Sie einige Klassen und Hierarchien erstellen durften, dann werden Sie sich vielleicht an diesen Tipp erinnern, dass Sie nicht alles in eine Vererbungshierarchie »quetschen« müssen. Manchmal tut es auch das gut gekapselte Datenfeld.[2]

20.4 Gemeinsamkeiten finden

Nachdem das gesagt ist, rudere ich auch gleich wieder vorwärts: An den Stellen, wo Sie vielleicht auf eine logisch erscheinende Vererbungshierarchie verzichten, können Sie andererseits nur wenig verwandte Daten durch eine Vererbung zusammenführen und zum Beispiel Codeduplikation vermeiden. Das nenne ich, wie eingangs gesagt, den technischen Grund für eine Vererbungshierarchie.

Sehen Sie sich zum Beispiel die Listings 17.4 und 17.1 an. Wenn Sie die Datentypen Month und Day komplett wie Year ausschreiben, dann haben Sie eine Menge Code, der in allen drei Klassen komplett identisch aussieht. Codeduplikation ist schlecht, und daher können Sie eine kleine Vererbungshierarchie aufbauen, um diese zu vermeiden.

Zunächst definieren Sie in Listing 20.1 den gemeinsamen Vorfahren Value der drei Hilfsklassen:

---

[2] Sie verlieren dadurch möglicherweise die dynamische Typpolymorphie, doch ist statische Typpolymorphie mit Templates möglich.

```cpp
#include <iostream>   // ostream
#include <iomanip>    // setfill, setw
using std::ostream; using std::setfill; using std::setw;
class Value {
protected:  // nicht öffentlich, nur für den eigenen und abgeleiteten Gebrauch
    int value_;
    unsigned width_;
    Value(int v, unsigned w)  // Konstruktor mit zwei Argumenten
        : value_{v}, width_{w} {}
public:
    ostream& print(ostream& os) const;
};
ostream& operator<<(ostream& os, const Value& rechts) {
    return rechts.print(os);
}
ostream& Value::print(ostream& os) const {
    return os << setfill( '0' ) << setw(width_) << value_;
}
```

Listing 20.1 Der gemeinsame Vorfahre unserer Hilfsklassen »Year«, »Month« und »Day«

Hiermit haben Sie dann alle wichtigen Funktionen der drei Wertklassen implementiert. Ich habe hier das Datenfeld width_ hinzugefügt, weil Year mit einer Breite von vier ausgegeben werden wird, Month und Day aber mit zwei. Die variable Wunschbreite der Ausgabe haben Sie als Parameter dem Konstruktor hinzugefügt.

Die Deklaration der drei Hilfsklassen ist nun sehr kurz, wie Sie in Listing 20.2 sehen können:

```cpp
class Year : public Value {                   // von Klasse Value ableiten
public:
    explicit Year(int v) : Value{v, 4} {}     // Basisklasse initialisieren
};
class Month : public Value {
public:
    explicit Month(int v) : Value{v, 2} {}
};
struct Day : public Value {                   // class-public entspricht struct
    explicit Day(int v) : Value{v, 2} {}
};
```

Listing 20.2 Der doppelte Code der Hilfsklassen ist nun verschwunden.

Es bleiben nur die Konstruktoren des jeweiligen Datentyps übrig, alles andere wird von der ererbten Klasse Value erledigt.

Beachten Sie insbesondere die folgenden Punkte:

- Bei class Year : public Value sage ich mit : public Value, dass ich diese neue Klasse von der Klasse Value ableite.

- Ich rufe jeweils in der Initialisierungsliste der Konstruktoren den Konstruktor von Value mit zwei Argumenten auf, zum Beispiel bei Year(int v) : Value{v, 4}... Die Basisklasse muss ja auch initialisiert werden, und einer ihrer Konstruktoren *muss* aufgerufen werden. Welcher das ist, legen Sie hinter dem Doppelpunkt : der Unterklasse fest. Lassen Sie diesen expliziten Aufruf weg, versucht es der Compiler mit dem Konstruktor der Basisklasse ohne Argumente. Das wäre hier Value{} gewesen, den es bei uns nicht gibt.

- class Value beginnt mit einem protected-Bereich. Das heißt, nur die Klasse selbst und abgeleitete Klassen dürfen auf den Inhalt zugreifen, nicht von außen (public). Der Konstruktor ist in diesem Bereich. Dadurch können die Unterklassen den Konstruktor in ihren Initialisierungen als Teil des Konstruktors aufrufen, aber ich kann zum Beispiel nicht in main einen Value val{10,3}; definieren – das wäre ein Zugriff auf den Konstruktor »von außen«.

- Der Basiskonstruktor Value(int v, unsigned w) muss nicht explicit sein, denn mit zwei Argumenten ist er kein Kandidat mehr, um zur automatischen Typumwandlung herangezogen zu werden. Ein Fehler wäre es nicht gewesen, aber überflüssig.

- Zur Erinnerung noch einmal: Einen neuen Typ mit class zu deklarieren und sofort einen public:-Bereich anzufangen ist gleichbedeutend damit, als hätten Sie ihn gleich mit struct definiert. Ich habe das exemplarisch mit struct Day einmal gemacht. Was Sie wählen, ist Geschmackssache, eine Richtlinie zu haben sinnvoll.

Der Rest des Listings bleibt größtenteils erhalten. Date verwendet Year, Month und Day wie gehabt. Für Date ist die Veränderung unsichtbar geblieben – ein Vorteil von Kapselung.

```
class Date {
    Year year_;
    Month month_ {1};
    Day day_ {1};
public:
    explicit Date(int y) : year_{y} {} // year-01-01
    Date(Year y, Month m, Day d) : year_{y}, month_{m}, day_{d} {}
    ostream& print(ostream& os) const;
};
ostream& Date::print(ostream& os) const {
    return os << year_ << "-" << month_ << "-" << day_;
}
ostream& operator<<(ostream& os, const Date& rechts) {
    return rechts.print(os);
}
```

```
int main() {
    using std::cout;
    Date d1 { Year{2013}, Month{15}, Day{19} };
    cout << d1 << "\n"; // Ausgabe: 2013-15-19
}
```

Listing 20.3 So verwendet »Date« die neuen Klassen.

20.5 Abgeleitete Typen erweitern

Wenn Sie die Erweiterungsfrage aus Kapitel 17, »Verwendung eigener Datentypen«, bearbeitet haben, dann beachten Sie, dass Sie zu den drei Hilfsklassen jeweils die spezialisierten Methoden aus Listing C.9 hinzufügen können. Auch Value bekommt dann noch einige Methoden mehr – die Reduktion der Codeduplikation zahlt sich dann richtig aus.

Lassen Sie mich exemplarisch der Klasse Year die Methode ostern hinzufügen, die ich bisher als freie Funktion implementiert hatte. Ich ersetze die Year-Definition durch:

```
class Date;   // Vorwärtsdeklaration
class Year : public Value {
public:
    explicit Year(int v) : Value{v, 4} {}
    Date ostern(Year year) const;   // neue Methode deklarieren
};
// Hier Month, Day und Date deklarieren. Dann:
Date Year::ostern() const { // neue Methode definieren
    const int y = value_;
    int a = value_/100*1483 - value_/400*2225 + 2613;
    int b = (value_%19*3510 + a/25*319)/330%29;
    b = 148 - b - (value_*5/4 + a - b)%7;
    return Date{Year{value_}, Month{b/31}, Day{b%31 + 1}};
}
int main() {
    using std::cout;
    Year year{2014};
    cout << year.ostern() << "\n";   // Ausgabe: 2014-04-20
    //= 2014-04-20
}
```

Listing 20.4 Nun ist »ostern« eine Methode von »Year«.

Weil ich Date in der Deklaration von Year::ostern() in **Date** ostern(Year year) const; schon verwende, bevor es definiert wurde, muss ich ganz zu Beginn mit class Data bekannt machen, dass es einen solchen Typ geben wird. Vor der wirklichen Verwendung bei der Definition von Year::ostern() ab Date Year::ostern() const {... muss der Typ dann aber definiert worden sein – class Date { ... }; muss davor stehen.

Bisher hatten unsere drei Hilfsklassen nicht mehr Funktionalität als Value. Nun habe ich Year um eine Methode erweitert. Auch haben Day und Month diese Methode nicht – Year ist nun, was die Implementierung angeht, wirklich unterschiedlich.

Die Wiederverwendung und Erweiterung sind beides elementare Konzepte der objektorientierten Programmierung.

20.6 Methoden überschreiben

In der Klasse Value gab es in keiner der abgeleiteten Klassen Methoden, die genau gleich hießen bzw. die gleiche *Signatur* hatten. Die Signatur einer Funktion (oder Methode) ist durch den Namen, den Rückgabetyp und die Parametertypen (inklusive ein eventuelles const für this) festgelegt.

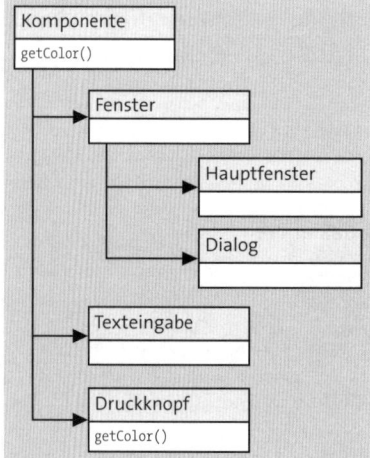

Abbildung 20.4 Eine Klassenhierarchie mit einer überschriebenen Methode

Sie können in einer abgeleiteten Klasse durchaus eine Methode ebenso nennen wie in der Basisklasse. Dies nennt man dann *Überschreiben* der Methode. So können Sie in größeren Hierarchien Standardverhalten in der Basisklasse vordefinieren und in den Klassen neu definieren, die »etwas anders« sind:

```
struct Komponente {
    Color getColor() const { return weiss; }
};
struct Fenster : public Komponente { };
struct Hauptfenster : public Fenster { };
struct Dialog : public Fenster { };
struct Texteingabe : public Komponente { };
struct Druckknopf : public Komponente {
    Color getColor() const   { return grau; }
};
```

Listing 20.5 Alle Komponenten haben eine weiße Farbe, nur der Druckknopf wird grau.

Wenn Sie nun Komponente k{}; k.getColor(); schreiben, werden Sie ebenso weiss bekommen wie für Dialog d{}; d.getColor(); etc. Nur Druckknopf kn{}; kn.getColor(); liefert grau zurück.[3] Falls Sie die Klassenhierarchie aus Listing 20.5 nicht erschließen können, finden Sie in Abbildung 20.4 eine alternative Darstellung.

20.7 Wie Methoden funktionieren

Wenn Sie in Klassenhierarchien Methoden verwenden, dann müssen Sie sich einiger Dinge bewusst sein. Schauen Sie sich einmal Listing 20.6 an: Achten Sie darauf, welche anderen Methoden print aufruft, und überlegen Sie, was Sie erwarten würden. Ich habe das Programm auf das Wesentliche reduziert, weswegen es etwas theoretisch aussieht.

```
#include <iostream>
using std::ostream; using std::cout;
struct Basis {
    int acht_ = 8;
    int wert() const { return acht_; }
    void print(ostream& os) const { os << wert() << "\n"; }
};
struct Print : public Basis {
    int neun_ = 9;
    void print(ostream& os) const { os << wert() << "\n"; }
};
struct Wert : public Basis {
    int zehn_ = 10;
    int wert() const { return zehn_; }
};
struct Beides : public Basis {
    int elf_ = 11;
    int wert() const { return elf_; }
    void print(ostream& os) const { os << wert() << "\n"; }
};
int main() {
    Basis ba{}; ba.print(cout);      // Basisaufruf
    Print pr{}; pr.print(cout);      // überschrieben
    Wert we{}; we.print(cout);       // noch nicht Bekanntes
    Beides be{}; be.print(cout);     // alles überschrieben
}
```

Listing 20.6 Was gibt »print« aus? Die Methode »value« kommt öfter vor.

Was geben die unterschiedlichen print-Zeilen in main Ihrer Meinung nach aus?

---

3 In der Praxis wird eine solche Komponentenhierarchie so nicht vorkommen, es fehlt noch das Schlüsselwort virtual, das ich etwas später beschreibe.

- Basis ba{}; ba.print(cout); – **Basisaufruf**
  In Basis sind die beiden Methoden print und wert direkt definiert. Hier ist noch keine andere Klasse beteiligt. wert liefert also acht_ zurück, und 8 wird ausgegeben.

- Print pr{}; pr.print(cout); – **überschrieben**
  In Print ist die Methode print überschrieben. Für pr wird Print::print aufgerufen. Dort wird wert benötigt. Diese Methode wurde von Basis geerbt. Und Basis::wert liefert acht_ zurück – also wird 8 ausgegeben.

- Wert we{}; we.print(cout) – **noch nicht Bekanntes**
  we.print muss auf die ererbte Methode Basis::print zurückgreifen. Dort wird nun die Methode wert() benötigt. Obwohl es die Methode Wert::wert gibt, ist sie in Basis::print aber *noch nicht bekannt*! In einer Methode der Basisklasse werden auch nur Methoden der Basisklasse verwendet, hier also Basis::wert, was acht_ zurückgibt und zur Ausgabe von 8 führt.

- Beides be{}; be.print(cout); – **alles überschrieben**
  Hier ist es wieder einfach: Es gibt ein Beides::print, das aufgerufen wird. Der Aufruf von wert greift in der eigenen Methode Beides::wert auf elf_ zurück. Es wird 11 ausgegeben.

Haben Sie den dritten Fall richtig »erraten«? Wenn nein, ärgern Sie sich nicht. Welche wert()-Methode von Basis::print genommen wird, ist eine Frage der Definition – beides ist möglich. In C++ ist es so definiert, dass eine Methode nur die Methoden sieht, die zum Zeitpunkt der Übersetzung der Klasse per Vererbung, neuer Definition oder Überschreiben zur Verfügung stehen. Basis::print weiß von eventuell abgeleiteten Klassen noch nichts.

20.8 Virtuelle Methoden

In anderen Sprachen ist das teilweise anders: Hätten Sie obiges Listing mit offensichtlichen Veränderungen in Java geschrieben, dann hätten Sie bei Wert we{}; we.print(cout) eine 10 gesehen – Java schaut zur *Laufzeit* nach, welche Methoden einer Instanz zur Verfügung stehen.

Und weil das ebenfalls ein sinnvolles Verhalten ist (sonst hätte man dies als Standardverhalten in Java wohl kaum gewählt), ist dies auch in C++ möglich. Der Schlüssel dazu sind *virtuelle Methoden*.

Wenn Sie eine Methode mit virtual markieren, dann entscheidet der Compiler zur *Laufzeit*, welche Version dieser Methode gültig ist. Sie erhalten also das Java-Verhalten.

```
#include <iostream>
using std::ostream; using std::cout;
struct Basis2 {
    int acht_ = 8;
    virtual int wert() const          // virtuelle Methode
```

```
        { return acht_; }
    void print(ostream& os) const
        { os << wert() << "\n"; }
};
struct Wert2 : public Basis2 {
    int zehn_ = 10;
    virtual int wert() const override   // überschreiben
        { return zehn_; }
};
int main() {
    Wert2 we2{}; we2.print(cout);           // verwenden
}
```

Listing 20.7 Mit »virtual« markierte Methoden werden zur Laufzeit aufgelöst.

Wert2 we2{}; we2.print(cout); entspricht dem Aufruf Wert we{}; we.print(cout); aus dem vorigen Listing. Nun werden Sie eine 10 zu Gesicht bekommen. we2.print() muss zwar auf die Definition Basis2::print zurückgreifen, denn Wert2 hat diese Methode nicht selbst definiert, aber der Aufruf von wert() in print ist nun ein *virtueller Methodenaufruf* – er wird zur Laufzeit entschieden. Und da we2 vom Typ Wert2 ist, wird Wert2::wert verwendet, zehn_ zurückgegeben und somit 10 ausgegeben.

> **Virtuell und nicht virtuell**
> Virtuelle Methodenaufrufe werden zur Laufzeit entschieden, normale Methodenaufrufe zur Übersetzungszeit.

In Listing 20.7 sehen Sie bei der Definition der Methode wert zusätzlich zu dem virtual an der Methode auch noch ein override. Durch diese zusätzliche Auszeichnung verlangt der Compiler, dass diese Methode auch wirklich eine andere Methode überschreibt. So können Sie zum Beispiel nicht durch einen Tippfehler schwer zu findende Fehler produzieren. Stellen Sie sich vor, Sie hätten versehentlich in Wert2 die Methode virtual int wetr() const genannt. Das Programm wird kompilieren und laufen, aber nicht die Werte zurückliefern, die Sie gerne hätten.

Oder schauen Sie sich dieses andere, durchaus praxisnahe Beispiel an. In einem Header "mydefs.hpp" sind einige Typen definiert, zum Beispiel using value_t = int;. Und nun haben Sie eine kleine Hierarchie:

```
struct Number {
    virtual void add(value_t value);
};
struct SafeNumber : public Number {
    virtual void add(int value);        // override nicht angegeben, int statt value_t
};
```

Dass in Number::add der Parameter vom Typ value_t ist, aber in SafeNumber::add als Typ int angegeben wurde, ist für den Compiler das Gleiche. Bei using handelt es sich nur um einen Typ-Alias, aber nicht um einen komplett neuen Typ.[4] SafeNumber::add überschreibt daher wie gewünscht den Vorgänger.

Wenn Sie in "mydefs.hpp" nun die Definition auf using value_t = **long**; ändern, dann ändert sich die Signatur von Number::add. Die Signatur von SafeNumber::add ändert sich aber nicht, weil Sie nicht den Typ-Alias verwendet haben. Sie überschreiben die Ursprungsmethode nicht mehr und bekommen sehr wahrscheinlich ein unerwünschtes Verhalten Ihres Programms – ein schwer zu finder Fehler. Wenn Sie SafeNumber::add mit override versehen hätten, dann hätte der Compiler Sie auf den Fehler hingewiesen.

> **Verwenden Sie »override«**
> Wenn Sie eine virtuelle Methode überschreiben, geben Sie zusätzlich auch override mit an. Sie vermeiden auf diese Weise schwer aufzufindende Fehler.

20.9 Konstruktoren in Klassenhierarchien

Konstruktoren sind besondere Klassenelemente: Sie sind *keine* Methoden, und als solche werden sie nicht wie Methoden an abgeleitete Klassen weitervererbt.

```
class Base {
public:
    Base() {}                       // null-Argument-Konstruktor
    explicit Base(int i) {}         // ein Argument
    Base(int i, int j) {}           // zwei Argumente
    void func() {};                 // Methode
};
class Derived : public Base {       // kein eigener Konstruktor
};
int main() {
    Base b0{};                      // ok, null-Argument-Konstruktor
    Base b1{12};                    // ok, ein Argument
    Base b2{6,18};                  // ok, zwei Argumente
    Derived d0{};                   // ok, Compiler generiert Default-Konstruktor
    d0.func();                      // ok, Methode wird geerbt
    Derived d1{7};                  // Fehler: kein Konstruktor für ein Argument definiert
    Derived d2{3,13};               // Fehler: kein Konstruktor für zwei Argumente definiert
}
```

Listing 20.8 Eine abgeleitete Klasse erbt Methoden, aber nicht die Konstruktoren der Elternklasse.

---

4 Das gilt auch für typedef.

Der Versuch, mit `Derived d1{7}` ein neues Objekt anzulegen, schlägt also fehl, weil Derived keinen eigenen Konstruktor für einen `int` definiert. Der `Base(int)`-Konstruktor wird nicht weitervererbt, wie dies bei normalen Methoden der Fall ist – wie `func()` zum Beispiel, die Sie auch für `Derived`-Instanzen aufrufen können.

Der Grund dafür ist, dass Konstruktoren wirklich etwas anderes sind als Methoden. Ein Konstruktor muss eine Klasseninstanz initialisieren. Das ist eine Aufgabe, die eng an die innere Struktur der Klasse gekoppelt ist. Einen Konstruktor der Elternklasse statt eines eigenen Konstruktors aufzurufen kann sehr wahrscheinlich gar keine korrekte Initialisierung der abgeleiteten Klasse vollbringen. Welche Verwaltungsinformationen das sind, ist nicht bis ins letzte Detail vom Standard festgelegt, sondern wird der Implementierung überlassen. Um diese Freiheit zu erlauben, haben Konstruktoren diese besondere Rolle.

Wenn Sie dennoch die Konstruktoren der Elternklasse haben wollen, dann müssen Sie dies in der abgeleiteten Klasse explizit sagen. Dafür fügen Sie in die Klassendefinition `using Base::Base;` ein, erwähnen also den genauen Namen der Konstruktoren. Ja, *der Konstruktoren*, denn mit diesem Mechanismus erheben Sie alle ererbten Konstruktoren auf einmal, nicht einen einzelnen. Diesen Mechanismus können Sie nur nach dem Motto »alles oder nichts« verwenden.

```cpp
class Base {
public:
    Base() {}
    explicit Base(int i) {}
    Base(int i, int j) {}
    void func() {};             // Methode
};
class Derived : public Base {
public:
    using Base::Base;   // importieren aller Konstruktoren der Elternklasse
};
int main() {
    Derived d0{};             // ok, importiert, nicht mehr generiert
    Derived d1{7};            // ok, wurde importiert
    Derived d2{3,13};         // ok, wurde importiert
}
```

Listing 20.9 Mit »using« importieren Sie alle Konstruktoren der Elternklasse.

Auf diese Weise erheben Sie alle Konstruktoren der Elternklasse in die eigene Klasse, und die nötigen zusätzlichen Verwaltungsaufgaben übernimmt der Compiler.

20.10 Typumwandlung in Klassenhierarchien

Bleiben wir bei unserem abstrakten Beispiel, aber lassen Sie es mich ein wenig um gefährlichen Code erweitern.

20.10.1 Die Vererbungshierarchie aufwärts unwandeln

```
//... Basis2 und Wert2 wie gehabt ...
void ausgabe(Basis2 x) {        // Übergabe als Wert
    x.print(os);
}
int main() {
    Basis2 ba2{}; ausgabe(ba2);   // gibt 8 aus
    //= 8
    Wert2 we2{}; ausgabe(we2);    // gibt auch 8 aus
    //= 8
}
```

Listing 20.10 Die Übergabe als Wert kopiert nur den gemeinsamen Teil des Typs.

Durch die Übergabe als Wert wird `we2` in den Parameter `x` *kopiert*. Weil der Parameter vom Typ `Basis2` ist, wird auch nur jener Teil von `we2` kopiert, der zu `Basis2` gehört. Und weil `x` nun von diesem Typ ist, kann `x.print` nur das tun, was jede andere Variable von diesem Typ in `Basis2::print` tun würde – 8 ausgeben.

20.10.2 Die Vererbungshierarchie abwärts umwandeln

Hätten Sie für den Parameter nicht den Basistyp gewählt, sondern den abgeleiteten – also `ausgabe(Wert x)` –, dann hätte `ausgabe(we2)` die 11 ausgegeben. Jedoch passt `ba2` nicht auf den Parametertyp `Wert2`: Die Umwandlung in diese Richtung der Hierarchie quittiert der Compiler mit einem Fehler. Instanzen vom Basistyp haben nicht alle Eigenschaften, die nötig sind, um in den abgeleiteten Typ umgewandelt zu werden – der Compiler kann sich ja keine Eigenschaften zum Auffüllen ausdenken.

```
//... Basis2 und Wert2 wie gehabt ...
void ausgabe(Wert2 x) {         // abgeleitete Klasse als Wert
    x.print(os);
}
int main() {
    Basis2 ba2{}; ausgabe(ba2);   // ba2 kann nicht in Wert2 umgewandelt werden
    Wert2 we2{}; ausgabe(we2);    // gibt 10 aus
}
```

Listing 20.11 Die Übergabe als Wert kopiert nur den gemeinsamen Teil des Typs.

20.10.3 Referenzen behalten auch die Typinformation

Wenn Sie eine Instanz als Referenz übergeben, dann muss sie nicht kopiert werden. In diesem Fall bleibt das Objekt als solches erhalten – und mit ihm zusammen dessen eigentlicher Typ.

```
//... Basis2 und Wert2 wie gehabt ...
void ausgabe(Basis2& x)            // Übergabe als Referenz
    x.print(os);
}
int main() {
    Basis2 ba2{}; ausgabe(ba2);    // gibt 8 aus
    Wert2 we2{}; ausgabe(we2);     // gibt 10 aus, denn das Objekt wird nicht kopiert
}
```
Listing 20.12 Die Übergabe als Wert kopiert nur den gemeinsamen Teil des Typs.

Wenn we2 zu x wird, dann wird es nur »umbenannt«. x bleibt im Kern ein Wert2 – somit kann print auf die virtuelle Methode Wert2::wert zugreifen und 10 ausgeben.

Man nennt es *Laufzeit-Polymorphie*, wenn man eine allgemeinere Klasse in einer Deklaration verwendet, zur Laufzeit aber eine andere konkretere Klasse für die deklarierte Variable eingesetzt wird, ohne dass diese ihre Eigenschaften verliert. Im Beispiel: Obwohl der Parameter als Basis2 deklariert ist, kann ausgabe zur Laufzeit mit einer Instanz we2 der Klasse Wert2 aufgerufen werden, *und* we2 behält seine Eigenschaft bei, 10 auszugeben – was es nicht täte, wäre es komplett in den Typ Basis2 umgewandelt worden. Diese Form der Polymorphie erhalten Sie in C++ nur, wenn Sie mit Referenzen (oder Zeigern) arbeiten.

Falls die Frage auftaucht: Wenn Wert2::wert nicht virtuell wäre (also wie Wert::wert), wären Sie wieder beim Verhalten aus Listing 20.6 und Sie erhielten wieder eine 8.

20.11 Wann virtuell?

Ob Sie eine Methode mit virtual versehen oder nicht, hängt davon ab, für was für ein *Design* Sie sich entscheiden. Es ist in C++ nicht üblich, pauschal alle Methoden aller Klassen virtuell zu machen. Für jede einzelne Methode kann es Gründe dafür und dagegen geben, für jede einzelne Klasse ebenfalls. Das ist hier ein wenig anders wie die Gründe für die Wahl zwischen Methoden und freien Funktionen: Die Kapselung ist besser mit Methoden, und so entscheidet man sich im Normalfall für diese. Bei der Frage, ob Sie virtuelle Methoden einsetzen sollten oder nicht, ist die Sache nicht ganz so klar. Nehmen Sie die folgenden Hinweise als Entscheidungshilfen für Ihr Design:

- ▶ Manche Klassen dienen hauptsächlich dem Zweck, Daten zusammenzuhalten. Sie sind nicht Teil einer Hierarchie. Ohne Vererbung gibt es keinen Grund für virtuelle Methoden.

- Die Existenz einer Klassenhierarchie alleine rechtfertigt noch keine virtuellen Methoden. Vielleicht deduplizieren Sie nur sehr geschickt.
- Innerhalb einer Klassenhierarchie eine Methode zu überschreiben ist ein guter Kandidat für eine virtuelle Methode, jedoch nicht zwangsläufig.
- Wenn Ihr Design auf überschriebene Methoden baut, also auf sich änderndes Verhalten von Klasse zu Klasse, ist `virtual` angesagt.
- Konstruktoren sind niemals virtuell. Innerhalb von Konstruktoren dürfen Sie keine virtuellen Methoden aufrufen.
- Ein Destruktor (siehe nächstes Kapitel) muss virtuell sein, wenn es mindestens eine virtuelle Methode in der Klasse gibt.
- Eine virtuelle Methode einer Basisklasse, die Sie überschreiben, ist automatisch ebenfalls virtuell, auch wenn Sie es nicht explizit sagen – »einmal `virtual`, immer `virtual`«.

> **Klassen entweder ganz ohne oder ganz mit »virtual«**
>
> Für den Anfang empfehle ich Ihnen, diesen zwei Regeln zu folgen:
>
> - Ohne Hierarchie machen Sie nichts `virtual`.
> - Mit Hierarchie machen Sie *alle* Methoden `virtual`, wenn Sie mindestens eine Methode überschreiben.
>
> Wenn Sie das im Hinterkopf haben, werden Sie vielleicht schon ganz von selbst die Klassen(-Hierarchien) so entwerfen, dass die Entscheidung, ob eine Methode virtuell sein soll oder nicht, ganz von selbst fällt.

Doch warum überhaupt die Frage? Was sind die Vor- und Nachteile von virtuellen Methoden?

Der große Vorteil ist, dass Sie ein flexibleres Design haben. Sie können in abgeleiteten Klassen Verhalten verändern, das in einer Basisklasse eigentlich schon festgelegt war.

An Nachteilen gibt es zwei, nämlich Geschwindigkeit und Speicher:

- **Die Methode muss zur Laufzeit erst in einer Tabelle nachgeschlagen werden**
  Wenn Sie eine virtuelle Methode aufrufen, dann benötigt dieser Aufruf eine Indirektion (und möglicherweise eine Addition) mehr: Moderne Prozessoren erledigen dies jedoch aus dem Eff-eff, und Sie werden keine Geschwindigkeitunterschiede zu einem normalen Methodenaufruf bemerken.
- **Virtuelle Methoden können selten zu Inline-Funktionen optimiert werden**
  Dies könnten Sie eher bei der Geschwindigkeit des Programms bemerken, aber nur, wenn Sie eine virtuelle Funktion in einer engen Schleife aufrufen. Inlining ist eine

wichtige Optimierung des Compilers, die wichtiger ist, je moderner und komplexer der Prozessor ist, der das Programm abarbeitet.

▸ **Pro Instanz wird ein verstecktes Datenfeld benötigt**
Jede Instanz einer Klasse mit mindestens einer virtuellen Methode hat eine zusätzliche »versteckte« Variable.[5] Wenn Sie kleine Instanzen haben, die Sie in großen Mengen zum Beispiel in einen Container tun, dann wirkt sich das beim Speicher aus.

Sie könnten auch argumentieren, dass Sie sich beim Design an anderen aktuellen Programmiersprachen orientieren möchten. Java zum Beispiel besitzt gar keine nichtvirtuellen Methoden. Ich plädiere mindestens dafür, *datenhaltende Klassen* (*Data Transfer Objects*, DTOs) von *verhaltensorientierten Klassen* (mit nichttrivialen Methoden) im Design zu trennen: DTOs benötigen keine Virtualität, echt rechnende Klassen je nach Zweck vielleicht. Jemand, der sich »zur Sicherheit« dafür entscheidet, *alle* Methoden virtuell zu machen, den würde ich nur fragen, ob das für seine Anwendung angemessen ist, ansonsten würde ich aber diese Designentscheidung verstehen.

20.12 Andere Designs zur Erweiterbarkeit

Wenn Sie sich dafür entscheiden, keine virtuellen Methoden einzusetzen, gibt es in C++ andere Wege, um Datentypen dennoch erweiterbar zu machen. Sie können durch die Überladung freier Funktionen Funktionalität hinzufügen. Ein fortgeschrittenes Thema ist die Verknüpfung von Typen anhand von *Type-Traits* – dazu müssen Sie noch etwas über Templateprogrammierung erfahren. Dazu finden Sie einen kurzen Einstieg in Kapitel 26, »Template-Funktionen«.

Verwenden Sie virtuelle Methoden ruhig, gerne auch großzügig. Sie bieten einen guten Kompromiss von Verständlichkeit zu Performance. Wenn Sie eines Tages mit Spezialanwendungen zu tun haben, können Sie sich immer noch andere Möglichkeiten aneignen.

Etwas Generelles noch zur Vererbung: Üben Sie ruhig mit der Technik des Vererbens, nutzen Sie es zur Reduktion von Codeduplikation. Strapazieren Sie das Konzept aber nicht über. Sehr viel häufiger eignet sich für das Verbinden von Klassen und Objekten, die *Hat-ein*-Beziehung der Komposition oder Aggregation, als die *Ist-ein*-Beziehung der Vererbung. Zwängen Sie nicht »auf Teufel komm raus« eine Menge von Klassen in das starre Korsett einer Vererbungshierarchie. In der Praxis stellen sich Designs als flexibler heraus, wenn diese mehr über Datenfelder erweitert und modifiziert werden können als über eine Klassenhierarchie.

---

[5] So ist das in den meisten C++-Compilern implementiert. Es handelt sich um einen Zeiger (vptr) in eine statische Tabelle (vtable).

Während Sie die Komposition in C++ mit der Überladung freier Funktionen oder Type-Traits abbilden können, so sind dafür aus Sprachen wie Java die *Interfaces* bekannt. Die Entsprechung in C++ sind abstrakte Klassen nur mit pur virtuellen Methoden, siehe Kapitel 21, »Der Lebenszyklus von Klassen«. Diese Technik ist in C++ zwar auch üblich, wird aber bei Weitem nicht so breit eingesetzt wie in Java.

20.13 Aufgaben

Wiederholungsfragen

1. Ordnen Sie die folgenden Paare nach ihrer »Hat-ein«-Beziehung oder »Ist-ein«-Beziehung. Skizzieren Sie, wie Sie das jeweils in C++ abbilden könnten.
   1. Auto, Garage
   2. Auto, Lenkrad
   3. Auto, VW-Bulli
   4. Datenbank, Tabelle
2. Sehen Sie sich die kleine Klassenhierarchie in Listing 20.13 an. Beachten Sie, dass die Hilfsfunktionen `showButton` alle ein Argument der Basisklasse `Button` (oder eine Variante davon) und nicht der abgeleiteten Klasse `OkButton` erhalten. Erklären Sie die folgenden Dinge:
   1. Warum hat `Button::getColor()` das Schlüsselwort `virtual`?
   2. Was würde sich verändern, wenn `OkButton::getColor()` ebenfalls mit `virtual` versehen wäre?
   3. Welche Bedeutung hat das `override` bei `OkButton::getColor()`?
   4. Wofür wird `virtual ~Button::Button` benötigt? Warum ist der `virtual`?
   5. Was geschieht bei `showButton_1(okButton);`?
   6. Was geschieht bei `showButton_2(okButton);`?
   7. Was geschieht bei `showButton_3(&okButton);`?
   8. Bonusfrage: Was geschieht bei `showButton_3(ptrButton);`?
   9. Bonusfrage: Was geschieht bei `showButton_4(shrOkButton);`?

```
#include <memory>  // shared_ptr
#include <string>
#include <iostream>
struct Color {
    std::string name_;
    Color(const char* name) : name_{name} { }
};
```

```cpp
class Button {
public:
    virtual Color getColor() const { return "grey"; }
    virtual ~Button() {};
};
class OkButton : public Button {
public:
    Color getColor() const override { return "green"; }
};
void draw(Color color) { /* male mit farbe */
    std::cout << color.name_ << "\n"; // Dummy-Code
}
void showButton_1(Button button) {
    draw( button.getColor() );
}
void showButton_2(Button &button) {
    draw( button.getColor() );
}
void showButton_3(Button *button) {
    draw( button->getColor() );
}
void showButton_4(std::shared_ptr<Button> button) {
    draw( button->getColor() );
}
int main() {
    OkButton okButton {};
    showButton_1(okButton);
    showButton_2(okButton);
    showButton_3(&okButton);

    Button *ptrButton = new OkButton{};
    showButton_3(ptrButton);
    delete ptrButton;

    std::shared_ptr<Button> shrOkButton { new OkButton{} };
    showButton_4(shrOkButton);
}
```

Listing 20.13 Mehrere »showButton«-Varianten

Vertiefungsfrage

Wenn Sie mit using die Elternkonstruktoren importiert haben, können Sie dennoch weitere neue Konstruktoren definieren. Fügen Sie in Listing 20.9 der Klasse Derived einen weiteren Konstruktor für drei int-Argumente hinzu. Achten Sie darauf, was mit dem Null-Argument-Konstruktor in Derived passiert.

Erweiterungsfrage

Erstellen Sie eine Klassenhierarchie aus einer Basisklasse NoCopy und einer oder mehreren davon abgeleiteten Klassen. Dabei soll NoCopy so gestaltet sein, dass Sie Instanzen der abgeleiteten Klassen nicht kopieren oder zuweisen können. Listing 20.14 enthält ein Grundgerüst, in dem Sie vor allem NoCopy passend befüllen müssen.

```
struct NoCopy {
    // was muss hier rein?
};
struct Daten : public NoCopy {
};
int main() {
    Daten daten{};
    Daten mehrDaten { daten };  // Kopie darf nicht möglich sein
    Daten wiederDaten{};
    wiederDaten = daten;         // Zuweisung muss auch verboten sein
}
```

Listing 20.14 Wie muss »NoCopy« aussehen, damit Instanzen abgeleiteter Klassen nicht kopiert werden können?

Kapitel 21
Der Lebenszyklus von Klassen

Kapiteltelegramm

▶ **Gültigkeitsbereich (*Scope*)**
Der Bereich, in dem Sie den Namen einer Variable verwenden können. Wenn dieser Bereich verlassen wird, wird die Variable entfernt.

▶ **Destruktor**
Das Gegenteil des Konstruktors; wird aufgerufen, wenn ein Objekt entfernt wird.

▶ **RAII – Ressource Acquisition is Initialization**
Programmiertechnik; durch Klassen ermöglicht, die Ressourcen im Konstruktor anfordern, die sie im Destruktor wieder freigeben.

▶ **Temporärer Wert (Tempwert)**
Ein Wert ohne einen Variablennamen, meist innerhalb eines Ausdrucks oder Teil einer Typumwandlung als ein Funktionsargument; wird am Ende der Anweisung entfernt.

▶ **Tempwert-Referenz**
Eine Referenz auf einen temporären Wert; Symbol &&; technisch *RValue-Referenz*, da sie für Ausdrücke steht, die nur auf der rechten Seite einer Zuweisung vorkommen können.

▶ `operator@`
(wobei das @ für ein gültiges Operatorsymbol steht) Die freie Funktion oder Methode, die Sie definieren müssen, damit der eigene Typ den Operator unterstützt.

▶ `Typ::Typ(const Typ&)`
Kopierkonstruktor; ruft der Compiler auf, wenn eine neue Instanz aus einer schon bestehenden erzeugt werden soll, u. a. auch Funktionsrückgaben und Parameterübergaben als Wert.

▶ `Typ& Typ::operator=(const Typ&)`
Zuweisungsoperator. Der Compiler ruft den Zuweisungsoperator auf, wenn einer schon bestehenden Instanz ein neuer Wert zugewiesen wird.

▶ `Typ::~Typ()`
Destruktor; wird beim Entfernen des Objekts aufgerufen

▶ **Verschiebeoperation**
Ist eine besondere Form der Kopie aus einem Tempwert heraus. Der Programmierer kann optional festlegen, dass Objektinhalte transferiert statt kopiert werden. Die Standardbibliothek unterstützt diese Form durchgehend.

- `Typ::Typ(Typ&&)`
  Verschiebekonstruktor; für das Erstellen einer neuen Instanz aus einem Tempwert als Quelle
- `Typ& Typ::operator=(Typ&&)`
  Verschiebezuweisungsoperator; einer bestehenden Instanz den Inhalt eines Tempwertes zuweisen
- `enum class`
  Aufzählungstyp; ein Typ, den Sie definieren können, dessen Instanzen aufzählbar viele mögliche Werte annehmen können. Jeder mögliche Wert bekommt einen eigenen Bezeichner.
- `= delete`
  Das explizite Löschen von Funktionen, Methoden, Konstruktoren und dergleichen
- `friend`
  Freundfunktionen sind freie Funktionen, denen `public` Zugriffsrechte in eine Klasse eingeräumt werden. `friend` wird gerne für die Implementierung von Operatoren verwendet.
- **abstrakte Methode (pure virtual)**
  Virtuelle Methode, die Sie statt einer Implementierung mit `= 0` definieren.
- **abstrakte Klasse**
  Klasse mit mindestens einer abstrakten Methode; kann nicht selbst instanziiert werden, sondern muss abgeleitet werden.

Bisher sind Sie damit ausgekommen, dass Sie Klassen mit einem Konstruktor initialisiert haben, mit Datenfeldern versehen haben und mit Methoden darauf zugegriffen haben. Beim Umgang mit den Instanzen dieser Klassen passieren viele Dinge im Hintergrund, über Sie Bescheid wissen sollten. Denn einerseits können Sie diese Automatismen nutzen und in das Design einfließen lassen, um sich Arbeit zu ersparen, andererseits können sie auch zum Stolperstein werden, wenn Sie sie nicht kennen.

21.1 Erzeugung und Zerstörung

Eine Klasseninstanz beginnt ihr Leben in dem Moment, in dem Sie sie *definieren*. In diesem Augenblick wird ihr Konstruktor aufgerufen. Sie können sie so lange verwenden, bis das Programm ihren *Gültigkeitsbereich* (*Scope*) verlässt – das ist, als Faustregel, meistens bei der zum aktuellen Bereich gehörenden schließenden geschweiften Klammer der Fall. Sie haben das für die eingebauten Typen in Listing 12.4 schon gesehen, aber es gilt auch für Klassen. Wenn die letzte Anweisung vor dieser Klammer ausgeführt wurde, wird die Instanz entfernt, und das hat die folgenden Hauptkonsequenzen:

- Im Programmcode, also zur Kompilierzeit, können Sie nicht mehr auf die Variable zugreifen.
- Zur Laufzeit wird die Instanz wird aus dem Speicher entfernt, und ihr *Destruktor* wird aufgerufen.
- Sollte es von anderer Stelle noch eine *Referenz* & auf diese Instanz geben, dürfen Sie diese nicht mehr verwenden. Tun Sie es doch, ist das ein Fehler und führt – bestenfalls – zum Programmabsturz.

Um diese wichtigen Punkte noch einmal zu verdeutlichen, habe ich in Listing 21.1 einmal verschiedene Möglichkeiten dargestellt, wann ein Objekt erzeugt und wann es zerstört wird.

```
struct MeinWert { /* irgendwas */ };
MeinWert globalWert{};                      // globale Klasseninstanz
void funktion(const MeinWert &paramRef) {
    if( /*...*/ ) funktion( /*x1?*/ );      // irgendeine Funktion aufrufen
    MeinWert lokalWert{};                   // lokale Klasseninstanz
}                                           // Ende der Funktion
int main() {
    MeinWert mwert1{};
    funktion( /*x2?*/ );
    funktion( MeinWert{} );                 // temporärer Wert
    {
        MeinWert mwert2{};
        funktion( /*x3?*/ );
        MeinWert mwert3{};
    }                                       // Ende des inneren Blocks
    funktion( /*x4?*/ );
    MeinWert mwert4{};
    funktion( /*x5?*/ );
}                                           // Ende der main-Funktion
```

Listing 21.1 Welche Variablen können Sie bei »x1« bis »x5« einsetzen?

Die *Gültigkeit* ist das einfachere Thema. Können Sie sehen, welche der Variablen Sie bei den verschiedenen Funktionsaufrufen von `funktion(/*...?*/)` einsetzen können? Eine Übersicht in Tabelle 21.1 dargestellt.

Eng mit der Gültigkeit hängt die Frage zusammen, wann etwas *erzeugt* und wann es *zerstört* wird. Das Leben jeder Variable beginnt mit ihrer *Definition*, also dann, wenn sie *initialisiert* wird. Im Falle von Klassen können Sie auch sagen, dass sie *konstruiert* werden, denn es wird ein *Konstruktor* aufgerufen.

Das Leben einer Variable endet, wenn ihr Gültigkeitsbereich verlassen wird. Konkret heißt das in unserem Beispiel:

- Variable globalWert wird zerstört beim Verlassen von main
- Variable paramRef wird zerstört beim Verlassen von funktion
- Variable lokalWert wird zerstört beim Verlassen von funktion
- Variable mwert1 wird zerstört beim Verlassen von main
- Variable mwert2 wird zerstört beim Verlassen des inneren Blocks
- Variable mwert3 wird zerstört beim Verlassen des inneren Blocks
- Variable mwert4 wird zerstört beim Verlassen von main
- Variable MeinWert{} wird zerstört beim ; der Zeile

Variable	/*x1?*/	/*x2?*/	/*x3?*/	/*x4?*/	/*x5?*/
globalWert	ja	ja	ja	ja	ja
paramRef	ja				
lokalWert					
mwert1		ja	ja	ja	ja
mwert2			ja		
mwert3					
mwert4					ja

Tabelle 21.1 Wann können welche Variablen in »function()« verwendet werden können?

21.2 Temporary: Kurzlebige Werte

Der Fall der Zeile mit dem »temporären Wert« ist besonders zu beachten. Mit MeinWert{} erzeugen Sie eine Instanz der Klasse, die dann als Parameter an funktion übergeben wird. Die Instanz bekommt aber keinen Variablennamen. Stattdessen erzeugen Sie einen *temporären Wert* (auch *Tempwert* oder *Temporary* genannt). Als solcher verschwindet dieser Wert am Ende der Anweisung wieder – als Faustregel also beim nächsten Semikolon.

Wenn Sie einen Tempwert erzeugen, dann handelt es sich nicht um eine *Deklaration*, sondern um einen *Ausdruck*. Deshalb können Sie ihn direkt verwenden, zum Beispiel als Parameter für eine Funktion.

Es gibt noch andere Möglichkeiten, einen Tempwert zu erzeugen. Zum Beispiel kann eine automatische Typumwandlung dazu führen:

```cpp
#include <string>
#include <iostream>                          // cout
using std::string; using std::cout;
struct Value {
    int wert_;
    Value(int wert)                          // 1-Arg-Konstruktor = Typumwandlung
        : wert_{wert} {}
};
size_t laenge(string arg) {
    return arg.size();
}
Value doppel(Value v) {
    return Value{ v.wert_*2 };
}
int main() {
    cout << laenge("Hipphopp") << "\n";      // const char* in string
    cout << doppel(10).wert_ << "\n";        // int in Value
    string name {"Gandalf"};
    cout << ( name + " der Graue" ) << "\n"; // string + const char*
}
```

Listing 21.2 Wenn Sie eine Funktion mit einem Parameter aufrufen, für den der Compiler zur Umwandlung einen Konstruktor aufruft, erzeugt er einen Tempwert.

Die Funktion laenge nimmt als Argument einen string. Bei laenge("Hipphopp") übergebe ich jedoch ein Zeichenkettenliteral, also ein const char*. Der Compiler macht daraus automatisch einen string extra und nur für die Übergabe an laenge(). Nach der Anweisung verschwindet dieser extra erzeugte string wieder, denn er ist ein Tempwert.

Der Mechanismus, den der Compiler nutzt, kennen Sie schon: die automatische Typumwandlung. Denn das Gleiche passiert auch bei doppel(10). Weil Value einen Konstruktor mit einem Argument hat, kann dieser vom Compiler für die automatische Typumwandlung verwendet werden. Und siehe da, 10 ist ein int und passt – also wird ein temporärer Value erzeugt, innerhalb von doppel als v verwendet und am Ende wieder verworfen.

Besonders gerne erzeugen *zweistellige Operatoren* temporäre Werte, wie das Plus +. Der Ausdruck name+"der Graue" ist der Aufruf des operator+ mit den Argumenttypen string und const char*. Der Operator fügt die Argumente zu einem neuen string zusammen, der dann ausgegeben wird. Das zusammengefügte Ergebnis ist der Temporary und wird am ; nicht mehr benötigt.

21.3 Der Destruktor zum Konstruktor

Wenn Sie überprüfen wollen, wann ein Objekt zerstört wird, dann machen Sie das im *Destruktor*. Als Gegenstück zum Konstruktor dient dieser dazu, Aufräumarbeiten zu erledigen. Das kann das Deinitialisieren von Datenfeldern der Klasse sein oder andere Verwaltungsaufgaben.

Da Sie bisher nur Datenstrukturen kennen, die automatisch deinitialisiert werden, geben Sie als »Verwaltungsaufgabe« einen Text aus. Füllen Sie die Klasse MeinWert aus dem einleitenden Beispiel mit etwas Leben:

```cpp
#include <string>
#include <iostream>
#include <iomanip>
using std::cout; using std::setw; using std::string;
struct MeinWert {
    static int zaehler;             // static: existiert nur einmal für alle Instanzen
    int nummer_;                    // Einrücktiefe dieser Instanz für die Ausgabe
    string name_;                   // Name dieser instanz für die Ausgabe
    explicit MeinWert(string name)
        : nummer_{++zaehler}        // Zähler für Einrücktiefe pro Instanz hochzählen
        , name_{name}               // Name des Objekts für Ausgabe merken
    {
        cout << setw(nummer_) << " " // nummer_ verwenden für Einrückungstiefe
            << "Konstruktor " << name_ << "\n"; // Instanzname ausgeben
    }
    ~MeinWert() {                   // Destruktor
        cout << setw(nummer_) << " "
            << "Destruktor " << name_ << "\n";
    }
};
int MeinWert::zaehler = 0;          // Initialisierung der statischen Klassenvariablen
```

Listing 21.3 Ein Destruktor wird beim Entfernen eines Objekts ausgeführt.

So gerüstet können Sie das Objekt verwenden wie immer. Setzen Sie dazu konkrete Variablen dieses modifizierten Typs MeinWert in Listing 21.1 ein:

```cpp
void funktion(const MeinWert &paramRef) {
    MeinWert lokalWert{"lokal"};
}
int main() {
    MeinWert mwert1{"mwert1"};
    funktion( MeinWert{"temp"} );
    funktion( mwert1 );
    {
        MeinWert mwert2{"mwert2"};
    }
}
```

Listing 21.4 Hier werden viele Objekte erzeugt und zerstört.

Somit erhalten Sie die folgende Ausgabe:

```
Konstruktor mwert1
 Konstruktor temp
  Konstruktor lokal
  Destruktor lokal
 Destruktor temp
   Konstruktor lokal
   Destruktor lokal
     Konstruktor mwert2
     Destruktor mwert2
Destruktor mwert1
```

Listing 21.5 Diese Ausgabe zeigt, wann Objekte erzeugt und zerstört werden.

In main wird zuallererst mwert1 erzeugt. Sie haben mit setw dafür gesorgt, dass die erste Instanz von MeinWert auf eine Tiefe von 1 eingerückt wird, und mit ++zaehler alle späteren Instanzen jeweils um eine Einheit tiefer. Der Zählerstand wird gleichzeitig in das Datenfeld nummer_ kopiert. So können Sie im Destruktor die gleiche Einrücktiefe wie im Konstruktor verwenden. Sie können gut erkennen, dass mwert1 auch das zuletzt weggeräumte Objekt ist: Die Ausgabe Destruktor mwert1 erfolgt im Destruktor.

Sie sehen auch, dass temp für den Funktionsaufruf erzeugt wird. Innerhalb der Funktion wird lokal erzeugt und auch wieder entfernt – für jeden der beiden Aufrufe von funktion. Nach der Rückkehr aus der Funktion wird temp – am Ende der Anweisung – entfernt, während mwert1 bestehen bleibt.

Weiter geht es mit der Erzeugung von mwert2. Jedoch wird sofort das Ende des inneren Blocks erreicht, weswegen auch dessen Destruktor gleich darauf aufgerufen wird. Erst dann ist das Ende von main und somit das Ende der Gültigkeit von mwert1 erreicht.

21.3.1 Kein Destruktor nötig

Im Normalfall ist es nicht nötig, im Destruktor irgendetwas zu tun, denn jedes Datenfeld einer Klasse wird ohnehin weggeräumt. Wenn Sie also entweder »nichts« machen, den Destruktor leer oder ganz weglassen, dann werden alle Datenfelder dennoch entfernt.

Wenn Sie nur die Mittel, die wir bisher besprochen haben, einsetzen, dann benötigen Sie keinen Destruktor für Aufräumarbeiten. Sowohl die einfachen Datentypen int, double etc. als auch die Typen der Standardbibliothek string, vector, fstream usw. erledigen alles automatisch.

21.3.2 Ressourcen im Destruktor

Aber: Es gibt Ressourcen, die werden nicht automatisch entfernt. Rohe Zeiger und viele C-Datentypen müssen Sie im Destruktor behandeln. Alternativ wickeln Sie das Ganze in einen `shared_ptr` und verwenden einen *Custom Deleter*. Dazu erfahren Sie mehr in Kapitel 23, »Zeiger«.

Angenommen, Sie haben mit einer Datenbank zu tun, die Ihnen per Bibliothek und mit dem dazugehörigen Header als Programmierschnittstelle geliefert wird. Der Header mag vereinfacht so aussehen:

```
#ifndef DATABASE_HPP
#define DATABASE_HPP
typedef void* db_handle_t;
db_handle_t db_open(const char* filename);
void db_close(db_handle_t db);
int db_execute(db_handle_t db, const char* query);
#endif
#endif
```

Listing 21.6 Ein einfaches Beispiel für eine C-Schnittstelle zu einer Ressource

Somit ist klar, dass Sie zu jedem `db_open` auch ein `db_close` aufrufen müssen. Tun Sie das nicht, können allerlei Dinge passieren: Schreibvorgänge in die Datenbank werden vielleicht vergessen, Ihr Programm »leakt« Datenbankverbindungen (von engl. *leak*, dt. *ein Leck haben*) und kann irgendwann kein `db_open` mehr durchführen, oder Ihr Programm kann abstürzen.

Damit Sie sicher sein können, dass zu jedem `db_open` auch ein `db_close` aufgerufen wird, holen Sie sich doch Hilfe beim Compiler: Konstruktoraufruf und Destruktoraufruf werden immer gepaart. Wickeln Sie die Ressource in einen *Resourcenwrapper* ein:

```
#include <iostream>              // cout
#include "database.hpp"          // Einbinden der fremden Programmierschnittstelle
class Database {
    db_handle_t db_;             // eingepackte Ressource
public:
    Database(const char* filename);
    ~Database();
    int execute(const char* query);
};
Database::Database(const char* filename)
    : db_{db_open(filename)}     // Anfordern der Ressource
    { }
Database::~Database() {
    db_close(db_);               // Freigeben der Ressource
}
```

```
int Database::execute(const char* query) {
    return db_execute(db_, query); // Nutzen der Ressource
}
int main() {
    Database db{ "kunden.dat" }; // Erzeugen des Wrappers
    std::cout << "Anzahl: "<< db.execute("select * from kunden") << "\n";
}                                // Automatisches Entfernen des Wrappers
```
Listing 21.7 Wenn Sie eine Ressource schließen müssen, dann eignet sich dafür der Destruktor.

Im Konstruktor fordern Sie mit `db_{db_open(filename)}` die Ressource – die Datenbankverbindung – an und speichern sie im privaten Datenfeld `db_`. Genau diese Ressource geben Sie im Destruktor mit `db_close(db_)` wieder frei. Lesen Sie aber auf jeden Fall dieses Kapitel weiter, denn hier fehlen Ihnen noch der Kopierkonstruktor und der Zuweisungsoperator.

Sie haben hier die notwendigen Fehlerüberprüfungen weggelassen, die Sie in einem wirklichen Programm natürlich einbauen müssen. Bei solchen C-artigen Schnittstellen ist es häufig üblich, dass bestimmte Rückgabewerte etwas Besonderes bedeuten. Hier hätte zum Beispiel die Rückgabe von `db_open` überprüft werden können, um im Fehlerfall besonders zu reagieren:

```
Database::Database(const char* filename)
    : db_{ db_open(filename) }
{
    if(nullptr == db_) { // Fehler beim Öffnen
        throw new IllegalArgumentException("Fehler beim Oeffnen der DB");
    }
}
```
Listing 21.8 Der Konstruktor initialisiert oder löst eine Exception aus.

Wichtig ist hier, dass der Konstruktor im Fehlerfall mit einer Exception verlassen wird, und nicht auf dem normalen Wege. Dadurch gilt das Objekt als nicht erzeugt. Wo kein Objekt erzeugt wurde, muss auch keines entfernt werden. Als Folge davon wird dann auch kein Destruktor aufgerufen.

> **Eine Exception im Konstruktor heißt: »kein Destruktoraufruf«**
> Wenn während des Konstruktors eine Exception ausgelöst und nicht gefangen wird, gilt das Objekt als nicht erzeugt. Ein Destruktor wird dann nicht aufgerufen.

Das ist hier wichtig, weil es sein kann, dass – wenn `db_` nach dem Fehler bei der Initialisierung `nullptr` ist – der Aufruf `db_close(db_)` problematisch sein könnte. Dadurch, dass Sie den Konstruktor aber mit einer Exception verlassen, wird der Destruktor nicht aufgerufen und es entsteht somit kein Problem.

Wie genau Sie mit Exceptions umgehen, erfahren Sie im nächsten Abschnitt. Sie haben hier gelernt, wie Sie Destruktoren sinnvoll für *RAII* einsetzen. Dieses Kürzel steht für *Ressource Acquisition is Initialization*, also dafür, dass, wenn Sie eine Ressource anfordern, Sie dies durch eine Initialisierung machen – in diesem Fall durch die Initialisierung der Wrapperklasse Database.

Nehmen Sie RAII unbedingt in Ihr Repertoire auf, denn es hilft Ihnen, schwer zu findende Fehler zu vermeiden. Erinnern Sie sich, dass ich ein paar Abschnitte zuvor (21.3.1, »Kein Destruktor nötig«) gesagt habe, dass Sie normalerweise keinen Destruktor brauchen, wenn Sie mit den Typen der Standardbibliothek zu tun haben? Nun, der Grund dafür ist, dass jene Typen genau dieses Konzept konsequent umgesetzt haben. Sie müssen in den seltensten Fällen gepaarte »Acquire«- und »Release«-Aufrufe machen. Dies ist sorgfältig in den Konstruktoren und Destruktoren der Klassen verpackt.

21.4 Yoda-Bedingung

In dem if-Ausdruck von Listing 21.8 habe ich ein kleines Bonbon versteckt:

if(nullptr == db_) ...

Ich vergleiche nullptr und db_ mit ==. Ich hätte ebenso gut db_ == nullptr schreiben können und hätte das Gleiche erreicht.[1] Jedoch hat die verwendete Reihenfolge einen großen Vorteil: Wenn Sie aus Versehen = anstatt == tippen – was ja etwas völlig anderes ist –, dann weist der Compiler Sie auf den Fehler hin: Weil nullptr ein Literal ist, können Sie ihm mit = nichts zuweisen. Hätten Sie aus Versehen aber db_ = nullptr geschrieben, dann hätten Sie ungewollt eine Zuweisung geschrieben. Die Zuweisung ist auch ein Ausdruck, dessen Ergebnis hier dann nullptr wäre – und nullptr wird vom Compiler automatisch zu false konvertiert.

Wenn Sie also einen Vergleich mit einem Literal oder einer Konstanten implementieren, dann könnten Sie sich zu Ihrer eigenen Sicherheit angewöhnen, die Konstante auf die linke Seite des Vergleichs zu schreiben. Sie haben dann einen etwas größeren Schutz vor Vertippern.

Man nennt diese Form, eine Bedingung zu notieren, eine *Yoda-Bedingung* (engl. *Yoda-Condition*), weil Sie die Operanden in umgekehrter Reihenfolge schreiben, als Sie es natürlicherweise tun würden. Oder um es mit Yoda zu sagen: als natürlicherweise tun Sie es würden. Daher kommt der Name.

Sehen Sie sich hier einige andere Beispiele für Yoda-Bedingungen an, bei denen Sie vor dem versehentlichen = geschützt sind:

---

[1] Zumindest solange dem Vergleich die Reihenfolge seiner Operanden egal ist, wie in diesem Fall.

```
if("Yoda" == character) ...
if(42 == antwort) ...
```
Listing 21.9 Beispiele für Yoda-Bedingungen mit »==«

Auch unter Yoda-Bedingungen fällt es, wenn Sie Methoden nach dem gleichen Muster aufrufen:

```
#include <string>
static const std::string ZEBRA { "zebra" };
int main() {
    std::string tier{ "pferd" };
    if(ZEBRA.equals(tier)) return 0;
    else return 1;
}
```
Listing 21.10 Eine Yoda-Bedingung mit einem Methodenaufruf

Hier rufen Sie die Methode `equals` auf der Konstanten auf, anstatt in `tier.equals(ZEBRA)` die Variable nach vorne zu stellen. Diese Schreibweise finden Sie in C++ seltener als zum Beispiel in Java. Dort könnte `tier` ein ungültiges Objekt sein, etwas Ähnliches wie `nullptr`, und das wäre für einen Methodenaufruf mit `tier.equals(ZEBRA)` auf jeden Fall ein Fehler. In `ZEBRA.equals(tier)` kann `ZEBRA` kein `nullptr` sein, und Sie haben in der Methode `equals` die Chance, `nullptr` als `tier` als Fehler abzufangen.

Bei `==` tut die Yoda-Schreibweise der Lesbarkeit so gut wie keinen Abbruch. Mit Methoden finden aber viele, dass die Lesbarkeit leidet. Überlegen Sie also, ob Sie sich diese Notation angewöhnen wollen.

21.5 Konstruktion, Destruktion und Exceptions

Zum Konzept des RAII gehört auch, dass das Objekt als nicht erzeugt gilt, wenn die Initialisierung (der Konstruktordurchlauf) fehlschlägt (eine Exception verursacht). Das hat zur Konsequenz, dass auch kein Destruktor aufgerufen wird:

```
#include <iostream> // cout
#include <stdexcept> // runtime_error
struct KannWerfen {
    KannWerfen(int wasSollPassieren) {
        std::cout << "Konstruktor " << wasSollPassieren << "...\n";
        if(wasSollPassieren == 666)
            throw std::runtime_error("Testfehler");
        std::cout << "...Konstruktor fertig\n";
    }
    ~KannWerfen() {
        std::cout << "Destruktor.\n";
    }
};
```

```cpp
int main() {
    try {
        KannWerfen kw1{0};              // ok, löst keine Ausnahme aus
    } catch(std::runtime_error exc) {
        std::cout << "Gefangen-1: " << exc.what() << "\n";
    }
    try {
        KannWerfen kw2{666};            // löst aus, kw2 wird nicht erzeugt
    } catch(std::runtime_error exc) {
        std::cout << "Gefangen-2: " << exc.what() << "\n";
    }
}
```

Listing 21.11 Der Konstruktor von »KannWerfen« kann mit einer Exception beendet werden.

Dieses Programm wird Ihnen die Ausgabe liefern:

```
Konstruktor 0...
...Konstruktor fertig
Destruktor
Konstruktor 666...
Gefangen-2: Testfehler
```

Das heißt, für `kw1` wurde der Konstruktor ganz durchlaufen. Das Objekt wurde fertig kreiert, und `kw1` steht dem Programm bis zum Ende des Blocks zur Verfügung.

Bei `kw2` wurde der Konstruktor zwar begonnen, aber mit einer Exception verlassen. Dadurch gilt `kw2` als nicht erzeugt. Sie sehen deshalb keinen Aufruf des Destruktors von `kw2`.

Sollte Ihre Klasse mehr machen als `KannWerfen`, nämlich ein paar Datenfelder initialisieren, dann werden alle bis zur Exception erzeugten Objekte so wieder weggeräumt, als würde deren Gültigkeitsbereich verlassen (verwenden Sie hier also kein `new` zusammen mit rohen Zeigern).

```cpp
class Mega {
    std::vector<int>      data_;
    KannWerfen            kannWerfen_;
    std::map<string,int>  mehr_;
public:
    Mega()
      : data_{}
      , kannWerfen_{666}    // löst eine Exception aus
      , mehr_{}
    { }
};
```

Listing 21.12 Teilweise initialisierte Datenfelder werden auch bei einer Exception weggeräumt.

Bei der Initialisierung von kannWerfen_ tritt eine Exception auf. Zu dem Zeitpunkt wurde data_ schon angelegt. Macht nichts: Die Ausnahme verlässt den Konstruktor, aber data_ wird zuvor ordentlich wieder weggeräumt. mehr_ wurde noch nicht initialisiert.

> **Ein Destruktor darf keine Exception auslösen**
>
> Weil während der Behandlung einer Exception durchaus andere Objekte mittels Destruktor weggeräumt werden müssen – wie mit data_ aus Listing 21.12 gezeigt –, sollten Sie niemals eine Exception aus einem Destruktor entweichen lassen. Sie können davon ausgehen, dass kein Destruktor der Standardbibliothek eine Exception auslöst, wenn Ihre Typen das nicht tun.
>
> Der Titel dieses Kastens vereinfacht den Sachverhalt ein wenig, ist aber zum Merken nützlich. Wenn während der Verarbeitung einer Exception eine weitere Exception ausgelöst wird, wird Ihr Programm sofort beendet.

21.6 Kopieren

Lassen Sie uns in Listing 21.4 nur eine kleine Änderung an der Definition von funktion vornehmen: Übergeben Sie den Parameter nun als Wert, nicht als konstante Referenz. Dadurch wird, wie Sie ja wissen, das Objekt für die Funktion kopiert. Der Rest des Programms bleibt gleich:

```
void funktion(MeinWert paramWert) {
    MeinWert lokalWert{"lokal"};
}
int main() {
    MeinWert mwert1{"mwert1"};
    funktion( MeinWert{"temp"} );
    funktion( mwert1 );
    {
        MeinWert mwert2{"mwert2"};
    }
}
```

Listing 21.13 Die Übergabe als Wert erstellt Objekte mit dem vom Compiler erzeugten Kopierkonstruktor.

In der Ausgabe gibt es etwas Seltsames zu sehen:

```
Konstruktor mwert1
 Konstruktor temp
  Konstruktor lokal
  Destruktor lokal
 Destruktor temp
   Konstruktor lokal
```

```
    Destruktor lokal
Destruktor mwert1
    Konstruktor mwert2
    Destruktor mwert2
```
Destruktor mwert1

Sie sehen mit `Destruktor mwert1`, dass `mwert1` zweimal weggeräumt wird. Das ist das Ergebnis einer Nachlässigkeit in unserem Code. Sie haben es doch eigentlich gesagt: Bei der Übergabe eines Parameters als Wert wird das Objekt *kopiert*. Sie erhalten also ein zweites Objekt, und als solches muss es natürlich auch wieder weggeräumt werden – inklusive des entsprechenden Destruktoraufrufs.

Das fragliche Objekt ist nicht durch den Aufruf unseres Konstruktors entstanden, denn das hätten Sie gesehen. Nein, für den Zweck der *Kopie* gibt es einen speziellen Konstruktor, den *Kopierkonstruktor* (*Copy Constructor*). Sie können ihn selbst definieren – und sollten es auch in diesem Fall, denn nur dann stimmt unsere Ausgabe. Der Kopierkonstruktor einer Klasse ist genau derjenige Konstruktor, der die aktuelle Klasse als *konstante Referenz* zum Argument hat:

```
struct MeinWert {
    static int zaehler;
    int nummer_;
    string name_;
    explicit MeinWert(string name) // wie zuvor
        : nummer_{++zaehler} , name_{name}
        { cout << setw(nummer_) << " " << "Konstruktor " << name_ << "\n"; }
    MeinWert(const MeinWert &orig) // neuer Kopierkonstruktor
        : nummer_{++zaehler} , name_{orig.name_ + "-Kopie"}
        { cout << setw(nummer_)<<" " << "Kopierkonstruktor " << name_ << "\n"; }
    ~MeinWert() // wie zuvor
    {
        cout << setw(nummer)<<" " << "Destruktor " << name_ << "\n";
    }
};
int MeinWert::zaehler = 0;
```

Listing 21.14 Der Kopierkonstruktor ist der Konstruktor mit einer konstanten Referenz der Klasse als Argument.

Lassen Sie nun `main()` noch einmal laufen, ist die Welt wieder in Ordnung. Sie sehen ebenso viele Konstruktoren wie Destruktoren:

```
Konstruktor mwert1
    Konstruktor temp
      Konstruktor lokal
      Destruktor lokal
    Destruktor temp
```

```
Kopierkonstruktor mwert1-Kopie
  Konstruktor lokal
  Destruktor lokal
Destruktor mwert1-Kopie
  Konstruktor mwert2
  Destruktor mwert2
Destruktor mwert1
```

Wo Sie zuvor den ersten `Destruktor mwert1` gesehen haben, sehen Sie, dass in Wahrheit die vorher nicht sichtbare Kopie zerstört wird – der veränderte Name in `Destruktor mwert1-Kopie` verrät es.

Doch auch ohne den Kopierkonstruktor lief unser Programm. Wenn Sie keinen eigenen Kopierkonstruktor definieren, dann übernimmt dies wieder einmal der Compiler für Sie. Er generiert Ihnen einen Kopierkonstruktor, der alle Datenfelder elementweise in das neue Exemplar kopiert. Das funktioniert wunderbar mit allen Datentypen, die Sie bis jetzt kennengelernt haben: den eingebauten Typen, Standardcontainern und den meisten anderen Typen der Standardbibliothek.

Es funktioniert jedoch *nicht*, wenn Sie etwas verwenden, das eine besondere Behandlung im Destruktor benötigen würde. Rohe Zeiger und die Ressource `db_` aus Listing 21.7 würden nicht korrekt kopiert (nur der Zeiger, beziehungsweise das Handle, selbst würde übertragen), und die Ressource würde nicht zweimal angefordert. Und auch unsere Ausgabe `cout ... << "Destruktor " ...` fällt in die Kategorie, da im Destruktor etwas Besonderes gemacht wird. Als Faustregel gilt:

> **Wann benötigen Sie einen Kopierkonstruktor?**
> Wenn Sie einen Destruktor selbst schreiben (müssen), damit Ihre Klasse korrekt funktioniert, dann benötigen Sie sehr wahrscheinlich auch einen selbst geschriebenen Kopierkonstruktor – und andersherum. Die Ressource, um die Sie sich im Destruktor kümmern, bedarf sehr wahrscheinlich auch eine besondere Behandlung bei Kopie und Zuweisung.

Wenn Sie es irgendwie vermeiden können, dann sollten Sie versuchen, einen Kopierkonstruktor nicht selbst zu schreiben. Denn außer, dass der Compiler Ihnen die Kopieraktionen abnimmt, macht er noch andere wichtige Kleinigkeiten. Dazu gehört eine automatische Markierung mit `noexcept`, wenn die zu kopierenden Datenfelder dies erlauben. Das kann in manchen Fällen schnelleren Code erzeugen.

21.7 Zuweisungsoperator

Die Klasse `MeinWert` kennen Sie nun, und Sie wissen auch, dass Sie neue Instanzen entweder mit dem Konstruktor `MeinWert(string)` oder per Kopie mit `MeinWert(const Mein-`

Wert&) erzeugen können. Sie kennen auch die Zuweisung mit = und sollten daher in den folgenden Beispielen genau sagen können, was passiert:

```
void byVal(MeinWert arg) { }
int main() {
    MeinWert wert1{"ABCD"};    // neue Instanz, konstruiert per string
    MeinWert wert2{wert1};     // neue Instanz, konstruiert per Kopie
    MeinWert wert3 = wert1;    // neue Instanz, ebenfalls per Kopie, trotz =
    byVal(wert1);              // eine neue Instanz per Kopie
    wert1 = wert2;             // keine neue Instanz, sondern eine Zuweisung
}
```

Listing 21.15 Initialisierung, Kopie und Zuweisung

Während die ersten beiden Zeilen keine Überraschungen beinhalten, kann man bei `MeinWert wert3 = wert1;` doch manchmal ein Stirnrunzeln beobachten. Daher zur Wiederholung: Ein Gleichheitszeichen = in einer Variablendeklaration ist *niemals* eine Zuweisung, sondern nur eine andere Schreibweise der Initialisierung. Um die Verwechslungsgefahr beim Leser zu vermeiden, sollten Sie diese vermeiden – mindestens, wenn Sie mit echten Klassen zu tun haben. Mit einfachen Typen wie `int` sieht `int val{7}` für manche seltsam aus, weswegen Sie hier gut mit = initialisieren können.

Zurück zur Zuweisung: In `wert1 = wert2;` haben Sie nun etwas Neues. Noch einmal vereinfacht:

```
int main() {
    MeinWert wert1{"ABCD"};
    MeinWert wert2{"WXYZ"};
    wert1 = wert2;  // Zuweisung
}
```

und Sie erhalten:

```
Konstruktor ABCD
 Konstruktor WXYZ
 Destruktor WXYZ
 Destruktor WXYZ
```

Hoppala, hier ist ja wieder einiges durcheinandergekommen. Was ist hier passiert?

Bei `wert1 = wert2;` ruft der Compiler den *Zuweisungsoperator* der Klasse `MeinWert` auf. Sie haben keinen Zuweisungsoperator selbst definiert (denn das lernen Sie ja gerade), weswegen der Compiler wieder einmal für Sie in die Bresche springt und einen Zuweisungsoperator generiert: Alle Datenfelder werden elementweise von `wert2` nach `wert1` per Zuweisung übertragen. Was vorher in `wert2` enthalten war, ist dann überschrieben.

Somit ist klar: Eine der beiden Ausgabezeilen `Destruktor WXYZ` hätte ohne Zuweisung `Destruktor ABCD` ausgegeben. Und auch die Einrücktiefe in `nummer_` wurde überschrieben.

Wahrscheinlich wollen Sie ein anderes Verhalten, zum Beispiel wollen Sie die Einrücktiefe des Originals behalten. Dazu schreiben Sie eine spezielle Methode mit folgender Signatur:

`MeinWert& MeinWert::operator=(const MeinWert&);`

Beachten Sie, dass es sich hierbei um eine *Methode* und nicht um einen *Konstruktor* handelt. Das Objekt, dem etwas zugewiesen wird, existiert ja schon – sein Inhalt ist durch diesen Zuweisungsoperator zu überschreiben. Da es sich nicht um einen Konstruktor handelt, erledigen Sie die Übertragung der Datenfelder auch nicht in einer Initialisierungsliste, sondern wie bei einer Methode im Rumpf:

```
struct MeinWert {
    // ... alles andere wie bisher ...
    MeinWert& operator=(const MeinWert& rechts) {
        if(this != &rechts) {   // 1. auf Selbstzuweisung prüfen
            // 2. Freigeben bisheriger Ressourcen; hier keine
            // 3. elementweises Übertragen durch Zuweisung oder Ähnliches
            name_ = rechts.name_ + "-Zuweisung (zuvor " + name_ + ")";
            /* nummer_ bleibt, und damit die originale Einrückung */
        }
        return *this;   // 4. sich selbst zurückgeben
    }
};
```

Listing 21.16 Das Schema für die Implementierung eines eigenen Zuweisungsoperators

Wenn Sie dies in die Definition von `struct MeinWert` einfügen, erhalten Sie die Ausgabe:

```
Konstruktor ABCD
 Konstruktor WXYZ
 Destruktor WXYZ
Destruktor WXYZ-Zuweisung (zuvor ABCD)
```

Und so ist die Welt wieder in Ordnung: Sie sehen anhand des Textes und der Einrückung, welches Original überschrieben wurde und wann es weggeräumt wurde.

Wenn Sie für Ihre Klasse den Zuweisungsoperator `operator=` selbst definieren, dann halten Sie unbedingt das oben gezeigte Muster der Implementierung ein:

1. Prüfen Sie wie mit `if(this != &rechts)`, ob `this` die gleiche Adresse hat wie `&rechts`. Wenn Sie das nicht tun, können bei Selbstzuweisungen wie `wert1 = wert1` Probleme entstehen.

2. Geben Sie alle bisherigen Ressourcen des zu überschreibenden Objekts frei. Das ist in Listing 21.16 bei »2.« angedeutet, weil für `MeinWert` hier nichts zu tun ist.

3. Übertragen wie unter »3.« alle Elemente von rechts nach links. Das machen Sie häufig mittels Zuweisung oder durch eine andere Form der Kopie. Weil Sie in unserem Fall

das Übertragen von `nummer_` absichtlich weggelassen haben, versehen Sie das wegen der Ungewöhnlichkeit mit einem Kommentar.

4. Geben Sie dann mit `return *this` eine Referenz auf das aktuelle Objekt zurück. Dadurch ermöglichen Sie Zuweisungsketten wie `wert1 = wert2 = wert3 = wert3;`.

Die Ähnlichkeiten des Zuweisungsoperators zum Kopierkonstruktor gehen sehr weit:

▶ Normalerweise benötigen Sie keinen selbst definierten Zuweisungsoperator, der vom Compiler generierte tut es mindestens genauso gut für die eingebauten Datentypen, Standardcontainer und die meisten Typen der Standardbibliothek.

▶ Wenn Sie einen Kopierkonstruktor oder Destruktor selbst definieren (müssen), dann benötigen Sie sehr wahrscheinlich auch einen eigenen Kopierkonstruktor – und umgekehrt.

Außer der anderen Art, wie Sie den Zuweisungsoperator implementieren, gibt es jedoch einen entscheidenden Unterschied: Wenn Sie `const`-Datenelemente in Ihrer Klasse haben, dann wird der Zuweisungsoperator aus der Liste der verfügbaren Operationen gestrichen – oder »deleted«. Die Folge ist, dass Sie eine Instanz nicht mehr per Zuweisung überschreiben können. Ich reduziere zur Veranschaulichung die Klasse `MeinWert` auf einen Konstruktor und ein konstantes Datenfeld:

```
struct MeineNummer {
    const int nummer_;          // konstantes Datenfeld
    explicit MeineNummer(int v)
        : nummer_{v}            // Initialisierung des konstanten Datenfeldes
        {}
};
int main() {
    MeineNummer c1{4};
    MeineNummer c2{7};
    c1 = c2;                    // Fehler -- Zuweisung vom Compiler gestrichen
}
```

Listing 21.17 Eine Klasse mit einem »const« Datenelement bekommt vom Compiler nicht automatisch einen Zuweisungsoperator.

Die Zuweisung `c1 = c2` ist hier nicht möglich: Der Compiler versucht einen Zuweisungsoperator zu generieren. Der würde versuchen, `nummer_ = other.nummer_` zuzuweisen. Das geht nicht, weil `nummer_` mit `const` deklariert ist. Anstatt also einen Zuweisungsoperator zu generieren, *streicht* der Compiler diesen. Das führt dazu, dass der Operator `=` für diese Klasse nicht zur Verfügung steht.

21.8 Streichen von Methoden

Das hat die gleiche Wirkung, als hätten Sie `MeineNummer` so definiert wie im nächsten Listing. Beachten Sie, dass ich `nummer_` wieder nicht-`const` gemacht habe und der Compiler so wieder einen Zuweisungsoperator generiert hätte:

```
struct MeineNummer {
    int nummer_;  // variables Datenfeld
    explicit MeineNummer(int v)
        : nummer_{v}
    {}
    MeineNummer& operator=(const MeineNummer&) = delete;  // Zuweisung streichen
    MeineNummer(const MeineNummer&) = delete;             // Kopie streichen
};
int main() {
    MeineNummer c1{4};
    MeineNummer c2{7};
    c1 = c2;              // Fehler -- Zuweisung vom Programmierer gestrichen
    MeineNummer c3{c1};   // Fehler -- Kopie vom Programmierer gestrichen
}
```

Listing 21.18 Mit »= delete« entfernen Sie Operationen manuell.

Das `= delete` ist die Möglichkeit für den Programmierer, zu verhindern, dass der Compiler eine Methode generiert. Und wie Sie an dem zweiten `= delete` bei `MeineNummer(const MeineNummer&) = delete;` sehen, können Sie auch einen Konstruktor damit entfernen. Somit ist auch eine Kopie von `MeineNummer` bei `MeineNummer c3{c1};` nicht mehr möglich.

Bei unseren `MeinWert`-Beispielen war es nicht weiter schlimm, dass ich mich nach und nach der nötigen Implementierung des Kopierkonstruktors und des Zuweisungsoperators gewidmet habe. Der vom Compiler generierten Kopierkonstruktor bzw. Zuweisungsoperator hat schlimmstenfalls eine falsche Ausgabe auf dem Bildschirm erzeugt.

Listing 21.7 hat Kopie und Zuweisung auch nicht behandelt – und damit wurde eine fehlerbehaftete Klasse geschaffen. Was passiert, wenn Sie eine `Database`-Instanz kopieren oder zuweisen? Sie duplizieren ein Datenbankhandle oder überschreiben ein bestehendes.

- **Wenn Sie es duplizieren,**
  dann wird der Destruktor zweimal auf dasselbe Handle `db_close` aufrufen.
- **Wenn Sie es überschreiben,**
  fehlt Ihnen zusätzlich ein `db_close`, und ein Handle wird nicht freigegeben.

Beides sind schlimme Fehler, die entstehen, wenn sich Ihr Listing nicht an folgende Regel hält: »Wenn man einen Destruktor selbst definiert, braucht man fast immer auch einen eigenen Kopierkonstruktor und einen eigenen Zuweisungsoperator.«

21   Der Lebenszyklus von Klassen

Mit `= delete` bekommen Sie das Problem für `Datenbank` schnell in Griff:

```cpp
#include <iostream>                                    // cout
#include "database.hpp"
class Database {
    const db_handle_t db_;                             // konstant machen
public:
    Database(const char* filename);
    ~Database();
    int execute(const char* query);
    Database(const Database&) = delete;                // Kopieren verbieten
    Database& operator=(const Database&) = delete;     // Zuweisung verbieten
};
// ... Implementierungen wie gehabt ...
int main() {
    Database db{ "kunden.dat" };
    std::cout << "Anzahl: "<< db.execute("select * from kunden") << "\n";
    Database db2{ db }; // Compiler verhindert gefährliche Kopie
    db = db2;           // Compiler verhindert gefährliche Zuweisung
}
```

Listing 21.19 Mit den gelöschten Funktionen verhindert der Compiler eine fehlerhafte Benutzung der Klasse.

Zusätzlich habe ich das Datenfeld `db_` mit `const` versehen. Schon alleine dadurch kann der Compiler keinen `operator=` mehr generieren, und das Programm wäre diesbezüglich sicher gewesen. Da ich den Kopierkonstruktor aber ohnehin mit `= delete` manuell entferne, tut es nicht weh, dass ich auf Nummer sicher gehe und den Zuweisungsoperator ebenso behandle.

21.9   Verschiebeoperationen

Sie haben zwei Möglichkeiten kennengelernt, wie eine Klasseninstanz *kopiert* werden kann. Nehmen wir an, Ihre Klasse heißt `Image`:

- `Image(const Image& other)` – **der Kopierkonstruktor**
  Das kann nur bei der Initialisierung eines neuen Objekts passieren.

- `Image& operator=(const Image& other)` – **der Zuweisungsoperator**
  Dies überschreibt und geschieht nur bei einem schon bestehenden Objekt.

In den meisten Fällen werden dabei alle Datenfelder der Quelle in das Ziel hineinkopiert. Das kann natürlich sehr aufwendig sein:

```cpp
#include <vector>
class Image {
    std::vector<unsigned char> data_;
public:
```

```
        explicit Image(const char *fn) { /*...*/ }
        // Compiler generiert (u. a.): Kopierkonstruktor, Zuweisung, aber auch Verschiebungen
};
std::vector<Image> loadCollection(bool empty) {
        if(empty) return std::vector<Image>{};
        std::vector<Image> result {};                          // für Rückgabe; zunächst leer
        // drei Bilder in die Sammlung ... kopieren?
        result.push_back( Image{"MonaLisa.png"} );
        result.push_back( Image{"DerSchrei.png"} );
        result.push_back( Image{"JungeMitPfeife.png"} );
        return result;  // Sammlung als Wert zurückgeben
}
int main() {
        // Rückgabe in Variable speichern
        std::vector<Image> sammlung = loadCollection(false);
}
```

Listing 21.20 Die Klasse enthält wahrscheinlich große Datenmengen, die teuer zu kopieren sind. Doch was wird hier kopiert?

Ich habe exemplarisch einen Datentyp Image geschrieben, der wahrscheinlich große Datenmengen in data_ hält. Die vom Compiler generierten Operationen für Kopie und Zuweisung werden dieses Datenfeld komplett von der Quelle ins Ziel kopieren. Also liegen die Daten nach dem Kopieren doppelt vor – das erwarte ich, und somit ist das in Ordnung.

Überrascht es Sie deshalb, wenn ich Ihnen sage, dass in Listing 21.20 zu keinem Zeitpunkt Bild-Daten in data_ doppelt vorliegen? Wenn nicht, dann haben Sie entweder schon etwas über Verschiebeoperationen gelesen oder Sie erwarten von C++ zu viel. Ich möchte Ihnen einmal verdeutlichen, wo doppelte Daten durch Kopie vorliegen könnten, um Ihnen dann zu erklären, warum das hier nicht der Fall ist:

- Bei Image{"MonaLisa.png"} erzeuge ich ein neues Image inklusive seiner Daten. Das push_back von vector nimmt dieses Image und packt es dorthin, wo es seine eigenen Daten speichert. Das ist ein guter Kandidat für eine komplette Kopie.

- Bei return result; gebe ich den vector als Wert zurück. Was zuvor eine lokale Variable war, soll nach außen gereicht werden. In diesem Fall soll es bei sammlung = ... in einer anderen Variablen gespeichert werden. So etwas ist ein weiterer sehr guter Kandidat für eine Kopie – was hier die Kopie aller vector-Image-Elemente wäre.

Ein vector hat seinen eigenen Bereich, in dem er seine Daten speichert. Die neuen Image-Instanzen innerhalb von loadCollection() wissen davon natürlich nichts und legen ihre Daten sicherlich woanders ab. Die vector-Methode push_back kopiert diese Daten also dorthin, wo der vector sie haben möchte. Die gute Nachricht: Seit C++11 wird diese Kopie unter Umständen eingespart – so auch in diesem Beispiel. vector kann mit wie `Image` gestalteten Objekten das teure Kopieren der Daten sparen. Dazu ist es – wie immer – hinreichend, dass Sie nur eingebaute Typen, Standardcontainer oder Typen der Standardbibliothek[2] verwenden und keinen Kopierkonstruktor, Destruktor oder Zuweisungsoperator definieren.

Nach `return result;` macht es keinen Sinn mehr, `result` als lokale Variable weiter aufzuheben. Denn beim Verlassen der Funktion wird `result` verworfen – also der Destruktor aufgerufen und alle Inhalte zerstört. Da ist es gut, dass der Inhalt für die Rückgabe nach `sammlung` zuvor kopiert wurde. Erst eine komplette Kopie anfertigen und dann das Original zerstören? Das muss auch in C++ nicht sein: Im hier gezeigten Fall kann der Inhalt von `result` direkt nach `sammlung` übertragen – verschoben – werden. Dieser Effekt bei der Rückgabe wird *Copy Elision* (in etwa: Kopieauslassung) genannt.

Beides ist nicht selbstverständlich und an einige Bedingungen geknüpft. C++ kann auf keinen Fall auf den Aufruf des Destruktors von `result` verzichten, das würde den RAII-Prinzipien widersprechen. Und wenn der Destruktor aufgerufen wird, dann können Sie erwarten, dass auch die Datenfelder entfernt werden. Des Rätsels Lösung ist, dass eine *spezielle Form der Kopie* angewendet wird – nicht die, die Sie schon kennen, sondern eine, die nur auf temporären Werten arbeitet.

Sie sehen hier eine besondere Form der Referenz, die *Tempwert-Referenz* (technisch: *RValue-Referenz*) mit dem Symbol `&&`. Für dem Moment fassen Sie dies bitte wie die normale Referenz `&` auf, merken sich aber, dass Sie beim Umgang mit *Verschieben* meistens `&&` benötigen:

- `Image(Image&& other)` – **der *Verschiebekonstruktor***
  Wie der Kopierkonstruktor, nur dass `other` nicht `const` ist. Daher können ihm seine Daten »entnommen« werden. Wird nur eingesetzt, wenn `other` nicht mehr lange existiert, weswegen das Entnehmen in Ordnung ist.

- `Image& operator=(Image&& other)` – **die *Verschiebezuweisung***
  Wie der Zuweisungsoperator, nur dass `other` nicht `const` ist. Ihm werden Daten entnommen. Der Compiler setzt diese Operation selbsttätig dann ein, wenn er sicher ist, dass `other` bald entfernt wird.

In Listing 21.20 setzt der Compiler zur Vermeidung von Kopien beides ein:

- `vector` muss im `push_back` zunächst ein leeres Objekt mit `Image{}` erzeugen. Dem wird dann mithilfe der Verschiebezuweisung das neu erzeugte `Image` zugewiesen.
- `vector<Image> sammlung = ...` wird mit dem Verschiebekonstruktor initialisiert. Das heißt, dem Rückgabewert und damit `result` werden die Daten entnommen, statt das ganze Objekt zu kopieren.

---

2 die sich verschieben lassen

Wie machen die beiden Operationen, die Sie gerade neu kennen gelernt haben, das? Die Sache wird klar, wenn Sie sich die folgenden Fakten vor Augen halten:

- Der Compiler stellt sicher, dass other auf jeden Fall kurzlebig ist und sowieso bald entfernt wird.
- Daher benötigt other seine Daten nicht mehr, und sie können einem besseren Zweck zukommen – wie dem Vermeiden einer Kopie der Daten.
- Das Objekt, das die Daten empfangen soll, ist meistens frisch erzeugt – so gut wie leer.
- Das empfangene Objekt soll seine Daten überschrieben bekommen, seine alten – meisten leeren – Daten braucht es nicht mehr.
- Beide beteiligten Objekte müssen vor der Operation gültig sein. this ist mindestens leer initialisiert, other enthält die wertvollen Daten.
- Beide Objekte müssen nach der Operation gültig sein. this enthält die Daten, other kann leer sein, bereit für den Destruktoraufruf.

Wenn Sie mit diesen Maßgaben die Operationen selbst implementieren müssten – was Sie nicht tun müssen, da der Compiler dies tut –, dann könnten Sie das wie folgt machen:

```cpp
#include <vector>
class Image {
    std::vector<unsigned char> data_;
public:
    explicit Image(const char *fn) { /*...*/ }
    Image(Image&& other) noexcept              // Verschiebekonstruktor
        : data_{} // leer erzeugen
    {
        using std::swap;
        swap(data_, other.data_);
    }
    Image& operator=(Image&& other) noexcept { // Verschiebezuweisung
        using std::swap;
        swap(data_, other.data_);
        return *this;
    }
};
```

Listing 21.21 Implementierung der beiden Verschiebeoperationen

Mit swap vertauschen Sie beinahe jedes Element auf die erdenklichst effizienteste Art und Weise. Normalerweise können Sie auch direkt std::swap verwenden, doch es hat sich als Idiom durchgesetzt, dass ein vorheriges using std::swap die Möglichkeit offenlässt, eine noch bessere swap-Variante zu verwenden. Wichtiger ist jedoch die Frage, was hier ausgetauscht wird. Eigentlich ist mit der Punkteliste oben schon alles gesagt: Vor dem

Vertauschen enthält other die Daten, danach hat sie this – vorher ist this (meistens) leer, danach ist es other. Unter der Voraussetzung, das swap keine Daten kopiert, haben Sie hiermit sehr effektiv die Daten von other nach this transferiert und beide Objekte in korrektem Zustand hinterlassen.

Wenn Sie keinen Kopierkonstruktor, Zuweisungsoperator oder Destruktor schreiben, weil Sie keinen benötigen, dann benötigen Sie normalerweise auch keine der beiden Verschiebeoperationen. In dem Fall erzeugt der Compiler für Sie die Verschiebeoperationen.

Oder der Compiler verbietet das Verschieben, ähnlich wie er das Kopieren verbieten würde. Wenn Sie zum Beispiel ein const-Datenfeld haben, kann aus diesem nicht verschoben werden.

Wenn es Ihnen gelingt, einen verschiebbaren Datentyp zu erzeugen, dann eignet sich dieser optimal für Rückgabewerte und dazu, in Standardcontainer gepackt zu werden. Der Compiler sorgt dafür, dass das Sortieren, Vertauschen, Pushen und Vergrößern die Verschiebeoperationen nutzt. Das hehre Ziel eines Datentyps, der in einen Container gepackt werden soll, ist es, verschiebbar zu sein. Das können Sie über zwei Wege erreichen:

- Geben Sie Ihrer Klasse hat nur Datenfelder, die selbst verschiebbar sind – zum Beispiel eingebaute Typen, Standardcontainer oder Typen der Standardbibliothek.
- Sie nehmen die wenig dankenswerte Aufgabe auf sich, die Verschiebeoperationen selbst zu implementieren.

Sie sollten Letzteres nicht tun, wirklich nicht. Und wenn doch, dann gebe ich Ihnen mit auf den Weg, dass Sie zusätzlich noexcept hinter jene Operationen schreiben müssen – ein so tiefgreifendes Thema, dass ich es in diesem Buch nur am Rande gestreift habe (siehe Kapitel 11, »Funktionen«).

21.10 Operatoren

Sie haben hier nun die spezielle Methode operator= kennengelernt, die vom Compiler aufgerufen wird, wenn Sie

```
Data data{};
Data newData{};
data = newData;
```

schreiben. Denn das Gleichheitszeichen = der Zuweisung ist auch nur ein *zweistelliger Operator* mit einem rechten Operanden und einem linken Operanden. Dies nennt man *Infix-Schreibweise*, wenn das Operatorsymbol zwischen den beiden Operanden steht. Der Compiler übersetzt das in den folgenden Methodenaufruf:

```
data.operator=(newData);   // Methodenschreibweise
```

Zwar ist operator= kein normaler Bezeichner, aber für diese Einsatzform ist er hier erlaubt – aber nur, wenn Sie auch wirklich eine solche Methode definiert haben.

Sie haben aber noch einen anderen Operator neu definiert, nämlich den Ausgabeoperator `operator<<`. Damit Sie Year in einen ostream ausgeben können, haben Sie eine freie Funktion überladen:

`std::ostream& operator<<(std::ostream& os, const Year&);`

Wenn Sie die Infix-Schreibweise nicht einsetzen wollen, können Sie hier analog zur Methodenschreibweise die Funktionsschreibweise verwenden:

```
cout << year;            // Infix-Schreibweise
operator<<(cout, year);  // Funktionsschreibweise
```

Wenn Sie die Infix-Notation verwenden, dann wählt der Compiler automatisch die Methode oder freie Funktion, je nachdem, was Sie für Ihre Klasse definiert haben. Wenn Sie die Funktions- oder Methodenschreibweise verwenden, dann wählen Sie selbst. Das kann in Zweifelsfällen sinnvoll sein, wenn Sie zum Beispiel beides haben.

```
#include <iostream>
using std::cout; using std::ostream;
struct Widget {
    bool operator<(const Widget&) {          // Methodenschreibweise
        return true;                          // immer true
    }
};
bool operator<(const Widget&, const Widget&) { // Funktionsschreibweise
    return false;                              // immer false
}
int main() {
    Widget x{};
    Widget y{};
    cout << (operator<(x, y))         // ruft Funktionsschreibweise auf
        ? "Methode1\n" : "Funktion1\n");
    cout << (y.operator<(x))          // ruft Methodenschreibweise auf
        ? "Methode2\n" : "Funktion2\n");
    cout << (x < y)                   // Infixschreibweise, lässt die Wahl, hier Methode
        ? "Methode3\n" : "Funktion3\n");
}
```

Listing 21.22 Ein Testprogramm für die Infix-, Funktions- und Methodenschreibweise für Operatoren

Für den `operator<` von Widget sind zwei Varianten implementiert: die freie Funktion und die Methode. Damit Sie den Unterschied beim Aufruf beobachten können, liefern die beiden Implementierungen einen unterschiedlichen Rückgabewert zurück. Die ersten beiden Aufrufer in main wählen die jeweilige Implementierung explizit: `operator<(x, y)` ruft die freie Funktion auf, und es wird Funktion1 ausgegeben. `y.operator<(x)` ist der

Methodenaufruf und führt zu `Methode2`. Mit `x < y` kann mit der Infix-Schreibweise der Compiler wählen. Er bevorzugt hier die Methode, und es wird `Methode3` ausgegeben.

Wie Sie in Kapitel 7, »Operatoren«, gesehen haben, gibt es noch mehr Operatoren. Und genau wie `operator=` können Sie die meisten davon für Ihre Klasse selbst definieren. Aber wie? Freie Funktion als Methode? Meistens können Sie selbst wählen, ob Sie einen Operator für Ihre eigenen Klassen als Methode der Klasse oder als freie Funktion definieren. In der Praxis hat sich aber für jeden Operator das eine oder andere durchgesetzt. Bei der Wahl für das eine oder andere helfen Ihnen folgende Faustregeln:

- Einstellige Operatoren sollten Sie als Methode implementieren als da wären `operator++`, `operator--`, aber auch `!`, `~` und die einstelligen Formen von `+`, `-` und `*`.
- Zweistellige Operatoren, die keines der Argumente verändern, sollten Sie als freie Funktion definieren. Das sind vor allem die bit- und arithmetischen Operatoren, inklusive `<<` und `>>`, die für die Ein- und Ausgabe verwendet werden.
- Zweistellige Operatoren, die ihr linkes Argument verändern, sind prädestiniert als Methode – zum Beispiel `operator+=`.
- Zuweisung, Indexoperator und Aufrufoperator müssen Methoden sein, also `operator=`, `operator[]` und `operator()`.

Es gibt noch ein paar weitere Operatoren, die ich hier nicht erwähne, weil sie nur in besonderen Fällen zum Einsatz kommen. Es handelt sich ja hier nur um Faustregeln. So ist es vor allem bei den Vergleichsoperatoren üblich, sie als Methode zu implementieren: Wenn es nur mal eben darum geht, für bestimmte Algorithmen der Standardbibliothek `operator<` und `operator==` hinzuzufügen, lassen sich so leichter alle Operationen gekapselt zusammenhalten.

Ein Nachteil bei der Implementierung als freie Funktion ist, dass diese keinen Zugriff auf die privaten Datenfelder und Methoden der Klasse hat, auf der sie eigentlich arbeiten soll. Oft ist aber gerade bei diesen Operatoren ein Griff in die Innereien hilfreich oder notwendig. Dann können Sie drei Wege gehen:

- Sie können den Umweg über eine öffentliche Methode gehen, die eine ähnliche Funktion anbietet – das habe ich in Listing 17.4 mit `operator<<` und `Year::print` gemacht.
- Sie können den Operator als `friend` *innerhalb* der Klasse schreiben.
- Der schlechteste Weg wäre, die eigentlich privaten Innereien `public` zu machen, denn das widerspricht der Kapselung.

Ob Sie den ersten oder zweiten Ansatz wählen, hängt vom Einsatz und Ihrem Geschmack ab.

Eine `friend`-Funktion ist eine besondere Schreibweise einer freien Funktion, die Sie *innerhalb* einer Klasse schreiben:

```cpp
class Value {
    int value_;                       // privates
public:
    explicit Value(int value) : value_{value} {}
                                      // freie Funktionen, aber als friend deklariert:
    friend bool operator<(const Value& li, const Value& re);
    friend bool operator==(const Value& li, const Value& re)
        { return re.value_ == li.value_; } // innerhalb auch definiert
};
                                      // Definition der zuvor deklarierten friend-Funktion:
bool operator<(const Value& li, const Value& re) {
    return li.value_ < re.value_;     // Zugriff auf Privates erlaubt
}
int main() {
    Value sieben{7}; Value drei{3};
    if(drei < sieben) {
        return 0;                     // ok
    } else {
        return 1;                     // etwas ist falsch gelaufen
    }
}
```

Listing 21.23 Eine »friend«-Funktion ist eine keine Methode, auch wenn Sie innerhalb der Klasse steht oder dort definiert ist.

Auch wenn die Funktionen – hier operator< und operator== – nun innerhalb der Klasse Value stehen, so sind sie freie Funktionen, als hätten Sie sie außerhalb hingeschrieben. Die Unterschiede sind:

- Im Funktionskörper können Sie auf alles zugreifen, auf was Sie aus einer Methode zugreifen könnten.
- Andere freie Funktionen kann jeder für Ihren Datentyp hinzufügen, wie er möchte. Für friend-Funktionen gilt hingegen: Dadurch, dass diese besondere Form innerhalb der Klassendefinition geschrieben ist, bestimmen Sie als Klassendesigner, welche freien friend-Funktionen es gibt.

Für operator< habe ich die Funktionsdeklaration innerhalb der Klasse von der Funktionsdefinition außerhalb getrennt – wie bei einer normalen Methode auch üblich. Bei der Definition wiederholen Sie das friend-Schlüsselwort nicht. Sie sehen an der Stelle nicht, dass es sich um einen Freund handelt und warum dieser auf einmal private Zugriffsrechte hat. Vielleicht ist es deshalb bei friend-Funktionen durchaus üblich, die Definition ebenfalls in der Klasse zu machen, wie dies bei operator== getan wurde. Das sollten Sie natürlich nur für kurze Funktionen tun.

21.11 Eigene Operatoren in einem Datentyp

Viele Operatoren können Sie theoretisch auf unterschiedlichste Arten implementieren. Und auch die Wahl von Argument- und Rückgabetypen ist Ihnen beinahe völlig freigestellt. Für eine Klasse Value können Sie operator++ durchaus void zurückgeben lassen, ist es doch praktisch, den inkrementierten Wert gleich weiterverwenden zu können.

> **Bedeutung vor Bequemlichkeit**
>
> Wenn Sie Ihrer Klasse Operatoren hinzufügen, dann erzeugen Sie keine Überraschungen. Behalten Sie die ungefähre Bedeutung des Operatorsymbols bei. Nichts ist verwirrender, als wenn ein Ausdruck wie
>
> ```
> Image img1{}; Image img2{};
> auto x = img1 + img2;
> ```
>
> nicht zwei Bilder zusammenfügt, sondern beispielsweise nacheinander auf dem Bildschirm anzeigt. Verwenden Sie im Zweifelsfall sprechende Funktions- oder Methodennamen.
>
> Ich persönlich fahre gut mit der Regel, dass ich nur dann Operatoren definiere, wenn ich die Operation in Ausdrücken verwende und die Lesbarkeit des Gesamtausdrucks dadurch steigt.

Ich zeige Ihnen hier die geläufigsten Argument- und Rückgabetypen der meisten Operatoren und gebe an, ob es üblich ist, sie als Member oder freie Funktion zu implementieren. Da es ziemlich viele Operatoren gibt, ist dies ein längeres Beispiel.

```cpp
#include <iostream>    // istream, ostream, cout
class Num {
  int val_ = 0;
public:
  int& operator*();    // Dereferenzieren: Zugriff auf den Wert direkt erhalten
  const int& operator*() const; // Dereferenzieren: Lesezugriff auf den Wert
  Num() {}
  explicit Num(int value) : val_{value} {}
  // einstellige Operatoren
  Num& operator++();    // Pre-Inkrement
  Num& operator--();    // Pre-Dekrement
  Num operator+();      // Positiv
  Num operator-();      // Negieren
  Num operator~();      // bitweises Invertieren
  // zweistellige Operatoren
  // - zusammengesetzte Zuweisungen, arithmetisch
  Num& operator+=(const Num& re) { val_ += *re; return *this; }
  Num& operator-=(const Num& re) { val_ -= *re; return *this; }
```

```cpp
    Num& operator*=(const Num& re) { val_ *= *re; return *this; }
    Num& operator/=(const Num& re) { val_ /= *re; return *this; }
    Num& operator%=(const Num& re) { val_ %= *re; return *this; }
    // - zusammengesetzte Zuweisungen, bitweise
    Num& operator|=(const Num& re) { val_ |= *re; return *this; }
    Num& operator&=(const Num& re) { val_ &= *re; return *this; }
    Num& operator^=(const Num& re) { val_ ^= *re; return *this; }
    Num& operator<<=(int n) { val_ <<= n; return *this; }
    Num& operator>>=(int n) { val_ >>= n; return *this; }
    // - Variation zusammengesetzter Zuweisungen, für einfachere Bedienung
    Num& operator+=(int re) { val_ += re; return *this; }
    Num& operator-=(int re) { val_ -= re; return *this; }
    // zweistellige Operatoren, mit Call-by-Value für den ersten Parameter
    // und die die zusammengesetzte Zuweisung zu Hilfe nehmen
    // - Arithmetik
    friend Num operator+(Num li, const Num& re) { return li += re; }
    friend Num operator-(Num li, const Num& re) { return li -= re; }
    friend Num operator*(Num li, const Num& re) { return li *= re; }
    friend Num operator/(Num li, const Num& re) { return li /= re; }
    friend Num operator%(Num li, const Num& re) { return li %= re; }
    // - bitweise
    friend Num operator|(Num li, const Num& re) { return li |= re; }
    friend Num operator&(Num li, const Num& re) { return li &= re; }
    friend Num operator^(Num li, const Num& re) { return li ^= re; }
    // - Vergleiche
    // - ... fundamental für Standardcontainer und -algorithmen
    friend bool operator<(const Num& li, const Num& re) { return *li < *re; }
    friend bool operator==(const Num& li, const Num& re) { return *li < *re; }
    // - ... erweiterte Vergleiche
    friend bool operator>(const Num& li, const Num& re) { return *li > *re; }
    friend bool operator<=(const Num& li, const Num& re) { return *li <= *re; }
    friend bool operator>=(const Num& li, const Num& re) { return *li >= *re; }
    friend bool operator!=(const Num& li, const Num& re) { return *li != *re; }
    // - Ein- und Ausgabe
    friend std::ostream& operator<<(std::ostream& os, const Num& arg);
    friend std::istream& operator>>(std::istream& is,       Num& arg);
};
// einstellige Operatoren
Num& Num::operator++() { ++val_; return *this; }
Num& Num::operator--() { --val_; return *this; }
Num  Num::operator+() { return Num{val_}; }
Num  Num::operator-() { return Num{-val_}; }
Num  Num::operator~() { return Num{~val_}; }
int& Num::operator*() { return val_; }
```

```
const int& Num::operator*() const { return val_; }
// Ein- und Ausgabe
std::ostream& operator<<(std::ostream&os, const Num& arg) { return os<<*arg; }
std::istream& operator>>(std::istream&is, Num& arg) { return is>>*arg; }
```
Listing 21.24 Ein beinahe mit allen Operatoren voll ausgerüsteter Datentyp

Ich habe die meisten Operatoren direkt in der Klasse definiert. Einige habe ich vor allem aus Platzgründen außerhalb der Klasse definiert.[3]

Es gibt einige Besonderheiten bei den Operatoren zu beachten:

- **Zweistellige rechnende Operatoren liefern neue Objekte zurück**
  Alle zweistelligen arithmetischen und bitweisen Operatoren müssen immer ein neues Objekt zurückliefern. Geraten Sie nicht in Versuchung, mit Referenzen oder gar Zeigern zu tricksen. Vermeiden Sie schwer auffindbare Fehler durch Einhalten dieser Regel. Übrigens: Seit C++11 sind die Chancen für effizienten Code mit dieser Vorgehensweise sehr gestiegen.

- **Zusammengesetzte Zuweisungen als Methode**
  Da += und Verwandte den linken Operanden verändern, eignen sie sich am besten als Methoden.

- **Zweistellige rechnende Operatoren mit @= implementieren**
  Wenn Sie a+b implementieren, dann machen Sie es sich leicht, wenn Sie auch += implementieren. Übergeben Sie dann den linken Parameter als Wert, also Num a statt const Num& a, und lassen Sie den Compiler so eine Kopie erzeugen. Auf diese Kopie wenden Sie dann a += b an – und können dessen Num& gleich mit return zurückliefern.

- **Überladen von Operatoren für Argumenttypen**
  Für den Operator += habe ich zwei Überladungen definiert. Die eine nimmt einen const Num& als Parameter, die andere einen int. Normalerweise sollten Sie als Parameter die aktuelle Klasse bevorzugen, das ist das Natürlichste. Damit müssen Sie aber a += Num{7}; schreiben. Wo es Sinn macht, können Sie Überladungen hinzufügen und auch a += 7; – also mit einem int – erlauben.

- **Vergleiche als freie Funktionen**
  Vergleiche wie < und == haben zwei gleichwertige Argumente (keines wird verändert), und somit implementieren Sie alle als freie Funktionen.

- **Geordnete Typen implementieren < und ==**
  Ihre Klasse ist für den Umgang mit den sortierenden Standardcontainern wie map und set ausgerüstet, wenn Sie nur < und == implementieren. Wollen Sie, dass Be-

---

[3] Sie sollten solche kurzen Implementierungen von Operatoren außerhalb der Klasse zusätzlich mit dem Schlüsselwort inline versehen. Der Compiler bemüht sich dann mehr um Geschwindigkeit. Benutzer erwarten von Operatoren oft Performance. Bei der Implementierung innerhalb der Klasse ist inline für den Compiler implizit.

nutzer aber selbst auch Variablen des Typs vergleichen können, dann sollten Sie den kompletten Satz der Vergleichsoperatoren anbieten – fehlen !=>, >= etc., sind Benutzer überrascht.

▸ **Prä-Inkrement und Prä-Dekrement**
operator++() und operator--() verändern das Objekt sofort und liefern es dann als Referenz zurück. Das erlaubt zum Beispiel ++a. Wenn Sie stattdessen a++ verwenden (Post-Inkrement), dann ist es nötig, dass eine Kopie des alten Wertes erstellt und zurückgeliefert wird – Sie sollten das vermeiden und die Prä-Varianten bevorzugen. Wollen Sie die Post-Varianten dennoch mit anbieten, dann müssen Sie operator++(int) und operator--(int) definieren. Der int-Parameter ist nur ein Dummy und wird nicht verwendet – er dient nur zur Unterscheidung der Überladung. Die Implementierung sähe so aus:

```
// Die weniger effizienten a++ und a--
Num Num::operator++(int) { Num res{*this}; val_++; return res; }
Num Num::operator++(int) { Num res{*this}; val_--; return res; }
```

▸ **Dereferenzierungsoperator**
Der einstellige operator* wird üblicherweise verwendet, um an den »wirklichen Wert« einer Klasse heranzukommen. Gute Beispiele dafür sind unique_ptr, alle Iteratoren und rohe Zeiger. Wenn Sie also Num a{7}; schreiben, dann können Sie nun *a schreiben, um an val_ zu gelangen. Weil ich auch eine Referenz mit int& zurückliefere, geht sogar *a = 99;, um den Wert zu verändern.

Nun können Sie Num so verwenden, wie Sie es gewohnt sind:

```
#include <iostream>                              // cout
int main() {
    using std::cout;
    Num a{1};
    *a = 7;                                      // operator* liefert auch int&
    a += Num{3};                                 // Inkrement mit Num
    cout << (++(++a)) << "\n";                   // Ausgabe: 12
    a -= 2;                                      // Variation mit int
    cout << --(--a) << "\n";                     // Ausgabe: 8
    Num b{99};
    cout << (a<b ? "ja\n" : "xxx\n");            // Ausgabe: ja
    cout << (a>b ? "xxx\n" : "nein\n");          // Ausgabe: nein
    b /= Num{3};           // b: 33
    b %= Num{10};          // b: 3
    b <<= 4;               // b: 48
    b >>= 2;               // b: 12
    Num c = b / Num{3} + a * Num{2};  // c: 20
}
```

Listing 21.25 Sie verwenden den mit Operatoren ausgestatteten Datentyp wie gewohnt.

Nach diesen Prinzipien können Sie auch die Operatoren für boolesche Logik in einem besser geeigneten Datentyp implementieren.

```cpp
#include <iostream>                    // istream, ostream, cout
class Bool {
    bool val_ = false;
    bool& operator*()                  // dereferenzieren; veränderbar
        { return val_; };
    const bool& operator*() const      // dereferenzieren; nur lesen
        { return val_; }
public:
    constexpr Bool() {}
    explicit constexpr Bool(bool value)
        : val_{value} {}
    // einstellige Operatoren
    Bool operator!() const             // Nicht-Operator
        { return Bool{!val_}; };
    // zweistellige Operatoren
    friend Bool operator&&(const Bool &re, const Bool &li)
        { return Bool{*re && *li}; }
    friend Bool operator||(const Bool &re, const Bool &li)
        { return Bool{*re || *li}; }
    // Ein- und Ausgabe
    friend std::ostream& operator<<(std::ostream& os, const Bool& arg);
    friend std::istream& operator>>(std::istream& is,  Bool& arg);
};
std::ostream& operator<<(std::ostream& os, const Bool& arg)
    { return os << *arg; }
std::istream& operator>>(std::istream& is, Bool& arg)
    { return is >> *arg; }
// Konstanten
static constexpr Bool False{false};
static constexpr Bool True{true};
int main() {
    Bool jein = True && ( Bool{false} || !Bool{} );   // verwendet &&, || und !
    std::cout << jein << "\n";  // Ausgabe: 1
}
```

Listing 21.26 Dieser Datentyp demonstriert die booleschen Operatoren.

Auch der einstellige Nicht-Operator ! ist als Methode implementiert und die zweistelligen logischen Operatoren && und || als freie Funktionen.

Zusätzlich definiere ich die Konstanten True und False, damit ich diese wie Literale in Ausdrücken leichter verwenden kann. Um eben dies überall tun zu können, bietet sich die durchgehende Deklaration mit constexpr an, auch für die Konstruktoren von Bool.

21.12 Besondere Klassenformen

21.12.1 Abstrakte Klassen und Methoden

Sie haben in Kapitel 20, »Vererbung«, virtuelle Methoden kennengelernt. Mit diesen lässt sich noch etwas ganz Besonderes machen, nämlich Methoden *ohne* eine Implementierung.

```cpp
#include <iostream>            // cout
#include <memory>              // unique_ptr
using std::cout;
class Driver {                 // abstrakte Basisklasse
public:
    virtual void init() = 0;
    virtual void finalize() = 0;
    virtual void send(const std::string &data) = 0;
};
class ProductionDriver : public Driver {
public:
    void init() override { }
    void finalize() override { }
    void send(const std::string &data) override {
        cout << data << "\n";
    }
};
class DebuggingDriver : public Driver {
    size_t countSend_ = 0;
public:
    void init() override {
        countSend_ = 0; cout << "Ok, bin initialisiert.\n";
    }
    void finalize() override {
        cout << "send benutzt:" << countSend_ << " mal\n";
    }
    void send(const std::string &data) override {
        cout << "send("<<countSend_<<"):"<< data << "\n";
        ++countSend_;
    }
};
struct DriverWrapper {         // RAII-Wrapper für init() und finalize()
    Driver &driver_;
    DriverWrapper(Driver& driver) : driver_(driver) { driver_.init(); }
    ~DriverWrapper() { driver_.finalize(); }
    DriverWrapper(const DriverWrapper&) = delete; // nicht kopieren
};
```

```
void doWork(Driver &driver) {  // jemand, der flexibel einen beliebigen Driver nutzt
    DriverWrapper wrapper(driver);       // init() und finalize() aufrufen
    driver.send("Eine unerwartete Reise");
    driver.send("Smaugs Einoede");
}
int main() {
    // gleiche doWork einmal mit Produktions- und einmal mit Debugging-Treiber
    ProductionDriver production{};
    doWork( production );
    DebuggingDriver debugging{};
    doWork( debugging );
    // üblichere Variante eines dynamisch erzeugten Treibers
    std::unique_ptr<Driver> driver{ new ProductionDriver{} };
    doWork( *driver );
}
```

Listing 21.27 Eine virtuelle Methode, deren Implementierung mit »= 0« angegeben ist, ist abstrakt.

In der Klasse Driver habe ich alle Methoden virtual gemacht. Außerdem steht statt einer Implementierung dort jeweils = 0. Eine solche Methode ohne Implementierung nennt man *rein virtuell* (engl. *pure virtual*) – oder *abstrakt*, was sich in anderen Sprachen wie Java eher durchgesetzt hat.

Eine Klasse, die mindestens eine abstrakte Methode hat, nennt man auch *abstrakte Klasse*. Von einer abstrakten Klasse können Sie keine Instanzen erzeugen. Der Compiler quittiert

```
Driver driver{};
```

mit einem Fehler.

Sie können zwar auch große Klassen mit vielen normalen und virtuellen Methoden erstellen, die nur ein oder zwei abstrakte Methoden haben, aber ein konkreter Anwendungsfall für abstrakte Klassen dieser Art ist – wie durch den Namen Driver schon angedeutet –, dass Sie während des Programmlaufs erst entscheiden, ob Sie den einen Treiber oder den anderen Treiber verwenden wollen. Denken Sie an ein Programm, das für mehrere Grafikkarten funktionieren soll: Sie erstellen eine Basistreiberklasse, in der alle Methoden abstrakt sind. Alle Stellen des Programms nutzen Referenzen (oder Zeiger) auf diese Klasse und rufen die virtuellen Methoden auf. Wenn Ihr Programm startet, finden Sie heraus, ob eine ATI- oder NVIDIA-Grafikkarte in dem System steckt, und laden entweder die eine oder die andere Implementierungsklasse in den Speicher. Wie das geht, ist extrem systemabhängig und es zu erklären, würde hier zu weit führen. Es ist aber fast überall machbar.

Die Grundlage für die Art der Flexibilität der Implementierung ist jedenfalls, dass die Basisklasse *nur* abstrakte Methoden hat. Keine einzige Methode darf implementiert sein. Haben Sie einen anderen Anwendungsfall für die abstrakte Klasse, können Sie schon beliebig Implementierungen von Methoden in der abstrakten Basisklasse anbieten.

21.12.2 Aufzählungsklassen

Sie haben als sehr nützliche Datentypen die Ganzahltypen wie int und den Zeichenkettentyp string kennengelernt. Wenn Sie zum Beispiel eine Klasse Ampel schreiben wollten, dann könnten Sie damit das aktuelle Licht abbilden. Bei einem int würden Sie sich »merken«, dass 0 für »rot«, 1 für »gelb« und 2 für »grün« steht. Oder Sie nehmen einen string und verwenden durchgehend die Literale "rot", "gelb" und "gruen". Sie können das Vertippen vermeiden, indem Sie Konstanten wie const string ROT = "rot"; definieren.

Allerdings bezeichnet man die ubiquitären Typen int und string häufig als »type sink« – was in etwa so viel bedeutet wie »schwarzes Loch für Typen«. Nehmen wir an, Sie schreiben eine Methode, die eine Ampelfarbe nimmt:

```
Ampel erzeugeAmpel(string ampelFarbe, string ampelName);
```

Hier können so viele Dinge schieflaufen:

```
erzeugeAmpel("AX-001", GELB);          // Argumente vertauscht
erzeugeAmpel("gelbgruen", "AX-002");   // undefinierte Farbe verwendet
erzeugeAmpel("greun", "AX-003");       // Tippfehler in Farbe
```

Dies sind alles Fehler, die der Compiler nicht bemerkt – und vielleicht auch Sie nicht, sondern erst der Kunde.

Die Lösung ist, dass Sie eine *Aufzählungsklasse* Ampelfarbe schreiben, die exakt den gültigen Wertebereich definiert – nicht mehr und nicht weniger:

```cpp
#include <string>
using std::string;
enum class Ampelfarbe {
    ROT, GELB, ROTGELB, GRUEN
};
struct Ampel {
    Ampelfarbe farbe_;
    Ampel(Ampelfarbe farbe, string name) : farbe_{farbe} {}
};
Ampel erzeugeAmpel(Ampelfarbe farbe, string ampelName) {
    return Ampel{farbe, ampelName};
}
int main() {
    Ampel ampel = erzeugeAmpel(Ampelfarbe::ROT, "AX-001");
}
```

Listing 21.28 Mit einem »enum« definieren Sie einen Typ mit eigenem Wertebereich.

Nun können Sie unterschiedliches Verhalten je nach Ampelfarbe implementieren. Das wird oft in switch-Anweisungen oder if-else-Ketten gemacht:

```cpp
string fahrschule(Ampel ampel) {
    switch(ampel.farbe) {
    case Ampelfarbe::ROT: return "anhalten";
    case Ampelfarbe::ROTGELB: return "bereit machen";
    case Ampelfarbe::GELB: return "bremsen";
    case Ampelfarbe::GRUEN: return "fahren";
    }
}
```

In anderen Anwendungen stecken hinter den möglichen enum-Werten konkrete Zahlenwerte. An diese kommen Sie mit einer Typumwandlung heran. Die numerischen Werte können Sie in der Aufzählungsklasse angeben:

```cpp
enum class Wochentag {
    MO=1, DI, MI, DO, FR, SA, SO        // DI wird 2, MI wird 3 etc.
};
enum class Level {
    TRACE=1, DEBUG, INFO=10, ERROR, FATAL // auch mit Lücken möglich
};
void log(Level level) {
    int intLevel = (int)level;           // explizit in einen int umwandeln
    if(intLevel > 10) { /* ... */ }
}
```

Listing 21.29 In einem »enum« können Sie auch die gewünschten Zahlenwerte angeben.

Der C++-Compiler vergibt die Werte nach jedem explizit angegebenen Wert aufsteigend. So wird in Level DEBUG zu 2, ERROR zu 11 und FATAL zu 12. Wenn Sie als Benutzer bei der Verwendung eines Elements dessen int-Wert benötigen, dann können Sie durch die explizite Typumwandlung wie (int)level an den Wert herankommen.

21.13 Aufgaben

Wiederholungsfragen

1. Auf welche zwei Weisen kann eine Klasseninstanz kopiert werden? Welche Klassenelemente werden dafür verwendet? Was sind deren Signaturen, zum Beispiel für eine Klasse Teil?

2. Erstellen Sie eine enum class Monate, der die Monatsnamen als Bezeichner verwendet und die passenden Nummern von 1 bis 12 zuordnet.

Vertiefungsfragen

Erstellen Sie aus Listing 21.7 ein ausführbares Programm. Weil Sie hier kein echtes Datenbank-API haben, müssen Sie selbst die Platzhalter-Funktionen für db_open, db_close und db_execute implementieren. Sie können zum Beispiel Listing 21.30 verwenden oder setzen Sie eigene Ideen um.

1. Fügen Sie in main die Zeile Database db2{db}; hinzu, kopieren Sie also eine Instanz. Das Programm wird kompilieren. Wenn Sie es dann aber ausführen, erhalten Sie zusammen mit Listing 21.30 eine fehlerhafte Ausgabe. Mit einer echten Datenbank stürzt das Programm bestenfalls ab. Machen Sie sich klar, warum das so ist, also was genau passiert. Was ist der Fehler? Was ist die Auswirkung?

2. Fügen Sie zum (noch korrekten) main Database db3{"drei.dat"}; db = db3; hinzu; fügen Sie also eine Zuweisung ein. Die Ausführung ist wieder fehlerhaft. Was passiert genau und wann?

```
#include <iostream>
#include "database.hpp"
using std::cout;
static int handles[5] = {0,0,0,0,0}; // dummy-Handles. 0=unbenutzt
static int handle = 0; // Anzahl verwendete Handles
db_handle_t db_open(const char* filename) {
  handles[handle] += 1; // als benutzt markieren
  cout << "db_open(" << handle << "=" << handles[handle] << ")\n";
  return static_cast<db_handle_t>(&handles[handle++]);// Adresse auf int-Wert im Array
}
void db_close(db_handle_t db) {
  *static_cast<int*>(db) -= 1; // int-Wert im Array als frei markieren
  cout << "db_close(" << *static_cast<int*>(db) << ")\n"; // sollte nun 0 sein
}
int db_execute(db_handle_t db, const char* query) {
  cout << "db_execute("<< *static_cast<int*>(db) << ", "<< query <<")\n";
  return 42;
}
```

Listing 21.30 Eine rudimentäre Datei »database.cpp« für das Lösen der Aufgaben

Erweiterungsfragen

Es ist ja ganz schön, durch das Löschen des Kopierkonstruktors und Zuweisungsoperators mit = delete eine korrekte Klasse Database erzeugt zu haben. Nun können Sie Instanzen vom Typ Database aber nicht mehr als Wertparameter oder Rückgaben verwenden, denn das würde eine Kopie verlangen. Für Parameter müssen Sie auf Referenzen zurückgreifen. Wie sollen Sie aber Rückgaben implementieren? Ihre Aufgabe ist es, eine freie Funktion createDatabase(const char *filename) zu implementieren – Kopierkonstruktor und Zuweisungsoperator sind gelöscht.

1. Was könnte der Rückgabetyp von createDatabase sein? Einen rohen Zeiger sollen Sie nicht verwenden, denn den müssten Sie explizit freigeben, und das wäre kein RAII. Für Aufgaben dieser Art eignet sich std::unique_ptr besonders gut. Probieren Sie es also mit std::unique_ptr<Database> createDatabase(const char *filename).

2. Verzichten Sie auf den unique_ptr, und betrachten Sie Database als verschiebbare Ressource. Das heißt, implementieren Sie den *Verschiebekonstruktor* und die *Verschiebezuweisung*. Damit können Sie dann Database createDatabase(const char *filename) korrekt implementieren.

Kapitel 22
Programmiertechnik, 3. Dan: Die Nuller-Regel

Eine Klasse kann mit vielen Funktionen für besondere Einsätze ausgerüstet werden. Sie können eine automatische Konvertierung veranlassen, Sie können sagen, wie eine Klasse kopiert werden soll und so weiter.

Lesen Sie die folgenden Absätze entspannt, denn am Ende werde ich Ihnen sagen, dass Sie keine dieser Funktionen implementieren sollen.

22.1 Die großen Fünf

Besonders auf die folgenden Funktionen müssen Sie achten:

- **Destruktor** `~Typ()`
  Der Computer generiert Ihnen einen Destruktor, der Membervariablen wegräumt, aber nicht für rohe Zeiger `delete` oder C-Arrays `delete[]` aufruft (siehe Kapitel 23, »Zeiger«). Hat Ihre Klasse solche Felder, dann müssen Sie einen Destruktor schreiben, der dies tut.

- **Kopierkonstruktor** `Typ(const Typ&)`
  Wenn Sie nicht selbst einen Kopierkonstruktor schreiben, dann erzeugt der Compiler selbst einen. Der kopiert aber nur alle Felder. Das ist zum Beispiel bei rohen Zeigern keine gute Idee, weil zwei Objekte auf das gleiche Speicherobjekt zeigen – es sieht so aus, als würden beide diesen Zeiger »besitzen«. Und wenn Sie (richtigerweise) einen eigenen Destruktor geschrieben haben, dann rufen beide `delete` auf demselben Speicherobjekt auf. Also müssen Sie selbst einen Kopierkonstruktor schreiben, der den *Inhalt* von Zeigern kopiert.

- **Zuweisungsoperator** `Typ& operator=(const Typ&)`
  Wenn Sie den Zuweisungsoperator nicht selbst schreiben, aber rohe Zeiger zur Klasse gehören, dann generiert der Compiler eine Zuweisung, die aktuelle Zeiger einfach überschreibt, ohne sie vorher zu löschen. Zusätzlich zeigen nach der Zuweisung beide Objekte auf denselben Speicherbereich: doppelt böse. Daher müssten Sie mit rohen Zeigern hier selbst eingreifen und wieder den Inhalt kopieren.

- **Verschiebekonstruktor** `Typ(Typ&&)`
  Mit rohen Zeigern generiert der Compiler (wenn überhaupt) das Gleiche wie beim Kopierkonstruktor. Wollen Sie verschieben, dann müssen Sie dies selbst implementieren.

▶ **Verschiebezuweisung** `Typ& operator=(Typ&&)`
Ebenso wie beim Verschiebekonstruktor behandelt eine eventuelle vom Compiler erzeugte Verschiebezuweisung rohe Zeiger nicht zufriedenstellend. Sie müssen selbst Hand anlegen.

Man sagt, wenn Sie auch nur eine einzige dieser fünf Funktionen implementieren müssen, dann müssen Sie auch die anderen implementieren. Dies ist die »Rule of Five« (Fünferregel).[1] Das liegt daran, dass alle diese Funktionen auf außergewöhnliche Besitzverhältnisse reagieren müssen. Und wenn Sie für diese Besitzverhältnisse in einer der Funktionen Sorge tragen müssen, dann auch für die anderen.

Sie merken schon: Jedes Mal wurde erwähnt, »was der Compiler generieren kann«. Und jedes Mal sind vor allem rohe Zeiger und dynamisch allozierte C-Arrays diejenigen Membervariablen, die besonders zu behandeln sind.[2]

22.2 Hilfskonstrukt per Verbot

Anstatt die nicht einfache Aufgabe anzugehen, alle diese Funktionen zu implementieren, können Sie wenigstens die Funktionen *verbieten*. Wenn Sie alle Kopier- und Verschiebeoperationen unterbinden, können auch keine Besitzverhältnisse durcheinanderkommen.

Wenn Sie also »leider« einen Typ haben, der ein problematisches Feld hat (das Sie nicht loswerden können oder wollen), dann sollte zu Ihrer Sicherheit Ihr erster Schritt darin bestehen, das versehentliche Kopieren und Verschieben zu verbieten:

```cpp
struct Typ {
    char* data_;                          // roher Zeiger kann für unklare Besitzverhältnisse sorgen
    Typ(int n) : data_(new char[n]) {}
    ~Typ() { delete[] data_; }            // den Destruktor benötigen Sie
    Typ(const Typ&) = delete;             // keine Kopie zulassen
    Typ& operator=(const Typ&) = delete;  // keine Zuweisung bitte
    Typ(Typ&&) = delete;                  // kein Verschieben
    Typ& operator=(Typ&&) = delete;       // keine Verschiebezuweisung
};
```
Listing 22.1 Verbieten Sie mit »= delete« vier der großen Fünf.

Mit `= delete` hinter den kritischen Operationen verhindern Sie, dass der Compiler Ihnen ungeeignete Funktionen generiert.

---

1 Vor C++11 mit seiner Verschiebesemantik war dies die Dreierregel.
2 Es sind nicht die einzigen, aber die häufigsten und wichtigsten.

22.3 Die Nullerregel und ihr Einsatz

Verleide ich Ihnen den rohen Zeiger? Gut! Denn des Rätsels Lösung, der Stein der Weisen, der heilige Gral ist: Nutzen Sie also aus, dass der Compiler für Sie die Funktionen generieren kann. Sie müssen nur zulassen, dass er dies korrekt tut.

Das Wichtigste dazu ist, dass Sie keine rohen Zeiger verwenden. Verwenden Sie stattdessen das, was Ihnen die Standardbibliothek bietet:

- Für große Datenmengen gibt es die Container. Verkettete Strukturen müssen Sie nicht mehr selbst aufbauen, Sie haben eine große Auswahl.
- Jedes new darf nur noch direkt in einen smarten Pointer wandern. Besser noch, verwenden Sie make_shared und make_unique.[3]
- Mit den smarten Pointern benötigen Sie kein delete und delete[] mehr. Diese sind für Sie abgeschafft.
- Definieren Sie *keine* Operation der großen Fünf. Lassen Sie den Compiler dies erledigen. Dies ist die »Nullerregel«, die »Rule of Zero«.
- Es gibt Objekte, die *können* nicht kopiert werden, zum Beispiel ein Stream oder ein Mutex. Hält Ihre Klasse solche Felder, macht der Compiler auch das Richtige: Er verbietet die Kopie. Unter Umständen bleibt die Fähigkeit zum Verschieben erhalten. Bleiben Sie hier bei der Nullerregel.

> **Schreiben Sie Ihre Klassen so, dass Sie die Nullerregel anwenden können**
>
> Wenn Sie statt der besitzproblematischen Felder die entprechenden Strukturen der Standardbibliothek verwenden, dann generiert der Compiler Ihnen für Ihr Klasse passende Kopier- und Verschiebeoperationen sowie den Destruktor.
>
> Definieren oder deklarieren Sie dann *keine* Operation der großen Fünf für Ihre Klasse.

Dann wird das obige Beispiel nahezu trivial. Je nach Einsatzzweck verwenden Sie einfach einen vector oder smarten Pointer.

```
#include <vector>
#include <memory>                // unique_ptr, shared_ptr
struct Typ1 {                    // automatische komplette Kopie der Ressource
    std::vector<char> data_;
    Typ1(int n) : data_(n) {}
};
struct Typ2 {                    // Kopie untersagt, Verschieben möglich
    std::unique_ptr<int[]> data_;
    Typ2(int n) : data_(new int[n]) {}
};
```

---

[3] make_unique gibt es ab C++14.

```
struct Typ3 {                    // Kopie erlaubt, Ressource wird dann sauber geteilt
    std::shared_ptr<Typ1> data_;
    Typ3(int n) : data_(std::make_shared<Typ1>(n)) {}
};
```

Listing 22.2 Statt einem rohen Zeiger verwenden Sie ein Standardkonstrukt und definieren keine Operation der Großen Fünf.

22.4 Ausnahmen von der Nullerregel

Als Erstes: Besonders Bibliotheken anderer Anbieter enthalten Dinge, die bei der Kopie unkorrekte Besitzverhältnisse hinterlassen – zum Beispiel Fenster- und Datenbankhandles. Oft haben jene Entwickler nicht an schädliche Kopien gedacht und sie nicht verboten. Hier empfehle ich zwei Techniken:

- Greifen Sie auf das manuelle Verbieten von Kopie und Verschieben zurück. Der Destruktor, den Sie schreiben, muss sich dann wie beim rohen Zeiger um das korrekte Entfernen kümmern.

- Wenn Sie sich mit C++ und den smarten Pointern sicher genug fühlen, dann können Sie deren *Custom Deleter* verwenden, um nicht die rohe, sondern die eingepackte Ressource zu verwenden. Der smarte Pointer regelt dann das korrekte Entfernen, und Sie können sich die großen Fünf wieder schenken. Von Fall zu Fall erzeugt der Compiler sogar dennoch brauchbare Kopier- und Verschiebeoperationen.

Als Zweites: Wenn Sie eine Klassenhierarchie schreiben, in der *virtuelle Methoden* vorkommen, dann müssen Sie den Destruktor der Basisklasse schreiben und mit virtual markieren (siehe Kapitel 20, »Vererbung«). Der Körper darf ruhig leer sein – und er ist es auch, wenn Sie die sonstigen Richtlinien der Nullerregel befolgt haben.

```
struct Base {
    virtual ~Base() {};  // definieren Sie den Destruktor, machen Sie ihn virtual
    virtual void other();
};
struct Derived : public Base {
    virtual void other();
};
int main() {
    Base *obj = new Derived{};
    /* ...mehr Programmzeilen hier... */
    delete obj;          // klappt, weil Base::~Base virtual ist
}
```

Listing 22.3 In einer Hierarchie mit virtuellen Methoden müssen Sie den Destruktor der Basisklasse definieren und virtuell markieren.

Wichtig ist das `virtual`, weil die vom Compiler erzeugte Funktion nicht `virtual` wäre. Wenn der Destruktor nicht `virtual` ist, kann beim `delete` eines Pointers der abgeleiteten Klassen auch mal der falsche Destruktor aufgerufen werden, wie dies im Beispiel in der Zeile `delete obj` in `main()` der Fall wäre. Würden Sie `virtual ~Base() {}` weglassen, wäre obiges Programm fehlerhaft.

Doch halt: Obiges Programm folgt gar nicht den Richtlinien der Nullerregel. Ich habe mit `Base *obj` einen rohen Zeiger verwendet … Der muss noch weg. Das können Sie zum Beispiel mithilfe eines `shared_ptr`. Die gute Nachricht ist: Wenn Sie den verwenden, dann haben Sie auch bei vergessenem virtuellen Destruktor kein Problem mit falschem Wegräumen. In den `shared_ptr` sind Mechanismen eingebaut, die mehr tun als der Compiler alleine: Beim Entfernen seines Schützlings ruft er immer den korrekten Destruktor auf, virtuell oder nicht.

```
int main() {
    shared_ptr<Base> obj{ new Derived{} };
    /* ... mehr Programmzeilen hier ... */
} // obj wird korrekt weggeräumt
```

Listing 22.4 Der »shared_ptr« sorgt immer für den richtigen Destruktoraufruf, virtuell oder nicht.

Das ist ein Grund mehr, keine rohen Zeiger zu verwenden.

Wenn Sie einen polymorphen Zeiger benötigen, verwenden Sie statt roher Zeiger den `shared_ptr`.

Sie werden wissen, wann ein Zeiger »polymorph« ist, nämlich wenn Sie Zeiger innerhalb einer Objekthierarchie erzeugen, in der die Klassen virtuelle Methoden haben: wenn dann also der Typ der Zeigervariable (hier `Base*`) ein anderer ist, als der Typ des `new` (hier `Derived*`). Mit `unique_ptr` funktioniert das nicht ohne weitere Mechanismen.

TEIL IV
Fortgeschrittene Themen

Sie haben nun eine mächtige Sammlung an Werkzeugen in der Hand, um gute und stabile Programme zu schreiben. Es fehlen noch ein paar fortgeschrittene Themen, mit denen Sie sich das Leben sehr viel einfacher machen können, die zu beherrschen aber nicht trivial ist.

Die Stärke von Zeigern, Makros, Templates und Funktionsobjekten liegt darin, dass Sie sie mit beinahe allen Sprachelementen kombinieren können. Daher ist es gut, dass Sie nun ein C++-Fundament aufgebaut haben, so dass Sie diese Elemente überall einsetzen können.

Besonders für diesen Teil ist Üben wichtig. Probieren Sie Dinge aus, experimentieren und verändern Sie. Hinter jedem der beschrieben Dinge gibt es immer noch ein weites Feld zu entdecken.

Kapitel 23
Zeiger

Kapiteltelegramm

▶ **Adresse**
Stelle im Speicher, an der Daten jedweder Art gehalten werden

▶ **Zeiger (*Pointer*)**
Variable, die eine Adresse auf Daten im Heap oder Stapel hält

▶ **Roher Zeiger**
Variable vom Typ `Typ *`, `Typ const *` (konstanter Wert), `Typ * const` (konstanter Zeiger) oder `Typ * const *` (beides konstant)

▶ **Heapspeicher oder kurz Heap, »Haufen«**
Ort, an dem Daten abgelegt werden, die dynamisch – mit `new` – angefordert werden

▶ **Stapelspeicher oder kurz Stapel, »Stack«**
Speicherort von Objekten, die ohne `new` angelegt wurden

▶ **automatisches Objekt**
Eine auf dem Stapel erzeugtes Objekt

▶ **dynamisches Objekt**
Eine auf dem Heap erzeugtes Objekt

▶ **Aliasing**
Das Ansprechen desselben Objekts von mehreren Variablen aus

▶ **Objektbesitz**
Die Variable, die mittels eines Zeigers für das Entfernen eines dynamischen Objekts zuständig ist besitzt das Objekt.

▶ `new` **und** `new[]`
Ein dynamisches Objekt anlegen

▶ `delete` **und** `delete[]`
Ein dynamisch angelegtes Objekt freigeben

▶ **Smartpointer** `unique_ptr` **und** `shared_ptr`
Zeigertypen der Standardbibliothek nach dem RAII-Konzept, mit denen Sie sich das explizite Freigeben sparen

▶ `move`
Einen Wert mit Namen zu einem Tempwert und damit verschiebbar machen

▶ **C-Array**
Ein C-Array enthält mehrere Elemente gleichen Typs und wird mit eckigen Klammern deklariert.

▶ **Zeigerarithmetik**
Addition, Inkrement und Ähnliches mit rohen Zeigern in ein C-Array

▶ **C-Array-Verfall**
Ein C-Array verliert bei der Übergabe in einer Funktion seine Größeninformation.

▶ **Iterator**
Das abstrakte Konzept von Zeigern, übertragen auf Standardcontainer

Durch Zeichenketten hatten Sie schon ein wenig mit Zeigern zu tun. Sie haben deren Literale immer als const char* herumgereicht. Und wenn Sie main mit Argumenten aufrufen, dann werden die Argumente in ein C-Array dieses Typs verpackt, also const char*[]. In diesem Kapitel lernen Sie mehr über diese Konstrukte. Sie sind nicht leicht zu durchschauen, ermöglichen aber allerlei nützliche Dinge. Sie müssen sie aber richtig verwenden, damit Sie sich nicht mehr Ärger einhandeln, als sie Nutzen bringen.

Wenn Sie Zeiger verwenden, ist der Weg zur Nutzung dynamischen Speichers nicht mehr weit: new ist hier das Schlüsselwort. Jedoch muss ich gleich einem potenziellen Missverständnis vorbeugen: Wenn Sie die Standardcontainer wie vector und Verwandte verwenden, dann nutzen Sie schon dynamischen Speicher, ohne es zu merken. Sie haben allen Nutzen, müssen sich aber nicht um die trickreichen Details kümmern. Daher möchte ich Folgendes vorausschicken: Sie werden bei C++ um Zeiger mittelfristig nicht herumkommen, aber Sie sollten immer zuerst die Alternativen prüfen. Wenn Sie sogar selbst mit dynamischem Speicher hantieren wollen, dann nutzen Sie keine rohen Zeiger, sondern nehmen Sie die smarten Pointer unique_ptr und shared_ptr.

23.1 Adressen

Zur Laufzeit des Programms muss jedes »Ding« irgendwo gespeichert werden. Die wichtigsten Dinge sind hier Variablen. In diesem Sinne sind auch Parameter Variablen. Weitere Dinge, für die vielleicht nicht so offensichtlich ist, dass sie irgendwo gespeichert werden, sind Funktionen und Methoden. In C++ sind auch Funktionen nur Variablen eines bestimmten (komplizierten) Typs. Zum Vergleich: Dinge, die nur der Compiler braucht und die zur Laufzeit so nicht mehr vorhanden sind, haben keine Adresse. Zum Beispiel Typen selbst und die *.cpp-Dateien, die zum Programm übersetzt werden. Sie können nicht die Adresse von int oder MeinTyp erfragen und auch nicht von programm.cpp.

Jedes Objekt muss, während das Programm läuft, irgendwo abgelegt werden. Dazu gibt es den *Speicher*. Formal gesehen ist alles, was im Speicher liegt, ein *Objekt*, und wenn dieses Objekt einen Namen hat, ist es eine *Variable*. Den Speicher können Sie sich in etwa wie eine Straße mit Häusern vorstellen, wobei in jedem Haus ein Objekt gespeichert werden kann. Ihr Computer kennt nur diese eine Straße, daher merkt er sich nur die Hausnummer des Objekts. Oft werden diese Adressen in hexadezimaler Form angegeben. Die genaue Form sei hier egal, sie ist auch auf unterschiedlichen Systemen verschieden. Für die Beispiele dieses Kapitels soll **0x**ab08 und Ähnliches für Adressen stehen: mit **0x** beginnend, gefolgt von vier oder acht Zeichen aus *0123456789abcdef* (16 verschiedene, daher *hexa*dezimal).

Wohl aber gibt es zu jedem Typ einen dazugehörigen weiteren Typ, der die Adresse auf eine Variable dieses Typs repräsentiert. Wenn Sie zum Beispiel eine Variable int value = 42; definieren, dann hat value den Typ int. Die Adresse von value hat den Typ int*. Sie können nun eine neue Variable dieses weiteren Typs definieren, die die Adresse von value hält.

int value = 42;
int* pValue = &value;

In Abbildung 23.1 können Sie sehen, wie das dann im Speicher aussieht.

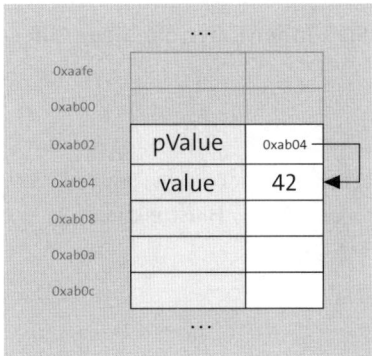

Abbildung 23.1 Speicherpositionen können Sie sich als Häuser in einer Straße denken.

Die Definition von pValue in der zweiten Zeile bedarf einer Erklärung. Da pValue ja kein int ist, wäre int* pValue = value; falsch – Sie benötigen nicht den *Wert* aus value, sondern dessen *Adresse*. Und genau dies macht der *unäre Adressoperator* & vor dem Variablennamen: &value liefert Ihnen die Adresse von value zurück. Da value vom Typ int ist, ist &value vom Typ int*. Die Zuweisung von &value an int* pValue ist somit korrekt.

23.2 Zeiger

Das Spannende ist nun, dass Sie mit *pValue einen alternativen Weg haben, auf den Wert in value zuzugreifen. Wenn Sie den *unären Dereferenzierungsoperator* * auf pValue anwenden, dann verweist er auf den Speicher mit der 42. Wenn Sie dort etwas hineinschreiben, dann verändern Sie auch den Wert von value. Mit *pValue haben Sie einen *Alias* für value.

```
*pValue = 18;
cout << value << "\n";   // Ausgabe: 18
```

Wenn ich bei dem Bild mit der Straße und den Häusern bleiben darf, dann passiert Folgendes: Mit pValue gehen Sie zu dessen Haus (*0xab02*), schauen sich an, was darin ist, und finden die Adresse *0xab04*. Mit dem Dereferenzierungsoperator * folgen Sie dem Pfeil und kommen beim Haus von value an. Die Zuweisung = 18 schreibt den neuen Wert an die Stelle im Speicher – also bei value.

Das ist bisher noch gar nicht so viel anders, als Sie es mit Referenzen auch hätten tun können:

```
int value = 42;
int& valueRef = value;   // Referenz; kein Adressoperator & nötig
valueRef = 18;           // kein Dereferenzierungsoperator * nötig
cout << value << "\n";   // Ausgabe: 18
```

Nur dass hier der Adress- & und der Dereferenzierungsoperator * wegfällt, weil hier der Name valueRef selbst ein *Alias* für die ursprüngliche Variable value ist.

Doch eine Sache können Zeiger mehr als Referenzen – Sie können ihnen eine *neue* Adresse zuweisen.

```
#include <vector>
#include <iostream>
using std::vector; using std::cout; using std::ostream;
ostream& printVector(ostream& os, const vector<int> &arg) {   // Hilfsfunktion
    for(int w : arg) os << w << " "; return os;
}
int main() {
    vector<int> werte{ };
    werte.reserve(50);           // Platz für 50 Werte garantieren
    int *groesstes = nullptr;    // mit besonderem Wert initialisieren
    for(int w : { 20, 2, 30, 15, 81, 104, 70, 2, }) {
        werte.push_back(w);
        if(!groesstes || *groesstes < w ) {   // dereferenzieren zum Wert
            groesstes = &(werte.back());      // neue Adresse merken; deshalb nicht ©*©
        }
    }
    printVector(cout, werte) << "\n";   // Ausgabe: 20 2 30 15 81 104 70 2
    // groesstes enthält nun die Adresse der 104:
    *groesstes = -999;                  // dereferenzieren; also Wert überschreiben
    printVector(cout, werte) << "\n";   // Ausgabe: 20 2 30 15 81 -999 70 2
}
```

Listing 23.1 Zeiger können im Laufe ihres Lebens neue Adressen zugewiesen bekommen.

Zunächst initialisiere ich hier den vector werte ohne Elemente. Die Zeigervariable int* groesstes soll immer auf das größte Element im vector zeigen. Da der vector noch leer ist, initialisiere ich die Variable mit dem besonderen Wert nullptr für »zeigt nirgendwo hin«.

Dann füge ich nacheinander ein paar beliebige Zahlen an den vector an. Immer, nachdem ich das getan habe, prüfe ich mit dem if(...), ob der neue Wert größer ist als das, was *groesstes aktuell hält. Jetzt wird es aber gefährlich, denn groesstes kann den speziellen Wert nullptr enthalten, und das heißt »nirgendwo hin«. Einen *nullptr zu dereferenzieren ist nicht erlaubt (also * oder -> darauf anzuwenden). Daher prüfe ich zuerst, ob groesstes immer noch nullptr enthält. Wenn ja, dann soll der aktuelle Wert auf jeden Fall als groesstes gemerkt werden. Das könnte ich mit if(groesstes != nullptr) tun. Das kann man aber zu if(!groesstes) abkürzen. Zusammen mit dem Größenvergleich wird daraus if(!groesstes || *groesstes < w). Das heißt, der Zeiger groesstes bekommt dann einen neuen Wert zugewiesen, wenn er entweder noch nullptr enthält oder das, worauf er zeigt, kleiner als w ist.

In dem Fall, dass groesstes noch nullptr enthält, wird der Ausdruck rechts vom || nicht ausgeführt – dank Kurzschluss-Auswertung (siehe Abschnitt 7.8.1 »Kurzschluss-Auswertung«.

> **nullptr**
> Sie dürfen einen Zeiger niemals dereferenzieren, der nullptr enthalten kann. Prüfen Sie diesen zuerst darauf, ob er eine gültige Adresse enthält.

Wenn der neue Wert größer ist, dann hole ich mir die Adresse des nun letzten Elements mit &(werte.back()) und speichere diese als neuen Adresswert in groesstes. Das passiert im Laufe des Programms für 20, 30, 81 und bei 104.

Wenn ich dann zwischen den zwei Ausgaben mit *groesstes = -999; einen neuen Wert nach *groesstes schreibe, dann überschreibe ich tatsächlich die 104 im vector. Das Ergebnis sehen Sie in der Ausgabe.

Haben Sie bemerkt, dass ich heimlich ein

werte.reserve(50); // Platz für 50 Werte garantieren

in Listing 23.1 eingeschleust habe? Der Grund dafür ist, dass ich einer Gefahr aus dem Weg gehen muss, die dadurch entsteht, dass ich ein und denselben Wert – dessen Speicherbereich – auf verschiedene Wegen erreichen kann. Das ist eben das *Aliasing*.

Der vector verwaltet seine Daten natürlich ebenfalls irgendwo im Speicher. Und eine seiner Eigenschaften ist, dass er verspricht, diese direkt hintereinander abzulegen. Das hat aber zur Folge, dass es sein kann, dass »hinten« kein Platz mehr im vector ist, wenn Sie mit push_back ein Element hinzufügen. Damit geht der vector aber um: Er fordert einen doppelt so großen *neuen* Speicherbereich an und kopiert (oder verschiebt) alle bisherigen Werte in den neuen Bereich. Zuletzt entfernt der vector den alten Bereich.

Ich habe aber in groesstes die *Speicheradresse* eines Wertes gespeichert. Und wenn eine der push_back-Operationen eine vector-Vergrößerung ausgelöst hat, dann zeigt groesstes nach der Vergrößerung nicht auf die wirkliche Speicherstelle, sondern mitten in den aufgegebenen Speicherbereich hinein. Wenn Sie eine solche Speicherstelle weiter nutzen, ist das ein Fehler. Theoretisch könnte alles passieren: Das Programm kann abstürzen oder andere Daten überschreiben. Im vorliegenden Fall würden Sie sich wahrscheinlich nur wundern, warum *groesstes = 999; sich nicht auf die Ausgabe danach auswirkt. Das Beispiel ist so kurz, dass der freigegebene Speicher noch nicht neu verwendet wurde.

Mit werte.reserve(50); löse ich in diesem Beispiel das konkrete Problem, weil vector nach diesem Aufruf garantiert, dass er bis 50 Elemente keine Vergrößerung ausführen wird. Letztendlich ist dieser Code dadurch labil: Wenn Sie das Beispiel mal auf mehr als 50 Elemente aufblasen, aber vergessen, das reserve anzupassen, geht es kaputt. Ich hätte hier stattdessen eine list verwenden können, die bei einer Vergrößerung keine Neuzuordnung vornimmt. So aber konnte ich Ihnen das Problem am Aliasing verdeutlichen. Und da es sich hier um eine Aliasingproblem und nicht um ein Zeigerproblem handelt, sollte Ihnen klar sein, dass Sie auch mit Referenzen in die gleiche Falle tappen könnten.

> **Behalten Sie beim Aliasing die Lebenszeit des Originals im Auge**
> Egal ob Sie mit Zeigern oder Referenzen arbeiten, Sie müssen sich immer darüber Gedanken machen, ob das referenzierte Objekt noch existiert. Eine Dereferenzierung zu einem ungültig gewordenen Objekt ist ein (häufiger) Fehler.

23.3   Heapspeicher und Stapelspeicher

23.3.1   Der Stapel

Es ist eine tolle Sache, dass Sie sich in C++ darauf verlassen können, dass Objekte zu einem wohldefinierten Zeitpunkt weggeräumt werden und dass die damit verbundenen Ressourcen freigegeben werden. Sie wissen ja, dass ein in einer Funktion erstelltes Objekt automatisch beim Verlassen wieder entfernt wird.

```
int berechne(int param) {
    vector<int> data{ /*...*/ };
    // ...
    return result;
}
```

Am Ende von berechne wird data automatisch entfernt, egal was Sie damit in der Funktion gemacht haben. Die Funktionsweise ist dabei ganz einfach: Der Computer verwaltet im wahrsten Sinne des Wortes einen *Stapel*, auf den er immer die Variablen legt, die

Sie definieren. Der Compiler merkt sich die Stellen des Stapels, bei denen ein Bereich betreten wurde, zum Beispiel mit einer öffnenden Blockklammer {. Beim Verlassen des Bereichs wird der Stapel bis zur letzten Markierung abgebaut – bei der schließenden Blockklammer }, siehe Abbildung 23.2.

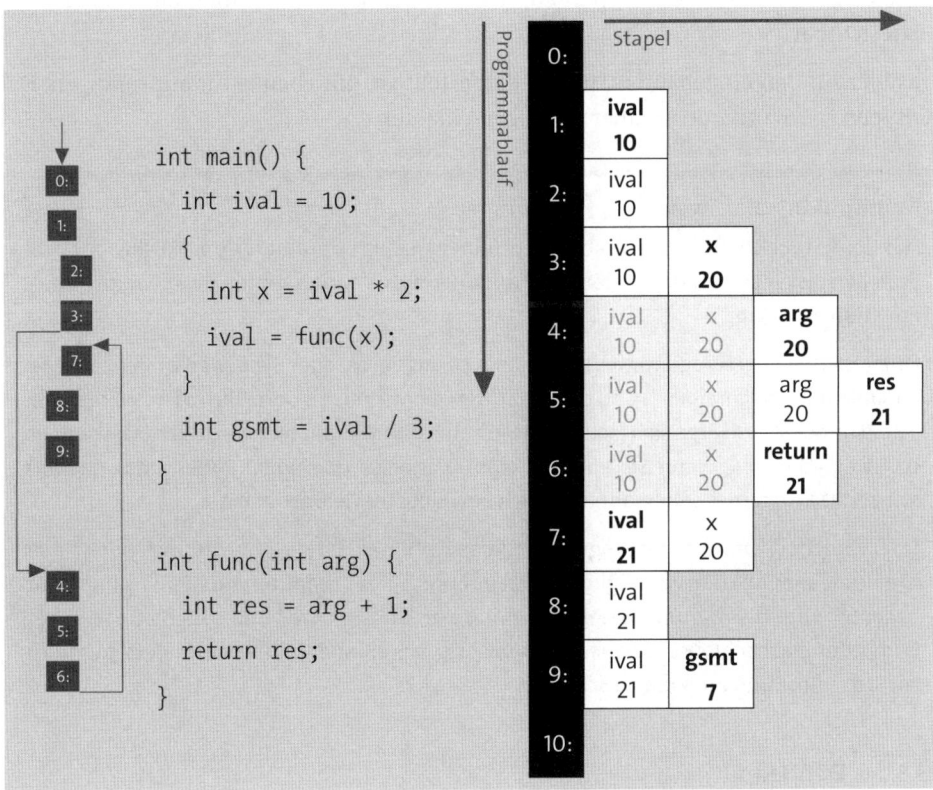

Abbildung 23.2 Automatische Variablen werden auf dem Stapel verwaltet.

Dieser *Stapel* (engl. *Stack*) verwaltet also die *automatischen Variablen*. Immer beim Verlassen des Bereichs einer Variablen entfernt das System diese und die mit ihr verbundenen Ressourcen.

In Abbildung 23.2 sehen Sie, wie von Anweisung zu Anweisung Variablen auf dem Stapel verwaltet werden. Zentral sehen Sie das abgearbeitete Programm – jeweils zwischen den Zeilen sind Nummern dargestellt (links), die als Zeitpunkt für eine Momentaufnahme des Stapels dienen. Der Stapel zu diesen jeweiligen Zeitpunkten ist in der Abbildung rechts zu sehen.

Bei der Definition werden die Variablen auf dem Stapel abgelegt und beim Verlassen ihres Gültigkeitsbereichs wieder entfernt. Ein Funktionsparameter landet ebenfalls auf dem Stapel. Zum Beispiel kopiert der Computer das x von func(x) auf den Stapel. Die

Kopie heißt innerhalb von func dann arg – zu sehen in Zeile »4:« des Stapels. Umgekehrt bleibt der return-Wert der Funktion für die Rückgabe als einziger Wert auf dem Stapel (Zeile »6:«), um dann mit der Zuweisung in ival zu landen.

Es ist durch den grau hinterlegten Teil des Stapels auch angedeutet, dass func nur auf seinen eigenen Bereich des Stapels Zugriff hat: ival und x sind innerhalb der Funktion nicht sichtbar.

Was hier für den eingebauten Typ int dargestellt ist, gilt ebenso für aufwendigere Datentypen wie Standardcontainer und eigene Klassen.

> **Multifunktionaler Stapel**
>
> Auf dem Stapel befinden sich aber nicht nur Variablen, Parameter und Rückgabewerte. Zum Beispiel speichert das System dort auch, wohin es zurückkehren muss, wenn es eine Funktion anspringt.
>
> Durch so manchen Programmierfehler kann es passieren, dass Sie über die Grenzen einer Variable hinaus schreiben – und das heißt, Sie überschreiben dort Nachbarn. Während es schon mindestens »ärgerlich« ist, wenn Sie benachbarte Variablenwerte kaputtschreiben, so ist es »tödlich«, wenn Sie eine Rücksprungadresse überbügeln. Wenn das passiert, stürzt das Programm sehr wahrscheinlich bei nächster Gelegenheit ab.
>
> Oder – noch schlimmer – Ihr Programm ist das Ziel eines Hacker-Angriffs und springt statt in eine eigene Funktion womöglich in die Funktion eines Computervirus. Es ist nämlich ein beliebter Angriff, Programmierfehler auf diese Art auszunutzen und so Schadcode in den Computer einzuschleusen. Daher ist es wichtig, den Stapel immer besonders sorgfältig vor sich selbst und anderen zu schützen.

23.3.2 Der Heap

Es gibt Fälle, in denen soll ein Objekt aber länger leben als der Bereich, in dem es definiert wurde. Auch das ist möglich: Sie erzeugen das Objekt dann *dynamisch*. Das geschieht mit dem Schlüsselwort new.

new selbst liefert einen *rohen Zeiger* zurück. Und Sie wurden in diesem Buch schon öfter vor dieser Sorte Zeiger gewarnt. Daher ist das Erste, was Sie mit dem Ergebnis von new tun sollten, es in einen *smarten Pointer* wie unique_ptr oder shared_ptr zu packen. Dies smarten Pointer werde ich etwas später in diesem Kapitel behandeln; in diesem Abschnitt geht es darum, was der dynamische Speicher ist.

Das mit new erzeugte Objekt landet nicht auf dem Stack, sondern auf dem *Heap* (engl. für *Haufen*). Dort bleibt es liegen, bis Sie es mit delete explizit wieder entfernen (was die smarten Pointer automatisch tun). Dazu brauchen Sie dessen Adresse, die Sie in einem Zeiger gespeichert haben.

Sie dürfen ein Heap-Objekt aber auch nicht zweimal wegräumen. Wenn Sie den Zeiger auf das Objekt kopieren und an mehreren Stellen speichern, ist es ganz wichtig, dass Sie genau einen der Zeiger zum *Besitzer* des Objekts ernennen und alle anderen nur als *Benutzer* betrachten. Der Besitzer ist für das Entfernen mit `delete` zu gegebener Zeit verantwortlich. Bei rohen Zeigern ist dieser Besitzer leider nur im Kopf des Programmierers und hoffentlich in der Dokumentation vorhanden. Von smarten Pointern gibt es mehrere Varianten, bei denen die Besitzverhältnisse mit dem gewählten Typ klar sind.

Ein typischer Anwendungsfall für ein auf dem Heap erzeugtes Objekt ist, wenn das neue Objekt länger leben soll als die Funktion, in der es erzeugt wurde. Zum Beispiel könnte es in einem Spiele-Framework eine Funktion geben, die Sie überschreiben sollen, wenn ein bestimmter Knopf gedrückt wird, vielleicht `erzeugePlanet(const Event &evt)`. Der Rückgabewert muss dann ein in der Funktion erstellter `Planet` sein. Als Stapelobjekt würde er beim Verlassen der Funktion entfernt. Eine Lösung wäre, ihn als Wert und somit als Kopie mit dem `return` zurückzugeben:

```
Planet erzeugePlanet(const Event &evt) {  // Rückgabe als Wert
    Planet result{"Erde"};                // Stackobjekt
    result.setLocation(evt.getPosition());
    return result;                        // Rückgabe erzeugt (potenziell) Kopie
}
```
Listing 23.2 Eine Rückgabe als Wert kann eine Kopie erzeugen.

Dagegen ist auch gar nichts einzuwenden. Wenn das in Ihrem Projekt funktioniert, ist es eine gute Variante. Sie und der Compiler können dies auch zu sehr performantem Code ohne Kopie machen.

Manchmal ist diese Rückgabe als Wert aber nicht möglich oder erwünscht. Dann setzen Sie `new` ein, um das Objekt auf dem Stack zu erzeugen.

```
// Rückgabe als (smarter) Pointer:
unique_ptr<Planet> erzeugePlanet(const Event &evt) {
    unique_ptr<Planet> result{ new Planet{"Venus"} };  // Heap-Objekt
    result->setLocation(evt.getPosition());
    return result;  // unique_ptr reicht Adresse weiter
}
```
Listing 23.3 Eine Rückgabe als Zeiger kopiert nur den Zeiger, nicht das Objekt.

Die Adresse des neuen Objekts liefern Sie eingewickelt in einen `unique_ptr` zurück, damit Sie das `delete` auf keinen Fall vergessen können.

Bitte entschuldigen Sie den weiteren Vorgriff auf `unique_ptr`, aber ich wollte Ihnen zuerst das gute Beispiel präsentieren, damit Sie sich das eher einprägen als dasjenige, das mit rohen Zeigern arbeitet. Denn für Sie sollte ab jetzt normalerweise jedes dynamische Erzeugen eines Objekts mit `new` immer mit einem smarten Pointer verbunden sein. Da

Sie jetzt aber wissen, wie es richtig geht, reduziere ich obiges Beispiel einmal auf das Wesentliche und entferne unique_ptr. Aber kein new ohne das dazugehörige delete, daher benötigen Sie noch etwas Code drumherum:

```
Planet* erzeugePlanet(const Event &evt) {    // Rückgabe als roher Zeiger
    Planet* result = new Planet{"Merkur"};   // Heap-Objekt
    result->setLocation(evt.getPosition());
    return result;                            // unique_ptr reicht Adresse weiter
}
void benutzerInteraktion(Event &evt) {
    Planet* planet = erzeugePlanet(evt);
    // mache etwas mit dem Planeten
    delete planet;                            // rohe Zeiger müssen Sie selbst verwalten
}
```

Listing 23.4 Auch rohe Zeiger kann man zurückgeben, aber wem gehört dann der Zeiger?

23.4 Smarte Pointer

In der C++-Standardbibliothek gibt es eine kleine Familie von Zeigertypen, die schlauer sind als der rohe Zeiger. Sie sind vollwertige Klassen und haben unter anderem einen Konstruktor, der einen rohen Zeiger nimmt. Vor allem aber haben sie einen Destruktor, der Sie der wichtigsten Aufgabe im Umgang mit rohen Zeigern enthebt: des Aufrufs von delete.

Die kleine Familie ist im Header <memory> versammelt und umfasst die folgenden Mitglieder:

- unique_ptr
  besitzt den rohen Zeiger; nicht kopierbar, denn dann hätten ihn ja mehrere; aber verschiebbar, zum Beispiel als Rückgabewert.

- shared_ptr
  besitzt den rohen Zeiger, aber nicht unbedingt alleine: Beim Kopieren erhalten Sie zwei shared_ptr, die denselben rohen Zeiger verwalten; erst beim Entfernen der letzten Kopie wird auch der rohe Zeiger entfernt.

- weak_ptr
  ein »kleiner Bruder« von shared_ptr, den Sie in manchen Situationen brauchen, wenn shared_ptr-Instanzen sich gegenseitig enthalten.

- auto_ptr
  seit C++11 *veraltet* (engl. *deprecated*); verwenden Sie stattdessen den unique_ptr. Den auto_ptr können Sie nicht verschieben; wenn Sie ihn kopieren, verändern Sie die Quelle – das ist nicht gefährlich, aber für den Programmierer unerwartet.

23.4 Smarte Pointer

Wenn ich von smarten Pointern spreche, dann meine ich zunächst einmal nur die beiden wichtigsten Vertreter `unique_ptr` und `shared_ptr`. Die beiden anderen Gesellen funktionieren ein wenig anders. Ich gehe in diesem Buch nicht näher auf sie ein.

Außer dem Konstruktor, der einen rohen Zeiger nimmt, und dem Destruktor, der ihn wieder wegräumt, haben die beiden (echten) smarten Pointer einige Gemeinsamkeiten. Vielleicht ist Ihre Klasse so ähnlich wie `Image`:

```
#include <string>
#include <vector>
class Image {
    std::vector<char> bilddaten_;
public:
    explicit Image(const std::string& filename) { /* Bild laden */ }
    void draw() const { /* Bild malen */ };
};
```

Listing 23.5 In den folgenden Beispielen verwende ich »Image« als Klasse, zu der ich einen Zeiger haben will.

Mit den beiden smarten Pointern sieht der Zeigertyp wie folgt aus. Sie sehen auch, wie Sie ihn definieren:

- `unique_ptr<Image> image { new Image{"MonaLisa.jpg"} };`
- `shared_ptr<Image> image { new Image{"DerSchrei.jpg"} };`

Es ist aber lästig, zweimal `Image` schreiben zu müssen. Daher gibt es Hilfsfunktionen für die Erzeugung:

- `auto image = make_unique<Image>("MonaLisa.jpg");`
- `auto image = make_shared<Image>("DerSchrei.jpg");`

`make_unique` ist erst mit C++14 hinzugekommen, aber wenn Ihr Compiler das `make_shared` von C++11 kann, dann wurde er wahrscheinlich auch mit `make_unique` ausgerüstet.

> **Verwenden Sie »make_unique« und »make_shared«**
>
> Sie sollten sich angewöhnen, die Hilfsfunktionen zur Konstruktion von smarten Pointern zu bevorzugen. Wenn Sie den Konstruktor verwenden und das Ergebnis einer Funktion übergeben, dann kann es zu Speicherlöchern kommen:
>
> ```
> // nimmt zwei Argumente, mindestens einen smarter Pointer:
> func(shared_ptr<Image> a, shared_ptr<Image> b);
> int main() {
>     func(new Image{"a.jpg"}, new Image{"b.jpg"}); // gefährlicher Code
>     func(make_shared<Image>("a.jpg"), make_shared<Image>("b.jpg")); // sauber
> }
> ```

Wenn Sie mit `image` die Instanz des smarten Pointers in den Händen halten, dann können Sie die Methoden verwenden:

- Die Methode `get()` liefert Ihnen den verpackten rohen Zeiger zurück. Das ist nützlich, wenn Sie den Zeiger einer Funktion übergeben müssen, die nur rohe Zeiger als Argumente entgegennimmt.
- Der einstellige `operator*` funktioniert wie `get()`, gefolgt von einer *-Dereferenzierung. Sie können also entweder `*(image.get())` schreiben oder gleich `*image`. Sie erhalten in beiden Fällen ein `Image&`.
- Mit `operator->` können Sie auf ein Mitglied des verpackten Objekts direkt zugreifen, also zum Beispiel auf `image->draw();`
- Mit `reset` können Sie vorzeitig den rohen Zeiger löschen lassen. Nach `image.reset()` liefert `image.get()` also den `nullptr`. Optional können Sie auch einen anderen rohen Zeiger als Argument übergeben, von dem der smarte Pointer dann Besitz ergreift.
- Mit `swap(a,b)` können Sie Inhalte vertauschen. Das ist nicht unwichtig, wenn das Kopieren verboten oder teuer ist.

23.4.1 »unique_ptr«

Der `unique_ptr` ist die erste Wahl, wenn es zu jedem Zeitpunkt einen eindeutigen Besitzer des Zeigers geben soll, also jemanden, der den eingepackten rohen Zeiger am Ende wegräumen soll. Es gibt hauptsächlich zwei Einsatzgebiete:

- Der `unique_ptr` verlässt nie den Gültigkeitsbereich, in dem er definiert worden ist, und somit wird der mit ihm verbundene rohe Zeiger dann weggeräumt, wenn auch der `unique_ptr` seine Lebenszeit beendet. Das kann entweder als lokale Variable einer Funktion oder Methode sein oder als Datenfeld einer Klasse.
- Oder es gibt einen (mehr oder weniger) eindeutigen Pfad von einer »Quelle« zu einem »Abfluss«. Zum Beispiel kann ein `unique_ptr` der Rückgabewert einer Funktion sein. Der Compiler überträgt den Inhalt – den rohen Zeiger – vom inneren in den äußeren `unique_ptr`.

```cpp
#include <memory>                          // unique_ptr
#include <string>
#include <iostream>
using std::unique_ptr; using std::string;
class Component { };                       // Dummy-Fensterhierarchie
class Label : public Component { };
class Textfield : public Component { };
class Button : public Component {
public:
    int id_; // ID zur Unterscheidung der Buttons
    explicit Button(int id) : id_{id} {}
};
```

```cpp
class Window { };
class MyDialog : public Window {
    string title_;
    unique_ptr<Label> lblVorname_{new Label{}};         // lauter Datenfelder
    unique_ptr<Textfield> txtVorname_{new Textfield{}}; // ... an die Lebensdauer
    unique_ptr<Label> lblNachname_{new Label{}};        // ... der Klasse gebunden
    unique_ptr<Textfield> txtNachname_{new Textfield{}};
    unique_ptr<Button> btnOk_{new Button{1}};
    unique_ptr<Button> btnAbbrechen_{new Button{2}};
public:
    explicit MyDialog(const string& title) : title_{title} {}
    unique_ptr<Button> showModal()
        { return std::move(btnOk_); }    // Platzhalter-Code; OK gedrückt
};
unique_ptr<MyDialog> createDialog() {
    return unique_ptr<MyDialog>{   // temporärer Wert
        new MyDialog{"Bitte Namen eingeben"}};
}
int showDialog() {
    unique_ptr<MyDialog> dialog = createDialog();          // lokale Variable
    unique_ptr<Button> gedrueckt = dialog->showModal();    // Rückgabewert
    return gedrueckt->id_;
}
int main() {
    int gedrueckt_id = showDialog();
    if(gedrueckt_id == 1) {
        std::cout << "Danke, dass Sie OK gedrueckt haben\n";
    }
}
```

Listing 23.6 »unique_ptr« als Datenfeld, Rückgabewert und lokale Variable

In Listing 23.6 habe ich extrem vereinfacht eine Fensterapplikation dargestellt, die einen Dialog anzeigt. Der Benutzer soll einen von zwei Knöpfen drücken, und im Programm wird der gedrückte Knopf als Zahl zurückgegeben. Nur, dass wir »Fenster« hier schematisch betrachten und in der Kürze des Programms nicht wirklich Fenster aufgehen. Eine ähnliche Klassenhierarchie finden Sie von der Idee her aber in den meisten Programmierschnittstellen für Fensterprogrammierung.

Die Datenfelder sind alle unique_ptr-Zeiger. Es hätten hier auch einfache Datenfelder gereicht, zeigerlos. Aber vielleicht wollen Sie MyDialog später polymorph erweitern – dazu benötigen Sie Zeiger. Polymorph heißt, dass Sie zum Beispiel von class Textfield eine abgeleitete Klasse ColorfulTextfield erstellen und eine Instanz jener Klasse dann in den unique_ptr<Textfield> txtVorname_ stecken. Wäre txtVorname_ kein Zeiger (oder keine Referenz), würden die Eigenschaften von `ColorfulTextfield` dabei verloren gehen. Ein Beispiel dazu finden Sie in Kapitel 20, »Vererbung«.

Dadurch, dass alle `unique_ptr` Datenfelder der Klasse `MyDialog` sind (die Klasse *besitzt* sie), werden korrekt beim Zerstören von `dialog` in `showDialog` auch alle `unique_ptr` entfernt. Die besitzen wiederum ihren jeweiligen rohen Zeiger und räumen in ihrem Destruktor mit `delete` ihren Schützling weg.

Etwas Spannendes passiert in `createDialog()`. Der `return`-Ausdruck erzeugt einen neuen Wert – ja sogar einen Tempwert, sozusagen eine Variable ohne Namen. Das heißt, am Ende der `return`-Anweisung wird `unique_ptr<MyDialog>{new MyDialog{"..."}}` auch gleich wieder weggeräumt? Ja, das schon, aber nicht ohne zuvor für das `return` »kopiert« zu werden, um in der Variablen `dialog` in `showDialog()` zu landen. Sagte ich kopiert? Oh nein, denn das geht ja nicht! Einen `unique_ptr` können Sie nicht kopieren. Wenn Sie ihn kopieren könnten, dann würde es nach der Kopie zwei `unique_ptr` geben, die beide denselben rohen Zeiger verwalten wollen. Das wäre nicht »unique«. Daher wird der `unique_ptr` nicht kopiert, sondern *verschoben*. Um genau zu sein, wird sein Inhalt verschoben. Das heißt, `unique_ptr` transferiert den rohen Zeiger unter der Verwaltung des eben erzeugten Tempwertes (innen) in den `unique_ptr<MyDialog> dialog` (außen) hinein.

In `showModal()` ist es noch spannender. Im Prinzip passiert hier genau das Gleiche wie in `createDialog()`. Nur gibt diese Methode einen *bestehenden* Wert per Verschieben zurück. Doch warum steht da nicht einfach `return btnOk_`? Das liegt daran, dass es sich bei `btnOk_` nicht um einen Tempwert handelt. Wie Sie in Kapitel 21, »Der Lebenszyklus von Klassen«, gesehen haben, können Sie gefahrlos nur von Objekten etwas »stehlen«, von denen Sie wissen, dass sie bald verschwinden werden. Bei dem temporären Wert ist das der Fall. `btnOk_` ist aber kein temporärer Wert, sondern ein Datenfeld – ein Objekt mit einem Namen. Wenn der Compiler dem still und heimlich seinen rohen Zeiger nehmen würde, wäre das eine Überraschung.[1]

Nun, hier sind Sie sich aber sicher, dass Sie aus der bestehenden Variable den Inhalt herausholen wollen – verschieben, als wäre die Variable ein Tempwert. Sie sagen dem Compiler mit `std::move`: »Ja, lieber Compiler, bitte betrachte `btnOk_` als Tempwert«, und siehe da, er verhält sich wie in `createDialog()`: `unique_ptr` nimmt den rohen Zeiger aus dem Rückgabewert und überträgt ihn nach `gedrueckt` in `showDialog()`.

So weit, so gut, das Programm tut, was es soll, und Sie sehen die Textausgabe »Danke, dass Sie OK gedrückt haben«. Was Sie aber nicht machen dürfen, ist, `dialog->showModal()` zweimal aufzurufen:

---

[1] Das ist übrigens genau das, was ein `auto_ptr` machen würde. Verwenden Sie ihn deswegen in C++11 bitte nicht mehr.

```
int showDialogAgain() {
    unique_ptr<MyDialog> dialog = createDialog();
    unique_ptr<Button> gedruecktEins = dialog->showModal();
    unique_ptr<Button> gedruecktZwei = dialog->showModal();
    return gedruecktZwei->id_ ; // Fehler; wahrscheinlich Absturz
}
```

Sie haben es sicher erkannt: Durch den Aufruf von `showModal()` für `gedruecktEins` wird das Datenfeld `btnOk_` von `dialog` in die Variable `gedruecktEins` übertragen. Beide sind `unique_ptr`, aber nur einer kann Besitzer des rohen Zeigers sein, des einmal mit `new` erstellten `Button*`. Und mit dem ersten Aufruf von `showModal()` enthält `gedruecktEins` nun diesen `Button`-Zeiger, und `dialog.btnOk_` enthält `nullptr`, den Wert für »leer«. In diesem Beispiel geht das zweite `showModal()` noch gut, Sie bekommen diesen `nullptr` dann auch nach `gedruecktZwei` transferiert. Wenn Sie auf diesen `nullptr` anschließend `->id_` probieren, dann wird das Programm (bestenfalls) abstürzen.

Verzeihen Sie dieses kleine Lehrstück dazu, was Sie mit einem `unique_ptr` als Rückgabewert machen können. Es veranschaulicht, dass der `unique_ptr` mit seinem eindeutigen Besitz Nebeneffekte hat. Genau diese Nebeneffekte wollen Sie – der Compiler würde nicht selbst auf die Idee kommen, von einer Variablen oder einem Datenfeld mit einem Namen die Inhalte zu stehlen. Ich habe mit `std::move` nachgeholfen.

> **»std::move« selbst verschiebt nicht**
>
> Da Sie `std::move` hier zum ersten Mal sehen, will ich einen kleinen Hinweis loswerden, ohne den Sie vielleicht einem Missverständnis aufsitzen. Die Funktion `std::move` verschiebt selbst *nicht*, sie *erlaubt* nur, dass jemand verschieben kann – hier die Rückgabe aus der Funktion.
>
> Eigentlich handelt es sich nur um eine Typumwandlung zu einer Tempwert-Referenz, und manche hätten lieber einen Namen wie `move_cast` gesehen.

Sie können die Faustregeln für den Einsatz von `unique_ptr` verwenden. Ausnahmen bestätigen die Regel:

▶ Als Referenzparameter können Sie `unique_ptr` am ehesten verwenden. Dann verhält sich der Parameter wie jede andere Referenz auch. Zusätzlich können Sie auch `nullptr` für »undefinierter Zustand« übergeben, was manchmal sinnvoll ist.

▶ Ein Wertparameter als `unique_ptr` »verbraucht« den Parameter beim Aufruf. Die Variable, die der Funktion übergeben wurde, ist danach leer. Dies ist sinnvoll, wenn das Objekt genau einen Pfad nehmen soll. Das wäre die Anwendung des *Abfluss-Entwurfsmusters* (engl. *Sink* oder *Drain*).

- Eine Funktion kann unique_ptr als Wert zurückliefern. Besonders eignet sich dies, wenn Sie das verpackte Objekt mit new innerhalb der Funktion erzeugen – sozusagen als *produzierende Funktion* oder *Fabrik* (engl. *Factory*).
- Eine Referenz auf einen unique_ptr geben Sie nur zurück, wenn der Zeiger zuvor schon existierte. Aus einer freien Funktion geben Sie also einen Parameter zurück oder aus einer Methode ein Datenfeld der Klasse.
- Als Datenfelder einer Klasse sind unique_ptr bestens geeignet, denn Sie müssen sich keine Sorgen ums Entfernen machen. Anders als ein Wert kann ein unique_ptr eine »undefinierte Phase« haben und den nullptr speichern. Besser als ein roher Zeiger ist er allemal.
- Sie können unique_ptr in Standardcontainer packen. Der Container besitzt dann alle die Objekte darin. Wenn Sie von anderer Stelle auf einzelne Containerelemente verweisen müssen, dann tun Sie dies entweder per Referenz auf den unique_ptr oder als roher Zeiger auf das verpackte Objekt. Letzteres eignet sich gut, wenn Sie in einem anderem Container, der die Objekte enthält, nicht auf mehrere Elemente des Ursprungscontainers verweisen wollen.

23.4.2 »shared_ptr«

Der shared_ptr ist ebenfalls für geregelte Besitzverhältnisse, doch ist er nicht ganz so vereinnahmend. Er ist bereit, das Objekt, das ein shared_ptr in den Händen hält, mit vielen anderen zu teilen – solange es auch shared_ptr oder weak_ptr sind. Das verpackte Objekt existiert nur ein einziges Mal. Wenn der letzte shared_ptr verschwindet, der dieses Objekt referenziert, dann verschwindet auch das Objekt.

Sie können diesen Mechanismus nutzen, wenn nicht klar ist, wer alles die Objekte besitzt und wann exakt sie weggeräumt werden sollen – oder auch, wenn Sie genau wissen, dass es Zeitpunkte gibt, in denen mehrere die Objekte besitzen. Alles in allem gibt es wahrscheinlich viel mehr verschiedene Einsatzbereiche für den shared_ptr, eben weil er so viele Freiheiten in Bezug auf Besitz lässt.

```cpp
#include <vector>
#include <iostream>
#include <memory>                        // shared_ptr
#include <random>                        // uniform_int_distribution, random_device
namespace {                              // Beginn des anonymer Namensraums
using std::shared_ptr; using std::make_shared;
using std::vector; using std::cout;
struct Asteroid {
    int points_ = 100;
    int structure_ = 10;
};
```

23.4 Smarte Pointer

```cpp
struct Ship {
    shared_ptr<Asteroid> firedLastOn_{};
    int score_ = 0;
    int firepower = 1;
    bool fireUpon(shared_ptr<Asteroid> a);
};
struct GameBoard {
    vector<shared_ptr<Asteroid>> asteroids_;
    explicit GameBoard(int nAsteroids);
    bool shipFires(Ship& ship);
};
// Implementierung Ship
bool Ship::fireUpon(shared_ptr<Asteroid> a) {
    if(!a) return false;                      // ungültiger Asteroid
    a->structure_ -= firepower;
    if(a.get() == firedLastOn_.get())
        firepower *= 2 ;                      // Schaden vergrößern
    else
        firepower = 1;                        // zurücksetzen
    firedLastOn_ = a;
    return a->structure_ <= 0;                // kaputt?
}
// Implementierung GameBoard
GameBoard::GameBoard(int nAsteroids)
  : asteroids_{}
{   // einige Standard-Asteroiden
    for(int idx=0; idx<nAsteroids; ++idx)
        asteroids_.push_back( make_shared<Asteroid>() );
}
int wuerfel(int min, int max) {
    /* static std::default_random_engine e{}; */    // Pseudo-Zufallsgenerator
    static std::random_device e{};                  // Zufallsgenerator
    return std::uniform_int_distribution<int>{min, max}(e); // würfeln
}
bool GameBoard::shipFires(Ship &ship) {
    int idx = wuerfel(0, asteroids_.size()-1);
    bool kaputt = ship.fireUpon(asteroids_[idx]);
    if(kaputt) {
        ship.score_ += asteroids_[idx]->points_;
        asteroids_.erase(asteroids_.begin()+idx);           // entfernen
    }
    return asteroids_.size() == 0;                          // alles kaputt
}
} // Ende des anonymen Namensraums
```

```
int main() {
    GameBoard game{10};                                 // 10 Asteroiden
    Ship ship{};
    for(int idx = 0; idx < 85; ++idx) {                 // 85 Schüsse
        if(game.shipFires(ship)) {
            cout << "Der Weltraum ist nach " << idx+1 << " Schuessen leer. ";
            break;
        }
    }
    cout << "Sie haben " << ship.score_ << " Punkte erreicht.\n";
}
```
Listing 23.7 Ein Spielfeld mit lauter verschiedenen Objekten.

Wenn Sie dieses Programm laufen lassen, dann können Sie mit etwas Glück den »Weltraum« leer fegen. Hier ist das Ergebnis von ein paar Läufen:

```
Sie haben 700 Punkte erreicht.
Sie haben 800 Punkte erreicht.
Sie haben 800 Punkte erreicht.
Sie haben 600 Punkte erreicht.
Der Weltraum ist nach 84 Schuessen leer. Sie haben 1000 Punkte erreicht.
Sie haben 700 Punkte erreicht.
Sie haben 800 Punkte erreicht.
Der Weltraum ist nach 82 Schuessen leer. Sie haben 1000 Punkte erreicht.
Sie haben 800 Punkte erreicht.
Sie haben 900 Punkte erreicht.
```

So, wie das Programm in main() eingestellt ist, werden auf dem Spielfeld zehn Asteroiden als Ziele erstellt. Jeder hat zu Beginn auch zehn »Struktur«-Punkte – wenn die auf null sind, ist der Asteroid zerstört. Das überprüft die letzte Zeile von Ship::fireUpon. Diese Methode wird von der Hauptmethode dieses Minispiels GameBoard::shipFires() aufgerufen. Weil das Spielfeld die Asteroiden als Datenfelder hat, stehen diese unter dessen Verwaltung – und es gehört somit zu dessen Aufgaben, einen zerstörten Asteroiden auch aus dem »Universum« zu entfernen. Das geschieht nach der Zeile mit ship_.fireUpon: Die Methode meldet selbst mit dem Rückgabewert, ob der Asteroid zerstört wurde. Ist das der Fall, bekommt das Schiff Punkte, und mit asteroids_.erase wird der getroffene Gesteinsbrocken aus dem vector entfernt.

Auf welchen der verfügbaren Asteroiden das Schiff schießt, ermittelt zuvor ein Würfel. Dazu gibt es die Hilfsfunktion wuerfel. Mit den beiden Parametern min und max legen Sie fest, wie viele Seiten der Würfel haben soll, und was die kleinste gewürfelte Zahl ist. Der Würfelwurf selbst geschieht mittels std::uniform_int_distribution<int>{min, max}(e). Wenn Sie mit min und max hier 1 und 6 mitgeben würden, hätten Sie einen echten sechsseitigen Würfel wie aus einem Kniffelspiel. Dadurch, dass max immer an die Anzahl der vorhandenen Asteroiden angepasst wird, hat dieser »Würfel« immer unterschiedlich viele Seiten. Übrigens: Mit random_device erhalten Sie echte Zufallszahlen. Da eine Fehlersuche mit echten Zufallszahlen aber schwierig ist, können Sie stattdessen auch default_random_engine einsetzen. Dann erhalten Sie immer die gleiche Folge von Zahlen, die nur so *aussieht*, als wäre sie zufällig. Das ist nützlich zum Debuggen, aber wenn Sie echten Zufall brauchen, müssen Sie auf random_device umschalten.

Vor allem sehen Sie in diesem Beispiel aber, dass GameBoard die Asteroiden in einem vector<shared_ptr> speichert. Ich habe hier deshalb shared_ptr gewählt, weil ein Ship ebenfalls auf einen Asteroid in diesem vector zeigen soll. Beiden »gehört« somit ein Asteroid. Wenn das GameBoard einen Asteroiden aus seinem vector mit erase entfernt, dann hat das Ship immer noch »seinen« zuletzt beschossenen Asteroiden im Visier und kann Informationen über ihn abfragen – das kann in einem komplizierteren Spiel eventuell nützlich sein. Wenn das Ship ship{} in der nächsten Würfelrunde aber auf den nächsten Asteroiden zielt, dann gibt der shared_ptr des Schiffs den Besitz des bisherigen auf. Entweder wird dieser nun weggeräumt, wenn der vector des GameBoard ihn auch nicht mehr besitzt, oder er bleibt erhalten, wenn er noch darin vorkommt. Alles in allem ist das sehr praktisch, und Sie müssen sich nur um sehr wenig kümmern und Sorgen machen.

Wegen dieser Automatismen spricht man manchmal davon, dass der shared_ptr *Garbage Collection* (*Müllabfuhr*) wie Java betreibt. Dem ist aber nicht so: Java umgeht das Problem der eindeutigen Besitzverhältnisse mittels der Garbage Collection. In C++ sorgt der shared_ptr für »kommunale Besitzverhältnisse«, die aber wohldefiniert sind. So kann sich der Umgang mit shared_ptr manchmal ebenso komfortabel anfühlen wie die sorgenfreie Objektverwaltung in Java. Es gibt aber fundamentale Unterschiede. Vor allem im Bezug darauf, dass Sie den Zeitpunkt der Freigabe der Ressourcen exakt festlegen können, hat der shared_ptr von C++ der Garbage Collection etwas voraus.

23.5 Rohe Zeiger

Immer, wenn ich Ihnen ein Beispiel mit rohen Zeigern gezeigt habe, habe ich versucht, darauf zu achten, Ihnen von deren Benutzung abzuraten. Maximal sollten Sie einen solchen Zeiger verwenden, wenn der Zeiger das Objekt nicht *besitzt*, also für dessen Entfernung via delete nicht zuständig ist:

```
int getSize(const Rect *r) { return r->size(); } // roher Zeiger als Argument
int main() {
    Rect srect{8,12};
    cout << getSize( &srect );        // Adresse von Stackobjekt holen
    unique_ptr<Rect> urect{new Rect{10,20}};
    cout << getSize( urect.get() );   // rohen Zeiger vom smarten Pointer holen
}
```

Es ist unnötig zu erwähnen, dass Sie hier ebenso gut mit einer Referenz als Parameter hätten arbeiten können:

```
int getSize(const Rect &r) { return r.size(); } // Referenz als Argument
```

Dann hätten Sie nur die Aufrufe ein wenig anpassen müssen.

Was Sie definitiv nicht machen sollten, ist, das Ergebnis eines new in einen rohen Zeiger zu packen. Sie werden es in traditionellem C++-Code noch häufig sehen, aber ich gehe hier jetzt mal so weit und markiere es als Fehler – im Sinne dieses Buches und angesichts der Tatsache, dass Sie *modernes* C++ lernen wollen, wohlgemerkt:

```
struct StereoImage {
    Image* rechts_;
    Image* links_;
    StereoImage(const string& nameBase)           // konstruieren
      : rechts_{new Image{nameBase+"rechts.jpg"}} // ok
      , links_{new Image{nameBase+"links.jpg"}}   // gefährlich
    { }
    ~StereoImage() { // Entfernen
        delete rechts_; delete links_;
    }
    StereoImage(const StereoImage&) = delete;     // keine Kopie
    StereoImage& operator=(const StereoImage&) = delete; // keine Zuweisung
};
int main() {
    Image* bild = new Image{"bild.jpg"};          // einem rohen Zeiger?
    StereoImage stereo{"3d"};
    delete bild;
}
```

Listing 23.8 Wenn ein roher Zeiger ein Objekt besitzt, sind die möglichen Fehler oft schwer zu erkennen.

Der rohe Zeiger bild speichert das Ergebnis des new. Das passende delete steht am Ende von main. Doch was geschieht, wenn dies eine andere Funktion in Ihrem Programm wäre und eine Exception vor dem delete ausgelöst würde? Das delete würde nie ausgeführt, und Sie hätten ein Speicherleck. Bitte verwenden Sie hier immer smarte Pointer:

- unique_ptr<Image> bild{ new Image{"bild.jpg"} }; oder
- auto bild = make_shared<Image>("bild.jpg"); – also shared_ptr

Vielleicht sagen Sie: »Dann fange ich die Exception halt und rufe dann delete auf.« Ja, das wäre ein Anfang. Doch rettet Sie das nicht während der Initialisierung von links_: Eine Exception im Konstruktor von Image bei der Initialisierung von links_ hat sehr subtile Auswirkungen. Das new für rechts_ wurde ja schon ausgeführt und der Speicher angefordert. Eine Exception während der Initialisierung von links_ verhindert zwar, dass für links_ Speicher verloren geht, aber rechts_ ist unwiederbringlich verloren: Weil die Exception den Konstruktor verlässt, gilt stereo als nicht erzeugt – und somit wird der Destruktor mit den delete-Anweisungen nicht aufgerufen. Sie haben keinen Zugang zu rechts_, um den noch wegzuräumen. Sie haben ein Speicherleck.

Ich empfehle Ihnen, auch hier smarte Pointer zu verwenden:

- `unique_ptr<Image> rechts_; unique_ptr<Image> links_;` oder
- `shared_ptr<Image> rechts_; shared_ptr<Image> links_;`

und dann die Initialisierung mit `rechts_{ new Image{ nameBase+"rechts.jpg" } }`, `links_{ new Image{ nameBase+"links.jpg" } }` machen und die Probleme sind gelöst.

Ein weiterer Vorteil: Sie müssen nicht unbedingt den Kopierkonstruktor und den Zuweisungsoperator mit `= delete` löschen:

- Mit `unique_ptr` sind diese unmöglich, und der Compiler kann sie ohnehin nicht erzeugen – dann müssen Sie sie auch nicht explizit verbieten.
- Mit `shared_ptr` bekommen Sie die beiden Operationen, und wenn Sie sie verwenden, dann tun die, was sie sollen, und machen Ihr Programm nicht kaputt.

Das können Sie in Kapitel 21, »Der Lebenszyklus von Klassen«, rund um die Erklärung von Listing 21.19 ebenfalls noch einmal nachlesen.

Wenn rohe Zeiger ein Objekt verwalten, sollten sie es nicht besitzen. Um aber auf ein Objekt zu verweisen, das jemand anderem gehört, sind sie durchaus sehr nützlich. Sie haben in Listing 23.1 gesehen, wie Sie einen Zeiger `*` in einem Container verwenden, um das Element vor Ort zu ändern. Sie haben mit der Referenz `&` schon ein Sprachelement kennengelernt, mit dem Sie auf ein Element im Container verweisen können. Doch das hätte in dem Beispiel nicht funktioniert. Denn so praktisch und sicher eine Referenz `&` auch ist, so kann sie zwei Dinge nicht, die ein Zeiger kann:

- **Eine Referenz können Sie nicht neu zuweisen.**
  Wenn Sie `int wert = 42; int &ref = wert;` geschrieben haben, dann verweist `ref` ab jetzt *immer* auf `wert`. Mit `ref = 99;` weisen Sie also immer auch `wert` etwas Neues zu. Haben Sie aber einen Zeiger `int *ptr = &wert;`, dann können Sie einerseits mit `*ptr = 66;` dasselbe erreichen wie mit der Referenz, andererseits aber auch auf eine völlig neue Variable verweisen. Das Folgende ginge mit Referenzen so nicht:

  ```
  int wert = 42;
  int &ref = wert;
  ref = 99;          // wert ist jetzt 99
  int *ptr = &wert;
  *ptr = 66;         // wert ist jetzt 66
  int neu = 73;
  ptr = &neu;        // ptr verweist nun nicht mehr auf wert
  *ptr = -1;         // wert bleibt 66, neu ist jetzt -1
  ```

- **Sie können keine Referenzen in einem Container speichern.**
  Es kann kein `vector<int&>` oder Ähnliches geben. Eine Referenz ist ein etwas Abstraktes, das nur für den Compiler existiert. Im kompilierten Programm und zur Laufzeit sehen Sie keine Spur mehr davon. Jeder Container benötigt aber ein physisch vor-

handenes Stückchen Speicher für seine Elemente. Hier benötigen Sie also irgendeine Form von Zeigern – seien es smarte Pointer, rohe Zeiger oder auch Iteratoren, wie Sie später noch sehen werden.

Hier haben rohe Zeiger durchaus ein Anwendungsfeld. Wenn die Objekte im Container den Zeigern nicht gehören, scheiden unique_ptr ohnehin aus. shared_ptr wären möglich, doch warum sollten Sie geteilten Besitz verwalten, wenn dem gar nicht so ist? Rohe Zeiger sind da genau das Richtige.

```cpp
#include<vector>
#include <numeric>      // iota
#include <iostream>
using std::vector; using std::cout;
struct Zahl {           // stellvertretend für ein großes, teures Objekt
    unsigned long val_;
    Zahl(unsigned long val) : val_{val} {}
    Zahl() : val_{0} {}
};
/* ermittelt anhand bisheriger Primzahlen, ob z eine Primzahl ist */
bool isPrim(const Zahl& z, const vector<Zahl*> prims) {
    for(Zahl* p : prims) {
        if((p->val_*p->val_) > z.val_) return true;     // zu groß
        if(z.val_ % p->val_ == 0) return false;         // ist Teiler
    }
    return true;
}
int main() {
    vector<Zahl> alleZahlen(98);    // 98 mit null initialisierte Elemente
    std::iota(begin(alleZahlen), end(alleZahlen), 3);   // 3..100
    /* alleZahlen enthält jetzt {3..100} */
    vector<Zahl*> prims{};          // bekommt ermittelte Primzahlen
    Zahl zwei{2};
    prims.push_back(&zwei);         // die 2 wird gebraucht
    for(Zahl &z : alleZahlen) {     // über alle Zahlen iterieren
        if(isPrim(z, prims)) {
            prims.push_back( &z );  // speichere Adresse
        }
    }
    /* Rest ausgeben */
    for(Zahl* p : prims)
        cout << p->val_ << " ";
    cout << "\n";
}
```

Listing 23.9 »prims« enthält Zeiger in einen anderen Container.

Ich habe Ihnen schon in Listing 12.1 gezeigt, wie Sie schnell eine Liste von Primzahlen berechnen können. Im Prinzip funktioniert das hier genauso. In isPrim nehme ich die bisher berechneten Primzahlen in prims her, um zu prüfen, ob sie z teilen. Wenn das Quadrat größer z ist, haben Sie alle potenziellen Teiler geprüft und eine neue Primzahl gefunden.

Diesmal habe ich mich aber entschieden, keine *Kopie* in den Ergebnisvektor prims zu speichern. Angenommen, struct Zahl wäre etwas, das sehr teuer zu kopieren wäre. Daher nimmt prims die Adressen der Zahl-Elemente auf – also die rohen Zeiger.

Für jede ermittelte Primzahl holen Sie sich mit &z die Adresse des Zahl-Objekts und fügen sie hinten an prims an:

prims.push_back(&z);

In Typen gesprochen heißt das:

- z ist eine Zahl.
- &z ist somit ein Zahl*.
- prims ist ein vector<Zahl*>.
- Daher sind die Elemente von prims vom Typ Zahl*.

Das passt also zusammen.

Interessant ist noch folgende Stelle:

Zahl zwei{2};
prims.push_back(&zwei); // die 2 wird gebraucht

Da alleZahlen erst die Zahlen beginnend mit 3 enthält, haben Sie für die erste Primzahl – 2 – kein Objekt in alleZahlen, dessen Adresse Sie in prims speichern können. Aber das brauchen Sie mit Zeigern nicht. Sie können die Adressen von Objekten nehmen, die an beliebigen Stellen im Speicher stehen. Die Variable Zahl zwei{2}; ist ein Objekt mit einer Adresse, die sogleich nach prims wandert.

Sie sehen, dass Sie beim Speichern von Adressen mitnichten darauf eingeschränkt sind, Ihre rohen Zeiger nur aus einer »Quelle« zu holen. Sie müssen nur darauf achten, dass alle Quellen so lange existieren, wie auch die gespeicherten Zeiger existieren.

Was dürfen Sie also auf gar keinen Fall machen? prims als Ergebnis zurückgeben wie in Listing 23.10.

Dort sind die Quellobjekte mit alleZahlen beim Verlassen der Funktion zerstört worden. Die Zeiger, die Sie in prims für das return prims; gespeichert haben, sind außerhalb der Funktion nicht mehr gültig. Eine Dereferenzierung ist dann verboten und führt bestenfalls zum Programmabsturz.

```
vector<Zahl*> primZeiger(unsigned long bis) {
    vector<Zahl> alleZahlen;
    vector<Zahl*> prims{};
    // ...
    for(Zahl &z : alleZahlen)
        if(isPrim(z, prims))
            prims.push_back( &z );  // speichere Adresse
    return prims;
}
```

Listing 23.10 Liefern Sie keine Adressen von Objekten zurück, die außerhalb der Funktion nicht mehr gültig sind.

Das finden Sie nicht befriedigend? Dann werfen Sie einen Blick auf Erweiterungsfrage 1 für eine Anregung.

23.6 C-Arrays

Sie haben mit vector und array schon sehr gute Möglichkeiten, mehrere gleichartige Elemente hintereinander zu speichern. Aber manchmal müssen Sie doch auf die Ursprünge zurückgreifen, und das heißt in diesem Fall: auf C-Arrays.

Im Prinzip ist ein C-Array das Gleiche wie ein roher Zeiger mit der zusätzlichen Information einer *Größe*. Während ein Zeiger auf einen einzelnen Wert zeigt, zeigt ein C-Array auf den Anfang mehrerer hintereinander liegender Werte:

```
int* wert = 42;
int zeiger = &wert;   // zeigt auf einen einzelnen int
int carray[10] = { 1,2,3,4,5,6,7,8,9,10 };  // C-Array von 10 int-Werten
```

Nun hat carray den Typ int[10], und Sie können zum Beispiel über alle Elemente mit der bereichsbasierten for-Schleife iterieren:

```
for(int val : carray)
    cout << val;
```

Sie können auch das fünfte Element entnehmen oder das achte Element beschreiben. Dabei ist zu beachten, dass wie beim vector und array der Index der Elemente bei null beginnt.

```
int x = carray[4];   // hole das 5. Element
carray[7] = 12;      // schreibe das 8. Element
```

Etwas trickreicher ist, wie ein C-Array mit rohen Zeigern zusammenarbeitet. So können Sie zum Beispiel jedes C-Array implizit in einen einfachen Zeiger desselben Typs umwandeln. So erhalten Sie einen int*:

```
int* ptr = carray;
```

Dieser ptr zeigt nun auf carray[0]. Mit *ptr = 99; setzen Sie also carray[0] = 99;.

23.6.1 Rechnen mit Zeigern

Wenn ein roher Zeiger in ein C-Array zeigt, dann können Sie mit diesem Zeiger rechnen. Verwenden Sie zum Beispiel die Operationen ++, -- sowie + und - mit einer Ganzzahl:

```
#include <iostream>
int main() {
    int carray[10] = { 1,1 };  // initialisiert zu { 1,1,0,0,0,0,0,0,0,0 }
    int* ende = carray+10;      // Zeiger hinter das letzte Element
    for(int* p =carray+2; p != ende; ++p) {
        *p = *(p-1) + *(p-2); // addiert die vorigen beiden Zahlen
    }
    for(int* p=carray; p != ende; ++p)
        std::cout << *p << " ";
    std::cout << "\n";
}
```

Listing 23.11 Mit rohen Zeigern, die in ein C-Array zeigen, können Sie rechnen.

Dieses Programm gibt 1 1 2 3 5 8 13 21 34 55 aus. Wie geht das vonstatten? Zunächst initialisiert das Programm carray mit zwei Einsen, gefolgt von so vielen Nullen, wie nötig sind. Achtung: Wenn Sie keine Initialisierung angeben, dann enthält das C-Array zufällige Werte, also bei:

int carray[10];

Mit carray+10 initialisieren Sie ende so, dass es ein Zeiger *hinter* das letzte Element des C-Arrays ist. Es ist in C und C++ eine häufig genutzte Konvention, sich das Ende eines Bereichs auf diese Weise zu merken, und nicht etwa auf das letzte Element selbst zu verweisen. Der Nebeneffekt ist, dass die Differenz der beiden Zeiger carray und ende genau die Anzahl der Elemente dazwischen ist: ((ende-carray)==10) ist wahr.

Dann initialisieren Sie für die Schleife den int*-Zeiger p mit carray+2, zeigen also auf das erste Element hinter den beiden Einsen in carray. Das soll die erste Stelle sein, die Sie schreiben wollen. Für jede Iteration der Schleife rücken Sie p um eine Position im C-Array vor. Das geht ganz einfach mit ++p. Jedoch müssen Sie das for nach jedem Inkrement daraufhin überprüfen, ob die Schleife nicht zu Ende ist: p != ende überprüft, ob p noch nicht auf das Element hinter dem C-Array zeigt, was das Ende der Schleife bedeutet. So zeigt p im Laufe der Schleife also auf carray+2, carray+3, carray+4, ... bis carray+9, um den Schleifenrumpf auszuführen. Das letzte Inkrement erhöht p auf carray+10, was die Abbruchbedingung der Schleife darstellt.

Im Schleifenrumpf schreiben Sie in *p, also nacheinander in das, auf was carray+2 bis carray+9 verweisen. Was schreiben Sie? Na, mit *(p-1) + *(p-2) die Summe der beiden vorherigen Elemente - für den ersten Durchlauf also effektiv:

```
*p = *(p-1) + *(p-2);   // beim ersten Schleifendurchlauf ist p = carray+2, also:
*(carray+2) = *(carray+2-1) + *(carray+2-2);   // gleich:
*(carray+2) = *(carray+1) + *(carray+0);       // gleich:
carray[2] = carray[1] + carray[0];             // also:
carray[2] = 1 + 1;
```

Hier haben Sie etwas über die unterschiedlichen Schreibweisen gelernt. *(carray+x) ist gleichbedeutend mit carray[x].

Im zweiten Schleifendurchlauf, wenn p = carray+3 ist, ergibt das letztlich

```
carray[3] = carray[2] + carray[1];   // also:
carray[2] = 2 + 1;
```

und so weiter und so fort, bis das ganze carray überschrieben ist zu {1, 1, 2, 3, 5, 8, 13, 21, 34, 55}.

23.6.2 Verfall von C-Arrays

Sie haben gesehen, dass Sie mit der bereichsbasierten for-Schleife über ein C-Array iterieren können. Das können Sie, weil gegenüber einem rohen Zeiger int* das C-Array int[10] die Größe mit sich herumträgt. Leider ist diese Information sehr flüchtig, und sobald Sie das C-Array einer Funktion übergeben, ist sie verloren. Das C-Array *verfällt* dann zu einem einfachen rohen Zeiger, der sich die Arraygröße nicht merken kann (dt. *verfallen*, engl. *decay*). Konkret wird aus int[10] (und jeder anderen Größe) ein int*.

```
#include <iostream>
void fibonacci(int data[], int* ende) {
    for(int* p = data+2; p != ende; ++p) {
        *p = *(p-1) + *(p-2);
    }
}
std::ostream& print(std::ostream &os, int data[], int* ende) {
    for(int* p=data; p != ende; ++p)
        std::cout << *p << " ";
    return os;
}
int main() {
    int carray[10] = { 1,1 };  // initialisiert zu { 1,1,0,0,0,0,0,0,0,0 }
    fibonacci(carray, carray+10);
    print(std::cout, carray, carray+10) << "\n";
}
```

Listing 23.12 C-Arrays verfallen als Parameter zu rohen Zeigern.

Aus diesem Grund können Sie den Parameter einer Funktion nicht als int[10], sondern nur als int* deklarieren. Einen Hinweis können Sie dem Benutzer der Funktion jedoch geben. Für int* können Sie die alternative Schreibweise int[] verwenden. Damit deuten Sie an, dass der Parameter eigentlich einem C-Array von int-Elementen entstammt. Wie groß das Array ist, das können Sie jedoch nur im Kommentar mitteilen. Oder – und das ist in diesen Fällen der übliche Weg – Sie fügen der Funktion einen Endeparameter hinzu, der (wie im vorigen Beispiel) hinter das Ende des C-Arrays zeigt.

Außer dass ich als Funktionsparameter nun int data[] anstatt carray[10] direkt verwende, hat sich nicht viel geändert. Den zusätzlichen Parameter ende benötige ich, um das Schleifenende mitzuteilen.

Als Alternative zu ende können Sie natürlich auch die Anzahl der Elemente – also 10 – beim Aufruf mitgeben:

```
std::ostream& print(std::ostream &os, int data[], size_t anzahl) {
    for(int* p=data; p != (data+anzahl); ++p)
        std::cout << *p << " ";
}
```

Im C-Umfeld wird diese Variante häufiger benutzt, während die Version mit dem Zeiger ende beim Umgang mit der C++-Standardbibliothek praktischer ist. Wie Sie noch sehen werden, lassen sich diese Erkenntnisse über Zeiger direkt auf das Konzept von *Iteratoren* übertragen.

23.6.3 Dynamische C-Arrays

Wenn Sie ein C-Array als automatische Stapel-Variable anlegen, dann muss die Größe des Arrays eine Konstante sein – beziehungsweise constexpr, um genau zu sein.

```
void calc(size_t sz) {
    int carray[10]; // ok
    int darray[sz]; // Fehler: sz ist keine Konstante
}
```

Wenn Sie dies schreiben wollen, dann müssen Sie einen Compiler haben, der von C++14 schon *dynamische automatische C-Arrays auf dem Stapel* beherrscht.[2] Bis dahin müssen Sie ein solches *dynamisches C-Array* mit new[] anlegen:

```
void calc(size_t sz) {
    int[] darray = new int[sz];
    // ...
    delete[] darray;
}
```

Sie sehen schon: Ebenso, wie zu einem new ein delete gehört, benötigen Sie für ein new[] ein delete[]. Achtung: Sie dürfen ein mit new[] angelegtes C-Array nicht aus Versehen mit delete (ohne Klammern) entfernen.

---

[2] Zum Zeitpunkt, als dieses Buch entstand, boten mindestens g++ und Clang diese Funktionalität.

Wenn Sie ein solches dynamisches C-Array einmal angelegt haben, können Sie damit genauso agieren wie mit dem zuvor besprochenen automatischen C-Array. Der einzige Unterschied in der Handhabung ist, dass Sie sich um die Entsorgung mit `delete[]` kümmern müssen.

Ist Ihnen `delete[]` zu mühselig? Da stimme ich Ihnen zu. Ebenso wie bei selbst verwalteten rohen Zeigern können hier Ressourcen verloren gehen, wenn Sie nicht scharf aufpassen. Sie sollten erwägen, ob Sie nicht ein `vector` verwenden können. Und wenn das nicht geht, dann wickeln Sie das C-Array doch sofort nach der Erstellung in einen `unique_ptr` ein. Der hat nämlich die Fähigkeit, für Sie `delete[]` aufzurufen:

```cpp
#include <memory>      // unique_ptr
#include <iostream>    // cout
std::unique_ptr<int[]> createData(size_t sz) {
    return std::unique_ptr<int[]>(new int[sz]);
}
void fibonacci(int data[], int* ende) {
    for(int* p = data+2; p != ende; ++p) {
        *p = *(p-1) + *(p-2);
    }
}
std::ostream& print(std::ostream &os, int data[], int* ende) {
    for(int* p= data; p != ende; ++p)
        std::cout << *p << " ";
    return os;
}
int main() {
    std::unique_ptr<int[]> data { createData(10) };
    data[0] = 1; // setzen Sie Werte im array durch den unique_ptr
    data[1] = 1;
    fibonacci(data.get(), data.get()+10); // holen Sie sich den C-Array-Zeiger mit get()
    print(std::cout, data.get(), data.get()+10) << "\n";
}
```

Listing 23.13 »unique_ptr« arbeitet mit dem dynamischen C-Array zusammen.

Wie Sie sehen, können Sie hier alles nutzen, was Sie über `unique_ptr` schon wissen: Sie können ihn als Rückgabewert verwenden und müssen sich um die Entsorgung nicht kümmern. Mit `data.get()` kommen Sie an den zugrunde liegenden Zeiger auf das C-Array heran, und mit `data[n]` können Sie durch den `unique_ptr` sogar auf die einzelnen Elemente direkt zugreifen.

23.6.4 Zeichenkettenliterale

Eine bestimmte Form von C-Arrays ist besonders wichtig, weil besonders häufig: das C-Array `const char[]`.

Wenn Sie einen Text als Literal direkt in den Quelltext schreiben, dann interpretiert der Compiler dies als C-Array des Typs `char` mit der Größe, die der Textlänge entspricht.

Jedoch ist ein Zeichen am Ende »unsichtbar«: Jedes Zeichenkettenliteral endet mit den Zeichen '\0' (der char mit dem Zahlwert null), um dessen Ende zu markieren.

Sie schreiben also ganz korrekt:

```
const char hello[3] = "hi";
```

Das C-Array hallo ist drei Zeichen lang. Es enthält die char-Elemente { 'h', 'i', '\0'}. Deswegen können Sie alternativ auch umständlicher schreiben:

```
const char hello[3] = { 'h', 'i', '\0' };
```

Das ist komplett gleichbedeutend, wird aber logischerweise selten gemacht.

Und noch etwas können Sie einfacher machen. Wenn Sie ein Literal auf diese Weise bei der Definition einer Variable angeben, dann kann der Compiler die Größe des C-Arrays herausfinden. Sie müssen nicht selbst abzählen. Sie können einfach Folgendes schreiben:

```
const char hello[] = "hi";
```

Dies definiert die Variable hello ebenfalls als const char[3].

Ob Sie die Arrayklammern [] oder den Zeigerstern * zur Deklaration Ihrer Textkonstanten verwenden, ist in der Praxis oft egal. Wählen Sie, was Ihnen besser gelegen kommt. Was vielleicht etwas gewöhnungsbedürftig ist, ist der Umstand, dass die Arrayklammern nach der *Variablen* stehen (obwohl sie ja eigentlich zum Typ der Variable gehören), während der Zeigerstern nach dem Typ steht – für mich die naheliegendere Notation.

```
const char vimes[13] = "Samuel Vimes"; // const char[13]
const char colon[] = "Fred Colon";     // const char[11]
const char *nobby = "Nobby Nobbs";     // const char[12]
```

Wenn Sie ein solches Textliteral zusammen mit string verwenden, fällt es Ihnen gar nicht auf, dass es sich um einen const char[] handelt. Es gibt einen Konstruktor, der const char* in string umwandelt.

```
#include <string>
#include <iostream>                              // cout
using std::string; using std::cout;
string greet(string name) {
    return name + "!";                           // string operator+(string, const char*)
}
int main() {
    string name{ "Havaloc Vetinari" };           // explizit: string(const char*)
    cout << "Angua";                             // ostream& operator<<(ostream&, const char*)
    cout <<                                      // ostream& operator<<(ostream&, string)
       greet("Carrot Ironfoundersson");          // implizit: string(const char*)
}
```

Listing 23.14 Mit »string« fällt Ihnen oft gar nicht auf, dass Textliterale »const char[]« sind.

Während cout << "Angua" direkt das C-Array ausgibt, ist es bei cout << greet(...) der zurückgegebene string. Der Parameter von greet wird implizit vom C-Array in einen string umgewandelt. Für den Rückgabewert von greet() wird der vorhandene string mithilfe von operator+ mit einem const char[] verkettet – was einen neuen string ergibt.

23.7 Iteratoren

Wenn Sie jetzt schon alles über rohe Zeiger und C-Arrays wissen, dann ist es auch an der Zeit, das Konzept der *Iteratoren* zu betrachten. Letztendlich ist es ganz einfach: Was der rohe Zeiger für ein C-Array ist, ist der Iterator für die Standardcontainer - mit dem Unterschied, dass Sie mit Iteratoren und Standardcontainern mehr machen können, als Sie es mit Zeigern und C-Arrays können. Das liegt daran, dass Iteratoren als Klassen implementiert sind, die Sie mit den üblichen C++-Mitteln mit weiterer Intelligenz ausstatten können. Und nicht zuletzt sind rohe Zeiger *kompatibel* mit Iteratoren in dem Sinne, dass Sie rohe Zeiger dort verwenden können, wo Iteratoren verlangt werden. Man könnte auch sagen, rohe Zeiger sind auch nur eine bestimmte Form von Iteratoren. Iteratoren sind also eigentlich nur ein Konzept, auf das rohe Zeiger passen.

Wenn Sie rohe Zeiger mit Iteratoren vergleichen wollen, dann müssen Sie zuerst wissen, was das Pendant dazu ist, vom C-Array int carr[10] den Anfang zu holen. Mit rohen Zeigern ist das einfach: carr wird implizit in einen int* umgewandelt und ist der Anfang. Bei Standardcontainern holen Sie sich den Anfang mit der Methode begin() oder der freien Funktion begin(container). Und wo es einen Anfang gibt, existiert in diesem Fall auch ein Ende: Das holen Sie sich mit der Methode end() oder end(container). Das funktioniert für alle Standardcontainer von der list über vector und set bis zu array und unordered_map etc.

```
#include <vector>
#include <iostream> // cout
using std::vector;
int main() {
    vector<int> data{ 5,4,3,2,1 };
    vector<int>::const_iterator ende = data.end(); // oder end(data)
    for(vector<int>::const_iterator it = data.begin(); it!=ende; ++it) {
        std::cout << *it << " ";
    }
    std::cout << "\n";
}
```

Listing 23.15 Iteratoren holen Sie mit »begin« und »end«.

Auch einen Iterator können Sie mit ++ inkrementieren. Die Überprüfung des Schleifenendes geschieht ebenfalls mit einem Vergleich, hier mit it!=ende. Auch bei einem Iterator kommen Sie mit dem Dereferenzierungsoperator * an den eigentlichen Wert heran, hier mit *it. Was Zeiger können, muss auch ein Iterator können. Daher könnten Sie auch die Anzahl der Elemente mit end(data)-begin(data) bestimmen.

Doch wo vorher ein int* stand, steht nun ein vector<int>::const_iterator. Da der exakte Typ eines Iterators sowohl vom Typ des Containers als auch vom Typ der Elemente abhängt, müssen Sie, um den genauen Typ eines Iterators zu bekommen, in den Container »hineingreifen«. Jeder Container hat zwei verschiedene Iteratortypen, die Sie auf diese Weise bekommen können:

- iterator
  erlaubt Ihnen bei der Dereferenzierung den Wert im Container zu verändern, also zum Beispiel *it = 12;
- const_iterator
  erlaubt Ihnen einen Nur-Lese-Zugriff auf die Elemente, zum Beispiel für cout << *it

Je nachdem, was Sie mit dem Iterator vorhaben, sollten Sie entweder den einen oder anderen Typ verwenden. Von den Methoden begin() und end() gibt es jeweils zwei Varianten. Für den Container Container sähen sie sinngemäß so aus:

```
struct Container {
    iterator        begin();
    iterator        end();
    const_iterator  begin() const;
    const_iterator  end() const;
    const_iterator  cbegin() const;
    const_iterator  cend() const;
};
```

Ist Ihr Container zum Beispiel ein const-Parameter einer Funktion, können Sie auch nur const_iterator zurückerhalten. Ist der Container veränderbar, sollten Sie entscheiden, welchen Iteratortyp Sie benötigen.

Sie wollen nicht immer std::vector<std::string>::const_iterator tippen müssen, wenn Sie eine Schleife programmieren? Das müssen Sie auch nicht. Hier hilft Ihnen auto, mit dem der Compiler den korrekten Typ berechnet:

```
#include <iostream>                    // cout
#include <vector>
using std::vector;
vector<int> createData(size_t sz) {
    return vector<int>(sz);            // sz x null
}
void fibonacci(vector<int> &data) {
    for(auto it = begin(data)+2; it != end(data); ++it) { // iterator it
        *it = *(it-1) + *(it-2);
    }
}
```

```
std::ostream& print(std::ostream &os, const vector<int> &data) {
    for(auto it=begin(data); it != end(data); ++it)      // const_iterator it
        std::cout << *it << " ";
    return os;
}
int main() {
    vector<int> data = createData(10);
    data[0] = 1;
    data[1] = 1;
    fibonacci(data);
    print(std::cout, data) << "\n";
}
```

Listing 23.16 Für »const«-Objekte liefern »begin()« und »end()« einen »const_iterator« zurück.

In `fibonacci` ist der Parameter `data` nicht konstant. Daher liefern `begin` und `end` einen Iterator vom Typ `vector<int>::iterator` zurück. Durch das `auto` brauchen Sie das für `it` nicht selbst zu tippen, der Compiler macht das für Sie.

In `print` ist der Parameter `data` konstant, und in dem Fall erhalten Sie von `begin` und `end` ein `vector<int>::const_iterator` zurück – gut geeignet für die Nur-Lese-Ausgabe.

23.7.1 Mehr Funktionalität mit Iteratoren

Viele Methoden der Standardcontainer bekommen als Parameter keinen Index oder Zeiger, wenn auf ein Element verwiesen wird. Schließlich ist es ja nur der `vector`, der das Konzept des Index mit einer Ganzzahl kennt. Daher zieht es sich durch die ganze Standardbibliothek, dass Sie Iteratoren für Positionen angeben müssen. Wollen Sie zum Beispiel ein Element aus einem `vector` löschen?

```
vector<int> data { 2,5,99,8,3, };
data.erase( data.begin()+2 );   // löscht 99
```

Noch häufiger gilt dies für Bereiche. Sie können alles von 5 bis 8 löschen:

```
vector<int> data { 2,5,99,8,3, };
data.erase( data.begin()+1, data.begin()+4 );   // löscht 5,99,8
```

Hier ist zu beachten, dass die hintere Bereichsgrenze *immer* auf das Element *nach* dem Bereich zeigt. `data.begin()+4` verweist auf die 3 in `data` – gelöscht wird daher von 5 bis *vor* der 3. Das gilt für alle Methoden aller Standardcontainer und freien Funktion, mit Iteratoren, mit Ausnahme einiger Methoden von `forward_list`.

Denn von denen gibt es viele. Im Header `<algorithm>` und `<numeric>` finden Sie sehr, sehr viele. Sie können zum Beispiel nahezu jeden Standardcontainer sortieren, indem Sie (sinngemäß) Folgendes aufrufen:

```cpp
#include <algorithm>
int main() {
   // ...
   std::sort(begin(container), end(container));
}
```

Mit `map` oder `set` brauchen Sie das nicht zu probieren, denn die sind schon sortiert. Aber `list`, `vector` und `array` können Sie so sortieren.

Zu guter Letzt können Sie Iteratoren erweitern und mit neuen Funktionalitäten ausstatten. Sehen Sie zum Beispiel hier, wie Sie mit einem Ausgabe-Iterator `ostream_iterator` den Inhalt jedes beliebigen Containers auf `cout` ausgeben können.

```cpp
#include <vector>
#include <iostream>    // cout
#include <iterator>    // ostream_iterator
#include <algorithm>   // copy
int main () {
  std::vector<int> data { 1, 2, 3, 7, 9, 10 };
  std::ostream_iterator<int> out_it (std::cout,", "); // bei Zuweisung nach cout
  std::copy(data.begin(), data.end(), out_it);        // Alle Elemente in den Iterator
  std::cout << "\n";                                  // Ausgabe: 1, 2, 3, 7, 9, 10,
}
```

Listing 23.17 Speziell angepasste Iteratoren wie »ostream_iterator« können mehr, als nur in einen Container zu zeigen.

Jedes Mal, wenn der Iterator `out_it` vom Typ `ostream_iterator` dereferenziert und dann etwas zugewiesen bekommt, dann gibt er es auf `cout` aus. Zwischen den Elementen druckt er ein Komma mit Leerzeichen ", ". Ein `*out_it = 42` führt also zur Ausgabe `42,`. Der Algorithmus `copy` aus dem Header `<algorithm>` führt nun genau diese Zuweisung für alle Elemente innerhalb des Bereichs zwischen `data.begin()` und `data.end()` aus. Als Ergebnis bekommen Sie also alle Elemente auf `cout` zu Gesicht.

Im Header `<iterator>` gibt es noch andere nützliche Dinge für Iteratoren. So können Sie einen Bereich mit `reverse_iterator` umdrehen oder mit `make_move_iterator` einen eigentlich kopierenden Algorithmus verschieben lassen. Für die genauen Funktionalitäten verweise ich Sie auf die Referenz.

23.7.2 Zeiger als Iteratoren

Wenn Sie sich einmal an Iteratoren gewöhnt haben, dann müssen Sie sich auch für den Umgang mit C-Arrays nicht mehr umgewöhnen. Für alle Algorithmen aus der Standardbibliothek, die Iteratoren als Parameter nehmen, können Sie auch rohe Zeiger verwenden. Warum? Weil rohe Zeiger nur eine bestimmte Form der Iteratoren sind. Sie sind damit kompatibel.

So können Sie in Listing 23.17 einfach den `vector<int>` durch ein `int[6]` ersetzen:

```
#include <iostream>     // cout
#include <iterator>     // ostream_iterator
#include <algorithm>    // copy
int main () {
  int data[6] = { 1, 2, 3, 7, 9, 10 };
  std::ostream_iterator<int> out_it (std::cout,", ");
  std::copy(data, data+6, out_it);            // Zeiger als Iteratoren
  std::cout << "\n";                          // Ausgabe: 1, 2, 3, 7, 9, 10
}
```

Listing 23.18 Rohe Zeiger können Sie wie Iteratoren verwenden.

Hier ist es `copy`, das statt der Iteratoren jetzt rohe Zeiger als Beginn- und Endepositionen bekommt.

23.8 Zeiger im Container

Sie können alle Formen von Zeigern auch in Standardcontainer packen. Es gilt aber das Gleiche wie für Zeiger außerhalb von Containern: Die Besitzverhältnisse kommen mit dem Zeigertyp den Sie wählen, nicht mit dem Containertyp.

- `vector<Planet*> planets` hält nur die Zeiger selbst und fühlt sich ohne Ihr Zutun nicht für die Heap-Objekte verantwortlich. Wenn `planets` als Stapelobjekt automatisch entfernt wird, wird nicht automatisch `delete` für die Elemente aufgerufen. Das müssen Sie entweder vorher selbst machen, wenn `planets` der Besitzer der Objekte sein soll – oder Sie halten die Adressen noch in einer anderen Variablen, die dann der Besitzer ist.

- `vector<unique_ptr<Planet>>` ist immer automatisch auch der Besitzer der Elemente, wie es `vector<Planet>` auch wäre.

- `vector<shared_ptr<Planet>>` ist teilweise der Besitzer der Elemente, wie beim normalen `shared_ptr`.

Für diejenigen, die ohne C++11 und seine smarten Pointer auskommen müssen, gilt: Einen `vector<auto_ptr>` kann es nicht geben. Sie dürfen und können einen `auto_ptr` nicht in einen Standardcontainer packen. Das liegt daran, dass die Besitzverhältnisse des `auto_ptr` irreführend und nicht kanonisch sind – und das ist der Hauptgrund, warum dieser Typ *veraltet* (engl. *deprecated*) ist.

23.9 Die Ausnahme: Wann das Wegräumen nicht nötig ist

Es gibt durchaus den Fall, dass Sie Objekte, die Sie angelegt haben, nicht wegräumen wollen. Wenn Sie wissen, dass das Programm sowieso gleich zu Ende ist, das Wegräumen der Daten unnötig Zeit verbrauchen würde und die einzige belegte Ressource der Speicher ist, dann können Sie Heap-Objekte nutzen, um Zeit zu sparen.

Jedes Stapelobjekt und jedes globale Objekt würde beim Verlassen von `main` entfernt. Aber vielleicht haben Sie ein enormes neuronales Netzwerk oder einen supergroßen Suchbaum erzeugt. Wenn der zum Beispiel aus einer Million kleiner Knoten besteht, dann kann das Wegräumen schon mal ein paar Sekunden dauern. Am Programmende gibt das Betriebssystem ohnehin den gesamten Speicher »en bloc« wieder frei. Das Freigeben kurz vor Programmende können Sie sich also sparen.

Und das ist der Fall, in dem es Ihnen erlaubt ist, `new` ohne `delete` zu verwenden. Wenn das Programm sich sowieso gleich beendet, dann können Sie sich das Wegräumen von Nur-Speicher-Ressourcen sparen.

```cpp
#include <map>
#include <memory> // unique_ptr
#include <string>
#include <iostream>
#include <chrono> // Zeitmessung
using std::map; using std::cout; using std::endl; using std::unique_ptr;
using namespace std::chrono;
struct Node {
  unique_ptr<int> d_;
  Node() : Node{0}  { }
  explicit Node(int d) : d_{ new int } { *d_ = d; } // auch etwas Speicher
  friend bool operator<(const Node& a, const Node& b) { return a.d_<b.d_; }
  friend bool operator==(const Node& a, const Node& b) { return a.d_==b.d_; }
};
long long millisSeit(steady_clock::time_point start) { // Helfer zur Zeitmessung
  return duration_cast<milliseconds>(steady_clock::now()-start).count();
}
int main() {
  unique_ptr<map<int,Node>> riesig{ new map<int,Node>{} };
  cout << "Aufbau..." << endl;
  steady_clock::time_point start = steady_clock::now();
  for(int idx=0; idx < 100*1000*1000; ++idx) { // massive Menge in der map
     (*riesig)[idx] = Node{idx};
  }
  cout << "Fertig: " << millisSeit(start) << " ms" << endl; // Zeitmessung hier
  start = steady_clock::now();
  riesig.reset();                                           // wegräumen hier
  cout << "Ende: " << millisSeit(start) << " ms" << endl;   // Zeitmessung hier
}
```

Listing 23.19 Lohnt es sich, das Freigeben von Speicher zu sparen?

Um zu messen, wie lange etwas nach dem Verlassen von `main` benötigt, bräuchten Sie eine Zeitmessung außerhalb des Programms. Ich simuliere hier einmal mit dem Aufruf von `riesig.reset()` das Wegräumen der `map`, indem ich dem `unique_ptr` sage, dass er seinen Schützling wegräumen soll. Das Gleiche hätten Sie ohne smarten Pointer mit

```
map<int,Node>> *riesig = new map<int,Node>{};
// ...
delete riesig;
```

auch erreichen können, aber rohe Zeiger wollen Sie ja vermeiden. In beiden Fällen gilt: Wenn Sie `delete riesig;` weglassen oder `riesig.release();` statt `reset()` schreiben würden, dann sparen Sie jeweils die Zeit für das Wegräumen der vielen `Node`-Objekte. Wie viel Zeit Sie sparen, finden Sie bei `"Ende:"` heraus.

Bei `"Fertig:"` ermittelt `millisSeit` die Zeit in Millisekunden, die der Aufbau der Datenstruktur benötigt. Die Zahl `100*1000*1000` (also 100 Millionen) habe ich so gewählt, dass mein Rechner sie gerade so bewältigt.

- Für den Aufbau braucht mein Rechner[3] etwa 52.000 Millisekunden bei 9 Gigabyte Speicher.
- Der Abbau geschieht in 6.700 Millisekunden.

Es ist nicht wirklich viel, auf anderen Rechnern und mit anderen Bedingungen mag es auch mal mehr Zeit brauchen. Ob Sie dieses »Feature« des Zeiteinsparens beim Beenden benötigen, müssen Sie entscheiden. Lassen Sie aber nicht das Programmdesign darunter leiden.

Ich nutze die Hilfsfunktion `millisSeit` mit Dingen aus `<chrono>` und `steady_clock` zur genauen Zeitmessung.

23.10 Aufgaben

Wiederholungsfragen

1. Schreiben Sie den korrekten Typ der Variable `var` an die Stelle der XXX in den folgenden Definitionen:
   - `int zahl = 42;` **XXX var** `= &zahl;` `*.`**XXX var** `= "Ein netter Text";`
   - `vector<int> data{};` **XXX var** `= &data;`
   - **XXX var** `= make_shared<int>( 45 )`
2. Womit initialisieren Sie einen Zeiger, wenn Sie ihm noch keine Adresse zuweisen?
3. Deklarieren Sie die `int`-Variable `x` mit dem Wert `77`:

---

[3] 2,9 GHz i7-3520M, 16 GB Speicher, g++-4.8

- auf dem Stapel
- auf dem Heap

4. Smarte Pointer
   - Nennen Sie die beiden wichtigsten Smartpointer-Typen.
   - Was macht diese Typen vor allem »smart« gegenüber rohen Zeigern?
   - Als was können Sie `unique_ptr` nicht einsetzen?
   - als automatische Variable auf dem Stapel
   - als Parameter für eine Funktion
   - als Rückgabewert aus einer Funktion
   - als Element in einem Standardcontainer
   - als globale Variable
   - als Datenelement einer Klasse

5. Iteratoren. Sei `vector<int> data { 7,3,10,99,6,12 };` gegeben:
   - Was ergibt `end(data)-begin(data)`?
   - Mit welchem Ausdruck holen Sie die 10 aus `data`, ohne `[]` zu verwenden?
   - Was ergibt `data[(end(data)-begin(data))/2]`?
   - Wie sortieren Sie die Elemente in `data`?
   - Beantworten Sie die obigen vier Fragen für `int[] data = { 7,3,10,99,6,12 };`.

Vertiefungsfrage

Sie haben den `shared_ptr` kennengelernt, aber ich habe Ihnen den `weak_ptr` verschwiegen. Wenn sich die Objekte in `shared_ptr` gegenseitig besitzen, dann kann niemals eines der beiden weggeräumt werden. Daher muss in solchen Fällen einer der beiden Zeiger stattdessen ein `weak_ptr` sein. Das ist in Listing 23.20 noch nicht geschehen, da müssen Sie Hand anlegen, sonst bleiben a1 und s1 am Programmende übrig.

▶ Tauschen Sie wo nötig `shared_ptr` durch `weak_ptr` aus.

▶ In `explode` müssen Sie wahrscheinlich Hand anlegen.

```
#include <memory> // shared_ptr, weak_ptr
using std::shared_ptr; using std::weak_ptr;
class Asteroid;
struct Ship {
  shared_ptr<Asteroid> target_;
  void award(int points) {}
};
struct Asteroid {
  shared_ptr<Ship> last_;
  void explode() {
```

```cpp
        if(last_) last_->award(30);
    }
};
void fireAt(shared_ptr<Ship> s, shared_ptr<Asteroid> a) {
    // erzeugt einen Zyklus: beide zeigen nun aufeinander
    s->target_ = a;
    a->last_ = s;
}
int main() {
    auto s1 = std::make_shared<Ship>();
    auto a1 = std::make_shared<Asteroid>();
    // ...
    fireAt(s1, a1); // erzeugt einen Zyklus!
}
```

Listing 23.20 Zyklische Abhängigkeiten mit »weak_ptr« durchbrechen

Erweiterungsfragen

1. Verwenden Sie den Rückgabetyp vector<shared_ptr<Zahl>>, um die Funktion prim-Zeiger aus Listing 23.10 zu implementieren.

2. Auch mit unique_ptr arbeitet der rohe Zeiger gut zusammen. Angenommen, Zahl aus Listing 23.9 wäre nicht kopierbar, wie in Listing 23.21 gezeigt. Dann wäre eine Lösung in vector<unique_ptr<Zahl>> alleZahlen; zu verwenden.

   - Das erfordert etwas mehr Arbeit bei der Initialisierung, denn iota können Sie nicht mehr verwenden.
   - Sie brauchen ein etwas anderes Vorgehen beim Speichern der Adressen – das was momentan prims.push_back(&z) ist.
   - Schaffen Sie es dennoch, iota zur Initialisierung zu verwenden? Das wäre wirklich sehr schwierig, aber denken Sie darüber nach: Welche Steine liegen Ihnen im Weg? Was benötigt iota, das Sie mit unique_ptr nicht haben?

```cpp
struct Zahl { // stellvertretend für ein nicht kopierbares Objekt
    unsigned long val_;
    Zahl(unsigned long val) : val_{val} {}
    Zahl() : val_{0} {}
    Zahl(const Zahl&) = delete;
    Zahl& operator=(const Zahl&) = delete;
};
```

Listing 23.21 Nehmen Sie diesen nicht kopierbaren Zahlentyp für die Primzahlberechnung.

Kapitel 24
Makros

> **Kapiteltelegramm**
>
> ▶ **Präprozessor**
> Ein Programm, das vor der eigentlichen C++-Phase des Kompilierens ausgeführt wird; heutzutage meist nicht mehr als eigenes Programm implementiert, sondern als Phase des Compilers
>
> ▶ **Makro**
> Ein Bezeichner im Quelltext, der in der Präprozessorphase durch etwas anderes textuell ersetzt wird; üblicherweise von einem Define dadurch unterschieden, dass es zusätzlich Argumente hat
>
> ▶ **Define**
> Ein Makro ohne Argumente, das einfach als »ist jetzt vorhanden« markiert wird oder durch einen einfachen Text ersetzt wird
>
> ▶ **Include-Guard**
> Ein Define, das verhindert, das dieselbe Header-Datei unabsichtlich von der gleichen `.cpp`-Datei eingebunden wird.

In C++ gibt es viele Mechanismen, mit denen der Compiler beim Programmieren helfen kann. Vor allem das Typsystem unterstützt Sie dabei – richtig eingesetzt –, robustere Programme zu schreiben. Es gibt einen Mechanismus, der am Typsystem vorbei geht, weil er *vor* allen anderen Aufgaben des Compilers ausgeführt wird: der Präprozessor – von »prä-«, also »vor-«.

Den Präprozessor können Sie vor allem für drei verschiedene Aufgaben nutzen. Allerdings hat in modernem C++ nur `#include` noch eine vollständige Berechtigung. Denn besonders seit C++11 gibt es für die alltägliche Programmierung bessere Alternativen im eigentlichen C++-Sprachkern.

▶ **Andere Dateien mit `#include` einbinden**
Mit `#include <header.hpp>` binden Sie das Interface eines anderen Moduls ein, damit Sie dessen Funktionen verwenden können.

▶ **Bedingte Kompilierung**
Mit `#if` und `#ifdef` blenden Sie bestimmte Bereiche ganz aus, sodass der C++-Compiler sie nicht mehr sieht. Sie benötigen dies manchmal, um Ihren Code auf mehreren Plattformen zum Laufen zu bringen. Der Segen ist aber auch der Fluch: Code, den der Compiler nicht mehr sieht, vergessen Sie wahrscheinlich auch und warten ihn nicht

mehr. Wenn möglich sollten Sie Ihren Code ohne Präprozessor portabel schreiben, indem Sie die portablen Features der Standardbibliothek nutzen. Im optimalen Fall setzen Sie `#ifdef` nur noch als Include-Wächter ein (siehe Kapitel 16, »Erste eigene Datentypen«). Wenn Sie eine portable Bibliothek schreiben, kommen Sie auch nicht drumherum.

▸ **Makros**
Sie können mit `#define` textuelle Ersetzungen definieren. Diese können sogar, ähnlich wie Funktionen, Parameter haben. Auch wenn Makros ein mächtiges Werkzeug sind, sollten Sie, wo immer es geht, stattdessen (Inline- oder Template-) Funktionen, Konstanten mit `const`, `constexpr` und `enum class` sowie eigene Typen oder `using`/`typedef` verwenden. Die Typsicherheit ist größer, die Fehlerdiagnose einfacher und der Code im Normalfall besser verständlich. Ausnahmen bestätigen diese Regel.

24.1 Der Präprozessor

Präprozessor-Direktiven beginnen immer mit dem Doppelkreuz # am Anfang einer Zeile. Die gesamte Zeile ist dann eine Anweisung zur Auswertung für den Präprozessor. Sie können mit `//` oder `/* */` einen Kommentar hinzufügen. Eine Zeile, die mit dem Backslash `\` endet (ohne Leerzeichen dahinter) wird auf der nächsten Zeile fortgesetzt, als wäre der Zeilenwechsel nicht da.

```
// Dateiname: meine-makros.hpp
#ifndef MEINE_MAKROS_HPP   // Include Guard
#define MEINE_MAKROS_HPP

#include <iostream> // cout, cerr
#include <vector>
#ifdef AUSGABE_AUF_STANDARD
#   define OUT std::cout
#else
#   define OUT std::cerr
#endif
#define MESSAGE(text) { (OUT) << text << "\n"; }
using container_type = std::vector<int>;
static constexpr unsigned SIZE = 10;

#endif
```

Listing 24.1 Zeilen, die Präprozessor-Direktiven enthalten, beginnen mit einem #.

Diesen Header können Sie nun einbinden. So sieht zum Beispiel Ihre Hauptdatei mit `main` aus:

```
// Dateiname: makros.cpp
#define AUSGABE_AUF_STANDARD  // Umschalten von cerr und cout
#include "meine-makros.hpp"
#include "meine-makros.hpp"   // Ups, aus Versehen doppelt.
int main() {
    MESSAGE("Programmstart");
    container_type data(SIZE);
    MESSAGE("Der Container hat " << data.size() << " Elemente.");
    MESSAGE("Programmende");
    OUT << "Das ging ja noch mal gut.\n";
}
```
Listing 24.2 Ihre Hauptdatei mit »main« bindet per »#include« die Headerdatei ein.

Alle Präprozessor-Aktionen finden auf rein textueller Ebene statt, bevor der Compiler wirklich in Aktion tritt. Unter Linux rufen Sie den Compiler für makros.cpp zum Beispiel so auf – auf anderen Systemen entsprechend:

g++ -o makros.x makros.cpp

Sie lesen den Quelltext aus der Datei makros.cpp und geben das fertig übersetzte Programm nach makros.x aus.

Der Präprozessor liest also die Datei makros.cpp Zeile für Zeile. Zuerst bindet er bei #include <vector> den entsprechenden Header der Standardbibliothek ein – macht also vor allem std::vector bekannt, mit allem, was dazu nötig ist. Das ist sehr viel, und ich ignoriere das in dieser Erklärung mal im Detail. Ich tue so, als würde nur std::vector bekannt gemacht.

Die nächste Zeile lautet #define AUSGABE_AUF_STANDARD. Damit machen Sie dem Präprozessor den Bezeichner AUSGABE_AUF_STANDARD bekannt. Sie führen ihn einfach als Namen ein, dessen Existenz Sie später mit #ifdef oder #ifndef abfragen können.

> **Defines auf der Kommandozeile**
>
> Statt #define AUSGABE_AUF_STANDARD in den Quelltext zu schreiben können Sie dem Compiler auch während der Übersetzung mitteilen, dass ein bestimmtes Define gesetzt werden soll. Wie das geht, ist compilerabhängig. Bei g++ geschieht dies mit dem -D-Schalter auf der Kommandozeile. Sie hätten die Übersetzung also so anstoßen können:
>
> g++ **-DAUSGABE_AUF_STANDARD** -o makros.x makros.cpp

Es folgt #include "meine-makros.hpp". Der Präprozessor liest die Datei komplett und setzt sie sofort statt der #include-Direktive ein. Dann fährt er mit dem Ergebnis Zeile für Zeile fort – also zunächst mit dem gerade gelesenen Inhalt von meine-makros.hpp.

Dort steht als Erstes:

```
#ifndef MEINE_MAKROS_HPP
#define MEINE_MAKROS_HPP
```

Mit `#ifndef` weisen Sie den Präprozessor an, dass er überprüfen soll, ob er eine Präprozessorvariable mit dem Namen `MEINE_MAKROS_HPP` nicht kennt (*ifndef* steht für »if not defined«, »falls nicht definiert«). Die Welt des Präprozessors ist eine ganz andere als die von C++. Um C++-Bezeichner kümmert er sich nicht wirklich. Wenn Sie hier als Namen `vector` oder `std` verwendet hätten (schlechte Idee!), dann wären die dem Präprozessor noch nicht bekannt. Nur Dinge, die zuvor zum Beispiel mit `#define` speziell dem Präprozessor bekannt gemacht wurden, sind hier relevant.

Das ist mit `MEINE_MAKROS_HPP` nicht geschehen, also ist `#ifndef MEINE_MAKROS_HPP` wahr. Das veranlasst den Präprozessor bis zum zugehörigen `#endif` oder `#else` allen Text zu verarbeiten.

Es folgt wieder ein `#include` der Standardbibliothek und danach eine Abfrage, ob der Präprozessor `AUSGABE_AUF_STANDARD` kennt. Zwischen `#ifdef`, `#else` und `#endif` stehen dann zwei Alternativen, von denen der Präprozessor eine wählt und die andere komplett ignoriert – als wären die Zeilen leer. Da ich extra `AUSGABE_AUF_STANDARD` mit `#define` definiert habe, ist das `#ifdef` also wahr, und die erste Alternative `#define OUT std::cout` bleibt übrig.

Beachten Sie hier, dass ich ja eigentlich `#define AUSGABE_AUF_STANDARD` in einer anderen Datei gesetzt habe als die Überprüfung `#ifdef AUSGABE_AUF_STANDARD`. Es ist aber gerade der Zweck des Präprozessors, die verschiedenen Dateien zusammenzufügen. So spielt es keine Rolle, dass die beiden Vorkommen aus unterschiedlichen Dateien stammen. Der Präprozessor fügt alles zu einem kontinuierlichen Strom zusammen.

Das `#define OUT std::cout` führt hiermit für den Präprozessor den neuen Namen `OUT` ein. Diesmal handelt es sich nicht nur um eine pure Einführung eines Namens, sondern mit `std::cout` wird der Ersetzungstext `std::cout` gewünscht. Ab jetzt wird der Präprozessor jedes Vorkommen des Tokens `OUT` durch `std::cout` ersetzen. Der Präprozessor hat ähnliche Regeln zur Worttrennung wie C++, sodass `SHOUT` natürlich nicht zu `SHstd::cout` wird – wohl aber wird `std::OUT` zu `std::std::cout`. Den Bereichstrenner `::` kennt der Präprozessor nicht.

Dann folgen zwei einfache C++-Definitionen, die in den Ausgabestrom übernommen werden. `container_type` ist ab jetzt als Typalias verfügbar, und `SIZE` ist eine Zahlkonstante.

Vom eingebundenen Header bleibt noch eine relevante Zeile übrig:

```
#define MESSAGE(text) { (OUT) << text << "\n"; }
```

Auch dies führt einen Präprozessor-Bezeichner ein. Ab jetzt wird jedes Vorkommen von `MESSAGE` durch `{ (OUT) << text << "\n"; }` ersetzt. Der Präprozessor erwartet jedoch, dass `MESSAGE` mit einem Parameter verwendet wird, den er `text` nennt. Der als Parameter angegebene `text` wird komplett und unverändert an die Stelle in `{ (OUT) << text << "\n"; }` eingesetzt, wie Sie ihn beim Aufruf angegeben haben. Zurück in `makros.cpp` heißt das, dass zum Beispiel aus

```
MESSAGE("vector hat " << data.size() << " Elemente.");
```

wird

```
{ (std::cout) << "vector hat " << data.size() << " Elemente." << "\n"; }
```

Das `OUT` wird durch die vorige Definition ersetzt, und `text` wird durch das `MESSAGE`-Argument ersetzt.

Wenn der Präprozessor mit seiner Arbeit fertig ist, dann ergibt das einen einzigen Datenstrom. Dieser ist es dann, mit dem die eigentliche C++-Kompilierung durchgeführt wird. Abgesehen von den `includes` der Standardbibliothek ist das Ergebnis nach dem Präprozessor und vor dem C++-Compiler somit das von Listing 24.3.

```
// ...hier Inhalt von <vector>...
//... hier Inhalt von <iostream>...
using container_type = std::vector<int>;
static constexpr unsigned SIZE = 10;
int main() {
  { (std::cout) << "Programmstart" << "\n"; }
  container_type data(SIZE);
  { (std::cout) << "Der Container hat " << data.size() << " Elemente." << "\n";}
  { (std::cout) << "Programmende" << "\n"; }
  { std::cout << "Das ging ja noch mal gut.\n"; }
}
```
Listing 24.3 Das Ergebnis des Präprozessor-Durchlaufs

Von den Präprozessor-Direktiven bleibt nach dieser Phase nichts mehr übrig. Auch die Präprozessorvariablen sind komplett durch ihre Entsprechungen ersetzt. Es sind einige interessante Punkte zu beachten:

▶ Die textuelle Ersetzung des Präprozessors findet exakt statt. Sie lässt insbesondere jedes Semikolon und jede Klammer übrig und führt keine neuen ein. Das können Sie vor allem in `MESSAGE` sehen: Die Blockklammern `{...}` und das Semikolon sind im Ergebnis vorhanden. `text` konnte auch mehrere durch `<<` getrennte Ausgabeelemente enthalten, die der C++-Compiler später passend interpretieren kann.

▶ `container_type` und `SIZE` sind keine Präprozessorbezeichner und sind somit normal eingebunden.

24.2 Vorsicht vor fehlenden Klammern

Dass der Präprozessor keine Klammern einführt oder entfernt, sondern nur eine textuelle Ersetzung durchführt, ist besonders wichtig, wenn die Makroparameter im Ersetzungsausdruck verwendet werden.

```
#define QUADRAT(x) x*x
int erg = QUADRAT(3+4)
```

wird zu:

```
int erg = 3+4*3+4
```

Wahrscheinlich sollte `QUADRAT(3+4)` aber 7*7 sein, also 49, und nicht 3+12+4, also 19. Das ist sehr gefährlich.

Im Normalfall sollten Sie *jeden* Einsatz eines Parameters im Ersetzungstext zusätzlich klammern. Und auch um den Gesamttext der Ersetzung sind oft noch Klammern nötig.

```
#define QUADRAT(x) ((x)*(x))
int erg = QUADRAT(3+4)
```

wird zu:

```
int erg = ((3+4)*(3+4))
```

und das ergibt die 49, die Sie haben wollen.

24.3 Vorsicht vor Mehrfachausführung

Und an noch einer anderen Stelle bekommen Sie auf den zweiten Blick nicht, was Sie vielleicht haben wollten. Vergleichen Sie die Wirkung der folgenden beiden Implementierungen:

```
#include <cmath> // sin, cos
constexpr double max2(double a, double b) { return a > b ? a : b; }
#define MAX2(a,b) ((a) > (b) ? (a) : (b))
int main() {
    double f = max2(sin(3.141592/2), cos(3.141592/2));
    double e = MAX2(sin(3.141592/2), cos(3.141592/2));
}
```

Listing 24.4 Die rein textuelle Ersetzung führt bei Makros zur Mehrfachausführung komplexer Argumente.

Für die `max2`-Funktion werden die Argumente *vor* dem Eintritt in die Funktion ausgewertet. Die aufwendigen Berechnungen `sin()` und `cos()` finden also vorher statt. In `max2` müssen dann nur noch einfache Zahlenwerte miteinander verglichen werden.

Das `MAX2`-Makro expandiert jedoch zu:

```
double e = ((sin(3.141592/2)) > (cos(3.141592/2)) \
    ? (sin(3.141592/2)) : (cos(3.141592/2)));
```

Nun sind `sin()` und `cos()` aber komplizierte Funktionen, die der Compiler nicht vorausberechnen kann. Auch, dass der Compiler so viel Intelligenz aufbringt, um nicht `sin()` oder `cos()` doppelt auszuführen, ist sehr unwahrscheinlich. Eine Funktion ist hier auf jeden Fall die bessere Wahl.

Eine kleine Anmerkung zum Namen `max2`: In der Standardbibliothek gibt es schon die Funktion `max` mit Überladungen für allerlei Typen. Daher habe ich hier `max2` gewählt – auch um anzudeuten, dass die Funktion zwei Argumente bekommt. In den Aufgaben beschäftigen Sie sich dann mit `max3`.

24.4 Typvariabilität von Makros

Einen Vorteil hat die `MAX2`-Implementierung per Makro gegenüber der `max2`-Funktion jedoch. Sie können das Makro auch für andere Typen als `double` verwenden. Da das Makro ja am Aufrufort eingesetzt wird, entscheiden sich auch erst beim Einsatz die Typen der Variablen. Also funktioniert `MAX2` auch auf `int` und sogar auf `string`.

```
#include <string>
#include <cmath> // sin, cos
#define MAX2(a,b) ((a) > (b) ? (a) : (b))
int main() {
    double e = MAX2(sin(3.141592/2), cos(3.141592/2));
    int i = MAX2(10+12+45, 100/5+20);
    std::string s = MAX2(std::string("Ernie"), std::string("Bert"));
}
```

Jedoch können Sie dies durch *Überladung* leicht lösen. Sie können `max2` für jeden verwendeten Typ definieren:

```
#include <string>
#include <cmath> // sin, cos
constexpr double max2(double a, double b) { return a > b ? a : b; }
constexpr int max2(int a, int b) { return a > b ? a : b; }
std::string max2(const std::string &a, const std::string &b)
    { return a > b ? a : b; }
int main() {
    double e = max2(sin(3.141592/2), cos(3.141592/2));
    double i = max2(10+12+45, 100/5+20);
    std::string s = max2("Ernie", "Bert");
}
```

Wie Sie sehen, hat das im Falle von `max2("Ernie", "Bert")` sogar noch mehr Vorteile. Zum einen werden mit der Funktion die Argumente nicht wieder doppelt ausgewertet, und zum anderen sparen Sie sich die explizite Typumwandlung vom `const char[]` "Ernie" in einen `std::string` mit `std::string("Ernie")`. Die Funktion `max2()` erhält `string` als Argumente, und der Compiler erkennt, dass er `const char[]` in `string` umwandeln kann.

Vielleicht wollen Sie die Implementierung von `max2` auf `string` aber mit mehr Intelligenz versehen, als die für `int` und `double` – möglicherweise soll nicht zwischen Groß- und Kleinschreibung unterschieden werden. Als Makro kann es nur ein einziges `MAX2` geben, und mit überladenen Funktionen können Sie jede Implementierung anders aussehen lassen, wenn nötig.

Dennoch, wenn der Körper aller `max2`-Funktionen identisch ist, dann ist der nötige doppelte Code lästig und entspricht nicht den Richtlinien für guten Code. Daher möchte ich Ihnen das Rezept mitteilen, wie Sie in diesem Fall dennoch keine Makros einsetzen müssen – denn das entspräche noch weniger den Richtlinien für guten Code (nach den Regeln dieses Buches).

Falls es dazu kommt, dass Sie eine Funktion für alle möglichen (oder wenigstens mehrere) Typen identisch implementieren müssen, dann schreiben Sie die Funktion als einfache *Template-Funktion*. Dies ist ein Vorgriff, aber keine Angst, es ist ganz einfach:

- Schreiben Sie zuerst eine der Implementierungen mit einem Typ hin, vielleicht mit `string`.
- Nehmen Sie den Typ, der sich in allen Implementierungen ändert, und ersetzen Sie ihn durch das Wort `TYP`.
- Schreiben Sie in der Zeile vor der Funktion `template <typename TYP>`.

Fertig. Das sieht für `max2` so aus:

```
#include <string>
#include <cmath>  // sin, cos
template<typename TYP>
constexpr TYP max2(const TYP &a, const TYP &b)
    { return a > b ? a : b; }
int main() {
    double e = max2(sin(3.141592/2), cos(3.141592/2));
    double i = max2(10+12+45, 100/5+20);
    std::string s = max2(std::string("Ernie"), std::string("Bert"));
}
```

Listing 24.5 Eine einfache Template-Funktion ist viel besser als ein Makro.

Herzlichen Glückwunsch: Sie haben Ihre erste Template-Funktion geschrieben. Diese Implementierung ist flexibel wie ein Makro, schnell wie überladene Funktionen und vor allem typsicher.

Wenn Sie wollen, können Sie sogar noch Überladungen für einzelne Typen hinzufügen. Und genau das können Sie tun, wenn Sie die lästigen expliziten Umwandlungen in `std::string` für die Argumente "Ernie" und "Bert" loswerden wollen. Würden Sie die nämlich hier weglassen, dann würde der Compiler versuchen, eine Überladung für `max2(const char[6], const char[5])` zu finden. Das gelingt ihm nicht, weil das zwei verschiedene Typen sind – im Template habe ich aber nur einen TYP verwendet, und der muss dann auch an beiden Stellen genau passen. Das Template passt also nicht zum Aufruf. Fügen Sie also einfach eine weitere Überladung hinzu:

```
const char* max2(const char*) a, (+const char* b)
    { return std::string(a) > std::string(b) ? a : b; }
```

Hiermit löse ich auch gleich das Problem, dass der Vergleich zweier `const char*` mitnichten der Vergleich der Texte ist, sondern nur *der Adressen* der Zeiger. Die Umwandlung in `string` extra für den Vergleich mit `>` löst das Problem – wenn auch nicht elegant. Denn leider ist `>` für `string`, anders als für `int`, nicht `constexpr`, und der Compiler lässt somit die Verwendung von `>` auf `string` in einer als `constexpr` markierten Funktion nicht zu. Aber immerhin haben Sie nun ein Template für fast alle Fälle, und eine extra Überladung für einen nützlichen Sonderfall.

Übrigens können Sie sich in C++14 das Umwandeln des `const char[]`-Literals sparen, weil der Compiler Zeichenkettenliterale mit dem ""s-Suffix automatisch als ein `std::string` interpretiert. Sie können also Folgendes schreiben:

```
std::string s = max2("Ernie"s, "Bert"s);
```

24.5 Zusammenfassung

Der Übersicht halber sehen Sie in Tabelle 24.1 noch einmal die wichtigsten Präprozessor-Direktiven. Einige weitere habe ich mit einer kurzen Erklärung hinzugefügt.

Direktive	Erklärung
`#include`	andere Datei einbinden
`#define`	Bezeichner oder Makro definieren
`#undef`	Bezeichnerdefinition entfernen
`#ifdef`	prüfen, ob ein Präprozessorbezeichner definiert ist
`#ifndef`	prüfen, ob ein Präprozessorbezeichner nicht definiert ist
`#if`	Präprozessorausdruck prüfen
`#if`	Präprozessorausdruck prüfen
`#else`	alternativer Quelltext zu einem der Präprozessor-ifs

Tabelle 24.1 Die möglichen Präprozessor-Direktiven im Überblick

Direktive	Erklärung
#elif	alternativer Quelltext und eine weitere Prüfung
#endif	Ende des alternativen Quelltexts
#line	aktuelle Zeilennummer und Dateiname für die Fehlermeldungen des Compilers festlegen
#error	Mit einer Fehlermeldung abbrechen
#pragma	Spezialinstruktion an den Compiler, sehr compilerabhängig

Tabelle 24.1 Die möglichen Präprozessor-Direktiven im Überblick (Forts.)

24.6 Aufgaben

Wiederholungsfragen

1. Schreiben Sie ein Makro MAX3, das das Maximum von drei Argumenten berechnet und zurückliefert. Prüfen Sie es mit den folgenden Beispielen. Erklären Sie die Nachteile der Makro-Lösung für MAX3 gegenüber einer Implementierung mit einer Funktion.
   - MAX3(42>8?17:10+1, 16+1, 18) – muss 18 ergeben.
   - MAX3(1, 12, 0), MAX3(12, 0, 1), MAX3(1, 0, 12), MAX3(0, 12, 1), MAX3(12, 1, 0), MAX3(0, 1, 12) – müssen alle 12 ergeben.

2. In Listing 24.6 sehen Sie schematisch drei Dateien, die sich teilweise gegenseitig mit #include einbinden. Das kann der Präprozessor nicht, und er würde endlos einen Ausgabestrom erzeugen. Machen Sie main.cpp übersetzbar – lösen Sie die zyklische Abhängigkeit auf die folgenden Arten:
   - Verändern Sie die #include-Zeilen durch Umsortieren oder Löschen.
   - Fügen Sie #define-, #ifdef-, #ifndef- und #endif-Direktiven hinzu.

   ```
   // -- myTypes.hpp --
   #include "myConsts.hpp"
   using my_type = int;

   // -- myConsts.hpp --
   #include "myTypes.hpp"
   static constexpr my_type VALUE = 10;

   // -- main.cpp --
   #include "myConsts.hpp"
   #include "myTypes.hpp"
   ```

```
int main() {
    my_type x = VALUE;
}
```
Listing 24.6 Zyklische Includes kann der Präprozessor nicht alleine auflösen.

Vertiefungsfragen

1. Verwenden Sie `#if` und die `#error`-Direktive, um den Kompiliervorgang mit einer Fehlermeldung abzubrechen, wenn der Compiler nicht C++11 unterstützt. Hinweis: In jedem Compiler sollte das Define `__cplusplus` vordefiniert sein und es enthält einen Wert, den Sie abfragen können.
2. Vertauschen Sie die beiden `#include`-Zeilen in `main.cpp` von Listing 24.6, und versuchen Sie nur durch Hinzufügen von Include-Guards das Programm zu kompilieren. Überlegen Sie, warum Ihnen das nicht gelingen kann.

Erweiterungsfrage

Sie können innerhalb eines Makros das Doppelkreuz # verwenden, um ein Argument nicht auszuwerten, sondern es stattdessen in einen `const char[]` umzuwandeln (*stringify*). Dann können Sie es zum Beispiel als Text ausgeben. Ergänzen Sie in Listing 24.7 das Makro `TYPESIZE`, sodass die gewünschte Ausgabe erscheint.

```
#include <iostream>
using std::cout;
// hier muss #define TYPESIZE(typ) mit passender Definition hin
int main() {
    TYPESIZE(char);        TYPESIZE(short);
    TYPESIZE(int);         TYPESIZE(unsigned);
    TYPESIZE(long);        TYPESIZE(long long);
    TYPESIZE(float);       TYPESIZE(double);
    TYPESIZE(long double);
    TYPESIZE(void*);       TYPESIZE(bool);
}
// Ausgabe: (auf einem 64-Bit-Linux mit g++4.8)
// char: 1
// short: 2
// int: 4
// unsigned: 4
// long: 8
// long long: 8
// float: 4
// double: 8
// long double: 16
// void*: 8
// bool: 1
```
Listing 24.7 Hier fehlt das Makro, das sein Argument als Text ausgibt.

Kapitel 25
Schnittstelle zu C

> **Kapiteltelegramm**
>
> ▶ **C-Bibliothek mit C-Schnittstelle**
>   Häufig von Drittanbietern gelieferte Erweiterung
>
> ▶ **extern "C"**
>   Markierung einer Funktion, damit diese von C++-Programmen verwendet werden kann
>
> ▶ **void* oder void-Pointer**
>   Nicht typsicherer roher Zeigertyp, von und zu dem man alle rohen Zeigertypen umwandeln kann; oft Teil von C-Schnittstellen
>
> ▶ **Eigene Löschfunktion oder Custom Deleter**
>   Feature des `shared_ptr`, das bei der Freigabe von C-Ressourcen nützlich sein kann

Obwohl Sie mit diesem Buch C++ lernen, lernen Sie gleichzeitig auch viel C. Als Neuling wissen Sie womöglich nicht, was C und C++ voneinander unterscheidet. Kurz gesagt: Es ist eine ganze Menge. Müssen Sie wissen, was die Unterschiede sind? Teilweise.

Wenn Sie ein Programm schreiben, das Bibliotheken von Drittanbietern nutzt, dann ist die Wahrscheinlichkeit nicht gering, dass diese Bibliothek mit einer Schnittstelle zu C geliefert wird. Glücklicherweise ist C++ derart geschrieben, dass Sie Bibliotheken für C auf jeden Fall ebenfalls einbinden können. Ihre Auswahl ist also nicht eingeschränkt.

Was eingeschränkt ist, ist Ihre Auswahl an Sprachmitteln. Wenn Sie eine C-Bibliothek verwenden wollen, dann können Sie nur C-Sprachelemente benutzen. Ich liefere Ihnen eine bei Weitem nicht erschöpfende Liste an Einschränkungen, die Sie hinnehmen müssen:

▶ Sie haben keine Klassen. Strukturen können nur bestimmte Elemente haben; zum Beispiel fallen Konstruktoren weg, und alles muss öffentlich sein. Der Einfachheit halber sollten Sie nur Datenelemente haben.

▶ Es gibt keine Referenzen. Sie übergeben entweder als Wert oder mit einem rohen Zeiger.

▶ Viele Dinge aus der C++-Standardbibliothek sind tabu. Standardcontainer, Strings oder die Streams können Sie nicht verwenden, doch die C++-Sprachdesigner haben sich über Möglichkeiten der Interaktion Gedanken gemacht.

▶ C-Funktionen lösen keine Exceptions aus. Sie haben normalerweise mit Fehlercodes als Rückgabe oder Parameter zu tun.

- Es gibt keine überladenen Funktionen in C – zu jedem Namen gehört ein fester Satz an Parametertypen. Es gibt keine `operator`-Funktionen.
- Sie werden selten auf `const` bei Parametern treffen. Wenn dort ein `const` steht, hat es mehr Dokumentationscharakter. Sie können nicht sicher sein, dass die C-Funktion Ihren per Zeiger übergebenen Parameter nicht verändert.

Nach dieser theoretischen Liste stürzen wir uns in die Praxis. Exemplarisch habe ich die *zlib*[1] als C-Bibliothek gewählt, die ich einbinden will.

Die *zlib* enthält Funktion zum *Komprimieren* von Daten. Das heißt, überflüssige Information wird entfernt, und es bleibt ein kleineres Paket Daten übrig, das Sie zum Beispiel durchs Internet übertragen oder auf der Festplatte speichern können. Eine Gruppe der Funktionen der Bibliothek dient zum Lesen und Schreiben von `*.gz`-Dateien – ein weit verbreitetes Datenformat. Sollten Sie auf Ihrem Rechner irgendein Programm zum Packen oder Entpacken von Dateien haben (zum Beispiel *7zip* oder *WinZip*), dann können Sie sehr wahrscheinlich auch `*.gz`-Dateien entpacken. Ein Unterschied von `*.gz` zu anderen Packformaten ist, dass jede gepackte Datei nur genau eine Originaldatei enthalten darf. Es ist üblich, dass an den Dateinamen des Originals nur `.gz` angehängt wird, wenn die Datei komprimiert wurde.

25.1 Mit Bibliotheken arbeiten

Zu einer C-Bibliothek, die Sie einbinden, gehören die folgenden Dinge:

- **Bibliothekdatei**
  Mit der Bibliothekdatei *linken* Sie Ihr Programm zusammen, damit Sie die Funktionen des Drittanbieters nutzen können. Dies sind eine oder mehrere `*.a`-, `*.dll`- (Windows) oder `*.so`-Dateien (Linux). In seltenen Fällen bekommen Sie auch den Quellcode geliefert und linken die Objektdateien `*.o`/`*.obj` zu Ihrem Programm.
- **Headerdateien**
  Meist werden Ihnen mehrere `*.h`-Dateien geliefert. In Ihren Quellcode müssen Sie diese mit `#include` einbinden.
- **Dokumentation**
  Manchmal bekommen Sie das als extra Dokument, manchmal muss Ihnen der Header genügen.

Es ist sehr compilerabhängig, wie Sie die Bibliothek und Header beim Übersetzen bekannt machen. Sehen Sie in der Dokumentation nach, wie Sie den *Bibliotheks-* und *Includepfad* anpassen (*Library-* und *Includepath*) und wie Sie eine bestimmte Bibliothek hinzulinken.

Mit dem `g++` wird dieses Beispiel wie folgt übersetzt:

---

1 *A Massively Spiffy Yet Delicately Unobtrusive Compression Library*, http://zlib.net, [2014-05-21]

```
g++ gzpack.cpp -o gzpack.x -lz -Lzlib -Izlib/include
```

Den Teil `g++ gzpack.cpp -o gzpack.x` sollten Sie schon kennen. Die restlichen Parameter sind:

- `-lz` – `-l` heißt, dass eine Bibliothek hinzugelinkt werden soll, hier ist es `z` für `libz`.
- `-Lzlib` – `-L` gibt Suchpfade für zu linkende Bibliotheken an; hier liegt `libz.a` im Verzeichnis `zlib`.
- `-Izlib/include` – `-I` gibt Suchpfade für Headerdateien an; hier liegt `zlib.h` im Verzeichnis `zlib/include`.

25.2 C-Header

Das Demonstrationsprogramm erstellt aus einer beliebigen Eingabedatei eine gepackte Ausgabedatei. Dazu sind aus der *zlib* nur drei Funktionen nötig. In der Dokumentation steht allerlei über jene Funktionen, was ich Ihnen zu lesen nahelege. Ich konzentriere mich hier auf die Angaben im Headerfile beziehungsweise auf die Signaturen der Funktionen aus der Dokumentation (einige Dinge stelle ich vereinfacht dar):

```
typedef struct gzFile_s *gzFile;
extern "C" gzFile gzopen (const char *path, const char *mode);
extern "C" int    gzwrite (gzFile file, voidpc buf, unsigned len);
extern "C" int    gzclose (gzFile file);
```

Diese und viele weitere Typen und Funktionen stehen Ihnen zur Verfügung, wenn Sie in Ihrem Quellcode

```
#include <zlib.h>
```

verwenden.

Zunächst führt der `typedef` den neuen Typ `gzFile` ein. Dabei handelt es sich um einen Zeiger auf den `struct gzFile_s`. Dessen innere Details sind absichtlich nicht erwähnt, denn sie sind gleichgültig. Betrachten Sie `gzFile` einfach als »Griff« (engl. *Handle*), mit dem Sie an die *.gz-Datei herankommen.

Die drei Funktionen sind freie Funktionen, und alle Parameter und Rückgaben sind entweder eingebaute Typen oder rohe Zeiger – anders geht es nicht in C.

Jede Funktion wird mit `extern "C"` eingeleitet. Das ist nötig, damit Sie als C++-Autor, wenn Sie jenen Header einbinden, die C++-Funktionen von den C-Funktionen unterscheiden können. Das ist nötig, weil C++ andere Mechanismen bei der Suche nach der passenden Funktion verwendet – beim Überladen etc. ist das wichtig. Also muss von C++ kommend jede Funktionssignatur, die Sie verwenden wollen, mit einem `extern "C"` versehen worden sein. Sollte das in einem Header mal fehlen, dann können Sie es in Ihrem Quellcode alternativ etwas umständlicher einbinden:

```
extern "C" {
    #include <zlib.h>
}
```

Sie wickeln also den gesamten #include in ein großes extern "C" ein.

Nachdem Sie den Header haben, fahren Sie mit dem Rest des Programms fort. Zusätzlich zu <zlib.h> benötigen Sie noch einige der gewohnten C++-Header der Standardbibliothek. Für die Fehlerbehandlung der *zlib* sind die C-Header <cerrno> und <cstring> nötig. Ersterer erlaubt die Abfrage der globalen Fehlercodevariable errno, die die *zlib* verwendet – das steht in der Dokumentation. Letzterer liefert strerror zum Umwandeln eines Fehlercodes in eine lesbare Textnachricht. Beide Header sind Teil der C-Standardbibliothek. Daher gibt es jeden Header in zwei Varianten: In C++ verwenden Sie <cerrno>, wenn in der C-Dokumentation <errno.h> angegeben ist. Analog wird aus dem C-Include <strings.h> für C++-Programme <cstring>. Die Regel »vorne ein c dran, hinten das .h weg« gilt für die meisten Header der C-Standardbibliothek – aber nur für die, nicht für Bibliotheken von Drittanbietern. Die C++-Varianten sind nämlich wiederum Teil der C++-Standardbibliothek und garantieren zum Beispiel, dass jede Funktion auch ihr extern "C" bekommt. Zusätzlich werden alle so importierten C-Funktionen im Namensraum std:: bereitgestellt. Daher können Sie die Funktion auch über std::strerror() ansprechen.

```
#include <string>
#include <vector>
#include <fstream>     // ifstream
#include <stdexcept>   // runtime_error
#include <iostream>    // cerr
// C-Header:
#include <zlib.h>      // gzXyz; sudo aptitude install libz-dev
#include <cerrno>      // errno
#include <cstring>     // strerror
namespace {
using std::string; using std::vector;
```

Listing 25.1 Das Programm »gzpack.cpp« nutzt eine C-Bibliothek. Hier sehen Sie die Sektion mit den Includes.

In der vorletzten Zeile starte ich mit namespace { einen *anonymen Namensraum*. Dadurch sind alle Variablen, Typen und Funktionen in dieser *.cpp-Datei vor eventuellen anderen verborgen und kommen niemandem ins Gehege. Vor freie Funktionen hätten Sie stattdessen auch static schreiben können, doch für Datentypen geht das eben nur über einen anonymen Namensraum, und daher ist das oft eine gute Idee.

Mit den beiden using-Deklarationen spare ich für den Rest des Quellcodes Tipparbeit. Noch ein Vorteil des anonymen Namensraums: Auch die beiden using-Deklarationen gelten nur innerhalb des Namensraums und wirken nicht nach außen.

Als Nächstes definiere ich die Klasse, die die Hauptfunktionalität der C-Bibliothek bündelt. In diesem Beispiel sind schon alle drei relevanten C-Funktionen enthalten. Anhand der Namen erraten Sie wahrscheinlich auch schon die Bedeutungen und einige der Bedienregeln:

- gzopen öffnet eine Datei. Klappt das nicht, liefert die Funktion nach C-Manier einen besonderen Rückgabewert.
- gzclose schließt eine korrekt geöffnete Datei. Der Aufruf ist nicht nötig, wenn gzopen fehlschlug.
- gzwrite schreibt Daten in die Ausgabe. Ein Rückgabewert größer null bedeutet Erfolg.

```cpp
class GzWriteStream {                           // RAII-Wrapper
public:
    gzFile gz_ ;                                // C-Struct aus zlib.h
    explicit GzWriteStream(const string& filename)
        : gz_{gzopen(filename.c_str(),"wb9")}   // ©w©: write, ©b©:binary, ©9©:level
    {
        if(gz_==NULL) throw std::runtime_error(std::strerror(errno));
    }
    ~GzWriteStream() {
        gzclose(gz_);
    }
    GzWriteStream& operator<<(const vector<char> &data) {
        write(data.data(), data.size());
        return *this;
    }
private:
    void write(const char* data, size_t len) {
        auto res = gzwrite(gz_, data, len);
        if(res==0) throw std::runtime_error("Fehler beim Schreiben");
    }
    GzWriteStream(const GzWriteStream&) = delete;              // keine Kopie
    GzWriteStream& operator=(const GzWriteStream&) = delete;  // keine Zuweisung
};
```

Listing 25.2 Dieser Teil von »gzpack.cpp« enthält alle verwendeten C-Funktionen.

Als Datenfeld enthält GzWriteStream das Handle gz_ als Verbindung zur *zlib* und somit zur geöffneten Datei. In der Init-Liste des Konstruktors öffnet gzopen die Datei und weist das Ergebnis dem Handle zu. In der Dokumentation steht, dass der Rückgabewert von NULL auf einen Fehler hinweist. Dann zeigt die globale Variable errno den genauen Fehler an. Mit strerror dekodieren Sie diesen Code. Viel wichtiger ist aber, dass Sie dann auch eine Ausnahme auslösen und auf diesem Wege verlassen, anstatt mit einem return herauszuspringen oder bis ans Ende zu durchlaufen.

Denn wenn gzopen fehlschlug, ist gzclose nicht nötig. Also ist dies ein optimaler Anwendungsfall für die Benutzung des Destruktors. Verlässt eine Ausnahme den Konstruktor, statt normal durchzulaufen, dann gilt das GzWriteStream-Objekt als nicht erzeugt. Somit wird kein Destruktor aufgerufen – und somit kein gzclose.

Der erste Parameter, den gzopen bekommt, ist der Dateiname als C-String. Vom string-Parameter filename können Sie mit der Methode c_str() diesen als C-String erhalten. Der zweite Parameter "wb9" zeigt an, dass die Datei zum Schreiben ('w' für *write*) geöffnet wird. Das 'b' steht für Binärformat. Die Alternative 't' für Textformat würde potenziell einzelne Zeichen umwandeln. Die abschließende '9' steht für maximale Datenkompression.

25.3 C-Ressourcen

Das Funktionspaar gzopen und gzclose zusammen in den Konstruktor und Destruktor einer Klasse zu packen, bietet sich hier besonders an, da diese beiden immer paarweise aufzurufen sind: Es gibt kein (erfolgreiches) gzopen ohne gzclose, kein gzclose ohne gzopen.

Sie haben bei vielen C-Schnittstellen mit solchen Paarungen zu tun. Sei es das Initialisieren der gesamten Bibliothek oder das Akquirieren und Freigeben eines Malpinsels für den Fensterrahmen – solche Funktionspaare kommen häufig vor, und eine solche »Wrapperklasse« bietet sich dann an.

In GzWriteStream habe ich noch mehr Funktionalität untergebracht. Manchmal benötigen Sie jedoch nur die Paarung zweier Funktionen. Dann ist es vielleicht mühselig, für jedes Paar eine eigene Wrapper-Klasse zu schreiben. Wenn Ihnen das zu viel Arbeit ist, dann können Sie auf den alten Bekannten shared_ptr zurückgreifen: Sie können diesen in der Variante benutzen, bei der der Konstruktor nicht ein, sondern zwei Argumente bekommt.

Das zweite Argument ist hier ein *Funktionsobjekt*, das innerhalb des Destruktors des shared_ptr aufgerufen wird. Der shared_ptr nennt dies eine *eigene Löschfunktion* (engl. *Custom Deleter*).

Ich wage hier einen Vorgriff, denn als Funktionsobjekt sehen Sie hier ein *Lambda* – eine Funktion ohne Namen –, und in der wird nun das gzclose aufgerufen.

```
std::shared_ptr<gzFile_s> gz(
    gzopen(fNameOut.c_str(), "wb9"),
    [=](gzFile_s* f) { gzclose(f); } );
if(gz.get() == NULL) throw std::runtime_error("Fehler");
```

Mehr dazu erfahren Sie im Kapitel über Funktionsalternativen (Kapitel 27, »Eine Klasse als Funktion«).

Dieses Muster mittels `shared_ptr`-Konstruktor mit zwei Argumenten können Sie fast immer für einfache Paarungen von C-Funktionen verwenden.

25.4 »void«-Pointer

Die dritte Funktion, `gzwrite`, bekommt zwei Parameter: einen `void*` auf die Daten und die Länge der Daten. Der Rückgabewert ist die Menge der geschriebenen Daten – der Wert null deutet auf einen Fehler hin.

Aber was genau ist `void*`? Haben Sie bemerkt, dass unser eigenes `write` einen `const char*` als Parameter erhalten hat und ich den dann dem `void*` von `gzwrite` weitergereicht habe? Normalerweise beschwert sich C++ immer darüber, wenn Sie eine Variable des einen Typs nehmen und versuchen, sie als etwas anderes zu verwenden. Stellen Sie sich vor, `gzwrite` würde einen `int` nehmen, dann hätte der `const char*` von `write` nicht gepasst und ich hätte den Parameter anders definieren müssen – oder tricksen. Und was, wenn die Daten zum Wegschreiben `int*`-Daten sind oder `double*`? Brauchen Sie dann für jede Zeigerart eine `gzwrite`-Funktion? Jein: `gzwrite` ist es eigentlich egal, ob der Zeiger auf `char`-, `unsigned char`-, `int`- oder `double`-Daten zeigt, solange Sie nur die korrekte Länge der Daten ebenfalls mitgeben. Und genau hier kommt `void*` ins Spiel: Alle rohen Zeigertypen lassen sich ohne Murren des Compilers in einen `void*` umwandeln. Was die jeweilige Funktion mit diesen absoluten Rohdaten dann macht, ist komplett ihre eigene Sache. Hier nimmt sie die Rohdaten, deren Länge sie kennt, komprimiert sie und schreibt sie dann in die Ausgabedatei.

Bei einer C-Funktion kommt es häufiger vor, dass diese Rohdaten nicht genauer spezifizierten Typs nimmt und dann mit geeigneten Mitteln entscheidet, was sie damit genau macht: Häufig übergeben Sie zusätzlich die Länge der Rohdaten, manchmal übergeben Sie einen bestimmten »Marker«, der die Daten genauer beschreibt. Seltener brauchen Sie gar keine weitere Information mitzugeben. Dann wird die Adresse nur für die spätere Verwendung gespeichert oder die genaue Bedeutung ergibt sich aus dem Kontext.

Wenn Sie mit `void*` arbeiten, dann verlieren Sie leider jegliche Typsicherheit. Der Compiler akzeptiert alle rohen Zeiger bei der Konvertierung in und von einem `void*` und warnt Sie nicht einmal. Wieso auch, denn er geht davon aus, dass Sie schon wissen, was Sie tun, wenn Sie mit `void*` arbeiten. Ich hoffe, dass ist für Sie auch in der Zukunft der Fall: Verwenden Sie `void*` nur, wenn Sie mit C-Programmierschnittstellen zu tun haben. In der C++-Welt haben Sie typsichere Mittel, um mit varianten Daten umzugehen, wie zum Beispiel die Funktionsüberladung oder Templates.

25.5 Daten lesen

Es folgen zwei einfache Hilfsfunktionen, die das Lesen und Schreiben behandeln:

```
vector<char> leseDatei(const string& fName)
{
    std::ifstream file{ fName, std::ifstream::binary };
    if(!file) throw std::runtime_error("Fehler beim Oeffnen der Eingabe");
    file.seekg(0, file.end);            // ans Dateiende springen
    const auto laenge = file.tellg();   // aktuelle Position ist Dateigröße
    if(laenge > 1024*1024*1024)
        throw std::runtime_error("Nicht mehr als 1 GB bitte");
    file.seekg(0, file.beg);            // zurück an den Anfang
    vector<char> data(laenge);          // Platz schaffen
    file.read(data.data(), laenge);     // in einem Rutsch lesen
    return data;                        // wird nicht kopiert (Stichwort: RVO)
}

void packe(const string& fNameIn, const string& fNameOut)
{
    auto data = leseDatei(fNameIn);     // lese Eingabe
    GzWriteStream gz{fNameOut};         // initialisiere Ausgabe
    gz << data;
}
```

Listing 25.3 Dieser Teil von »gzpack.cpp« behandelt das Lesen und Schreiben der Dateien.

Es ist etwas trickreich, die Daten in einem Schwung in einen `vector<char>` zu lesen. Zunächst ermittelt `tellg()` die Position des Dateiendes, an das zuvor mit `seekg` gesprungen wurde. Ein weiteres `seekg` bringt die Leseposition wieder zurück an den Anfang, damit `file.read()` auch vom Dateianfang liest. Es hätte andere Möglichkeiten zur Ermittlung der Dateigröße gegeben, aber weniger kompliziert als diese sind die auch nicht unbedingt.

Die Funktion `vector<char>::data()` liefert Ihnen übrigens einen `char*` zurück, in den `ifstream::read()` die Daten direkt in den `vector` liest. Allerdings muss in dem `vector` *vorher* genügend Platz gemacht worden sein – weswegen Sie ihn gleich mit dem Konstruktorargument `laenge` in der passenden Größe erzeugen.

Außer `vector` hat nur `array` eine solche `data()`-Methode. Kein anderer Standardcontainer garantiert, dass seine Daten in Reih und Glied vorliegen, in die mit `read()` und ähnlichen Funktionen am Stück eingelesen werden kann.

Ein Wort noch zu `return data;`, wo doch der Rückgabewert `vector<char>` ist – ein Wert, keine Referenz oder Zeiger. Potenziell könnte bei einem solchen Wert-Typ als Rückgabe eine große Kopieraktion von Nöten sein. Der Compiler und die Standardbibliothek arbeiten hier aber zusammen und »gehen der Kopie aus dem Weg« (engl. *Copy Elision*). Das ist hier dadurch garantiert, dass alle return-Anweisungen innerhalb der Funktion dieselbe lokale Variable zurückgeben – hier ist es trivial, weil es nur ein einziges return gibt. In diesem Fall braucht der Compiler niemals eine Kopie für die Rückgabe zu erstellen, auch wenn sie als Wert erfolgt.

Die packe-Funktion beginnt mit zwei trivialen Zeilen: leseDatei liest die Eingabe, und GzWriteStream gz bereitet die Ausgabe vor. Die erfolgt mit dem überladenen operator<<. Den habe ich der Einfachheit halber als Methode implementiert. Eine freie friend-Funktion wäre auch möglich gewesen, ist hier aber nicht unbedingt nötig, da die Stream-Klasse ja unter meiner Kontrolle steht – anders als bei ostream, wo Sie nur mit einer freien Funktionsüberladung von operator<< arbeiten können.

25.6 Das Hauptprogramm

Den Abschluss bildet dann main. Sie erleben keine Überraschungen.

```
} // namespace
int main(int argc, const char* argv[]) {
    try {
        const vector<string> fNamen {argv+1, argv+argc};
        for(auto fName : fNamen) {
            std::cout << "packe " << fName << "... ";
            packe(fName, fName+".gz");
            std::cout << fName << ".gz"<< "\n";
        }
    } catch(std::runtime_error exc) {
        std::cerr << "Fehler: " << exc.what() << "\n";
    }
}
```

Listing 25.4 Mit »main« des Programms »gzpack.cpp« ist das Beispiel komplett.

Den im ersten Listing geöffneten anonymen Namensraum müssen Sie noch schließen, dann beginnt main. Ein alles umfassendes try-catch kümmert sich um jede Ausnahme, die Sie an anderen Stellen des Programms möglicherweise ausgelöst haben. exc.what() gibt eine passende Fehlermeldung aus.

Der Vektor fNamen speichert alle Kommandozeilenargumente, über die die for-Schleife dann iteriert. Darin ruft packe die Komprimierungsfunktion auf.

25.7 Zusammenfassung

▶ Eigentlich jede Erweiterung von Drittanbietern besteht aus einer Bibliothek und Headern.

▶ Binden Sie den oder die Header mit `#include` ein.

▶ Sehen Sie sich die Parameter und Rückgabetypen der Funktionen an, und wählen Sie den passenden C++-seitigen aus.

▶ Texte in `const char*` oder `char*` können Sie meist mittels `string` liefern.

▶ Große dynamische Datenmengen mit einem rohen Zeiger interagieren gut mit `vector`, `unique_ptr` oder `shared_ptr`.

▶ Halten Sie insbesondere nach Funktionspaaren für die Ressourcenverwaltung Ausschau, und erwägen Sie, diese mit einer Wrapperklasse oder einer eigenen Löschfunktion via `shared_ptr` mit C++-Sprachmitteln zu verwalten.

25.8 Aufgaben

Wiederholungsfragen

1. Wenn eine Bibliothek, die eigentlich (oder auch) für C geschrieben ist, einen Header für Sie bereitstellt, wie müssen die Funktionen in diesem Header dann besonders ausgezeichnet sein?

2. Wenn diese besondere Auszeichnung jeder einzelnen Funktion in dem C-Header fehlt, Sie den aber nicht verändern wollen, welche Vorkehrung treffen Sie auf C++-Seite, damit Sie den Header dennoch verwenden können?

Vertiefungsfrage

Implementieren Sie die Funktion `void vcopy(void* src, void* trg, size_t size);`. Rufen Sie sie dann auf, um den Inhalt eines `vector<int>` mit 5 Elementen in einen `vector<unsigned char>` zu kopieren, wie es Listing 25.5 zeigt.

Bei der Wahl des Kopiermechanismus können Sie frei wählen: `memcpy`, `std::copy` oder mit einer for-Schleife?

Die Ausgabe gilt für ein Linux-System, auf einem Windows-Rechner ist die Reihenfolge der Zahlen anders. Immer vier `unsiged char` ergeben einen `int`. Der int-Wert 512 besteht aus vier `unsigned char`: 0, 2, 0, 0. Der Wert 99999 zerlegt sich in 159, 134, 1, 0.

```
#include <vector>
#include <iostream>
void vcopy(void* src, void* trg, size_t size); // implementieren Sie diese Funktion
int main() {
    std::vector<int> input { 512,1,2,3,99999 };
```

```
    // genug Platz machen:
    std::vector<unsigned  char> output(input.size()*sizeof(int));
    vcopy(input.data(), output.data(), input.size()*sizeof(int));
    for(unsigned int c : output) // unsiged int: Ausgabe als Zahl
        std::cout << c << " ";
    std::cout << "\n";
    // Ausgabe: 0 2 0 0 1 0 0 0 2 0 0 0 3 0 0 0 159 134 1 0
}
```

Listing 25.5 Kopieren mit einer typunsicheren Funktion

Erweiterungsfrage

`GzWriteStream` kann nur Daten komprimieren. Schreiben Sie `GzReadStream` und das passende Programm drumherum, mit dem Sie die Daten auch wieder entpacken können. Auch hier verwenden Sie `gzopen`, doch ist es nun `gzread`, das Ihre Daten liest. Es gibt einen großen Stolperstein: Wohin werden Sie die Daten lesen? Wissen Sie, wie groß Sie den Puffer zum Einlesen machen müssen?

Kapitel 26
Template-Funktionen

> **Kapiteltelegramm**
>
> ▶ **Template**
> Eine Template-Klasse oder Template-Funktion
>
> ▶ **Template-Funktion**
> Eine Funktion, die einen Typ als Template-Parameter bekommt
>
> ▶ **Template-Klasse**
> Synonym für einen parametrisierten Typ
>
> ▶ **Template-Parameter**
> Ein zur Übersetzungszeit feststehender Typ für ein Template; statt eines Typs kann ein Template-Parameter auch eine konstante Zahl sein.
>
> ▶ **parametrisierter Typ**
> Eine Klasse, die einen anderen Typ (oder eine konstante Zahl) als Template-Parameter bekommt
>
> ▶ **Template instanziieren**
> Der Moment der Verwendung eines Templates mit konkreten Typen (oder Konstanten); der Compiler erzeugt in diesem Moment den Programmcode.

Ich will es nicht verhehlen: Templates sind schwierig. Doch ich will es Ihnen leicht machen, denn wenn Sie Templates völlig aus dem Weg gehen, dann bleibt Ihnen das meiste und Gute in C++ verborgen.

Die gute Nachricht: Sie müssen Templates nicht komplett durchdringen, um sie zu benutzen. Ich möchte sogar behaupten, dass es wenige Leute gibt, die Templates ganz verstanden haben. Sie können sie aber dennoch ohne allzu große Gehirnakrobatik verwenden und ziehen so den größten Nutzen aus ihnen. Tatsächlich *haben* Sie Templates schon verwendet, nämlich string. Und ich hoffe doch sehr, dass Sie string inzwischen kennen- und lieben gelernt haben. Und der zweite treue Begleiter durch die meisten Seiten dieses Buches, mittels dem Sie Templates schon benutzt haben, ist vector – in seinen Ausprägungen vector<int>, vector<double> oder gar vector<Car>.

Mit dem ersten Aspekt von Templates hatten Sie also schon zu tun: Sie setzen sie als *parametrisierte Typen* ein. Denn nichts anderes ist ein *Template*: eine Klasse, die einen anderen Typ als Parameter erhält, ist eine *Template-Klasse*. vector gehört dazu und so auch basic_string. Geben Sie basic_string einen char als Parameter, und Sie erhalten:

```
using string = basic_string<char>;
```

Voilà! Sinngemäß und vereinfacht, denn `basic_string` kann noch ein bisschen mehr. In diesem Buch gehe ich auf das Erstellen parametrisierter Typen nur sehr am Rande ein. Ich konzentriere mich auf den zweiten Aspekt.

Der zweite Aspekt von Templates sind *Template-Funktionen*. Hier nimmt nicht eine neue Klasse einen Typ als Parameter, sondern eine Funktion. Diesen Teil werden Sie ebenso schnell erlernen, wie `string` und `vector` zu verwenden, denn eigentlich ist das, was Sie hier machen werden, ebenfalls nicht neu: Sie überladen Funktionen.

26.1 Überladung

Genau genommen setzt sich ja ein Funktionsparameter aus zwei Teilen zusammen: aus dem *Wert* und dessen *Typ*. Zur Laufzeit können Sie eine Funktion mit unterschiedlichen *Werten* aufrufen, mal mit 5, mal mit 42 und mal mit -10. Der *Typ* ist aber immer gleich.

Eine Funktion, bei der der *Typ* selbst veränderlich ist, ist eine Template-Funktion: Hier müssen Sie den *Typ* eines Parameters also zusätzlich zum Wert beim Aufruf festlegen.

Betrachten wir aber zunächst eine normale Funktion wie

```
void print(int value) {
    cout << value;
}
```

Sie rufen Sie zur Laufzeit mit

```
print(5);
print(42);
print(-10.25);
```

auf – der *Wert* des Parameters verändert sich. Auch wenn Sie wie bei `print(-10.25)` einen `double` übergeben, wird dennoch `void print(int)` aufgerufen und der Parameter `-10.25` für den Aufruf zum `int`-Wert `-10` konvertiert. Für die letzte Zeile würde also `-10` ausgegeben und nicht `-10.25`.

Das ist kein Problem für Sie, denn Sie schreiben einfach eine Funktionsüberladung für den Typ `double`.

```
void print(double value) {
    cout << value;
}
```

Mit dieser zusätzlichen Definition von `print(double)` erhalten Sie auch die Ausgabe `-10.25`. Was erhalten Sie denn für die folgende Zeile?

```
print("Flamingo");
```

Sie erhalten die Fehlermeldung, dass für `const char[]` keine passende Überladung existiert. Gesagt, getan:

```cpp
void print(const char* value) {
    cout << value;
}
```

Und schon kappt auch `print("Flamingo");`. Aber so langsam fällt mir auf, dass der Funktionskörper ja immer der Gleiche ist. Da steht immer `{ cout << value; }`. Wenn das Programm noch mehr Typen bekommt, die Sie mit `print` nach `cout` ausgeben wollen, wird die Sache ermüdend. Außerdem erhalten Sie eine Menge Codeduplikation, und das sollten Sie vermeiden.

26.2 Ein Typ als Parameter

Wenn Sie das Ganze so schreiben, dass auch der *Typ* variabel ist, dann sieht das so aus:

```cpp
template<typename TYP>
void print(TYP value) {
    cout << value;
}
```

Man könnte sagen, die Funktion hat nun zwei Parameter: `TYP` für den Typ des Arguments und `value` für dessen Wert.

Beim konkreten Aufruf müssen Sie nun auch *beide* Dinge festlegen. Allerdings schreiben Sie das Typ-Argument nach dem Funktionsnamen in spitze Klammern:

```cpp
print<int>(5);
print<double>(-10.25);
print<const char*>("Flamingo");
```

Nun weiß der Compiler ja, dass -5 ein `int` ist, -10.25 ein `double` und "Flamingo" ein `const char*`. Wenn der Compiler also die richtige Wahl für Sie treffen kann, dann können Sie die spitzen Klammern beim Aufruf dieser Funktion auch weglassen:

```cpp
print(5);
print(-10.25);
print("Flamingo");
```

sind zu Obigem gleichwertig. Wichtig ist hier jedoch, dass Sie nun tatsächlich drei Funktionen haben: eine für `int` als Parameter, eine für `double` und eine für `const char*`.

Eine Notiz, nicht ganz am Rande: Ob Sie `template<typename TYP>` oder `template<class TYP>` schreiben, ist übrigens egal. Beide Schreibweisen sind gleichwertig, und es ist Geschmackssache oder Abmachung, entweder das eine oder andere zu verwenden. Die Standardbibliothek bevorzugt hier `class`, während ich selbst lieber `typename` nehme.

26.3 Funktionskörper einer Template-Funktion

Der Funktionskörper von `print` nutzt aus, dass für `int`, `double` und `const char*` der Ausgabeoperator `operator<<` definiert ist. Das gilt natürlich nicht für alle Typen.

```
#include <iostream>
struct Zahl {
    int wert_;
};
template<typename TYP>
void print(TYP value) {
    std::cout << value << "\n";
}
int main() {
    print(5);
    print(-10.25);
    print("Flamingo");
    Zahl sieben { 7 };
    print(sieben);
}
```

Listing 26.1 Der Aufruf einer Template-Funktion klappt, solange der Funktionskörper mit den Template-Parametern gültig ist.

Der Compiler erzeugt auch hier eine neue Funktion – sinngemäß:

```
void print(Zahl value) {
    std::cout << value;
}
```

Für `Zahl` gibt es aber kein `operator<<`. Deshalb schlägt die Kompilierung der Anweisung `print(sieben);` fehl.

Es gibt einen wichtigen Begriff, den Sie sich einprägen sollten: Und zwar *instanziieren* Sie eine Template-Funktion in dem Moment, wenn Sie sie tatsächlich mit einem konkreten Typ aufrufen. Das ist deshalb wichtig, weil erst in dem Moment der Compiler prüft, ob sich der Quellcode des Templates übersetzen lässt.

Sie können zum Beispiel durch das Hinzufügen von

```
std::osteam& operator<<(std::ostream& os, Zahl z) {
    return os << z.wert_;
}
```

das Listing gewissermaßen »im Nachhinein« kompilierbar machen.

Sie können es sich in etwa so vorstellen, dass der Compiler sich den Inhalt der Funktion erst in dem Moment »ansieht«, wenn Sie ihn konkret benutzen. Dieses Ansehen besteht daraus, dass dann – und erst dann – der konkrete Typparameter an allen Stellen eingesetzt wird und die Funktion wirklich erzeugt wird – so als hätten Sie sie in den Quelltext geschrieben. Das ist vielleicht eine nicht ganz korrekte Sichtweise, aber nützlich und ausreichend für den Einstieg.

26.4 Zahlen als Template-Parameter

In den meisten Fällen sind es Typen, die Template-Parameter von Funktionen sind. Es gibt aber durchaus auch Fälle, in denen der Parameter eine Zahl ist.

Sie kennen das schon bei Klassen. array bekommt als zweiten Parameter eine konstante Zahl. array<int,10> schafft Platz für exakt 10 int-Werte. Was geschieht, wenn Sie eine Funktion schreiben wollen, die mal ein array der Größe zehn und mal ein array der Größe einhundert erzeugt? Sie wissen schon, dass es so nicht geht, weil n eine Variable ist und keine Konstante – oder um genau zu sein, keine constexpr.

```
array<int,n> createArray(size_t n);
```

Aber so geht es beinahe. Machen Sie aus createArray eine Template-Funktion und n zu einem Template-Parameter statt zu einem einfachen Funktionsparameter:

```
#include <array>
#include <iostream> // cout
using std::array; using std::cout;
template<size_t SIZE>
array<int,SIZE> createArray() {
    array<int,SIZE> result{};
    return result;
}
int main() {
    auto data = createArray<5>();
    data[3] = 33;
    for(auto e : data) cout << e << " ";
    cout << "\n";
}
```

Listing 26.2 Ein Template-Parameter kann auch eine konstante Zahl sein.

Die Ausgabe wird wenig überraschend "0 0 0 33 0" sein. Der Mechanismus ist genau derselbe wie für Typen als Parameter: In dem Moment, wenn Sie die Funktion verwenden, instanziieren Sie sie. Der Compiler ersetzt alle Vorkommen des Template-Parameters durch das, was Sie beim Aufruf angegeben haben, und Sie erhalten eine völlig neue Funktion. Sinngemäß sieht die instanziierte Funktion für createArray<5>() so aus:

```
array<int,5> createArray() {
    array<int,5> result{};
    return result;
}
```

Und weil array<int,5> im Gegensatz zu size_t n = 5; array<int,n> gültig ist, funktioniert auch das Beispiel.

26.5 Viele Funktionen

Das Instanziieren einer Template-Funktion bedeutet tatsächlich, dass der Compiler die gesamte Funktion erzeugt: Funktionskopf und Funktionskörper. Wenn Sie innerhalb einer *.cpp-Datei eine Template-Funktion mit 20 verschiedenen Template-Parametern aufrufen – Entschuldigung: instanziieren –, dann erhalten Sie den Funktionskörper tatsächlich 20-Mal, auch wenn der Funktionskörper immer gleich aussieht. Was an übersetztem Maschinencode dort herauspurzelt, sieht meist jedoch sehr unterschiedlich aus, so zum Beispiel für print(5) und print("Flamingo"). Die Ausgabe eines int ist sicherlich ganz anders implementiert als die Ausgabe einer Zeichenkette. Aus diesem Grund benötigt der Compiler alle diese Funktionsvarianten.

Doch keine Sorge: Wenn der Compiler merkt, dass 18 dieser Varianten den gleichen Maschinencode ergeben und nur zwei Varianten wirklich unterschiedlich sind, dann dampft er die Duplikate der Funktionen vor dem Zusammensetzen des Gesamtprogramms wieder ein. Das ist kein Muss, aber jeder halbwegs moderne Compiler ist dazu in der Lage.

Dieses »Ausrollen« des Funktionskörpers im Moment der Instanziierung der Funktion hat aber einen riesengroßen Vorteil: Der Funktionskörper ist maßgeschneidert auf den Ort des Aufrufs zugeschnitten. Der Compiler kann das nutzen und den tatsächlichen *Aufruf* der Funktion eigentlich einsparen. Er kann den Funktionskörper der Template-Funktion direkt dort einsetzen, wo Sie eigentlich eine Funktion aufgerufen haben.

Dieses *Inlining* hat enorme Geschwindigkeitsvorteile. Ein tatsächlich ausgeführter Funktionsaufruf ist während der Laufzeit jedes Programms immer eine enorme Bremse. Nicht nur, dass Parameter vorbereitet werden müssen und der Sprung in die Funktion und aus der Funktion wieder heraus ausgeführt werden muss. Für aktuelle CPUs ist ein Funktionsaufruf so etwas wie eine Baustelle auf der Autobahn: Interne Speicherbereiche müssen geleert werden und können erst langsam wieder befüllt werden, geplante Überholmanöver müssen abgebrochen werden und so weiter.

Alles in allem lohnt es sich sehr oft, wenn der Compiler einen Funktionsausruf einspart. Und Template-Funktionen sind für den Compiler das ultimative Zeichen für »bitte inlinen«. Hier gibt sich der Compiler also besonders viel Mühe.

26.6 Parameter mit Extras

Sie haben gesehen, dass manche Funktionen den »puren« Typ des Templates verwenden und andere noch anreichern:

```
template<typename TYP>
TYP add(TYP a, TYP b) {         // den puren Typ verwenden
    return a + b;
}
```

```
template<typename TYP>
void print(const TYP& value) { // um const und & angereicherter Typ
    cout << value;
}
```

Es hängt davon ab, was Sie in der Funktion mit den Parametern machen wollen. Weil die add-Funktion wahrscheinlich nur für Zahlen Sinn macht, wird sie sehr wahrscheinlich nur auf eingebauten Typen angewendet. So ist eine Parameterübergabe als Wert sehr sinnvoll – also einfach TYP.

Die Funktion print dagegen sieht aus, als würde sie vor allerlei Typen Anwendung finden – und da wollen Sie sicherheitshalber eine Kopie möglichst vermeiden. Dadurch, dass Sie TYP mit const & anreichern, erzwingen Sie, dass die vom Compiler erzeugte Funktion den Parameter auch als const & deklariert – Sie erhalten eine By-Value-Parameterübergabe.

Eine generelle Regel, wann Sie was verwenden sollten, ist schwierig aufzustellen. Schließlich könnte es sein, dass Sie für einen eigenen Datentyp operator+ überladen. Und wenn Sie dann – sagen wir für Matrix – Ihr neues add-Template aufrufen, ist vielleicht ein By-Value-Parameter sehr kostenintensiv.

Als Faustregel will ich Ihnen daher Folgendes mitgeben:

- Wenn Sie recht sicher sind, dass Ihre Template-Funktion nur mit ganz bestimmten Typen aufgerufen wird, schreiben Sie die Funktion so – bezüglich der Anreicherungen –, wie Sie es auch Template-los tun würden.
- Wenn Sie die Kontrolle über die Typargumente nicht haben, ziehen Sie by-Value vor, wenn Sie eine Berechnung mit einem neu erzeugten Rückgabewert haben, wie bei add.
- Wählen Sie by-Ref (nicht-const), wenn Sie die Parameter verändern wollen. Das ist eher selten bei Templates, da Sie ja nicht genau wissen, was für einen Typ Sie bekommen.
- Also werden Sie oft by-const-Ref haben, denn wenn Sie nur lesen müssen, ist das die flexibelste Variante.

Ich will Ihnen aber nicht verschweigen, dass die Sache mit den Anreicherungen manchmal nicht ganz so einfach ist. Sie müssen sich vorstellen, dass der Template-Parameter TYP komplett durch den Typ ersetzt wird, der im Moment der Instanziierung vorliegt. Wenn Sie also schon eine konstante Referenz (also const&) haben, dann ist auch TYP beim Instanziieren eine konstante Referenz:

```
#include <iostream>
const int& a_oder_b(int auswahl) {
    static const int a = 42;
    static const int b = 73;
    if(auswahl==1)
        return a; // const& auf innere Variable a zurückgeben
```

```
        else
            return b;   // const& auf innere Variable b zurückgeben
    }
    template<typename TYP>
    TYP add(TYP a, TYP b) {
        return a + b;
    }
    int main() {
        auto res = add(
            a_oder_b(0),      // const int&
            a_oder_b(1) );    // const int&
        std::cout << res << "\n";  // Ausgabe: 115
    }
```

Listing 26.3 Für »TYP« wird vom Compiler »const&« ermittelt.

Weil die Rückgabe von a_oder_b auf jeden Fall ein const int& ist, ist TYP für den Compiler bei dem Aufruf von add in main eben genau dieses const int&. Und weil TYP auch der Rückgabewert von add ist, ist dieser const int&. Eine Referenz als Rückgabewert? Das ist sehr gefährlich. Wohin zeigt die Referenz? Nun, das ist in diesem Beispiel zum Glück kein Problem, denn const-Referenzen sind immer etwas weniger problematisch als veränderbare Referenzen. In diesem Fall hat das + einen neuen Wert erzeugt, und weil wir nur als const& darauf zugreifen, ist der Compiler schlau genug, den unveränderbaren Wert für die Ausgabe auf cout zu erhalten.

Eigentlich ist es ganz einfach: Der Compiler ersetzt wirklich exakt TYP durch das, womit Sie das Template instanziiert haben. Alle Ausschmückungen, die der Typ schon hat, bleiben erhalten und werden durchgeschleift. In manchen Fällen kann das zu unerwartetem Verhalten führen. Oft sind es Fehlermeldungen des Compilers, die Sie dann deuten müssen, gerade wenn Sie die Standardbibliothek verwenden. Daher wollte ich in diesem Punkt klar sein, wie der Compiler vorgeht, damit Sie die Fehlermeldungen dann richtig deuten.

Vielleicht fragen Sie sich nun, was passiert, wenn der Typ beim Instanziieren schon const& ist, Sie aber zusätzlich – wie in print – ihn noch mit const& angereichert haben. Nun, die Regeln sind ganz einfach:

- Treffen zwei const aufeinander, ist das Ergebnis const.
- Treffen zwei & aufeinander, ist das Ergebnis &.

Wenn es Ihnen also passiert, dass Sie die Rückgabe von a_oder_b in print hineinstecken, dann instanziiert der Compiler void print(const int&) –, nicht void print(const const int & &), was keinen Sinn ergäbe.

Es gibt noch einen weiteren Fall, den ich erwähnen muss. Wenn Sie einen Tempwert als Parameter übergeben, dann ist das ja ein &&. Ein Tempwert wird, was Template-Parameter angeht, normalerweise wie eine normale Referenz & betrachtet. Hier instanziiert der Compiler zum Beispiel TYP als Image&, obwohl dieser Tempwert ja eigentlich ein Image&& ist:

```
print( Image{"my-image.png"} );
```

Der Parameter ist hier ein Tempwert und somit eine &&. Im Normalfall betrachtet der Compiler dies für Templates jedoch als &.

Nur dann, wenn Sie ein eigenes Template schreiben, bei dem der Typparameter selbst mit && angereichert ist, müssen Sie sich Gedanken über die Sonderfälle machen – also sehr wahrscheinlich bis auf Weiteres nicht. Wenn Sie glauben, Sie müssten ein solches Template schreiben, um Ihr Projekt zu bewältigen, schauen Sie der Literatur unter »universelle Referenz« und »perfect forwarding« nach. Bis dahin gilt: Schreiben Sie keine Templates mit && als Typparameter.

26.7 Template-Methoden sind auch nur Funktionen

Sie können genauso eine Template-Methode schreiben, wie Sie eine Template-Funktion schreiben können. Reicht das? Fast, oder?

An Methoden ist wirklich nichts Besonderes im Vergleich zu Funktionen, außer dass der erste Parameter mit dem unsichtbaren this* schon festgelegt ist, also dessen Wert und Typ. Ich denke, Sie brauchen daher nur ein Beispiel:

```
#include <iostream>
class Printer {
    std::ostream& trg_;
public:
    explicit Printer(std::ostream& target)
        : trg_(target)
        {}
    template<typename TYP>
    Printer& print(const TYP& arg) {
        trg_ << arg;
        return *this;
    }
};
int main() {
    Printer normal(std::cout);
    normal.print(7).print(" ").print(3.1415).print("\n");
    Printer fehler(std::cerr);
    fehler.print(8).print(" ").print(2.7183).print("\n");
}
```

Listing 26.4 Auch eine Methode kann ein Template sein.

Ich habe absichtlich ein vergleichbares Beispiel gewählt, wieder mit `print`. Diesmal ist der Unterschied nur, dass Sie ein Objekt erzeugen müssen – eine Instanz von `Print`. Sie entscheiden mit dem Parameter des Konstruktors, wo die Ausgabe landet. Wenn Sie `std::cout` übergeben, dann landet `print` auf der Standardausgabe; wenn Sie `std::cerr` übergeben, landet `print` auf dem Fehlerkanal.

In der Methode `Printer::print` besteht kein Unterschied zu einer normalen Funktion, nur dass Sie eben auf das Datenfeld `trg_` zugreifen können.

Der Compiler generiert für jeden Argumenttyp, mit dem Sie `print` aufrufen, eine eigene Methode. In diesem Beispiel sind das `print(int)` für 7 und 8, `print(double)` für 3.1415 und 2.7183 sowie `print(const char*)` für `"\n"`. Die Funktionsweise ist genauso wie bei Funktionen.

26.8 Template-Funktionen in der Standardbibliothek

In der Standardbibliothek finden Sie überall Template-Funktionen. Sie haben schon einige Beispiele gesehen, vor allem haben Sie aus den Headern `<algorithm>` und `<numeric>` Funktionen gesehen.

Die Funktionen daraus sind besonders interessant, weil sie mit den Standardcontainern zusammenarbeiten. Sie erinnern sich aber, dass Sie mitnichten den ganzen Container als Parameter übergeben, sondern paarweise Iteratoren:

```cpp
#include <vector>
#include <iostream>   // cout, ostream
#include <algorithm>  // sort, copy
#include <iterator>   // ostream_iterator
int main() {
    std::vector<int> data { 100, 50, 1, 75, 25, 0 };
    std::sort(std::begin(data), std::end(data));
    std::ostream_iterator<int> oit(std::cout," ");
    std::copy(std::begin(data), std::end(data), oit);
    // Ausgabe: 0 1 25 50 75 100
}
```

Listing 26.5 Auch in der Standardbibliothek finden Sie allerlei Template-Funktionen.

Hier habe ich einen `vector<int>` verwendet und von dem mit `std::begin()` und `std::end()` die Iteratoren geholt, die `sort()` und `copy()` als Parameter benötigen. Das sind die Template-Argumente. Und weil es Template-Argumente sind, funktioniert das ganze (fast immer) mit *allen* Standardcontainern und mit allen Iteratoren. Sie hätten oben statt `vector<int>` genauso gut ein `list<string>` oder `array<double>` einsetzen können. Sie hätten den Rest des Programms nicht verändern müssen. Auch mit einem `vector<Image>` funktioniert es genau so, unter der Voraussetzung, dass Sie `operator<` und `operator==` sowie `operator<<` für `Image` überladen haben.

26.9 Iteratoren statt Container als Template-Parameter

Aus dem Header `<algorithm>` der Standardbibliothek kennen Sie einige Funktionen, die (mindestens) ein Paar Iteratoren als Parameter entgegennehmen. Damit Sie diese Algorithmen auf alle Container anwenden können, sind diese Parameter Template-Argumente.

Wenn Sie selbst eine Funktion schreiben wollen, die auf einem Container arbeitet, dann bietet es sich an, es genau so zu machen wie die Standardbibliothek: Übergeben Sie nicht den Container als Parameter, sondern zwei Iteratoren, die den *Bereich* eines beliebigen Containers repräsentieren, den Ihr eigener Algorithmus dann bearbeitet. Für Iteratoren als Parameter gilt normalerweise, dass Sie sie als Templateargument auslegen. Der Effekt ist, dass es ihrer Funktion dann egal ist, ob die Iteratoren zu einem `vector` oder zu einer `map` gehören, wenn Sie es geschickt anstellen.

```
#include <iostream>
#include <vector>
#include <set>
#include <bitset>
template<typename IT>
std::ostream& druckeBinaer(std::ostream& os, IT begin, IT end) {
    for(IT it=begin; it != end; ++it) {
        std::bitset<4> x(*it);  // kopieren
        os << x << " ";
    }
    return os;
}
int main() {
    std::vector<int> vdata { 2, 0, 15, 12 };
    druckeBinaer(std::cout, vdata.cbegin(), vdata.cend()) << "\n";
    // Ausgabe: 0010 0000 1111 1100
    std::set<int> sdata { 2, 0, 12, 15 };
    druckeBinaer(std::cout, std::begin(sdata), std::end(sdata)) << "\n";
    // Ausgabe: 0000 0010 1100 1111
    int adata[] = { 0,1,2,13,14,15 };
    druckeBinaer(std::cout, std::begin(adata), std::end(adata)) << "\n";
    // Ausgabe: 0000 0001 0010 1101 1110 1111
}
```

Listing 26.6 Für eigene Algorithmen übergeben Sie Iteratoren als Argumente, nicht den Container.

Die Funktion `druckeBinaer` nimmt ein Paar Iteratoren als Argumente, zwischen denen sie alle Elemente in einen `bitset<4>` umwandelt, der dann ausgegeben wird. Die Umwandlung in einen `bitset` klappt natürlich nur, wenn der Container, aus dem die Iteratoren stammen, Ganzzahltypen enthält. Wenn Sie `druckeBinaer` mit einem Container ausprobieren, der string oder double enthält, bekommen Sie vom Compiler einen Fehler gemeldet, und zwar genau da, wo mit std::bitset<4> x(*it); die Umwandlung versucht wird.

Was die Art des Containers angeht, sind Sie durch die Verwendung von Iteratoren aber flexibler. Versuchen Sie es mit einem vector wie vdata, dann bekommen Sie den Inhalt als binäre Zahlen ausgegeben. Mit einem set wie sdata sind die Elemente auch noch sortiert – eine Eigenschaft eines set. Und weil rohe Zeiger auch nur eine bestimmte Form von Iteratoren sind, können Sie druckeBinaer sogar mit einem C-Array wie adata aufrufen. Die freien Funktionen std::begin() und std::end() funktionieren für Standardcontainer ebenso wie für C-Arrays.

Konkret wird TYP von druckeBinaer in diesem Beispiel mit drei unterschiedlichen Typen instanziiert:

- Für vdata.cbegin() ist TYP ein vector<int>::const_iterator, denn einen solchen liefert die Funktion cbegin() zurück.
- Für std::begin(sdata) ist es ein set<int>::iterator, denn das ist der Rückgabetyp von set<int>. Sie hätten einen const_iterator bekommen, wenn Sie sdata const deklariert hätten.
- Für std::begin(adata) wird TYP ein roher Zeiger int*. Die Schleife in druckeBinaer(), die aussieht wie speziell für Iteratoren, funktioniert auch auf rohen Zeigern – eben weil diese nur eine Form von Iteratoren sind.

Eigene Funktionen auf Containern auf diese Art und Weise zu schreiben erhöht die Flexibilität Ihres Programms auf lange Sicht. Natürlich eignet sich dies nicht überall. Solange Sie die Elemente zwischen den Iteratoren nur lesen, klappt auf jeden Fall alles. Hier haben wir die Iteratoren in der Schleife nur vorwärts laufen lassen. Vielleicht wollen Sie einen Algorithmus schreiben, der rückwärts oder sogar »wahlfrei« auf die Elemente zwischen den Iteratoren zugreift. Dann kann es sein, dass manche Container mit Ihrer Funktion nicht funktionieren oder sich unerwünscht verhalten. Eine list erlaubt keinen wahlfreien Zugriff auf ihre Elemente. Das äußert sich dadurch, dass, wenn Sie in Ihrer Funktion zum Beispiel *(it+2) verwenden, der Compiler das für vector akzeptiert, für list Ihnen den Aufruf jedoch nicht erlaubt.

Wenn Sie dies im Hinterkopf behalten, sind Sie für Funktionen, die nur lesen, auf jeden Fall auf der sicheren Seite. Sollten Sie in Ihrem Algorithmus schreiben wollen, müssen Sie etwas vorsichtiger sein. Wenn Sie ein Element mit einem neuen Wert beschreiben, müssen Sie berücksichtigen, dass zum Beispiel ein set seine Elemente sortiert halten möchte – und das wird es auch tun, sodass sich die Reihenfolge der Elemente verändert und somit auch die Iteratoren. Lassen Sie Ihren Algorithmus ruhig schreiben, beachten Sie aber dann, dass Sie mit Iteratoren vorsichtig umgehen müssen.

26.10 Beispiel: Informationen über Zahlen

Am folgenden Beispiel sehen Sie nicht nur den Einsatz einer Template-Funktion, sondern auch, dass es ein sehr interessantes Hilfs-Template numeric_limits<> gibt. Mit dem können Sie allerlei nützliche Interna herausfinden und in Ihrem Programm verwenden. Wenn Sie zum Beispiel einen vector so groß initialisieren wollen, dass alle möglichen Werte eines unsiged short hineinpassen, dann können Sie das so machen:

```
const auto sz = std::numeric_limits<unsigned short>::max();
std::vector<string> dictionary(sz);
```

Wenn auf Ihrem System der Typ unsiged short eine Breite von 16 Bits hat, dann können unsigned short-Variablen Werte von null bis 65.536 halten. sz nimmt diesen Wert an, und der vector dictionary wird mit dieser Größe initialisiert.

Ein Paar Beispiele, was Sie mittels numeric_limits noch herausfinden können, sehen Sie in Listing 26.7:

```
#include <iostream>                                  // cout
#include <limits>                                    // numeric_limits

template<typename INT_TYP>                           // Template mit Typ Argument
void infos(const char* name) {
    typedef typename std::numeric_limits<INT_TYP> L; // kürzer umbenennen
    std::cout << name
              << " zahlenbits:" << L::digits         // Bits ohne Vorzeichenbit
              << " vorzeichen:" << L::is_signed      // speichert Vorzeichen?
              << " min:"<< (long long)L::min()       // kleinster möglicher Wert
              << " max:"<< (long long)L::max()       // größter möglicher Wert
              << "\n";
}

int main() {
    infos<signed char>("char");                      // kleinster int-Typ
    infos<short>("short");
    infos<int>("int");
    infos<long>("long");
    infos<long long>("long long");                   // größter int-Typ
}
```

Listing 26.7 So finden Sie den Zahlenbereich der Ganzzahltypen heraus.

Auch wenn dieses Beispiel nur auf Ganzzahltypen ausgelegt ist, gibt es doch auch viele Informationsfunktionen für die Fließkommatypen float und double.

26.11 Aufgaben

Wiederholungsfrage

Schreiben Sie eine Funktion, die das Produkt sowohl zweier int-Zahlen als auch zweier double-Zahlen zurückliefert. Wenn die Parameter int sind, soll auch der Rückgabetyp int sein. Sind beide Parameter double, ist auch der Rückgabetyp double. Die Funktion soll prod heißen.

Vertiefungsfrage

Für viele eingebaute Datentypen gibt es die freie Funktion string to_string(), also zum Beispiel string to_string(int arg) und string to_string(double arg). Schreiben Sie die Funktion append, die zwei Parameter nimmt: Der erste Parameter ist ein string& s, an den etwas angehängt werden soll. Der zweite Parameter ist ein Template-Parameter TYP arg, der für alle Typen, für die es to_string gibt, dieses aufruft und an s anhängt. Für string und const char* braucht kein to_string aufgerufen zu werden, denn für diese Typen hat string schon eine passende append-Methode. Dafür sollten Sie Überladungen verwenden. In Listing 26.8 sehen Sie eine Beispielverwendung.

```
#include <string> // string, to_string
int main() {
    std::string ausgabe{};
    append(ausgabe, "Die Berechnung ");
    append(ausgabe, 17);
    append(ausgabe, " * ");
    append(ausgabe, 3.5);
    append(ausgabe, " ergibt ");
    append(ausgabe, 17*3.5);
    std::cout << ausgabe << ".\n";
    // Ausgabe: Die Berechnung 17 * 3.500000 ergibt 59.500000.
}
```
Listing 26.8 Schreiben Sie eine Template-Funktion »append«.

Erweiterungsfragen

1. Für die Wiederholungsfrage sollten Sie prod so schreiben, dass die beiden Argumenttypen und der Rückgabetyp alle gleich sind. Schreiben Sie eine Template-Funktion, die sich für prod(3.14,3.14), prod(10,3.14) und prod(10,10) genau so verhält, also würden Sie 3.14*3.14, 10*3.14 und 10*10 direkt in den Quellcode schreiben. Das heißt, im ersten und zweiten Fall soll prod einen Wert vom Typ double zurückliefern, im letzten Fall int. Dazu benötigen Sie ein Template mit zwei verschiedenen Parametertypen. Das Schwierige wird der Rückgabetyp sein: Verwenden Sie die alternative Funktionsdeklaration, und sehen Sie sich an, was decltype macht.

2. Schreiben Sie eine Template-Funktion `template<typename IT> IT entferneTeiler(IT begin, IT end);`. Sie soll
   - ein Paar Iteratoren als Parameter bekommen.
   - die Elemente zwischen den Iteratoren so umordnen, dass alle Elemente, die Teiler eines anderen Elements der Liste sind, nach hinten sortiert werden.
   - Der Rückgabewert ist ein Iterator (`mid`), der auf das erste nach hinten sortierte Element zeigt. (Keines der Elemente vor `mid` teilt ein anderes vor `mid`, alle Elemente ab `mid` teilen ein Element vor `mid`.)
   - Musste kein Element nach hinten sortiert werden, wird `end` zurückgeliefert.
   - Die Reihenfolge der Elemente innerhalb der beiden Listenteile ist egal.
   - Zum Beispiel wird aus {1,10,5,12,4,13,39} als Ergebnis {39,10,12,1,5,4,13}, und `mid` verweist auf 1. Die Reihenfolge der Elemente {39,10,12} und {1,5,4,13} untereinander ist jeweils egal.

Wenn Sie `entferneTeiler` in ein Programm einbauen, könnte das zum Beispiel so aussehen:

```
vector<int> data{1,10,5,12,4,13,39};
auto mid = entferneTeiler(data.begin(), data.end());   // umordnen
// z. B. {39,10,12,1,5,4,13}, mid zeigt auf 1
data.erase(mid, data.end());                           // wirklich löschen
// z. B. {39,10,12}
```

Kapitel 27
Eine Klasse als Funktion

> **Kapiteltelegramm**
>
> ▶ **Funktionsparameter, Callback oder Rückruffunktion**
> Eine Funktion, die als Parameter an eine »Arbeitsfunktion« übergeben wird und dann innerhalb der Arbeitsfunktion aufgerufen wird
>
> ▶ **C-Funktionspointer**
> Einen Funktionsparameter per Adresse auf eine zuvor definierte Funktion übergeben
>
> ▶ **function<>**
> Der C++-Typ eines Funktionsparameters
>
> ▶ **Funktionsobjekt oder Funktor**
> Eine Klasse, die `operator()` definiert, oder eine Instanz davon
>
> ▶ **anonyme Funktion oder Lambda-Ausdruck**
> Eine vor Ort definierte Funktion ohne Namen
>
> ▶ **Zugriffsklausel**
> Liste der äußeren Variablen, auf die Sie von innerhalb eines Lambda-Ausdrucks zugreifen können

Bisher können Sie mit einer Funktion zwei Dinge machen: Sie können sie definieren, und Sie können sie aufrufen. Spannend und so richtig flexibel wird es aber erst, wenn Sie Funktionen nicht nur als »ein Stück ausgelagerten Programmcode« betrachten, sondern als C++-Objekte wie alle anderen. Wenn Sie eine Funktion als Parameter übergeben oder als Rückgabe erhalten oder sie einfach für spätere Verwendung in einer Variable speichern, dann benutzen Sie Funktionen als Objekte.

Ich beginne mit einem sehr einfachen Beispiel. Sie wollen etwas schreiben, das abhängig von einem Parameter mal eine Addition und mal eine Multiplikation ausführt. Im Rahmen dieses Kapitels möchte ich das Ding, das mal das eine und mal das andere ausführt, *Prozedur* nennen, um es von der variablen Funktion (Addition oder Multiplikation) begrifflich zu unterscheiden.

Die krudeste Lösung will ich hier gar nicht explizit als Listing hinschreiben. Sie könnten einen `char` als Parameter übergeben, der bei einem `'+'`-Zeichen eine Addition und bei einem `'*'`-Zeichen eine Multiplikation ausführt. Die Funktionen selbst würden Sie dann womöglich in einem `switch` innerhalb der Prozedur implementieren. Das haben Sie schon in Listing 12.15 gekonnt. Inzwischen wären Sie nur etwas misstrauischer und verwenden ein `enum class` mit Aufzählungselementen für die Funktionsarten.

Ich möchte Sie viel lieber gleich ins kalte Wasser werfen. Die Funktion selbst wird als Parameter übergeben. Dadurch erhält sie in der Prozedur den Namen des Parameters, und Sie rufen sie dann normal mit runden Klammern und Parametern auf.

```
#include <functional> // function
int berechne(int a, int b, std::function<int(int,int)> binop) {
    return binop(a,b);
}
```

Listing 27.1 Eine Funktion als Parameter

Der Parameter binop hat einen etwas seltsamen Typ: function<int(int,int)>. Damit ist eine beliebige Funktion gemeint, die zwei int-Werte als Parameter bekommt und einen zurückliefert. function<...> ist ein Template, so viel ist klar. Aber die Funktion muss die richtige Signatur haben. Und wenn Sie von einer normalen Funktionsdeklaration wie

```
int plus(int arg1, int arg2);
```

alle Namen plus, arg1 und arg2 wegnehmen, dann bleibt int(int,int) übrig. Und das ist genau das Template-Argument für function<...>. Somit haben Sie den Typ einer Funktion ermittelt.

Hier müssen Sie erst einmal ordentlich durchatmen, denn das ist schon ein großer Batzen. Lassen Sie sich dann den tatsächlichen Aufruf des Funktions-Parameters auf der Zunge zergehen:

```
binop(a, b);
```

Der Parameter binop verhält sich ebenso wie eine Funktion. Wenn Sie binop als globale Funktion definiert hätten, sähe der Aufruf hier genauso aus.

27.1 Werte für einen »function«-Parameter

Die Prozedur ist somit fertig. Doch was verwenden Sie als dritten Parameter für berechne? Probieren Sie eine Funktion – natürlich mit der passenden Signatur.

```
#include <functional> // function
#include <iostream>   // cout
int berechne(int a, int b, std::function<int(int,int)> binop) {
    return binop(a,b);
}
int plus(int a, int b) { return a+b; }
int mal(int a, int b) { return a*b; }
int main() {
    std::cout << berechne(3, 4, plus) << "\n"; // Ausgabe: 7
    std::cout << berechne(3, 4, mal) << "\n";  // Ausgabe: 12
}
```

Listing 27.2 Verwenden Sie den Namen einer passenden Funktion als Funktionsparameter.

Das ist alles. Die Funktionen `plus` und `mal` werden als Instanzen vom Typ `function<int (int,int)>` als Parameter übergeben.

Dass die Signatur der Funktionen passt, ist wichtig. Die Funktion `negiere` können Sie zum Beispiel nicht verwenden. Der Compiler beschwert sich mit einem Fehler:

```
int negiere(int a) { return -a; }
// ...
std::cout << berechne(3, 4, negiere) << "\n";  // falsche Signatur
```

27.2 C-Funktionspointer

In diesem Abschnitt erzähle ich Ihnen etwas über die Historie. Wenn Ihnen der Kopf schon raucht, können Sie ihn beim ersten Lesen überspringen.

Bei meinem Compiler lautet die Fehlermeldung:

```
could not convert 'negiere' from 'int(*)(int)' to 'std::function<int(int,int)>'
```

Da taucht also `negiere` nicht als `std::function<int(int)>` auf, sondern als `int (*)(int)`. Dies ist der eigentliche Typ einer Funktion, wenn Sie sie als Parameter übergeben. Die Konstrukt `std::function<int(int)>` ist nur ein C++-Hilfsmittel. Die Schreibweise `int (*)(int)` stammt noch aus C-Zeiten und nennt sich *Funktionspointer* oder *-zeiger*. Der Compiler konvertiert eine Funktion des C-Typs `int (*)(int)` implizit in den C++-Typ `std::function<int(int)>`. Da die C-Notation sehr seltsam aussieht (subjektiv für meine Augen), präferiere ich, wo es geht, die C++-Schreibweise.

Damit Sie lesen können, was der Compiler Ihnen meldet, müssen wir den C-Typ »entschlüsseln«. Der gesamte Typ der Funktion ist `int (*)(int)`:

- Das `(*)` in der Mitte bedeutet, dass es sich um irgendeinen Funktionspointer handelt.
- `int` am Anfang ist der Rückgabetyp der Funktionssignatur.
- `(int)` in Klammern beschreibt die Parametertypen der Funktionssignatur.

Wenn Sie unbedingt wollen, dann können Sie den entsprechenden Parameter von `berechne` auch in dieser C-Funktionspointer-Schreibweise notieren:

```
int berechne_c(int a, int b, int(*binop)(int,int)) {
    return binop(a,b);
}
```

Oje, und der Name des Parameters `binop` steht nicht mehr nach dem Typ, sondern mittendrin, neben dem `*` und in den runden Klammern für den Funktionspointer (`*binop`).

Ich empfehle Ihnen, dass Sie bei der C++-`function<>`-Schreibweise bleiben, denn die ist – so denke ich – um einiges besser zu lesen. Das hat noch einen weiteren Vorteil: Der C++-Typ ist mit allerlei praktischen Eigenschaften ausgestattet, die der C-Funktionspointer nicht hat. Konvertierungen und andere Aktionen sind etwas leichter.

Noch ein letztes Wort zu dem Begriff Funktions*pointer*: In der C++-Welt stellen Sie sich ja eine Funktion als irgendein Objekt vor, das Sie einfach als Wert mit plus oder mal übergeben können. Das ist auch gut und schön, nur gab es in der C-Welt keine komplizierten Objekte. In der C-Welt war eine Funktion immer ein konkretes Etwas irgendwo im Speicher. Und daher müssen Sie, wenn Sie die Funktion als Parameter übergeben wollen, die *Adresse* dieses Objekts aus dem Speicher holen. Eigentlich müssten Sie mit dem Adressoperator & also die Speicherposition der Funktion holen. Das brauchen Sie hier aber nicht, weil der Compiler die entsprechende Konvertierung implizit und somit automatisch durchführt:

```
#include <functional>  // function
#include <iostream>    // cout
int berechne(int a, int b, std::function<int(int,int)> binop) {
    return binop(a,b);
}
int plus(int a, int b) { return a+b; }
int mal(int a, int b) { return a*b; }
int main() {
    std::cout << berechne(3, 4, plus) << "\n";   // Wert-Schreibweise
    std::cout << berechne(3, 4, mal) << "\n";    // Wert-Schreibweise
    std::cout << berechne(3, 4, &plus) << "\n";  // Zeiger-Schreibweise
    std::cout << berechne(3, 4, &mal) << "\n";   // Zeiger-Schreibweise
}
```

Listing 27.3 Es ist egal, ob Sie beim Aufruf den Adressoperator verwenden oder nicht.

In der C++-Welt, wo Sie bei Funktionsaufrufen sowohl mit Werten als auch mit Adressen umgehen können, brauchen Sie sich in diesem Falle gedanklich nicht umzustellen. Denken Sie sich eine Funktion als Wert, wenn Ihnen diese Vorstellung besser passt, oder denken Sie sie sich als Zeiger. Ich persönlich mag die Vorstellung als Wert lieber, denn das passt zu meiner Vorstellung von *Funktoren* – echten Funktionsobjekten, die wir jetzt besprechen werden.

27.3 Die etwas andere Funktion

Dass Sie eine Funktion aufrufen können, ist Ihnen inzwischen in Fleisch und Blut übergegangen.

```
return binop(a, b);
```

Sie denken, binop ist eine Funktion? Vielleicht. Vielleicht auch nicht. Es könnte sich um irgendetwas *aufrufbares* handeln. Ihre natürliche Gegenfrage sollte jetzt lauten: »Ja, was gibt es denn noch anderes aufrufbares außer Funktionen?« Antwort: In C++ rufen Sie etwas auf, indem Sie ein Paar runde Klammern mit Parametern hinter das Aufrufbare schreiben, und Sie erhalten ein Ergebnis zurück – dabei kann sowohl die Parameterliste als auch das Ergebnis auch leer sein. Aufrufbar sind:

- **Funktionen**
  Die kennen Sie schon: Sie definieren einen Kopf mit Rückgabetyp, Funktionsname, Aufrufparametern und dem Funktionskörper.
- **Funktoren oder Funktionsobjekte**
  Ein *Funktor* ist eine Klasse, die den `operator()` definiert. Instanzen dieser Klasse verhalten sich dann wie eine Funktion.
- **anonyme Funktionen oder Lambdas**
  Wenn Sie einem Algorithmus eine Operation mitgeben wollen – zum Beispiel »wie vergleiche ich fürs Sortieren« –, dann können Sie die den Funktionskörper (das »Wie«) direkt als Parameter übergeben, ohne zuvor eine Funktion zu definieren. Das ist deshalb eine »anonyme Funktion«, oder im Informatikfachjargon ein *Lambda-Ausdruck*.

Instanzen einer Klasse mit einer Methode `operator()` verhalten sich wie Funktionen. Man kann sie aufrufen:

```cpp
#include <iostream>                    // cout
using std::cout;
class Inkrement {
    int menge_;
public:
    explicit Inkrement(int menge) : menge_{menge} {}
    int operator()(int wert) const   { // macht Instanzen aufrufbar
        return wert + menge_;
    }
    void clear() {
        menge_ = 0;
    }
};
int main() {
    Inkrement plusVier{4};       // Instanz erzeugen
    Inkrement plusElf{11};       // noch eine Instanz
    cout << plusVier(8) << "\n";        // Ausgabe: 12
    int erg = 2 * plusElf(5) - 7;       // erg ist 25
    cout << plusElf(erg/5) << "\n"; // Ausgabe: 16
    cout << 3 * Inkrement{1}(7) << "\n"; // Ausgabe: 24
    Inkrement plusNix = plusElf;
    plusNix.clear();                    // Zustand ändern
    cout << plusNix(1) << "\n";         // Ausgabe: 1
}
```

Listing 27.4 Eine Klasse mit »operator()« erzeugt Funktionsobjekte.

Wenn Sie sich nur die Zeile mit `plusVier(8)` ansehen würden, dann sieht es aus, als würde sich hinter `plusVier` die Funktion verbergen:

```
int plusVier(int wert) {
    return wert + 4;
}
```

Und wenn Sie sich nur die Zeile mit plusElf(erg/5) ansehen würden, könnten Sie vermuten, es gäbe eine Funktion:

```
int plusElf(int wert) {
    return wert + 11;
}
```

Und so könnte es mit +0, +1, +2 etc. weitergehen, und Sie würden sich wundern, wer sich denn die Mühe macht, so viele Funktionen zu schreiben.

Und da kommen die Funktionsobjekte ins Spiel. Wenn sich eine Gruppe von Funktionen sehr ähnelt und sich nur durch ein Detail unterscheidet, das sich durch einen inneren Zustand abbilden lässt, dann ist eine Klasse mit Datenfeldern die optimale Lösung.

Entwickeln wir das einmal langsam. Wenn Sie nur Mittel verwenden, die Sie schon kennen, dann können Sie eine Inkrement-Klasse mit normalen Methoden schreiben und verwenden:

```
#include <iostream>            // cout
using std::cout;
class Hinzu {
    int menge_;
public:
    explicit Hinzu(int menge) : menge_{menge} {}
    int hinzu(int wert) const   { // statt operator()
        return wert + menge_;
    }
    void clear() {
        menge_ = 0;
    }
};
int main() {
    Hinzu plusVier{4};  // Instanz erzeugen
    Hinzu plusElf{11};  // noch eine Instanz
    cout << plusVier.hinzu(8) << "\n";       // Ausgabe: 12
    int erg = 2 * plusElf.hinzu(5) - 7;      // erg ist 25
    cout << plusElf.hinzu(erg/5) << "\n";    // Ausgabe: 16
    cout << 3 * Hinzu{1}.hinzu(7) << "\n";   // Ausgabe: 24
    Hinzu plusNix = plusElf;
    plusNix.clear();                         // Zustand ändern
    cout << plusNix.hinzu(1) << "\n";        // Ausgabe: 1
}
```

Listing 27.5 Eine Klasse mit einer normalen Methode

Tatsächlich gibt es also nur zwei Unterschiede:

- `Inkrement` definiert `int operator()(int wert) const` als Methode, während `Hinzu` dafür eine normale Methode `int hinzu(int wert) const` verwendet.
- Der Aufruf im ersten Fall ist `plusVier(8)`, im zweiten Fall `plusVier.hinzu(8)`.

Sie sehen, dass sich die beiden Klassen eigentlich nicht unterscheiden, außer darin, dass Sie bei der Verwendung der Instanzen die Tipparbeit `.hinzu(...)` sparen und stattdessen direkt `(...)` schreiben – wie bei einem Funktionsaufruf. Und genau darum nennt man Instanzen von Klassen mit `operator()` *Funktionsobjekte*. Die Klasse mit `operator()` selbst nennt man einen *Funktor*.

Der Funktor `Inkrement` ist aber ein durchaus komplizierter Vertreter seiner Zunft. Tatsächlich hat der typische Funktor weder einen inneren Zustand wie `menge_` noch Modifikatoren wie `clear()`. Der typische Funktor ist tatsächlich eher eine andere Art und Weise, eine Funktion – Verzeihung: ein aufrufbares Objekt – zu schreiben.

Somit gliedern sich Funktionsobjekte dann in die restliche C++-Struktur ein:

- Sie können Klassenhierarchien mit `operator()` schreiben.
- `operator()` kann virtuell sein.
- Sie können `operator()` überladen, also mehrere Varianten mit unterschiedlichen Parametertypen schreiben.
- Innere Zustände können Sie abbilden, wie Sie gesehen haben, und über Konstruktoren Varianten erzeugen.
- Und nicht zuletzt manipulieren Sie Funktionsobjekte wie alle anderen Objekte – packen Sie sie zum Beispiel in einen Container. Das sollten Sie hinbekommen. Werfen Sie einen Blick in die Vertiefungsfragen.

27.4 Praktische Funktoren

Meistens sind Funktoren eher einfach gestaltet. Sie verwenden sie häufig als Schnittstelle Ihrer eigenen Klassen zu den Containern und Algorithmen der Standardbibliothek.

Ein `set<Typ>` ist immer nach `operator<(Typ,Typ)` sortiert. Sie können zum Beispiel mit `set<Zwerg>` und dem passenden `operator<` eine nach Namen sortierte Liste erzeugen.

```
#include <set>
#include <string>
#include <iostream> // cout
using std::string; using std::set; using std::cout;
struct Zwerg {
    string name_;
    unsigned jahr_;
};
```

```
bool operator<(const Zwerg& a, const Zwerg& b) {
    return a.name_ < b.name_;
}
int main() {
    set<Zwerg> zwerge{ Zwerg{"Balin", 2763}, Zwerg{"Dwalin", 2772},
        Zwerg{"Oin", 2774}, Zwerg{"Gloin", 2783}, Zwerg{"Thorin", 2746},
        Zwerg{"Fili", 2859}, Zwerg{"Kili", 2864} };
    for(const auto& z : zwerge) // sortierte Ausgabe: "Balin" bis "Thorin"
        cout << z.name_ << " ";
    cout << "\n";
}
```

Listing 27.6 Mit »operator<« als Funktion können Sie nur eine Sortierung implementieren.

Auf diese Weise erhalten Sie eine nach Namen sortierte Ausgabe:

```
Balin Dwalin Fili Gloin Kili Oin Thorin
```

Angenommen, das erfüllt in 95 % Ihres Programms seinen Zweck, aber an 5 % der Stellen wollen Sie nach Alter ausgeben. Was können Sie tun? Sie können ja nur einen operator< definieren.[1]

Zu diesem Zweck bietet set einen zweiten Template-Parameter an: Geben Sie set einen Funktor mit der passenden Vergleichsoperation mit. Dann wird diese für die set-Sortierung verwendet und nicht operator<. Fügen Sie den folgenden Funktor in Listing 27.6 ein:

```
struct NachJahr { // implementiert less-then nach Zwerg::jahr_
    bool operator()(const Zwerg& a, const Zwerg& b) const {
        return a.jahr_ < b.jahr_;
    }
};
```

Listing 27.7 Ein Funktor ohne Schnickschnack, aber mit großem Nutzen

Dann können Sie mit der folgenden Ergänzung in main eine Sortierung nach dem Geburtsjahr der Zwerge erhalten:

```
set<Zwerg,NachJahr> zwerge2{begin(zwerge), end(zwerge)};
for(const auto& z : zwerge2) // anders sortierte Ausgabe
    cout << z.jahr_ << " ";
```

zwerge2 speichert eine Kopie aller Elemente aus zwerge, denn der Konstruktor, der zwei Iteratoren nimmt, kopiert alle Elemente. Diesmal werden die Elemente aber mittels des Funktors NachJahr sortiert. Statt für jeden Vergleich operator< aufzurufen, wird nun Folgendes verwendet:

---

[1] Das ist nicht ganz korrekt. Mit Namensräumen könnten Sie mehrere definieren. Das erfordert jedoch Fingerspitzengefühl.

```
bool NachJahr::operator()(const Zwerg&,const Zwerg&) const;
```

Somit erhalten Sie die Ausgabe:

2746 2763 2772 2774 2783 2859 2864

27.5 Algorithmen mit Funktoren

Nicht nur für die Klassen der Standardcontainer sind Funktoren interessant. Viele Hilfsfunktionen, die man sonst noch in der Standardbibliothek findet, können mit einem aufrufbaren Objekt im Verhalten verändert werden.

Sie können zum Beispiel einen `vector` nach dem gleichen Mechanismus mittels `operator<` sortieren, wenn Sie die Funktion `sort` aus dem Header `<algorithm>` verwenden:

```
#include <vector>
#include <string>
#include <algorithm>   // sort
#include <iostream>    // cout
using std::string; using std::vector; using std::cout;
// wie zuvor
int main() {
    vector<Zwerg> zwerge{          // wie zuvor
    /* sortieren */
    std::sort(begin(zwerge), end(zwerge));
    /* ausgeben */
    for(const auto& z : zwerge) // sortierte Ausgabe: "Balin" bis "Thorin"
        cout << z.name_ << " ";
    cout << "\n";
}
```

Listing 27.8 Viele Algorithmen der Standardbibliothek arbeiten ebenfalls mit »operator<«.

So verwendet `sort` als Default den `operator<` für `Zwerg`, und Sie erhalten wieder eine nach Namen sortierte Liste von `"Balin"` bis `"Thorin"`.

Sie können aber `std::sort` auch mit einem zusätzlichen Parameter aufrufen: einem Funktor-Objekt. Hier benötigen Sie keinen Template-Parameter, sondern instanziieren `NachJahr` zu diesem Zweck:

NachJahr nachJahr{};
```
std::sort(begin(zwerge), end(zwerge), nachJahr);
```

oder kürzer, mit der Instanz direkt vor Ort als Kurzzeitwert ohne Namen erzeugt:

```
std::sort(begin(zwerge), end(zwerge)), NachJahr{});
```

Schon erhalten Sie einen sortierten `vector` von 2746 bis 2864.

27.6 Anonyme Funktionen alias Lambda-Ausdrücke

Vielleicht sagen Sie jetzt, dass es ja ganz schön viel Aufwand ist, dass Sie eine Klasse definieren müssen, die eine bestimmte Methode hat, dann eine Instanz erzeugen und die dann sort übergeben – nur um die Operation a.jahr_ < b.jahr_ als das »Wie« mitzuteilen.

Da geht es nicht nur Ihnen so. Und daher gibt es einen Weg, einen Funktor direkt vor Ort zu definieren, wo er gebraucht wird, nämlich gleich als dritten Parameter in sort. Sie schreiben den Funktionskörper des operator() direkt an die entsprechende Stelle:

```
std::sort(begin(zwerge), end(zwerge),
    [](const Zwerg& a, const Zwerg& b) { return a.jahr_<b.jahr_; }
);
```

Wie Sie sehen, müssen Sie dem Compiler mit (Zwerg a, Zwerg b) auch mitteilen, was die Parameter des operator() denn eigentlich sind. Eingeleitet wird das Konstrukt mit [].

Sie haben soeben eine *anonyme Funktion* erstellt. Bis auf den Namen haben Sie alle Elemente einer Funktionsdefinition.

Was aber noch fehlt – und das haben Sie bestimmt gemerkt – ist der Rückgabetyp. Den kann der Compiler in den meisten Fällen erraten. Wollen (oder müssen) Sie ihn bei einer anonymen Funktion explizit angeben, dann verwenden Sie die nachgestellte ->-Notation:

```
std::sort(begin(zwerge), end(zwerge),
    [](const Zwerg& a, const Zwerg& b) -> bool { return a.jahr_<b.jahr_; }
);
```

Sie können jeden Lambda-Ausdruck direkt in eine Funktor-Klasse mit einem Namen übersetzen. Aus

```
std::sort(begin(zwerge), end(zwerge),
    [](const Zwerg& a, const Zwerg& b) -> bool { return a.jahr_<b.jahr_; }
);
```

wird:

```
struct F {
    (+bool operator()(const Zwerg& a, const Zwerg& b) const
        { return a.jahr_<b.jahr_; }+)
};
std::sort(begin(zwerge), end(zwerge), F{});
```

Vielleicht hilft Ihnen diese Transformation beim Verstehen.

27.6.1 Lambdas mit Zugriff nach außen

Innerhalb des Anweisungsblocks der anonymen Funktion können Sie nicht auf umgebende Variablen zugreifen. Warum würden Sie so etwas tun wollen? Ein typischer Anwendungsfall ist zum Beispiel eine Variable, die sich anders als die Argumente des Lambdas `const Zwerg& a` und `const Zwerg& b` nicht bei jedem Aufruf ändert. Sie verändern vielleicht nur das allgemeine Verhalten des Vergleichs.

Lassen Sie uns einen booleschen Schalter einbauen, der angibt, ob wir vorwärts oder rückwärts sortieren wollen. Die Umkehrung der Reihenfolge können Sie implementieren, indem Sie statt mit »kleiner-als« < dann mit »größer-als« < vergleichen.

```cpp
#include <vector>
#include <string>
#include <algorithm>  // sort
#include <iostream>   // cout
using std::string; using std::vector; using std::cout;
// wie zuvor
int main() {
    vector<Zwerg> zwerge{     // wie zuvor
    /* sortieren */
    bool rueckwaerts = true;  // oder false. Variable außerhalb des Lambdas
    std::sort(begin(zwerge), end(zwerge),
        [rueckwaerts](const Zwerg& a, const Zwerg& b) {
            if(rueckwaerts)
                return a.name_ > b.name_;
            else
                return a.name_ < b.name_;
        }
    );
    /* ausgeben */
    for(const auto& z : zwerge)  // rückwärts: "Thorin" bis "Balin"
        cout << z.name_ << " ";
    cout << "\n";
}
```
Listing 27.9 Mit der Zugriffsklausel können Sie im Lambda auf äußere Variablen zugreifen.

Innerhalb der eckigen Klammern der anonymen Funktion sehen Sie nun eine *Zugriffsklausel* (engl. *Capture Clause*). Ohne diese Ankündigung, dass Sie im Lambda auf `rueckwaerts` zugreifen wollen, würde der Compiler die Verwendung `if(rueckwaerts)`... mit einem Fehler quittieren.

Folgende Punkte müssen Sie dabei beachten:

27.6 Anonyme Funktionen alias Lambda-Ausdrücke

- Die Deklarationen in der Zugriffsklausel werden als Werte kopiert. Das passiert einmal, nämlich bei der Initialisierung des Lambdas.
- Innerhalb des Funktionskörpers ist die Kopie `const`. Eine Zuweisung wie `rueckwaerts = false` innerhalb des Lambdas würde also nicht funktionieren.

Wenn Sie nicht kopieren wollen, dann haben Sie auch die Möglichkeit, per Referenz auf die äußere Variable zuzugreifen. Stellen Sie dem Namen dann ein Referenzsymbol & in der Zugriffsklausel voran. Das hat den zweiten Effekt, dass Sie die Variable auch verändern können. Sie verändern dann – wie bei Referenzen üblich – die Originalvariable.

Dieses Programm zählt zum Beispiel die Anzahl der während der Sortierung nötigen Vertauschungen mit.

```cpp
#include <vector>
#include <string>
#include <algorithm> // sort
#include <iostream>  // cout
using std::string; using std::vector; using std::cout;
// wie zuvor
int main() {
    vector<Zwerg> zwerge{ // wie zuvor
    /* sortieren */
    bool rueckwaerts = true; // oder false. Variable außerhalb des Lambdas
    unsigned richtigrum = 0; // zählt < mit
    unsigned falschrum = 0;  // zählt > mit
    std::sort(begin(zwerge), end(zwerge),
        [rueckwaerts,&falschrum,&richtigrum](const Zwerg& a, const Zwerg& b) {
            bool result = rueckwaerts ? a.name_ > b.name_ : a.name_ < b.name_;
            if(result==false) ++falschrum; else ++richtigrum;
            return result;
        }
    );
    /* ausgeben */
    cout << "Falschrum:" << falschrum << " Richtigrum: " << richtigrum << "\n";
    for(const auto& z : zwerge) // rückwärts: "Thorin" bis "Balin"
        cout << z.name_ << " ";
    cout << "\n";
}
```

Listing 27.10 Die Zugriffsklausel kann auch Referenzen enthalten.

So sehen Sie, dass das Sortieren der sieben Zwerge 17 Vergleiche benötigt. Dabei waren hier sechs Vergleiche »falsch herum« und elf »richtig herum«.

```
Falschrum:6 Richtigrum: 11
Thorin Oin Kili Gloin Fili Dwalin Balin
```

Sie sollten in der Zugriffsklausel nur dann Referenzen verwenden, wenn es unbedingt nötig ist. Wie immer bergen Referenzen gewisse Gefahren. Bei anonymen Funktionen ist es durchaus üblich, dass man sie auf die Reise schickt, also anderen Funktionen als Parameter übergibt, als Rückgabe zurückliefert usw. Da kann es sein, dass das Lambda dann länger »lebt« als die referenzierte Variable. Haben Sie aber auf eine Kopie zugegriffen, besteht keine Gefahr.

27.6.2 Für Ihre Bequemlichkeit

Jetzt bleibt nur noch, Ihnen zu sagen, dass Sie bei einer prall gefüllten Zugriffsklausel diese auch abkürzen können:

- Mit [=] können Sie auf alle Variablen als Wert (Kopie) zugreifen.
- [&] erlaubt Ihnen den Zugriff auf alle Variablen per Referenz.
- Sie können mit [&,rueckwaerts] festlegen, dass Sie auf alle Variablen per Referenz zugreifen können wollen, außer auf rueckwaerts, die Ihnen als Kopie zur Verfügung steht.
- Umgekehrt liefert [=,&falsch,&richtig] Ihnen alle Variablen als Kopie, nur falsch und richtig als Referenz.

Sollte Ihnen der Name der Zugriffsvariablen für innerhalb des Funktionskörpers ungeeignet erscheinen,[2] dann können Sie seit C++14 auch eine neue Variable in der Liste der Zugriffsvariablen deklarieren, die mit einer *Zugriffsvariablen-Initialisierungsklausel* definiert wird.

```
bool rueckwaerts = true;  // oder false. Variable außerhalb des Lambdas
unsigned richtig = 0;     // zählt < mit
unsigned falsch = 0;      // zählt > mit
std::sort(begin(zwerge), end(zwerge),
   [rue=rueckwaerts,&cf=falsch,&cr=richtig](const Zwerg&a, const Zwerg&b) {
      bool result = rue ? a.name_ > b.name_ : a.name_ < b.name_;
      if(result==false) ++cf; else ++cr;
      return result;
   }
);
```

Sie werden dies wohl eher selten benötigen.

Häufiger könnte es Ihnen passieren, dass Sie die mit C++14 hinzugekommene Fähigkeit nutzen, die Parametertypen der anonymen Funktion den Compiler automatisch ermitteln zu lassen. Verwenden Sie dann statt des konkreten Typ – bei uns Zwerg – einfach auto. Der Compiler kann den notwendigen Typ im Normalfall aus dem Kontext ermitteln.

---

[2] Es gibt auch andere selten auftretende Gründe für dieses Konstrukt.

```
std::sort(begin(zwerge), end(zwerge),
    [](const auto &a, const auto &b) { return a.jahr_ > b.jahr_; }
);
```

Ansonsten gilt das, was für Typdeduktion mit auto zusammen mit const und & immer gilt. Wenn Sie den Parameter als Wert (Kopie) erhalten wollen, schreiben Sie nur auto. Wollen Sie ihn als konstante Referenz, verwenden Sie const auto&.

27.7 Aufgaben

Wiederholungsfragen

1. Ordnen Sie die folgenden Elemente der anonymen Funktion [var](int a) -> bool { return a>var; } zu:
   - Rückgabetyp
   - Zugriffsklausel
   - Körper
   - Parameter

2. Geben Sie den std::function-Typ der Elemente an:
   - double sin(double winkel);
   - void nop();
   - int max3(int a, int b, int c);
   - Cos fcos{}; mit struct Cos{ double operator()(double w) {return cos(w);} };
   - [var](Zwerg z) { return z.name_; } mit Zwerg aus diesem Kapitel

3. Was macht eine Funktor-Klasse aus?

4. Schreiben Sie eine Funktorklasse Add, die bei Add add{}; und anschließendem add(3,4) als Ergebnis 7 zurückliefert und bei add(2,1,1) das Ergebnis 5.

Vertiefungsfragen

1. Bauen Sie den Taschenrechner aus Listing 12.15 nach. Implementieren Sie aber diesmal nicht die Berechnungen in dem switch, sondern verwenden Sie die vorgefertigten Mappings const Binops binops aus Listing 27.11.

2. Stellen Sie sich der Herausforderung, und werden Sie den switch ganz los. Vielleicht erstellen Sie eine zweite map mit weiteren Funktoren. Die könnten dann statt zwei int-Parametern den ganzen Stack als Argument bekommen. Oder finden Sie eine ganz andere Lösung?

```
#include <functional> // function, plus, minus, multiplies
#include <map>
namespace {
using Binops = std::map<char,std::function<int(int,int)>>;
```

```
Binops createBinops() { // Factory
    Binops result{};
    result['+'] = [](int a, int b) { return a+b; }; // oder std::plus<int>{}
    result['-'] = [](int a, int b) { return a-b; }; // oder std::minus<int>{}
    result['*'] = [](int a, int b) { return a*b; }; // oder std::multiplies<int>{}
    return result;
}
} // namespace
const Binops binops = createBinops();
```

Listing 27.11 Zweistellige Berechnungsfunktoren

Wie Sie sehen, müssen Sie die Lambdas nicht einmal selbst schreiben. Im Header `<functional>` sind diese Funktionsobjekte schon vordefiniert. Mit C++11 schreiben Sie `std::plus<int>{}`. Seit C++14 können Sie die beteiligten Typen vom Compiler ermitteln lassen und `std::plus<>{}` schreiben.

Erweiterungsfrage

Die *n-te* Fibonacci-Zahl ist die Summe der beiden vorhergehenden Fibonacci-Zahlen. Es gibt schlauere Berechnungen als die unten abgebildete, denn die dauert erstaunlich lange, wenn Sie zum Beispiel `fibonacci(30)` berechnen lassen. Aber nehmen Sie die Funktion repräsentativ für einen Funktionsaufruf, der lange dauert.

- `std::async` aus dem Header `<future>` nimmt als ersten Parameter ein Funktionsobjekt und dahinter die Argumente, mit denen das Funktionsobjekt aufgerufen werden soll.

- Die Funktion `async` startet das Funktionsobjekt im Hintergrund, kehrt aber sofort zurück.

- Ihre Aufgabe ist es, `std::async` zu verwenden, um Ihren Computer *gleichzeitig* die Ergebnisse von `fibonacci(30)` bis `fibonacci(40)` berechnen zu lassen. Sie sollten es so anstellen, dass Ihr Computer, wenn er vier CPU-Kerne hat, auch etwa viermal so schnell ist, als wenn Sie die Berechnungen nacheinander durchführen würden.

- Tipp: Weisen Sie die Rückgabe von `async` einer mit `auto` deklarierten Variable zu. An das wirkliche Ergebnis der Berechnung kommen Sie dann mit der Methode `get()`.

```
unsigned long long fibonacci(unsigned long long n) {
    if (n <= 2)
        return 1;
    else
        return fibonacci(n - 1) + fibonacci(n - 2);
}
```

Listing 27.12 Rekursive, zeitaufwendige Implementierung der Fibonacci-Funktion

Anhang

A C++11-Besonderheiten 458

B Operator-Präzedenzen 470

C Lösungen 472

Anhang A
C++11-Besonderheiten

Wenn Ihr Compiler C++11 noch nicht komplett unterstützt, dann können Sie in diesem Kapitel nachschlagen, wie Sie das entsprechende Feature mit dem unvollständigen Compiler nachstellen können.

In diesem Buch gehe ich davon aus, dass Sie einen modernen Compiler haben, der C++11 ausreichend unterstützt. Damit Sie eine Fehlermeldung des Compilers deuten können, wenn er sich über ein C++11-Feature »zu Unrecht« beschwert, sind die C++11-Stellen in den Listings gepunktet unterstrichen. Schlagen Sie in dem Fall hier nach, um sich Unterstützung bei der Deutung der Fehlermeldung zu holen und um zu bestätigen, dass dem Compiler das Feature fehlt. Dann können Sie darum herum programmieren.

Viele Features sind in der Sammlung von C++-Bibliotheken *Boost* vorhanden, die es auch für viele ältere Compiler gibt. Sie können diese bei *http://www.boost.org* herunterladen.

A.1 Verallgemeinerte Initialisierung

Überall, wo Sie etwas initialisieren, können Sie neuerdings eine *Initialisierungsliste* in geschweiften Klammern { ... } angeben. Das erlaubt vielerorts eine kompaktere Schreibweise.

Sollte Ihr Compiler die Initialisierungsliste nicht unterstützen, können Sie nicht umhin, mit einem zuvor deklarierten Objekt zu arbeiten, das Sie »zu Fuß« vorher mit Daten befüllen.

```
const std::vector<int> data { 1,2,3,4,5 };   // Initialisierungsliste
```

wird zu

```
std::vector<int> data;      // kein const mehr
data.push_back(1);          // ein Element nach dem anderen
data.push_back(2);
data.push_back(3);
data.push_back(4);
data.push_back(5);
```

wobei jedoch das `const` verloren geht. Alternativ mit `const`, aber dafür mit einer zusätzlichen Datenstruktur:

```
static const int data1[] = { 1,2,3,4,5 };
const std::vector<int> data (data1, data1+5);    // const, mit Iteratoren
```

Oder bei einem Funktionsaufruf (und Ähnlichem) wird aus

```
void func(const std::vector<int> &);    // vector als Parameter
func( { 1,2,3,4,5 } );
```

stattdessen zum Beispiel:

```
// ...data wie zuvor initialisiert
func( data );
```

Das gilt jedoch nur für die Container wie zum Beispiel den vector.

Andere Objekte, die Sie über einen Konstruktor initialisieren wollen, können die Konstruktorargumente ja auch in geschweiften Klammern erhalten:

```
int zahl { 12 };
int nocheine = { 13 };
Button abbrKnopf { 100, 30, "Abbrechen" };
struct Widget : public Base {
    int data_;
    Widget()
        : Base{987,"Plopp"}, data_{876}
        {}
};
```

Ohne die geschweiften Klammern müssen Sie stattdessen runde Klammern verwenden beziehungsweise können im Falle einfacher Datentypen wie int ein Gleichheitszeichen = ohne Klammern verwenden.

```
int zahl (12);
int nocheine = 13;
Button abbrKnopf (100, 30, "Abbrechen" );
struct Widget : public Base {
    int data_;
    Widget()
        : Base(987,"Plopp"), data_(876)
        {}
};
```

A.2 »long long int«

Formal wurden long long int und unsigned long long int erst mit C++11 eingeführt. Die meisten Compiler bieten diesen Typ aber schon lange an, weil er in C schon länger zum Standard gehört. Sollten Sie einem sehr strikten Compiler begegnen oder absichtlich in einem sehr strikten Modus übersetzen, dann müssen Sie auf long ausweichen.

Sie können aber prüfen, ob Ihnen aus dem Header `<cstdint>` möglicherweise `int64_t` zur Verfügung steht.

A.3   Neue Zeichen- und Stringtypen

Die Zeichentypen `char16_t` und `char32_t` sind als neue Elementtypen für die Strings `u16string` und `u32string` hinzugekommen. Literale in Anführungszeichen "" der Typen `const char16_t[]` und `const char32_t[]` schreiben Sie mit einem vorangestellten `u""` bzw. `U""`. Ein UTF-8-Literal können Sie mit `u8""` angeben, das in einem `char[]` gespeichert wird.

Die Alternative ist `wchar_t` mit dem Stringtyp `wstring`, dessen Literale mit einem `L""` notiert werden. Wenn es Probleme bereitet, dass `wchar_t` auf unterschiedlichen Systemen verschieden groß ist, können Sie erwägen, durchgehend mit `char` zu arbeiten und immer mittels Codepages zu kodieren. Auch Bibliotheken von Drittanbietern könnten Abhilfe schaffen, wie zum Beispiel die ICU[1].

A.4   Literale in Binärschreibweise

Ganzzahlen können seit C++14 auch mit dem Präfix `0b` in Binärschreibweise als Literal geschrieben werden, also zum Beispiel als `0b101010` für die dezimale Zahl 42. Alternativ können Sie das Literal `42` verwenden oder mit `0x` die hexadezimale Notation einleiten: Fassen Sie dazu einfach je vier Bits zu einer Stelle zusammen, was ein Zeichen zwischen `0-9` oder `a-f` ergibt.

A.5   »using« statt »typedef«

Die Schreibweise für das C++11-using in

`using my_int_t = unsigned int;`

war zuvor das eher von C kommende

`typedef unsigned int my_int_t;`

Jedoch können Sie nicht alle Typaliase derart ersetzen. Mit Template-Parametern gibt es keine volle Entsprechung.

`using string_map_t<T> = std::map<string,T>;`

Hier müssen Sie stattdessen weiter den vollen Typ nennen oder aufwendigere Konstrukte mit neuen eigenen Klassen verwenden.

---

[1] *www.icu-project.org*

A.6 Smarte Pointer

Den Zeigertyp `std::unique_ptr` können Sie mehr schlecht als recht durch den veralteten `std::auto_ptr` ersetzen. Sie müssen dann allerdings beim Kopieren aufpassen. Da `auto_ptr` keine Move-Semantik unterstützt, sind der Kopierkonstruktor und der Zuweisungsoperator nicht `const` auf der Quelle überladen: Die Quelle der Kopie wird verändert – die Ressource wird gestohlen, was eigentlich die Move-Operationen tun müssten.

In C++14 wurde das nützliche `std::make_unique<MyType>(args);` eingeführt. Probieren Sie aus, ob Ihr Compiler es schon beherrscht, sonst verwenden Sie stattdessen `std::unique_ptr<MyType> myVar( new MyType(args) );`.

Die Zeigerklassen `std::shared_ptr` und `std::weak_ptr` rüsten Sie am besten aus *Boost* nach.

A.7 »nullptr« und »nullptr_t«

Bisher verwendete man in C++ für Zeiger aller Typen den speziellen Wert 0 (oder `NULL`), um »zeigt nirgendwohin« anzuzeigen. Das war unter anderem deshalb problematisch, weil das Literal 0 dann als `int` oder als `int*` – oder als jeder andere Zeigertyp – aufgefasst werden kann.

In C++11 verwenden Sie daher nun das typsichere `nullptr`, den einzigen Repräsentanten des Typs `nullptr_t`, der sich implizit in jeden Zeigertyp umwandeln lässt. Wenn Ihr Compiler das nicht unterstützt, schreiben Sie statt

```
int *ptr = nullptr;
if(nullptr == ptr) ...
```

in Ihrem Code

```
int *ptr = 0;
if(0 == ptr) ...
```

oder das eigentlich aus C stammende `NULL`.

A.8 Neue Funktionen

Statt `std::stoi(str)` verwenden Sie die C-Funktion **atoi**(str.c_str()). Sie müssen die Fehlerbehandlung möglicherweise anpassen und die Eigenarten der Methode `c_str()` beachten. Ähnliches gilt für die Verwandten `stol`, `stoll` etc.

Umgekehrt gibt es für die Umwandlung in einen `string` allerlei Überladungen von `to_string`. Die können Sie sehr gut um Überladungen für eigene Datentypen ergänzen. Fehlt `to_string` bei Ihrem Compiler, greifen Sie auf `std::ostringstream` zurück.

A.9 Initialisierungsliste

Eine beliebige Anzahl an Werten gleichen Typs können Sie an verschiedenen Stellen verwenden. Wenn Sie {1,2,3,4} schreiben, dann ist das für den Compiler eine `std::initializer_list<int>`. Sie können zum Beispiel Funktionen oder Konstruktoren auf diesen Typ überladen:

```cpp
void add(std::initializer_list<int> values);
```

Dies ermöglicht Ihnen dann, add({1,2,3,4}) oder eine beliebige Anzahl von int-Werten zu verwenden.

Ohne dieses Feature sind sehr viele C++11-Elemente nicht möglich. Sie müssen dann auf andere Mittel zurückgreifen, um ein ähnliches Verhalten zu erreichen:

- mehrere Überladungen einer Funktion mit immer mehr Argumenten
- vorher Befüllen einer dynamischen Datenstruktur wie std::vector
- definieren eines Arrays static const int[] = {1,2,3,4}, das Sie dann übergeben

oder andere aufwendigere Mechanismen.

Glücklicherweise unterstützen die meisten modernen Compiler die Initialisierungsliste.

A.10 Bereichsbasierte »for«-Schleife

Sie können neuerdings leichter über Behälter iterieren:

```cpp
std::vector<int> data;
// ...
for(int n : data) {        // bereichsbaserte for-Schleife
    cout << n << " ";      // Element ausgeben
}
```

Dies geht mit allen Containern, die eine begin()- und end()-Methode haben, was in der Standardbibliothek der Fall ist. Sie können eigene Container schreiben und müssen nur diese Methoden definieren, um diese for-Schleifen ebenfalls nutzen zu können.

Außerdem können Sie auch C-Arrays auf diese Weise durchlaufen – das allerdings nur, wenn der Compiler die Information der Array-Größe noch kennt; also zum Beispiel nicht, wenn das C-Array einer Funktion übergeben wurde:

```cpp
int print(int data[]) {
    for(int n : data)      // Größe des Ursprungs-Arrays leider unbekannt
        cout << n << " ";
}
int main() {
    int data[10] = {0};
    for(int n : data)      // ok, Größe von data noch bekannt
        cout << n << " ";
```

```
    print(data);        // Array data verfällt zum Pointer ohne Größeninformation
}
```

Wenn Ihr Compiler dieses for noch nicht beherrscht, dann arbeiten Sie mit Iteratoren oder einer Indexvariablen:

```
std::vector<int> data;
// Iteratoren
typedef std::vector<int>::const_iterator iter_t;
for(iter_t it = data.begin(); it != data.end(); ++it) {
    cout << *it << " ";        // indirekter Zugriff über iterator mit *
}
// Indexvariable
for(int idx=0; idx < data.size(); ++idx) {
    cout << data[idx] << " "; // Zugriff über Index
}
```

Listing A.1 Schleifen mittels Iterator oder Index

Beachten Sie insbesondere, dass der Elementzugriff in der bereichsbasierten Schleife direkt erfolgt – Sie haben eine Variable vom Typ der Containerelemente. Bei der Iteratorschleife haben Sie jedoch einen Iterator, und somit müssen Sie diesen noch einmal dereferenzieren, um das Element selbst zu erhalten – wie mit *it.

Es gibt nun begin und end als freie Funktionen. Außerdem haben alle Standardcontainer die neuen Methoden cbegin() und cend(), die immer einen const_iterator zurückliefern.

```
vector<int> data{1,3,5,7,9};
const vector<int> nurlese{2,4,6,8};
for(auto it1=begin(data); it1!=end(data); ++it1) ...
for(auto it2=begin(nurlese); it2!=end(nurlese); ++it2) ...
for(auto it3=data.cbegin(); it3!=data.cend(); ++it3) ...
```

it1 wird zu einem vector<int>::**iterator**. Weil nurlese als const deklariert ist, ist it2 ein const vector<int>::**const_iterator** – genau wie sich die Methoden begin() und end() von vector auch verhalten würden.

cbegin() und cend() sind absichtlich nicht so flexibel. it3 ist also vom Typ vector<int>:: **const_iterator**.

Vor C++11 müssen Sie in all diesen Fällen die Methoden begin() und end() verwenden.

A.11 Lambda-Funktionen

Eine *anonyme Funktion* sieht zum Beispiel so aus:

```
[teil](int n) { return n%teil==0; }    // für Test auf Teiler
```

Dieses Fragment können Sie überall dort direkt einsetzen, wo ein funktionsähnliches Objekt benötigt wird, das einen int als Parameter nimmt und einen bool zurückliefert:

```
#include <vector>
#include <algorithm>           // count_if
int wieviele(const std::vector<int> &data, int teiler) {
    return std::count_if(data.begin(), data.end(),
        [teiler](int n) { return n%teiler==0; }
    );
}
```

Ohne Lambdas müssen Sie stattdessen einen *Funktor* definieren, das heißt, eine Klasse, die den Aufrufoperator operator() definiert. Das geht vor C++11 allerdings nicht »vor Ort«, sondern muss global geschehen:

```
#include <vector>
#include <algorithm>           // count_if
struct Teilt {                 // definiert den Funktor Teilt
    int teiler;                // entspricht [teiler]
    bool operator()(int n)     // entspricht (int n)
        { return n%teiler==0; } // entspricht {...}
};
int wieviele(const std::vector<int> &data, int teiler) {
    return std::count_if(data.begin(), data.end(),
        Teilt{teiler}          // Funktor im Einsatz
    );
}
```

Listing A.2 So ersetzen Sie ein Lambda durch einen Funktor.

Hier definieren Sie außerhalb die Klasse Teilt. Dadurch, dass Sie operator() definieren, verhalten sich Instanzen dieser Klasse wie Funktionen. Mit Teilt durchSieben(7); könnten Sie nun eine Instanz erzeugen und wie eine Funktion mit durchSieben(63) aufrufen – das Ergebnis ist true, weil 63 durch 7 teilbar ist.

Der *Funktor* Teilt{teiler} fungiert hier nun genauso wie die anonyme Funktion im ersten Beispiel. Mit Teilt{teiler} wird eine anonyme Instanz – also ein Tempwert – der Funktorklasse erzeugt, die als Parameter an den count_if-Algorithmus übergeben wird.

A.12 Funktionen und Methoden löschen mit »= delete«

In C++11 können Sie mit = delete hinter einer Funktionsdefinition den Compiler anweisen, bei der Verwendung dieser Funktion einen Fehler auszugeben. Dies wird zum Beispiel zum expliziten Löschen einzelner Überladungen verwendet oder um das Kopieren und Verschieben zu verhindern.

```
void func(const string &var) { /* ... */ };    // für func(name)
void func(string &&var) = delete;              // func(name+" X") verhindern
struct NoCopy {
    NoCopy(const NoCopy&) = delete;
    NoCopy& operator=(const NoCopy&) = delete;
};
```

Ohne = delete können Sie nur den Linker bemühen. Wenn Sie die fragliche Funktion *deklarieren*, aber nicht *definieren*, dann wird der Linker Ihnen melden, dass Sie die falsche Funktion aufgerufen haben (leider mit einer nicht ganz so klaren Fehlermeldung).

Den NoCopy-Fall lösen Sie, indem Sie die fraglichen Funktionen in den private-Teil der Klasse schreiben. Dann kann von außen keine versehentliche Kopie mehr initiiert werden. Wenn das doch versehentlich passiert, meldet Ihnen der Compiler die Stelle.

```
void func(const string &var) { /* ... */ };
void func(string &&var) ;    // keine Definition
struct NoCopy {
private:
    NoCopy(const NoCopy&);
    NoCopy& operator=(const NoCopy&);
};
```

A.13 Konstruktordelegation

In C++11 können Sie Teile der Objektinitialisierung an einen anderen Konstruktor der gleichen Klasse delegieren:

```
#include <string>
using std::string;
struct Person {
    string name_;
    int alter_;
    string ort_;
    Person(string n, int a, string o)   // delegierter Konstruktor
      : name_(n), alter_(a), ort_(o) { }
    Person(string n)
      : Person{n, -1, "kein Ort"} { } ;  // delegierend
};
```

Listing A.3 Ein Konstruktor kann Teile der Initialisierung an einen anderen Konstruktor delegieren.

Ohne dieses Feature müssen Sie die Membervariablen alle an jedem Konstruktor aufzählen:

```cpp
#include <string>
using std::string;
struct Person {
    string name_;
    int alter_;
    string ort_;
    Person(string n, int a, string o)
      : name_(n), alter_(a), ort_(o) { }
    Person(string n)
      : name_(n), alter_(-1), ort_("kein Ort") { }
};
```
Listing A.4 Ohne Delegation muss jeder Konstruktor alle Elemente initialisieren.

A.14 Default-Memberinitialisierung

Initialisierungen von nichtstatischen Membervariablen können in der Initialisierungsaufzählung am Konstruktor weggelassen werden. Die angegebenen Werte werden dann stattdessen für die Membervariable zur Initialisierung verwendet.

```cpp
#include <string>
using std::string;
struct Person {
    string name_ = "kein Name";
    int alter_ = -1;
    string ort_ = "kein Ort";
    Person()  {}        // es gelten alle oben angegebenen Werte
    Person(string n)
      : name_(n) { }    // alter_ und ort_ werden mit obigen Werten Initialisiert
};
```
Listing A.5 Datenfelder können mit einer Default-Initialisierung versehen werden.

Beherrscht Ihr Compiler dies nicht, müssen Sie wieder alle Initialisierugselemente am Konstruktor aufzählen.

A.15 »override« und »final«

Sie können virtuelle Methoden beim Überschreiben mit override versehen:

```cpp
struct Base {
    virtual void func();
};
struct Derived : public Base {
    virtual void func() override final;
};
```

Dadurch stellt der Compiler sicher, dass auch wirklich eine Methode überschrieben wird. Sollten Sie sich in der Signatur vertan haben, meckert der Compiler.

Mit `final` markieren Sie die Methode außerdem, sodass sie nicht weiter überschrieben werden kann. Versucht das eine abgeleitete Klasse, bekommen Sie einen Fehler.

Ohne die Unterstützung dieses Features können Sie hier vom Compiler keine Hilfe bekommen – es gibt keinen Weg, dies ohne `final` und `override` zu simulieren.

A.16 Mit »using« Konstruktoren importieren

Seit C++11 ist es möglich, nicht nur Methoden aus einer Elternklasse zu einer eigenen Methode zu erheben[2], sondern auch Konstruktoren.

```
struct Base {
    explicit Base(int i) {}
};
class Derived : public Base {
public:
    using Base::Base;    // importieren aller Konstruktoren der Elternklasse
};
int main() {
    Derived d1{7};       // ok, wurde importiert
}
```
Listing A.6 Mit »using« können Sie sich Konstruktoren aus der Elternklasse zu eigen machen.

Ohne `using Base::Base` stünde der Konstruktor mit einem `int`-Argument in `Derived` nicht zur Verfügung.

Ohne dieses Sprachfeature müssen Sie die Konstruktoren in der abgeleiteten Klasse von Hand definieren und den entsprechenden Vorfahren manuell aufrufen.

```
struct Base {
    explicit Base(int i) {}
};
struct Derived : public Base {
    explicit Derived(int i) : Base{i} {}
};
int main() {
    Derived d1{7};
}
```
Listing A.7 Ohne »using« für Konstruktoren müssen Sie den Konstruktor explizit aufrufen.

---

[2] Das ist ein sehr selten verwendetes Konstrukt, bei dem Sie sich mit `using` eine bestimmte Methode eines Vorgängers zu eigen machen. Manchmal bei Mehrfachvererbung nötig und nicht zu verwechseln damit, dass nichtprivate Methoden ja automatisch der erbenden Klasse zur Verfügung stehen. Aber eben nur die Methoden und nicht die Konstruktoren. Das `using` wäre also gerade hier nützlich gewesen. Mit C++11 ist diese Verwendung komplett.

A.17 Kurzwert-Referenzen – RValue-References »&&«

Die neue Schreibweise && für die Referenz auf temporäre Werte hat keine Entsprechung vor C++11. Mit ihr werden Verschiebeoperationen implementiert. Wenn Ihr Compiler diese nicht unterstützt, dann können Sie nur

- auf Kopieroperationen ausweichen oder
- statt Rückgabewerte veränderliche Ausgabeparameter verwenden.

A.18 »noexcept«

Das Schlüsselwort noexcept hat vor C++11 keine Entsprechung. Das oft zitierte throw() sieht vom Interface ähnlich aus, hat aber für den Compiler eine völlig andere Bedeutung.

Sollte Ihr Compiler noexcept nicht unterstützen, wird er sehr wahrscheinlich auch die Verschiebeoperationen nicht beherrschen, und Sie müssen sich um das Fehlen von noexcept keine großen Sorgen machen. Definieren Sie dann noexcept einfach als Makro.

```
#define noexcept
```

Noch einmal zur Sicherheit: Tun Sie dies nur, wenn Ihr Compiler kein noexcept unterstützt.

A.19 »enum class«

Seit C++11 kann ein enum zusammen mit dem Schlüsselwort class definiert werden:

```
enum class Color : short {
    RED, GREEN, BLUE
};
int main() {
    Color color = Color::RED;
};
```

Dabei können Sie neuerdings einen Datentyp angeben, auf dem der enum basieren soll (Sie müssen es aber nicht). In C++03, wo Sie den enum ohne class schreiben, wird dieser immer vom Compiler festgelegt. Bei der Benutzung der Aufzählungselemente geben Sie bei einem enum class den Klassennamen mit an, also Color::RED. Bei einem einfachen enum reicht ein Red – was bei vielen enum zu Konflikten führen kann.

A.20 Typdeduktion mit »auto«

Bei der Initialisierung einer Variablen können Sie den Typ der Variablen vom Compiler automatisch herausfinden lassen: Der Typ der Variablen wird dabei vom Typ des Initialisierungsausdrucks bestimmt.

- **auto** ival = 10; – ival wird ein int.
- for(**auto** it = data.begin(); it < data.end(); ++it) – it wird ein iterator oder const_iterator von data.
- const **auto**& value = unpackValue(object.acquire(MyEnum::LAST)); – value bekommt den Rückgabetyp von unpackValue, aber um const und & angereichert.

Es gibt ohne dieses auto in C++ keine Möglichkeit, sich diese Arbeit vom Compiler abnehmen zu lassen. Sie müssen den Typ selbst herausfinden und hinschreiben.

A.21 Threadsichere statische lokale Variablen

Mit C++11 ist es threadsicher, die folgende Funktion getInstance() von mehreren Threads aufzurufen. Sie erhalten garantiert immer dieselbe Instanz zurück.

```
Klasse& getInstance() {
    static Klasse klasse{};
    return klasse;
}
```

Vor C++11 wurden lokale static-Variablen nicht threadsicher initialisiert. Zwei Threads, die gleichzeitig getInstance() aufriefen, konnten zwei unterschiedliche klasse-Variablen erhalten. Da dies ein kniffliges zu implementierendes Feature ist, sollten Sie in der Dokumentation des Compilers nachsehen, ob er es beherrscht.

Beherrscht er es nicht, weichen Sie auf einen der folgenden Mechanismen aus:

- std::once_flag ist ebenfalls Teil des C++11-Standards. Falls Ihr Compiler kein threadsicheres Initialisieren lokaler statischer Variablen beherrscht, aber seine Standardbibliothek das once_flag mitliefert, dürfen Sie hoffen, dass sich dieses korrekt verhält.
- std::mutex und std::lock_guard sind ebenfalls Teil von C++11, aber leichter zu implementieren. Sie sind zwar zur Laufzeit etwas aufwendiger als nötig, aber dafür einfach zu verwenden und sicher. Wenn Sie die Methode getInstance() sehr, sehr häufig aufrufen, könnten Sie einen Einbruch in der Performance bemerken.
- Ganz ohne C++11 können Sie zum Beispiel auf die *pthread*-Bibliothek zurückgreifen, die ebenfalls Mutexe und Locks bietet.
- Wenn Sie sich Mutexe und Locks nicht einhandeln wollen, suchen Sie im Internet nach dem »Double Checked Lock Pattern«, das Ihnen eine 99.9%ige Sicherheit bietet. Mit *Memory Fences* kann man die auf 100% ausbauen, ohne große Einbußen in der Performance hinnehmen zu müssen. Memory Fences sind jedoch ein schrecklich fortgeschrittenes Thema, das Sie nicht selbst implementieren, sondern aus einer Bibliothek importieren sollten.

Anhang B
Operator-Präzedenzen

Tabelle B.1 zeigt die Reihenfolge der Auswertung von Operatoren. Stehen an einem Operanden Operatoren unterschiedlichen Rangs, wird der ranghörere zuerst ausgewertet.[1]

Rang	Operator	Beschreibung	Assoz.
1	`::`	Namensbereichszugriff	LR
2	`++ --`	Postfix-Inkrement und -Dekrement	LR
	`()`	Funktionsaufruf	
	`[]`	Array-Zugriff	
	`. ->`	Elementauswahl einer Referenz bzw. eines Zeigers	
3	`++ --`	Präfix-Inkrement und -Dekrement	RL
	`+ -`	Vorangestelltes Plus und Minus	
	`! ~`	Logisches und bitweises Nicht	
	`(Typ)`	Typumwandlung	
	`* &`	Dereferenzierung / Adresse-von	
	`sizeof`	Größe von	
	`new delete`	dynamische Speicheroperation	
4	`.* ->*`	Zeiger auf Member	LR
5	`* / %`	multiplikative Arithmetik	LR
6	`+ -`	additive Arithmetik	LR
7	`<< >>`	bitweises Schieben (Stream-Ein- und -Ausgabe)	LR
8	`< <= > >=`	relationale Operatoren (außer Gleichheit)	LR

Tabelle B.1 Operatorrangfolge und -bindung

---

[1] http://en.cppreference.com/w/cpp/language/operator_precedence, [2013-12-08]

Rang	Operator	Beschreibung	Assoz.
9	== !=	relationale Gleich- und Ungleichheit	LR
10	&	bitweises Und	LR
11	^	bitweises Exklusiv-Oder	LR
12	|	bitweises Oder	LR
13	&&	logisches Und	LR
14	||	logisches Oder	LR
15	?:	dreistelliger Bedingungsausdruck	RL
	=	Zuweisung	
	#=	zusammengesetzt: -= *= /= %= <<= >>= &= ^= |=	
16	throw	Exception auslösen	RL
17	,	Sequenzoperator	LR

Tabelle B.1 Operatorrangfolge und -bindung (Forts.)

Sind die Operatoren gleichrangig, dann geschieht die Auswertung für »LR« von links nach rechts und bei »RL« von rechts nach links. Die Faustregel ist hier: Nur die einstelligen Operatoren und die Zuweisungsoperatoren sind »RL«, alle anderen sind »LR«.

Vergessen Sie nicht, dass die Rangfolge nur für den Operator selbst gilt. Die Operanden können zu unterschiedlichen Zeiten ausgewertet werden. Wenn Sie sich den Ausdruck f()+g()*h() ansehen, dann wird *natürlich* das * vor dem + ausgewertet. Aber dennoch kann es durchaus sein, dass der Compiler zuallererst f() ausrechnet und dann erst g() und h(). Die hier angegebene Rangfolge impliziert nur eine Klammerung des Ausdrucks.

Anhang C
Lösungen

Kapitel 3, »Programmieren in C++«

Erweiterungsfrage 1: Dynamische Tabelle

Um fib(n) schnell zu berechnen, gibt es drei Möglichkeiten:

- Sie schreiben eine Schleife in fib, die table von vorn bis hinten füllt. Initialisieren Sie table[0] und table[1] jeweils mit 1, und lassen Sie dann die folgende Schleife laufen: for(int i=2; i<=n; ++i) table[i] = table[i-1] + table[i-2];
- Sie behalten die Rekursion bei: Fragen Sie bei Eintritt in die Funktion fib ab, ob table[n] eine Null zurückliefert. Wenn dem so ist, dann wurde der Wert noch nicht berechnet und eingetragen. Holen Sie das in dem Falle nach. Dazu müssen Sie fib(n-1) und fib(n-2) aufrufen, aber dort fragen Sie ja ab, ob table[n-1] schon berechnet wurde, und tragen es ein.
- Verwenden Sie die geschlossene Formel von Moivre-Binet.[1] Sie werden mit Fließkommazahlen rechnen und dabei die Rundung besonders beachten müssen.

Erweiterungsfrage 2: Andere Datentypen für fib

Mit einem 64 Bit breiten unsigned long long erhalten Sie als größtes korrektes Ergebnis fib(92)=12200160415121876738

Mit double oder long double könnten Sie zwar größere Zahlen ohne einen Überlauf darstellen, doch haben die ja auch nur 64 Bit und können somit nicht *genauer* sein als ein unsigned long long. Das heißt, ab einer gewissen Größe erhalten Sie nicht mehr das exakte Ergebnis. Mit Fließkommazahlen kommen Sie auf diese Weise zumindest nicht weiter.

Kapitel 4, »Ein ganz schneller Überblick«

Wiederholungsfrage 1: Mehr Zahlen

Ändern Sie die 100 der folgenden Zeile und schreiben Sie eine andere Zahl nach wert:

int wert = 100;   // Variable mit Anfangswert

---

1 *https://de.wikipedia.org/wiki/Fibonacci-Folge*, [2014-06-08]

Übersetzen Sie das Programm, und lassen Sie es laufen. Interessante Werte sind zum Beispiel 99, 101, 12, 997, 720, 64, 1. Was passiert bei 0 oder -1?

Wiederholungsfrage 2: Fehler im Listing

- Es wurden die Blockklammern um die main()-Funktion weggelassen.
- Die zweite Definition der Variablen int a und int b geht nicht, weil diese Namen im gleichen Block zuvor schon definiert worden sind.

```
#include <iostream>
int main() {            // Klammern um Funktionskörper fehlten
    int a = 20;
    int b = 30;
    std::cout << "20+30 ist " << (a+b) << "\n";
    int a2 = 2;         // neue Variablen müssen anders heißen
    int b2 = 3;
    std::cout << "2*3 ist " << ((  !a2!)*b2) << "\n";
}                       // Schließende Klammer
```

Listing C.1 Korrigiertes Listing 4.2

In allen anderen Funktionen, die einen int zurückgeben – außer bei int main() –, müssen Sie die Funktion mit einem return und einem Wert verlassen. Sie könnten also zum Beispiel am Ende return 0; schreiben. main() ist hier die Ausnahme, und somit ist es korrekt, es nicht hinzuschreiben, Sie könnten es aber tun.

Vertiefungsfrage 1: Abschließendes Komma

Zählen Sie in der for-Schleife nicht bis teiler <= wert, sondern beenden Sie die Schleife ein Iteration früher, also bei teiler < wert. Dann geben Sie am Ende wert zusätzlich aus:

```
// ...
for(int teiler=1; teiler < wert; teiler = teiler+1)
    // ...
std::cout << wert << "\n";
// ..
```

Das geht, weil Sie zwei Teiler schon im Voraus kennen: 1 und wert sind immer Teiler von wert.

Vertiefungsfrage 2: Anderes Limit

```
#include <iostream>
int main()
{
    int wert = 64;
    std::cout << "Teiler von " << wert << " sind:\n";
    for(int teiler=1; teiler*teiler <= wert; teiler = teiler+1) // Limit
    {
```

```
            if(wert % teiler == 0) {
                std::cout << teiler << ", ";
                if(wert != teiler*teiler)  // keine doppelte Ausgabe bei Quadratzahlen
                    std::cout << (wert/teiler) << ", ";
            }
        }
        std::cout << "\n";
        return 0;
    }
```

Listing C.2 Berechnung mit Quadrat als Limit

Das überflüssige Komma am Ende können Sie so nicht mit dem einfachen Trick wie zuvor vermeiden, denn Sie kennen den letzten Teiler (bzw. das Teilerpaar) nicht im Voraus. Dafür kennen Sie aber den ersten – hilft Ihnen das? Sie müssen in der Schleife ja nicht `std::cout << teiler << ", "` schreiben, Sie könnten es ja mal mit `std::cout << ", " << teiler` probieren.[2]

Kapitel 5, »Ohne Eile erklärt«

Wiederholungsfrage 1: Tokens

1. `int a = 12;` – Dies ist eine Definitionsanweisung mit Initialisierung. `int` und `a` sind Bezeichner. `12` ist ein Ganzzahlliteral. Das Symbol `=` dient hier zur Initialisierung. Das Symbol `;` beendet die Anweisung.

2. `for(int j=0; j < max; ++j) sum += j;` – Das ist eine for-Anweisung. `for` ist ein Schlüsselwort. Bezeichner sind `int`, `j`, `max` und `sum`. Die Symbole `(` und `)` umschließen die Teile des `for`. `=` gehört zum Initialisierungsteil, `<` zur Endbedingung und `++` ist der Inkrementoperator. Das Symbol `+=` gehört zur zusammengesetzten Zuweisung.

3. `sin(ALPHA) + cos(BETA)` – Dies ist ein Ausdruck und kann somit zwar als Anweisung verwendet werden, macht hier aber wenig Sinn, weil das eigentliche Ergebnis ignoriert wird. `sin`, `cos`, `ALPHA` und `BETA` sind die Bezeichner. Die Symbole sind `(` und `)` für die Funktionsaufrufe, das `+` ist die Addition.

4. `cin >> name;` – Dies ist eine Ausdrucksanweisung mit `cin` und `name` als Bezeichner und `>>` als Operatorsymbol.

5. `std::map<int,std::vector<std::string>> data { };` – Eine Deklaration. Die Bezeichner sind `std`, `map`, `int`, `vector`, `string` und `data`. Die Klammern `{` und `}` umschließen die Initialisierungsliste. Während die beiden `<` einzeln als Symbole erkennbar sind, fügen sich die beiden `>` zu `>>` zusammen. In diesem Sonderfall sind sie aber getrennt zu betrachten und gehören zum Template.

---

[2] Sie merken es vielleicht: Ich will Sie zum Aus- und Herumprobieren bringen.

6. `auto p = make_shared<Image>(320, 200, "mona.png")` – Das ist eine Definitionsanweisung mit Initialisierung. Die Bezeichner sind `p`, `make_shared` und `Image`. `auto` ist ein Schlüsselwort. 320 und 200 sind Ganzzahlliterale. Mit `"Hallo"` haben Sie ein Zeichenkettenliteral, die umschließenden `"` kennzeichnen das Literal, zählen nicht als eigene Symbole. Das `=` dient der Initialisierung, und die Klammern `(`, `)` gehören zum Funktionsaufruf.

Wiederholungsfrage 2: »main«-Definitionen

Keine der Funktionen kompiliert.

1. `int main() { return 0; }` – `main` muss `int` als Rückgabetyp haben.
2. `int main() { return 0; }` – Das Semikolon der return-Anweisung fehlt.
3. `int main( ) { return 1; }` – `int` als Rückgabetyp; `int argc` ist keine gültige Parameterkombination für `main`: hier besser leer mit `()`.
4. `int main(int argc, const char* argv[]) { return argc>0; }` – Die Argumente `argv` und `argc` wurden nur vertauscht. Der Funktionskörper ist in Ordnung: Der Vergleich kann in Null oder Nicht-Null vom Compiler umgewandelt werden.
5. `int main() { }` – Wäre korrekt, wenn der Rückgabetyp `int` angegeben wäre.

Vertiefungsfrage 1: Postinkrement

Sie sollten niemals eine Variable an zwei Stellen innerhalb einer Anweisung verändern, wie es hier mit `idx` getan wird. Außerdem sollten Sie das Präinkrement **++idx** dem Postinkrement `idx++` vorziehen, da es unter Umständen eine temporäre Variable vermeidet. Bei `int` ist das noch recht egal, aber bei größeren Datentypen wird es vielleicht relevant. Beginnen Sie also mit `idx` um eins geringer, und ersetzen Sie alle `idx++` durch **++idx** oder schreiben Sie `data[idx]; ++idx;` nacheinander.

Vertiefungsfrage 2: Seiteneffekte

Sie *sollten* eine Zuweisung nicht als Teil eines komplizierteren Ausdrucks schreiben. `if(10==(a=b+1))...` ist vielleicht gerade noch okay. Sie *dürfen* aber auf keinen Fall eine Variable wie `b` in der gleichen Anweisung zweimal verändern. Der Compiler wird dies schlucken, das Ergebnis ist aber undefiniert. Das heißt, es kann für `sum` alles herauskommen – 0 oder 6 sind also nur zwei der möglichen Ergebnisse, im Prinzip kann `sum` jede Zahl ergeben.

Kapitel 7, »Operatoren«

Wiederholungsfrage 1: Rechts- und linksklammernd

`<<` ist linksklammernd:

`(((std::cout << x) << y) << "\n");`

+= ist rechtsklammernd:

(x += (y += (z += 1)));

Wiederholungsfrage 2: Bitarithmetik

- a ist der Reihe nach 1, 2, 4, 0, 7, 23, 55, 21, 34, 34
- b ist der Reihe nach 55, 55, 55, 63, 63, 63, 63, 119, 63, 63

Vertiefungsfrage 1: Binär nach dezimal

- 0b1111 = 15
- 0b1001 = 9
- 0b101010101 = 341
- 0b11110000 = 240

Vertiefungsfrage 2: Dezimal nach binär

- 31 = 0b11111
- 42 = 0b101010
- 1 = 0b1
- 2 = 0b10
- 73 = 0b1001001
- 256 = 0b100000000
- 92 = 0b1011100
- 1001 = 0b1111101001

Vertiefungsfrage 3: Exklusives Oder

- x ^ 0 ist wieder x
- x ^ x ist 0
- x ^ ~0 ist ~x

Kapitel 8, »Eingebaute Typen«

Wiederholungsfrage 1: boolesche Ausdrücke

1. ja && nein – Typ bool mit dem Wert false
2. ja || nein – Typ bool mit dem Wert true
3. ja && !(nein || ja) – Typ bool mit dem Wert false
4. !(nein || ja) ^ !(ja && nein) – int mit dem Wert 1, denn ^ ist kein bool-Operator
5. num > 8 – Typ bool mit dem Wert false
6. num > 0 && num < 10 – Typ bool mit dem Wert true

Wiederholungsfrage 2: »if«-Bedingungsteil

1. `if(num) ...` – ja, denn 8 wird zu `true` konvertiert.
2. `if(num > 10) ...` – nein, denn der Vergleich ergibt `false`.
3. `if(num % 4) ...` – nein, denn 8 modulo 4 ergibt Rest 0; und 0 wird zu `false` konvertiert.

Vertiefungsfrage: not unsigned

Sie werden `4294967294` sehen. Denn `w` ist binär 0000...0001, somit lautet die Binärdarstellung von `~w` 1111...1110 – also 31 Einsen und eine Null. Das ist $2^{31} + 2^{30} + ... + 2^2 + 2^1$. Das müssen Sie nicht von Hand ausrechnen. Sie können auch $2^{32} - 2$ rechnen, und das ergibt 4.294.967.294.

Erweiterungsfrage: Präzision von »double«

Addieren Sie so lange `1.0` auf eine Variable, bis sich der Wert durch die Addition nicht mehr ändert.

Sie können den Rechner bei `0.0` starten lassen und hochzählen, um die Aufgabe zu erfüllen. Wenn Sie schneller zum Ziel kommen wollen, dann erinnern Sie sich an das Spiel »Ich denke mir eine Zahl zwischen 1 und 1000, und du musst sie erraten. Ich sage dir jedes Mal, ob du größer oder kleiner geraten hast.« Mit der richtigen Strategie müssen Sie nicht alle 1000 Zahlen ausprobieren.

Kapitel 9, »Strings und Streams«

Wiederholungsfrage 1: Begrüßung

```
#include <iostream>  // cin, cout
#include <string>
int main() {
   std::string name{};
   std::getline(std::cin, name);
   std::cout << "Hallo " << name << "\n";
}
```

Sie müssen `getline` nehmen, nicht `>>`, damit potenzielle Leerzeichen in der Eingabe auch in `name` landen.

Wiederholungsfrage 2: Streamtypen

`std::cin` ist vom Typ `std::istream`, `std::cout` ist vom Typ `std::ostream`. Für beides benötigen Sie ein `#include <iostream>`.

Vertiefungsfrage: Wörter zählen

Mit `wort[idx] = wort[idx] - 'a' + 'A'` wandele ich hier einen kleinen Buchstaben in einen großen um. Ich nutze die Tatsache aus, dass A bis Z und a bis z jeweils aufsteigende Nummern im Computeralphabet haben (ASCII). Der Rest ist Rechnen mit `char`, als wäre er ein int. Es gibt noch viele andere Wege, zum Beispiel mit der Funktion toupper – behandelt sie Umlaute besser?

Die for-Schleife läuft rückwärts, damit wort.erase() nicht die noch zu erledigenden idx-Werte der Schleife verändert.

```
#include <iostream>
#include <string>
#include <set>
std::string normalisiere(std::string wort) {
    for(int idx=wort.length()-1; idx>=0; --idx) {
        if(wort[idx] >= 'a' && wort[idx] <= 'z') {
            wort[idx] = wort[idx] - 'a' + 'A'; // in Grossbuchstabe wandeln
        } else if(wort[idx] >= 'A' && wort[idx] <= 'Z') {
            // nix tun
        } else {
            wort.erase(idx, 1); // 1 Zeichen löschen
        }
    }
    return wort;
}
int main() {
    std::set<std::string> worte{};
    std::string wort{};
    while(std::cin >> wort) { // oder auch mit for
        worte.insert(normalisiere(wort));
    }
    std::cout << "Verschiedene Worte: " << worte.size() << "\n";
    for(auto w : worte) {
        std::cout << "'" << w << "'" << " ";
    }
    std::cout << "\n";
}
```
Listing C.3 Wörter zählen

Wenn Sie diesem Programm den Text des obigen Absatzes Mit ... wandele ich... als Eingabe geben, dann erhalten Sie die folgende Ausgabe:

```
$ ./21-zaehlen.x < text.txt
Verschiedene Worte: 46
'' 'A' 'ALS' 'ANDERE' 'ASCII' 'AUFSTEIGENDE' 'AUS' 'BEISPIEL' 'BIS'...
...'WEGE' 'WORTIDX' 'WRE' 'Z' 'ZUM'
```

Erweiterungsfrage 1: In Wörter zerlegen

»Ränder« könnten Ihnen besonders zu schaffen machen: Anfang und Ende des Textes sind besonders zu behandeln. Insbesondere dann, wenn der Text auch nur aus Leerzeichen bestehen kann, müssen Sie darauf achten, dass Sie nicht über das Textende hinauslaufen. Das Entfernen oder Überspringen der Leerzeichen zwischen den Wörtern ist etwas leichter.

```cpp
#include <iostream>
#include <string>
using std::string; using std::cout;
void wortweise(const string text) {
    size_t idx = 0;
    // finde erstes Zeichen
    while(text.size()>idx && text[idx] == ' ') ++idx;
    if(text.size()<=idx) { // nur Leerzeichen
        cout << "\n";
        return;
    }
    // finde letztes Zeichen
    size_t idy = text.size()-1;
    while(text[idy] == ' ') --idy;
    // wort für wort
    while(idx <= idy) {
        // Wort ausgeben
        while(text[idx] != ' ' && idx<=idy)
            cout << text[idx++];
        // Leerzeichen überspringen
        while(text[idx] == ' ' && idx<=idy)
            ++idx;
        // Leerzeichen ausgeben, wenn nicht am Ende
        if(idx<=idy)
            cout << ' ';
    }
    cout << "#\n"; // # dient nur zur Erkennung des Zeilenendes
}
int main() {
    wortweise("  Jetzt   kommt    Text  ");  // Ausgabe: Jetzt kommt Text#
    wortweise("");                            // nur Leerzeile als Ausgabe
    wortweise("     ");                       // nur Leerzeile als Ausgabe
    wortweise("Anfang     mit mehr    ");     // Ausgabe: Anfang mit mehr#
    wortweise("     Ende mit  weniger");      // Ausgabe: Ende mit weniger#
}
```

Listing C.4 Einen Text wortweise abklappern

Erweiterungsfrage 2: Mehr Wörter

Was Ihnen wirklich hilft, ist die Klasse `ostringstream`.

Kapitel 10, »Behälter und Zeiger«

Wiederholungsfragen

1. `array`, `vector`, `list`, `deque` und `forward_list`
2. `vector`
3. `map` und `unordered_map`
4. `set` oder `unordered_set`

Vertiefungsfrage 1: Sortiert

```cpp
#include <set>        // multiset
#include <iostream>   // cin, cout
int main() {
    std::multiset<int> data{};
    int num=1;
    while(std::cin >> num) {
        if(num==0) break;
        data.insert(num);  // data ist immer sortiert
    }
    for(auto e : data) std::cout << e << " ";
    std::cout << "\n";
}
```
Listing C.5 Der automatisch sortierende Container ist ein »multiset«.

Ein `multiset` hält genau wie ein `set` seine Elemente ständig sortiert. Sie müssen hier ein `multiset` nehmen, weil sonst doppelte Elemente nicht mehrfach eingefügt würden.

Vertiefungsfrage 2: Sortieren

```cpp
#include <vector>
#include <algorithm>  // sort
#include <iostream>   // cin, cout
int main() {
    std::vector<int> data{};
    int num=1;
    while(std::cin >> num) {
        if(num==0) break;
        data.push_back(num);
    }
    std::sort(data.begin(), data.end());  // nachträglich sortieren
    for(auto e : data) std::cout << e << " ";
    std::cout << "\n";
}
```
Listing C.6 Einen unsortierten Container sortieren Sie mit »sort«.

sort sortiert beinahe jeden Container.

Erweiterungsfrage 1: Allgemeingültige »sum«-Funktion

Sie benötigen eine Template-Funktion. Eine andere Möglichkeit, eine einzige Funktion für mehrere Typen zu definieren, gibt es in C++ nicht. Die Funktion beginnt also etwa so:

```
template<typename ARRAY>
int sum(const ARRAY& arr) {
    ....
}
```

Vielleicht wäre es sogar besser, nicht den gesamten Array-Typ zum Template-Parameter zu machen, sondern nur dessen Größe. Denn obige Definition kann unter Umständen auf mehr Typen passen, als Sie wollen. Außerdem passt der Rückgabetyp int zum Array-Elementtyp int:

```
template<size_t N>
int sum(const std::array<int,N>& arr) {
    ....
}
```

Die tatsächliche Summe können Sie auf mehrere Arten berechnen. Sie können die Funktion accumulate aus <algorithm> verwenden, eine bereichsbasierte for-Schleife wie for(auto e : arr) oder eine Zählschleife bis arr.size() verwenden.

Erweiterungsfrage 2: Sortiert und sortieren

Um ein multiset sortiert zu halten, muss für jede Einfügung die korrekte Position immer wieder erneut ermittelt werden. Das kostet jedes Mal log n Schritte – wenn n die Anzahl der Elemente im multiset ist. Wenn Sie n Elemente nacheinander einfügen, dann ergibt das n × log n Operationen insgesamt – oder anders gesagt O(n log n).

Und wie ist das beim vector? Das Einfügen geschieht hier mit konstanter Zeit, wenn Sie es schaffen, mit reserve vorab für genug Platz zu sorgen. Also werden n Elemente mit einem Aufwand von O(n) eingefügt. Das Sortieren dieser Elemente kostet O(n log n) Zeit, zusammen also O(n) + O(n log n) = O(n log n).

Zumindest in dieser Betrachtung besteht kein Unterschied.

Aber: Ein vector hält alle seine Daten schön gepackt zusammen. Die geordneten Container, von denen multiset ja auch einer ist, speichern ihre Elemente aber in einer Baumstruktur ab. Dieser Baum wird immer schön ausbalanciert gehalten, damit die Suche garantiert schnell geht. Das kann beim Einfügen durchaus das Umordnen einiger Elemente bedeuten. Damit das wiederum schnell geht, speichern viele Implementierungen die Elemente wild verstreut im dynamischen Speicher. Das ist bei großen Datenmengen ungünstig für den Speicherverbrauch und die Geschwindigkeit.

Sollten Sie also einmal mit solchen großen Datenmengen zu tun haben, dann prüfen Sie Folgendes:

- Lässt sich die Verarbeitung der Daten in eine Einfügephase und Sortierphase trennen? Dann ist der vector mit anschließendem sort dem multiset überlegen.
- Oder vermischen sich Einfügeoperationen mit den Leseoperationen, sodass Sie die Eigenschaft, dass ein multiset immer sortiert ist, brauchen? Dann wählen Sie der Einfachheit halber diesen Container, denn dann wäre ein vector eine sehr schlechte Wahl.

Kapitel 11, »Funktionen«

Wiederholungsfrage 1: Funktionsdeklarationen

Funktions-name	Rückgabetyp	Parametertypen	Parameter-namen
add	int	int, int	a, b
verdopple	int	int	n
print		std::string&	name
data	std::vector<std::string>	const char*	fn
runImmediatly			
xTeZahl	int&	int	x
getByName	std::pair<int,int>	const std::map<std::string, std::pair<int,int>>&, const std::string&	data, name
knifflig	double	int, double	a, b

Tabelle C.1 Die Zerlegung der Funktionsdeklarationen

Sie können als Rückgabetyp für print auch gerne void für »keine Rückgabe« wählen. Bei »keine Parameter« wie in runImmediatly() ist es in C++ eher unüblich, dies mit void zu titulieren – in altem C findet man diese Schreibweise noch manchmal.

Wiederholungsfrage 2: Ist dies eine Funktionsdefinition?

Nein, es handelt sich um eine Funktions*deklaration*. Zu einer *Definition* fehlt der Funktionskörper, der dem Funktionskopf in geschweiften Klammern {...} folgt.

Wiederholungsfrage 3: Auf welche Variablen können Sie zugreifen?

Dies sind:

- x2 und x3, weil sie als globale Variablen sichtbar sind, und vorher deklariert sind.
- x4, weil es ein Parameter der Funktion ist.
- x5, weil es eine lokale Variable in der Funktion und im gleichen Block (auf der gleichen Ebene) deklariert ist.

Warum sind die anderen nicht verwendbar?

- x1 und x9 sind lokale Variablen in einer anderen Funktion.
- x7 ähnelt x5, wird aber später deklariert.
- x8 ist global wie x2, wird aber später deklariert.

Vertiefungsfrage: Umschreiben von globaler Variable nach Parameter

```
// includes und eingabeBis() wie zuvor
bool testeObPrim(const std::vector<int> &prims, int n) { // konstante Referenz
    for(int teil: prims) {           // Zugriff ist nur lesend
        if(teil*teil > n)
            return true;
        if(n%teil==0)
            return false;
    }
    return true;
}
void berechnePrimsBis(std::vector<int> &prims, int bis) { // Referenz
    /* Prims-Berechnung */
    /* vector muss an dieser Stelle {2} enthalten */
    for(int n=3; n<bis; n=n+2) {
        if(testeObPrim(prims, n)) {
            prims.push_back(n);      // modifizieren von prims
        }
    }
}
void ausgabePrims(const std::vector<int> &prims) { // konstante Referenz
    for(int prim : prims) {          // nur lesend
        std::cout << prim << " ";
    }
    std::cout << "\n";
}
int main(int argc, const char* argv[]) {
    std::vector<int> prims{2};       // Globale Variable nun lokal
    int bis = eingabeBis(argc, argv);
```

```
    if(bis < 2) {
        return 1;
    }
    berechnePrimsBis(prims, bis);   // wird verändert werden
    ausgabePrims(prims);            // prims bleibt unverändert
    return 0;
}
```
Listing C.7 Die globale Variable ist jetzt ein Parameter.

Wie verlangt, ist prims keine globale Variable mehr, sondern wurde als lokale Variable verschoben.

In diesem Beispiel sind alle Funktionsparameter, die prims erhalten, als Call-by-Reference deklariert. Dort, wo prims nicht verändert werden muss, ist die konstante Referenz const std::vector<int>& prims die richtige Wahl. Nur, wenn prims mit dem Aufruf von push_back() modifiziert wird, dann ist die veränderbare Referenz const std::vector<int>& prims erzwungen.

Dort, wo Sie const zur Referenz hinzufügen, können Sie nicht aus Versehen die Daten verändern. Gerade wenn Sie prims einer weiteren Funktion übergeben, wollen Sie sicher sein, dass diese kein Schindluder damit treibt. Vertrauen Sie Ihre unveränderlichen Daten deshalb nur Funktionen an, die sie als const-Referenz übernehmen. Daraus folgt automatisch der Schluss, dass Sie auch Ihre Funktionen mit const-Parametern ausstatten sollten, wenn es geht.

Call-by-Value hieße, dass alle enthaltenen Zahlen in prims hätten kopiert werden müssen. Das hätte nur Sinn ergeben, wenn in einer Funktion prims hätte verändert werden sollen, sich die Veränderung aber nicht auf das Original hätte auswirken dürfen. Die Kopie, die Zeit und Speicher kostet, kann ich mir also mit Call-by-Reference ersparen. Der Performance-Verlust wäre insbesondere bei der wiederholt aufgerufenen Funktion testeObPrim desaströs gewesen. Die Funktion ausgabePrims wäre vielleicht ein Kandidat gewesen, denn sie wird nur einmal aufgerufen und der Performance-Verlust ist gegenüber der möglichen Flexibilität vielleicht zu verschmerzen. Dann wäre der Parameter nicht const std::vector<int>& prims gewesen, sondern std::vector<int> prims.

Bei kleinen Daten wie int ist meist Call-by-Value die korrekte Wahl.

Erweiterungsfrage 1: Unterschied zwischen »byval« und »byref«

Der byval-Parameter wird für den Funktionsaufruf kopiert und noch einmal der Rückgabewert (möglicherweise kann der Compiler hier tricksen und eine Kopie sparen). Die Veränderung vec[5] = 666 wirkt sich nicht auf data in main aus, die Rückgabekopie enthält die Veränderung natürlich.

In byref findet keine Kopie statt, denn sowohl Parameter als auch Rückgabe sind eine Referenz. Die Zuweisung wirkt sich über den Parameter nach außen aus, die Rückgabereferenz verweist auf das identische Objekt vor und nach dem Funktionsaufruf.

Erweiterungsfrage 2: Wie oft wird »data« kopiert?

Übersetzen Listing 11.14 und finden Sie es damit selbst heraus. Sie müssen nur den Instruktionen von Erweiterungsfrage 4 folgen.

Erweiterungsfrage 3: Trickfrage: Wie würde es kopiert, wenn wir die Funktionsaufrufe vertauscht hätten?

Machen Sie sich klar, welchen Typ byval zurückliefert. Wie passt das zu dem Parametertyp von byref?

Erweiterungsfrage 4: Eigener Kopierkonstruktor

Bauen Sie zum Beispiel die folgende Klasse statt std::vector<int> in das Programm ein, und entfernen Sie die Zuweisungen:

```
class Copy {
public:
    Copy() {}
    Copy(const Copy&) { std::cout << "Copy\n"; }
};
```

Kapitel 12, »Anweisungen im Detail«

Wiederholungsfragen

1. Eine Anweisung ist ein Programmstück, das etwas tut. Anweisungen werden immer nacheinander ausgeführt. Meist enden sie an einem Semikolon.

2. leere Anweisung, Block oder zusammengesetzte Anweisung, Deklaration, Ausdruck, if, while, do-while, for, switch, break, continue, goto, return, try-Block

3. Das Semikolon trennt Anweisungen voneinander. Eine zusammengesetzte Anweisung oder ein Block wird in geschweifte Klammern eingeschlossen. Leere Anweisungen durch ein überzähliges Semikolon sind zu vermeiden. Die geschweiften Klammern sind nötig, um mehrere Anweisungen zu einer zusammenzufassen, um einen inneren Block zu definieren, um die Gültigkeit von Variablen einzuschränken oder um einen Block zu umschließen, wo es verlangt ist – wie bei einem Funktionskörper oder dem try-Block.

4. Eine for-Schleife besteht außer aus dem Schlüsselwort, den ; und den Klammern aus einer Initialisierung, einer Endbedingung und einer Update-Anweisung, auf die die Anweisung folgt, die wiederholt werden soll. Eine while-Schleife besteht aus der Endbedingung und der zu wiederholenden Anweisung.

5. Für den switch, siehe unten.

Innerhalb des switch-Blocks:

```
case '/':
    top = stapel.back(); stapel.pop_back();
    second = stapel.back(); stapel.pop_back();
    stapel.push_back(second / top);
    break;
case '%':
    top = stapel.back(); stapel.pop_back();
    second = stapel.back(); stapel.pop_back();
    stapel.push_back(second % top);
    break;
case 'c':
    stapel.clear();
    break;
case ':':
    top = stapel.back(); stapel.pop_back();
    second = stapel.back(); stapel.pop_back();
    stapel.push_back(top);
    stapel.push_back(second);
    break;
```

Beachten Sie, dass Sie kein `break` vergessen dürfen.

Es spricht aber nichts dagegen, wenn Sie `swap` einsetzen. Zum Beispiel mit `swap(stapel[stapel.size()-1, stapel.size()-2]);`. Im Gegenteil: Sie benutzen die Standardbibliothek, Sie sind typ-flexibel, schneller und sparen Speicher. Noch besser geht es hier vielleicht mit `iter_swap`, das die Elemente vertauscht, auf die zwei Iteratoren zeigen: `iter_swap(stapel.end()-1, stapel.end()-2);`.

Vertiefungsfrage 1: ungerade Zahlen

```
#include <iostream> // cout
int main() {
    for(int n=1; n<100; n+=2) {
        std::cout << n << " ";
    }
    std::cout << "\n";
}
```

Vertiefungsfrage 2: Fehler finden

```
#include <iostream>  // Tippfehler im Header-Namen
int main() {
    for(int zahl=1; zahl < 100; ++zahl)  // Typ vergessen; ++zahl, abschließendes ;
    {
        int n = zahl, count=0;
```

```
        while(n > 1)_  // leeres ; weg
        {
            if_(n % 2 != 0)_ {  // if braucht runde Klammern; Operation auf n statt zahl
                n = n*3 + 1;
            } else {  // then- und else-Anweisungen in {}
                n = n / 2;
            }
            ++count;  // Inkrement ist klarer
        }
        std::cout << " Zahl " << zahl << " braucht "
            << count << "iterationen bis 1\n";
    };
    return 0;  // mit return aus der Funktion raus, und besser mit 0
}
```

Anstatt am Ende `return 0;` zu schreiben, können Sie diese redundante Zeile auch ganz weglassen.

Erweiterungsfragen

1. Programmvarianten unter bestimmten Beschränkungen wie diesen zu schreiben, ist eine gute Fingerübung, die zum Ausprobieren und Nachdenken anregt. Sie können sich auch selbst Einschränkungen auferlegen. So lernen Sie viele Sprachelemente kennen.
2. Einen `switch` kann der Compiler (einfacher) in direkte Sprünge übersetzen. Schaffen Sie es, ein Beispiel zu programmieren, bei dem ein `switch` schneller ist als die entsprechende `if-else if`-Kaskade?
3. Die freie Funktion `begin` könnte zum Beispiel so aussehen: `Prims::iterator begin( Prims& ps) { return ps.data_.begin(); }`
4. Sie müssen `input` also in Token zerlegen. Am Besten definieren Sie dazu eine Klasse Token, Sie können aber auch erst einmal mit `string` als Token arbeiten. Es gibt viele Arten, `input` zu zerlegen. Mit `string::find` können Sie das nächste Leerzeichen als Token-Trenner finden, mit `string::substr` einen Teil herauskopieren. So können Sie einen recht schnellen »Tokenizer« programmieren. Der eleganteste Weg nutzt den Adapter `istream_iterator`, der dann allerdings nicht sonderlich schnell oder flexibel ist. Zum Beispiel wird es Ihnen mit `istream_iterator` schwerfallen, anstelle des Leerzeichens ein anderes Zeichen als Token-Trenner zu verwenden.

Kapitel 13, »Ausdrücke im Detail«

Wiederholungsfrage 1: Unterschied zwischen Ausdruck und Anweisung

Ein Ausdruck hat zur Übersetzungszeit immer einen Typ und zur Laufzeit einen Wert, wenn der Typ nicht `void` ist.

Anweisungen sind meist durch ein Semikolon ; voneinander getrennt. Im Programm werden sie nacheinander ausgeführt – zumindest kann der Programmierer sich darauf verlassen, dass dies nach außen so aussieht.

Wiederholungsfrage 2: Punkt- vor Strichrechnung

* bindet stärker als +, daher wird 4*5 zuerst ausgewertet. Als Nächstes wird mit dessen Ergebnis 3 + 20 ausgewertet, denn bei zwei +-Zeichen ist das linke zuerst dran. Zuletzt passiert 23+6.

Wiederholungsfrage 3: Klammern setzen

(((std::cout << x) << y) << "\n")

<< wird von links nach rechts geklammert, sodass auch das links stehende << zuerst ausgewertet wird.

(x += (y += (z += 1)))

+= wird von rechts nach links geklammert, sodass das am weitesten rechts stehende += zuerst ausgewertet wird. Dessen Rückgabewert kann dann für das += weiter links verwendet werden.

Wiederholungsfrage 4: Bezeichner

Gültig und verwendbar:

Tag
keine_
_mehr
mal8
nichts

Gültig, aber nicht verwendbar:

_ALLE	// beginnt mit Unterstrich-Großbuchstaben
__garnicht__	// beginnt mit zwei Unterstrichen

Ungültig:

999	// Zahlen sind keine Bezeichner
istBekannt?	// Sonderzeichen, nur _ ist erlaubt
10fach	// nicht mit Ziffer beginnen
#Byte	// Sonderzeichen

Vertiefungsfrage: Zusammengesetzte Zuweisung

Es ist in der Sprache C++ nicht definiert, ob die beiden Vorkommen von z innerhalb der Anweisung dieselbe Speicherposition beschreiben. Der Compiler stellt nur sicher, dass jedes einzelne Vorkommen seinen Effekt hat und Sie das Ergebnis der Zuweisung auch weiterverwenden können. Ein anderes Vorkommen kann aber durchaus an eine Speicherposition (zum Beispiel ein Register) verlagert worden sein, um am Ende dann an die tatsächliche Stelle des z zurückgeschrieben zu werden. Schon in diesem Fall hätte der Compiler Ihnen kurzzeitig zwei verschiedene Kopien von z beschert, auf denen Sie innerhalb des Ausdrucks arbeiten. Der Compiler darf das, weil er nur sicherstellen muss, dass bei *einer* Veränderung einer Variable alles am Ende der Anweisung am richtigen Ort ist.

Kapitel 14, »Fehlerbehandlung«

Wiederholungsfragen

1. Sie lösen mit `throw` eine Ausnahme aus, gefolgt von einem Wert. Meist wird der Wert an der Stelle des `throw` erstellt und nicht vorher.
2. Sie schließen die Anweisungen in `try { ... } catch...` ein.
3. `std::invalid_argument` und `std::ios_base::failure` können in `std::exception` umgewandelt werden, aber nicht umgekehrt oder untereinander. Daher kann man mit `catch(std::exception exc)` Ausnahmen der anderen beiden Typen fangen, aber nicht umgekehrt.
4. Sie werden Rückgabewerte und Ausgabeparameter verwenden, um Fehlerzustände nach außen zu reichen.
5. Eine mögliche Reihenfolge sehen Sie in Listing C.8:

```
try {
    ...
} catch(int exc) { ... }          // ist sehr spezifisch, könnte überall vor ( ... ) stehen
} catch(string exc) { ... }       // ist sehr spezifisch, könnte überall vor ( ... ) stehen
} catch(std::bad_alloc& exc) { ... }      // muss vor exception stehen
} catch(std::overflow_error& exc) { ... } // muss vor runtime_error stehen
} catch(std::runtime_error& exc) { ... }  // muss vor exception stehen
} catch(std::exception& exc) { ... }      // muss vor ( ... ) stehen
} catch( ... ) { ... }    // die am wenigsten spezifische "catch all"-Klausel
                          // immer ans Ende schreiben
```

Listing C.8 Listen Sie die spezifischeren »catch«-Klauseln zuerst auf.

Vertiefungsfrage: Durch null

Exceptions brauchen Sie nicht unbedingt. Zumindest löst die Standardbibliothek keine aus, wenn Sie durch 0.0 teilen.

```
#include <iostream>
#include <cmath> // isnan, isinf
int main() {
    for(double zaehler : { 1.0, 0.0 }) {
        for(double nenner : { 10.0, 3.0, 1.0, 0.0 }) {
            std::cout << zaehler << "/" << nenner << " = ";
            std::cout.flush();
```

```
            double ergebnis = zaehler/nenner;
            std::cout << ergebnis << " ";
            if(isinf(ergebnis) || isnan(ergebnis)) {
                std::cout << " durch null";
            }
            std::cout << "\n";
        }
    }
}
```

Die Ausgabe ist:

```
1/10 = 0.1
1/3 = 0.333333
1/1 = 1
1/0 = inf   durch null
0/10 = 0
0/3 = 0
0/1 = 0
0/0 = -nan  durch null
```

Praktisch ist, dass die Ausgabe der ungültigen Zahlen trotzdem funktioniert, auch wenn nicht wirklich eine Zahl ausgegeben werden kann.

Mathematisch ist 0.0/0.0 etwas anderes, als irgendeinen anderen Wert durch 0.0 zu teilen. Während es für jeden normalen Wert »Unendlich« ergibt, ist null durch null »Not a Number«. Daher müssen Sie auf beide Eigenschaften testen. Alternativ hätten Sie hier auch mit isnormal(ergebnis) arbeiten können, doch liefert isnormal(0.0) ebenfalls false zurück.

Wenn Sie in Ihrem Programm einen Vergleich mit nenner == 0.0 durchführen, sollten Sie wissen, dass Sie dies im Allgemeinen nicht tun dürfen. Zum einen wissen Sie sicher noch, dass Sie Fließkommazahlen generell nicht mit == vergleichen sollten. Zum anderen haben Fließkommazahlen in C++ leider keine eindeutigen Repräsentationen für Ihre null. Der direkte Vergleich mit dem Literal 0.0 ist nicht immer sicher.

Erweiterungsfrage 1: Zeiger mit »throw« verwenden

Der erste Punkt hat damit zu tun, dass Sie Schwierigkeiten haben werden, new und delete passend zu paaren. Mit dem throw new ... wird ein dynamisches Objekt erzeugt. Angenommen, Sie fangen es im catch, dann müssen Sie es da auch wegräumen. Was aber, wenn sich die Reihenfolge oder Hierarchie der Exceptions mal ändert? Wie können Sie garantieren, dass das dynamische Objekt immer noch weggeräumt wird? Wenn die Exception gar nicht oder in einem catch(...)-Block gefangen wird, dann können Sie den Zeiger nicht mit delete entfernen.

Erweiterungsfrage 2: Referenz oder Wert

Es ist zwar eher üblich, Ausnahmen mittels einer (konstanten) Referenz zu fangen, aber der Exception-Mechanismus in C++ ist derart definiert, dass eine Exception auf jeden Fall kopiert wird, nachdem sie erzeugt wurde (aus bestimmten Gründen der Sicherheit). Diese Kopie kann mit C++11 in manchen Fällen gespart werden, aber das Objekt muss immer noch kopierbar sein.[3]

Jedenfalls können Sie, wenn Sie Ausnahmen per Referenz fangen, das gefangene Exception-Objekt zwar verändern, doch wird sich das nicht auf das Objekt am throw auswirken, da es für den Transport vom throw zum catch kopiert wurde.

An der Stelle des catch wird das Objekt ähnlich wie bei einer Parameterübergabe nötigenfalls in den richtigen Typ konvertiert. Dabei wird es beim Fangen als Wert eventuell passend kopiert und als Referenz »geschnitten«, sodass Sie von der Exception nur den Typ in der catch-Anweisung sehen.

Kapitel 16, »Erste eigene Datentypen«

Wiederholungsfragen

1. Bei class ist die initiale Sichtbarkeit private, bei struct public.
2. Dieser Konstruktor wird dann immer zur Initialisierung der Instanzen dieses Typs verwendet. Das heißt zum Beispiel, die genaue Anzahl der Initialisierungsparameter ist durch den Konstruktor festgelegt, eine Wertinitialisierung ist nicht mehr möglich.
3. Technisch gesehen erhält eine Methode immer einen impliziten Parameter this, der auf die Instanz zeigt.
4. Wenn Sie eine Variable vom Typ Reiseziel aus Listing 16.19 definieren
   ...
   – Von null bis vier Parameter: Reiseziel r0{};, Reiseziel r1{"A"};, Reiseziel r2{"A",10};, Reiseziel r3{"A",10,18.5};, Reiseziel r4{"A",10,18.5,199};.
   – preis_pro_nacht_ wird mit 0.0 Wert-initialisiert.
   – preis_pro_nacht_ bleibt uninitialisiert und wird irgendeinen Wert enthalten
5. Welche Möglichkeiten zur Initialisierung haben Sie, wenn Sie zu Listing 16.19
   ...
   – Es ist nur noch die Initialisierung ohne Parameter möglich. Vergessen Sie nicht, eine Liste von Initialisierungen bei der Implementierung des Konstruktors zu machen, da sonst die Variablen mit eingebauten Typen uninitialisiert bleiben.
   – Eine Methode hinzuzufügen hat keine Auswirkungen auf die Initialisierungsmöglichkeiten.

---

3 http://stackoverflow.com/a/1654187/472245

- Alle Datenfelder wären privat. Private Felder können nicht Wert-initialisiert werden. So bleibt nur die Initialisierung ohne Parameter, die nun die Datenfelder uninitialisiert lässt. Fügen Sie am besten auch einen Konstruktor hinzu.

Vertiefungsfrage: Default-Argumente

```
Person::Person(string name, int alter, string ort)
  : name_{name}, alter_{alter}, ort_{ort}
{}
```

Zur Erinnerung: Bei getrennter Deklaration und Definition der Methode (oder hier des Konstruktors) werden Default-Parameter nur bei der Deklaration angegeben, aber nicht bei der Definition.

Kapitel 17, »Verwendung eigener Datentypen«

Wiederholungsfrage: »auto«

- `int zahl = 12;`
- `vector<double> ddata{}; vector<double>::iterator it = ddata.begin();`
- `double val = ddata.front();`
- `double& val = ddata.front();`

Vertiefungsfrage: advance Date

In Listing C.9 sind die `advance`-Methoden der Kern. Wie in der Aufgabe beschrieben, erfolgt aber nur für `Date::advance()` eine Gültigkeitsprüfung. Dafür ist die Methode `Date::normalize()` da.

Damit sie ihre Aufgabe ausführen kann, ruft `Date::normalize()` aber entsprechende `normalize()`-Methoden der Hilfsklassen auf. Beachten Sie, dass jene zusätzliche Parameter bekommen, deren Wert sich während der Normalisierung verändern kann.

Als weitere Hilfsfunktionen benötigen Sie `less_then` und `advance()` in einigen der Hilfsklassen. `Month::regress()` ist das Gegenteil von `advance()`. Die Implementierung der Hilfsmethoden sollten Sie hinbekommen.

```
class Date {
    Year year_;
    Month month_ {1};
    Day day_ {1};
public:
    explicit Date(int y) : year_{y} {} // year-01-01
    Date(Year y, Month m, Day d) : year_{y}, month_{m}, day_{d} {}
    ostream& print(ostream& os) const;
    Date& advance(const Day& days);
    bool equals(const Date& other) const;
    bool less_then(const Date& other) const;
```

```cpp
        void normalize();
};
Date& Date::advance(const Day& day) {
    day_.advance(day);
    normalize(); // handle overflows
    return *this;
}
bool Year::isLeap() const {
    return ( (value_%4==0) && (value_%100!=0) ) || (value_%400==0);
}
// date normalization functions
void Month::normalize(Year &year) {
    if(12 < value_ || value_ < 1) {
        auto ival = value_-1; // -1: for [1..12] to [0..11]
        year.advance(Year{ ival / 12 });
        value_ = value_ % 12 + 1; // +1: back to [1..12]
    }
}
void Day::normalize(Month& month, Year& year) {
    // normalize month, adjusting year
    month.normalize(year);
    // normalize day; adjusting month and year
    while(month.days(year).less_then(*this)) {
        this->regress(month.days(year));
        month.advance(Month{1});
        if(Month{12}.less_then(month)) {
            month = Month{1};
            year.advance(Year{1});
        }
    }
 }
void Date::normalize() {
    day_.normalize(month_, year_);
}
Day Month::days(const Year& inYear) const {
    switch(value_) {
    case 1: case 3: case 5: case 7: case 8: case 10: case 12:
        return Day{31};
    case 4: case 6: case 9: case 11:
        return Day{30};
    case 2:
        return inYear.isLeap() ? Day{29} : Day{28};
    }
    return Day{0}; // invalid value_
```

```
}
// Ein Test
int main() {
    using std::cout;
    for(auto yi : {1999, 2000, 2001 }) {
        Date d { Year{yi}, Month{3}, Day{366} };
        d.print(cout) << " = ";
        d.normalize();
        d.print(cout) << "\n";
    }
    for(auto yi : {2011, 2012 }) {
        Date d { Year{yi}, Month{2}, Day{1} };
        d.print(cout) << " +28d = ";
        d.advance(Day{28}).print(cout) << "\n";
    }
}
```

Listing C.9 Eine Idee, wie Sie »Date.advance(Day)« implementieren könnten

Das erzeugt dann die folgende Ausgabe:

```
1999-03-366 = 2000-02-29
2000-03-366 = 2001-03-01
2001-03-366 = 2002-03-01
2011-02-01 +28d = 2011-03-01
2012-02-01 +28d = 2012-02-29
```

Im Quellcode zu diesem Buch finden Sie das Beispiel komplett und noch etwas ausführlicher.

Erweiterungsfrage: Operatoren für Date

Implementieren Sie operator+= immer als Methode:

```
Date& operator+=(const Day& days) {
    day_ += days;
    return *this;
}
```

Das gilt für die ganze Familie an Operatoren mit eingebauter Zuweisung. Es gilt die Faustregel: »Wenn sich der linke Operand ändert, dann sollten Sie den Operator als Methode implementieren.«

Für operator< verändern Sie den linken Operanden nicht. Daher wählen Sie hier – und normalerweise für alle Vergleichs-, booleschen und artithmetischen Operatoren – die Implementierung als freie Funktion.

```
bool operator<(const Month& links, const Month& rechts) {
    return links.less_then(rechts);
}
```

In diesem Beispiel können Sie nicht `return links.value_ < rechts.value_` schreiben, denn, weil es eine freie Funktion ist, haben Sie keinen Zugriff auf das private Feld `value_`. Daher gilt hier die Regel, dass Sie auf ein öffentliches Interface zugreifen müssen, weswegen Sie die öffentliche Methode

```
bool Month::less_then(const Month& other) {
    return value_ < other.value_;
}
```

hinzufügen müssen. Das Gleiche gilt für die anderen eigenen Typen.

> **Seien Sie komplett**
>
> Es ist schön, `date1 < date2` schreiben zu können. Unschön ist es, nicht `date1 > date2` und `date1 == date2` schreiben zu dürfen. Wenn Sie *einen* Operator aus einer Operatorfamilie implementieren, sollten Sie normalerweise auch alle implementieren.
>
> Wenn Sie das aus bestimmten Gründen nicht machen wollen, sondern sich zwischen <, >, <=, >= und == entscheiden müssen, dann wählen Sie mindestens `operator<` und `operator==`. Mit diesen beiden Operatoren machen Sie Ihren Datentyp fit für die meisten Algorithmen und Container der Standardbibliothek.
>
> Für die arithmetischen Operatoren gilt das Gleiche: Wenn Sie ein + implementieren, sollten Sie auch über -, *, / und % nachdenken. Zu `operator+=` sollte sich ein `operator-=` gesellen.
>
> Die weiteren Familien erschließen sich Ihnen bei einem Blick in die Operatorentabelle.
>
> Allerdings: Implementieren Sie auch nicht alle Operatoren »auf Teufel komm raus«, sondern nur, wenn es sinnvoll ist. Von `Date::operator/` sollten Sie zum Beispiel absehen. Wenn Sie mit Mühe einen Sinn finden, dann geben Sie der Methode doch besser einen sprechenden Namen.

Kapitel 18, »Namespace und Static«

Wiederholungsfrage 1: »using namespace«

```
#include <iostream>  // cout
namespace {
    int abc = 12;
    namespace flower {
        int cde = 23;
    }
}
```

```
int efg = 34;
namespace animal {
    int ghi = 45;
    namespace mammal {
        int ijk = 56;
    }
}
int main() {
    // ohne using
    std::cout
        << abc
        << flower::cde
        << efg
        << animal::ghi
        << animal::mammal::ijk
        ;
    // mit using
    using namespace flower;          // oder using flower::cde
    using namespace animal;          // oder using animal::ghi
    using namespace animal::mammal;  // using animal::mammal::ijk
    std::cout
        << abc
        << cde
        << efg
        << ghi
        << ijk
        ;
}
```

Bei den Verwendungen ohne using können Sie zu jedem Bezeichner optional noch ein :: hinzufügen, um ganz sicher vom globalen Namensraum zu starten, zum Beispiel ::efg oder ::flower::cde.

Wiederholungsfrage 2: doppelte Bezeichner

Sie packen die fraglichen Funktionen beide in einen anonymen Namensraum:

```
namespace {
    int getCount() { ... }
}
```

Alternativ können Sie auch static vor die Funktion schreiben.

Vertiefungsfrage: statisch lokal

```cpp
#include <iostream>
namespace {
    bool debug = false;
    void func() {
        static int count = 0;
        count += 1;
        if(debug) {
            std::cout << "func() wurde " << count << "-mal aufgerufen.\n";
        }
    }
}
int main() {
    func();
    func();
    func();
    debug = true;
    func();  // Ausgabe: func() wurde 4-mal aufgerufen.
}
```

Listing C.10 Ein lokal statischer Zähler

Erweiterungsfrage 1: Funktor »Func«

Die Klasse `Func` enthält einen `operator()` und ein statisches Datenfeld `count_`:

```cpp
Func {
    static int count_;
    void operator()() { count_ += 1; }
}
int Func::count_ = 0;
```

Das zweite Klammerpaar () steht dafür, dass dieses Funktionsobjekt ohne Parameter aufgerufen werden wird.

Dann müssen Sie nur noch `Func` instanziieren. Schreiben Sie zum Beispiel in `main()`:

`Func func{};`

Der Rest von `main()` ist wie in der Aufgabe beschrieben.

Erweiterungsfrage 2: Verschiebekonstruktor

- Die Signatur des Verschiebekonstruktors ist `Tree::Tree(Tree&& other)`.
- Nehmen Sie `move` oder `swap`, um `kind_` aus `other` herauszuholen.
- Überlegen Sie, ob Sie auch für den Verschiebekonstruktor `countConstructed_` erhöhen müssen.

Kapitel 19, »Const«

Wiederholungsfrage 1: const

```
const int doppel(int arg) { return 2*arg; }
int dreifach(int arg) { return 3*arg; }
int main() {
    const int fixi = 7;                         // Initialisierung
    fixi = 10;                                  // Typ "const int", Zuweisung nicht möglich
    int zwanzig = doppel(fixi);                 // Rückgabe "const int" wird in "int" kopiert
    zwanzig = 20+1;                             // Typ int, kann verändert werden
    const int dreissig = dreifach(fixi);        // dreissig wird mit einem Wert initialisiert
    dreissig = 30+1;                            // Typ const int, kann nicht verändert werden
}
```

Wiederholungsfrage 2: constexpr

```
constexpr int doppel(int arg) { return 2*arg; }     // für Rückgabe
int dreifach(int arg) { return 3*arg; }
int main() {
    constexpr int fixi = 7;                         // für konstante Werte
    int zwanzig = doppel(fixi);
    zwanzig = 20+1;
    const int dreissig = dreifach(fixi);            // konstanter Wert
}
struct Data {
    static constexpr int MAX = 10;                  // für statische Daten einer Klasse
    constexpr int getLimit(const int arg) const;    // nicht für Arg. oder Methoden
};
```

Beachten Sie, dass int dreissig nicht constexpr gemacht werden kann, weil zur Initialisierung die Nicht-constexpr-Funktion dreifach aufgerufen wird. Der Compiler könnte somit den Wert für dreissig nicht zur Kompilierzeit berechnen. Bei der Einfachheit der Funktion dreifach können Sie dem natürlich dadurch beggnen, dass Sie diese Funktion ebenfalls als constexpr deklarieren.

Vertiefungsfrage: »const«-Parameter und -Rückgabe

Für eingebaute Typen machen const-Parameter nur Sinn, wenn Sie sich selbst vor dem versehentlichen Verändern im Funktionskörper schützen wollen. Normalerweise sollten Sie einen Wert-Parameter eines eingebauten Typs nicht const machen.

Für Wert-Rückgaben eines eingebauten Typs gilt Ähnliches. Der Wert wird in ein const- oder Nicht-const-Objekt kopiert, egal was der Rückgabetyp war.

Unter den verdreifache-Varianten sollten Sie normalerweise wählen:

```
int verdreifache(int value);
```

Für Klassen, die möglicherweise aufwendig zu kopieren sind, können Sie manchmal Kopien vermeiden, wenn Sie eine Referenz statt eines Wertes übergeben. Als Parameter wählen Sie je nach Einsatzzweck entweder `string value` oder `const string&`. `const string` gegenüber `string` schützt Sie nur vor dem versehentlichen Ändern im Funktionskörper und hat ansonsten keine Funktion. `string&` gegenüber `const string&` erlaubt es Ihnen, innerhalb der Funktion den Wert außen zu ändern – wenn das Ihre Absicht ist. Der Vorteil an `const string&` ist, dass dies als Parameter auf alle möglichen Aufrufe passt: Variablen, Konstanten und Tempwerte (zum Beispiel aus Textliteralen).

Als Rückgabe sollten Sie für Werte auf das `const` verzichten. Vor C++11 war es häufig üblich, ein Wert-Objekt zusätzlich mit `const` auszuzeichnen, um das versehentliche Modifizieren von Rückgabe-Tempwerten zu verhindern. Da aber nun mit Tempwert-Referenzen gänzlich anders umgegangen wird, empfehle ich, dem Compiler den Weg zur Optimierung offen zu lassen und im Normalfall *kein* `const` an eine Wertrückgabe zu schreiben.

Für Rückgabe-Referenzen hängt es ebenso wie beim Parameter von der Funktionalität Ihrer Funktion ab, ob Sie eine `const string&` oder `string&` nach außen reichen wollen.

Somit sind die Kommentare zu den Signaturen:

1. `int verdreifache(const int value);` – `const` für eingebaute Typen nur in Sonderfällen
2. `const int verdreifache(int value);` – an Wertrückgabe eher kein `const`, aber Geschmackssache
3. `int verdreifache(int value);` – gute Variante für eingebaute Typen
4. `string verdopple(const string value);` – `const` am Wertparameter ist normalerweise überflüssig.
5. `const string verdopple(string value);` – `const` an Wertrückgabe ist eher überflüssig.
6. `const string& verdopple(string value);` – Möglich, aber eher selten: Der Parameter als Wert wird vom Compiler kopiert, aber die Rückgabe ist eine Referenz? Die muss auf schon woanders bestehende `string`-Objekte zeigen.
7. `string verdopple(const string& value);` – Sehr gut, wenn Sie `value` nur lesen und einen neuen `string` für die Rückgabe erzeugen.
8. `string verdopple(string value);` – Sehr gut. Wenn `value` in der Funktion zum Zwecke der Verdopplung in der Funktion ohnehin kopiert würde, dann sparen Sie durch die Wertübergabe, dass Sie selbst kopieren müssten.
9. `const string& verdopple(const string& value);` – Rückgaben als Referenz sind immer potenziell gefährlich, siehe oben.

Erweiterungsfrage 1: »const_cast«

Sie müssen wohl `const_cast<Widget*>(this)` verwenden, um `zaehler_` zu verändern.

Erweiterungsfrage 2: »mutable«

Versehen Sie das Datenfeld `zaehler_` mit dem Schlüsselwort `mutable`.

Kapitel 20, »Vererbung«

Wiederholungsfrage 1: »hat-ein« und »ist-ein«

1. Auto, Garage – ein Auto hat eine Garage, `stuct Garage {};` `struct Auto { unique_ptr<Garage> garage_; };`
2. Auto, Lenkrad – ein Auto hat ein Lenkrad, `stuct Lenkrad {};` `struct Auto { Lenkrad lenkrad_; };`
3. Auto, VW-Bulli – ein VW-Bulli ist ein Auto, `struct Auto {};` `struct VwBulli : public Auto {};` als Hierarchie oder `struct Auto {};` `Auto vwbulli{};` als Instanz
4. Datenbank, Tabelle – eine Datenbank hat Tabellen, `struct Tabelle {};` `struct Datenbank { vector<Tabelle> tabellen_; };`

Wiederholungsfrage 2: Klassenhierarchie

1. Damit, wenn ein `OkButton` erzeugt wurde, aber als `Button&` oder `Button*` übergeben wurde, auch die `getColor`-Methode von `OkButton` aufgerufen wird.
2. Es würde sich nichts verändern. Auch wenn bei `OkButton::getColor()` kein `virtual` mehr steht, ist die Methode dennoch virtuell, weil ihr Vorfahr `virtual` ist – es gilt: »einmal virtuell, immer virtuell«.
3. Der Compiler meldet einen Fehler, wenn diese Deklaration keine virtuelle Methode einer Basisklasse überschreibt. So schützt `override` vor Tippfehlern oder Änderungen in dieser Klasse oder der Basisklasse.
4. Eine Klasse mit mindestens einer virtuellen Methode benötigt einen virtuellen Destruktor, damit Instanzen von abgeleiteten Klassen mit `delete` korrekt weggeräumt werden können. Beachten Sie, dass Sie mit smarten Zeigern ohne diesen virtuellen Destruktor auskommen. Ich empfehle aber dennoch, ihn zu verwenden, falls doch mal ein roher Zeiger benutzt wird.
5. Es wird grey ausgegeben. Durch die Übergabe als Wert wird nur der `Button`-Teil von `okButton` kopiert. Die `OkButton`-Teile gehen verloren.
6. Es wird green ausgegeben, denn es wird eine Referenz auf den tatsächlichen `okButton` übergeben.
7. Es wird green ausgegeben, denn es wird die Adresse des tatsächlichen `okButton` übergeben.

8. Es wird green ausgegeben, denn das wirklich erzeugte Objekt war ein OkButton und dank dessen, dass getColor() virtuell ist, wird die Methode OkButton::getColor() verwendet.

9. Es wird green ausgegeben, und zwar aus dem gleichen Grund, wie zuvor.

Vertiefungsfrage: Konstruktoren und »using«

Sollten Sie in der abgeleiteten Klasse noch zusätzliche Konstruktoren definieren wollen, dann können Sie das selbstverständlich tun. Sie müssen dann nur beachten, dass die Effekte anderer Konstruktorregeln *vor* dem Import greifen:

```
class Base {
public:
    Base() {}
    explicit Base(int i) {}
    Base(int i, int j) {}
};
class Derived : public Base {
public:
    using Base::Base;        // importieren aller Konstruktoren der Elternklasse
    Derived(int i, int j, int k) : Base{} {} // eigener zusätzlicher Konstruktor
    Derived() : Base{} {} // nötig, da Sie nun einen eigenen Konstruktor definiert haben
};
int main() {
    Derived d0{};            // ruft jetzt 0-Argument-Konstruktor von Derived auf
    Derived d1{7};
    Derived d2{3,13};
    Derived d3{5,18,23};     // ruft neuen 3-Argument-Konstruktor auf
}
```

Dadurch, dass Sie einen eigenen Konstruktor definiert haben, greift die Regel, dass der Compiler Ihnen keinen Null-Argument-Konstruktor stellt – Sie können es sich so vorstellen, dass der Compiler diesen als »nicht vorhanden« markiert. Das wirkt sich so aus, dass using Base::Base diesen Konstruktor nicht aus der Elternklasse in diese Klasse hineinholt. Ohne die neue Definition würde in Derived der Null-Argument-Konstruktor fehlen.

Sie könnten auch mit Derived(int, int) = delete einen eigentlich importieren Konstruktor löschen. Auch hier gilt: Das explizite Löschen eines Konstruktors mit = delete hat den Seiteneffekt, dass der Null-Argument-Konstruktor nicht generiert würde – also beim Import mit using genauso übersprungen würde wie oben gezeigt.

Erweiterungsfrage: NoCopy

Sie können die Kopierfähigkeit durch das explizite Löschen des Kopierkonstruktors NoCopy(const NoCopy&) unterdrücken. Dasselbe können Sie für die Zuweisungsfähigkeit und den Zuweisungsoperator NoCopy& operator=(const NoCopy&) machen.

Vergessen Sie aber nicht: Auch das explizite Löschen eines Konstruktors (wie des Kopierkonstruktors) zählt als Definition eines Konstruktors. Der Compiler erstellt Ihnen also keinen Defaultkonstruktor mehr.

Kapitel 21, »Der Lebenszyklus von Klassen«

Wiederholungsfrage 1: Kopieren

- **Kopierkonstruktor**
  `Teil::Teil(const Teil&)`

- **Zuweisungsoperator**
  `Teil& Teil::operator=(const Teil&)`

Wiederholungsfrage 2: »enum class«

```
enum class Monat {
    JAN=1, FEB, MAR, APR, MAI, JUN, JUL, AUG, SEP, OKT, NOV, DEZ
};
```

Sie können natürlich auch ausführlich sein und bei allen Elementen den Wert mit = angeben.

Vertiefungsfrage 1: Kopieren mit Fehler

Wenn Sie das folgende `main` verwenden

```
int main() {
    Database db1{ "kunden.dat" };  // Original
    Database db2{db};              // gefährliche Kopie
}                                  // Ende der Gültigkeit
```

dann wird für `db2` der vom Compiler generierte Kopierkonstruktor aufgerufen. Dieser kopiert auch das Datenfeld `db_`. So enthalten `db1.db_` und `db2.db_` das gleiche Handle.

Die Instanzen `db1` und `db2` werden beide am Ende ihrer Gültigkeit beim Verlassen von `main()` entfernt, also wird auch jeweils ihr Destruktor aufgerufen. Im Destruktor steht `db_close(db_)`. Da beide Instanzen das gleiche Handle enthalten, wird dieselbe Datenbank nun zweimal geschlossen. Mit wirklichen Ressourcen führt das häufig zu einem Programmabsturz. Mit unserem Beispielcode erhalten Sie als Anzeichen für den Fehler die Ausgabe:

`db_close(-1);`

Vertiefungsfrage 2: Zuweisung mit Fehler

Dies ist die Verwendung der gefährlichen Zuweisung:

```
int main() {
    Database db1{"kunden.dat"};   // Original
    Database db3{"drei.dat"};     // zweites Original
    db = db3;                     // gefährliches Zuweisen
} Ende der Gültigkeit
```

Hier verursachen Sie, dass db3.db_ durch den vom Compiler generierten Zuweisungsoperator überschrieben wird. Nun enthalten db1.db_ und db3.db_ wieder das gleiche Handle, und Sie haben beim Verlassen des Gültigkeitsbereichs das gleiche Problem wie bei der Kopie. Zusätzlich haben Sie aber das zu "drei.dat" gehörende Handle durch das Überschreiben verloren. Selbst wenn das Programm durch das doppelte db_close(db_) auf demselben Handle nicht abstürzt, fehlt das Schließens des zu drei.dat gehörenden Handles. Manche Ressourcen (Dateien, Datenbanken etc.) können in so einem Fall gepufferte Operationen vergessen, die Ressource für spätere Zugriffe blockieren, oder bei lange laufenden Programmen können die Handles ausgehen. All dies sind Fehler, die schwer zu finden sind.

Die Lösung ist, solche Ressourcenhandles zu vermeiden, wenn es geht. Natürlich geht das nicht immer. Für den Fall merken Sie sich, dass Sie sehr wahrscheinlich Destruktor, Kopierkonstruktor und Zuweisungsoperator gemeinsam behandeln müssen – und sei es dadurch, dass Sie Letztere durch = delete explizit verhindern.

Erweiterungsfrage 1: Unique-Pointer

Die Implementierung ist leicht. Sie müssen sich aber klarmachen, was alles passiert.

Hier sehen Sie die Implementierung mit unique_ptr:

```
#include <memory>  // unique_ptr
std::unique_ptr<Database> createDatabase(const char *filename) {
    return std::unique_ptr<Database>{ new Database{filename} };
}
int main() {
    std::unique_ptr<Database> db = createDatabase("kunden.dat");
}
```

Erweiterungsfrage 2: Verschiebesemantik

Hier – vereinfacht – mit Verschiebesemantik:

```
struct Database {
    int db_;              // Dummy-Handle
    explicit Database(const char*)
        : db_{4} {}       // Dummy-Ressource belegen
    ~Database() {
        if(db_ != 0) {    // Handle nur "freigeben", wenn wirklich gültig.
            db_ = 0;      // Dummy-Freigabe
        }
    }
    Database(const Database&) = delete;              // keine Kopie
    Database& operator=(const Database&) = delete;   // keine Zuweisung
    Database(Database&& rechts)                      // verschieben
        : db_{rechts.db_}                            // aus Quelle holen
        { rechts.db_ = 0; }                          // Quelle freigeben
```

```cpp
    Database& operator=(Database&& rechts) {      // Verschiebezuweisung
        db_ = rechts.db_;                          // aus Quelle holen
        rechts.db_ = 0;                            // Quelle freigeben
        return *this;
    }
};
Database createDatabase(const char *filename) {
    return Database{filename};
}
int main() {
    Database db = createDatabase("kunden.dat");
}
```

Ich habe für dieses Beispiel den Rest der Implementierung von Database vereinfacht. Die Struktur der Implementierung der Verschiebeoperationen ist jedoch komplett.

Genau diese Aufgaben erledigt der unique_ptr für Sie. Sie können ihn getrost für diesen Zweck verwenden und müssen nicht selbst die Verschiebeoperationen implementieren.

Kapitel 23, »Zeiger«

Wiederholungsfragen

1. Typ XXX:
   - int zahl = 42; **int*** var = &zahl;
   - **const char[16]** var = "Ein netter Text"; – vergessen Sie nicht das unsichtbare abschließende '\0'.
   - vector<int> data{}; **vector<int>*** var = &data;
   - **unique_ptr<int>** var = make_shared<int>(45)

2. Sie initialisieren ihn mit nullptr, also int *x = nullptr.

3. Heap und Stapel
   - int x = 77; oder int x{77}
   - int* x = new int{77};

4. Smarte Pointer
   - unique_ptr und shared_ptr
   - Sie sparen sich das delete bzw. das delete[].
   - Sie können unique_ptr (und auch shared_ptr) für alle diese Dinge einsetzen.

5. Iteratoren
   - 6, die Anzahl der Elemente in data
   - *(data+2); data+2 ist die Adresse, der * dereferenziert
   - 99, denn (end(data)-begin(data))/2 ergibt 6/2 also 3, und data[3] ist 99.

- std::sort(data.begin(), data.end()); oder std::sort(begin(data),end(data));, jeweils nach #include <algorithm>.
- Für int[] data sind die Antworten identisch. Da ein C-Array keine Memberfunktionen hat, müssen Sie zum Sortieren jedoch std::sort(begin(data), end(data)); nehmen.

Vertiefungsfrage: »weak_ptr«

s1 und a1 in main() sind, da Sie die Objekte ja erzeugen, mindestens zum Zeitpunkt der Erzeugung eindeutig die Besitzer der Objekte. Daher scheiden sie als weak_ptr schon einmal aus. Bleiben die Datenfelder von Ship und Asteroid übrig.

```cpp
#include <memory>  // shared_ptr, weak_ptr
using std::shared_ptr; using std::weak_ptr;
class Asteroid;
struct Ship {
    weak_ptr<Asteroid> target_;          // weak_ptr
    void award(int points) {}
};
struct Asteroid {
    weak_ptr<Ship> last_;                // weak_ptr
    void explode() {
        shared_ptr<Ship> s{last_.lock()};  // Kopie weak_ptr in shared_ptr
        if(s) s->award(30);
    }
};
void fireAt(shared_ptr<Ship> s, shared_ptr<Asteroid> a) {
    // erzeugt einen Zyklus: beide zeigen nun aufeinander
    s->target_ = a;
    a->last_  = s;
}
int main() {
    auto s1 = std::make_shared<Ship>();      // Besitzer
    auto a1 = std::make_shared<Asteroid>();  // Besitzer
    // ...
    fireAt(s1, a1); // Zyklus ist nun ungefährlich
}  // alles wird korrekt entfernt
```

Listing C.11 Zyklische Abhängigkeiten mit »weak_ptr« durchbrechen.

Ein weak_ptr können Sie nur nach »Locking« wie einen Zeiger benutzen. Daher müssen Sie die kleine Anpassung mit last_.lock() machen. Damit erzeugen Sie für die Dauer des aktuellen Bereichs einen shared_ptr für die Verwendung wie gewohnt.

Erweiterungsfrage 1: »shared_ptr«

alleZahlen und prims sollten beide den Typ vector<shared_ptr<int>> haben. Fügen Sie Kandidaten mit alleZahlen.push_back(make_shared(number)) in den vector ein. In der Prüfschleife können Sie dann mit prims.push_back(z) die shared_ptr kopieren.

Erweiterungsfrage 2: »unique_ptr«

Sie definieren vector<unique_ptr<Zahl>> alleZahlen;

- Dann initialisieren Sie alleZahlen in einer kleinen Schleife mit push_back oder emplace_back mit Zahl{3} bis Zahl{100}.
- Holen Sie sich den rohen Zeiger mit z.get() zum Speichern in prims.
- Die Funktionsweise von iota basiert auf Zuweisungen mit operator=. Hier wäre es unique_ptr<Zahl> operator=(const unique_ptr<Zahl>&). So schreibt iota neue Werte in den Container. Aber genau dies verbietet unique_ptr – dieser Zuweisungsoperator ist gelöscht. Sie könnten womöglich neue Werte durch das Überschreiben der freien Funktion unique_ptr<Zahl> operator++(const unique_ptr<Zahl>&) erzeugen, aber diese bekommen Sie wegen dem gelöschten Zuweisungsoperator nicht mit iota in den Container.

Kapitel 24, »Makros«

Wiederholungsfrage 1: »MAX3«

Wie schon im Kapitel bei MAX gezeigt, verwenden Sie in Makros kein return für einen Rückgabewert. Sie könnten ein einzelnes großes, langes Makro schreiben, aber hier bietet sich ein Hilfsmakro für zwei Argumente an:

```
#define MAX2(a,b) ((a)>(b) ? (a) : (b))
#define MAX3(a,b,c) MAX2((a),MAX2((b),(c)))
```

Das Wichtigste sind die Klammern. Wenn Sie die weglassen, kompiliert der Ausdruck MAX3(42>8?17:10+1, 16+1, 18) nicht einmal.

Der zweite große Nachteil ist, dass die Argumente wieder mehrfach ausgewertet werden müssen. Teure Funktionsaufrufe als Parameter für MAX3 werden mehrfach ausgeführt.

Wiederholungsfrage 2: Include

Löschen von #include-Zeilen: Der #include "myConsts.hpp" in myTypes.hpp ist nicht nötig, den können Sie entfernen. Doch wenn Sie nur jene Zeile entfernen, wird myConsts.hpp insgesamt unnötigerweise insgesamt zweimal eingebunden.

Besser Sie verwenden Include-Guards:

```
// -- myTypes.hpp --
#ifndef MY_TYPES_HPP
#define MY_TYPES_HPP
#include "myConsts.hpp"
using my_type = int;
#endif

// -- myConsts.hpp --
#ifndef MY_CONSTS_HPP
#define MY_CONSTS_HPP
#include "myTypes.hpp"
static constexpr my_type VALUE = 10;
#endif

// -- main.cpp --
#include "myConsts.hpp"
#include "myTypes.hpp"
int main() {
    my_type x = VALUE;
}
```

Listing C.12 Include-Guards können versehentliche zyklische Abhängigkeiten vermeiden.

Vertiefungsfrage 1: Fehlermeldung

Das Define `__cplusplus` muss für einen Compiler, der C++11 beherrscht, die Zahl 201103 oder größer enthalten. Damit können Sie vergleichen und den Vergleich in einem `#if` verwenden:

```
#if __cplusplus < 201103
#   error Ihr Compiler kann noch kein C++11
#endif
```

Vertiefungsfrage 2: Includes

Der eigentliche »Fehler« ist das unnötige `#include "myConsts.hpp"` in `myTypes.hpp` – denn dadurch entsteht die zyklische Abhängigkeit, die immer Schwierigkeiten machen kann.

In der abgedruckten Lösung aus Listing C.12 (ohne vertauschte `#includes`) ist die Reihenfolge der `#include`-Direktiven in `main.cpp` zufällig so, dass die Include-Guards verhindern, dass das unnütze `#include "myConsts.hpp"` in `myTypes.hpp` zur Auswertung kommt.

Sind die `#include`-Zeilen aber vertauscht, dann wird `my_type VALUE = 10;` definiert, bevor `my_type` gesetzt wurde. Kein Include-Guard hätte das verhindern können.

Die richtigen `#include`-Direktiven zu verwenden ist ebenso wichtig, wie sein Projekt schon in die richtigen Module und Header aufzuteilen. Oft ist das keine leichte Aufgabe.

Erweiterungsfrage: »stringify«

Wenn Sie das Makro TYPESIZE(typ) definieren, dann ist #typ der const char[], der das Argument als Text enthält. Wenn Sie TYPESIZE(int) aufrufen, dann würde ein #typ sich so verhalten, als hätten Sie dort "int" in den Quelltext geschrieben. Das Makro sieht also so aus:

```
#define TYPESIZE(typ) cout << #typ << ": " << sizeof(typ) << "\n";
```

Kapitel 25, »Schnittstelle zu C«

Wiederholungsfragen

1. Vor jeder Funktion muss ein extern "C" stehen. Fehlt dieses, denkt Ihr C++-Programm, dass die Funktionen darin C++-Funktionen sind, und verändert ihre Namen nach C++-Manier (engl. *name mangling*). Die tatsächlichen C-Funktionen werden beim Linken in der Bibliotheksdatei dann nicht gefunden.

   Alternativ kann am Anfang des Headers auch ein extern "C" { und am Ende eine } stehen.

   Beides wird von C-Seite nicht unbedingt verstanden, und Sie werden deshalb möglicherweise kein extern "C" direkt von den Funktion sehen, sondern ein äquivalentes Makro.

2. Schreiben Sie die #include-Zeile zwischen extern "C" { und }. Das hat den gleichen Effekt, als würde der eingebundene Header mit extern "C" { beginnen und mit } enden.

Vertiefungsfrage: Umgang mit »void*«

```
void vcopy(void* src, void* trg, size_t size) {
    char* b = static_cast<char*>(src);
    char* e = b+size;
    char* t = static_cast<char*>(trg);
    for(char* p=b, *q=t; p!=e; ++p, ++q)
        *q = *p;
}
```
Listing C.13 »vcopy« mit einer »for«-Schleife

Anstatt die Schleife von Hand zu schreiben und sehr langsam und ineffektiv Zeichen für Zeichen zu kopieren, gibt es die bessere Funktion memcpy aus der C-Welt. Sie benötigen den Header <cstring>:

```
memcpy(trg, src, size);
```

Aus der C++-Welt steht Ihnen std::copy zur Verfügung. Der Header ist <algorithm>:

```
std::copy((char*)src, (char*)src+size, (char*)trg);
```

Wie Sie sehen, ist void* nur in der C-Welt richtig zu Hause. In beiden C++-Lösungen müssen Sie dem C++-Compiler einen Typ für die Pointer mitteilen. Hier bietet sich char* an, weil ein char die Basisgröße des Speichers ist – meist ein Byte.

Die Umwandlung habe ich hier mit (char*)src vorgenommen, weil es kürzer als static_cast<char*>(src) ist. Wenn Sie Letzteren verwendet haben, erhalten Sie bei dieser Aufgabe Bonuspunkte. Die Schleife ist vielleicht die direkteste Lösung, aber auch die langsamste. Die Verwendung von std::copy würde Ihnen weitere Bonuspunkte bringen.

Erweiterungsfrage: Entpacken

Das Grundgerüst des Packprogramms können Sie für das Entpackprogramm übernehmen. Ein RAII-Wrapper GzReadStream könnte GzWriteStream sehr ähnlich sehen. Statt zum Schreiben muss der Konstruktor die Datei nun mit gz_{gzopen(filename.c_str(),"rb")} zum Lesen öffnen. Als Kernfunktionen können Sie operator>> und read schreiben:

```
class GzReadStream {  // RAII-Wrapper
    // ... Auszug ...
    GzReadStream& operator>>(vector<char> &data) {
        // mehr als genug Platz
        data.resize(1024*1024*1024);
        auto len = read(data.data(), data.size());
        // zurückschneiden
        data.resize(len);
        data.shrink_to_fit();
        return *this;
    }
private:
    size_t read(char* data, size_t maxlen) {
        auto res = gzread(gz_, data, maxlen);  // lesen und entpacken
        if(res<0) {
            throw std::runtime_error("Fehler beim Lesen");
        }
        if(!gzeof(gz_)) {
            throw std::runtime_error("Zuviele Daten fuer dieses Programm");
        }
        return res;
    }
};
```

Hier sind manche Kleinigkeiten verbesserungswürdig, der Kürze wegen sei diese einfache Version hier abgedruckt. Wirklich unschön ist, dass mit resize(1024*1024*1024) ein Gigabyte Daten vorbelegt wird, nur damit später das gzread seine Daten in einem Schwung lesen kann. Das nachfolgende resize(len) setzt für den vector zwar die richtige Größe, der Speicher bleibt aber belegt! Mit shrink_to_fit() *kann* der Speicher möglicherweise freigegeben werden, das ist jedoch nicht garantiert.

Eine ordentliche Lösung sollte in einer Schleife handliche Häppchen lesen und in die Ausgabe schreiben, bis gzread sagt, dass keine Daten mehr zum Lesen vorhanden sind, der Rückgabewert also 0 ist.

Sie finden das komplette Listing unter *http://cpp11.generisch.de* und bei den *Materialien zum Buch* unter *http://www.galileo-press.de/3498*.

Kapitel 26, »Template-Funktionen«

Wiederholungsfrage: Produkt zweier Zahlen

```
#include <iostream> // cout
template<typename TYP>
TYP prod(TYP a, TYP b) {
    return a * b;
}
int main() {
    std::cout << prod(3, 4) << "\n";      // für int
    std::cout << prod(0.5, 1.5) << "\n";  // für double
}
```

Listing C.14 Sie können »prod« unter anderem mit »int« oder »double« aufrufen.

Vertiefungsfrage: »append«

Zunächst definieren Sie die allgemeine Template-Funktion append. Für const char* und string definieren Sie dann Ausnahmen mittels normaler Überladungen.

```
template<typename TYP>
void append(std::string &s, TYP arg) {
    s.append(std::to_string(arg));
}
void append(std::string &s, const std::string &arg) {
    s.append(arg);
}
void append(std::string &s, const char *arg) {
    s.append(arg);
}
```

Listing C.15 »append« als Template-Funktion und Überladungen.

Erweiterungsfrage 1: »decltype«

Sie müssen den Rückgabetyp von prod berechnen, denn der hängt von den tatsächlichen beiden Parametertypen ab. Berechnen können Sie einen Rückgabetyp nur in der alternativen Schreibweise – hier nicht als Template:

```
auto prod(int a, int b) -> int;
```

Nun müssen Sie also die Typen von a und b zu Template-Parametern machen. Aus den Typen müssen Sie dann statt `-> int` eine Berechnung auf Typen einsetzen – und da benötigen Sie `decltype()`.

Erweiterungsfrage 2: »entferneTeiler«

Der Grund, dass mid als teilendes Element zurückgegeben werden soll, ist, dass es einem Algorithmus nicht möglich ist, wirklich Elemente zwischen zwei Iteratoren zu *löschen*. Jeder Container hat sein eigenes Verfahren, um Elemente zu löschen. Dazu ist ein Methodenaufruf auf dem Container nötig (erase), mit den Iteratoren selbst kommen Sie nicht weit. So ist es üblich, dass Sie, wenn Sie einen löschenden Algorithmus implementieren, die wirklich zu entfernenden Elemente nach hinten sortieren und dann einen Iterator auf das erste zu löschende Element zurückliefern. Dem Aufrufer überlassen Sie es dann, ob er den Teil wirklich löschen will. Das ist genau das Vorgehen von remove, remove_if etc. aus dem Header <algorithm>. Dessen Verhalten sollen Sie hier nachbauen.

Es ist nicht leicht, einen Algorithmus zu schreiben, der die Reihenfolge der Elemente verändert. Beim Nach-hinten-Sortieren können Sie die Funktionen swap oder iter_swap verwenden. Achten Sie besonders darauf, dass sie die Schleifenvariable möglicherweise besonders behandeln müssen, wenn Sie innerhalb einer Schleife mit swap Elemente vertauschen.

Kapitel 27, »Eine Klasse als Funktion«

Wiederholungsfrage 1: Lambda-Elemente

[var]	(int a)	->	bool	{ return a > var; }
Zugriffsklausel	Parameter		Rückgabetyp	Körper

Abbildung C.1 Die Elemente eines Lambda-Ausdrucks

Wiederholungsfrage 2: »function«

- `std::function<double(double)>` für sin
- `std::function<void(void)>` für nop
- `std::function<int(int,int,int)>` für max3
- `std::function<double(double)>` für fcos
- `std::function<std::string(Zwerg)>` für die anonyme Funktion

Wiederholungsfrage 3: Funktor-Klasse

Eine Klasse ist genau dann Funktor-Klasse, wenn sie eine oder mehrere `operator()`-Methoden definiert.

Wiederholungsfrage 4: Add

```
struct Add {
    int operator()(int a, int b) { return a+b; }
    int operator()(int a, int b, int c) { return a+b+c; }
};
```

Sie können ohne Probleme in einem Funktor mehrere `operator()`-Methoden definieren.

Vertiefungsfragen: Taschenrechner

Ich fasse die Lösung der beiden Vertiefungsfragen in einem Listing zusammen. Um die Vertiefungsfrage 1 mit `Binops binops` zu lösen, müssen Sie »nur« `Manipulators manipulators` wieder vereinfachen. Da das Listing aber recht lang ist, sehen Sie hier die kombinierte Lösung für beide Aufgaben:

```
#include <functional>        // function, plus, minus, multiplies, ...
#include <map>
#include <string>
#include <vector>
#include <iostream>          // cout
#include <stdexcept>         // invalid_argument
using Stapel = std::vector<int>;
using Manipulator = std::function<void(Stapel&)>;    // nimmt den ganzen Stapel als Arg.
using Manipulators = std::map<char,Manipulator>;    // Sammlung aller Manipulatoren
// Template für alle zweistelligen Operatoren:
template<typename BINOP>                             // z. B. multiplies<int>
void binopManipulator(Stapel& stapel) {
    if(stapel.size()<2) throw std::invalid_argument("Stapel leer");
    auto top = stapel.back(); stapel.pop_back();
    auto second = stapel.back(); stapel.pop_back();
    BINOP binop{};                                   // aufrufbare Instanz erzeugen
    stapel.push_back(binop(second, top));  // aufrufen, Ergebnis auf den Stack legen
}
struct DigitManipulator {                            // Funktor-Klasse
    const int value_;                                // lege beim Aufruf diese Zahl auf den Stack
    DigitManipulator(int value): value_(value) {}    // Konstruktor merkt sich value
    void operator()(Stapel& stapel) const {
        stapel.push_back(value_);
    }
};
Manipulators createManipulators(std::ostream&out) {  // alle Manipulatoren erstellen
    Manipulators result{};
    result['+'] = &binopManipulator<std::plus<int>>;    // Funktionszeiger
    result['-'] = &binopManipulator<std::minus<int>>;
    result['*'] = &binopManipulator<std::multiplies<int>>;
    result['/'] = &binopManipulator<std::divides<int>>;
```

```cpp
        result['%'] = &binopManipulator<std::modulus<int>>;
        for(char digit : {'0','1','2','3','4','5','6','7','8','9'}) {
            result[digit] = DigitManipulator{digit-'0'};        // Funktor
        }
        result['='] = [&out](Stapel& st) { for(int e:st){out<<e;} out<<"\n";};
        result['c'] = [](Stapel& st) { st.clear(); };           // Lambda
        result[' '] = [](Stapel&) { };                          // Lambda
        return result;
    }
    void rechner(std::ostream& out, std::string input) {        // Kernfunktion
        try {
            Stapel stapel {};
            Manipulators manipulators = createManipulators(out);
            for(char c : input) {                               // ein Zeichen nach dem anderen
                auto it = manipulators.find(c);                 // suche passenden Manipulator
                if(it == manipulators.end()) {                  // falls nicht gefunden:
                    out << "\n'" << c << "' verstehe ich nicht.\n";
                } else {                                        // falls gefunden:
                    it->second(stapel);                         // second ist ein Funktionsobjekt
                }
            }
        } catch(std::exception& ex) {                           // alle Fehler behandeln
            std::cerr << ex.what() << " on '" << input << "'\n";
        }
    }
    int main(int argc, const char* argv[]) {
        rechner(std::cout, argv[1]);
            rechner(std::cout, "345*+6+="); // Ausgabe: 29
        }
    }
```

Listing C.16 Dieser Taschenrechner ersetzt den »switch« durch Funktionsobjekte.

Der Dreh- und Angelpunkt ist das Mapping `Manipulators manipulators`, das in `createManipulators()` erzeugt wird. Die Einträge in dieser `map` verknüpfen je einen `char` als Schlüssel mit einem `Manipulator` als Wert. Ein `Manipulator` ist ein aufrufbares Objekt, das mit einem Parameter aufgerufen werden kann. Dieser wird beim Aufruf immer der gesamte Stapel sein, so dass der Manipulator frei entscheiden kann, was er mit dem Stapelinhalt macht.

Die Manipulatoren sind in drei Gruppen unterteilt:

▶ Die Manipulatoren für zweistelligen Operatoren konsumieren jeweils zwei Elemente vom Stapel, verknüpfen die beiden mit einem Operator und legen das Ergebnis wieder auf den Stapel. In der `map` sind die diese Manipulatoren als Funktionszeiger eingefügt. Diese wiederum sind Instanzen des Funktionstemplates `binopManipulator`, um es spannender zu machen.

- Für jede Ziffer von `'0'` bis `'9'` gibt es einen Manipulator, der nicht anderes macht, als den numerischen Wert der Ziffer auf den Stapel zu legen. Hierfür gibt es die Funktor-Klasse `DigitManipulator`, die beim Instanziieren den Wert der Ziffer als Konstruktorargument nimmt. So lässt sich für jede Ziffer ein Manipulator erstellen.
- Die sonstigen Manipulatoren sind Spezialfälle. Im Beispiel sind sie über Lambdas implementiert.

Die Verarbeitung in `rechner` ist dann simpel. Die `for`-Schleife iteriert über alle Zeichen von `input`. Für jedes Zeichen wird mit `find` in `manipulators` nachgesehen, ob dafür ein Manipulator existiert:

```
auto it = manipulators.find(c);
```

`find` liefert einen Iterator zurück. Zeigt dieser auf das Ende der `map`, wurde kein Element gefunden. Wenn in Element gefunden wurde, zeigt `it` auf den entsprechenden Eintrag.

```
it->second(stapel);
```

Da jeder Eintrag ein Paar (genauer, ein `std::pair`) aus einem Schlüssel und einem Wert ist, gelangen Sie mit `it->second` an den gefundenen Wert. Das ist dann der Manipulator. Der ist ein aufrufbares Objekt, das als Parameter den aktuellen Stapel bekommt.

Erweiterungsfrage: »fibonacci« und »async«

Starten Sie nacheinander alle `fibonacci`-Aufrufe mit `std::async` und speichern Sie die Ergebnisse in je eine `auto`-Variable.

```
auto f30 = std::async(fibonacci, 30);
auto f31 = std::async(fibonacci, 31);
auto f32 = std::async(fibonacci, 32);
...
auto f40 = std::async(fibonacci, 40);
```

Danach können Sie die Ergebnisse mit `f30.get()` etc. ausgeben. Sollte die jeweilige Berechnung noch nicht fertig sein, wartet der Computer. Ist sie schon fertig, bekommen Sie das Ergebnis sofort.

```
std::cout << "fib(30) = " << f30.get() << "\n";
std::cout << "fib(31) = " << f31.get() << "\n";
std::cout << "fib(32) = " << f32.get() << "\n";
...
std::cout << "fib(40) = " << f40.get() << "\n";
```

Anstatt die Variablen `f30` bis `f40` einzuführen, können Sie die Ergebnisse der `async`-Aufrufe auch in einer `list` speichern. Dann müssen Sie nur für die Deklaration der `list<...>` den richtigen Typ der `async`-Rückgabe kennen. Das ist knifflig, aber möglich. Oder sind Sie ganz clever und schaffen es mit `decltype`?

Index

1...9

!-Operator (Negation) 91, **95**, 177
*-Operator (Dereferenzierung) 91, **97**, 470
*-Operator (Multiplikation) 91, 108
++-Operator (Inkrement) 61, 90, 94, 470
+-Operator (Addition, Positiv) **91**, 108
,-Operator (Sequenzoperator) 98
--Operator (Negativ) **91**, 108
--Operator (Subtraktion) **91**, 108
->-Operator (Mitgliedszugriff) 97
---Operator (Dekrement) **62**, 90, 470
/-Operator (Division) 108
::-Operator (Bereichsauflösung) 51, 59, 198, 200, 261, 470
<-Operator (kleiner) 95
>-Operator (größer) 95
[]-Operator (Array-Zugriff) 61, 470
%-Operator (Modulo) 108
^-Operator (bitweises Xor) 93

A

Abfluss-Entwurfsmuster → Entwurfsmuster, Abfluss
abstrakt → abstrakte Klasse
abstrakte Klasse 354
Addition 108
Aggregat **225**, **237**, 300, 301
agil 31
<algorithm> (Header) 145, 436
Algorithmus **34**, 145
Aliasing 112, 155, 369–371
alternatives Token 96
anonyme Funktion → Lambda-Ausdruck
anonymer Namensraum 289, 419
Anweisung 49, **53**, **64**, 66, 193, 204, 487
Anweisungsblock 53, **64**, 172
arithmetische Typumwandlung 109
Array 137
array (Container) **137**, 141
Assignment 49
Assoziativcontainer 266
Aufgaben 28
Aufzählungsklasse → enum class
Ausdruck 49, **66**, 176, 196, 204, 324, 487

Ausgabe 76
Ausnahme → Exception
automatisches Testen 31
automatische Variable 372
auto_ptr 376
auto (Schlüsselwort) **263**

B

basic_string 427
Basisklasse 303
Bedingung 176
Behälter → Container
Bereich → Scope
Bereichsauflösungsoperator → ::-Operator
Besitzer 301, 375, 385
Bezeichner **58**, 86
Beziehung 301
Bibliothekspfad 417
Binärdatei 58
Binärsystem 92, 107, 111
Binary Operator → Operator, zweistelliger
Bit 71, 107
bitset 119, 437
bitweise Arithmetik 90, **92**
bitweiser Oder-Operator 470
bitweiser Und-Operator 471
bitweises Exklusiv-Oder 471
bitweises Schieben 470
bool 72, 95, 118
boolescher Ausdruck 118
boolescher Oder-Operator 177
boolescher Und-Operator 177
Boost 458, 461
Bubblesort 34
Buildtool 37

C

C++11 27, **458**
C++14 27, 458
Call-by-Reference 153, 154
Call-by-Value 153, 251
CamelCase 86
Capture Clause → Lambda-Ausdruck

C-Array 202, 462
Carrige Return → Zeilenwechsel
char (eingebauter Datentyp) 99, **119**, 439
char16_t (eingebauter Datentyp) **121**, 460
char32_t (eingebauter Datentyp) **121**, 460
<cmath> (Header) 108, 114
Codeduplikation 300
Codepage 127
Compiler 37
<complex> (Header) 91
Compound Assignment → Verbundzuweisung
Compound Statement → Anweisungsblock
const 296
const char* 72
const char[] → Zeichenkette
const_iterator **296**, 397
Const-Korrektheit 252, 260, **296**
Container 135, 171, 462
continue 188
Copy Constructor → Kopierkonstruktor
Copy Elision 253, 342, 424
copy (Funktion) 436
cout **76**
CR → Zeilenwechsel
CR+LF → Zeilenwechsel
<cstdint> (Header) 113
<ctime> (Header) 113
Custom Deleter 328, 362, 421

D

Dann-Zweig → if-Anweisung
Data Transfer Objects 317
datenhaltende Klassen → Klasse
Datenstrom 129
decay → verfallen
Default-Argument 162
Default-Memberinitialisierung 466
default_random_engine 384
Definition 66, 74, 149, 152, 173, 233, 322, 323
Deklaration 52, 53, 67, 74, 149, 152, 175, 233, 324
Dekrement-Operator → --Operator
delegieren 238
delete 464
  dynamischen Speicher freigeben 99, 470
deprecated 376, 400
Design 259, 300, 315
Design Pattern → Entwurfsmuster
Destruktor 166, 323, 325
Dezimalsystem 107

Division ohne Rest 108
Dokumentation 82
double **114**, 439
Double Colon → Bereichsauflösungsoperator
Doxygen 82
Drain 381
dynamische automatische C-Arrays auf dem Stapel 393
dynamischer Speicher → Heap
dynamisches C-Array 393

E

eigene Löschfunktion → Custom Deleter
Eingabe 76
eingebauter Datentyp **104**
Einrücktiefe 83
else-Zweig → if-Anweisung
encoding 127
endl **76**
End-to-End-Test → testen
Enterprise Integration Pattern 33
Entwurfsmuster **32**, 33
  Abfluss 381
  Fabrik 277, 382
enum class 355
Escape-Zeichen 128
Exception 99, 165, 169, 192, 206, 210
  auslösen 210
  behandeln 206
Exklusiv-Oder 93
explicit 255
Expression → Ausdruck
Extreme Programming 31

F

Fabrik-Pattern → Entwurfsmuster, Fabrik
fabs 114
Factory → Entwurfsmuster, Fabrik
false 72, 118
finally (Java) 215
fließende Programmierschnittstelle 259
Fließkomma-Literal 115
Fliesskommazahl 106, **113**
float **114**, 439
for-Schleife 53, 65
  bereichsbasiert 169, 182, 462
forward declaration 158
forward_list (Container) 141
freie Funktion 149, 151, **229**

friend 346
function<> 444
Funktion **51**, **229**
Funktionsaufruf 470
Funktionskörper 51
Funktionsobjekt 421, 444, 445, **448**
Funktionsparameter 51
Funktionszeiger → Funktionsobjekt
Funktor **446**, 464

G

g++ → Gnu Compiler Collection
Ganzzahl 71, 106
    Überlauf 110
    Datentyp 104
    Literal 111
Garbage Collection 385
Gauss, Carl Friedrich 251
gehören → Besitzer
Genauigkeit 106, **113**, **117**
generierter Konstruktor 244
geordneter Assoziativcontainer 267
geschweifte Klammer 53, 84
globale Funktion 229
globale Variable 157, 171, 231
Gnu Compiler Collection 39, 40
Größe der Eingabe 34
Gültigkeitsbereich → Scope

H

Handle 418
Handwerk der Softwareentwicklung 31
hashen 143
Hat-ein-Beziehung 300, 301
Haufen → Heap
Heap 99, 374
Heapsort 34
hexadezimal 111

I

Identifier 56, 198
if-Anweisung 53, 65, 95
ifndef (Präprozessor-Direktive) 408
Implementierung 258
implizite Typumwandlung 109, 119, 254
include 50, 75
Include-Guard 235
Includepfad 417

Index-Zugriff 201
Infix-Schreibweise 344
Information Hiding 242
initialisieren 67, 74, 175, 323, 336
Initialisierungsanweisung 53
Initialisierungsliste 127, 458, 462
initializer_list 462
Inkrement-Operator → ++-Operator
Inline 234, 432
instanziieren 430
Instanzvariable 228
Integrationstest → testen
Integrierte Entwicklungsumgebung 37, 40
int (eingebauter Datentyp) 71, 107, 108, 439
Interface 258, 260, 318
int_fast16_t 113
int_least64_t 113
int64_t 113
int8_t 113
<iostream> (Header) 76
iota() 436
Ist-ein-Beziehung 300
iterator 97, 202, **396**, **397**

K

Kapiteltelegramm 28
Kapselung **242**, 256, 346
Kernsprache 75
Klasse 241, 317
Kodierung 127
Komma
    Sequenzoperator **98**, 471
    Variablendeklaration 175
Kommentar **40**, **50**, **59**, 81
Komplexität 34
Komposition 300, 301
Konstante 74
konstanter Ausdruck 293
konstante Referenz 251, 252
Konstruktor **236**, 323
Konstruktordelegation 465
Kontrollstruktur 176
kopieren 127
Kopierkonstruktor 266, 334, **340**
Kurzschluss-Auswertung **95**, 96, 371
Kurzwert-Referenz 468

L

Label 169
Lambda-Ausdruck 421, 446, **451**, 452, 454, 463
Laufzeit 69, 310
Laufzeit-Polymorphie **315**
Laufzeit-Typinformation 69
leere Anweisung 66
Leerraum 58
Leerzeichen **58**, 83
LF → Zeilenwechsel
Line Feed → Zeilenwechsel
linken 149, 417
Linker 37
linksassoziativ **100**
list (Container) 141
Listing 27
Literal 59
logisches Oder 471
logisches Und 471
lokale Variable 157
long double (eingebauter Datentyp) 114
long (eingebauter Datentyp) 107, 439
long int (eingebauter Datentyp) 108
long long (eingebauter Datentyp) 107, 439
long long int (eingebauter Datentyp) 108
L-Zeichenketten-Präfix 460

M

main (Funktion) **62**
Makefile 44
make_shared 461
make_unique 461
Manipulator 77, 130, 132
map (Container) **142**, 266
Massentest → testen
Member-Funktion 229
Memory Fence 469
Methode 125, 151, 229
Methodenaufruf 151
Meyers-Singleton 279
Microsoft Visual Studio **39**, 40
Modulo 108
move_cast 381
move (Funktion) 381
Move-Semantik 461
Müllabfuhr → Garbage Collection
multimap (Container) 142
Multiplikation 108
multiset (Container) 142

N

Nachbedingung 180
Name 200
name mangling 508
Namensbereichszugriff → ::-Operator
Namensraum 270
namespace (Schlüsselwort) 281
NaN 117
Newline 77
new (Schlüsselwort) 99, 374, 470
Null-Initialisierung 244
nullptr **370, 371**, 461
nullptr_t 461
<numeric> (Header) 145

O

objektorientierte Programmierung 300
oktal 111
O-Notation 35
Operand 66, 69, **90**, 344
Operator 66, 69, **89**, 90, 471
 arithmetischer 90, **91**
 besonderer 91
 dreistelliger **90**
 einstelliger **90**, 471
 funktionsähnlicher 91
 logischer 91, **95**
 Präfix **61**, 62
 relationaler 91, 470
 Seiteneffekt **61**
 Typumwandlung 99, 204, 470
 zweistelliger **90**, 325, 344
Operatorreihenfolge 100
Ostern 251
Overflow 110
overload → überladen
override (Schlüsselwort) 311

P

Parameter 57, 60
parametrisierter Typ 136, 427
perfect forwarding 435
Pointer → Zeiger
Pointeroperator 91
Polymorpie 315
Postfix-Opertator 62
Präprozessor 37, 75, **405**
Präprozessor-Direktive 37, **405**

Präzedenz 100
produzierende Funktion → Entwurfsmuster, Fabrik
Professionalität 31
programmieren 30
pthread 469
ptrdiff_t 113
public (Schlüsselwort) 241
Punkt- vor Strichrechnung 91, 100
pure virtual → rein virtuell

R

RAII → Resource Acquisition is Initialization
random_device 384
Ranged For → for-Schleife, bereichsbasiert
rechtsassoziativ 100
Referenz 152, 202, 290, 370
rein virtuell 354
relationaler Operator 95
reserve 370
Resource Acquisition is Initialization 215, 330
Ressource 34
rethrow 213
Return-Anweisung 54
roher Zeiger 374
RTTI → Laufzeit-Typinformation
Rückgabewert 63
runde Klammer 85
Rundung 113, 117
RValue-Referenz → Tempwert-Referenz

S

Schleife 95
Schlüsselwort 67
Schnittstelle 220
Schriftsatz 27
Scope 52, 198, 270, 321–323
Scope-Operator → ::-Operator
Scope Resolution Operator → ::-Operator
Scrum 31
Seiteneffekt 61, 68, 149
Seiteneffekt-Zuweisung 62
Sequenzcontainer 266
set (Container) 142, 266
shared_ptr 376, 461
Short-Circuit Evaluation → Kurzschluss-Auswertung
Sichtbarkeitsbereich 54
Signatur 308

signed 107
signed char (eingebauter Datentyp) 119
Singleton 279
Sink 381
sizeof-Operator 99, 120, 470
size_t 112
Smartpointer 212, 374
Smoke-Test → testen
Software Craftsmanship 31
Software Design Pattern → Entwurfsmuster
Softwareentwicklung 31
Softwareentwicklungsmethode 30
Sonst-Zweig → if-Anweisung
sort (Funktion) 34, 436
Speicher 34, 368
Stack 372
Standardausgabe 129
Standardbibliothek 37, 51, 72, 75, 103
Standardcontainer 182
Standardeingabe 129
Stapel → Stack
Statement → Anweisung
static_cast 99
static (Schlüsselwort) 281
std (Namensraum) 77
stoi 461
stol 461
stoll 461
Stream 93, 129
string 72
stringify 415
struct 225
Struktur 237
Subtraktion 108

T

Tabulator 83
tabulieren 47
Template 427, 429
Template-Funktion 412, 428, **429**
Template-Klasse 427
Temporary → Tempwert
Tempwert 228, 324
Tempwert-Referenz 321, 342, 381, 435, 468
testen **30, 31**, 32
Textdatei 58
Textliteral 67, 120
then-Zweig → if-Anweisung
this 259
Thread 279

throw 99, 470
time_t 113
Token 58
to_string 461
true 72, 118
Typ **69**, 150, 175, 197, 428, 470
Typdeduktion → auto
Type Cast → Typumwandlung
typedef (Schlüsselwort) 112, 261
Type-Trait 317
Typinformation, Laufzeit → Laufzeit-Typinformation
Typsicherheit 71
Typumwandlung → Operator, Typumwandlung

U

überladen 160, 198, 292, 411, 428
Überlauf 106, 110, **113**, 159, 192
Überprüfbarkeit 31
überschreiben **308**, 310
unäre Adressoperator 369
unären Dereferenzierungsoperator 369
Unary Operator → einstelliger Operator
undefined behavior 203
undefiniert 175
Unicode 122
Unified Initialization → vereinheitlichte Initialisierung
uniform_int_distribution 384
unique_ptr **376**, 461
universelle Referenz 435
unordered_map (Container) 142
unordered_set (Container) 142
unsigned char (eingebauter Datentyp) 119
unsigned (eingebauter Datentyp) 107, 439
unsigned int (eingebauter Datentyp) 108
using
   namespace 77
   Typalias 112, **261**
using (Schlüsselwort) 281
u16string 460
u32string 460
u8-Zeichenketten-Präfix 460

V

Variable **52**, 74
vector (Container) **139**, 141, 266
Verallgemeinerte Initialisierung 458

veraltet → deprecated
Verbundzuweisung 90, 94
vereinheitlichte Initialisierung 56, **74**
Vererbung 300
verfallen 392
verhaltensorientierte Klasse → Klasse
Verschiebekonstruktor 342, 358
Verschieben → Verschiebeoperation
Verschiebeoperation 342, 468
Verschiebezuweisung 342, 358
Vertiefungsfragen → Aufgaben
Verzweigung → if-Anweisung
virtual 310
virtuelle Methode 240, 310, 311, 353, 362
V-Modell 31
Vorwärtsdeklaration 158, 233

W

Wagenrücklauf → Zeilenwechsel
Wahrheitswert 106, **118**
Wasserfallmodell 31
wchar_t (eingebauter Datentyp) **121**, 460
weak_ptr **376**, 461
Wert 152, 153, **251**, 289, 428
Wert-Initialisierung 106, 226
Whitespace → Leerraum
Wiederholungsfragen → Aufgaben
Wiederverwendbarkeit 300
wstring 460
Würfel → random_device

Y

Yoda-Bedingung **330**

Z

Zahlenbereich 108
Zahlenliteral 67
Zeichenkette 72, 394
Zeichenkettenliteral 394
Zeichentyp 106, 119
Zeiger **97**, 146, 152, 202, 367, **444**
Zeigerarithmetik 391
Zeilenvorschub → Zeilenwechsel
Zeilenwechsel 58
Zeit 34
zerhacken 143
zlib 417, 418
Zugriffsklausel → Lambda-Ausdruck

- Das Lehr- und Nachschlagewerk zu C++

- Inkl. der Neuerungen von C++11

- Sprachgrundlagen, OOP, Multithreading, GUI-Entwicklung

Jürgen Wolf

C++
Das umfassende Handbuch

Dieses Buch bietet einen sehr ausführlichen Einstieg in die Sprache C++ und die Objektorientierung, aktuell zum Standard C++11. Darüber hinaus enthält es Kapitel zu Profi-Themen, wie Socket- und Cross-Plattform-Entwicklung oder GUI- und Multimedia-Programmierung. Die Praxisnähe und die herausragende fachliche Qualität machen es zu einem unentbehrlichen Begleiter in Studium und Beruf.

1.062 Seiten, gebunden, mit CD, 39,90 Euro
ISBN 978-3-8362-2021-7
3. Auflage 2014
www.galileo-press.de/3278

»In der Gesamtnote ist das Buch ganz klar mit »sehr gut« zu bewerten.«
dotnetpro

- Finde heraus, wie Du objektorientiert programmieren kannst
- Bewege Dich sicher in Deiner C++-Bibliothek
- Und alles auf dem neuesten C++11-Standard
- Willkommen in der wilden C++-Welt

Dieter Bär

Schrödinger programmiert C++
Das etwas andere Fachbuch

Schrödinger ist unser Mann fürs Programmieren. Er kann schon was, aber noch nicht C++. Darum gibt es hier die volle Packung. Die nötige Theorie, viele Hinweise und Tipps, Unmengen von gutem, aber auch schlechtem Code, der verbessert und repariert werden will. Und mittendrin ist Schrödinger, und natürlich du!

688 Seiten, broschiert, in Farbe, 49,90 Euro
ISBN 978-3-8362-1756-9
erschienen April 2012
www.galileo-press.de/2853

»Das Buch richtet sich gleichermaßen an Einsteiger wie Umsteiger in die Programmiersprache C++.« PC-Welt

Versandkostenfrei bestellen: www.galileo-press.de

- Das Kompendium der Neuerungen in C++11

- Neues in Sprachkern und Standardbibliothek

- Von auto bis Zufall, von Movesemantik bis Multithreading

- Die Dos und Don'ts der C++-Programmierung

Torsten T. Will

C++11 programmieren
60 Techniken für guten C++11-Code

Dieses Buch ist eine praktische Anleitung für den Einsatz von C++11. Es behandelt die Neuerungen gerade so, dass immer ein Aspekt im Fokus steht, wie etwa die neuen Sprachmechanismen, Container, Pointer oder Algorithmen oder auch Neuerungen in der Standardbibliothek.

414 Seiten, gebunden, 29,90 Euro
ISBN 978-3-8362-1732-3
erschienen Februar 2012
www.galileo-press.de/2824

»Alles in allem glänzt das Buch vor allem als tiefergehende Referenz. Insbesondere im deutschsprachigen Raum wird man (zumindest derzeit) nur schwerlich die C++11-Neuerungen so detailliert in so einem einzigen zusammenhängenden Werk finden.« c-plusplus.de

Galileo Press

- Von den Grundlagen bis zur Objektorientierung
- Inkl. Standardbibliothek und GUI-Entwicklung
- Mit allen Beispieldateien auf DVD

Thomas Theis

Einstieg in C++

Das Praxis-Training

Mit diesem Training gelingt Ihnen der Einstieg in C++! Bei Bedarf springen Sie jederzeit zurück, um den Stoff zu wiederholen oder zu vertiefen. Das Training bietet Ihnen darüber hinaus den gesamten Beispiel-Code sowie nützliche Entwickler-Tools auf DVD.

DVD, Windows, Mac und Linux, 13 Stunden Spielzeit, 39,90 Euro
ISBN 978-3-8362-2800-8
erschienen Juni 2014
www.galileo-press.de/3561

»Ich bin mit dieser Lern-DVD extrem zufrieden, denn sie beantwortete nicht nur meine offenen Fragen, sondern hat mir auch viel Neues beigebracht.« mediennerd.de

Ausführliche Informationen: www.galileo-press.de

- Von den Grundlagen zur professionellen Programmierung
- Von einfachen Beispielen zu anspruchsvollen Algorithmen
- Das Standardwerk für Studium und Beruf

Ulrich Kaiser, Dr. Martin Guddat

C/C++
Das umfassende Lehrbuch

Dies ist die 5., umfassend überarbeitete Neuauflage unseres C/C++-Standardwerkes. Der erste Teil des Buches führt Sie anfängergerecht in die Grundlagen von C ein: Er bietet zahlreiche Beispielprojekte, Merksätze und Übungen am Ende eines jeden Kapitels. Von da aus geht es weiter zur objektorientierten Programmierung mit C++: Auf der Grundlage der erworbenen Kenntnisse in C wird der Leser zügig an komplexe Beispielprojekte in C++ herangeführt. Das Buch ist konzipiert als umfassender Begleiter: Es dient als Lehr- und Arbeitsbuch, ist Nachschlagewerk in der Praxis und gibt fertige, sofort einsetzbare Lösungen an die Hand.

1.234 Seiten, gebunden, 39,90 Euro
ISBN 978-3-8362-2757-5
5. Auflage, erscheint 11/2014

www.galileo-press.de/3536

- Von „Hallo Schrödinger" über Multithreading zur komplexen GUI-Anwendung

- Auf Profi-Art von Anfang an

- Nutze die Schwerter aller Versionen: Generics, New File I/O und Java 8

- Perfekt zum Durchblicken und Hand anlegen, fantastisch illustriert

Philip Ackermann

Schrödinger programmiert Java
Das etwas andere Fachbuch

Vom Feinsten! Die Java-Einführung, die Dir den vollen Durchblick verschafft. Alles auf Profi-Art, objektorientiert, mit Interfaces, Generics und auf dem neuesten Stand. Von einfachen Schleifen bis zur fertigen Webanwendung macht guter Code richtig Spaß. Fantastisch illustriert. Für Einsteiger, Umsteiger und Fans.

704 Seiten, broschiert, in Farbe, 44,90 Euro
ISBN 978-3-8362-1740-8
erschienen Dezember 2013
www.galileo-press.de/2565

»Java-Ein- und Umsteiger, die viele Programmiersprachen-Lehrbücher zu nüchtern und trocken finden, fahren mit diesem »Schrödinger« gut.« c't

Alles für Entwickler: www.galileo-press.de

- Programmieren mit der Java Platform, Standard Edition 8

- Java von A bis Z: Einführung, Praxis, Referenz

- Von Klassen und Objekten zu Datenstrukturen und Algorithmen

Christian Ullenboom

Java ist auch eine Insel
Einführung, Ausbildung, Praxis

Java 8 und die neue Insel sind da! Unser Handbuch ist die erste Wahl, wenn es um aktuelles und praktisches Java-Wissen geht. Java-Einsteiger, Studenten und Umsteiger profitieren seit mehr als einem Jahrzehnt von diesem Lehrwerk. Neben der Behandlung der Sprachgrundlagen von Java (Ganz neu: Lambda-Ausdrücke!) gibt es kompakte Einführungen in Spezialthemen. So erfahren Sie einiges über Threads, Swing, Netzwerkprogrammierung, NetBeans, RMI, XML und Java, Servlets und Java Server Pages. Dieses Buch gehört in das Regal eines jeden Java-Programmierers.

1.306 Seiten, gebunden, 49,90 Euro
ISBN 978-3-8362-2873-2, 11. Auflage 2014
www.galileo-press.de/3606

»Dieses Buch ist das Standardbegleitwerk für die javabasierte Software-Entwicklung. So gut, dass es eigentlich mit dem Java-Development-Kit mitgeliefert werden sollte.« Testmania

- Refactoring, Versionskontrolle, GUI-Entwicklung, Speicheranalyse, Unit-Tests u.v.m.
- Werkzeuge für die Profi-Entwickler glasklar vorgestellt
- Inkl. Git, Plug-In-Entwicklung, RCP-Anwendungen, WindowBuilder

Thomas Künneth

Einstieg in Eclipse
Die Werkzeuge für Java-Entwickler

Effiziente Java-Entwicklung mit Eclipse: Dieses Buch zeigt Ihnen, wie Sie die Möglichkeiten von Eclipse voll nutzen. Ob Grundlagen, Testen, Plug-In- und RCP-Entwicklung, GUI- oder Web-Entwicklung – Sie lernen alles an anschaulichen Praxisbeispielen, so dass Ihnen die Umsetzung in Ihren Projekten mühelos gelingen wird!

400 Seiten, gebunden, 39,90 Euro
ISBN 978-3-8362-2958-6
5. Auflage 2014

www.galileo-press.de/3654

Versandkostenfrei bestellen: www.galileo-press.de